반란의 영문법

반란의 영문법

개정판 1쇄 발행 2022년 10월 14일

지은이 이장원
펴낸이 장길수
펴낸곳 지식과감성#
출판등록 제2012-000081호

교정 정혜나
디자인 이현
편집 이현
마케팅 고은빛, 정연우

주소 서울시 금천구 벚꽃로298 대륭포스트타워6차 1212호
전화 070-4651-3730~4
팩스 070-4325-7006
이메일 ksbookup@naver.com
홈페이지 www.knsbookup.com

ISBN 979-11-392-0699-9(13740)
값 29,000원

• 이 책의 판권은 지은이에게 있습니다.
• 이 책 내용의 전부 또는 일부를 재사용하려면 반드시 지은이의 서면 동의를 받아야 합니다.
• 잘못된 책은 구입하신 곳에서 바꾸어 드립니다.

지식과감성#
홈페이지 바로가기

개정판

반란의 영문법

앞서가는 젊은 세대와
깨어 있는 영어 교육자들을 위한
진보적이고 실용적인 현대 영문법

이장원 지음

MODERN
ENGLISH
GRAMMAR

구식 영문법에 맞서는
통쾌한 반란!

지식과감정

To Marcella

with love and gratitude

on every page

감사의 말

먼저 존경하는 아버지 이주민 장로님, 사랑하는 어머니 임현정 권사님께 아낌없는 후원과 사랑을 베풀어 주신 것에 대해 깊은 감사의 뜻을 표합니다.

또한 Dr. Sandra Savignon, Dr. Susan Strauss, Dr. Sinfree Makoni, Dr. Karen Johnson, Dr. Paula Golombeck 그 외 가르침을 주신 모든 교수님들께 감사드리며, 학창 시절 참교육 함성을 함께 했던 고(故) 김관식 영어 선생님께도 존경과 감사를 표합니다.

책의 내용에 대해 소중한 조언을 해준 성지현 씨와 친구 한나라에게도 고마움의 말을 전하며 '반란의 영문법' 팟캐스트 제작에 도움을 주신 모든 분들과 소중한 청취자 여러분들에게 진심으로 감사를 드립니다.

또한 최고의 영어회화 스터디 모임 'Charlie's Factory'의 리더 Charlie와 멤버들에게도 감사의 말을 전합니다.

마지막으로, 이 책을 끝까지 쓸 수 있도록 따뜻한 격려와 위로로 큰 힘이 되어 준 사랑하는 친구들에게 고마운 마음을 전합니다.

일러두기

1. 이 책은 중급 이상의 영어실력을 가진 고등학생, 대학생, 일반인을 대상으로 하고 있습니다. 또한 깊이 있는 문법사항들도 상당 부분 다루고 있으므로 상급 수준의 학습자, 영어 전공자 및 영어 교육자들을 위한 참고서적으로도 적합합니다.

2. 이 책에서 말하는 '현대 영문법'은 특정 이론이 아니며 현대 영문법에도 다양한 시각과 설명이 있을 수 있습니다.

3. '반란의 영문법' 무료 팟캐스트 강의 청취 방법
   ① 아이폰: '팟캐스트' 앱 실행 → '반란의 영문법' 검색 → '사용 가능한 에피소드' 클릭
   ② 모든 스마트폰: '팟빵' 앱 설치 실행 → 로그인 → '반란의 영문법' 검색
   ③ 컴퓨터: www.podbbang.com 접속 → 로그인 → '반란의 영문법' 검색

   ※ 질문은 팟빵의 댓글 게시판을 이용하거나 rebelgrammar@gmail.com으로 보내 주세요.

4. 이 책에서 사용한 발음기호는 아래와 같습니다.

ɑ	hot	/hɑt/	eɪ	day	/deɪ/
æ	fan	/fæn/	aɪ	pie	/paɪ/
ɛ	ten	/tɛn/	ɔɪ	toy	/tɔɪ/
iː	feel	/fiːl/	oʊ	toe	/toʊ/
ɪ	pick	/pɪk/	ər	bird	/bərd/
ɔ	saw	/sɔ/	ɪr	near	/nɪr/
uː	two	/tuː/	ɛr	hair	/hɛr/
ʊ	put	/pʊt/	ɔr	four	/fɔr/
ʌ	cut	/cʌt/	ʊr	tour	/tʊr/
ə	ago	/əgoʊ/			

b	boy	/bɔɪ/	f	fire	/faɪər/
d	do	/duː/	v	view	/vjuː/
g	go	/goʊ/	θ	thin	/θɪn/
p	pen	/pɛn/	ð	they	/ðeɪ/
t	tea	/tiː/	s	so	/soʊ/
ɾ	water	/wɔɾər/	z	zoo	/zuː/
k	king	/kɪŋ/	ʃ	she	/ʃiː/
h	how	/haʊ/	ʒ	vision	/vɪʒən/
l	love	/lɔv/	dʒ	jean	/dʒiːn/
r	run	/rʌn/	tʃ	chat	/tʃæt/
m	me	/miː/	y	yes	/yɛs/
n	now	/naʊ/	w	wet	/wɛt/
ŋ	ring	/rɪŋ/			

CONTENTS

감사의 말   5
일러두기   6

서문

1. 현대적 영문법 교육을 위해   14
2. 5형식 없는 영문법   17
3. 5형식의 탄생   18
4. 5형식의 해악   19
5. 새로운 세대를 위한 영문법   22

1 동사

1. 타동사와 자동사   26
2. 다어동사   38
3. 연결동사   48
4. 이중타동사   60
5. 복합타동사   76
6. 사역동사와 지각동사   82
7. 상호동사   91

2 시간 지칭 시스템

1. 시제와 시간 표현   98
2. modal과 시간 표현   101
3. 시제-상-모달 시스템   103
4. 단순현재   104
5. 단순과거   107
6. 완료형   109
7. 진행형   119
8. 미래시간 표현   123
9. 동작동사와 상태동사   128

3 조동사

1. 조동사의 개념 … 140
2. will / would / shall … 141
3. can / could … 147
4. may / might … 152
5. should / ought to / must … 155
6. modal + have -ed … 159
7. semi-modal … 163
8. 주변적 모달 … 173

4 능동태와 수동태

1. 수동태의 개념과 형태 … 176
2. 수동태 학습에 있어 어려운 점들 … 177
3. 수동태 문장에서 동작의 행위자 표시 … 179
4. 능동태 문장과 수동태 문장 … 180
5. 다어동사가 쓰인 문장의 수동태 … 188
6. 유의해야 할 수동태 표현들 … 193
7. 수동태로 표현되지 않는 동사들 … 198
8. 중간태와 능격동사 … 206
9. 상태 수동태와 동작 수동태 … 212
10. by 이외의 전치사 사용하는 수동태 표현 … 214

5 형용사

1. 주요 형용사와 접미사 … 222
2. 형용사의 기능 … 226
3. 명사 뒤 수식 형용사 … 234
4. 여러 가지 형용사들 … 238

6 결정사

1. 구식 영문법의 '한정'과 '한정사' 개념 … 246
2. 정관사 … 251
3. 부정관사 … 266
4. 명사구의 소유격 … 270
5. 무관사 … 275
6. 총칭 표현 … 284
7. 머리결정사 … 286
8. 꼬리결정사 … 288

CONTENTS

7 명사

1. 명사의 형태 … 290
2. 명사의 유형 … 291
3. 가산명사 … 294
4. 비가산명사 … 297
5. 가변명사 … 304
6. 쓰임에 유의해야 할 명사들 … 309
7. 집합명사 … 315
8. 단복수에 유의해야 할 명사들 … 325
9. 기타 주의해야 할 명사들 … 333

8 전치사

1. 전치사의 기본적 특성 … 338
2. at, on, in … 339
3. 여러 가지 위치 및 장소 표현 전치사 … 343
4. 수준, 수치 및 추상적 의미의 위, 아래, 뒤 … 345
5. 방향 표현 전치사 … 347
6. 기간 및 시간 표현 전치사 … 349
7. 원인 및 이유 표현 전치사 … 350
8. 관련 표현 전치사 … 351
9. 양보 표현 전치사 … 352
10. 혼동하기 쉬운 전치사들 … 354
11. 기타 전치사들의 여러 의미 … 360
12. 전치사의 명사화 … 364

9 부정사

1. 부정사의 개념 … 368
2. 명사적 to 부정사절 … 370
3. 형용사적 to 부정사절 … 378
4. 부사적 to 부정사절 … 383
5. to 부정사의 부정 … 388
6. to 부정사절의 주어 … 389
7. to 부정사의 시간 표현과 태 … 393
8. to 부정사와 생략 … 398
9. 의문사 + to 부정사 … 399
10. 분리 부정사 … 400
11. 밀어 올리기 … 402
12. 원형부정사 … 411

10 동명사

1. 동명사의 개념 ... 416
2. 동명사와 부정사 ... 419
3. 동명사의 상과 태 ... 424
4. 동명사의 주어 ... 427
5. 여러 가지 동명사 표현들 ... 429
6. 전치사 to가 쓰이는 표현들 ... 432

11 대명사

1. 대형태로서의 대명사 ... 436
2. 인칭대명사 ... 437
3. 대명사 it ... 443
4. 지시사 ... 446
5. so / such / the same ... 450
6. 재귀대명사 ... 457
7. 부정대명사 ... 462
8. 수량사 ... 473

12 부사

1. 부사의 형태 ... 496
2. 부사의 기능 ... 500
3. 부사의 위치 ... 502
4. 부사의 어순 ... 513
5. 주요 부사의 쓰임 ... 515

13 관계사

1. 관계대명사 ... 532
2. 관계대명사의 격 ... 537
3. 제한적 관계사절과 설명적 관계사절 ... 547
4. 관계대명사에 대해 유의할 사항들 ... 552
5. 관계대명사 what ... 558
6. 관계부사 ... 563
7. 관계대명사+ever ... 572
8. 관계대명사 뒤에는 불완전한 문장? ... 577

CONTENTS

14 가정법

1. 도대체 가정법이 무엇인가? — 584
2. 원형적 현재형이 사용되는 표현들 — 594
3. 현실적 가정법 — 598
4. 상상적 가정법 — 604
5. 미래에 대한 가정 — 612
6. 가정을 나타내는 여러 가지 표현들 — 620
7. as if + 후퇴변환 — 625
8. wish + 후퇴변환 — 626
9. It is time + 후퇴변환 — 628
10. 동사의 특이형이 쓰이는 관용구 — 629

15 접속사

1. 등위 접속사 — 632
2. 상관 접속사 — 638
3. 접속사 that — 641
4. 의문사 및 whether / if — 647
5. 시간 표현 부사절 접속사 — 653
6. 이유 표현 부사절 접속사 — 654
7. 양보 표현 부사절 접속사 — 655
8. 무관성 표현 부사절 접속사 — 658
9. 목적 표현 부사절 접속사 — 660
10. 결과 / 동일 방식 / 장소 표현 부사절 접속사 — 661
11. 연결부사와 접속사 — 662

16 분사

1. 분사의 형용사적 기능 — 666
2. 완전히 형용사화된 분사 — 668
3. 명사 뒤 수식의 분사절 — 674
4. 부사적 분사절 — 677
5. 분사절의 또 다른 측면: 묘사·설명 — 687
6. 접속사 뒤에 쓰이는 분사절 — 689
7. 떨어진 분사절 — 691
8. 독립 분사절 — 693
9. 기타 사항들 — 694

1. 비교급과 최상급의 형태 ... 696
2. 원급을 사용한 표현들 ... 699
3. 비교급을 사용한 표현들 ... 705
4. 최상급을 사용한 표현들 ... 718

1. 도치 ... 726
2. 강조 ... 742

1. 생략 ... 750
2. 동격 ... 755
3. 부정 ... 758
4. Yes와 No ... 764
5. 대구법 ... 769

1. 현대적 영문법 교육을 위해

필자가 사람들에게 '반란의 영문법'이라는 팟캐스트를 진행하고 있다는 말을 하면, "왜 하필 영문법인가요? 영문법은 답답하고 어렵잖아요"라는 말들을 한다. 같은 제목의 이 책을 기획할 때도 "영문법이라는 말이 딱딱하게 느껴지니 다른 말로 바꾸면 어떨까요?"라는 제안을 듣기도 했다. 도대체 사람들은 영문법을 뭐라고 생각하는 것일까?

"영어회화를 배우는 것은 재미있는데, 영문법은 지겹다"라는 말들을 종종 한다. 그러면 영어회화는 영문법이 아니란 말인가? 이것은 "요리를 배우는 것은 재미있는데, 요리를 하는 방법은 지겹다"는 것과 마찬가지이다. 문법은 언어가 의미를 형성하는 방식이며, 회화는 그것을 말로 구현하는 것이다. "Hello!"라는 한마디를 어떻게 사용하는지도 문법이다. 그것을 어떤 어조로 어떻게 발음하는지도 문법이고, 그것이 사람들 사이의 인사라는 사회적 기능을 한다는 것도 문법이다.

회화 표현들을 배우는 것은 매우 중요하다. 그러나 그런 식으로는 표현들을 배울 수는 있어도 영어를 배울 수는 없다. 표현들을 천 개, 만 개 외운다고 해서 언어를 활용할 수 있게 되지는 않는다. 또한 패턴을 외우고 거기에 단어를 바꿔 넣기만 하면 영어를 할 수 있을 것이라는 발상은 외국어 습득 과정을 전혀 이해하지 못하는 접근이다. 인간이 언어를 사용할 수 있는 것은 단어를 배열하여 창조적이고 능동적으로 자신이 전달하고자 하는 의미를 표현하는 방법을 내면화했기 때문이며, 그렇게 의미를 표현하는 방법이 바로 문법이다.

그러나 우리나라에서 영문법은 시험용 지식으로 전락해 버렸다. 영문법이 어렵고 지겹다고 하는 것도 사실은 시험문제가 어렵고 시험공부가 지겹기 때문인 경우가 많다. 오늘날 영어가 세계적 공용어로 쓰이는 가장 큰 이유 중 하나는 영문법이 상대적으로 쉽고 단순하며 융통성이 크기 때문이다. 그러나 우리나라 학생들은 이런 말을 들으면 도저히 이해할 수 없어 한다. 왜냐하면 대다수 학생들은 시험을 위해 영어를 배우는데, 영문법 시험을 어렵게 출제하는 기법들은 엄청나게 발달해 왔기 때문이다. 출제자들은 단순한 문법사항을 이용해서도 혼동과 착각을 유발하도록 함정을 파고, 질문의 핵심이 무엇인지 쉽게 파악할 수 없는 어려운 문제들을 만들어내는 것을 무슨 대단한 능력이라도 되는 듯 우쭐거리며 그러한 문제풀이 능력을 영문법 실력으로 간주한다. 게다가 이 문장은 이 부분이 틀렸고, 저 문장은 저 부분이 틀렸으니, 이렇게 저렇게 고쳐야 한다는 지적으로 영어 실력을 향상시킬 수 있다는 망상에 사로잡혀 문법 교육을 하니 학생들로서는 어렵고 지겹지 않을 수가 없는 것이다. **그러나 문법은 특정 방식으로 표현해야 하고 그렇지 않으면 틀리다고 강요하는 억압적 규칙이 결단코 아니며 그런 규칙의 강요로는 결코 영어를 구사하도록 이끌 수 없다.**

지난 100년 동안의 우리나라 영문법 교육은 비판의 부재가 학문을 어디까지 타락시킬 수 있는지를 여실히 보여 주고 있다. 가르치는 사람들은 배운 대로 가르치고 있을 뿐이고, 배우는 사람들은 가르치는 대로 배우고 있을 뿐이다. 그러나 교육의 기본은 스스로 생각할 수 있는 능력을 갖추게 하는 것이다. 또한 비판과 논쟁을 통해, 가르치는 사람과 배우는 사람이 서로 소통하며 함께 발전하는 것이 교육이다. 지식과 시험 요령의 전달이 교육이라면, 차라리 인공지능이 인간보다 더 뛰어난 교사일 것이며, 그러한 방식의 지식 전수에 매몰된다면, 인류는 지식의 주인이 아닌 노예로 전락할 것이다.

수려한 외모의 강사들의 뛰어난 언변의 강의, 다채로운 색상의 그림과 사진들로 치장된 책들, 첨단 기술을 이용한 멀티미디어 교재들과 모바일 서비스, 대도시의 중심을 장악한 거대한 학원 건물들, 지하철역에 넘쳐나는 유명인 모델의 온갖 영어교육 광고들, 이 모든 화려한 겉모습에도 불구하고 우리나라 영문법 교육의 내용은 경악할 정도로 낡아 있다. 사람들은 누가 요즘 그런 옛날식 문법책으로 배우냐고 하면서 현대적인 디자인과 참신한 예문들로 된 교재들을 선호하지만, 정작 영문법의 콘텐츠는 거의 아무것도 달라진 게 없다. 가르치는 방식이 다를 뿐 가르치는 내용은 똑같은 것이다. 그래서 한국식 영문법은 마치 고립된 생태계의 갈라파고스 섬과 같아서 영어권 영문법과는 동떨어진 기이한 모습을 하고 있다. 그러면서 오히려 외국의 문법교재들을 보며 "한국에서는 이렇게 안 가르치는데, 여기서는 이상하게 설명하네!" 하면서 어리둥절해 한다. 도대체 누가 이상한 것일까? 영어를 모국어로 사용하는 영어권의 영문법이 이상한 것일까, 한국식 영문법이 이상한 것일까? 그래서 이 책은 구식 영문법에 갇혀 있는 우리나라의 학습자들에게 왜 그것이 문제이고 현대 영문법이 어떻게 설명하는지를 알기 쉽게 이해시키고자 한다.

교육 제도를 지배하는 자들에게는 구식 영문법에서 벗어날 능력이 없다. 그들이 그 무엇에 대해서든지 그 어떠한 개혁도 할 수 있는 능력도 없고 그럴 의지도 없다는 것을 아직도 모르겠는가? 민중은 개, 돼지라고 발언하여 문제를 일으킨 자가 교육 관료인 것은 우연이 아니며, 그런 인식을 가진 교육 관료가 그가 유일한 것도 아니다. 그러니 높으신 양반들에게 개혁을 기대하지 말라. 그래서 필자는 아래로부터의 저항과 반란을 꿈꾼다. 그리고 이 책이 저항의 무기가 되고, 반란의 신호탄이 되기를 바란다.

구세대들은 단지 예외적인 경우들이 있고 현대인들이 잘 안 지키는 경향이 있을 뿐이지, 그 낡아빠진 영문법이 원칙적으로는 옳다고 억지를 부리며 버틸 것이다. 또는 시험 대비를 위해서는 어쩔 수 없이 한국식 영문법을 배워야 한다고 말할 수도 있다. 저 노회한 자들은 온갖 그럴듯한 변명으로 스스로를 정당화하려 할 것이다. 그러나 젊은이들이여, 이제는 그런 수법에 넘어가지 말라. "많이 배운 사람이 하는 말이고 책에 쓰여 있는 말인데 틀릴 리가 있겠어?" 하며 이해가 안 가는 설명을 어떻게든 이해해 보려고 생각을 억지로 끼워 맞추지 말라. 여러분의 이해력이 낮아서 이해가 안 가는 것일 수도 있지만, 저들이 말도 안 되는 설명을 늘어놓는 것일 수도 있다. 자신이 예전에 배운 것을 진리라고 믿으며 그것을 그대로 가르치고 있을 뿐인 타성에 젖은 교육자들이 넘쳐나는 썩은 영문법 교육을 개혁할 수 있는 유일한 길은 패기 넘치는 젊은 학생들이 날카롭게 비판의 목소리를 높이는 것뿐이다. 그래서 필자는 이 책이 거짓 영문법에 대한 분노에 불을 지르고, 젊은이들의 반항심과 저항정신에 기름을 부을 수 있는 불온한 서적이 되기를 진심으로 바란다. 또한 가르치는 사람들 또한 체면 유지와 자기방어에 급급해서 지금까지 잘못 가르쳐 온 것에 대해 구차한 변명만을 늘어놓기보다는, 비판에 귀를 열고 깨어나서 자신도 마찬가지로 구식 영문법에 당한 피해자라는 것을 깨닫고 함께 분노하며 이 역사적 반란에 동참하기를 바란다.

그러니 젊은이들이여! 패기와 반항심으로, 불손한 마음과 도전 정신으로, 썩어빠진 가짜 영문법을 가르쳐 온 구세대의 권위에 맞서 싸우라! 현대 민주주의 사회에서 학생은 교육 서비스를 제공하는 자들을 비판할 수 있는 권리를 가진 교육의 주체이지, 봉건적 가치에 따라 가르치는 사람의 권위에 무조건 순종해야 하는 수동적 존재가 아니다. 그러니 거대한 코미디 같은 엉터리 설명으로 가정법을 가르쳐온 구세대의 한심함을 당당히 조롱하라. 부사구는 수식어일 뿐 필수성분이 될 수 없다는 무식한 소리에는 코웃음을 치고, 관계대명사 뒤에는 불완전한 문장이 온다는 말도 안 되는 설명에는 혀를 끌끌 차라. 완료시제니 진행시제니 하는 썩어 문드러진 구식의 개념 사용과 1명사 1한정사 원칙이라는 일고의 가치도 없는 가짜 지식에는 치를 떨어라. 선행사란 관계사절의 수식을 받는 어구라느니, used to는 규칙적 습관에 쓰인다느니, 사람은 원칙적으로 난이 형용사의 주어가 될 수 없다느니, 보어는 보충 설명하는 말이라느니 떠들어대는 무한 헛소리 반복 장치 같은 낙후된 교육에 젊음의 패기로 저항하라! 여러분은 최첨단의 디지털 기기들은 그렇게 잘 다루면서, 왜 아직도 낡아빠진 구닥다리 영문법을 배우고 있는가? 이제는 현대식의 진짜 영문법을 배워 저 답답하고 고리타분한 구세대의 손아귀에서 벗어나라! 아니 오히려 저들보다 앞서 나가라! 구식 영문법의 시대는 마침내 저물었으니, 이제 새 시대의 주인공은 바로 이 책을 집어 든 여러분들이다.

2. 5형식 없는 영문법

이 책에서는 5형식 개념이 전혀 사용되지 않는다. 5형식에 대해 실컷 설명하고 나서 5형식에만 집착하는 것은 바람직하지 않다고 말하는 수준이 아니라, 5형식 개념을 비판하는 이 글 외에는 '형식'이네 '문형'이네 하는 단어조차 쓰이지 않는다. 5형식에 익숙한 학습자들에게는 낯설 수도 있겠으나, 영어를 제대로 알지도 못했던 100년 전의 일본인들이 만든 조악한 구식 영문법을 타파하고, 21세기 지식·정보 사회에 걸맞은, 정말로 영어권에서 통용되는 현대적인 영문법을 배우고 싶어 하는 많은 학습자들이 있을 것이라고 믿고 싶다. 더구나 요즘에는 많은 학생들이 영어권의 원서 교재들로 공부하기도 하는데 그러한 책들에도 5형식 개념은 전혀 사용되지 않는다. 그렇다면 5형식 없는 문법책이 그리 낯선 것만도 아닐 것이다. 오히려 영어권의 문법책에는 5형식 개념이 나오지 않는데 왜 우리나라에서는 문법책마다 5형식을 다루고 있는지 이상하게 생각하는 학생들도 많다. 이 책은 그러한 궁금증에 대답하고 현대 영문법이 어떻게 5형식 없이도 동사를 분석하고 설명하는지를 보여 주고자 한다. 혹자는 5형식 없는 영문법이 낯설고 검증되지 않은 특이한 설명이라고 말하기도 하나, 영어권에서는 5형식 개념이 폐기된 것조차 아니며 아예 애초에 채택된 적도 없다. 한국과 일본 이외의 전 세계가 5형식 없는 영문법을 배우고 있는데 무슨 검증이 더 필요하단 말인가? 전 세계의 교육자들 아무도 5형식을 인정하지 않고 있는 현실을 고려하면 검증이 필요한 것은 오히려 5형식 개념일 것이다.

그러나 5형식을 비판하는 이 글이 이 책에 포함되어 있다는 것 자체가 이 책도 5형식의 굴레에서 벗어나지는 못했음을 보여 준다는 점에서 아쉽다. 5형식 개념이 척결된다면, 그에 대해 비판할 필요조차 없을 것이기 때문이다. 우리나라 영문법 교육의 가장 고질적 악성 적폐인 5형식 개념이 청산되는 그날을 앞당기는 데 이 책이 조금이나마 기여하기 바란다.

3. 5형식의 탄생

5형식은 영국 학자인 C. T. Onions가 그의 저서 《Advanced English Syntax》(1904)에서 서술부의 유형을 5가지로 나누어 설명한 것에서 비롯되었다. 일본 학자 호소에 이쯔키가 Onions의 이러한 개념을 변형·확장시켜 자신의 책 《영문법범론英文法汎論》(1917)에 소개한 이래, 일본식의 5형식 개념은 일본 영어교육의 핵심으로 자리 잡았고, 일제 강점하의 한반도에도 보급되었다. 해방 후 최초로 출간된 영문법서로 추정되는 조성식의 《고등영문법》(1949)에도 5형식 개념이 포함되어 있었으며, 그 이후 5형식 개념은 한국 영어교육의 기본적 틀이 되었다.[1]

5형식 개념을 처음 제시한 Onions는 옥스퍼드 영어사전 편찬 작업에 참여한 학자이자 어원 연구가였다. Onions는 문법학자로서는 그다지 크게 권위가 있거나 유명한 학자가 아니었다. 《Advanced English Syntax》는 그가 젊은 시절에 쓴 저서로서 170페이지 정도 되는 얇은 두께의 영문법 개론서인데, 영어 문장의 술부에는 다섯 개의 기본적인 형태(five principal forms)가 있다는 짧은 내용이 단순한 몇몇 예문들과 간단한 설명을 통해 포함되어 있을 뿐이다. Onions의 개념은 '서술부'에 '주요한 5가지 형태'가 있다는 단순한 수준의 설명이었기 때문에 영어권에서는 큰 주목을 받지 못했다. 그러나 호소에 이쯔키는 '서술부'를 '문장'으로 왜곡하고, Onions가 형식 구분에 있어 사용하지도 않았던 '주격보어'와 '목적격보어'라는 개념을 사용하여 명사와 형용사가 아닌 to 부정사 등도 '목적격보어'에 포함시켰으며 그에 따라 '주요한 형태'가 아니라 모든 영어 문장들을 5형식으로 나눌 수 있는 듯이 개념을 확장하였다. Onions는 자신의 아이디어가 이와 같이 변형되어 일본과 한국에서 지배적 영어교육의 틀이 되리라는 것을 상상조차 못 했을 것이다. 일부 기초적인 문장도 아니고 영어의 모든 문장들을 5형식으로 분석하려는 시도는 그저 터무니없을 뿐이다. 영미권에서는 그러한 아이디어가 일관된 설명 체계로서 정립될 수는 도저히 없었을 것이다.

반면, 영미권과의 교류가 제한적이었던 1910년대의 일본에서, 호소에 이쯔키를 통해 Onions의 아이디어를 접한 일본 사회는 그것을 마치 대단한 지식이라도 되는 양 받아들였고, 일본 특유의 획일주의적 교육 풍토에서 일본식으로 변형된 5형식 개념은 일본 영어 교육의 중심 틀로 자리 잡았다.

---

[1] 한학성 (2007). 〈영문법에서 문장 5형식 개념의 기원 및 적절성에 관한 연구〉, 《영미연구》 18.
정덕교 (2010). 〈영어 문장형식의 연구 및 적용〉, 《교양교육연구》 4(2), 177-204.

4. 5형식의 해악

일본 입장에서야 자국 학자인 호소에 이쯔키를 추켜세울지도 모른다. 그러나 한국 입장에서 5형식은 일제의 잔재일 뿐이다. 혹자는 5형식의 기원이 영국인인 Onions에게 있으므로 식민지 잔재가 아니라 주장할지도 모르나, 한국에서 교육되어 온 5형식은 Onions의 개념을 일본식으로 변형한 것이라는 사실을 부인할 수 없을 것이다. 물론 학자의 국적을 이유로 설명의 타당성을 비판할 수는 없다. 5형식 개념은 일본식 영문법이라서가 아니라, 조악하기 때문에 문제이다. 일본식의 문장 5형식이 기본적인 영문법 개념에 대한 이해도 없는 비과학적 설명이라는 것은 여러 학자들이 지적하고 있다. 5형식 옹호자들은 그럼에도 불구하고 그것이 교육에 있어서 유용한 점이 많다고 주장하면서 가르치고 있다. 그러나 필자는 5형식 개념의 교육적 유용성도 인정할 수가 없다.

5형식은 다섯 개의 좁디좁은 틀로 영어 전반을 분석하려는 태도를 형성한다. 5형식보다 더 적은 수의 유형으로 분류하거나, 6형식, 7형식 또는 그 이상의 유형으로 개념화하는 것은 결코 대안이 될 수 없다. **5형식 개념의 가장 큰 문제점은 '5'가 아니라 '형식'이다.** 5개의 형식으로 나누는 것도 문제이지만, 문장을 '형식'으로 구분하여 도식적으로 접근하는 자체가 그보다 더 큰 문제인 것이다.

5형식 옹호자들은 형식 구분의 '단순성'과 '편리성'을 내세우지만 그것이 바로 독약이다. 5형식 개념에 기초한 영문법 교육의 해악은, 5형식의 단순성이라는 달콤한 독약을 먹여서, 일부 기초적인 문장들이 5형식으로 쉽게 설명될 때의 쾌감을 탐닉하게 만들고, 모든 문장이 그와 같이 설명되기를 갈망하는 5형식 중독 피해자들을 양산한다는 점이다. 다시 말해 학습자들에게 영어의 모든 문장 구조가 5형식으로 이루어져 있다는 잘못된 지식을 어릴 때부터 주입시켜서 끊임없이 강박적으로 주어진 문장이 몇 형식인지 따지게 만들고, 그렇게 형식을 따지는 것에 '문장 분석'이라는 거창한 이름을 붙여놓고 그것을 무슨 대단한 문법 공부라도 되는 줄로 믿게 만드는 것, 그리고 그러한 '분석 방법'을 배우는 것이 곧 영문법 공부라고 여기게 만들고 그렇게 분석을 해야만 영어를 이해할 수 있다고 생각하게 만드는 것, 5형식으로 분류할 수 없는 문장을 무슨 형식으로 보아야 할 것인지 따지는 헛짓거리를 하고 있으면서도 마치 대단한 학문적 탐구나 토론이라도 하고 있는 듯이 착각하게 만드는 것, 그렇게 문장의 형식이라는 틀로 도식적 구분을 하지 않으면 금단 현상이라도 겪듯이 문장이 이해가 안 되는 증상에 빠지게 만드는 것, 5형식으로 설명할 수 없는 수많은 문장들을 아무렇지도 않게 받아들이는 것이 아니라, 특수하고 어려운 문장으로 여기도록 만드는 것, 무엇 다음에는 무엇이 와야 하고, 무엇 다음에는 무엇이 오면 안 된다는 단순한 기계적 '법칙'이 언어를 지배한다고 생각하게 만들고 그 '법칙'이 적용되지 않는 문장들은 이해하기 어렵게 만드는 것, 부가어는 형식 판단에 영향을 끼치지 않는다는 말을 되뇌며, 부사구와 전치사구는 제외하고 나머지 단어들만 보고 대강의 뜻만 어설프게 해석하는 독해 습관을 가지게 만드는 것, 이것들이야말로 5형식 개념의 치명적인 폐해들이다. 5형식 옹호자들은 교육적 편리성을 내세우지만, 5형식에 교육적 이점이 그렇게 많다면, 왜 일본과 일본의 식민지였던 나라를 제외하고는 영문법 교육에 5형식을 사용하는 나라가 없는 것일까? 5형식 개념이 한국어와 일본어 사용자들에게 딱 맞는 유용한 분석 틀이라면, 5형식으로 영어를 배운 한국과 일본 학생들의 평균적 영어 실력이 다른 나라 학생들에 비해 오히려 뒤떨어지는 것은 대체 어찌 된 영문일까? 편리성을 내세우며 5형식을 옹호하는 사람들은 자기 스스로가 5형식에 기초한 일본식 영문법에 익숙한 세대이기 때문에 그러한 주장을 하는 것일 뿐이다. 5형식 옹호자들은 5형식 개념이 배우기 쉽다고 주장하지만, 그것은 5형식 자체를 배우는 것이 쉬운 것일 뿐, 5형식을 배웠다고 갑자기 영어가 잘 이해되는 것도 아니다. 더구나 5형식을 배우는 것과 의사소통 능력의 향상이 관계가 없다는 것은 5형식 옹호자들도 대부분 인정하는 사항이다.

한 일본인 학자가 쓴 다음 글을 읽어 보자.

근대 이전까지 일본 지식인들이 습득해야 했던 외국어는 한문이었다. 전통적으로 우리 조상들은 한문을 읽고 쓰는 것에 집중해 왔지만, 이 오래된 사어를 말하는 것을 배워서 의사소통을 위해 사용하는 것에는 전혀 아무런 노력도 기울이지 않았다. (중략) 이러한 "습관"은 오늘날에도 무의식적으로 지속되고 있으며 따라서 우리에게는 우리의 조상들이 수백 년 전에 한문을 공부했던 것과 마찬가지로 영어의 문장들을 분석하려는 경향이 있다. Onions의 방법론은 배우기 쉬우며 문장을 분석하는 이러한 습관을 자극해 주고 충족시켜 준다.
Onions는 이렇게 간편하고 간단한 문법이 — 그는 31세의 나이에 5형식에 관해 썼다 — 일본에서 이렇게 널리 퍼질 것이라고는 상상하지 못했을 것이다. 그러나 Onions의 아이디어는 일본 학생들이 영어의 구조를 배우고 이해하기 위한 지배적인 학교문법으로서 여전히 일본에서 실로 강력하게 살아 있다.[2]
— Hiroyuki Eto, 〈C. T. Onions and Japan: Influence of His Grammar on English Language Education in Japan〉
(우리말 번역은 필자)

[2] http://www.intcul.tohoku.ac.jp/ronshu/vol17/12.pdf

윗글은 5형식 개념을 옹호하고 있지만, 필자는 오히려 위와 같은 이유로 5형식을 비판한다. 수백 년 전 유학자들이 한문을 배웠던 방식으로 영어를 배우는 것은 오늘날 전혀 교육적으로 바람직하지 않다. 그러한 '습관'이 있다면 그것은 극복해야 할 폐습일 뿐이다. 5형식은 의사소통능력에는 전혀 관심을 두지 않는 극단적인 문법번역식 영어교육, 그것도 최대한 단순한 방식의 문법을 통해 주어진 글이 무슨 뜻인지 대충 빨리 일본어로 번역할 수 있는 학습자들을 단시간에 대량으로 양성하기 위한 군국주의 영어교육의 핵심적 틀이었다. 제국주의 일본은 학생들에게 암기를 강요하고 못 외우면 두들겨 패는 것 외에는 별다른 교육방법도 없는 군사주의적 학교체제를 통해, 영어를 일본어로 번역하는 방법을 속성으로 가르치고자 하였으며 5형식 개념은 그러한 목표에 부합하는 틀이자 시험문제나 대충 풀게 해 주는 조악한 문제풀이 요령이었다. 일본식 영문법은 해방 이후에도 군사문화적 교육 시스템 속에서 구타와 폭력의 방법을 통해 학생들에게 강제로 주입되었다. 그것을 주입받은 사람들이 교육자가 되었고, 그들로부터 배운 사람들이 또다시 교육자가 되었다. 그리고 그들은 외쳐댄다. "5형식은 중요하다! 5형식은 유용하다! 5형식은 영문법의 기본적 틀이다!" 어련하시겠나. 자신들이 5형식으로 영어를 배웠으니. 사실 그들 대부분은 5형식의 유용성에 대한 신념으로 그것을 가르치고 있는 것도 아니다. 그저 자신이 그렇게 배웠으니까, 남들도 그렇게 가르치고 있으니까, 그냥 그렇게 가르치고 있는 것일 뿐이다. 그리고 이런 상태가 일제 강점기 이래 거의 100년 동안 이어져 왔다. 그러면서 그들은 5형식 비판자들이 일반적이지 않은 특이한 주장을 하고 있는 것처럼 몰아세우지만, 사실 세계적인 관점에서 보면, 5형식을 가르치는 사람들이야말로 낡은 일본식 영문법에 집착하고 있는 대단히 특이하고 이상한 소수의 사람들이다.

5형식으로 영문법을 배운 사람들은 그것에서 빠져나오기가 매우 어렵다. 그들은 복잡한 영어 문장들의 구조를 5형식을 통해 간편하고 효율적으로 파악할 수 있고, 5형식이 외국어로서 영어를 배우는 우리나라의 학습자들에게 쉬운 분석의 틀을 제공한다고 말한다. 또한 5형식에 집착하여 문법만 중시하는 것이 문제이지, 5형식 자체가 잘못된 것은 아니라고 주장하기도 한다. 그들은 5형식 이외에는 문장을 분석하는 방법을 알지 못한다. 설령 배운다 할지라도 5형식으로 변환하여 이해하면서 5형식으로 다 설명할 수 있다고 말한다. 그만큼 그것에만 익숙하기 때문이다. 또한 5형식 비판에 대해 '문법도 중요하다'는 엉뚱한 소리를 늘어놓기도 한다. 즉, 5형식을 비판하면 문법교육을 없애자는 말인 줄로 아는 것이다. 그들은 5형식에 대한 비판을 마치 아무 문법적 체계 없이 회화 중심으로 영어를 직관적으로 배우자는 주장인 듯이 왜곡하고, 우리나라 학생들은 영어권에 살지 않기 때문에 그렇게 영어를 배울 수 없다고 말한다. 그들의 머릿속에서는 5형식이 문법 그 자체이기 때문이다. 그래서 그들은 5형식 없이 어떻게 영문법을 배울 수 있다는 말인지 이해하지도 못하고 상상하지도 못하며, 'form'과 'meaning'에서 'form'의 개념이 5형식의 '형식'이라고 굳게 믿고 있기 때문에, 5형식 개념 없이 영어 문장을 어떻게 분석할 수 있냐고 발끈한다. 그래서 필자는 그들의 주장을 반박하고 싶지도 않다. 5형식 개념을 능숙하게 사용하는 사람에게 그것이 얼마나 편리하고 유용하게 느껴질지 믿어 의심치 않는다. 그리고 자신이 평생 배워온 지식이 구시대의 유물이 되는 것에 저항하는 마음 또한 충분히 이해가 된다. 100여 년 전에 만들어진 설명 체계가 얼마나 위대한지 찬양하면서 할아버지와 할머니, 아버지와 어머니가 영어를 배웠던 전통적인 방식을 보존하려는 사람들 또한 존중받아야 한다는 것을 부정하지 않는다. 그러나 우리나라 영문법 교육을 5형식 안에 가둬두고 있는 이 거대한 쇄국의 성문이 지금은 아무리 강고해 보여도, 그 낡은 성문 바깥의 드넓은 세계로부터 밀려오는 도도한 시대 변화의 물결과 면면히 쌓여온 학문적 발전의 성과를 눈감고 외면하면서 시간이 멈춘 듯 영원히 자손만대 구식 영문법을 고수할 수만은 없을 것이다. 누군가는 반드시 깨어나 눈을 뜨기 시작할 것이며 이미 깨어난 사람들도 상당수이다. 그래서 필자는 낡은 패러다임을 전복하고자 하는 진취적인 젊은이들, 한국과 일본을 제외한 전 세계에서 통용되는, 바로 우리가 사는 이 시대가 제공하는 현대적인 영문법을 공부하고 싶어 하는 지적 호기심과 학구열을 가진 젊은이들을 꿈꿀 뿐이다.

5. 새로운 세대를 위한 영문법

한 가지 아이러니한 것은 5형식 개념을 더 잘 이해하고 있는 사람일수록 그것에서 벗어날 수 있는 능력도 더 많이 가지고 있다는 점이다. 5형식에서 벗어나는 것이 어려운 가장 큰 이유는 심리적 저항, 즉 새롭고 낯선 것에 대한 거부감 그리고 자신이 배웠던 것보다 더 어려운 무언가를 배워야 하는 것에 대한 두려움이다. 그래서 어렸을 때부터 오랫동안 5형식으로 배웠고 그것에만 익숙하기 때문에 새로운 무언가를 배우기가 부담스럽게 느껴져서 "나는 이미 틀렸다"라고 생각해 버리고 5형식에 안주하고 싶어 하는 것이다. 그러나 5형식에 기반한 문장 분석을 어느 정도 할 수 있는 사람에게는 분석의 단위를 문장에서 동사로 전환하고, 일본식의 개념이 아니라 그에 상응하는 현대 영문법의 개념을 사용하는 것이 그다지 어려운 일이 아니다. 더구나 5형식으로는 설명할 수 없었던 역동적인 영어의 모습에 눈을 뜨는 것은 마치 골방에 갇혀 살다가 바다와 대평원을 가로질러 여행을 하게 되는 듯한 즐거움과 해방감을 가져다준다. 필자 역시 수십 년 동안 5형식에 기초한 구닥다리 영문법으로 영어를 배운 세대이다. 그러나 한 번 드넓은 세상을 맛보고 나서는 그 퀴퀴한 골방으로 다시는 기어들어 가고 싶지가 않다. 이제 필자에게 5형식은 입에 올리기도 싫고 생각하기도 싫은, 수준 낮고 유치하며 불편하고 어색하며 고리타분하고 낡아빠진, 찌들 대로 찌들고 썩을 대로 썩은 구식의 개념일 뿐이다. 도대체 시대가 어느 시대인데 아직도 5형식 타령인가? 필자는 마음을 열고 이 책을 통해 차근차근 배워가다 보면 의외로 쉽게 현대 영문법이 이해될 수 있다고 믿는다. 그래서 필자는 변화를 두려워하지 않는 세대, '1형식'이니 '2형식'이니 하는 5형식 개념이 아니라 현대 영문법의 개념들에 더 익숙한 새로운 세대를 꿈꾼다. 이 '새로운 세대'는 단지 나이의 문제가 아니다. 나이를 먹었다고 낡은 것을 버리고 새로운 것을 받아들일 수 없는 것이 아니다. 하물며 젊은 세대는 더 말할 것도 없을 것이다. 이 책으로 공부하는 여러분들이 5형식과 일본식 영문법이라는 낡고 썩어빠진 늪에서 벗어나는 한 걸음 한 걸음을 내딛기를 간절히 바란다.

동사

1. 타동사와 자동사
2. 다어동사
3. 연결동사
4. 이중타동사
5. 복합타동사
6. 사역동사와 지각동사
7. 상호동사

1

타동사와 자동사

1) 타동사와 자동사의 개념

자동사와 타동사의 구분에는 두 가지 측면이 있는데, 첫째는 동사가 쓰인 것을 보고 판단하는 것이다. 즉, 동사의 목적어가 표현되어 있으면 그 동사를 타동사라고 하고 목적어가 표현되어 있지 않으면 자동사라고 구분한다.

- The hurricane **destroyed** **many houses**. [vt]
- Dinosaurs completely **disappeared** about 65 million years ago. [vi]

자타동 구분의 두 번째 측면은 아직 쓰이지 않은 동사, 즉 단어만 보고 구분하는 것이다. 예를 들어, eat는 자동사일까, 타동사일까? eat는 '무언가를 먹다'는 뜻으로서 목적어를 표현해서 타동사로 쓸 수 있다. 그런데 eat는 목적어 없이도 쓰일 수 있다.

- Did you **eat** **something** before coming home? 너 집에 오기 전에 뭔가 먹었어?
- Did you **eat** before coming home? 너 집에 오기 전에 식사했어?

그렇다면, eat는 목적어를 필요로 하는가, 하지 않는가? '필요'란 반드시 요구된다는 말인데, eat는 목적어를 반드시 요구하지는 않으니까 자동사란 말인가? 하지만 타동사로 쓰일 수도 있지 않은가? 흔히 '목적어를 필요로 하는 동사가 타동사'라고 정의해 놓고, 자동사와 타동사로 모두 쓰일 수 있는 동사도 있다고 설명하지만, 기초적인 논리성만 있어도 이러한 설명이 모순이라는 것을 알 수 있을 것이다.

eat는 목적어가 표현될 수도 있고, 아닐 수도 있는, 다시 말해, 타동사로 쓰일 수도 있고 자동사로 쓰일 수도 있는 동사인데, 이러한 동사를 **자타동 양용동사(ambitransitive verbs)**라고 한다. 아래 통계는 필자가 영어의 주요 동사 2,710개의 쓰임을 직접 세어 본 결과이다.

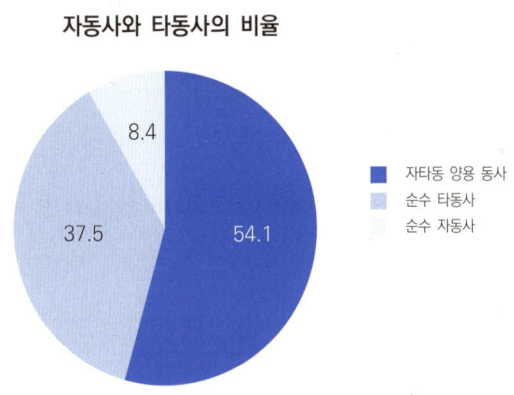

리) 타동사

① (거의) 언제나 타동사로 사용되는 주요 동사들

abandon	abolish	absorb	accomplish	achieve	admire	acquire
deny	describe	eliminate	employ	*enjoy	establish	excite
overcome	overlook	perceive	promote	reject	state	violate

* '맛있게 드세요!'라는 표현인 'Enjoy!'의 경우에는 목적어 없이 자동사로 쓰일 수 있다.

② 자동사로 착각하기 쉬운 타동사

approach ~~to~~	attack ~~on/to~~	accompany ~~with~~	access ~~to~~	address ~~to~~
answer ~~to~~	attend ~~at~~	consider ~~about~~	contact ~~to/with~~	call ~~to~~
contemplate ~~about~~	describe ~~about~~	discuss ~~about~~	disclose ~~about~~	emphasize ~~on~~
encounter ~~with/into~~	enter ~~in/into~~	face ~~with~~	greet ~~to/with~~	influence ~~on~~
inhabit ~~in~~	interview ~~with~~	join ~~in/with~~	mention ~~about~~	obey ~~to~~
oppose ~~to~~	reach ~~at/to~~	resemble ~~with~~	resist ~~against~~	question ~~about~~

- I cannot access ~~to~~ the Internet.
- The media influences ~~on~~ teenagers to a great degree.
- New Horizons approached ~~to~~ Pluto in July, 2015.
- The President addressed ~~to~~ the nation from the Oval Office.
- The reporter interviewed ~~with~~ the mayor.

A: Hey, guys! What's up?

B: Hey! We are discussing ~~about~~ a surprise birthday party for Sarah.

A: Wow! Can I attend ~~at~~ the party too?

B: Sure thing! Just never mention ~~about~~ it to Sarah. Mum's the word.

A: Got it. My lips are sealed.

B: We are considering ~~about~~ throwing the party on Friday evening. What do you think?

A: I think it's great. Can I bring my boyfriend Jake to the party?

B: Of course. Nobody will oppose ~~to~~ that.

A: Thanks.

B: I am going to the mall to buy a gift for Sarah after dinner.

A: Are you going alone? I can accompany ~~with~~ you if you want.

B: Great! Let's go together.

A: By the way, where's Cindy? I thought she was here.

B: She texted me that she left ~~from~~ her office a couple of minutes ago, so she's going to reach ~~to~~ this building pretty soon.

A: Cindy's fiance, Simon called ~~to~~ me last night and said he wanted to join ~~wih~~ us today. So he should be coming here with Cindy.

B: I've never met Simon. What's he like?

A: He is a really cute, handsome guy. I think he resembles ~~with~~ young Brad Pitt.

B: Young Brad Pitt? Seriously? I can't believe she's marrying ~~with~~ such a good-looking guy!

A: I took a history class with him when we were in college, and a lot of girls glanced at him whenever he entered ~~into~~ the classroom.

[ding dong]
B: Oh, it must be Cindy. Can you answer ~~to~~ the door?
A: Sure.

그러나 위 동사들 중에는 자동사로서의 쓰임이 있는 경우도 있다.

· When I tried to join (in) the conversation, she completely ignored me.
  (다른 사람과 함께 하는 활동에 참여하다)
· I am happy to join with you today in what will go down in history as the greatest demonstration for freedom in the history of our nation.
  — from Martin Luther King's 'I have a dream' speech

☞ join은 단체를 목적어로 하여 그 단체의 구성원으로 가입하거나 사람을 목적어로 하여 함께 대화나 식사 등을 하거나 일행으로서 합류하는 의미로 쓰일 때는 타동사로 쓰이지만, 집단적인 활동에 함께 참여하는 경우는 어떤 활동에 참여하는지를 in으로 표현할 수 있고 누구와 함께 참여하는지를 with로 표현할 수도 있다.

· You are not my boss. I don't have to answer to you. (일에 대해 설명하다, 보고하다)
· He called to passers-by for help. (~에게 소리를 지르다, 외치다)
· Ms. Strauss took a day off to attend to some personal matters. (다루다, 처리하다)
· Korea entered into an age of democracy after a long struggle.
  (enter into는 추상적 공간에 들어가는 경우에 쓰인다. '~에 접어들다', '~를 시작하다' 등의 의미이다.)

3) 자동사

ache	behave	collapse	cough	count	cry	decay	die
disappear	exist	expire	go	happen	occur	*take place	matter
last	prosper	scream	shine	stay	vanish	vary	weep

* take place는 형태상 '타동사+명사'로 이루어져 있으나, happen, occur와 의미와 쓰임에 있어 동일하다. 따라서 하나의 자동사구로 보기도 한다.

동사가 목적어 없이 표현되었을 때 그 동사를 자동사라고 한다. 동작이나 행위 자체를 표현하는 것만으로도 의미가 충분히 형성되어 별도의 동작 대상, 즉 목적어가 불필요한 경우, 자동사로 표현된다. 주어와 동사만으로 문장이 이루어질 수도 있으나, 많은 경우 상황이 발생하고 있는 시간, 장소, 방향, 모습, 형태, 태도, 방식 등을 표현하는 부사구와 함께 사용된다.

- Time **flies**.
- They **go** to church every Sunday.
- He is **swimming** in the pool.
- The patient **died**.
- The baby is **sleeping** in the cradle.
- They **jog** in the park every morning.

4) 자타동 양용동사

① 동사의 의미를 통해 목적어를 쉽게 유추할 수 있는 경우

borrow	change	clean	celebrate	cook	criticize	donate	draw
paint	drink	drive	ride	park	eat	explore	help
hunt	iron	kill	murder	learn	lend	obey	perform
poach	read	recycle	refuse	shave	sing	smoke	spend
steal	study	treat	wash	waste	wave	win	write

- He **drives** his car very carefully. [vt]
- He **drives** very carefully. [vi]
  ☞ 의미상 차량이 목적어임을 알 수 있다. drive는 '운전하다'는 의미의 자동사로 쓰일 수 있다.

- Betsy likes **reading** books whenever she has free time. [vt]
- Betsy likes **reading** whenever she has free time. [vi]
  - ☞ 의미상 읽을거리가 목적어임을 알 수 있다. read는 '독서하다'를 뜻하는 자동사로 쓰일 수 있다.

- Would you like to **drink** something? [vt]
- Would you like to **drink** tonight? [vi]
  - ☞ drink는 타동사로 쓰일 때 '마시다'를 뜻한다. 자동사로 쓰일 때는 '술을 마시다'는 뜻이다.

② 맥락 속에서 목적어가 언급된 경우 목적어가 쉽게 유추될 수 있어서 자동사로 표현되는 경우

approach	answer	ask	attack	begin	call	consider	enter
explain	forget	gain	join	judge	know	leave	lose
mind	miss	notice	offer	play	remember	understand	watch

A: Did you lock the door behind you?
B: Oops. Sorry. I **forgot**.

A: Why do Koreans like to eat pan-fried food when it's rainy?
B: Well, I don't **know**. I can't **explain**.

- When I **approached**, the little girl looked up and smiled.
- They were having a serious argument, but I just **watched** without a word.
- This café is now crowded, but there were no customers when I **entered**.

③ 주동을 의미할 때는 자동사, 사동을 의미할 때는 타동사

adapt	vi	(주어가) 적응하다 · They adapted to a new environment.
	vt	(목적어를) 적응하게 하다, 적응시키다 · It was difficult to adapt them to a new environment.
dress	vi	(주어가) 옷을 입다 · Dress warmly. It's cold outside. · She dresses very well.
	vt	① (목적어에게) 옷을 입히다 · She dresses her child every morning. ② (음식에 옷을 입히다) → 음식에 (액상으로 된) 소스나 양념을 뿌리다, 붓다 · I like to dress my rice with some sesame oil and red pepper paste. · Don't dress my salad, please. Just put the dressing on the side.
fly	vi	(주어가) 날다, 날아다니다 · A bald eagle is flying in the sky.
	vt	(목적어를) 날게 하다, 날리다; (항공기 등을) 조종하다 · He likes flying kites. · The pilot flew the airplane to the Dallas airport.
grow	vi	(주어가) 자라다, 자라나다 · Normality is a paved road: It's comfortable to walk, but no flowers grow on it. — Vincent van Gogh
	vt	(목적어를) 자라게 하다; (머리카락, 수염, 손톱 등을) 기르다; (식물 등을) 기르다, 재배하다 · She's grown her hair very long. · They grow radishes and cabbages.
hurt	vi	① (주어, 특히 신체 부위가) 아프다, (사람이) 아파하다, 힘들어 하다 (= be hurting) · My legs hurt. · He's been dumped by his girlfriend and is really hurting now. ② (주어가) 아프게 하다 (누구를 아프게 하는지는 맥락에서 암시된다.) · Love can hurt. · What she said really hurt.
	vt	(목적어를) 아프게 하다, 다치게 하다 · His words really hurt me. · I didn't mean to hurt your feelings.
land	vi	(주어가) (~에) 내려앉다, 착륙/상륙하다 · Apollo 11 landed on the moon in 1969.
	vt	(목적어를) (~에) 내려놓다; 착륙/상륙시키다 · In 1969, NASA successfully landed Apollo 11 on the moon.
move	vi	(주어가) 움직이다; 이사 가다 · The Earth moves around the Sun. · He moved to Toronto.
	vt	(목적어를) 움직이다, 옮기다, 이전시키다; 감동시키다 · The company has moved its headquarters to Denver.

rest	vi	(주어가) 쉬다, 휴식을 취하다; (사물이) (~위에) 놓여 있다, (~에) 기대어 있다 · I want to **rest** for a while.　　　· A ladder is **resting** against the wall.
	vt	(목적어를) 쉬게 하다; (사물을) (~위에) 놓다, (~에) 기대어 놓다 · I sat down and **rested** my feet.　　　· He **rested** his phone on the table.
return	vi	(주어가) (~로) 되돌아가다, 되돌아오다 · I'll **return** home around 9 p.m.　　　· The situation **returned** to normal.
	vt	(목적어를) 되돌려 주다, 반납하다; (상대방의 행위에 대해) 마찬가지로 ~해 주다 · I **returned** the book to the library.　　　· She didn't **return** my love.
run	vi	(주어가) 달리다, 뛰다; (기계가) 작동하다; (버스, 기차 등이) 운행하다 · They **ran** to the emergency room.　　　· This computer is **running** fine.
	vt	(목적어를) 운영하다; 작동시키다 · She **runs** a restaurant.　　　· He's **running** a vacuum cleaner.
walk	vi	(주어가) 걷다　· Dana **walks** from home to school every morning.
	vt	(목적어를) 걷게 하다, 걸어서 데리고 가다; (자전거를) 걸어서 끌고 가다 · I **walk** my dog every day. · You must **walk** your bicycle across the crosswalk.

④ 타동사일 때와 자동사일 때 의미가 다른 동사들

count	vt	(~를) 세다; (~를) 셈에 포함시키다, (~의 수를) 포함시키다 · We **counted** how many students were in the classroom. · Did you **count** yourself in the total?
	vi	① 중요하다 (= matter, be important) · I think friendship **counts**.　　　· Age doesn't **count** in love. ② (어떤 기준, 범주 등에) 포함되다, 받아들여지다 · Your vote won't **count** if you don't mark it correctly.
demonstrate	vt	(~를) 보여 주다; 입증하다; (~의 사용법을) 직접 사용하며 설명하다 · Flight attendants **demonstrate** how to use emergency equipment.
	vi	시위하다 · Thousands of people **demonstrated** against police brutality.
do	vt	(~를) 하다 · You should **do** your best.　　　· He **did** a good job.
	vi	① (부사와 함께 쓰여) (일이) 잘 되다, 안 되다 · Her business is **doing** well.　　　· The economy is **doing** badly. ② (~면) 족하다, 충분하다, 된다 · "Do you have a pen?" "I only have a blue one." "That will **do**."

1. 동사 33

endure	vt	(고통이나 힘든 상황을) 견디다, 견뎌내다, 버텨내다 · The patient had to endure such great pain.
	vi	(오랜 기간 동안 소멸되지 않고) 지속되다 (= last) · The Byzantine Empire endured for more than a thousand years.
recover	vt	(잃어버렸던 것이나 손해 보았던 것을) 다시 되찾다 (= regain) · The police have recovered the stolen jewels
	vi	(질병이나 어려움 등으로부터) 회복하다 · She has recovered from leukemia.

⑤ 타동사일 때와 전치사가 수반된 때 의미가 다른 동사들

approve	vt	(제안, 계획, 요청 등을) (공식적으로) 승인하다, 허가하다 · The Congress has approved the FTA with Chile.
approve of	vi	(~가) 올바르거나 적절하다고 생각하다, 인정하다, (~에) 찬성하다 · I don't approve of corporal punishment.
believe	vt	(사람이) 사실을 말하고 있다고 믿다; (어떤 내용이) 사실이라고 믿다 · I believe her. I believe that she is telling the truth.
believe in	vi	① (~의 존재를) 믿다. · I believe in angels. ② (~의 중요성, 가치, 소중함, 효과 등을) 믿다, 알다 · He believes in honesty. ③ (사람의) 능력이나 인격을 신뢰하다 · Be confident. I believe in you.
elaborate	vt	(이론, 계획, 정책, 제도 등을) 정교하게 만들다, 발전시키다, 다듬다 · Einstein elaborated the theory of relativity while living in Bern.
elaborate on	vi	(앞서 언급된 내용에 대해) 더 자세하게 설명하다, 더 구체적으로 말하다 · Could you elaborate on what you just said?
prepare	vt	(~를) 만들다, 마련하다 (= make) · Teachers prepare exams. · If you prepare dinner, you cook dinner.
prepare for	vi	(~에) 대비하다, 준비하다 (= get ready for) · Students prepare for exams. · If you prepare for dinner, you wash your hands and sit at the table.
submit	vt	(~를) 제출하다 · You must submit your résumé by 5 p.m. tomorrow.
submit to	vi	(~에) 따르다, 복종하다, 굴복하다 · Women had to submit to their fathers' and husbands' orders.

⑥ 타동사일 때와 전치사가 수반된 때 의미가 같은 동사들

- Five heavily armed men infiltrated (into) a government building and planted a bomb.
- The terror suspects fled (from) the crime scene and the police are chasing (after) them.
- The SWAT team engaged (with) the terrorists, but they jumped (over) the barricade and ran away.
- If you suspect any terrorist activities, please consult (with) the local police.
- Many citizens are protesting (against) the terrorist attack.
- They say that we must fight (with/against) terrorism.
- The terrorist group is continuing (with) indiscriminate attacks on innocent civilians.
- People are mourning (for) those who were killed by the terrorists.
- Some extremists made a video clip mocking (at) the victims and put it on YouTube.
- We need to distinguish (between) terrorism and national liberation struggles.

⑦ 동일어원 목적어를 취하는 동사들

dream은 통상 자동사로 쓰이나, 그 명사형인 dream을 목적어로 취하여 타동사로 쓰일 수 있다. 이러한 유형의 목적어를 동사와 같은 어원에서 갈라져 나왔다는 뜻에서 동일어원 목적어 (cognate objects) 라고 하는데 일반적으로는 동족목적어라고 한다. 통상적으로는 자동사로 쓰이는 동사가 동일어원 목적어를 취하면서 타동사로 쓰이기도 한다. 동일어원 목적어 앞에는 형용사 수식어가 붙는 것이 일반적이다.

- Breathe a deep breath.
- He coughed a bloody cough.
- She lived an honorable life.
- She smiled the most beautiful smile I'd ever seen.
- They fought a serious fight.
- She laughed a loud laugh.
- He died a natural death.
- You are never too old to set another goal or to dream a new dream.

— C. S. Lewis, British novelist

5) 철자가 비슷한 자동사와 타동사

arise	vi	[arise-arose-arisen] (사태 등이) 일어나다; (반란으로) 들고 일어나다 · The global financial crisis **arose** in 2007.
arouse	vt	[arouse-aroused-aroused] (감정을) 불러일으키다 · The corruption scandal **aroused** wrath among the public.
fall	vi	[fall-fell-fallen] (주어가) (위에서 아래로) 떨어지다, 감소하다; 쓰러지다 · Leaves **fall** to the ground in fall. · I **fell** down on the floor.
fell	vt	[fell-felled-felled] (나무 등을) 베어서 쓰러뜨리다, (사람을) 쓰러뜨리다 · The woodsman **felled** a tall tree. · He **felled** the robber with a punch.
rise	vi	[rise-rose-risen] (위로) 올라가다, 증가하다; 일어나다 · Hot air **rises** up. · His body temperature has **risen** to 104°F.
raise	vt	[raise-raised-raised] (위로) 올리다, 증가시키다; (동식물이나 아이를) 기르다 · The government has **raised** taxes on gasoline. · He **raises** cattle.
sit	vi	[sit-sat-sat] (사람이) 앉다, (사물이) 놓여 있다 · Let's **sit** down and talk about it. · Some dishes are **sitting** in the sink.
sit	vt	sit somebody down: (~를) 앉히다 · I **sat** the baby down on the backseat.
seat	vt	[seat-seated-seated] (사람을) 앉히다; (시설이) (몇 명에게) 좌석을 제공하다 · I **seated** the baby on the backseat. · The theater **seats** 1,000 people.
wait	vi	기다리다; can wait: 나중에 해도 되다, 서두를 필요 없다 · I'm **waiting** for a bus. · It **can wait**. We have a more urgent matter.
wait	vt	① (~를) 기다리다 · Please stay in line and **wait** your turn. (= wait for your turn) ② (식사를) 늦추고 기다리다 · Come quickly. We're **waiting** dinner for you. · Don't **wait** dinner for me. 나 기다리지 말고 먼저 저녁 먹어. ③ wait tables: 식당에서 서빙 일을 하다 (= wait on tables) · She **waited** tables to pay for her college tuition.
await	vt	(~를) 기다리다 (wait보다 격식적 표현) · Mr. Clark is **awaiting** you, sir.
lie	vi	[lie-lied-lied] 거짓말하다 · Don't **lie** to me. · Maria **lied** through her teeth about her age.
lie	vi	[lie-lay-lain] (사람이나 동물이) 눕다, (물건이) 놓여 있다 · I **lay** down and took a break. · A gun was **lying** on the floor.
lay	vt	[lay-laid-laid] (~를) 눕히다, (물건을) (~에) 놓다; (동물이) (알을) 낳다 · She **laid** her baby on the bed. · A hen usually **lays** one egg a day.

일상적 말하기에서 원어민들이 lay를 자동사 lie의 현재형으로 사용하거나, laid를 자동사 lie의 과거형으로 사용하는 것은 매우 흔한 일이다. lay는 자동사 lie의 과거형인데, 발음이 /d/로 끝나지 않다 보니, 원어민에게도 과거형으로 잘 안 느껴지는 것이다. 팝송의 가사에서도 이와 같이 사용되는 경우를 많이 볼 수 있다. 원어민들도 착각하기 쉽기 때문에 외국계열 시험에서도 lie와 lay의 구분이 중요하게 다루어지는 경우가 많다.

· I **laid** on a dune. I looked at the sky. When the children were babies and played on the beach, you came up behind me. I saw you go by.
— Sara / Bob Dylan

· I tried to find you at the bottom of a bottle, **laying** down on the bathroom floor.
— Wasting All These Tears / Cassadee Pope

2 다어동사

1) 다어동사의 개념과 종류

① 다어동사 (multi-word verbs)

다어동사多動語詞는 하나의 동사가 하나 이상의 파티클(particle)과 결합하여 이루어진 동사 표현을 말한다. '파티클'은 다음과 같은 낱말들을 말한다: along, around, at, away, back, by, down, in, on, off, over, through, to, under, up, with, etc. (338페이지를 보라.)

② 다어동사의 종류

부사 수반 자동사	S + vi + adv	The airplane took off.
전치사 수반 자동사	S + vi + prep + NP[3]	I looked at the photo.
부사+전치사 수반 자동사	S + vi + adv + prep + NP	He looks up to his father.
부사 수반 타동사	S + vt + NP + adv	She took her shoes off.
전치사 수반 타동사	S + vt + NP + prep + NP	Forests provide us with fresh air.
부사+전치사 수반 타동사	S + vt + NP + adv + prep + NP	I fixed her up with my cousin.

3　NP는 noun phrase의 약자이며, phrase는 둘 이상의 단어로 이루어진 어구를 뜻하지만, 이 책에서 NP는 '하나 또는 둘 이상의 단어로 이루어져서 명사로서의 기능을 하는 것'의 의미로 사용하겠다.

2) 전치사 수반 자동사 (intransitive prepositional verbs)

S + **vi** + **prep** + NP (I **looked at** him.)

(a) I **object to** his plan.
(b) I **came across** a nice vegetarian restaurant a few days ago.

(a)와 같이 전치사구가 동사와 의미상 긴밀히 연결되어 동작 대상 등을 표현하거나 (b)와 같이 동사와 전치사가 결합하여 원래 동사에는 없던 새로운 의미를 형성하는 경우가 있다. 이러한 동사를 **전치사 수반 동사**(prepositional verbs)라고 한다.

- I **agree with** you. I **agree with** your opinion.
- She **agreed with** my suggestion, but didn't **agree to** it. As a leader, she had to consider the fact that many other members were against it. However, she **agreed to** me attending the conference in Berlin.
- Nosy people tend to **interfere in** other people's affairs.
- He was indicted for **interfering with** official duties.
- The number of people aged 65 years and older **accounts for** about 20% of the population.
- I cannot **account for** his strange behavior.
- Our discussion has **deviated from** the original topic.
- Modern-day people cannot **dispense with** computers.
- She **went through** a terrible period in her life.
- Many small businesses couldn't **come through** the economic crisis.
- My daughter has recently **taken to** eating chicken feet.

특히 아래 전치사 수반동사들은 타동사로 착각하기 쉬우므로 유의하라.

arrive **at/in** ~에 도착하다	apologize **to** ~에게 사과하다	refer **to** ~를 나타내다, 가리키다
graduate **from** ~를 졸업하다	conform **to** ~에 따르다	participate **in** ~에 참여하다
major **in** ~를 전공하다	object **to** ~에 반대하다	cope **with** ~에 대처하다
specialize **in** ~를 전문으로 하다	respond **to** ~에 대답하다, 응답하다	deal **with** ~를 다루다, ~에 대처하다
dispose **of** ~를 처리하다; 없애다	reply **to** ~에 답장하다	sympathize **with** ~을 공감/이해하다

- I know what it's like to lose someone you love. I **sympathize with** you.
  사랑하는 사람을 잃는다는 것이 어떤 것인지 저도 압니다. 당신의 마음이 얼마나 아플지 저도 이해합니다.
- She **sympathizes with** the Democratic Party. 그녀는 민주당을 지지한다.
  ☞ sympathize는 우리말 '동정하다'와 어감이 다르며 상대방의 어려움이나 처지를 공감하고 이해한다는 뜻이다. 또한 어떤 입장이나 주장 등을 지지하고 동의한다는 뜻으로도 쓰인다.

- He ~~graduated~~ Brown University. ✗ → He **graduated from** Brown University. ○
- I'm ~~majoring~~ electronic engineering. ✗ → I'm **majoring in** electronic engineering. ○
- She hasn't ~~replied~~ my email yet. ✗ → She hasn't **replied to** my email yet. ○

complain, object, reply는 전치사 수반 자동사이며 전치사 없이 명사구를 목적어로 취할 수 없다. 그러나 that절이 올 수는 있다.

- People are **complaining** that prices are too high. ○ 사람들은 물가가 너무 높다고 불평하고 있다.
- I **objected** that the plan was ineffective. ○ 나는 그 계획이 비효율적이라고 항변했다.
- He **replied** that he would join the party. ○ 그는 파티에 참석하겠다고 답장했다.

⟨graduate college? graduate from college?⟩

일반적 영문법 교육에서는 "He graduated from college."가 '문법적으로 올바른' 표현이고 "He graduated college."는 '틀린' 표현이므로 이러한 '실수'를 하지 않도록 유의해야 한다고 설명한다.

그러나 "He graduated college."도 실제로 원어민들이 사용하는 표현이다. 다만 비격식적 말하기에서 또한 미국 일부 지역과 캐나다 영어에서 쓰이는 경향이 있다. 그래서 "He graduated college."라고 말하는 원어민을 만난다 해도 전혀 이상할 것이 없다. 그러나 이러한 표현의 사용은 증가 추세이기는 하지만 아직은 보편적으로 받아들여지고 있지 않으며, 그래서 그것이 틀리다고 열변을 토하는 원어민과 영어교사를 만난다 해도 이상할 것이 없다. 그들은 from을 쓰는 것이 '원칙'이라고 주장하겠지만, 사실 그것은 절대적 원칙이 아니다. 원칙을 따지자면 "He was graduated from college."로 표현하는 것이 20세기 초만 해도 '원칙'이었다. 학생이 스스로 졸업하는 것이 아니라 학교가 학생을 졸업시켜주는 것이므로 능동이 아니라 수동으로 표현하는 것이 논리적이라는 것이다. 그러나 'was graduated' 발음이 귀찮아서 그냥 'graduated'로 표현하는 경향이 증가하여 오늘날에 이르렀다. 이와 같이 언어는 변덕스러운 언중의 마음에 따라 이리저리 변화해 가는 것이다. was를 발음하는 것이 귀찮아서 없애버렸는데 from이라고 못 없애겠는가? "He graduated college."와 같이 말하는 사람을 문법에 어긋나게 말하는 무식한 사람이라고 취급하는 시각도 있을 수 있겠으나, 다른 관점에서 보면 시대의 흐름을 앞서가고 변화를 선도하는 early adopter라고 볼 수도 있는 것이다.

그래서 필자는 둘 중 어떤 표현을 써야 한다고 강요할 마음이 없다. 어느 표현을 사용할지는 당신의 선택에 달린 것이다. 둘의 차이를 이해하고 있는 상태에서의 선택이라면, 어떤 선택을 하든 필자는 당신의 선택을 존중한다. 그리고 필자는 문법교육이란 올바른 표현을 쓰고 규칙을 따르도록 강요하는 것이 아니라, 학습자들에게 필요한 정보를 제공하여 의사소통에 있어 어떤 표현을 쓸 것인지 스스로 판단하여 선택할 수 있도록 (to let learners make informed choices) 하는 것이라고 믿는다. 그러나 보수적 영어교육은 지배적 의견과 다른 선택은 정답으로 인정하지 않고 특정 의견을 강요한다. 그래서 규칙의 체계를 암기시키고 맞는 문장과 틀린 문장을 나누고 틀린 문장을 쓰지 못하도록 강제하는 것이 영문법이라는 인식이 팽배해 있다. 그러나 영문법을 그러한 방식으로 이용하는 자들이 있는 것일 뿐, 영문법 교육의 진정한 목적은 그저 여러분이 좀 더 자유롭게 의사소통을 할 수 있도록 도와주려는 것뿐이다. 그래서 규칙과 논리가 문법의 본질인 것이 아니다. 문법의 본질은 그 자유로움에 있는 것이다.[4]

---

4 이 표현은 독일의 수학자 게오르크 칸토어가 "수학의 본질은 그 자유로움에 있다"고 말한 것을 차용한 것이다.

〈규범문법 (prescriptive grammar)과 기술문법 (descriptive grammar)〉

규범문법은 18~19세기에 확립된 문법 체계로서 라틴어 문법을 모델로 하고 영국영어를 기준으로 하여 영어가 어떻게 사용되는 것이 타당한지에 대해 당시의 문법학자들이 생각했던 바를 규칙의 체계로 정리한 것이다. 또한 규범문법은 반드시 지켜야 하는 규칙의 체계로 제시되는 문법이다. 규범문법은 오랫동안 문법에 대한 가장 지배적 시각이었다. 우리나라에서 일반적으로 교육되는 영문법도 기본적으로 규범문법이며 다만 현대적 어법이 일부 가미된 것이다.

기술문법은 규범문법에 대항하며 발전한 문법이다. 기술문법은 현재의 원어민들이 실제로 언어를 어떻게 사용하고 있는가를 토대로 문법적 설명을 구성한 것이다. 기술문법은 오늘날 대다수의 원어민이 자연스러운 것으로 받아들이고 있고 실제로 사용하고 있다면 그 표현을 문법적인 것으로 간주해야 한다고 주장한다. 기술문법은 실제로 사람들이 언어를 어떻게 사용하고 있는지를 실증적으로 조사하고 이를 데이터화하여 분석하는 것을 추구하기 때문에 녹음기와 컴퓨터가 발명된 20세기 중반 이후에야 본격적으로 발전하기 시작했다. 기술문법은 실제로 현실에서 영어가 사용되는 모습이 문법교사들이 제시한 규칙들과는 상당히 다른 부분이 많다는 것을 통계적이고 과학적으로 보여 주게 된다.

규범문법과 기술문법은 일치하는 경우도 많다. 그러나 일치하지 않는 경우도 많다. 그 둘이 일치하지 않는 경우, 과거에는 규범문법만을 강조했으나, 오늘날의 교육에서는 기술문법을 훨씬 더 중시하는 것이 세계적인 추세이다.

〈규범문법과 기술문법의 설명의 차이에 대한 예시〉

규범문법의 설명

"This is she."가 문법적으로 옳고, "This is her."는 문법적으로 틀리다. 주격보어로는 주격대명사를 쓰는 것이 문법에서의 원칙이다. 단지 현대에는 대중들이 문법 규칙을 어기고 "This is her."를 많이 쓰고 있는데, 이것은 말하기에서 문법적으로 틀린 표현을 많이 사용하고 있는 것일 뿐이지, 그러한 표현은 어디까지나 틀린 것이다. 원칙적으로는 "This is she."가 맞으니 원칙에 맞게 문법규칙을 지켜서 올바른 표현을 써야 한다.

기술문법의 설명

"This is she."와 "This is her."는 원어민들이 모두 실제로 사용하는 표현이다. 현대의 일상생활에서는 "This is her."를 많이 쓰고 있는데, 특히 비격식적 상황에서 많이 쓴다. "This is she."는 사무적 응대를 할 때와 같이 격식적 상황에서 주로 쓰인다. "This is she."는 전통적으로 올바른 표현으로 여겨져 왔기 때문에 전통과 격식성을 중시하는 사람들이 사용하기도 한다. 그러니 두 표현 중에 상황에 따라 또 자신의 취향에 따라 알맞게 선택해서 사용하면 된다.

3) 전치사 수반 타동사 (transitive prepositional verbs)

S + **vt** + NP + **prep** + NP (We **informed** her **of** the plan.)

① 일반적인 목적어를 취하는 경우

· Only a fool would try to **deprive** working men and women **of** the right to join the union of their choice. — Dwight D. Eisenhower
  오직 어리석은 자만이 일하는 남성과 여성으로부터 자신이 선택하는 노조에 가입할 수 있는 권리를 박탈하려고 할 것입니다.

A: Mr. Smith, can you **inform** me **of** the current business progress?

B: Yes, sir. We **apprised** the processing factory **of** the change in the shipment date. They **assured** us **of** complete delivery on time.

A: It is also important that they **supply** us **with** quality products. We need to make consumers **associate** our brand **with** great quality.

B: Of course, sir. We have a strict policy on quality maintenance and will **relieve** anyone **of** their position when they use substandard ingredients. We also **reward** employees **for** their good job performance. I believe all the workers are **devoting** themselves **to** improving the quality of our products.

A: Did you also **remind** them **of** the random safety inspection?

B: Yes, I did, sir. I **warned** them **of** the fact that failure to comply with safety regulations can **deprive** them **of** their jobs. And we have **equipped** all the warehouses **with** the new refrigeration system, so it will more efficiently **keep** the products **from** perishing.

A: How is it going with the refurbishment of the local office in Orange County?

B: We've **furnished** the office **with** new desks and computers. And the new security devices will **prevent** unauthorized people **from** accessing the restricted area and they will also **protect** our valuable equipment **from** theft.

A: Good! As you may know, some directors **blamed** you **for** the poor results of last year's project and tried to **dissuade** me **from** promoting you. But now I am glad I **entrusted** you **with** this department. I am sure I can **convince** other directors **of** your abilities. **Thank** you **for** all your hard work, Mr. Smith.

B: You're welcome, sir.

② 특정 목적어를 취하는 관용구

- Observations of the Hubble Space Telescope **shed light on** the origin of the universe.
- Feature phones **gave way to** smartphones.
- After the 1936 general strike, the French ruling class **gave way to** the demands of workers and granted the 40-hour work week, wage increases, and two-week paid vacations.
- We should **take advantage of** this opportunity.
- A few people **took notice of** the actress and began to take photos.
- Real wages mean wages that have been adjusted to **take account of** changes in prices over time.
- Always mistrust a subordinate who never **finds fault with** his superior.

— William Collins, British poet

4) 부사 수반 자동사 (intransitive phrasal verbs)

S + vi + adv (The plane **took off**.)

- The show must **go on**.
- When her mother **passed away**, she felt as if her life were **falling apart**.
- She **passed out** due to low blood sugar.
- Try not to **doze off** while driving.

- I want to **get away** for a few days, but I don't have enough money.
- I don't make a lot of money, but I just **get by** on my small salary.
- I just want to **kick back** and relax at home.
- Truth never triumphs — its opponents just **die out**.   — Max Planck, German physicist

5) 부사 수반 타동사 (transitive phrasal verbs)

$$S + vt + NP + adv \text{ (I cut it out.)}$$

- We can **break down** photosynthesis into two stages.
- Don't **bring up** politics and religion in a casual conversation.
- I wanted to **take** her **out**, but she **turned down** my invitation.
- Please **drop** me **off** at the main gate.
- That guy over there is totally **checking** you **out**.

부사 수반 타동사의 목적어가 대명사가 아닌 명사구이면 동사 뒤에 위치하기도 하고 부사 뒤에 위치하기도 한다.

- They **threw** the garbage **away**. O
- They **threw away** the garbage. O

그러나 긴 목적어는 동사와 부사 사이에 오지 않는다.

- She **put on** a green see-thru blouse and a short white mini skirt. O
- She **put** a green see-thru blouse and a short white mini skirt **on**. X

부사 수반 타동사의 목적어가 인칭대명사일 경우는 동사와 부사 사이에 위치한다. 이것은 발음에 있어서 인토네이션 및 강세의 패턴과 관련되어 있다.

- I wrote it down. O
- We took them back. O

- I wrote down it. x
- We took back them. x

일반적으로 명사, 동사, 형용사, 부사에 강세가 주어지고 대명사, 전치사, 관사는 강세를 받지 않는다. 따라서 '동사 + 대명사 + 부사' 형태가 되면 서술부에 강약강 리듬이 형성된다. 반면 인칭대명사가 부사 뒤로 가면 발음하기 부자연스럽다. 동사와 부사를 발음한 후 강세가 없는 짧은 단어인 대명사를 발음하는 것은 리듬감 있는 강세 패턴을 형성하지 않는다. 그래서 이와 같은 경우 대명사가 동사와 부사 사이에 위치하도록 고착화된 것이다.

6) 부사+전치사 수반 자동사 (intransitive phrasal-prepositional verbs)

S+ vi + adv + prep + NP (We look up to him.)

- It was difficult for me to keep up with him because he walked so fast.
- A doctor should keep up with the latest medical knowledge.
- "Do you keep up with Susan?" "No. We drifted apart after graduation."

- The thief got away with a million dollar worth jewelry.
- The prosecutors got away with receiving a huge amount of bribes from chaebol chiefs. In fact, the journalists and the congressman who disclosed it to the public were sentenced guilty for invading their privacy.

⟨chaebol⟩

chaebol은 한국어에서 차용된 소수의 영단어들 중 하나이다. (한국어에서 차용된 다른 단어들로는 kimchi, bulgogi, bibimbap, taekowndo, soju 등이 있다.) chaebol은 /tʃéɪbəl/ 또는 /dʒébəl/로 발음한다. 단복수 동형이며 때로는 복수형으로 chaebols를 사용한다. 종종 경멸적 뉘앙스를 가진다. 재벌과 그나마 비슷한 단어로 conglomerate이 있지만, 이것은 여러 회사들이 결합하여 이루어진 기업 집단을 일컫는 말이지, 총수와 그 일가가 장악하고 경영하는 기업을 의미하지도 않고 기업을 지배하는 족벌 집단을 의미하지도 않는다. 또한 tycoon은 막대한 재산과 큰 영향력을 가진 거물 개인을 가리킬 뿐이다. 또한 CEO도 재벌과 다르다. 예를 들어 CEO가 권력자에게 뇌물을 주어 감옥에 가면 해임시키고 다른 CEO를 선출하면 그뿐이다. 반면 재벌은 기업에 대한 종신적 지배권을 가지고 있기 때문에 범죄를 저질러도 그 지위를 상실하지 않는다.

- Many teenagers **look up to** celebrities.
- My phone **ran out of** batteries.
- I **picked up on** several typos in his article.

7) 부사+전치사 수반 타동사
(transitive prepositional-phrasal verbs)

S + **vt** + NP + **adv** + **prep** + NP (He **fixed** me **up with** her.)

- Stop **taking** everything **out on** me!
- If you have been harassed, **take** it **up with** a knowledgeable person who can support you.
- Ladies and gentlemen, please **give** it **up for** our special guest.
- David **fixed** me **up with** one of his classmates.

A: What? You wanna quit the medical school and become a singer? Are you insane? Who **put** you **up to** this nonsense?
B: Mom, nobody **put** me **up to** this. It's been my dream for a long time.

다어동사는 위 6가지 유형에 속하는 경우가 많기는 하지만 전부 그런 것은 아니다.

get sth over with: (특히 어렵거나 하기 싫은 일을) 끝마치다, 해 버리다, 해치우다
- Let's **get** this job **over with** quickly. 이 일 빨리 끝내버리자.
  ☞ 목적어 뒤에 파티클이 2개 있는 형태이다. 회화적 표현이다.

get sth over with와 get over를 혼동하지 않도록 유의하라.

get over: (어려운 일을) 극복하다; (불쾌하거나 슬픈 일 등을) 잊다. 극복하고 다 잊어버리다
A: Just **get over** your ex and go out with somebody else. There's plenty of fish in the sea.
B: I know, but it's just too hard to **get over** him.

3 연결동사

상태 및 상태 유지 동사	be, remain, stay, keep, hold
상태 변화 동사	become, get, go, grow, run, turn, fall, come, make
감각 동사	look, smell, sound, taste, feel
외양 판단과 결과 판명 동사	appear, seem, prove, turn out

특정 의미를 완결시키기 위해 동사 뒤에 주어의 특성을 표현하는 명사나 형용사 등이 필수적으로 있어야 하는 동사를 연결동사(copula)라고 하고 그 뒤의 명사나 형용사 등의 어구를 주격보어라고 한다.

한국식 영문법 교육에서는 주격보어에 대해 '주어를 보충설명해 주는 말'이라고 설명하는 경우가 많은데 이는 잘못된 설명이다. 이것은 문법용어인 complement가 '보어'라는 한자어로 번역된 것을 보고, '보어'의 '보'자가 '보충하다'는 말에 쓰이는 '보'자이므로 '주격보어'는 주어를 보충설명해 주는 말이라고 어설프게 한자 뜻풀이를 한 것일 뿐이다.

complement는 '완결시키다'는 의미의 라틴어 'complere'에 명사화 접미사 '-ment'를 붙여서 만든 단어로서 문법용어로서 이것이 의미하는 것은 **'의미를 완결시키기 위해 필요한 어구 (a word, phrase, or clause that is necessary to complete the meaning)'**라는 말이다.

또한 흔히 목적어와 보어를 완전히 별개인 것처럼 구분하지만, 사실은 목적어도 보어의 특수한 한 종류이다. 목적어도 의미를 완결시키는 요소이기 때문이다. 그래서 우리가 흔히 목적어로 생각하는 어구가 영어권의 문법서적들에서는 complement로 표현되는 것을 종종 볼 수 있다.[5]

---

5 Rodney Huddleston and Geoffrey K. Pullum, *A Student's Introduction to English Grammar* (Cambridge University Press, 2005), 22-23.

* 보어를 '보충 설명하는 말'이라고 설명하는 것이 왜 잘못된 것인지, 왜 '보충하다'는 뜻의 '보'자를 써서 '보어'라고 개념화한 것인지 등 더 자세한 사항은 아래 QR 코드를 통해 팟캐스트 강의를 참조하라.

1) 상태 및 상태변화 동사

① 상태 및 상태 유지

| be | remain | stay | keep | hold |

· Gustav Klimt **was** an Austrian painter in the 20th century. His paintings **were** controversial in his time because of their sexuality and eroticism. He **stayed** focused on painting female subjects. He **kept** quiet about his private life. He **remains** famous for his masterpiece, "The Kiss." He **remains** one of the most influential artists of the modern era.

· **Stay** warm. (추울 때의 작별 인사)
· **Stay** safe. (위험한 상황이 있을 때 작별 인사)
· **Stay** put. 가만히 있어. (여기서 put은 fixed의 뜻을 가진 형용사)

· Newton's laws do not **hold** good when an object is moving close to the speed of light.

"연결동사 remain 뒤에는 부사가 아니라 형용사가 온다"는 말을 "remain 뒤에 부사가 오면 틀리다"로 왜곡해서 이해하기 쉽다.

· Jean Valjean **remained silently** in his chair, with his back turned to the door, and holding his breath in the darkness.
— 레 미제라블: 장발장 (세계 문학 BEST 영어 원서 31, BookMaker)

'to remain silent'는 다른 사람에게 무언가에 대해 발설하거나 발언하지 않는 것을 뜻하며 이때 remain은 연결동사이다. 'to remain silently + 장소'는 소리를 내지 않고 가만히 그 장소에 머물러 있는 모습을 표현하며 이때 remain은 연결동사가 아니라 일반적 자동사이다.

② 상태 변화

| become | get | go | grow | run | turn | fall | come | make |

- Obi-wan Kenobi thought that Anakin Skywalker would **make** a good Jedi knight. But as he **grew** older, he **became** evil. He **turned** traitor against the Jedi and **became** Darth Vader. When Darth Vader met Luke Skywalker, he **came** clean and told Luke that he was his father.

(1) become: 변화를 묘사하는 가장 대표적인 동사로서 광범위하게 사용된다.
- He **became** a lawyer.
- It's **becoming** dark and cold.

(2) get: 회화에서 널리 쓰인다. 과거분사와 함께 상태변화를 표현할 때가 많다.
- I **got** exhausted when I finished the work.
- The days **get** shorter after the Summer Solstice.

(3) go: 바람직하지 않은 상태로의 변화를 주로 표현한다.

| go bad 상하다, 악화되다 | go blind 시력을 잃다 | go gray 머리가 세다 | go crazy 미치다 |
| go bald 대머리가 되다 | go bankrupt 파산하다 | go wrong 잘못되다 | go flat (타이어가) 펑크 나다 |

- He **went** deaf at the age of 20.
- Some people **go** gray in their 30s.
- This milk has **gone** bad.
- Something is **going** wrong.
- A tire on my car has **gone** flat. 내 차 타이어 바람 빠졌어.
- This cola has **gone** flat. 이 콜라 김빠졌어.

(4) **grow**: 시간이 흐름에 따라 점진적으로 변하는 것을 묘사한다.

| grow angry 점점 화가 나다 | grow big 점차 커지다, 자라다 | grow tall 자라다, 키가 커지다 |
| grow tired 점차 피곤해지다 | grow old 나이를 먹어가다 | grow bored 점차 지루해지다 |

- My fear grew big as it grew dark.
- We don't stop playing because we grow old; we grow old because we stop playing.

— George Bernard Shaw

(5) **run**: 주로 바람직하지 못한 상태로 급격히 변하는 것을 묘사한다.

| run dry 말라 버리다 | run low 고갈되다, 떨어지다 | run short 부족해지다 | run high 폭등하다, 격화되다 |

- Food and basic supplies are running low.
- The prices for necessities are running high.

(6) **turn**: 뚜렷한 변화를 묘사한다. 색깔, 날씨, 나이의 변화에 주로 쓰인다.

| turn red 붉게 변하다 | turn pale 창백해지다 | turn cold 차가워지다, 추워지다 | turn 40 40세가 되다 |

- His mother is about to turn 60.
- The leaves of some trees turn yellow or red in fall.

turn은 무관사의 명사 보어를 취하여 직업, 신분 등의 변화를 표현할 수 있다.

| turn traitor 배신자가 되다, 배신하다 | turn politician 정치가가 되다 |

- She was a singer before turning businessperson.
- He used to be a left-wing activist, but has turned far-right politician.

(7) fall: 어떤 상태로 빠져드는 것을 묘사한다.

| fall asleep 잠들다 | fall ill 병이 나다 | fall silent 고요지다, 침묵에 빠지다 | fall short ~이 부족하다 |

- He fell asleep during the flight.
- My foot has fallen asleep. 나 발 저려.
- The audience fell silent as the play began.
- The results fall short of our expectations.
- Many workers have fallen victim to restructuring.
- Sea lions easily fall prey to sharks and killer whales.

(8) come: 일부 관용표현에서 연결동사로 사용된다.

| come clean 털어 놓다 | come loose 헐거워지다 | come true 실현되다 | come right 제대로 되다 |

- His dream came true.
- Don't worry. Everything will come all right.

(9) make: 명사 보어를 취하여 be나 become의 뜻으로 사용될 수 있다.

- A bottle of good wine can make a decent house warming gift.
- He is a humorous and sensitive guy. I think he will make a good husband.

⟨break bad⟩

break는 일반적으로는 연결동사로 쓰이지 않으나 관용표현인 'break bad'에서는 상태변화를 뜻하는 연결동사로 쓰인 것이다. 돈이나 쾌락 등을 위해 사회적·도덕적 규범의 테두리를 깨고(break) 범죄나 타락의 길로 들어서는 상태(bad)가 되는 것을 표현한다.

- He used to be a nice boy, but **broke bad** after he entered high school.

ㄹ) 감각동사

| look | smell | sound | taste | feel |

① 감각동사 + 형용사

A: Umm, **smells** good! What are you making?

B: I'm baking some cookies. It's almost done. Wait a sec. Here you go. Try some.

A: Wow, they **look** delicious! I love freshly baked cookies.

B: So, how is it? Does it **taste** OK?

A: It **tastes** nutty and sweet. And it **feels** a little crunchy outside and soft inside.

B: I **feel** happy when you enjoy my food. I can bake some more this weekend if you want.

A: **Sounds** great!

(1) look: 주어가 화자 또는 다른 사람들에게 어떻게 보이는가를 묘사한다.

- "How do I **look**?" "You **look** phenomenal!"
- You **look** down. What's wrong?
- I buy expensive suits. They just **look** cheap on me. — Warren Buffett
- A fool tries to **look** different: a clever man **looks** the same and is different.

　　　　　　　　　　　　　　　　　— The Thirty-Nine Steps / John Buchan

Cf) A: You don't **look** your age. 그 나이로 안 보이세요.

　　 B: Yeah, I get that a lot. 네, 그런 말 많이 들어요.

(2) smell: 어떤 냄새가 나는지를 묘사하거나 냄새를 맡는 행위를 표현한다.

A: **Smell** this perfume. [vt] 이 향수 냄새 맡아 봐.

B: It **smells** sweet and rosy. [cop] 달콤한 장미 향 나는데.

(3) sound: 소리의 특징을 묘사하거나 다른 사람의 말에 대한 의견을 표현한다.

- The music **sounds** too **loud**. [cop] 음악 소리가 너무 커요.
- His suggestion **sounds** **reasonable**. [cop] 그의 제안은 합리적인 것 같아.
- **Sound** the emergency alarm! [vt] 비상벨 울려! This ship is sinking! 이 배 가라앉고 있어!

(4) taste: 주어의 맛을 표현하거나 맛을 보는 행위를 표현한다.

A: **Taste** this soup. [vt] 이 수프 맛 좀 봐봐. How is it? 어때?
B: It **tastes** a little bit too **salty** for me. [cop] 나한테는 약간 너무 짠 것 같아.

(5) feel

a. 주어의 감각/기분 표현 [cop]

- I **feel** happy.   · She **felt** relieved.   · I'm **feeling** tired.
- I'm not **feeling** good. 나는 기분이 좋지 않아.
- I'm not **feeling** well. 나는 몸 상태가 좋지 않아. (여기서 well은 형용사)

b. 주어의 촉감 표현 [cop]

- Her hand **felt** soft.   · My hair **feels** rough and dry.

c. 주어에 대한 화자의 느낌 표현 [cop]

- Being together with you **feels** wonderful.

d. ~를 느끼다 [vt]

- "Did you just **feel** the earthquake?" "Yes, I **felt** it."

e. ~라고 생각하다 [vt]

- I **feel** that you are hiding something from me.

f. ~에 대해 생각하다 [about 수반 자동사]

- "How do you **feel about** abortion?" "I **feel** strongly **about** the issue."

Cf) I *feel* **strong**. [cop] 건강하고 신체적으로 강하다는 느낌을 가지고 있음을 표현.

I *feel* **strongly** *about* it. [vi] 그것에 대해 강력한 견해를 가지고 있음을 표현.

② 감각동사 + like + NP

A: What are these? They *look like* huge, brown apples.

B: They're pears.

A: Pears? I've never seen such big, round pears before.

B: Yeah, Korean pears *look like* **big apples**. They are juicier and sweeter than Western pears. I once tasted a Western pear, but it *tasted like* **sand** to me.

A: What's this red fruit?

B: That's a persimmon. There are two kinds of persimmons. This is called hongshi, which means red persimmon. Give it a touch.

A: It *feels like* a ripe tomato.

B: Yeah, hongshi is a ripe persimmon. And this one is dangam, which means hard persimmon.

A: There are so many fruits I've never tried.

B: Why don't we pick up some persimmons and bring them to the gathering tonight?

A: *Sounds like* an idea!

3) 외양 판단과 결과 판명 표현 동사

appear	seem	prove	turn out

① appear/seem/prove/turn out + (to be) + 형용사 / 명사

seem과 appear는 모두 '~로 보인다'는 뜻으로서 거의 동일한 의미이다. appear는 좀 더 격식적 표현이며 말하기에서는 주로 seem이 쓰인다. 'appear + 명사구' 형태는 어색하며 to be를 사용하는 것이 좋다. 말하기에서는 'seem like + 명사구' 표현도 자주 쓰인다.

- Susan seems (to be) a very intelligent woman.
- Susan appears to be a very intelligent woman.
- Susan seems like a very intelligent woman.
- The current economic situations seem (to be) very challenging, but some economic indicators appear (to be) improving.

turn out과 prove는 모두 '~로 드러나다, ~로 판명되다'는 의미이다. prove는 '~를 증명하다'는 의미의 타동사로도 쓰이고 '~로 증명되다, 드러나다'는 의미의 연결동사로도 쓰이므로 유의하라.

- The stockbroker has turned out to be a fraud.
- Catherine the Great of Russia proved (to be) a great leader.
- Tax cuts for the wealthy turned out (to be) ineffective and unfair. The wealth of the super-rich hardly trickled down to the poor and the trickle-down theory simply proved (to be) wrong.

〈탐구문제 1〉

- His decision appeared sudden. ○
- A deer appeared suddenly in front of my car. ○
- Trees grow tall in the forest. ○
- Trees grow slowly in the cool climate. ○
- The music sounded loud. ○
- The bell sounded loudly. ○

appear, grow, sound는 연결동사이고 그 뒤에는 주격보어가 와야 하는데 주격보어는 부사가 아니라 형용사가 되어야 하므로 위에서 부사가 온 문장들의 경우는 틀린 것이 아니냐고 생각하는 학생은 왜 그와 같이 생각하는 것이며 무엇을 잘못 알고 있는 것인가?

② It + appear/seem/prove/turn out + (to be) + 형용사 / 명사 + that ~

- It **seems** [**appears**] (to be) **true** **that** they are seeing each other.
- It has **turned out** [**proved**] (to be) **true** **that** they are seeing each other.
- It **seems** [**appears**] (to be) just **a rumor** **that** they are seeing each other.
- It has **turned out** [**proved**] (to be) just **a rumor** **that** they are seeing each other.

③ It + appear/seem/turn out + that ~

appear, seem, turn out 뒤에 that절이 바로 연결될 수도 있다. '~인 듯이 보이다' 또는 '~라는 사실이 드러나다'는 의미이다.

- It **appeared that** Kyle went to the movies with another girl.
- It **seemed that** Kyle was cheating on his girlfriend.
- It has **turned out that** the girl is actually his cousin.

- The DNA evidence **has proved** **that** the semen found in the victim's body belongs to him.
  (여기서 prove는 연결동사가 아니라 타동사)
- It **has been proved** **that** he committed the crime.
  그가 그 범죄를 저질렀다는 것이 증명되었다. (it은 가주어)
- ≠ It **has proved** **that** he committed the crime.
  그것은 그가 그 범죄를 저질렀다는 것을 증명하였다. (it은 진주어)

4) 유사연결동사와 유사보어

① 유사보어와 부사구

· Mozart died.

위 문장은 주어와 자동사로 이루어진 문장이다. 완결된 문장이므로 여기에 어구가 더해진다면 부사구인 것이 일반적이다.

· Mozart died <u>in Vienna in 1791</u>.
　　　　　　　　부사구

그런데 부사구가 아니라 'young'이라는 형용사가 오면 '유사보어'가 된다.

· Mozart died <u>young</u>.
　　　　　　　유사보어

유사보어는 형용사로서 명사를 묘사하지 동사를 수식하지 않는다. 즉, 'young'은 동사인 'died'를 수식한다고 볼 수 없다. 사람이 젊은 것이지 죽는 행위가 젊을 수는 없기 때문이다.

· Mozart died <u>when he was **young**</u>.

위와 같이 표현하면 young이 주어인 he (= Mozart)의 주격보어임을 볼 수 있다. 그런데 "Mozart died young."에서 'young'은 'when he was young'을 표현하는 것이므로 부사적 수식어의 성격을 가진다. 그런데 그렇다 하더라도 부사구라고 하기 애매하다. young이 동사를 직접 수식하는 것도 아니고 주어를 서술해 주고 있기 때문이다. 그래서 이것을 '유사보어'라고 부르며 별도의 특징을 가진 것으로 보는 것이다. 이와 같이 유사보어는 보어와 부가적 수식어구의 경계가 언제나 선명한 것은 아니라는 점을 보여준다. 형용사뿐 아니라 명사구도 유사보어로 쓰인다.

· Mozart **died** a pauper.　　　· She **returned** home a different woman.

② 유사보어의 쓰임

(1) sit, stand, lie: 어떠한 상태로 앉아 있고, 서 있고, 놓여 있는지 표현
· The boy was sitting calm and quiet.
· A big advertisement board sits fixed on the wall of the building.
· The Statue of Liberty stands tall on Liberty Island.
· After the race, he lay exhausted on the ground.
· The sculpture was lying broken on the floor.

(2) arrive, return, come, leave, go, run, escape, emerge: 가거나 왔을 때 어떠한 상태인지 표현
· He went alive to the hospital, but returned dead.
· The clock I ordered on-line arrived damaged.
· The sun emerged red on the horizon.
· Few soldiers came safe after the battle.
· The children have escaped unhurt from the fire.
· I had walked into that reading-room a happy, healthy man. I crawled out a decrepit wreck.
— Three Men in a Boat / Jerome K. Jerome

나는 행복하고 건강한 사람으로서 저 독서실에 걸어 들어갔었다. 그리고 쇠약한 만신창이가 되어서 기어 나왔다.

4

이중타동사

Jessy gave **me** **an apple**.
　　　　　간접목적어　직접목적어

　　이중타동사(ditransitive verbs)란 2개의 목적어를 가지는 동사를 말한다. 대부분 누군가에게 어떤 대상을 주거나 전달한다는 의미를 가진다. '누구에게' 주는지 표현하는 부분을 간접목적어라고 하고, '무엇을' 주는지 표현하는 부분을 직접목적어라고 한다. 하나의 목적어만을 취하는 동사는 단순타동사(monotransitive verbs)라고 한다.

〈이중타동사의 유형〉

직접목적어			동사
명사구	기본형	전달수여 (to)	award, bring, feed, get, give, grant, hand, leave, lend, mail, offer, owe, pass, pay, play, post, promise, read, rent, send, serve, show, take, teach, tell, text, write
		혜택수여 (for)	bake, book, bring, build, buy, choose, cook, find, fix, get, knit, make, order, paint, pick, play, prepare, read, reserve, save, spare, sing, write
		유도 (of)	ask
	비수여	이중구조	wish, envy, forgive, pardon, cost, fine, save, spare

직접목적어				동사
명사절	that절	기본형	이중구조	[요구] ask, order [약속] promise [메시지 전달] tell, email, text [정보·지식 전달] show, teach, write
		추가형	이중구조	[조언] advise [메시지 전달] inform, notify, remind [경고] warn [확신·설득] assure, convince, persuade
	의문사절	기본형	이중구조	[의문] ask [메시지 전달] tell, email, text [정보·지식 전달] show, teach, write
		추가형	이중구조	[조언] advise [메시지 전달] inform, notify, remind
명사구		특수형	전치사구조	bestow, confer, carry, deliver, donate, introduce
명사구 명사절				suggest, propose, acknowledge, admit, explain, describe, demonstrate, prove, report, state, remark, say, mention, confess, announce, complain, recommend, reveal

1) 기본형 이중타동사

명사구를 직접목적어로 취하는 이중타동사들 중 전달수여동사, 혜택수여동사, 유도동사를 합하여 **기본형 이중타동사**로 분류할 수 있다. 기본형 이중타동사는 이중타동사의 대부분을 차지하며 가장 전형적인 특징을 보인다. 이 동사들은 'IO + DO'의 어순으로 목적어가 배열되기도 하고, 간접목적어에 전치사를 사용하여 'DO + IO'의 어순으로 배열되기도 한다. 'IO + DO'의 어순으로 목적어가 배열된 구조를 '**이중구조** (Double Object Construction)'라고 하고, 'DO + IO'의 어순으로 목적어가 배열된 구조, 즉 전치사구로 간접목적어가 표현된 구조를 '**전치사구조** (Prepositional Object Construction)'라고 한다.

- He gave **me** a **pen**. [이중구조]
- He gave **a pen to me**. [전치사구조]

여기서 'to me' 즉 받는 사람을 표현하는 전치사구를 무엇으로 볼지에 대해서는 여러 시각이 있다. 일본식 영문법은 수여 대상이 전치사구로 표현된 것을 간접목적어로 보지 않고 부가적 수식어로 본다. 영미권의 일반적 영문법 교육에서는 간접목적어로 보고 있으며 보어로 보는 시각도 있다.[6]

---

6 Huddleston and Pullum, *A Student's Introduction to English Grammar*, 72.
Michael Swan, *Practical English Usage*. 3rd ed. (Oxford University Press, 2005), 603.

보어로 보는 것이 학술적으로는 엄밀하겠으나, 학습자 입장에서는 이해하기 쉽지 않으므로 이 책에서는 의미 중심으로 접근하여 전치사구로 표현된 것도 간접목적어로 보는 일반적 시각에서 설명하겠다.

① 전달수여동사 (dative verbs)

전달수여동사는 전치사구 구조에서 to를 사용하여 간접목적어를 표현한다.

- The cosmetics shop offers customers many sample packets. [이중구조]
                                   IO   DO
- The cosmetics shop offers many sample packets to customers. [전치사구조]
                                    DO   IO

(1) [주다] give, hand, pass, take, offer, serve
- I gave him some money. → I gave some money to him.
- I offered the guest a cup of tea. → I offered a cup of tea to the guest.

(2) [빌려 주다] lend, rent
- She lent me her bike. → She lent her bike to me.
- He rented me his apartment. → He rented his apartment to me.

(3) [보내 주다] send, mail, post
- He sent her some flowers. → He sent some flowers to her.

(4) [주기로 약속하다] promise
- He promised me a nice gift. → He promised a nice gift to me.

(5) [금전 관계] pay, owe
- I owe her $10,000. → I owe $10,000 to her.
- I have to pay her $10,000. → I have to pay $10,000 to her.

(6) [메시지, 정보, 지식 등을 주다] tell, teach, show, email, text

- I told them an interesting story. → I told an interesting story to them.
- She teaches us modern history. → She teaches modern history to us.
- Text me your new address. → Text your new address to me.

② 혜택수여동사 (benefactive verbs)

혜택수여동사는 전치사구 구조에서 for를 사용하여 간접목적어를 표현한다.

- Parents buy their children a lot of toys during the holiday season. [이중구조]
                       IO   DO
- Parents buy a lot of toys for their children during the holiday season. [전치사구조]
              DO   IO

(1) [사 주다] buy

- I bought her a T-shirt. → I bought a T-shirt for her.

(2) [만들거나 손질해서 주다] make, build, knit, cook, bake, fix, fry, paint

- He made me a paper rose. → He made a paper rose for me.
- He cooked me some pancakes. → He cooked some pancakes for me.
- I'll fix you some coffee. → I'll fix some coffee for you.

(3) [대신 해 주다] choose, pick, find, order, book

- He found us a nice restaurant. → He found a nice restaurant for us.
- He booked us a table. → He booked a table for us.
- He chose us a good wine. → He chose a good wine for us.

③ 유도동사 (eliciting verbs)

유도동사는 전치사구조에서 of를 사용하여 간접목적어를 표현한다. 현대영어에서 이중타동사로 쓰이는 유도동사는 ask뿐이다.

- The moderator asked <u>the candidates</u> <u>some tough questions</u>. [이중구조]
          IO   DO
- The moderator asked <u>some tough questions</u> <u>of the candidates</u>. [전치사구조]
          DO   IO

글쓰기나 격식적 상황에서는 ask를 전치사구조로 사용하기도 하지만, 일반적으로는 선호되지 않는다. 일상적 말하기에서는 "May I ask you a question?"과 같이 표현하는 것이 일반적이며, "May I ask a question of you?"로 표현하는 것은 드문 일이다. 단, 수동태 및 일부 관용 표현에서는 어느 정도 자주 쓰이는 편이다.

- <u>Some tough questions</u> were asked <u>of the candidates</u> by the moderator.
- May I <u>ask</u> <u>a favor</u> <u>of you</u>?
- Maybe I'm <u>asking</u> <u>too much</u> <u>of you</u>, but I would greatly appreciate it if you could help me with this matter.

* 유도동사의 의미 및 유도동사에 of가 쓰이는 이유 등 더 자세한 사항은 아래 QR 코드를 통해 팟캐스트 강의를 참조하라.

(a) May I ask a question <u>of</u> you? O   (b) May I ask a question ~~to~~ you? x

(a)와 같이 ask에는 of를 사용하는 것이 일반적이며 (b)와 같이 to를 사용한 것은 받아들여지지 않는다. 단, 수동태일 때는 to도 상당히 널리 쓰이고 있다.

- Several months later, more questions **were asked** of top recruiters from 10 countries deemed to be active employers.

  — "Asian Schools Jump in Rank," 〈The New York Times〉 October 24, 2012.

- Unnecessary questions **were asked** to every member of the coaching staff.

  — "Galatasaray complain of customs and exercise," 〈Guardian〉 September 28, 1999.

④ to와 for의 의미 차이

to는 '누구에게 전달되는가'에 초점을 두는 반면, for는 '누구에게 이익, 혜택, 서비스, 즐거움 등이 돌아가는가'에 초점을 둔다. 예를 들어 "He gave a book to Debby."는 그가 책을 데비에게 **전달**하였다는 사실에 초점을 둔다. "He bought a book for Debby."는 그가 책을 고르고 값을 지불하고 그것을 데비에게 가져다주었다는 의미이며 그 행위가 상대방을 **위해** 이익, 혜택, 즐거움을 주기 위한 행동이라는 점에 초점을 둔다. for 역시 전달의 의미를 함축하는 경우가 많으나, 그 전달물이 '상대방을 위한 주어의 혜택'이라는 점에 중점을 두어 표현하는 것이다. 또한 전달이 완료되지 않은 상황에서도 쓰일 수 있는데, to는 실제 전달받는 대상을 표현하는 반면 for는 혜택을 전달하고자 하는 대상(the intended recipient)을 표현하기 때문이다.

- "What's that?" "It's a book. I **bought** it for Debby. I hope she likes it."

⑤ 전달수여동사로도 쓰이고 혜택수여동사로도 쓰이는 이중타동사들

(1) get

- His secretary **got** him the ticket. [이중구조]
- His secretary **got** the ticket to him. (다른 곳에 놓여 있던 티켓을 이동시켜 가져다준 것을 의미)
- His secretary **got** the ticket for him. (노력과 시간 등을 들여 티켓을 구해다 주었다는 의미)

(2) bring

- She **brought** us some cookies. [이중구조]
- I **brought** the receipt to the manager. (전달 대상이 누구인지 표현)
- I **brought** some cookies for her. (누구를 위해 가져왔는지 표현)

(3) read

- My grandmother used to **read** me a bedtime story. [이중구조]
- He **read** a story book to his daughter. (글을 소리 내어 읽어서 들려줄 때)
- Could you **read** this for me? I don't have my glasses right now.

   (대신 읽어 주는 상황, 대신 읽고 뜻을 파악해 주는 상황 등에서)

(4) write

- He **wrote** me a letter. [이중구조]
- She **wrote** a letter to the editor of the newspaper. (글의 수신자 표현)
- She **wrote** a thank-you card for her teacher. (누구를 위해 썼는지 표현)
- The doctor **wrote** a Christmas card for the blind patient. (누구 대신 썼는지 표현, on behalf of)

❻ 이중구조와 전치사구조의 차이

이중구조와 전치사구조는 의미 자체는 거의 같을지 모르나, 정보를 배열하는 순서가 다르기 때문에 그에 따라 담론에 있어서의 기능이 다르다. 영어에서는 발음에 있어서 강세가 주어지고 의미에 있어서 초점이나 강조가 주어지는 부분 그리고 상세하고 긴 부분을 무게감 있는 어구라고 할 수 있는데, 무게감 있는 어구는 뒤에 배치되는 경향이 있다.

(1) 질문에 대한 대답이 되는 부분은 초점이 주어지므로 뒤로 보낸다.

A: **What** did Mr. Swanson give to you?

   스완슨 씨가 당신에게 무엇을 주었습니까?

B: He gave me **a box of cash**. [선호되는 구조]

   그는 저에게 현금 한 상자를 주었습니다.

A: **Who** did you send the money to?"

   당신은 그 돈을 누구한테 보냈습니까?

B: I sent the money **to the chief secretary**. [선호되는 구조]

   저는 그 돈을 비서실장한테 보냈습니다.

(2) 상세하고 긴 부분은 뒤로 보낸다. (길면 길수록 앞에 배치되면 어색함)

- I sent a postcard to my older sister living in Los Angeles. [선호되는 구조]
- I sent my older sister living in Los Angeles a postcard. [어색한 구조]

- I gave her a piece of bread and a cup of coffee. [선호되는 구조]
- I gave a piece of bread and a cup of coffee to her. [어색한 구조]

(3) 인칭대명사는 너무 가벼우므로 뒤에 배치하지 않는다.

- He gave his brother it. ✗
- He gave it to his brother. ○

- I sent the client them. ✗
- I sent them to the client. ○

그런데 다음을 보자.

- There's no escape. / I can't wait. / I need a hit. / Baby, give me it. / You're dangerous. / I'm loving it. — Toxic / Britney Spears

'give me it'은 위 노래에서는 어색하게 들리지 않는다. 이것은 노래 속에서 it에 강세를 주어 길게 발음하기 때문이다. 평소에는 it에 강세를 주고 장음으로 발음하지 않기 때문에 'give me it'은 대단히 어색하다. 그런데 위 노래에서는 서너 음절 정도의 한 문장을 한 단위로 하여 각각의 마지막 부분에 강한 박자가 주어진다. 이렇게 리듬에 맞추어 it에 강세를 주어 길게 발음하여 노래를 부르기 때문에 어색하게 들리지 않는 것이다.

부사 수반 타동사에서 대명사가 부사 앞에 위치하는 것도 같은 원리이다.

· I **looked up** it. OOo [어색함]　　　　I **looked** it **up**. OoO [자연스러움]

이와 같이 발음과 강세가 문법과 연결된 경우들은 상당히 많다. 문법은 논리적 원칙에서 비롯되기도 하지만, 특정 방식의 발음, 인토네이션, 강세, 리듬에 대한 선호나 회피에서 비롯되기도 한다. 언어학자 Halliday는 다음과 같이 말한다. **"영문법을 전체적으로 살펴보고자 한다면, 가장 먼저 반드시 음운론을 살펴봐야 한다. 왜냐하면 운율의 방식으로 구현되는 문법적 시스템들이 있기 때문이다."**[7] 언어는 기본적으로 말(speech)에서 비롯된 것이다. 원어민들이 모종의 심리적 이유에서 말을 할 때 좀 더 편하다고 느껴지는 방식이 선택되고, 발음하기 귀찮거나 어색하게 들리는 방식이 도태되면서 문법이 형성되기도 하는 것이다. 그 '모종의 심리적 이유'는 논리로 설명할 수 없는 경우가 많다. 사람들은 흔히 문법을 논리학과 비슷한 것이라고 생각하지만 사실 문법은 심리학에 더 가깝다. 문법에 논리적인 부분이 있다면 그것은 인간의 정신 속에 논리적인 부분이 있기 때문이며, 문법에 그토록 비논리적인 부분이 많은 것도 인간의 정신 속에 비논리적인 부분이 많기 때문이다. 언어와 문법은 인간의 정신 속에서 나온 것이며 그래서 어학은 본질적으로 인문학이다. 규칙성과 법칙성만으로 인간을 이해할 수 없듯이, 문법도 그런 식으로만 이해할 수 없다. 문법에 대한 이해는 인간의 심리에 대한 이해이며, 어떻게 말하는 것이 더 자연스럽게 들리는지에 대한 원어민의 심리를 이해하기 위해서는 이성과 논리로 규칙성을 외우는 것이 아니라, 많이 듣고 많이 따라 읽어 보며 자신도 그것을 느낄 수 있어야 한다. 따라 읽으며 언어의 리듬감에 익숙해져서 어떻게 발음하는 것이 편하고 어떻게 발음하는 것이 어색하게 들리는지를 느낄 수 있는 직관을 가진 학습자와, 무엇 다음에 무엇이 오면 틀리고 무엇이 와야 올바르다는 문법 규칙을 암기하는 학습자는, 영어 실력에 있어 하늘과 땅 차이일 수밖에 없다. 그래서 소리 내어 읽기, 즉 낭독은 외국어 학습에 도움을 주는 매우 중요한 방법이다.

7　M.A.K. Halliday, *An Introduction to Functional Grammar*. 3rd ed. (Hodder Arnold, 2004), 11.

ㄹ) 비수여적 이중타동사

| wish | envy | forgive | pardon | save | spare | cost | fine |

이중타동사 중 일부는 수여를 의미하지 않는다. wish는 소망을 뜻하므로 수여와 의미가 완전히 반대된다고 할 수는 없으나, 실제로 무언가가 전달되는 것이 아니라 마음만 표현하는 것이므로 비수여적이다. 그런데 wish 이외의 비수여적 이중타동사들은 안 주는 정도 아니라 **제거, 소멸**의 의미를 가진다. 그래서 wish를 제외한다면 비수여적 이중타동사는 제거·소멸적 이중타동사라고 할 수 있다. envy는 상대방이 가진 것을 박탈하여 자신이 가지고 싶은 마음을 암시한다. forgive와 pardon은 용서를 뜻하는데, 용서란 상대방으로부터 어떤 잘못을 없애주는 것을 뜻한다. cost, fine은 비용이 지출되도록 하는 것이다. save와 spare는 어떤 것을 면하거나 겪지 않게 해 주는 것을 표현한다.

비수여적 이중타동사들은 전치사구조로는 쓰이지 않고 이중구조로만 쓰인다. 단, IO 없이 DO만을 취하여 단순타동사로 사용될 수는 있다. (I forgave him. I envy her.)

· We **wish** you a merry Christmas! [이중구조] O
→ We **wish** a merry Christmas ~~to you!~~ [전치사구조] X

· I **envied** my sister her talent. [이중구조] O
→ I **envied** her talent ~~to my sister~~. [전치사구조] X

· My boss **forgave** me my mistake. [이중구조] O
→ My boss **forgave** my mistake ~~to me~~. [전치사구조] X

· A college education can **cost** you an arm and a leg. [이중구조] O
→ A college education can **cost** an arm and a leg ~~to you~~. [전치사구조] X

· The police **fined** me $50 for speeding. [이중구조] O
→ The police **fined** $50 ~~to me~~ for speeding. [전치사구조] X

- Home appliances **save** <u>us</u> a lot of trouble in daily life. [이중구조] ○
→ Home appliances **save** a lot of trouble ~~to us~~ in daily life. [전치사구조] ✗

- This new treatment may **spare** <u>patients</u> painful side effects. [이중구조] ○
→ This new treatment may **spare** painful side effects ~~to patients~~. [전치사구조] ✗

단, save와 spare가 '~를 쓰지 않고 남겨두거나 확보하여 간접목적어가 사용하도록 주다'는 의미일 때는 혜택수여동사이며 전치사구조로 쓰일 수 있다.

- Please **save** <u>me</u> a seat. ○ → Please **save** a seat <u>for me</u>. ○
- This new device will **save** <u>you</u> a lot of money and time. ○
→ This new device will **save** a lot of money and time <u>for you</u>. ○
- Can you **spare** <u>me</u> a few minutes? ○
→ Can you **spare** a few minutes <u>for me</u>? ○

3) 명사절을 직접목적어로 취하는 이중타동사

① that절을 직접목적어로 취하는 기본형 이중타동사

| tell | promise | ask | teach | show | write |

- There's a girl at school who I really like. I wrote her **a letter** several days ago. ○ (NP가 DO)
- I wrote her **that I would like to be her boyfriend**. ○ (that절이 DO)
- Yesterday, she told me **the best thing I had ever heard in my life**. ○ (NP가 DO)
- She told me **that she also would like to go out with me**. ○ (that절이 DO)
- Besides, she invited me to her birthday party, so I promised her **a nice present**. ○ (NP가 DO)
- I also promised her **that I would be a really good boyfriend**. ○ (that절이 DO)

- Life has taught us that love does not consist in gazing at each other, but looking outward together in the same direction. — Antoine de Saint-Exupery

② that절을 직접목적어로 하는 추가형 이중타동사

| inform | notify | remind | advise | assure | convince | persuade | warn |

추가형 이중타동사는 명사구가 목적어인 경우는 이중타동사로 쓰이지 않으나, that절이 목적어인 경우는 이중구조의 이중타동사로 쓰일 수 있는 동사들이다. 이 동사들은 (1) 상대방에게 내용을 전달하거나 상대방을 '설득·확신시키다'라는 뜻을 가진 동사들이고 (2) 대부분 2음절의 동사들로서 비교적 격식적 낱말들이며 (3) that절이 쓰이지 않는 경우는 전치사 수반 동사로 사용되며 persuade과 convince는 to 부정사와 쓰일 수도 있다.

- He reminded [informed / notified / advised] me of the upcoming conference. ○
- He reminded [informed / notified / advised] me that the conference was coming up. ○
- He persuaded me into attending the conference. ○
- He convinced me of the necessity of attending the conference. ○
- He persuaded [convinced] me that I should attend the conference. ○
- He persuaded [convinced] me to attend the conference. ○

③ 의문사절을 직접목적어로 취하는 이중타동사

| ask | show | teach | tell | write | advise | inform | show | remind |

의문을 표현하는 동사인 ask와 지식·정보 전달을 표현하는 이중타동사들은 의문사절 또는 whether/if절을 직접목적어로 취할 수 있다.

- The nurse will inform you when you can see the test results.
- It is very rude to ask people why they are not married or why they do not have children.

'의문사 + to 부정사'가 직접목적어가 될 수도 있다.

· Maria was an aspiring singer and she asked me what to do to become a famous singer.
· I showed her where to go to find a good vocal trainer.
· The trainer taught her how to sing professionally.

whether/if절이 직접목적어로 올 수도 있다.

· People normally don't ask strangers if they are married in the Western culture.
· The spokesperson will inform the press whether the President will attend the conference.

4) that절을 목적어로 취하는 이중타동사에서 간접목적어의 필수성

① 간접목적어가 필수적인 이중타동사들

tell, inform, notify, remind	+ O + that ~	[말을 통한 단순한 내용 전달] '누구에게' 전달하는지가 중요한 사항이다.
assure, convince, persuade		[상대방에게 신뢰/확신의 감정을 불러일으키는 행위] '누구에게' 신뢰/확신을 불러일으키는지가 중요한 사항이다.

· Please remind me that I have a meeting with executives at 2 o'clock. O
→ Please remind that I have a meeting with executives at 2 o'clock. x
· The Defense Minister convinced the President that a drastic action was necessary. O
→ The Defense Minister convinced that a drastic action was necessary. x

② 간접목적어가 선택적인 이중타동사들

show, write, teach	+ (O) + that ~	[주어가 자료, 글, 설명을 제시하는 행위] that절만 있으면 일반인에게 제시한 것으로 이해 가능하다.
ask, promise, advise, warn		[주어가 자신의 요구, 의지, 충고를 표명하는 행위] that절만 있으면 일반인에게 표명한 것으로 이해 가능하다.

- The professor **teaches** (his students) **that** the global warming is a serious concern.
- Satellite images **show** (us) **that** glaciers have melted away.
- Experts **ask** (the government) **that** carbon emissions be reduced by 30%.
- Environmentalists **warn** (people) **that** the climate change may become a threat to humankind.

5) 특수 이중타동사

① 특수 이중타동사의 의미에 따른 분류

생각·의견·말의 표명 또는 전달	(1) 제안·제시: propose, suggest
	(2) 인정: acknowledge, admit
	(3) 설명·논증: explain, describe, demonstrate, prove, reveal
	(4) 의견 표명: complain, recommend
	(5) 말하다: say, report, state, remark, mention, confess, announce
사물·대상의 전달	bestow, confer, deliver, carry, donate
기타	introduce

- I never went to a modeling school and I don't **suggest** to anybody **that** they go to a modeling school. In fashion, one day you're in, the next you're out. – Heidi Klum

- The school **conferred** her an award. x → The school **conferred** an award **on her** O

② 특수 이중타동사의 특징

(1) 대부분 2음절 이상의 격식적 표현들이다. (say, prove와 같이 1음절인 경우도 있다.)

(2) 간접목적어에 전치사가 사용된다. (전치사구조로만 쓰이고 이중구조로는 안 쓰임.)
- He explained the cause of the war to the young students. O
- He explained the young students the cause of the war. x

(3) 간접목적어는 문미에 위치하는 것이 자연스럽다. 단, 직접목적어가 길면 뒤로 보낼 수 있다.
- He explained the cause of the war to the young students. O
- He explained to them the three important causes of the war. O

(4) 직접목적어가 인칭대명사일 때는 간접목적어 뒤에 오지 않는다.
- He explained it to the students. O
- He explained to the students it. x
- He explained it to them. O
- He explained to them it. x

(5) 직접목적어가 명사절일 때 간접목적어는 그 앞에 위치한다. (긴 부분이 뒤로 가도록)
- He explained to the young students that the war was caused by the rivalry between the U.S. and the Soviet Union. O

(6) 간접목적어를 표현하지 않고 단순타동사로 사용할 수 있다.
- He explained that the war was caused by the rivalry between the U.S. and the Soviet Union. O

(7) 이중구조로 표현한 것을 옳은 것으로 착각하지 않도록 유의하라.
- I recommend you this movie. x → I recommend this movie to you. O
- He introduced me his sister. x → He introduced his sister to me. O
- She explained them why she didn't come to the meeting. x
→ She explained to them why she didn't come to the meeting. O

- She suggested me that we have lunch together. x
→ She suggested to me that we have lunch together. O

6) 이중타동사 관용 표현들

- Can you give [lend] me a hand?
- We can't be sure whether she actually lied to us. We should give her the benefit of the doubt.
  - ☞ 'doubt'는 한국어 '의심'과는 다르며, 기본적으로 모름과 불확실의 뜻을 내포한다. 즉, 'doubt의 혜택을 주는 것'은 잘못을 했는지 안 했는지 정확하게 알 수 없다고 생각해 주는 것이며, 이것은 잘못이 밝혀지기 전까지는 무죄추정을 해 주는 것을 나타내는 말이다. (잘못을 저질렀을 가능성이 있다고 의심하는 것은 suspicion이다.) 일상생활에서 이러한 표현이 사용되는 것은 아직 확실하지 않은 일에 대해 사람을 비난하지 않는 태도를 나타낸다.
- Don't pass him the buck. You are the one who is in charge.
- I'll pay you a visit sometime this summer.
- Let's throw him a farewell party.

A: Are you going to apply for that job?
B: Yes, I am. I know it's a long shot, but I want to give it a shot.

5

복합타동사

1) 인식·판단: consider, think, believe, presume, suppose, deem, judge, find, diagnose

- I think him a genius.
- I consider her a good neighbor.
- The doctor diagnosed him a psychopath [psychopathic].
- I think him honest.
- I consider her trustworthy.

"No, I don't like Paris. It's expensive and dirty."

"Really? I find it so extraordinarily clean. One of the cleanest cities in all Europe."

"I find it dirty."

"How strange! But perhaps you have not been here very long."

"I've been here long enough."

— The Sun Also Rises / Ernest Hemingway

2) 부르기, 말하기: call, name, pronounce, declare, report

- We call animals that carry their young in a pouch marsupials.
- If you won't help me out when I'm in need, how can you call yourself my friend?
- They named their baby Brayden.

- Now I pronounce you husband and wife.
- The doctor pronounced him dead at 11 p.m.
- The President has declared the current situation a state of national emergency.
- They reported their little daughter missing.

⟨name A after B⟩

B의 이름을 따서 A의 이름을 짓다, A의 이름을 B와 똑같이 짓다

A: Why Koreans never **name** their children **after** themselves or their parents?
  왜 한국 사람들은 자녀의 이름을 자신이나 자신의 부모 이름과 똑같이 짓지 않는 것이죠?

B: It's because there's a naming taboo called *Pihwi* in Asian culture.
  그것은 동양문화에는 피휘라고 불리는 이름 짓기에 대한 금기가 있기 때문이에요.

⟨name A as B⟩

① A를 B로 임명하다
- The President **named** him **as** Attorney General.

② A의 이름이 (즉, 신원이) B라는 것을 밝혀내다, 확인하다 (= identify A as B)
- The police have **named** the body found in the river **as** 42-year-old Jeffrey Lester.
- The body found in the lake **hasn't been named** yet.

---

3) 상태변화동사: make, render, get, turn, paint, dye, color

위 동사들은 목적어를 무엇으로 또는 어떤 상태로 만들거나 변화시키는지를 목적보어로 표현한다. 이 유형의 동사로는 make가 대표적이며 명사와 형용사 모두 목적보어로 사용된다. render는 make와 비슷한 뜻이나 격식적 표현이다. get과 turn은 형용사만을 목적보어로 취한다. turn은 색깔의 변화를 표현하는 경우가 많다. paint, color, dye는 목적어를 어떤 색으로 칠하거나 염색하는지를 목적보어로 표현한다.

- Don't make smoking a lifetime habit.
- Some people do what makes them happy and others do what makes their lives meaningful.

- The accident **rendered** her unconscious.
- Many parents find it difficult to **get** their children **ready** for school in the morning.
- The sunset **turned** the sky **red and orange**.
- Emily **dyed** her hair **blond**.

〈make〉

1. 단순타동사: We **made** a big snowman.
2. 연결동사: I think Liz will **make** a good teacher.
3. 이중타동사: I will **make** you some sandwiches.
4. 복합타동사: The wizard **made** the prince a frog.

make가 이중타동사로 쓰인 것인지 복합타동사로 쓰인 것인지는 중의적일 수 있기 때문에 맥락을 통해 파악할 수밖에 없다. 예를 들어, "The wizard made the prince a frog."는 마법사가 왕자를 개구리로 만들었다는 의미일 수도 있으나, 마법사가 개구리 한 마리를 만들어서 왕자에게 주었다는 의미일 수도 있다. 우리가 이것을 전자의 의미로 주로 이해하는 것은 그러한 내용의 동화에 익숙하기 때문일 뿐이지, 후자의 뜻으로 해석하면 안 된다는 규칙 같은 것은 없으며 맥락에 따라서는 그러한 뜻일 수도 있다.

〈탐구문제 2〉

- Higher levels of education **make** workers more competitively. ✗
  → more competitive ○

한국식 영문법 교육에서는 위 문장이 틀린 이유에 대해 "목적격보어의 자리이므로 부사가 아닌 형용사가 와야 한다"고 흔히 설명한다. 그런데 정말로 '목적격보어의 자리'라는 것이 존재하는가? 그렇다면 아래 문장들에서는 위 문장과 달리 목적어 뒤의 자리가 '목적격보어의 자리'가 아닌 이유는 무엇인가?

- We need to **make** decisions more quickly. ○
- I will **make** you more sandwiches. ○

동사 make의 목적어 뒤의 자리에 부사구가 올 수도 있고 직접목적어가 올 수도 있다면, 그 자리를 '목적격보어의 자리'라고 설명하는 것이 타당한가? 한국식 영문법 교육에서는 왜 이런 식의 설명이 만들어지는 것이고 그 문제점은 무엇인가?

(4) 사람의 지위 부여: elect, appoint, name, vote

사람을 어떤 지위, 직책, 신분 등으로 선출, 임명, 지명하거나 만드는지를 목적보어로 표현하는 복합 타동사들이 있다.

- We've elected him Chairman of the Council.
- The President appointed her Secretary of State.
- The Queen named him Prince of Wales.
- Korean netizens have voted her the most attractive K-Pop idol.

5) 상태유지동사: keep, leave

- We should keep the baby warm.
- Please keep clean the bathroom and the kitchen.
- Please leave the door open.   · Leave me alone!

6) 기타

① 증명: prove	· Andrew Wiles proved Fermat's Last Theorem correct.
② 선호: want, prefer, like	· I want my coffee black. · Would you like your tea iced or hot?
③ 표시: mark, label	· He marked the answer correct. · She labeled the bottle "Poison."

- When you take a test, be sure to mark your answers correctly. (correctly는 부사로서 수식어)
  시험을 볼 때 답을 꼭 정확히 마킹하세요.
- The computer may not mark half filled answers correct. (correct는 형용사로서 목적보어)
  컴퓨터는 (답안지에서 답을 기입하는 동그란 부분이 사인펜으로) 절반만 채워진 답을 옳은 것으로 표시하지 않을 수도 있습니다.

> 한국에서는 O나 동그라미가 무언가가 옳다는 표시로 사용된다. 그러나 이것은 한국과 일본을 비롯한 몇몇 나라의 문화적 관습일 뿐이다. 영어권에서는 O가 올바름을 의미하는 기호로 사용되지 않으며, 그래서 'OX quiz'라는 표현도 쓰이지 않는다. 영미권에서는 check mark (✔)가 올바름 또는 확인을 뜻한다. 틀림을 뜻하는 기호로는 영미권에서도 X를 사용한다.
>
> · 2+3=5 ✔   · 2+3=7 x

7) 복합타동사가 쓰이는 표현들

- The bullies beat him unconscious in the restroom.
- I cut my thumb nail too short and it hurts.
- A mosquito kept buzzing near my ear while I was in bed and it drove me crazy.
- I shook him awake and said "Get up and eat!"
- He had to shoot the tiger dead to rescue the child.
- Can you crack an egg open with one hand?
- Scrub this skillet clean.   · Wipe your mouth clean with a napkin.

8) 가목적어가 쓰이는 복합타동사: consider, believe, suppose, find, think, make 등

- I consider it important to have good friends.
- The development of birth control has made it possible for women to plan their pregnancies.
- If I had my life to live over again, I would make it a rule to read some poetry, listen to some music, and see some painting or drawing at least once a week. — Charles Darwin

9) 목적보어에 as가 사용되는 복합타동사

elect	A (as) B	A를 B로 선출하다	designate	A (as) B	A를 B로 지정하다
select	A (as) B	A를 B로 선택하다	classify	A as B	A를 B로 분류하다
choose	A (as) B		define	A as B	A를 B로 정의하다
appoint	A (as) B	A를 B로 임명하다	deride	A as B	A를 B라고 조롱하다
name	A (as) B		reveal	A as B	A가 B라고 드러내다
consider	A (as) B	A를 B로 여기다, 간주하다	mistake	A as B	A를 B로 착각하다
deem	A (as) B		talk of	A as B	A를 B라고 말하다
count	A (as) B		speak of	A as B	
regard	A as B		call	A (as) B	A를 B라고 부르다
see	A as B		refer to	A as B	
view	A as B		describe	A as B	A를 B로 묘사하다
perceive	A as B		depict	A as B	
think of	A as B		portray	A as B	
acknowledge	A as B	A를 B라고 인정하다	characterize	A as B	

· We've **chosen** Billy **as** our leader.
· We **regard** Billy **as** earnest and responsible.
· We often **refer to** him **as** Captain Billy.
· People **describe** him **as** tall and stout.
· I **define** a good leader **as** someone who can create harmony.

6 사역동사와 지각동사

1) 사역동사

〈사역동사의 종류〉

O + to do	compel 강요하여 ~가 ~하게 하다	convince 설득하여 ~가 ~하게 하다
	inspire 영감을 주어 ~가 ~하게 하다	direct, instruct 지시하여 ~가 ~하게 하다
	allow, permit ~가 ~하도록 허락하다	help ~가 ~하는 것을 도와주다
	get, cause, prompt, set ~가 ~하게 하다, ~하도록 만들다, 야기하다	
O + to do O + into -ing	entice 유혹하거나 부추겨서 ~가 ~하게 하다	bribe 뇌물을 주어 ~가 ~하게 하다
	persuade 설득하여 ~가 ~하게 하다	provoke 자극·도발하여 ~가 ~하게 하다
	coerce, force 강요하여 ~가 ~하게 하다	hassle, nag 귀찮게 졸라서 ~가 ~하게 하다
	press, pressure, push 압력·압박을 가하여 ~가 ~하게 하다	
O + into -ing	rush 재촉하여 ~가 ~하게 하다	talk 말로 설득하여 ~가 ~하게 하다
	brainwash 세뇌시켜 ~가 ~하게 하다	goad, sting 자극하여 ~가 ~하게 하다
	strong-arm 강압적으로 ~가 ~하게 하다	deceive, trick, fool 속여서 ~가 ~하게 하다
	tempt, cajole, sweet-talk 유혹하고 꼬드겨서 ~가 ~하게 하다	
	blackmail, intimidate, browbeat, threaten 협박·위협하여 ~가 ~하게 하다	
O + 원형부정사	let ~가 ~하도록 허락하다, ~가 ~하게 하다	have ~가 ~하게 하다, ~에게 ~를 시키다
	make ~가 ~하도록 만들다	help ~가 ~하는 것을 도와주다
O + -ing	get, have, set, send ~가 ~하게 하다	start ~가 ~를 시작하게 하다
O + -ed	have, make, get ~가 ~되도록 하게 하다	

causative verbs는 통상 **사역동사**使役動詞로 번역되며, 흔히 make, have, let이 있고 준사역동사 help가 있다고 가르쳐진다. 여기에 to 부정사를 사용하는 사역동사 get이 있다는 사항이 추가되기도 한다. 이 동사들은 매우 빈번히 쓰이는 중요한 사역동사들이기는 하지만 사실 사역동사의 일부에 지나지 않는다.

사역동사는 '주어가 누구로 하여금 어떠한 행위를 하게 하다'는 의미를 가진 동사를 일컫는 말이다. 동사 자체에 특정 동작 유발의 의미가 내포되어 있는 경우, 이를 'lexical causative verbs(어휘적 사역동사)'라고 한다. 예를 들어, rise―raise는 주동과 사동의 관계이며, raise는 'to make sth rise'의 뜻이므로 목적어에게 어떤 동작이나 행위를 하게 하는지가 의미 자체에 포함되어 있는 어휘적 사역동사이다. 일반적 사역동사에서는 목적어에게 어떤 동작을 하게 하는지가 to 부정사, 전치사구, 원형부정사, -ing, -ed로 표현된다.

① let

let은 목적어 뒤에 원형부정사가 쓰인다.

- Harry **let** me **use** his phone.
- The child doesn't **let** other people **touch** his toys.

A: When does the meeting start?
B: It hasn't been decided yet. I'll **let** you **know** later.

- Laws are like cobwebs, which may catch small flies, but **let** wasps and hornets **break through**. ― Jonathan Swift
  법률은 거미줄과 같다. 그 거미줄은 작은 파리들은 잡을지 몰라도, 나나니벌과 말벌은 뚫고 지나가게 해 준다.

원형부정사 이외에 부사나 전치사구가 쓰일 수도 있다.

- Don't **let** strangers **in**. 낯선 사람을 안에 들어오게 하지 마세요.
- Don't **let** strangers **in your house**. 당신의 집 안에 낯선 사람을 들어오게 하지 마세요.

의미상 수동 관계를 표현할 때는 목적어 뒤에 be -ed가 온다.

- We shouldn't **let** our children **be bullied** at school.

'Let me 동사원형'은 상대방에게 허락을 구하거나 요청을 하는 표현으로 쓰이기도 하고, 자신이 무엇을 하려고 하는지를 알려 주는 표현으로도 사용된다.

- Please, please, **let me go** to the party, Mom.
- **Let me know** when you arrive at the station.
- **Let me introduce** myself.

A: Does this soup contain mushroom? I am allergic to mushroom.
B: **Let me check** with the chef.

② have

(1) **have O do:** ~가 ~하도록 만들다 (지시·부탁하거나 대가를 지불하여 시키는 경우)

- Kate **had** her husband **do** the laundry.
- I **had** the mechanic **repair** my car.

A: May I speak to Mr. Jones?
B: I'm sorry, but he's out right now.
A: Could you please **have** him **call** me back?
B: Sure, no problem.

(2) **have O -ing:** ~가 ~하도록 만들다 (주로 설득하거나 명령하여 시키는 경우)

목적어 뒤에 원형부정사가 올 때와 -ing가 올 때의 뜻은 비슷하다. 다만, -ing는 설득하거나 지시·명령하여 시키는 경우에 주로 쓰이며 어떤 동작을 일정시간 지속하도록 시킨다는 진행의 의미를 내포하기도 한다. 또한 'I won't have ~', 'I can't have ~' 에는 -ing를 쓰는 것이 일반적이다. '~하는 것을 허용하지 않겠다', 또는 '~하도록 내버려 두지 않겠다'는 의미이다.

- The teacher **had** the students **watching** the video clip for a few minutes.
- I won't **have** you **interfering** with my business.

A: I heard Kevin was dumped by Susan.
B: He **had** it **coming**. He was two-timing her.
　☞ He had it coming. 그가 그것을 오게 했다 → 그가 그 일이 생기게 했다 → 자업자득이다, 자초한 일이다, 그래도 싸다 (= He asked for it.)

(3) have O -ed: 목적어와 목적보어가 의미상 수동의 관계

a. 목적어가 ~되도록 하다.
- I will **have** my hair **cut** tomorrow.　　・ She **had** her coat **dry-cleaned**.
- I **have** my car **checked up** every 6 months.
- He **had** his dog **treated** by a vet.

b. 어떠한 일을 겪다 또는 당하다.
- I **had** my wallet **stolen** on the subway.
- They **had** their son **killed** in the war.
- This work was strictly voluntary, but any animal who absented himself from it would **have** his rations **reduced** by half. — Animal Farm / George Orwell
  이 일은 철저하게 자발적인 일이었다. 그러나 그에 참여하지 않는 어떤 동물이라도 식량배급이 반으로 삭감되는 일을 당했을 것이다.

③ make

(1) make O do: ~가 ~하도록 만들다 (강제로 하게 하거나 원인이 되는 경우)
- Karen's mother **makes** Karen **finish** her homework before dinner.
- This movie **made** me **cry** like a baby.
- What **makes** you **think** so? 무엇이 당신이 그렇게 생각하게 만드나요? → 왜 그렇게 생각하세요?
- A lot of low-wage workers are barely **making** both ends **meet**.

- The teacher's long explanation **made** my head **spin**.

  (머리를 돌게 만들다 → 정신없게 만들다, 헷갈리게 만들다, 어지럽게 만들다)
- You can lead a horse to water, but you can't **make** it **drink**. – proverb

(2) make O -ed: ~가 ~되도록 만들다 (목적어와 목적보어가 수동의 관계)

- Sam can **make** himself **understood** in Spanish.

  샘은 스페인어로 자기 자신이 이해되도록 만들 수 있다. → 샘은 스페인어로 의사소통이 가능하다.
- Her writings **made** her **known** to the public.
- Tens of thousands of people rallied in the square to **make** their voices **heard** by the government.

④ help

- Garlic can **help** you **(to) reduce** cholesterol. ○
- Garlic can **help (to) reduce** cholesterol. ○

무엇을 도와주는지를 with + NP로 표현할 수도 있다.

- My son **helped** (me) **with the dishes**.

help는 목적어 뒤에 과거분사가 오지 않는다. be -ed 또는 to be -ed가 온다.

- Her ample experience in the field **helped** her **(to) be accepted** into one of the best graduate schools in the country.

  그녀의 현장에서의 풍부한 경험은 그녀가 그 나라 최고의 대학원들 중 하나에 입학되도록 도움을 주었다.

⑤ get (비격식적 회화에 자주 쓰임)

(1) get O to do: 설득·지시하거나 기타 능력을 발휘하여 ~가 ~하도록 만들다

- I **got** him **to tell** the truth.
- She **got** her husband **to wash** the dishes.

(2) get O -ing: 행동이나 상태를 지속하게 하거나 어떤 행동이나 동작을 시작·개시하게 만들다. 비격식적 회화에서 많이 쓰인다.

· They sometimes **get** me **working** on Sunday.
· He **got** my computer **working** again.
· Let's **get** the ball **rolling**. 일 시작합시다. (공을 굴러가게 만들다 → 일을 시작하다)
· Sugar, ah honey, honey. You are my candy girl and you **got** me **wanting** you.

— Sugar, Sugar / The Archies

(3) get O -ed: 목적어와 목적보어가 의미상 수동의 관계

a. 목적어가 ~되도록 하게 하다

· We need to **get** the carpet **cleaned**.
· I **got** the baby **washed up**.
· I'd like to **get** this shirt **refunded**. = I'd like get a refund on this shirt.

b. 겪다, 당하다

· Steve **got** his leg **broken** while playing soccer.
· I **got** my car **towed** a few days ago.

⑥ set

(1) set sb to do: (업무, 일, 과제 등으로서) ~가 ~하도록 시키다, 지시하다

· The manager **set** some employees **to rearrange** the office furniture.

(2) set sb -ing: (원인이 되어) ~가 ~하도록 만들다, 촉발하다

· The evidence **set** the jury **thinking** that he might not be the murderer.

⑦ send + O + -ing

- The financial crisis **sent** stock prices **plummeting** and the won-dollar exchange rate **soaring**.

⑧ coerce, force, pressure, persuade [O + to do / O + into -ing]

- The management **coerced** the workers **to accept** the deal. O
= The management **coerced** the workers **into accepting** the deal. O

⑨ talk, threaten, intimidate, trick + O + into -ing

- She **talked** him **into buying** a new water purifier. O
- He **threatened** her **into remaining** silent about his crime. O

Cf) He **threatened** her **with** a gun.
　　He **threatened** her **with** revealing her secrets.

(사역동사의 수동태에 관한 사항은 193~194페이지를 참조하라.)

2) 지각동사

① 지각동사의 개념

지각동사는 시각, 청각, 촉각 등의 감각을 통해 무엇인가를 인지·인식하는 것을 표현하는 동사를 말한다. 여기서는 연결동사인 감각동사는 제외한 동사만을 '지각동사'로 부르겠다.

지각동사	감각동사
look at, see, watch, behold, stare at, gaze at, observe, notice, witness, hear, listen to, feel, perceive, ~~look~~, ~~sound~~	look, sound, feel, smell, taste ~~look at~~, ~~hear~~, ~~listen to~~

② 지각동사의 쓰임

S + 지각동사 + O + 원형부정사 / -ing

지각동사는 목적어 뒤에 원형부정사나 -ing가 온다. 원형부정사는 목적어가 그 동작을 한 것, 즉 동작을 완료한 것을 지각한 것을 의미한다. -ing는 그 동작이 진행 중인 것을 지각한 것을 의미한다. 즉, -ing는 동작이 일정 시간 동안 지속된 과정 또는 어떤 동작을 여러 차례 반복하는 것을 보거나 들었다는 의미를 표현한다. 단, 원형부정사와 -ing를 굳이 엄격하게 구분하지 않고 사용하기도 한다.

- I **saw** Joey **eat** a sandwich. = Joey ate a sandwich and I saw it.
  나는 조이가 샌드위치를 먹는 것을 보았어.
- I **saw** Joey **eating** a sandwich. = Joey was eating a sandwich and I saw it.
  나는 조이가 식탁 위의 샌드위치를 먹고 있는 것을 보았어.
- He said he had **witnessed** the defendant **shoot** at the police officer.
  그는 피고가 그 경찰관에게 총을 쏘는 것을 목격했다고 말했다.
- He said he had **witnessed** the defendant **shooting** at the police officer.
  그는 피고가 그 경찰관에게 총을 쏴 대는 것을 목격했다고 말했다.
- The office was so quiet that you could **hear** a pin **drop**.
  사무실이 너무 조용해서 핀 떨어지는 소리를 들을 수 있을 정도였다.
- The mid-twentieth century **witnessed** countries across Africa **fighting** for their independence from colonial powers.
  20세기 중반은 아프리카 전역의 나라들이 식민 열강들로부터의 독립을 위해 투쟁하는 것을 목격했다. → 아프리카 전역의 나라들은 20세기 중반에 식민 열강으로부터의 독립을 위해 투쟁하였다.

- Please be quiet! I can't **hear** myself **think**!

A: Did you hear the news? The new mayor is going to double the transit fares!
B: What! I didn't **see** that **coming**.
  ☞ I didn't see that coming. 그것이 오는 것을 못 봤다. → 미처 예상하지 못한 일이다. → 내 그럴 줄은 미처 몰랐다. 완전 뒤통수친다.

③ 목적어가 동작을 받는 경우

목적어가 동작을 받는 것을 지각하는 경우에는 과거분사가 사용된다. 또한 어느 정도의 시간 동안 진행 중이고 벌어지고 있는 동작이나 사건을 목격하거나 지각한 것을 표현할 때는 being -ed를 쓴다.

- We **heard** a gun **fired** from a distance.
- We **watched** Namdaemun Gate **being destroyed** by fire.

(지각동사의 수동태에 관해서는 195페이지를 참조하라.)

7 상호동사

1) 상호동사의 기본적 쓰임

상호동사(reciprocal verbs)는 두 대상이나 집단 사이에서 서로 간에 동작이나 행위 등이 이루어지는 것을 나타내는 동사이다. 이러한 동사가 표현되는 방식은 크게 두 가지이다.

① 두 당사자 모두를 주어로 삼아 표현하는 경우

(a) Ross and Amelia kissed.
(b) U.S. officials and North Korean representatives negotiated in Singapore.
(c) His fingerprints and those found at the crime scene match.

② 한 당사자만 주어로 삼아 표현하는 경우

(a)′ Ross kissed Amelia.
(b)′ U.S. officials negotiated with North Korean representatives in Singapore.
(c)′ His fingerprints match those found at the crime scene.

(a)는 당사자 모두가 행동에 참여했다는 의미이다. 반면 (a)′는 주어가 동작을 주도하고 상대방은 수동적으로 받아들였다는 뜻으로 이해된다. (b)와 (b)′도 비슷한 의미이지만 (b)′는 주어가 좀 더 협상을 능동

적으로 주도했다는 뉘앙스를 가진다. 그러나 (c)와 (c)'는 의미 차이가 없다. (a), (b), (c)에서는 동사가 자동사로 쓰인 것이고 (a)'와 (c)'는 타동사로 쓰인 것이며 (b)'의 경우는 with가 사용된 전치사 수반 자동사로 쓰인 것이다. 따라서 상호동사는 한 당사자를 주어로 삼을 때 타동사로 쓰이는 동사와 전치사 수반 자동사로 쓰이는 동사로 나누어 볼 수 있다.

라) 상호동사의 유형

타동사형 상호동사	meet date touch kiss hug cuddle embrace match engage marry fight consult divorce			
전치사 수반형 상호동사	agree with	concur with	argue with	quarrel with
	fight with [against]	clash with	debate with	differ with [from]
	disagree with	cooperate with	collaborate with	coincide with
	correlate with	communicate with	converse with	talk with [to]
	chat with [to]	negotiate with	match with	merge with
	mix with	consult with	rhyme with	compete with

* match, consult, fight는 타동사로 쓰일 수도 있고 with와 함께 쓰일 수도 있다.
* differ with는 '~과 의견이 다르다(disagree with)'는 뜻이고 differ from은 '~과 다르다'는 뜻이다.

한 당사자 주어일 때 타동사로 쓰이는 동사를 **타동사형 상호동사**로 부르겠다. 이 동사들이 언제나 타동사로만 쓰이는 것은 아니다. 한 당사자 주어일 때 전치사가 쓰이는 동사를 **전치사 수반형 상호동사**로 부르겠다.

타동사형 상호동사들은 흥미롭게도 사람들 사이의 연애관계에서 일어나는 일들과 관련이 많아 보인다. 만나서(meet) 데이트하고(date) 스킨십도 하고(touch) 키스도 하고(kiss) 서로 안고 포옹도 한다(hug, embrace, cuddle). 그러다 둘이 서로 맞으면(match) 약혼하고(engage) 결혼한다(marry). 그러나 결혼생활이 원만치 않으면 서로 싸우다가(fight) 협의하여(consult) 이혼한다(divorce).

전치사 수반형 상호동사들은 두 사람 사이의 대화, 의견의 일치와 불일치, 협동, 경쟁, 다툼 또는 두 대상 사이의 상관관계와 일치, 섞임 등을 표현하는 단어들이다.

3) 타동사형 상호동사의 활용

① meet

- Sandra and Timothy first met at a mutual friend's house party. [두 당사자가 주어]
- Sandra first met Timothy at a mutual friend's house party. [한 당사자가 주어]

② date

- Sandra and Timothy have been dating for a long time. [두 당사자가 주어]
- Sandra has been dating ~~with~~ Timothy for a long time. [한 당사자가 주어]
- = Sandra has been going out with Timothy for a long time.
- = Sandra has been seeing Timothy for a long time.

③ engage

동사 engage는 다양한 의미를 가진 동사인데 여기서는 '약혼하다'는 뜻으로 쓰이는 경우만 살펴보겠다.

- ~~Sandra and Timothy engaged.~~ x
- Sandra and Timothy got engaged. (과거에 약혼을 했다.)
- Sandra and Timothy are engaged. (현재 약혼 상태이다.)
- Sandra engaged with Timothy.
  (약혼했다는 의미가 아님. A engage with B: A가 B를 상대하다; A가 B와 교전하다.)
- Sandra got engaged to ~~[with]~~ Timothy.
- Sandra is engaged to ~~[with]~~ Timothy.

④ marry

- Fred and Diana married last year. (격식적 표현. 회화에서는 잘 안 쓰임)
- Fred and Diana got married last year.

- Fred and Diana are married.
  - ☞ '결혼하다'라는 표현은 'get married'가 일반적이다. 그러나 기혼상태임을 나타내기 위해 "David is single, but Fred got married."와 같이 표현하는 것은 어색하다. 현재 기혼상태임은 'Fred is married.'로 표현한다. "Fred got married in 2012."과 같이 과거시제를 사용하여 과거에 일어난 일로서 표현할 수는 있다.
- Fred and Diana have been married for a year.
- Fred married [with] Diana. ◯   · Fred got married to [with] Diana. ◯
  - ☞ '~와 결혼했다'는 표현을 할 때 전치사 with는 쓰이지 않는다.
- Fred is married with two teenage girls. ◯
  - ☞ '~와 결혼하다'를 'marry with'나 'be married with'로 표현하는 것이 틀리다는 말을 'be married with'가 틀리다는 말로 곡해하는 경우가 많다. 위 문장은 '프레드는 결혼해서 10대인 두 딸을 두고 있다'는 뜻으로서 올바른 표현이다.

4) 전치사 수반 상호동사의 활용

전치사 수반 상호동사들은 두 대상 간의 동의, 부동의, 대화, 협동, 다툼 등을 표현한다. 당사자 하나가 주어로 표현되면 누구를 상대로 그러한 상황이나 행동이 벌어지는지가 with로 표현된다.

- McDonnell Douglas merged with Boeing in 1997.
→ McDonnell Douglas and Boeing merged in 1997. 맥도널 더글러스사와 보잉사는 1997년에 합병했다.

이러한 동사들은 '누가 상대방인지' 이외에도, '무엇에 관해' 동의하거나 이야기하는지, '무엇 때문에' 다투는지, '무엇을 위해' 협동하는지가 보통 표현되기 마련이다. 그리고 그러한 부분도 전치사구로 표현될 수 있다.

prep	의미	예시문	
about	~에 관하여 [비격식]	· We **argued about [on]** the plan. · We **agreed about [on]** the plan. · We **debated about [on]** the plan. · We **talked about [on]** the plan.	· I **quarreled** with him **about** it. · He **fought** with them **about** it.
on	~에 관하여 [격식]		· I **concur** with her **on** it. · They **collaborated** with us **on** it.
of	~에 관하여	· I **have been talking** with them **of** the plan.	
over	~에 관하여 ~를 두고	· We **argued over** the matter. · She **fought** with him **over** the matter.	
in	~에 있어서	· I **concur** with them **in** this perspective. · She **differs** with me **in** some details.	
for	~를 위해	· We **negotiated** with them **for** a peaceful solution. · We should **cooperate** with each other **for** good results.	
on	~로 (통신수단)	· I **talked** to him **on the phone** about the plan. · We **argued** with each other **on the Internet**.	
over	~를 마시며 ~를 먹으며	· I **talked** to her about the plan **over lunch**. · We **chatted** about the plan **over a cup of coffee**.	

시간 지칭 시스템

2

1. 시제와 시간 표현
2. modal과 시간 표현
3. 시제-상-모달 시스템
4. 단순현재
5. 단순과거
6. 완료형
7. 진행형
8. 미래시간 표현
9. 동작동사와 상태동사

1

시제와 시간 표현

1) 시제의 개념

언어가 표현하는 사건이나 상태는 시간의 흐름 속에서 말하는 시점을 기준으로 일정한 상대적 위치를 점하고 있다. 이것을 동사의 어형변화(inflection)를 통해 표현하는 문법적 장치를 시제라고 한다. 시제와 시간은 어느 정도 서로 일치하기는 하나, 반드시 상응하는 것은 아니다. 과거시제가 현재를 표현하기도 하고, 현재시제가 과거를 표현하기도 한다.

영어에 과거시제, 현재시제, 미래시제가 있다는 것이 구식 문법의 설명이었다. 그러나 **영어에는 미래시제가 없으며 현재시제와 과거시제 2가지가 있을 뿐이다.**[8] **현대 영문법은 영어에 미래시제가 없다는 것을 학술적으로 완전히 확립했다.**[9] 그러나 이것은 영어가 미래시간을 표현할 수 없다는 의미가 **전혀 아니다.** 시제는 동사의 어형변화를 통한 시간 표현으로 정의되는데, 영어는 조동사 will 및 be going to, be to, be about to 등과 같은 표현을 통해 미래 시간을 나타내거나 현재시제로 미래시간을 표현한다.

---

8 엄밀히 말하면 영어에는 '과거시제 (past tense)'와 '비과거시제 (non-past tense)'가 있다. 비과거시제는 흔히 현재시제라고 불리는데 이것은 비과거시제가 현재시간을 표현하는 경우가 어느 정도 있기 때문에 붙여진 명칭일 뿐, 현재시제가 항상 현재시간을 표현하는 것은 아니다.

9 오늘날 영미권에서 출판되는 학습용 문법교재들은 미래시제가 없다는 현대 영문법을 반영하여 'the future tense'라는 용어 사용을 회피한다. 대부분 'the future'라고만 표현하거나 때로 'the future time', 'the future form'과 같은 용어를 사용한다.

⟨will과 미래 시간 표현⟩

인간은 미래를 정확히 알 수 없으므로 미래를 서술하거나 묘사할 수 없다. 인간이 표현할 수 있는 것은 앞으로 어떤 일을 하고자 하는 **현재 시점에서** 가지고 있는 의지, **현재 시점에서** 가지고 있는 앞으로의 계획, **현재 시점에서**의 미래에 대한 추측이나 확신, 이것들뿐이다.

· I will go to the movies tomorrow.
이것은 내일 영화를 보러 가겠다는 **현재 가지고 있는 주어의 의지**를 표명한다.

· The train will start in 10 minutes.
이것은 **현재 시점에서 설정되어 있는 계획과 예정**을 표현한다.

· He will come to the meeting.
이것은 그가 틀림없이 올 것이라고 주어가 **현재 확신하고 있음**을 표현한다.

이렇게 will은 미래와 현재를 연결하는 복합적 의미를 가지고 있다.

2) 시제와 상 (the tense-aspect combination)

　시제는 말하는 시점을 기준으로 하여 사건이 시간의 흐름 속에서 어느 시점에 위치한 것인지를 표현하는 반면, 상은 사건이 시간의 흐름 속에서 어떤 양상으로 전개되는지 또는 말하는 사람이 사건의 시간에 대하여 어떠한 시각과 인식을 가지고 있는지 등을 표현한다. 영어에는 두 종류의 상이 있는데 진행 (progressive aspect)과 완료(perfect aspect)이다. 이 두 종류의 상이 조합되어 결과적으로 영어에는 단순, 완료, 진행, 완료진행이라는 4가지의 상이 있다.

3) 2시제론 vs. 12시제론

12시제론은 구식 문법의 설명으로서, 과거, 현재, 미래 그리고 단순, 진행, 완료, 완료진행이 조합되어 영어에 12개의 시제가 있다고 보았다. 그러나 현대 영문법은 과거와 현재 2가지 시제만이 있는 것으로 본다.[10] '현재완료'는 별도의 시제가 아니라 현재시제의 한 종류이고 현재시제에 '완료'라는 상(aspect)이 결합되어 있는 것이다.

12시제론은 오래전에 폐기된 구식의 이론이며 '현재완료시제'나 '과거진행시제'라는 표현은 시대에 뒤떨어진 낡은 용어이다. 이 책에서는 현재시제와 완료상이 결합한 것은 '현재완료'나 '현재완료형'으로, 과거시제와 진행상이 결합한 것은 '과거진행'이나 '과거진행형'으로 표현하겠다.

---

10 언어 자체에 아예 시제가 존재하지 않을 수도 있다. 중국어가 대표적인 예이다. 이것은 중국어가 시간표현을 하지 못한다는 것이 전혀 아니다. 중국어에도 분명히 시간 시스템이 있다. 단지 중국어는 동사를 형태 변화시켜서 시간을 표현하는 것이 아닌 언어이므로 시제가 없는 언어인 것이다. '중국어에서의 시제'에 대해서 말하는 것은 '시제'를 '시간 표현 시스템'의 의미로 사용하는 것이며 일반적으로는 그와 같이 표현하기도 한다. 그러나 엄밀히 구분하면 '시제'와 '시간 표현 시스템'은 다르다.

2 modal과 시간 표현

1) modal

조동사(auxiliary verb)는 동사의 하위 범주이다. 조동사는 상(aspect)이나 태(voice)를 표현하거나 의문문이나 부정문을 만들기 위해 사용되는데 이러한 조동사를 기본조동사라고 한다. be, have, do가 여기에 속한다. 또한 can, could, will, would, should와 같은 조동사도 있는데 이들을 일컬어 modal 또는 modal verb라고 한다. modal을 '법조동사'라고 번역하기도 하나, 이 책에서는 영어의 용어를 그대로 사용하여 modal로 표현하겠다.

2) modal과 시제

시제에 대해 다루다가 modal의 개념을 설명한 것은 modal과 시간 표현에 관해 살펴보기 위해서이다. 미래시간을 표현하는 대표적인 modal은 바로 will이다.

· I will go to the movies tomorrow.

영어의 시제는 과거와 현재만 있다고 설명했는데 그렇다면 위 문장의 시제는 무엇일까? 현대 영문법은 위 문장에 **시제가 없다고 본다.**

이에 대해 '어떻게 시제가 없을 수가 있어?'라고 생각하는 사람은, '시제'가 언어에서 시간을 표현하는 시스템이고, '내일'이라는 미래 시점에 영화를 보러 가겠다는 것을 표현하는 것이므로, 미래시제라고 하는 것이 적절하지, 시제가 없다고 하는 것은 말이 안 된다고 생각하는 것이다.

그러나 현대 영문법은 그렇게 보지 않는다. 왜냐하면 언어가 시간을 표현하는 시스템이 시제라고 여기지 않기 때문이다. 언어에는 시간 지칭 시스템(the time reference system)이 있고 시제는 **그중에서 시간을 지칭하기 위한 동사의 어형변화를** 일컫는 개념이다. 위 문장에 시제가 없다고 말하는 것은 시간 개념이 내포되어 있지 않다는 것이 아니라, 시간 표현을 위한 동사의 어형변화(inflection)가 없다는 것을 말한다. 즉, go를 어형변화시킨 것이 아니라, will이라는 modal을 go 앞에 사용하여 미래시간을 표현한 것이므로, 시제가 없고 modal이 있는 것이다. modal은 이렇게 시간 지칭 시스템을 구성하는 하나의 장치이다. 다시 말해, 영어의 시간 지칭 시스템은 시제와 modal로 이루어져 있다. (명령문 등 일부 예외를 제외한) 영어의 문장은 시제를 가지거나, modal을 가지거나 둘 중 하나이다.

물론 modal도 can-could, will-would와 같이 현재형과 과거형이 있다. 그래서 이러한 측면에서 modal에 시제가 있다는 주장도 있다. 그럼에도 불구하고 modal에 시제가 없다고 보는 이유는 modal은 독특한 특성으로 인해 시제 구분으로 설명할 수 없는 부분이 너무 많기 때문이다. 예를 들어 could를 can의 과거형으로서 '할 수 있었다'는 과거의 능력을 표현하는 것으로만 생각할 수가 없다. could는 현재시간과 미래시간을 표현하기도 하며, 격식성과 정중함을 표현하는 등, 단순히 can의 과거시제라고 하는 것으로는 설명할 수 없는 부분이 너무나 많다.

> 2시제론은 사실 그다지 어려운 부분이 아니며 12시제론과 완전히 다른 것도 아니다. 단지 현대 영문법에서는 ① '현재진행시제', '현재완료시제'와 같이 진행이나 완료라는 말이 있을 때는 '시제'라는 표현을 쓰지 않고 '현재진행', '현재완료' 또는 '현재진행형', '현재완료형'으로 표현한다는 점. ② will과 be going to를 '미래시제'가 아니라 '미래시간표현'이라고 개념화한다는 점. ③ can, must, might 등과 같은 modal이 있을 때는 시제를 따지지 않고 그 modal이 가지는 특성을 기준으로 해서 의미를 파악한다는 점. 이렇게 세 가지만 이해하면 된다. 즉, 용어를 달리 쓰는 것일 뿐이고, modal의 경우는 시제를 따지지 않고 의미에만 신경 쓰면 된다는 것이다.

3

시제-상-모달 시스템

〈동사의 시간 지칭 시스템〉

		시제		modal
		과거시제	현재시제	will
상	단순	I did it.	I do it.	I will do it.
	완료	I had done it.	I have done it.	I will have done it.
	진행	I was doing it.	I am doing it.	I will be doing it.
	완료 진행	I had been doing it.	I have been doing it.	I will have been doing it.

 영어 동사의 시간 지칭 시스템은 시제와 modal을 한 축으로 하고 상을 다른 한 축으로 하여 서로 조합을 이루는 시스템, 즉 시제-상-모달 시스템이다. 하나의 조합이 반드시 하나의 시간 표현을 하는 것은 아니다. 예를 들어 '현재진행'은 현재시간 뿐 아니라 미래시간도 표현한다. 위 표에는 여러 modal 중 will만 표시한 것이다. modal은 각기 독특한 의미의 특성을 가지고 있으므로 modal과 상이 조합되어 어떤 의미를 가지고 어떤 시간을 표현하는지는 각 modal의 특성과 맥락을 살펴야 한다.

4 단순현재

1) 시간과 무관하게 (즉, 과거, 현재, 미래 시간 모두에서) 벌어지는 일반적 동작, 현상, 상태 표현

① 반복적, 습관적, 일상적 동작 및 행위 표현

A: What **do** you eat for breakfast? 너는 아침으로 뭘 먹니?
B: I usually **eat** cereals with milk. 나는 보통 우유랑 시리얼을 먹어.
A: What **does** your father do? 너희 아버지는 뭐 하시니?
B: He **drives** a taxi. 택시 운전하셔.
A: Where **do** you work? 너는 어디서 일하니?
B: I **work** at PCN Bank. PCN 은행에서 일해.

② 일반적으로 언제나 그러한 사실 표현 (과학적 진리, 사회문화적 현상, 속담 등)

- Water **boils** at 100°C and **freezes** at 0°C. 물은 섭씨 100도에서 끓고 0도에서 언다.
- The Earth **revolves** around the sun. 지구는 태양 주위를 공전한다.
- The inability to adapt to a new culture **increases** stress level of individuals.
  새로운 문화에 적응하지 못하는 것은 개인들의 스트레스 수준을 증가시킨다.
- Two wrongs **don't make** a right. 다른 사람도 나쁜 일을 했다고 해서 자신이 한 나쁜 일이 정당화되지 않는다.

2) 현재의 상태, 인식 표현

A: **Are** you OK? You **look** pale. 너 괜찮아? 창백해 보여.
B: **I'm** OK. I just **have** a minor migraine. 괜찮아. 편두통이 살짝 있을 뿐이야.

A: My work **seems** endless. 내 일은 끝이 없는 것 같아.
B: I **understand** your frustration. 너의 답답함을 이해해.

3) 미래 시간 표현

① 확정된 계획, 일정 및 예정 표현 (보통 시간부사구와 함께)

- We **have** an important meeting tomorrow. 우리는 내일 중요한 회의가 있습니다.
- Summer vacation **begins** in just one week. 여름방학이 일주일만 있으면 시작한다.

② 시간절이나 조건절에서

- After I **give** him a ride to the airport, I'll head for my grandmother's.
- If his business **takes off** this year, he'll definitely move to a larger city.

4) 현재 벌어지고 있는 사건이나 일어나고 있는 동작 (눈앞에서 벌어지는 상황 묘사)

- There **goes** the bus. 저기 버스 간다.
- Here **comes** the train. 여기 기차 온다.

- Messi **takes** a shot. Ah, the ball **hits** the crossbar. (스포츠 중계에서)
- Now I **press** this power button. The fan **begins** to rotate. (제품을 작동시키면서 말로 설명하는 경우)

5) 과거 시간 표현

① 기사의 헤드라인에서

- President **visits** families of Orlando shooting victims.
- Air Canada Flight AC437 **declares** emergency, **diverts** to Toronto.

② 역사적 현재 (과거의 사건을 생생하게 서술할 때)

- Now Caesar **concludes** that a civil war **is** inevitable. He **says** his famous quote, "Let the dice fly high." and **orders** his army to cross the Rubicon.
- You know what happened yesterday? A guy **approaches** me on the street and **asks** for my phone number. Of course, I **say** no and he **is** like "Oh, please. You are my ideal type." Can you believe that?

또한 사람의 말, 특히 유명인의 말을 인용할 때는 말한 시점이 과거라도 현재로 표현할 수 있다.

- Nietzsche **says** that art is of more value than truth.

5

단순과거

1) 과거의 시점이나 기간 동안에 이루어진 사건이나 행위

- Diane ran into an old friend of hers on the street last night.
- He worked as a chef at one of the best restaurants in town for ten years.

2) 과거의 습관적, 반복적 행위나 사건

- Mark usually played basketball after school when he was young.
- My family went on a camping trip every summer in my childhood.

3) 과거의 상태

- The air felt chilly without my coat.
- Wrestling was very popular among ancient Romans.

4) 과거에서의 인식, 경험

· They thought I was Chinese even though I **was** Korean.
· I saw Diane walking her dog in the park. It **was** a big golden retriever.

5) 존댓말

[server to customer] **Did** you want to sit at the bar or a booth? 바에 앉으시겠어요, 테이블에 앉으시겠어요?

[server to customer] **Did** you want more coffee? 커피 좀 더 드릴까요?

[clerk to client] What **was** your name, please? 성함이 어떻게 되세요?

6

완료형

1) 현재완료

'완료'는 perfect를 번역한 용어이다. perfect는 어원적으로 finished의 뜻으로서 어떤 일이 완결·종결된 상태에 있는 것을 뜻하는데, '완전히 마무리되어 더 이상 고칠 부분이 없는'의 뜻에서 오늘날에는 '완벽한'의 의미로 전환되어 쓰이고 있다. 완료형은 어떤 사건이 완료되어 있음을 표현하기는 하지만 언제나 완료를 의미하지는 않는다.

① 계속 (perfect of duration)

현재완료는 과거의 어느 시점에서 시작하여 지금까지 그 행위나 상태가 계속 이어져 오고 있음을 표현할 수 있다. 이 경우는 명칭만 현재완료일 뿐, 완료의 의미는 거의 가지지 않는다. since를 사용하여 시작 시점을 표현할 수 있고, for를 사용하여 기간의 길이를 표현할 수 있다. 또한 '지금까지'를 의미하는 so far, thus far, up to now, hitherto 등의 부사구와 함께 쓰이기도 한다. 'for [during, in, over] the past [last] + 기간 표현'도 '지난 ~ 동안'을 표현하는 부사구로서 현재완료와 함께 사용된다.

A: It's been a while. How have you been? 못 본 지 꽤 됐네. 그동안 어떻게 지냈어?
B: Oh, things have been so hectic at work. 아, 직장에서 정신없이 바빴어.

A: How long **have** you **lived** here? 여기서 얼마나 오래 사셨어요?
B: I **have lived** here for fifteen years. 15년 동안 살았습니다.

- He **has been** secretly in love with her since he met her for the first time.
- So far there **have been** no changes in the patient's condition.
- We **have researched** on the impact of climate change for the past ten years.
- Philosophers **have** hitherto only **interpreted** the world in various ways; the point is to change it. — Karl Marx
  철학자들은 지금까지 세계를 다양한 방식으로 해석해 왔을 뿐이다. 그러나 중요한 것은 세계를 변혁하는 것이다.

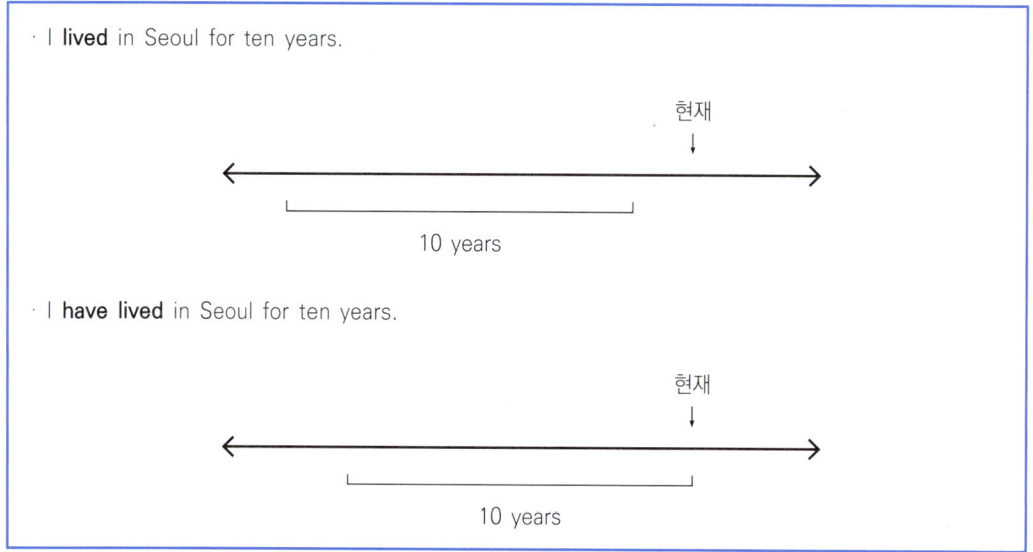

② 완료 (perfect of completion)

현재완료는 동작이나 사건이 완료, 완결되었음을 표현한다. 단순과거도 동작이나 사건이 과거에 발생하여 과거에 완결되었음을 표현하기는 한다. 이에 비해 현재완료는 사건이 완료되어 **현재 시점에서 사건이 완료, 종결된 상태에 있음**을 표현한다.

(1) 최근의 완료 (recent completion)

현재완료는 just, recently, lately 등의 부사와 함께 사용되어 사건이 현재 시점과 매우 가까운 시점에 발생했음을 표현한다. lately는 현재완료에만 쓰이고 단순과거에는 쓰이지 않는다. recently는 현재완료와 단순과거 모두에 쓰인다. 또한 미국영어에서는 just에 단순과거를 쓰는 경향이 강하다.

- She **has** recently [lately] **graduated** from college.
- I **have** just **finished** reading the book. *BrE*
- I just **finished** reading the book. *AmE*
- Hey, I just **met** you, and this is crazy, but here's my number, so call me maybe.
 — Call Me Maybe / Carly Rae Jepsen

얘, 나 방금 너랑 만났는데, 이건 미친 짓이지만, 여기 내 전화번호야. 언제 한 번 전화해.

(2) 예상 시점 이전의 완료 (earlier than expected)

현재완료는 already와 쓰여 긍정평서문에서는 사건이 예상 시점보다 더 이르게 완료되었음을 표현하고, 의문문에서는 예상보다 더 이전에 이루어진 것에 대한 화자의 놀라움을 표현한다. 단, 미국영어에서는 already에 단순과거를 쓰는 경향이 있다.

- "**Have** you already **seen** this movie?" "Yeah, I **have** already **seen** it." *BrE*
- "**Did** you already **see** this movie?" "Yeah, I already **saw** it." *AmE*

(3) 미완료 (incompletion)

yet, still은 현재완료와 결합하여 사건이 예상시점을 지나서 현재 시점까지도 미완료 상태임을 표현한다.

- "**Has** the ball game **started** yet?" "No, it **hasn't started** yet."
- He borrowed 10 dollars from me weeks ago, but **still hasn't paid** me back.

미국영어에서는 yet과 still에 단순과거를 쓰기도 한다.

- "Did the ball game start yet?" "No, it didn't start yet."
- He borrowed 10 dollars from me weeks ago, but still didn't pay me back.

③ 결과 (resultative perfect)

- As the mainstream media has become increasingly dependent on advertising revenues for support, it has become an anti-democratic force in society. — Robert W. McChesney

현재완료는 과거에 이루어진 사건, 동작, 행위의 결과나 영향력이 현재까지도 유효하게 유지되고 있음을 표현한다. 우리나라 학생들이 현재완료로 표현해야 적절한 상황에서 단순과거로 잘못 표현하는 경우가 많은 것은 한국어에서는 과거시제로 표현해도 그 결과가 지금까지 유지되는 것으로 이해되기 때문이다. 예를 들어, "그는 기자가 되었다"에는 "그는 현재 기자이다"라는 의미가 내포되어 있는 것으로 이해된다. 그러나 "He became a journalist."에는 "He is a journalist."라는 의미가 **내포되어 있지 않다. 그렇다고 현재 기자가 아니라는 의미가 내포되어 있는 것도 아니다.** 단지 과거에 기자가 되는 일이 발생했다는 것을 의미할 뿐이다. 그런데 과거에 기자가 되어서 현재 기자일 수도 있지만 지금은 그만두고 치킨 집을 하고 있을지, 무역 회사에 취직했을지 누가 알겠는가? 따라서 그가 기자가 되는 일이 발생했고 지금도 기자라는 것을 명료하게 표현하려면 현재완료로 표현한다. **현재완료는 과거의 동작을 현재의 상태로 전환시켜 표현한다. 즉, 과거에 동작이 이루어졌다는 사실과 그 결과로 인한 현재의 상태를 결합하여 표현한다.**

- He has become a journalist.
= He became a journalist. + He is a journalist.

- She has gone to France. = She went to France. + She is in France now.

- The price of oil rose to $90 a barrel.
  ☞ 위 문장은 현재의 유가를 표현하지 않는다. 과거에 90달러로 올랐어도 다시 떨어졌을 수도 있다.

- The price of oil **has risen** to $90 a barrel.
  ☞ 위 문장은 유가가 배럴당 90달러로 올랐고 그래서 현재 유가가 배럴당 90달러라는 것을 표현한다.

- Our labor unions are not narrow, self-seeking groups. They **have raised** wages, **shortened** hours, and **provided** supplemental benefits. Through collective bargaining and grievance procedures, they **have brought** justice and democracy to the shop floor. — John F. Kennedy

  우리의 노동조합들은 편협하고 자기 이익만 추구하는 집단이 아닙니다. 노동조합은 임금을 인상하고, 근로시간을 단축시켰으며 추가적인 복지혜택을 제공했습니다. 단체 교섭과 고충 해결을 통해, 노동조합은 공장의 작업 현장에 정의와 민주주의를 가져왔습니다.

have got은 get이 현재완료-결과로 쓰인 것으로 볼 수 있는데, 과거에 획득하는 사건이 발생했고 그 결과로서 현재에도 가지고 있음을 표현한다. 그런데 이러한 원리에 따르자면 현재완료가 되어야 하지만, 회화에서는 흔히 단순과거로 쓰인다.

- I **have** a cold. = I**'ve got** a cold. [비격식] = I **got** a cold. [비격식]

④ 경험 (experiential perfect)

(1) 반복 (iteration)

A: **How many times has** Mauna Loa **erupted**? 마우나 로아는 지금까지 몇 번 폭발했나요?
B: It **has erupted** 15 **times** since 1900. 1900년 이래로 15번 폭발했습니다.

* Mauna Loa: 하와이에 있는 화산

- **Thousands of** earthquakes **have occurred** in Oklahoma **over** the last ten years.
- I **have called** her **several times**, but she doesn't answer.

(2) 과거 사례의 존재 (existence of a prior case)

A: <u>Has</u> it <u>ever</u> <u>snowed</u> in Sydney? 시드니에 눈이 내린 적이 있나요?
B: Yes, it <u>has</u>. But snow in Sydney is extremely rare. 네 있어요. 하지만 시드니에서 눈은 극히 드물어요.

- Mount Sinabung in Indonesia <u>has</u> <u>never</u> <u>erupted</u> since 1600.
- This mountain <u>has</u> <u>erupted</u> <u>before</u>, so the area around it is filled with volcanic rocks.

(3) 사람의 경험 (experience)

A: How many times <u>have</u> you <u>visited</u> Japan? 일본에 몇 번 가보셨어요?
B: I <u>have</u> <u>visited</u> Japan 9 <u>times</u> since 2011. 2011년 이래로 아홉 번 가봤어요.

- This movie is <u>the most exciting one</u> that I <u>have</u> ever <u>seen</u>.
- Anyone who <u>has</u> <u>never</u> <u>made</u> a mistake <u>has</u> <u>never</u> <u>tried</u> anything new. — Albert Einstein
- 'Whenever you feel like criticizing anyone,' he told me, 'just remember that all the people in this world <u>haven't had</u> the advantages that you<u>'ve had</u>.' — The Great Gatsby / F. Scott Fitzgerald
  아버지는 내게 말씀하셨다. '네가 누군가를 비판하고 싶을 때마다, 세상의 모든 사람들이 네가 누려온 혜택을 누리지는 못했다는 것을 기억하려무나.' (경험으로 해석할 수도 있고 계속으로 해석할 수도 있다.)

(4) '현재완료-경험'의 유의할 점

'현재완료-경험'은 과거의 어느 시점에서부터 현재까지의 기간 속에 사건 발생 시점(들)이 존재한다는 사실에 (또는 존재하지 않는다는 사실에) 초점을 둔다.

(a) The volcano <u>erupted</u> several times. [단순과거]
(b) The volcano <u>has</u> <u>erupted</u> several times. [현재완료]

ⓐ는 화산이 폭발했다는 사실을 과거에 벌어진 사건으로 표현하는 것이다. ⓑ도 과거에 화산이 폭발하는 사건이 벌어졌다는 의미를 내포한다. 그러나 이것은 그 화산의 **현재의 상태와 특성**에 초점을 두어 표현하는 것이다. 즉, 과거에 수차례 폭발한 전력, 경험이 있다는 것이 그 화산이 지금 현재적으로 가지고 있는 특성이다.

'현재완료-경험'은 **현재 시점**에 이르는 동안 사건이 발생한 적이 있는지 없는지, 있다면 몇 차례 있는지에 의미의 핵심이 있으며 그것을 주어의 현재적 특성으로 표현하는 것이다. 따라서 구체적으로 언제 그 사건이 발생했는지에 대해서는 초점을 두고 있지 않으므로 **현재완료는 구체적 과거 시점을 표현하는 시간 부사어와 함께 쓰이지 않는다.**

- The volcano ~~has erupted~~ in 1980. x → The volcano erupted in 1980. ○
- I ~~have been to~~ Busan last year. x → I went to Busan last year. ○

'before'와 'in the past'는 막연한 과거를 나타낼 뿐 구체적 과거 시점을 표현하는 것이 아니므로 현재완료와 쓰일 수 있다.

- I have been to Busan before. ○   · I have been to Busan in the past. ○

2) 과거완료

① 완료상의 기준 시점이 과거의 시점인 경우

위에서 설명한 현재완료의 의미들이 그대로 과거의 기준 시점으로 옮겨져서 표현될 수 있다. 과거의 기준 시점은 by ~, by the time ~, before ~, when ~, until ~ 등으로 흔히 표현되며 맥락 속에서 암시되기도 한다.

(1) 계속: 과거의 어느 시점부터 과거의 기준 시점까지 동작, 사건, 상태가 지속된 것을 표현
- He had lived in St. Louis for twenty years when he decided to move to another city.
  그는 다른 도시로 이사를 가야겠다고 결심했을 때 세인트루이스에서 20년 동안 살았었다.
  → 그는 세인트루이스에서 20년간 산 후, 다른 도시로 이사를 가기로 결심했다.

(2) 경험 – 반복

- I **had called** him five times before he finally answered.

  그가 마침내 받기 전에 나는 그에게 5번 전화를 걸었었다. → 그는 내가 5번 전화를 건 후에야 겨우 전화를 받았다.

(3) 경험 – 사례의 존재

- The volcano **had** once **erupted** before many people began to live in the region.

  그 화산은 많은 사람들이 그 지역에 살기 전에 한 번 폭발한 적이 있었다.

(4) 경험 – 사람의 경험

- I **had** never **seen** such a beautiful girl in my life until the day I met her.

  나는 그녀를 만나기 전까지 그렇게 아름다운 여자를 본 적이 없었다.

- It made her think that it was curious how much nicer a person looked when he smiled. She **had** not **thought** of it before. — The Secret Garden / Frances Hodgson Burnett

  그녀는 웃을 때 사람이 훨씬 더 착해 보인다는 점이 신기하다는 생각이 들었다.
  그녀는 전에는 그런 생각을 해 본 적이 없었다.

(5) 완료

- The train **had** just **left** when I arrived at the station. 내가 역에 도착했을 때 그 열차는 막 떠난 직후였다.
- She **had** already **read** the original novel when the movie was released.

  그녀는 그 영화가 개봉되었을 때에 원작 소설을 이미 읽은 상태에 있었다. → 영화 개봉 전에 이미 원작 소설을 읽었다.

(6) 결과

- The first oil shock began in 1973 and the oil price **had risen** from $3 to $12 by March 1974.

  제1차 오일쇼크는 1973년에 시작되었고 1974년 3월까지 유가는 3달러에서 12달러로 상승했다.

② 대과거

과거의 사건보다 더 이전에 발생한 사건을 표현하기 위해 과거완료가 사용되기도 하는데 이러한 쓰임을 대과거라고 한다. 계속, 경험, 완료, 결과라는 완료상의 의미를 가지고 있지 않은 쓰임을 대과거로 분류하는데, 최근에는 과거완료와 대과거를 굳이 구분하지 않는 추세이다. 엄밀히 구별하는 것에 큰 의미가 없기 때문이다.

- He says that he visited China in 2012. [단순과거]
- → He said that he had visited China in 2012. [대과거]
- I know that he has already finished it. [현재완료 - 완료]
- → I knew that he had already finished it. [과거완료 - 완료]
- I met an American man who had never eaten Korean food. [과거완료 - 경험]
- I met an American man who had graduated from Harvard. [대과거]

③ 과거완료를 대체하는 단순과거

과거완료는 과거의 기준 시점 이전에 일어난 사건임을 동사에 표시하기 위한 문법적 장치인 것이지, 과거 시점 이전을 표현할 때 반드시 과거완료를 써야 하는 것은 아니다. before, after, until, once와 같은 접속사가 사용되어 선후관계가 명백하다면, 그냥 단순과거를 쓰기도 한다. 격식체에서는 대과거를 쓰고 비격식체에서는 단순과거를 쓰는 경향이 있다. as soon as에 대과거를 쓰는 것도 틀린 것으로 볼 수는 없다.[11] 위와 같은 접속사가 쓰인 절에서는 대과거가 격식적 글쓰기에서 종종 쓰이기도 하나, 현대 미국영어에서는 단순과거를 쓰는 것이 일반적이다.

- I had remained seated until the captain turned the seatbelt sign off. [격식적]
= I remained seated until the captain turned the seatbelt sign off. [일반적]

- After the captain had turned the seatbelt sign off, I went to the lavatory. [격식적]
= After the captain turned the seatbelt sign off, I went to the lavatory. [일반적]

---

11 Swan, *Practical English Usage*, 398.
Ronald Carter and Michael McCarthy, *Cambridge Grammar of English* (Cambridge University Press, 2006), 624.

- As soon as I had come back to my seat, the seatbelt sign was turned on again. [격식적]
→ As soon as I came back to my seat, the seatbelt sign was turned on again. [일반적]

종속절이 역사적 사건에 관한 내용일 경우, 주절 동사가 과거라 하더라도 종속절에서 과거완료를 쓰지 않고 단순과거로 표현한다. 여기서 '역사적 사건'이라 함은 다수에 의해 그 사건에 대한 지식이 공유되는 사건을 말한다. 그것이 과거에 발생했다는 것이 다수에게 알려진 지식이므로 그 사건이 주절의 사건보다 앞서서 일어났다는 것을 굳이 과거완료로 표현하는 것이 귀찮아서 그냥 단순과거를 사용하는 경향이 극대화된 것이다.

- I learned that the airplane was invented by the Wright brothers. O
- I learned that the airplane had been invented by the Wright brothers. x

④ 계획 및 소망 표현 동사의 과거완료:
plan, intend, mean, hope, wish, want, expect, suppose

계획, 소망, 의도, 예측 등을 뜻하는 동사가 과거완료로 쓰이면 원래의 계획이나 소망대로 되지 않고 변경·좌절되었거나 원래의 의도나 예측에서 벗어났다는 의미이다. '~했었는데 (~그러지 못했다, ~되지 않았다)' 정도의 의미를 가진다. have가 기본조동사로 쓰일 때에는 강세를 주지 않는 것이 일반적이지만, 이 경우에는 had에 강세가 온다. (394~395페이지도 보라)

A: What are you going to do this Saturday? 이번 토요일에 뭐할 거야?
B: I had planned to go to the movies with Neil, but now I'm planning to go skiing with Jennifer. 원래는 닐이랑 영화 보러 가려고 했었는데, 제니퍼랑 스키 타러 가려고 계획 중이야.

A: What was your dream when you were young? 어렸을 때 꿈이 뭐였나요?
B: I had hoped to be a world-famous pianist, but now I am just an ordinary office worker. 저는 세계적으로 유명한 피아니스트가 되고 싶었는데, 지금은 그냥 평범한 회사원이네요.
A: Well, I guess that's the way the ball bounces. 인생이 다 그렇죠 뭐.

7

진행형

1) 현재진행

① 현재 하고 있거나 진행되고 있는 일이나 동작

현재진행	단순현재
· Look out the window! It's **snowing**!	· It **snows** a lot in this region.
· She **is jogging** in the park now.	· She **jogs** in the park every evening.
· He **is driving** now.	· He always **drives** carefully.

② 현재 및 최근의 일시적 상태, 상황

현재진행	단순현재
· He **is wearing** a tie.	· He **wears** a tie at work
· My uncle **is living** with me.	· My uncle **lives** with me.
· She **is sitting** on the sofa.	· She usually **sits** on the sofa at home.

③ 최근의 일정 기간 동안 지속, 반복되고 있는 일

· I **am taking** art history course this semester.
　나는 이번 학기에 예술사 강좌를 듣고 있어.

- She is driving a rental car while her car is in the garage.

  그녀는 차가 정비소에 있는 동안에 렌터카를 운전하고 있다.

④ 자주 반복되는 일에 대해 (흔히 못마땅한 감정을 담아, always, all the time, forever, constantly 등과 함께)

- He is drinking all the time after work. 그는 퇴근 후에 언제나 술을 마셔.
- She is forever playing mobile games. 그녀는 끝도 없이 모바일 게임을 해.
- You are always complaining about food. 너는 맨날 음식 투정을 하는구나.
- Prices are constantly increasing. 물가는 계속 오르고 있다.

⑤ 미래시간 표현 (앞으로의 계획 등 표현, 미래시간 부사구와 함께)

- Which country is hosting the next World Cup?
- We are having David's birthday party tonight.
- I am taking my children out to the zoo this weekend.
- This time, I'm telling you, I'm telling you. We are never ever ever getting back together.

  — We Are Never Ever Getting Back Together / Taylor Swift

> 현재진행형이 미래를 표현하는 원리는 크게 두 가지로 생각해 볼 수 있다.
>
> 첫째는 심리적 진행이 미래를 표현하는 경우이다. 예를 들어, "We are having a party tonight."의 경우, 심리적인 계획, 의지, 준비가 마음속에서 진행 중이므로 미래의 시점에서는 그것이 발생할 것임이 표현되는 것이다.
>
> 두 번째는 현재 진행되고 있으므로 앞으로 발생하게 될 일을 뜻하는 경우이다. "Winter is coming."은 문자 그대로는 겨울이 오고 있는 중이라는 뜻인데, 겨울이 오고 있는 중이면, 시간이 흘러 미래의 어느 시점이 되면 겨울이 도달할 것이 예견되는 것이다.
>
> 또한 구식 영문법은 go, come, leave, arrive 등의 동사들에 '왕래발착동사'라는 용어까지 붙여가며 '왕래발착동사는 현재진행형이 미래를 나타낸다'는 식으로 가르쳤다. 아마도 20세기 초에 영어를 접한 사람들의 눈에는 그러한 동사들에서 현재진행형이 미래시간을 표현한다는 것이 신기하게 보여서 그것을 특별한 현상이라도 되는 것처럼 설명했던 것으로 보인다. 그러나 이것은 왕래발착동사에 국한된 현상이 결코 아니며, 대다수의 일반동사들도 현재진행형으로 미래시간을 표현할 수 있다.

2) 과거진행

A: What **were** you **doing** at 8 p.m. last night? 어젯밤 8시에 뭐 하고 있었습니까?
B: I **was** just **surfing** on the Internet in my room. 제 방에서 그냥 인터넷 하고 있었어요.
A: What **were** you **doing** when you heard the gunshot? 총소리를 들었을 때 뭐 하고 있었죠?
B: I **was eating** pizza in the kitchen when I heard it. 그걸 들었을 때는 주방에서 피자를 먹고 있었어요.
A: Why **were** you **wandering** around the crime scene when the police arrived there?
　　경찰이 거기 도착했을 때 범죄 현장 근처에서 왜 어슬렁거리고 있었던 겁니까?
B: I **was** just **looking** around out of curiosity. 그냥 호기심에서 구경하고 있는 중이었어요.

3) 현재완료진행

① 과거에서 지금까지 행해져 온 일이 지금도 진행 중일 때

현재완료가 계속의 뜻을 가질 때, 그 동작이 말하는 시점에 진행되고 있는지 아니면 종료된 것인지는 동사의 의미의 특성에 따라 다르기 때문에 일률적으로 말할 수는 없다. 현재완료진행을 사용하면 말하는 시점에도 그 동작이 종료되지 않고 여전히 진행 중임을 분명하게 표현할 수 있다.

· He **has been playing** the game for an hour. 그는 한 시간째 그 게임을 하고 있는 중이다.

A: How**'s** life **been treating** you? 어떻게 지내고 있어?
B: Not too bad, thanks. How about you? 그다지 나쁘지 않아. 고마워. 너는 어때?

② 조금 전까지 하고 있었던 일 표현

현재완료진행은 동작이나 사건이 과거에 종료되어 현재 시점에서는 더 이상 진행되고 있지 않지만, 조금 전까지 진행되고 있었던 일에 대해 쓰이기도 한다. 이것은 문법이 객관적 논리가 아니라 주관적 심리를 따르는 것을 보여 준다. 즉, 객관적으로는 과거에 종결되어 현재 시점에서는 진행되고 있지 않더라도, 하고 있던 일의 여파, 결과 등이 현재에 뚜렷하게 인식되는 경우, 심리적으로는 지금 시점과 거리가 없는 것처럼 느껴지기 때문에 현재완료진행을 사용해 버리는 것이다.

A: What have you been doing? You're all wet. 너 뭐 하고 있었던 거야? 다 젖었잖아.
B: I've been washing my car. 내 차 세차하고 있었어.

A: You look exhausted. What have you been doing? 너 지쳐 보이네. 뭘 한 거야?
B: I've been working out at the gym. 헬스장에서 운동했어.

8

미래시간 표현

1) will vs. be going to

will은 앞으로 일어날 것으로 예정되어 있거나 예측되는 일, 또는 앞으로 할 의사나 의지가 있는 일 등을 표현한다. (will에 대한 자세한 사항은 141~142페이지를 보라.)

'be going to'는 go의 진행형에 to 부정사가 결합된 것으로서, '~를 하기 위해 가고 있는 중이다'에서 파생하여 '~를 하기 위해 일이 진행·계획되고 있는 중이다' 또는 '어떠한 일이 발생할 조짐, 과정 등이 지금 나타나고 있는 중이다'를 뜻한다. 어떤 일을 일어나도록 만드는 과정이 현재 진행 중이므로 결과적으로 앞으로 일어날 일을 표현하게 되는 것이다. 즉, be going to는 미래시간 표현을 내포하는 현재진행형이다. 단, 일이 진행되고 있다는 현재진행의 의미뿐 아니라 앞으로 할 일에 대한 의지나 계획 등을 표현하기도 한다.

> **〈비격식적 축약형 (informal contractions)〉**
>
> 원어민은 일상생활에서 통상적 속도로 말을 할 때는 going to를 대부분 /gɔ́nə/로 발음하고 gonna로 표기하기도 한다. 비격식적 축약형은 일상적 말하기의 발음에 더 가깝게 표기하는 것으로서 주로 대화를 비격식적으로 표기할 때 사용된다. 단, 격식적 상황, 예를 들어 윗사람에게 예의 있게 말해야 할 때나 공식적인 자리에서 gonna, wanna, gotta 등의 표현을 쓰는 것은 상황에 맞지 않게 반말을 하는 것일 수 있으므로 유의하라. 격식적 글쓰기에서 비격식적 축약형을 사용하는 것 역시 매우 부적절하다.
>
> Give me a hand. → Gimme a hand.   Let me go. → Lemme go.
> I'm going to leave. → I'm gonna leave.   I have got to go now. → I gotta go now.
> I want to go. → I wanna go.   It must have been good. → It musta been good.
> What are you going to do? → Whatcha gonna do?   I kind of like it. → I kinda like it.

① 이미 결정된 일에는 be going to, 그 자리에서의 결정은 will

be going to는 말하는 시점에 하고 있는 중인 것은 아니지만, 그것을 하려고 생각·계획 중이라는 뜻이므로, 이미 그 이전에 하기로 결정한 일에 대해 쓰인다. 말하는 시점에서야 결정해 놓고 그 일이 진행되고 있다고 할 수는 없기 때문이다.

반면 will은 말하는 시점에서 하기로 결정한 일에 쓰이는데 결정 시점이 불분명하거나 그에 대해 관심을 두지 않고 표현할 때도 쓰일 수 있다.

Mother: Brush your teeth before going to bed. 자기 전에 이 닦아.
Son: I **am going to**! 닦으려고 하고 있는 중이에요! (엄마가 말하기 이전에 이미 닦으려고 하고 있었다는 뉘앙스)
   I **will**! 알았어요, 닦을게요! (엄마의 말을 듣고 나서 이를 닦기로 결정했다는 뉘앙스)

A: Your phone is ringing. 너 전화벨 울린다.
B: I **will** ~~[am going to]~~ get it. 받을게. (전화가 울리기 이전에 받으려고 하고 있었다는 것은 말이 안 된다.)

A: Do you have any plans tonight? 오늘 밤에 약속 있어?
B: Yeah, I **am going to** have dinner with Lisa. I reserved a table at a nice restaurant.
   (레스토랑 예약을 해 둔 것으로 보아 이미 대화 이전에 결정된 일이므로 will보다는 be going to가 더 적절하다.)

② 강한 의지나 약속을 표현할 때는 will

· I **will** keep my promise.   · I **will** always love you.

③ 격식체에는 will, 비격식체에는 be going to

· The White House announced yesterday that the President **will** visit China next month.
· Hey, me and Mike **are gonna** grab some beer after work. Wanna join?

④ 가까운 미래에는 be going to, 먼 미래에는 will

가깝고 먼 것을 명확하게 선을 그어 구분할 수는 없으나, 사건의 발생이 임박한 상황일 때, 특히 그 사건이 일어날 조짐이 분명하게 인식될 때는 be going to가 훨씬 더 자연스럽고, 막연한 미래의 일에는 will이 좀 더 자연스럽다.

- My phone battery is at 1%. It's **going to** die soon.
- I **will** call you sometime later.

2) 미래진행: will be -ing

미래진행은 어느 사건이 미래의 시점에서 진행되고 있는 중일 것임을 표현한다. 또한 예정을 표현할 때 쓰이기도 한다. 즉, 'I will be -ing'는 주어의 계획이나 일정을 표현하는 뉘앙스가 강하고, 'I will ~'은 주어의 의지를 표현하는 뉘앙스가 강하다. 미래진행을 사용한 질문은 예정과 계획을 완곡하게 물어보는 느낌을 형성한다.

- Ladies and gentlemen, we **will be arriving** at SeaTac International airport at about 4 p.m. local time.

A: How long **will** you **be staying** in the United States?
B: I **will be staying** for two weeks.

- David and I **will be waiting** for you at the airport when you arrive.

A: What **will** you **be doing** this time tomorrow?
B: I **will** probably **be** just **watching** TV.

3) 미래완료: will have -ed

미래완료는 미래의 어느 시점을 기준으로 하여 그 시점까지의 계속, 경험, 완료를 표현한다. 말하기에는 잘 쓰이지 않으며 대부분 글쓰기에 사용된다.

① 계속

- Lisa and Tom **will have been married** for 10 years next year.
  내년을 기준으로 하여 리사와 톰이 결혼한 상태가 10년 동안 계속된 것이 될 것이다.
  → 리사와 톰은 내년이면 결혼한 지 10년이 된다.
- By the end of this month, I **will have lived** here for exactly one year.
  이달 말을 기준으로 하여 내가 여기서 정확히 1년 동안 산 것이 될 것이다.
  → 이달 말이면 내가 여기서 산 지 정확히 1년이 된다.

② 경험

- I often re-watch this movie. I **will** probably **have watched** it ten times by the end of this year.
  나는 이 영화를 종종 다시 본다. 올해 말까지 아마도 열 번은 본 것이 될 것이다. → 아마도 올해 말까지 열 번은 볼 것이다.
- If I finish reading *the Romance of the Three Kingdoms* this time, I **will have read** it five times.
  이번에 삼국지를 다 읽으면, 나는 그것을 다섯 번 읽은 것이 될 것이다.

③ 완료된 상태

- I **will have written** the report by the time you come back from your business trip.
  저는 당신이 출장에서 돌아온 시점에 보고서를 다 쓴 상태에 있을 것입니다. → 당신이 출장에서 돌아오기 전까지 보고서를 다 써 놓겠습니다.
- The repairman says that **he will have fixed** my computer by Friday.
  그 수리공은 금요일이라는 시점에는 내 컴퓨터를 수리하는 일을 완료한 상태에 있을 것이라고 말한다.
  → 그 수리공은 금요일까지 내 컴퓨터를 수리해 놓겠다고 말한다.
- Humanity **will have run** out of oil in thirty years. 인류는 30년 후에는 석유가 고갈된 상태에 있을 것이다.

4) 미래완료진행: will have been -ing

미래완료진행은 어떤 사건이 일정 기간 동안 미래의 어느 시점까지 계속 지속되고 있을 것임을 나타낸다. 그런데 미래의 기준 시점에 중단되어 있을 것인 일에 대해서도 미래완료진행을 종종 사용한다.

· We will have been waiting for over an hour by the time John arrives.
존이 도착할 때까지 우리는 한 시간 이상 기다리고 있는 것이 될 것이다.
· Emily will have been working at this company for thirty years when she retires next year.
에밀리는 내년에 은퇴를 하면 이 회사에서 30년 동안 일한 것이 될 것이다.

9

동작동사와 상태동사

1) 동작동사와 상태동사의 개념

　동작동사는 행동의 실행이나 움직임, 변화, 사건 등의 발생을 표현한다. 상태동사는 정신적 상태나 사물의 물리적 특성과 같이 주어의 항상적, 일반적 상태를 표현한다. 흔히 "상태동사는 진행형으로 쓰이지 않는다"라고 말하기도 하는데, 사실 그것은 거친 일반화이다. 상태동사들은 의미의 특성으로 인해 진행형으로 쓰이지 않는 경향이 대단히 강한 것이지, 진행형으로 쓰일 수 없다는 규칙이 있는 것은 아니다. 또한 동작동사 중에도 진행형으로 쓰이지 않는 동사들이 있다.

〈주요 상태동사〉

정신적 상태	think, know, believe, guess, doubt, understand, remember, forget, intend
감정적 상태	like, dislike, hate, love, prefer, respect, admire, want, wish, desire
대상의 특성	measure, weigh, cost, resemble, consist, contain, include
소유적 상태	have, own, possess, belong
감각과 지각	look, smell, taste, feel, sound, seem, appear
기타 상태 표현	be, keep, stay, remain, need, require, depend, matter

　동작동사와 상태동사의 중간적 특성을 가진 경우도 일부 있는데, lie (누워 있다), wear, sit, stand가 포함된다. 이러한 동사들을 '자세 동사 (stance verb)'라고 부르는데, 이 동사들은 그 동작을 수행한다는 뜻의 동작동사로 쓰일 수 있다. 예를 들어 'stand'는 '일어서다'라는 뜻인데, 이것은 주어가 앉아 있는 상태에서 서 있는 상태로 자세를 변화시키는 동작이다. lie는 사람이 눕는 자세로 변하는 동작을 표현한다.

- **Stand** up! 일어나!
- **Lie** down on the sofa. 소파에 누워.

그런데 동작이 아니라 영구적 또는 장기적 상태를 표현하기도 한다.

- The Eiffel Tower **stands** on the bank of the Seine.
  에펠탑은 세느 강변에 서 있다.
- The building **lies** on the north side of the road.
  그 건물은 도로의 북쪽에 위치해 있다.

진행형으로 표현하면 영구적이 아니라 일시적으로 서 있거나 누워 있는 상태를 나타낸다. 다시 말해, 동작을 하고 있는 중이 아니라 가만히 있는 것인데도 진행형을 사용하는 것이다.

- She **is standing** at the podium. 그녀는 연단에 서 있다.
- Many people **are lying** on the beach. 많은 사람들이 해변에 누워 있다.

2) 진행형으로 쓰이지 않는 동사

진행형은 동작이나 사건이 어느 정도의 시간 동안 한시적으로 지속되고 있음을 표현한다. 따라서 일반적이고 불변적인 상태를 표현하는 동사들은 대부분 진행형으로 쓰이지 않는다. 동작동사 중에서도 어느 정도의 시간 동안 지속될 수 없는 순간적 동작을 표현하는 동사들은 진행형으로 쓰이지 않는다.

〈진행의 의미로는 쓰이지 않는 동사들〉

상태동사	know, believe, seem, appear, cost, need, want, consist, own, etc.
순간동사	finish, recognize, realize, notice, find, turn off, turn on, persuade, etc.

동작동사도 모두 동질적 속성을 가지는 것은 아니며 더 세분화될 수 있다.
활동동사는 동작의 완성에 대한 개념이 내재되어 있지 않은 동사를 말하며, run, walk, swim, study, drive 등이 포함된다. 이 동사들이 표현하는 행위는 일정 시간 동안 지속하는 것이 가능하기

때문에 자유롭게 진행형과 결합한다. (I am walking home.) 또한 활동동사들이 표현하는 행위는 지속할 수는 있지만 특정 시점에 완성된다는 개념을 내포하지 않으므로, 완료형과 결합하면 계속의 의미를 가지는 경우가 많다. (I've walked for two hours.)

성취동사는 동작의 완성에 대한 개념이 내재되어 있으면서 동시에 그 동작의 완성에 이르는 과정도 표현하는 동사이다. write, read, paint, build, make, arrive, die 등이 있다. write는 '쓰다'는 의미인데, 편지를 쓰는 과정도 표현하고 그것을 써서 완성하는 것도 표현한다. 성취동사는 진행형과 결합하면 동작을 지속하는 행위로서 완성으로 나아가는 과정을 표현한다. (He is writing a letter.) 완료형과 결합하면 그 행위를 완결했다는 것을 표현한다. (He has written a letter.)

순간완결동사는 매우 짧은 시간에 즉시 완결되는 동작을 묘사한다. 예를 들어 '끄다'는 의미인 'turn off'가 표현하는 동작은 스위치에 손을 대는 순간에 일어나서 즉시 완결된다. 이러한 동작은 순식간에 벌어지는 일이라 일정 시간 동안 지속시킬 수가 없고 그래서 진행형과 결합하지 않는다. 또한 완료형과 결합하면 대개 완료나 결과의 의미를 가진다. 단, 순간완결동사라 하더라도 동작의 지속이 아니라 연속적 반복을 뜻할 때는 진행형으로 쓰인다. 예를 들어 shoot는 총알이 발사되는 매우 짧은 시간에 순식간에 일어나는 일이다. 그런데 이것은 반복해서 할 수 있는 일이므로 진행형으로 표현하면 여러 발을 연속해서 쏘아대고 있는 행위를 묘사한다. (He is shooting at the enemy.)

그런데 우리말에서는 성취동사인데 영어에서는 순간완결동사인 경우가 있다.

· 그는 그녀와의 결혼을 허락해 달라고 아버지를 1시간 동안 설득했지만 결국 설득하지 못했다.

"설득했지만 설득하지 못했다"라는 말은 생각해 보면 특이하다. 무언가를 했다는 말과 하지 못했다는 말은 서로 상반되기 때문이다. 이러한 표현이 가능한 것은 '설득하다'는 동사가 다른 사람의 마음을 바꾸기 위해 노력하는 과정도 표현하고 다른 사람의 마음을 바꾸는 것에 성공하는 것도 표현하기 때문이다. 그러나 persuade는 순간완결동사이다. 즉, persuade는 다른 사람의 마음을 바꾸기 위해 노력하는 과정은 표현하지 않으며, 마음을 바꾸도록 만드는 것에 성공하는 것만 표현한다. 또한 사람의 마음이 변화한 찰나의 순간에 일어나는 것으로 간주된다. 그래서 한국 사람들은 persuade가 '설득하다'와 마찬가지라고 생각해서 진행형을 사용하거나 일정 시간 동안 지속이 가능한 동작으로 표현하기 쉽다.

- 그는 아버지를 설득 중이다.
→ He is persuading his father. x → He is trying to persuade his father. O
- 그는 아버지를 1시간 동안 설득했다.
→ He persuaded his father for an hour. x → He tried to persuade his father for an hour. O

3) 진행형으로 쓰이는 상태동사

편의상 '진행형으로 쓰이는 상태동사'라고 하기는 했지만, 사실 이것에는 어폐가 있다. 위에서 '상태동사'로 분류한 동사라도 상태동사가 아니라 동작동사로 쓰이는 경우에는 진행형으로 쓰일 수 있다. 또한 상태를 표현하는 동사가 일시적 상태를 표현할 때는 진행형으로 쓰이기도 한다.

① smell, taste

smell과 taste는 대상이 냄새와 맛에 있어서 어떠한 특징을 가지고 있는지를 묘사하는 연결동사로 쓰일 때는 상태동사이다. 그러나 대상의 냄새나 맛이 어떠한지를 알아보기 위한 주어의 의식적 행동(냄새를 맡다, 맛을 보다)을 의미할 때는 동작동사이며 이때는 진행형으로 쓰일 수 있다.

A: What are you doing?
B: I am smelling this potpourri. It smells so good.

B: What are you doing?
B: I am tasting this soup. I think it tastes too bland.

② feel, look

feel은 사람이 어떠한 감정이나 기분을 느끼는지 표현할 때 회화에서 흔히 진행형으로 쓰인다. 단, feel이 have an opinion의 뜻일 때는 진행형으로 쓰이지 않는다. look은 평소와 달리 현재의 시점에서 유난히 어떠하게 보인다는 것을 표현할 때 진행형으로 쓰인다.

A: I heard you caught a cold. Are you OK now?
B: Yeah, I **am feeling** much better. [= I feel much better]. Thanks.

· I **feel** [am feeling] that we need to make more efforts to protect endangered species.

A: Wow, you **are looking** gorgeous today. What's the occasion?
B: I am meeting my future in-laws for dinner tonight, so I put on some makeup and dressed up.

③ be

be 동사를 진행형으로 표현하는 것은 주어가 일반적으로 어떠한 특성을 가지고 있다는 뜻이 아니라, 그 시점에서 그러한 특성을 보여 주는 행동을 하고 있다는 뜻이다. '~하게 굴고 있다', '~하게 행동하고 있다'는 의미로 볼 수 있다.

A: Hey, kid! What are you doing on the roof?
B: This umbrella is going to work like a parachute, so I am going to jump with it.
A: What! You **are being** absolutely silly! Just come down!

A: I think that guy likes you. He held the door open for you and smiled.
B: Oh, come on! He **was** just **being** polite.

④ love, like, hate

주어가 말하는 시점에서 특정 대상에 대해 좋아하거나 싫어하는 감정을 일시적으로 강하게 느낌을 표현할 때 진행형을 쓰기도 한다. 회화적 표현이다.

- Umm, this hamburger is so good. I **am loving** it.
- I **am hating** this stupid pop-up ad. It's so annoying.

보수적 규범문법을 신봉하는 사람들은 love나 hate에 진행형이 쓰이면 틀리다고 주장한다. 그것이 옳은 주장일까? 그것은 정해져 있지 않다. 다양한 견해가 있는 것이니 여러분이 선택할 문제이다. 그런데 이것이 시험에 나오면 맞는 문장으로 볼 수 있을까? 학생들에게 스스로의 판단과 선택을 허용하는 것이 아니라, 시험을 통해 하나의 정답만 강요하는 것 자체가 구시대적 행태이다. 그런 시험문제를 접하면 보수적 출제자들의 비위를 맞추어, "옛다. 여기 너희들이 믿고 있는 정답 있다" 하고 이런 표현들을 틀린 것으로 간주하는 답을 던져 주는 것이 수험생 개인으로서는 나을 것이다.

그러나 필자는 현실과 동떨어진 기준으로 시험문제를 내는 것에 대해 항의해야 한다고 주장한다. 저들은 규범문법 문헌을 들이밀며 여기 틀리다고 나와 있지 않느냐고 주장하겠지만, 현실에서는 많이 쓰이는 표현이라고 반박해야 한다. 저들은 많이 쓰이는 표현이라 하더라도 문법적으로는 틀린 것일 수 있다고 주장할 것이다. 그러면 오늘날의 현실에서 많이 쓰이고 있는 표현을 틀리다고 교육하고 시험을 치는 것이 도대체 무엇을 위한 것이고 과연 바람직한 것인지 항의해야 한다. 또한 시청, 교육청 등의 상급기관에 정식으로 민원을 제기하는 것이 좋다고 생각한다. 출제자들은 권위를 내세워 채점 기준을 바꾸려 하지 않겠지만, 그래도 그러한 항의에 직면할 수 있다는 두려움 또는 귀찮음이라도 주어야 그런 문제를 내지 못하게 될 것이며, 나아가 우리나라 영어교육이 발전할 것이다.

출제자들은 오늘날에는 더 이상 적용된다고 하기 어려운 데도 옛날식 문법을 기준으로 하는 경우가 많다. 그러나 때로는 현대적 어법을 받아들이기도 한다. 그렇다면 어떤 기준으로 그렇게 하는 것일까? 그런 기준 같은 것은 없다. 그저 출제자 마음일 뿐이다. 더 정확히 말하자면, 출제자에 대한 사회적 압력과 출제자의 사회적 권력에 따라 결정된다. 예를 들어, 수능의 경우 온 국민의 관심사이기 때문에, 논란 가능성이 있는 문법 문제는 출제를 회피한다. 강력한 항의에 직면할 것이 분명하기 때문이다. ― 그래도 논란이 되는 문제가 출제되는 것은 출제자도 오판을 할 수 있고 지식이 부족할 수도 있기 때문이다. ― 반면 어떤 시험들에서는 현대영어와는 상당히 다른 옛날식 문법을 기준으로 하기도 한다. 수험생들의 항의가 미미하기 때문에 출제자들이 그것을 꺾어 누르고 자신이 옛날에 배운 구식의 문법사항을 강요할 수 있는 힘이 있기 때문이다.

그러나 영문법에 공식적 규정이 없다는 것은 양날의 칼이다. 즉, 현대적 표현이나 회화적 표현이 틀리다고 규정된 바도 없고, 19세기 문법이 옳다고 정해진 바도 없는 것이다. 영문법에 어문 규정이 없다는 것은 논쟁과 소통을 통해 언어 사용에서 대세가 되는 형태가 자연스럽게 기준이 되도록 하는 것이다. 즉, 서로 간에 논쟁하고 비판하는 과정이 항상 존재하고, 어떤 정해진 규칙에 얽매이는 것이 아니라 모두가 표현의 자유를 가지고 자신이 옳다고 느끼는 방식으로 표현하고, 그 과정에서 다수가 선택하는 표현이 자연스럽게 기준이 되는 것이며, 소수의 선택도 다양성으로서 존중되는 것이다. 영미권에는 신문기자와 방송의 아나운서를 포함하여 언론과 출판이 반드시 따라야 하는 공식적 표준어 규정 같은 것이 전혀 존재하지 않으며, 그저 지금 시대에 다수가 자연스럽고 적절하다고 여기는 표현을 자율적으로 사용하는 것일 뿐이다. 이렇게 문법은 항상 변화하는 과정 속에 있기 때문에 옳고 그름의 이분법으로 나누어지지 않고 경향성과 추세로 존재하는 부분이 상당히 많다. 또한 언어가 변화하는 경우에도 다수가 사용하는 표현으로 문법이 공식적으로 바뀌는 것이 아니라, 다수의 언어 사용이 시대에 따라 자연스럽게 변화하는 것이 곧 문법이 변화하는 것이다. 영문법에서는 우리나라의 국립국어원이 발표하듯이 문법이 바뀌었다는 발표를 아무도 해 주지 않는다. 그런 발표 같은 것을 기다리다가는 한도 끝도 없이 구식 문법만 따르게 될 뿐이다. 그러니 현대영어와 동떨어진 문제가 출제되는 경우, 출제자의 권위에 당당하게 맞서면서 현대적 어법을 따를 것을 능동적으로 요구해야 한다. 단지 채점 기준에 오류가 있는지 따지는 것에서 그치는 것이 아니라, 과연 출제되는 문제들이 미래세대의 교육을 위해 바람직한 것인지 시민들이 감시해야 한다. 시민들의 아래로부터 압박과 도전이 없으면 저들은 그저 자신들이 과거에 배웠던 옛날식 '규칙'들과 표현들, 심지어 현대의 원어민들은 듣도 보도 못한 규칙들을 들이밀며 영어 교육을 왜곡할 것이며 실제로도 지금까지 그래왔다. 따라서 출제자들의 눈치를 보며 무엇이 채점 기준인지를 알아내서 시험 대비를 하려고 하는 것에 매몰되기보다는, 무엇을 기준으로 하는 것이 교육적으로 바람직한 것인지를 시민들이 당당하게 요구해야 하며, 특히 영어 교육자라면 그렇게 해야 할 사회적 책임을 더 무겁게 가지고 있다고 할 수 있다.

⑤ have, think

have가 '시간을 보내다, ~를 하다'는 의미의 동작동사로 쓰일 때는 진행형으로 쓰일 수 있다. think는 '~라고 생각하다 (to have the opinion that ~)'는 뜻일 때, 즉 평상시의 의견 표현에는 진행형으로 쓰이지 않으나, 골똘히 생각하는 것과 같이 생각이 진행 중이라는 의미를 가질 때는 진행형으로 쓰이며, 계획을 의미하는 think of도 진행형으로 쓰일 수 있다.

A: What are you having?

B: I am having ice cream. Would you like some?

A: How are you doing?

B: Terrific! I am having such a wonderful time here.

· I ~~am thinking~~ that free speech is essential. x
→ I think that free speech is essential. O

A: Do you have any plans tonight?
B: I am thinking of going to the new French restaurant with Paul.

A: What are you thinking now?
B: I am thinking about what to do after graduation.

· What? You opened the attachment from a spam email? What were you thinking!

〈탐구문제 3〉

진행형으로 쓰이지 않는 동작동사들과 진행형으로 쓰이는 상태동사들의 예를 더 찾아보라. 또한 문법 서적이나 사전에는 진행형으로 쓰이지 않는 상태동사라고 분류되어 있는 동사가 실제 원어민의 말과 글에서는 진행형으로 표현된 사례들을 찾아보라. 이러한 격차는 왜 있는 것인가?

동사는 의지 동사와 무의지 동사로 나누어 볼 수 있다. 예를 들어 listen to와 look at은 의지 동사인 반면, hear와 see는 무의지 동사이다. 강의를 들을 때 정신을 집중하지 않고 딴생각을 하면 'listen to'라는 의지적 행위를 수행하는 것이 아니다. 그러나 비록 의미가 파악되지는 않아도 정상적인 청각을 가진 사람이라면 소리가 들린다는 것을 무의지적으로 인지하기는 할 것이므로 'hear'는 하고 있는 것이다.

무의지 동사는 진행형으로 쓰이지 않는 경향이 강하다. '보다'는 의미의 see는 무의지 동사로서 진행형으로 (거의) 쓰이지 않으며, look at이나 watch는 의지 동사이고 진행형으로 쓰인다.

A: What are you doing?
B: I **am looking at** this painting. I think it's really beautiful. O
　 I ~~am seeing~~ this painting. I think it's really beautiful. X

A: What are you doing?
B: I **am watching** TV. O　　　　I ~~am seeing~~ TV. X

단, see가 누군가를 연인관계로 사귄다는 의미일 때는 진행형으로 쓰일 수 있다.

A: **Is** Amy **seeing** anyone?
B: Yeah, she **is seeing** a guy from her work.

see가 사용되는 것을 살펴보면 무의지적 행위를 표현하는 경우가 많고, 무의지 동사들을 살펴보면 진행형으로 쓰이지 않는 경향이 관찰된다. 그러나 see가 언제나 무의지 동사로 쓰인다거나, 모든 무의지 동사가 진행형으로는 절대 쓰일 수 없다는 법칙 같은 것이 있는 것이 아니다. see는 여러 표현들에서 주어의 의지적 행위를 표현하기도 하며, 무의지적 의미인데도 원어민들은 현실의 대화에서 진행형으로 표현하기도 한다.

A: Did you **see** the doctor about your knee pain?
B: I am going to **see** the doctor tomorrow.

A: Did you **see** this movie? B: Yes, I **saw** it a couple of weeks ago.

see는 주로 대상이 시야에 들어와서 그것을 보게 되는 경우에 쓰이고, look at은 주어가 의지적으로 무언가를 보는 것을 일반적으로 표현하며, watch는 움직임이나 변화가 이루어지는 것에 집중하여 어느 정도 시간 동안 보는 것을 표현한다. 그러나 이 역시 그렇게 쓰이는 경향이 관찰되는 것이지 그것이 절대적 법칙이라거나 그렇게 사용해야 한다는 규정이 정해져 있는 것이 아니다. movie의 경우는 see와 watch가 모두 쓰일 수 있다. 단, see는 영화관에 가서 보는 것을 주로 표현한다.

· We are going to **see** a movie tonight.
· We are going to **watch** a movie tonight.

단, 다음과 같은 표현들에서는 see가 아니라 watch가 자연스럽다. 그렇다고 해서 movie에는 see가 쓰이면 안 된다는 식으로 일반화할 수는 없다.

· My hobby is ~~seeing~~ movies. ✗   · I like ~~seeing~~ movies. ✗
· My hobby is **watching** movies. ○   · I like **watching** movies. ○

3 조동사

1. 조동사의 개념
2. will / would / shall
3. can / could
4. may / might
5. should / ought to / must
6. modal + have -ed
7. semi-modal
8. 주변적 모달

1 조동사의 개념

조동사는 다른 동사 앞에 쓰여서 문법적인 기능을 표현하거나 의미를 추가해 주는 동사를 말하는데 시제, 상, 태, 강조, 기타 여러 가지 의미를 나타낸다. 조동사들 중 do, be, have는 기본조동사로, can, will, must와 같은 조동사들은 modal로 구분된다.

modal, 더 정확히 말하면 pure modal은 주어의 수에 따라 형태변화를 하지 않는다. 또한 두 개의 pure modal을 연속해서 사용하지 않는다. (I ~~might could~~ pass the test. **x** 단, 미국의 남부 사투리에서는 이와 같이 표현하기도 한다.) semi-modal 또는 phrasal modal은 두 단어로 이루어진 modal을 말한다. be able to, be going to, be to, have to는 넓게 보면 modal의 일종으로 분류되기는 하지만, 주어의 수와 시제에 따라 'be'와 'have'가 형태변화를 한다는 측면에서 일반동사의 특성을 매우 많이 가지고 있다.

기본조동사		**be** · Carl **is** reading a novel. [진행형 표현] · The tree **was** cut down. [수동태 표현] **do** · What **did** you eat? [의문문 표현] · I **did** not eat anything. [부정문 표현] · I **did** finish my homework. [강조 표현] · Never **did** I expect this. [도치 표현] · Tom likes music as much as you **do**. [대동사] **have** · She **has** become a nurse. [완료형 표현]
modal	pure modal	will, would, can, could, may, might, shall, should, ought to, must
	semi-modal	be able to, be going to, be to, have to, had better, used to

* ought to는 2단어로 되어 있다는 점에서는 semi-modal의 특성을 가지고 있으나, 형태변화를 하지 않는다는 점에서는 pure modal의 특성을 가지고 있다. 이 책에서는 같은 뜻의 조동사 should와 함께 pure modal로 분류하여 살펴보겠다.

will / would / shall

1) will

① 미래에 대한 확신 또는 확신에 찬 추측 표현

· I am sure that you will enjoy the youth camp. I attended last year's camp and had a lot of fun. Jeremy will go to the camp, too. Everyone in the camp will speak English, so, there will be no problems with communication.

② 현재에 대한 확신 또는 과학적 및 상식적 사실 표현

A: Who do you think that guy is?
B: That will be our new manager. (99% 확신)
Cf) That is our new manager. (새로운 매니저라는 것을 객관적 사실로 제시)

· Water will boil at a lower temperature at a higher altitude.
  ☞ 명백한 사실의 경우도 종종 will로 표현한다.

③ 주어의 의지 (will), 결심, 약속 및 하려는 마음 (willingness) 표현

A: What **will** you do after graduating from college?
B: I **will** get a job in a science-related area.

· I **will** never let you down. Trust me.
· You look very tired. I **will** give you a ride to your place.
· I **will** take a leave of absence this semester.
· He **won't** lift a finger when it comes to housework.

④ 비유적으로 '사물의 의지' 표현

· This drawer is stuck. It **won't** open.
　이 서랍 꽉 끼었어. 안 열리려고 고집부려. (= 안 열려.)
· This ATM **won't** give my card back.
　이 ATM기가 내 카드를 안 돌려주려고 해. (= ATM기가 내 카드를 먹었어.)

⑤ (의문문으로) 무언가를 해 달라는 요청 또는 함께 무언가를 하자는 권유 표현

· **Will** you close the window?　　· **Will** you have lunch together?

⑥ 일반적 경향, 습성, 버릇 및 자주 반복되는 행동 표현

· My son **will** take a long nap after work. I **will** say "Get up and have dinner!" but he **will** just keep sleeping. He **will** get up about 9 o'clock and have dinner alone or sometimes he **will** just skip dinner.

2) would

① 과거 시점에서의 미래 (future in the past)

· Nobody expected that she **would** pass the audition.
· In December 1941, Bing Crosby released 'White Christmas', which **would** become the most popular Christmas song of all time.

주절이 과거라 하더라도, 종속절에서 표현하는 사건이 말하는 시점을 기준으로 하여 미래인 경우, 종속절에 will을 쓴다.

· Amy said that she **would** go to Germany.
  ☞ would는 에이미가 말을 한 과거 시점에서의 미래를 나타낸다. 따라서 이 문장의 발화시점에서 에이미가 독일에 이미 갔는지 아닌지는 확실히 알 수 없다.
· Amy said that she **will** go to Germany.
  ☞ will은 이 문장을 말한 시점에서의 미래를 표현한다. 즉, 이 문장이 발화된 시점을 기준으로 에이미가 독일에 가게 될 시점은 미래이므로 에이미는 아직 독일에 가지 않은 상태이다.

② 간접화법에서

· Michael said that everything **would** be alright in the end.
  ← Michael said, "Everything **will** be alright in the end."

③ 과거 시점에서의 의지, 의도, 결심, 기꺼이 하려는 마음 등

· He decided that he **would** never drink alcohol again.
· Abbie asked Rennie if he **would** participate in the protest against the Vietnam War.
· My computer **wouldn't** boot properly and it **would** freeze on a blue screen.
· The pied piper made an offer that he **would** remove all the rats from the town.

④ 과거의 전형적, 반복적 행동 표현

· When I was young, I'd listen to the radio, waiting for my favorite songs. When they played, I'd sing along. It made me smile. — Yesterday Once More / The Carpenters

(would와 used to의 공통점과 차이점에 대해서는 168~169페이지를 보라.)

⑤ 정중하고 공손한 요청과 권유

· Would you close the window?
· Would you please close the window? = Would you close the window, please?

⑥ 비현실적 상상을 표현하는 조건문의 결론절에서

· If I were him, I would quit the job and try to get a better one.

⑦ 현재 시점에서의 소망 및 하고자 하는 마음 표현 (≒ want to)

· Do to others as you would be done by.
· When I see your face, there's not a thing that I would change 'cause you're amazing just the way you are. — Just The Way You Are / Bruno Mars

3) shall

shall은 근대 초기까지는 미래시간을 표현하는 modal로 널리 사용되었으나 오늘날에는 거의 대부분 격식체에 한하여 드물게 쓰일 뿐이다. 오늘날에도 shall은 몇몇 경우에 사용되기도 하고 격식체나 문학적 표현에서 볼 수 있지만, shall은 현대에는 그다지 선호되지 않는 표현이다.

① Shall I ~ ? '제가 ~을 해 드릴까요?'를 의미하는 부드러운 제안

- **Shall I** open the window?
- **Shall I** help you with the dishes?

② Shall We ~? '우리 ~ 할까요?'를 의미하는 부드러운 권유

- **Shall we** dance?
- **Shall we** have dinner together?
- Let's go, **shall we**? ('shall we?'는 'Let's ~'에 대한 부가의문문으로도 쓰인다.)

③ (의문문에 쓰여) 상대방에게 의견을 물을 때

- **Where shall we** go for lunch?
- **What shall we** do after lunch?

④ 법조문, 규칙, 규정 및 계약서 등에서 의무를 표현

- All persons **shall** be entitled to the full and equal enjoyment of the goods, services, facilities, privileges, advantages, and accommodations of any place of public accommodation, as defined in this section, without discrimination on the ground of race, color, religion, or national origin. — Civil Rights Act of 1964, Title II Section 201
  모든 사람들은 인종, 피부색, 종교 또는 출신 민족을 이유로 한 차별 없이, 이 장에서 규정된 바에 따라, 공공시설의 어느 곳에서라도, 상품, 서비스, 시설, 특전, 편의, 설비의 이용에 있어 완전하고 평등한 향유를 누릴 수 있는 권리가 있다.
  — 1964년 제정 (미국) 민권법 제2장 제201절

- Unless otherwise agreed in the Contract, the Buyer **shall** pay the Seller the total price of the Goods within thirty days of the receipt of the invoice.
  계약서에서 달리 합의되지 않는 한, 구매자는 판매자에게 송장 수령 30일 이내에 물품 대금 전액을 지불하여야 한다.

⑤ 문학작품에서

If I can stop one heart from breaking,
내가 만약 하나의 마음이 다치는 것을 막을 수 있다면

I **shall** not live in vain;
나는 헛되이 사는 것이 아니리라.

If I can ease one life the aching,
내가 만약 하나의 생명이 그 아파하는 것을 덜어 줄 수 있다면,

Or cool one pain,
혹은 하나의 고통을 식혀줄 수 있다면

Or help one fainting robin
혹은 한 마리 쓰러진 종달새를 도와

Unto his nest again,
다시 둥지로 데려다줄 수 있다면,

I **shall** not live in vain.
나는 헛되이 사는 것이 아니리라.

— Emily Dickinson

3

can / could

1) can

① 현재의 일반적 능력

- Her younger sister can play golf very well.
- Can you speak Spanish?
- I can't change the direction of the wind, but I can adjust my sails to always reach my destination. ― Jimmy Dean, American country music singer

② 미래에 할 수 있거나 발생 가능한 일

- We can go shopping together this weekend if you'd like.
- I can give you a ride home after work.

③ 일반적으로 일어날 수 있거나 가능한 일

- Your car can be towed away if not parked appropriately.
- You can catch a cold even when it's not cold.

2) could

① 과거의 일반적 능력이나 과거에 할 수 있었던 일

- Mozart could compose music even when he was only a child.
- When she was in her twenties, she could dance like a ballerina.

② 과거에 일반적으로 일어날 수 있었거나 가능했던 일

- In the past, pupils could get corporal punishment if they did not behave.
- Even simple infection could be fatal when there were no antibiotics.

③ 발휘할 의지나 가능성 없이 현재 가지고만 있는 능력

- I could easily beat you up, but I don't want to fight with you. I'm a pacifist.
- He could win first prize in the school essay contest, but he is not going to participate.

④ 간접화법에서 can의 과거형으로 쓰이는 could

- Chris asked me if I could help her. ← Chris asked me, "Can you help me?"
- She said to me that I could use her computer. ← She said to me, "You can use my computer."

⑤ 현재 및 미래에 대한 추측

A: Who's that pretty girl over there?
B: I don't know. She could [can] be my secret admirer who's been following me. [현재에 대한 추측]
A: In your dream.

A: It could [can] rain tomorrow. [미래에 대한 추측]

B: But the weather forecast says it will be fine tomorrow.

A: But the forecast has been so unreliable these days.

> can은 일반적 사실과 일반적 가능성을 표현할 수 있으나, 구체적인 사건이 현재 일어나고 있을지도 모른다거나 특정한 미래 시점에서 구체적 사건이 일어날 수도 있다는 추측 표현에는 사용되지 않는다. 현재 및 미래에 대한 추측으로는 could, may, might가 사용된다.
>
> A: Where is Susan?   B: She could [can] be working out at the gym.
>
> · It can rain a lot in England. O
> · It can rain tomorrow. x → It may [might, could] rain tomorrow. O
> · The bridge can be closed when the wind is very strong. O
> · The bridge can be closed next week. x → The bridge may [might, could] be closed next week. O

3) 부정적 확신 표현: ~일 리 없다, ~할 리 없다 (can't / couldn't)

A: Who's that over there?

B: I'm not sure, but she could be a new teacher.

A: No, she can't be a teacher. She looks too young to be a teacher. [현재에 대한 부정적 확신]

A: Do you think it will rain tomorrow?

B: It can't [couldn't] rain tomorrow. I've been planning this fishing trip for a long time.
　　[미래에 대한 부정적 확신]

A: Mary said Rachel is pregnant.

B: What? It couldn't be true. Rachel has never told me about that. [현재에 대한 부정적 확신]

4) 요청·부탁 및 허락과 금지

A: Can [Could] I have the check, please?
B: Sure. I'll bring it right away, ma'am.

A: I'm sorry to bother you, but can [could] I take a selfie with you? I'm such a big fan of yours.
B: Sure. Why not? Go ahead.

A: Can [Could] I have these cookies?
B: Sure. You can [could] have as many as you want.

A: Can [Could] you put out the cigarette, please? You can't [couldn't] smoke here.
B: Sorry. I didn't know that.

A: Professor Harvey, could I ask you a question?
B: Of course you can [could]. What is it?
A: Could you explain the difference between civilization and culture?

5) 제안 및 제의 표현

can/could를 사용한 의문문이나 평서문으로 제안이나 제의를 표현할 수 있다. could가 더 완곡한 표현이다.

· Can [Could] I help you?
· Can [Could] we carry your baggage for you?

A: Where would you like to have lunch today?

B: Well, we could [can] go to the Chinese restaurant near here.

A: Oh, no! I missed the train.

B: I could [can] give you a ride if you want.

A: Do you have any plans this afternoon?

B: Not really. I have nothing to do.

A: Well, you could [can] help me clean the house if you have time.

B: Ah! I've been forgetting I have an important meeting with study group members. I have to go right now. See you later, Mom. I love you!

4

may / might

1) 추측 및 가능성 표현

A: Do you know Mr. Park's email address?
B: No, I don't. Ask Susan. She may [might] know. [현재에 대한 추측]

A: Will humans live on another planet in the future?
B: I think so. Humans may [might] settle on Mars someday. [미래에 대한 추측]

2) 허락을 구하거나 허용을 하는 표현

의문문으로 허락을 구할 때는 may, could, can이 사용될 수 있다. can이 가장 통상적인 표현이고 may가 가장 정중한 표현이다. 또한 평서문에서 may는 '~해도 된다', '~할 수 있다'는 허용을 표현하며 'may not'은 '~가 허용되지 않는다'는 뜻으로서 금지를 나타낸다.

A: May I use your computer for a while?
B: Of course you may. Be my guest.

A: **May** I smoke here?
B: No, you **may not**. This is a smoke-free building.

- All employees **may** use parental leave to care for a newborn child or a newly adopted child.
- Employers **may not** fire a pregnant employee because of her pregnancy.

3) 현재나 과거의 일반적으로 가능한 사실

일반적 사실, 사회적 관행, 과학적 현상·지식을 표현하기 위해 may/might가 쓰이기도 한다. can/could보다 더 격식적인 표현으로 주로 학술적 글에 사용된다.

- The size of an animal cell **may** be between 1 and 100 micrometers.
- In the Medieval times, women who did not conform to the social norms **might** be considered witches.

4) 기원문을 만드는 may

- **May** you live a long and prosperous life!
- **May** your your days be merry and bright and **may** all your Christmases be white.
  — White Christmas / Bing Crosby

may 없이 동사원형으로 기원문을 표현하기도 한다.

- God **bless** you! 당신에게 신의 은총이 있기를!
- God **Save** the Queen! 신이여 여왕을 지키소서!
- Peace **be** with you! 당신에게 평강이 함께 하길.

6) may/might가 사용되는 관용표현

- Some people might well think that taking a nap is a waste of time.

    (There is a good reason for that. ~하는 것도 당연하다, 충분히 그럴 수도 있다.)

- You look ridiculous if you dance. You look ridiculous if you don't dance. So you might as well dance. — Three Lives / Gertrude Stein (~하는 것이 가장 좋다. ~하는 것 외에 더 좋은 대안이 보이지 않는다.)

- Come what may, come what may, I will love you until my dying day. (무슨 일이 있어도)

    — Come What May / Moulin Rouge OST

- To whom it may concern.

    (담당자 귀하. 편지에서 수신자의 정확한 이름이나 직함을 모르는 경우 사용.)

5

should / ought to / must

1) should

① 의무: ~해야 한다 (바람직함과 도덕적 마땅함을 표현)

· We should treat animals humanely. We shouldn't treat them cruelly.
· You should be quiet in the library. You shouldn't make noises there.

② 기대와 예상

should는 정상적이거나 평상시대로라면, 즉 예외적이고 특이한 상황이 발생하지 않는 한, 이러저러할 것이라는 기대와 예상을 표현할 수 있다.

A: When are we going to arrive at the station? 우리가 역에 몇 시에 도착할까요?
B: We should arrive around noon. 12시쯤에 도착할 거예요.

2) ought to

ought to는 should와 거의 같은 의미이다. ought to는 다소 구식의 격식적 표현으로 미국영어에서는 잘 쓰이지 않으며 주로 영국영어에 쓰인다. 영국영어에서도 should가 ought to보다 더 자주 쓰인다.

① 의무: ~해야 한다

- I **ought to** take care of my little brother. 나는 내 동생을 돌봐야 해.

② 기대와 예상

- Henry texted me that he just got on the tube at Piccadilly Circus, so he **ought to** be here in about twenty minutes.

③ 부정문과 의문문에서의 ought to

ought to를 부정문이나 의문문에서 사용하는 것은 격식적 글이나 고전문학 작품 등에서 볼 수 있기는 하나 현대에는 극히 드문 일이다. 현대영어에서는 should를 사용하는 것이 선호된다.

부정문: You **ought not to** make noises here.
의문문: **Ought** we **to** be quiet here?

- The freedom of speech and debates or proceedings in Parliament **ought not to** be impeached or questioned in any court or place out of Parliament.
  — Article 9 of the Bill of Rights

  의회 내에서의 발언과 토론 및 활동의 자유는 의회 밖의 어떤 법정이나 장소에서도 비판받거나 의문시되어서는 안 된다.
  — 영국 권리장전 제9조

3) must

① 의무: ~해야 한다 (규정에 따른 의무나 강한 필요성 표현)

- You **must** take your passport when you travel abroad.
- For water to freeze, the temperature **must** be below 0°C.
- You **must** listen to me carefully. I have a very important thing to tell you.

must not은 '~해서는 안 된다' 또는 '~를 하면 안 된다'는 의미를 형성한다.

- Education **must not** simply teach work — it must teach life. — W. E. B. Du Bois

> should는 무언가를 하는 것이 마땅하다거나 바람직하다는 주관적 판단을 표현하며 상대방이 무언가를 하는 것이 좋겠다는 제안을 표현하기도 한다.
> must는 자연법칙, 법률 등과 같은 객관적 이유에 따라 도저히 그러지 않을 수 없거나 무언가를 해야 할 강한 필요성이 있음을 표현한다.
> 객관적으로 불가피한 일에 대해 should를 사용하면 어색하다. 반드시 해야 하는 일이거나 그래야만 하는 일에는 must (또는 have to)가 적합하다.
>
> - You **must** [should] take your passport when you travel abroad.
> - For water to freeze, the temperature **must** [should] be below 0°C.

② 강한 추측: ~임이 틀림없다

- Judging from her accent, she **must** be from Australia.
- You ate all the chocolate in the box? You **must** really like chocolate.

③ 불가피성 (inevitability): ~하지 않을 수 없다, ~할 수밖에 없다

must는 불가피성을 뜻하기도 한다. (have to도 이와 같이 쓰일 수 있다.) 의무와 강한 추측이라는 의미도 불가피성에서 도출된 것이다. 즉, 의무란 피할 수 없이 반드시 해야 하는 일이다. 강한 추측이란 주어진 근거를 통해 논리적으로 생각하면 그렇다고 판단할 수밖에 없음을 표현하는 것이다.

- All men must die.
- Based on your question, I must think that you don't understand what I explained.

modal + have -ed

1) 추측 표현 정리

① 현재 및 미래에 대한 긍정적 추측 및 예측에 있어서 확신의 정도

Who's that woman?	Do you think it will rain tomorrow?	
That **must** be our new manager.	It **must** rain tomorrow.	강한 긍정적 확신
That **should** be our new manager.	It **should** rain tomorrow.	
That **may** be our new manager.	It **may** rain tomorrow.	
That **could** be our new manager.	It **could** rain tomorrow.	
That **might** be our new manager.	It **might** rain tomorrow.	약한 긍정적 추측

② 현재 및 미래에 대한 부정적 추측 및 예측에 있어서 확신의 정도

But she looks very young.	But the sky is very clear.	
She **can't** be our new manager.	It **can't** rain tomorrow.	강한 부정적 확신
She **couldn't** be our new manager.	~~It couldn't rain tomorrow.~~	
~~She shouldn't be our new manager.~~	It **shouldn't** rain tomorrow.	
She **may not** be our new manager.	It **may not** rain tomorrow.	
She **might not** be our new manager.	It **might not** rain tomorrow.	약한 부정적 추측

③ 과거에 대한 긍정적 추측에 있어서 확신의 정도

  modal + have -ed 형태로 쓰이면, 과거에 대한 추측을 의미한다. 일상회화에서 modal 뒤에 조동사로 오는 have가 /hæv/로 발음되는 경우는 거의 없으며 대개 /əv/로 발음된다. 또한 must, should, could, might 등의 뒤에 오는 have는 /v/ 발음조차 탈락되어 /mʌstə/, /ʃʊdə/, /kʊdə/, /maɪtə/와 같이 발음되는 경우가 많다.

Who do you think did it?	Do you think he stole the money?	
Karen **must have done** it.	He **must have stolen** it.	강한 긍정적 확신
Karen **should have done** it.	He **should have stolen** it.	
Karen **may have done** it.	He **may have stolen** it.	
Karen **could have done** it.	He **could have stolen** it.	
Karen **might have done** it.	He **might have stolen** it.	약한 긍정적 추측

④ 과거에 대한 부정적 추측에 있어서 확신의 정도

But she was out of town at that time.	But I think he is an honest person.	
Karen **can't have done** it.	He **can't have stolen** it.	강한 부정적 확신
Karen **couldn't have done** it.	He **couldn't have stolen** it.	
~~Karen **shouldn't have done** it.~~	~~He **shouldn't have stolen** it.~~	
Karen **may not have done** it.	He **may not have stolen** it.	
Karen **might not have done** it.	He **might not have stolen** it.	약한 부정적 추측

2) should have -ed (= ought to have -ed)

  should have -ed는 '~했었어야 했는데…'를 의미한다. 즉, 과거에 무언가를 해야 했었는데 하지 않았다는 후회나 안타까움을 표현한다. shouldn't have -ed는 '~하지 말았어야 했는데…' 즉, 과거에 무언가를 하지 않았어야 했는데 그것을 한 것에 대한 후회나 안타까움을 표현한다.

- Jenny was just an ordinary girl when she was in high school. How could I possibly know that she would become such a famous actress? I **should have been** nice to her when we were in school together.

- I was so drunk that I called my ex-girlfriend at 3 in the morning. I **shouldn't have drunk** that much.

A: I saw this necklace at the store and couldn't help but buy it for you. I hope you like it.
B: Oh, you **shouldn't have**.

3) could have -ed

could have -ed는 과거에 가지고만 있었던 능력을 나타낸다. 다시 말해, 과거에 무언가를 할 수 있는 능력이나 기회 또는 어떤 일이 일어날 가능성이 존재하기만 했을 뿐 실제로는 하지 않았거나 일어나지 않았음을 표현한다.

- She was very rich. She **could have bought** an island of her own in the Mediterranean.
  그녀는 매우 부자였다. 그녀는 지중해에 자기만의 섬을 살 수도 있었을 것이다. (그러나 실제로 사지는 않았다.)
- You got behind the wheel after drinking that much? You **could've killed** yourself!
  그렇게 많이 술을 마시고 운전대를 잡았다고? 너 죽을 수도 있었어!

couldn't have -ed는 그것을 하고 싶었다 해도 또는 하려고 노력했다 해도 어차피 할 수 있는 가능성이 애초부터 전혀 없었음을 표현한다.

- I **couldn't have passed** the test, so I didn't take it.
  나는 그 테스트를 치러봤자 어차피 통과를 할 수가 없어서 아예 테스트를 치르지도 않았다.
- He **couldn't have escaped** the prison because the security was very tight.
  경비가 매우 삼엄했기 때문에 그가 탈옥하려고 해 봤자 어차피 불가능한 일이었다.

could have -ed와 couldn't have -ed는 어떤 사건이 벌어지지 않았다는 점에 있어서는 공통적이다. 다만, 전자는 발생 가능성이 존재했지만 발생하지 않은 것이고 후자는 애초부터 가능성 없는 일이 벌어지지 않았음을 표현한다.

단, 특정 조건이 가정되는 경우에 couldn't have -ed는 그 조건하에서는 가능성이 전혀 없었을 것이라는 추론을 표현한다. 즉, '~했다면 ~할 수 없었을 것이다'라는 의미이며, 이것은 할 수 있어서 실제로 했다는 뜻이다.

- I couldn't have passed the test if I hadn't studied hard.
  열심히 공부하지 않았더라면 나는 테스트를 통과할 수 없었을 것이다.
  → 열심히 공부했기 때문에 테스트에 통과할 수 있었다.

- He couldn't have escaped the prison without internal help.
  내부적 도움이 없었다면 그는 탈옥을 할 수 없었을 것이다.
  → 그가 탈옥에 성공한 것은 내부적 도움 때문이었음이 틀림없다.

semi-modal

be able to	be going to	be to	be about to
used to	have to / have got to	had better	would rather

1) be able to

① 사람 또는 동물의 능력 표현

- Spiderman **is able to** shoot spider-web from his hands.
- Dogs **are able to** smell much better than humans.

② 사물의 능력 및 기능

- Personal computers **are able to** store a large amount of data.
- Music **is able to** make a person dream. — Andrea Bocelli

③ be able to와 can/could와의 차이점

(1) be able to는 can보다 좀 더 격식적인 표현이다.
· He **can** speak Chinese. [일반적] / He **is able to** speak Chinese. [격식적]

(2) be able to를 의문문에 사용하는 것은 틀리지는 않지만 자연스럽지 않다.
· **Can** you speak Chinese? [일반적] / **Are** you **able to** speak Chinese? [어색]

(3) will be able to
can도 미래에 무언가를 할 수 있음을 표현할 수 있으나, will be able to는 현재 시점에서는 할 수 있는 능력이 없거나 할 수 있는 상황이 아니지만, 미래에는 할 수 있는 능력을 가지게 되거나 할 수 있는 상황이 될 것이라는 점을 표현한다.

· I hope I **will be able to** visit New York City someday.
· Do you think humans **will be able to** travel to Mars in the near future?

(4) could: 과거의 일반적 능력 보유 / was able to: 구체적 일의 성취
could는 과거에 주어가 일반적인 능력을 가지고 있었음을 표현하지만, 구체적이고 특정한 일을 해냈다는 것을 표현하지는 않는다. was able to는 능력을 발휘하여 어떤 구체적인 일을 해냈다는 의미이고 managed to와 비슷한 의미이다. 단, couldn't와 wasn't able to는 거의 같은 의미이다.

· Beethoven **could** compose symphonies even though he was stone deaf. O
· Beethoven ~~could~~ compose his ninth symphony even though we was stone deaf. x

· Beethoven **was able to** compose his ninth symphony even though he was stone deaf. O
≒ Beethoven **managed to** compose his ninth symphony even though he was stone deaf. O

· Beethoven **couldn't** finish his tenth symphony. O
= Beethoven **wasn't able to** finish his tenth symphony. O

단, 감각 표현 동사 (feel, hear, smell, taste, see) 및 일부 인식동사 (believe, understand, remember)에 could가 쓰이면, 특정하고 구체적인 무언가를 느끼거나 인식할 수 있었다는 것을 의미한다.

- I could smell gas leaking from the stove, so I opened all the windows and called the gas company.
- Jessie could understand her teacher's explanation about why the weather changes.

2) be to

구식 영문법은 be to에 대해 to 부정사가 형용사적으로 쓰인 것으로 설명했으나, 현대 영문법은 미래시간을 표현하는 semi-modal로 간주한다. 일상 회화에서는 거의 쓰이지 않는 딱딱하고 사무적인 느낌의 격식적 표현으로 글쓰기에서 주로 사용된다.

① 계획, 예정, 일정

- President Obama is to attend a memorial service Wednesday at Fort Hood, where 13 people died in a 2009 shooting attack by an Army psychiatrist, Nidal Hasan, who was later convicted of the killings. — ⟨USA Today⟩ April 7, 2014.

② 의무

- All passengers are to wear seat belts.
- Skateboards and roller blades are not to be used on school property during school hours.

③ 운명

be to는 '운명'이라는 다소 재미있는 개념으로 설명되기도 한다. 이것은 be to가 미래시간을 의미한다는 점에서 파생된 것이다. 현재 시점에서 보았을 때 앞으로 반드시 일어나게 되어 있는 일은 '운명'으로 느껴진다. 또한 과거 시점에서 그 후에 일어날 일을 표현하면, 우리가 어떤 일이 일어날지 이미 알고 있기 때문에, 마치 예정된 운명인 것처럼 보인다. 현재시제의 경우 '앞으로 ~하기 마련이다', 과거시제의 경우는 '그 이후 ~하게 된다' 정도의 의미를 가진다.

- All humans are to die. 모든 인간은 죽기 마련이다.
- In 1545, a boy named Yi Soon-shin was born in Hanseong, what is now Seoul. He was to become the most admired national hero of Korea.
  1545년 이순신이라는 이름의 소년이 한성, 즉 지금의 서울에서 태어났다. 그는 이후 한국에서 가장 추앙받는 민족적 영웅이 된다.

④ 가능: 일부 표현들에서

- The problem was not to be solved by a simple method.
  그 문제는 단순한 방법으로는 해결될 수 없었다.
- We were a little bit scared because there was no one to be seen on the street.
  거리에 아무 사람도 눈에 띄지 않아서 우리는 약간 무서웠다.

⑤ 의도: if절 안에서: ~하고자 한다면

- If you are to become a good writer, you have to read a lot of books.
  좋은 작가가 되고자 한다면, 많은 책을 읽어야 한다.

3) be about to (임박한 사건의 표현)

- The movie is about to start.
- He called me when I was about to fall asleep.

4) used to

used to /yúːstʊ/ 는 현재에는 더 이상 적용되지 않는 과거의 상태 또는 반복적 행위나 습관을 표현한다.

- I **used to** play hide and seek when I was little.
- There **used to** be a tall pine tree on top of the hill.

부정문	· I **didn't use to know** how to drive a stick shift. [전통적 표기] · I **didn't used to know** how to drive a stick shift. [현대적 표기] · I **never used to know** how to drive a stick shift. [회화적 표현] · I **used not to know** how to drive a stick shift. [구식의 격식적 표현]
의문문	· **Did** you **use to smoke** when young? [전통적 표기] · **Did** you **used to smoke** when young? [현대적 표기] · **Used** you **to smoke** when young? [구식의 격식적 표현]

used to의 부정문은 '(지금은 ~하지만) 예전에는 ~하지 않았었다'는 의미를 형성한다. didn't use to는 전통적으로 올바른 표기였고 지금도 쓰이는 경우가 없지는 않으나, 현대에는 격식적 글에서도 didn't used to로 표기하는 경향이 매우 크게 증가했다. 아직도 이러한 표기가 틀리다고 주장하는 사람이 있다면 시대착오적이라는 비판을 받지 않을 수 없을 것이다.

- We **didn't used to** think so. We used to think that having vast sums of money was bad and in particular bad for you.
  — "Being rich wrecks your soul. We used to know that," ⟨The Washington Post⟩ July 28, 2017.

아래 표현들은 형태가 비슷하나 의미 차이가 크므로 유의하라.

used to + 동사원형 /yúːstʊ/	과거의 습관이나 상태	Kathy **used to have** long hair.
be used to + -ing /yúːstʊ/	~에 익숙하다	Tom **is used to getting** up early.
be used to + 동사원형 /yúːzd tʊ/	~하기 위해 사용되다	Antibiotics **are used to kill** bacteria.

〈used to와 would의 공통점과 차이점〉

used to와 would는 모두 현재에는 적용되지 않는 과거의 반복적 행동을 의미한다는 점에서 거의 같은 뜻을 가지고 있다.

· When Laura was young, she **would** play soccer after school.
= When Laura was young, she **used to** play soccer after school.

그러나 would는 다음과 같은 점에서 used to와 다르다.

① **would는 뜬금없이 used to의 뜻으로 쓰이지 않는다.**

would는 여러 의미를 가진 modal이다. 따라서 과거라는 시간적 배경을 알려 주는 말이 would 앞에 먼저 나오지 않으면 used to를 뜻한다는 것을 알 수도 없고 그러한 의미가 형성되지도 않는다.

· He **used to** play baseball. O   · He **would** play baseball. (?)
· When he was young, he **used to** play baseball every Sunday morning. O
· When he was young, he **would** play baseball every Sunday morning. O
· He **used to** play baseball every Sunday morning when he was young. O
· He ~~would~~ play baseball every Sunday morning when he was young. x

② **would는 현재에 적용되지 않는 과거의 상태를 표현하지 않는다.**

would는 과거에 **어떤 동작을 실행하려는 의지와 고집**이 있었다는 의미에서 과거의 습관을 표현하며 주어의 과거 상태를 표현하지는 않는다. 즉, used to의 뜻으로 쓰일 때, would는 동작동사에만 쓰이며 상태동사와는 쓰이지 않는다. used to는 동작과 상태 모두에 쓰인다.

· There **used to be** ~~would be~~ an airport in *Yeouido*.
· I **used to know** ~~would know~~ his name, but I can't remember it now.

③ 처음에는 used to로, 그다음에는 would로

과거에 반복되던 여러 행동들을 표현할 때, 최초에는 used to를 써서 일반적인 상황을 설명하고 그 다음부터는 would를 써서 세부사항을 표현하는 것이 영작에 있어서 자연스러운 스타일이다.

· When I was a kid, my family used to go fishing during summer. My father would teach me how to fish and my mother would cook the fish we caught.

〈탐구문제 4〉

당신은 used to는 규칙적 습관에 쓰이고 would는 불규칙적 습관에 쓰인다는 내용을 배운 적이 있는가? 그런데 규칙적 습관과 불규칙적 습관을 도대체 어떤 기준으로 구분해서 말을 한다는 말인가? 명백하게 불규칙적인 습관을 표현하는 경우에도 used to가 쓰인 수많은 현실의 문장들이 있는 데도 어떻게 그런 가짜 지식이 유포될 수 있었을까? 원칙적으로는 그렇지만 예외적인 경우도 있다는 뻔한 수법에 사람들은 왜 그렇게 잘 넘어가는 것일까? 잘못된 내용이 책에 쓰여 있고 교실에서 교육된다는 이유로 수많은 사람이 쉽게 거짓을 진실로 믿을 수 있다면, 우리가 진실이라고 배운 것들 중에 거짓이 있을 수 있지 않은가? 그렇다면 거짓과 진실을 어떻게 구분해 낼 수 있는가?

5) have to

have to는 should와 must와 같이 의무를 표현한다. have to는 must에 비해 비격식적 표현이며 일상적 회화에서 must보다 선호된다.

A: Do you have to go now? 너 지금 가야 해?
B: Yeah. There are some chores I have to do. 응. 해야 할 일들이 좀 있어.

have to는 '~임에 틀림없다'는 확신과 강한 추측을 의미하기도 한다.

A: Who's that? 저 사람 누구예요?
B: He has to be your new tutor. He said he would be here by 5 and it's 5 o'clock now.

· Never cover my eyes and ask "Guess who?" while I'm driving! You **have to** be out of your head!

have to의 부정문은 '~할 필요가 없다'는 뜻이다. '~하면 안 된다'는 표현은 should not이나 must not으로 한다.

· You **don't have to** feed wild animals. = You **don't need to** feed wild animals.
· You **should not** feed wild animals. ≒ You **must not feed** wild animals.

6) have got to

have got to는 have to, must와 마찬가지로 강한 의무와 필요성 또는 강한 추측을 표현한다. 회화적 표현이다. 표기가 have got to로 되어 있어도 회화에서는 대개 have를 탈락시키고 /ɡɑrə/ 또는 /ɡɑrʌ/로 발음하며, 강조하거나 또박또박 말할 때 /hæv ɡɑt tʊ/로 발음한다. 단, 윗사람에게 "You gotta go."와 같이 말하는 것은 예의에 어긋나게 반말을 하는 것이다. 윗사람에게는 should나 have to를 사용하는 것이 좋다.

· Well, I **gotta** get going. See you later!
· What I **gotta** do to make you love me? What I **gotta** do to make you care?
— Sorry Seems To Be The Hardest Word / Elton John

· Oh, come on. You can't be serious. You **have got to** be kidding.

7) had better

had better에서 had는 대부분 발음되지 않는다. 흔히 축약형을 사용하여 "I'd better go."와 같이 표기하는데 비격식적 축약형으로는 had를 삭제하고 "I better go."와 같이 표기한다. 부정어 not을 사용하는 경우에는 better 뒤에 위치시켜 "I'd better not go."로 표기한다.

흔히 had better를 '~하는 것이 좋다'는 뜻이라고 가르치다 보니 학생들이 이것을 권유나 제안에 사용하는 표현일 줄로 잘못 이해하는 경향이 있다. 그래서 외국인 관광객에게 "경복궁에 가보시는 게 좋아요"를 표현한다고 "You'd better visit Gyeongbok Palace."와 같은 무시무시한 발언을 해 버리기도 한다.

had better는 단순한 권유나 제안이 아니라, 그 일을 하지 않으면 큰일이 날 것이라는 의미이다. 주어가 You인 경우, 기본적으로 어떤 일을 하지 않으면 상대방에게 불이익이나 좋지 않은 결과가 닥칠 것이라는 경고성 발언이며 그것을 하지 않았을 시에 말하는 사람이 상대방에게 불이익을 주겠다는 뜻의 협박성 발언일 수도 있다.

· We'd better cancel our picnic. The forecast says a major hurricane is coming.

A: My blood pressure is 160 over 110. 나 혈압이 160에 110이야.
B: You'd better see a doctor. 너 의사를 만나는 게 좋겠다. (안 그러면 큰일 나!!)

· You better watch out. You better not cry. You better not pout. I'm telling you why. Santa Claus is coming to town. — Santa Claus is Coming to Town

had better에서 better를 best로 변형시킨 had best라는 표현도 있다. had better보다 더 강하게 무언가를 할 필요성이 있음을 표현한다. 비격식적 표현이며 had를 발음하지 않는 것이 일반적이다.

· I'd best go home now.　　· You best believe what I just said.

· North Korea **best not** make any more threats to the United States. They will be met with fury and fire like the world has never seen. — Donald Trump

A: I'm planning a trip to Seoul. Do you have any advice?
B: You**'d better visit** Gyeongbok Palace.
[경고 내지 협박] 경복궁에 가는 게 좋을걸. (안 가기만 해 보셔. 아주 큰 일이 날 테니!)

You **must visit** Gyeongbok Palace.
[압박과 강요] 당신은 경복궁에 반드시 가야 합니다. (당신, 무슨 일이 있어도 가야 돼.)

You **should visit** Gyeongbok Palace.
[적극적 제안] 경복궁에 가보셔야 해요. (가보시면 좋을 거예요. 거기 되게 좋아요.)

You **could visit** Gyeongbok Palace. You **might want to visit** Gyeongbok Palace.
[완곡한 제안] 경복궁에 가 보시는 것도 좋을 것 같아요. (아니 뭐, 가기 싫으시면 안 가셔도 되고요.)

Why don't you visit Gyeongbok Palace? **What [How] about visiting** Gyeongbok Palace?
[의문문을 통한 부드러운 제안] 경복궁에 가 보시는 것은 어떨까요?

8) would rather

would rather는 두 가지 상황이 있는 경우 주어가 어느 것을 더 선호하는지 표현할 때 사용한다. 부정어 not을 사용하는 경우는 rather 뒤에 위치시킨다. (I'd rather not do it.)
무엇보다 더 선호하는지를 표현하기 위해 than을 사용할 수 있는데 이때 than 뒤에는 원형부정사가 온다.

A: **Would** you **rather** watch TV at home or **go** to the movies?
B: I**'d rather** watch TV at home.

· I**'d rather** die on my feet **than** live on my knees. — Emiliano Zapata
· I **would rather** be happy **than** (be) rich.

주변적 모달

1) dare

dare는 can과 상당히 비슷한데 실행을 위해서는 상당한 용기가 필요할 정도로 위험하거나 바람직하지 않은 일 또는 어리석고 무모한 일로 여겨지는 일에 대해 쓰인다.

① modal로서의 dare (주로 영국영어에서)

- She **dare not [daren't]** go outside at night. 그녀는 밤에 감히 바깥에 나가지 못한다.
- How **dare** he **talk** to me like that? 그가 나한테 어떻게 감히 그렇게 말할 수 있단 말인가?
- **Dare** you **tell** him the truth about his birth? 너 그에게 출생의 비밀에 대해 차마 털어놓을 수 있겠어?

② 일반동사로서의 dare (주로 미국영어에서)

- She **doesn't dare** (to) go outside at night. 그녀는 밤에 감히 바깥에 나가지 못한다.
- How **can** you **dare** (to) ignore me? 어떻게 네가 감히 나를 무시할 수가 있어?
- Do you **dare** (to) **tell** him the truth about his birth?
  너는 그에게 출생의 비밀에 대해 차마 말을 할 수 있겠니?

③ 기타 사항들

(1) 'How dare you ~?'에서는 to 부정사를 쓰지 않는다.

- How **dare** you ~~to~~ **call** me a liar?

  네가 어떻게 감히 나를 거짓말쟁이라고 부를 수 있어?

(2) 다른 동사 없이 'How dare you!'로 표현하기도 한다.

A: Did you kill your husband for the insurance money?

　당신이 보험금을 노리고 남편을 살해했습니까?

B: **How dare you!** I loved my husband!

　어떻게 감히 그런 소리를! 저는 남편을 사랑했어요!

(3) 명령문으로 쓰일 때 Don't you dare ~!로 표현하기도 한다.

- **Don't dare** leave me alone in this place! 나를 이곳에 혼자 남겨 두지 마!
- **Don't you dare** leave me alone in this place! [비격식]

  (dare뿐 아니라 비격식적 말하기에서는 'Don't you + 동사원형'으로 명령문을 표현하기도 한다.)

2) need

need는 현대 미국영어에서 일반동사로 쓰인다. 격식체의 영국영어에서는 부정문에서 modal로 사용되기도 한다. 의문문에서 need를 modal로 사용하는 것은 매우 옛날식의 표현으로 현대에는 쓰이지 않는다.

- He **doesn't need** to **know** about my past. [일반동사] *AmE*
- He **needn't know** about my past. [modal] *BrE*
- We **need** never **be** ashamed of our tears. [modal] — Great Expectations / Charles Dickens

- Do you really **need** to leave now? [일반동사] (현대의 일반적 표현)
- **Need** you really **leave** now? [modal] (옛날식, *BrE*)

# 능동태와 수동태

4

1. 수동태의 개념과 형태
2. 수동태 학습에 있어 어려운 점들
3. 수동태 문장에서 동작의 행위자 표시
4. 능동태 문장과 수동태 문장
5. 다어동사가 쓰인 문장의 수동태
6. 유의해야 할 수동태 표현들
7. 수동태로 표현되지 않는 동사들
8. 중간태와 능격동사
9. 상태 수동태와 동작 수동태
10. by 이외의 전치사 사용하는 수동태 표현

수동태의 개념과 형태

영어에서 능동태는 행위자를 주어로 하고 동작을 받는 대상을 목적어로 표현하는 것이다. 수동태는 동작을 받는 대상을 주어로 삼아 그 입장에서 사건을 표현하는 것이다. 영어는 be + -ed로 수동태를 표현하며, 행위자는 대개 전치사 by로 표현한다.

한국어의 능동	한국어의 피동
우리는 누군가가 그 건물에 접근하는 것을 **보았다**.	누군가가 그 건물에 접근하는 것이 **보였다**.
사냥꾼이 호랑이를 **잡았다**.	호랑이가 사냥꾼에게 **잡혔다**.
그는 강아지를 **안았다**.	강아지가 그에게 **안겼다**.
우리는 눈사람을 **만들었다**.	눈사람이 우리에 의해 **만들어졌다**.
세종대왕은 훈민정음을 **창제하였다**.	훈민정음은 세종대왕에 의해 **창제되었다**.
일본 경찰은 독립운동가들을 **고문하였다**.	독립운동가들은 일본 경찰에 의해 **고문당했다**.

영어의 능동태 (the active voice)	영어의 수동태 (the passive voice)
We **saw** someone approaching the building.	Someone **was seen** approaching the building.
The hunter **caught** a tiger.	A tiger **was caught** by the hunter.
We **made** a snowman.	A snowman **was made** by us.
He **hugged** the puppy.	The puppy **was hugged** by him.
King Sejong **created** the Korean alphabet.	The Korean alphabet **was created** by King Sejong.
The Japanese police **tortured** independent activists.	Independent activists **were tortured** by the Japanese police.

2 수동태 학습에 있어 어려운 점들

1) 우리말에서는 피동으로 표현하나 영어에서는 수동으로 표현하지 않는 경우

- 이 강아지는 정말 귀여워 **보인다**.
→ This puppy **looks** really cute. O   This puppy ~~is looked~~ really cute. x
- 그 건물이 **붕괴된** 후, 구조대원들이 실종자들을 찾아 수색했다.
→ After the building **collapsed**, rescuers searched for missing people. O
　After the building ~~was collapsed~~, rescuers searched for missing people. x

2) 우리말에서는 능동으로 표현하나 영어에서는 수동으로 표현하는 경우

- 나는 그 소식을 듣고 깜짝 **놀랐다**. → I **was surprised** to hear the news.
- 그 바위는 어떤 각도에서 **보면** 사람의 얼굴을 닮았다.
→ The rock resembles a human face when it **is seen** from a certain angle.

3) 수동태 문장을 피동형 문장으로 직접 표현할 길이 없거나 표현하는 것이 매우 어색한 경우

- I was told that Kate is going to Chicago next week.

    나는 케이트가 다음 주에 시카고에 간다고 말해졌다. (?) → 나는 케이트가 다음 주에 시카고에 간다는 말을 **들었다**.

- Mr. Smith was survived by his wife and two daughters.

    스미스 씨는 아내와 두 딸에 의해 생존되었다. (?) → 스미스 씨는 유족으로 아내와 두 딸을 두고 사망하였다.

- The Chinese Revolution was followed by the Korean War.

    중국혁명은 한국전쟁에 의해 뒤따라졌다. (?) → 중국혁명에 뒤이어 한국전쟁에 일어났다.

- I am so flattered. 저는 매우 아첨 받습니다. (?) → 과찬의 말씀이세요.

- I was lied to by my close friend.

    나는 친한 친구에 의해 거짓말 당했다. /거짓말 되어졌다. (?) → 친한 친구가 나에게 거짓말을 했다.

수동태 문장에서 동작의 행위자 표시

1) 행위자를 표시하는 경우

· The microwave oven was invented by Percy Spencer in 1946.

A: Do you know who chose the site for the capital city of the United States?
B: I don't know.
A: It was chosen by President Washington.

2) 행위자를 표시하지 않는 경우

① 행위자를 말하고 싶지 않아서: Some coffee has been spilt on your iPad.
② 행위자를 몰라서: A woman was murdered last night.
③ 행위자를 말할 필요가 없어서: A lot of rice is grown in Asia.
④ 행위자가 중요한 게 아니라서: The meeting has been delayed.

　수동태 문장에서는 행위자를 굳이 표현할 필요가 없거나 표현하고 싶지 않으면 표현하지 않으면 된다. by people, by us, by someone, by them 등과 같은 일반적 행위자와 문맥을 통해서 쉽게 유추 가능한 행위자는 표현되지 않는 것이 통상적이며, 특별한 이유가 없는데도 명시되면 사족蛇足으로 느껴진다.

4

능동태 문장과 수동태 문장

1) SVO: 타동사가 쓰인 문장의 수동태

$$S + V + O$$
$$\rightarrow O + \text{be -ed} + (\text{by S})$$

· William Herschel discovered Uranus in 1781. [능동태]
       S   V   O   부사구

· → Uranus was discovered by William Herschel in 1781. [수동태]
    O   V   by + S   부사구

☞ 'Uranus'는 수동태 문장에서는 목적어가 아니라 주어이지만, 능동태 문장의 목적어였던 명사구가 수동태 문장의 주어 자리에 위치에 있음을 보여 주기 위해 그대로 O라고 표시하였다.

리) SVOO: 이중타동사의 수동태

$$S + V + IO + DO$$
$$\rightarrow IO + be\ \text{-}ed + DO + (by\ S)$$
$$\rightarrow DO + be\ \text{-}ed + prep + IO + (by\ S)$$

· Dr. Johnson teaches us Chemistry 101. [능동태]
    S   V   IO   DO

→ We are taught Chemistry 101 by Dr. Johnson. [수동태]
   IO   V   DO   by + S

→ Chemistry 101 is taught to us by Dr. Johnson. [수동태]
     DO   V   IO   by + S

이중타동사는 DO와 IO를 가지고 있다. 즉, 목적어가 2개이다. 따라서 DO를 주어로 하여 수동태를 만들 수도 있고, IO를 주어로 하여 수동태를 만들 수도 있다. 그런데 모든 경우에 있어서 그러한 것은 아니다.

① 수동태 주어로 DO와 IO가 모두 쓰이는 주요 수여동사들

ask	award	deny	give	grant
leave	lend	offer	pay	promise
send	serve	show	teach	tell

· Mr. Earnest gave her an opportunity to work at the White House. [능동태]
→ She was given an opportunity to work at the White House by Mr. Earnest. [IO 주어 수동태]
→ An opportunity to work at the White House was given to her by Mr. Earnest. [DO 주어 수동태]

- My employer doesn't pay me overtime at all. [능동태]
→ I am not paid overtime at all. [IO 주어 수동태]
→ Overtime is not paid to me at all. [DO 주어 수동태]

- They awarded Malala the Nobel Peace Prize in 2014. [능동태]
→ Malala was awarded the Nobel Peace Prize in 2014. [IO 주어 수동태]
→ The Nobel Peace Prize was awarded to Malala in 2014. [DO 주어 수동태]

② IO가 수동태 문장의 주어로 쓰이지 않는 이중타동사들

| bring | buy | cook | get | hand | make | pass | read | sing | write |

- Susan brought us some homemade cookies. [능동태]
→ Some homemade cookies were brought for us by Susan. [DO 주어 수동태]
→ We were brought some homemade cookies by Susan. [IO 주어 수동태] x

- I bought Emily a special birthday gift. [능동태]
→ A special birthday gift was bought for Emily by me. [DO 주어 수동태]
→ Emily was bought a special birthday gift by me. [IO 주어 수동태] x

동사의 의미 자체에 동작을 받는 상대방, 즉 IO의 존재가 내재돼 있지 않으면 IO를 주어로 한 수동태 문장으로 표현되지 않는다. 예를 들어, give, teach, pay는 받는 사람, 배우는 사람, 돈을 지불받는 사람이 존재한다는 것을 전제로 한 행위이다. 따라서 IO를 주어로 삼아 표현하면, 그것이 행위의 대상이라는 점이 쉽게 인식되어 be-ed의 의미가 그 행위 대상의 입장에서 파악된다. 즉, 'be given'은 주어가 무언가를 '받다', 'be taught'는 '배우다', 'be paid'는 '지불받다'의 의미로 즉시 이해된다. 반면, buy, make, write, bring과 같은 동사들은 상대방을 전제로 한 행위가 아니며, 이중타동사로 쓰일 수 있기는 하지만 단순타동사로서의 성격이 훨씬 더 강하다. 예를 들어 물건을 구입하거나 만들어서 자기가 쓸 수도 있는 것이 반드시 남에게 사 주거나 만들어 주어야 하는 것은 아니다. 수동태 주어로 DO만 가능한 동사들의 목록을 보고 있으면 우선적으로는 단순타동사로 인식되며, hand 같은 경우는 명사로 먼저 인식된다. 그리고 난 후에 수여동사로서의 쓰임도 있다는 것이 인식된다. get과 pass도 여러 의미를 가진 다의어지 한눈에 봐서 수여동사로 인식되지는 않는다.

send는 '보내다'는 뜻의 동사이다. 보내는 행위는 '무엇을' 또는 '누구를' 보내는지가 표현되는 것이 일반적이므로 대개 타동사로 쓰인다. 그런데 send가 자동사로 쓰이는 경우가 있다.

· We **sent for** a doctor. 우리는 의사를 부르러 (누군가를) 보냈다.

위 문장은 말을 전하기 위해 누군가를 보냈다는 뜻이다. 그리고 전치사 for가 수반되어 누구를 부르러 보내는지를 표현하고 있다. 그리고 많은 문법책에 위와 같은 예문이 실려 있다.

그런데, 이상하지 않은가? 왜 의사를 부르러 사람을 보내나? 부를 거면 구급차를 부르지 왜 의사를 부르나? 현대에도 왕진이 불가능하지는 않으니 그럴 수 있다 쳐도, 전화를 걸면 되지 왜 사람을 보내나? 위와 같은 예문은 의사의 왕진이 흔한 관행이었던 시절, 그리고 전화기도 없던 시절에 쓰인 영문법 책의 흔적이다. 전화가 보급되기 전에는 소식을 전하거나 알아보기 위해 사람을 보내는 것이 일반적이었다.

· Any man's death diminishes me because I am involved in mankind, and therefore never **send** to know for whom the bell tolls; it tolls for thee.
— Meditation 17, from Devotions Upon Emergent Occasions / John Donne
어떤 사람의 죽음이라도 나를 줄어들게 만드는 것이니 그것은 내가 인류에 속해 있기 때문이라. 그러므로 누구를 위하여 종을 울리나 알아보러 **사람을 보내지 말라**. 그것은 그대를 위한 종소리이니.

그러나 현대에는 전화를 하면 되기 때문에 'call for'라고 표현하지 'send for'라는 말은 잘 쓰이지 않으며, 쓰인다 해도 대개 call for의 의미로 전환되어 쓰인다. 또한 과거에는 소식을 전달하기 위해 사람을 보내는 경우가 많았기 때문에 'I was sent'라고 하면 주어인 'I'가 어디론가 보내졌다는 뜻으로 이해되는 경향이 강했기 때문에 '~를 받았다'는 뜻으로 이해되지 않았다. 그래서 구식 문법에서는 간접목적어가 수동태 문장의 주어가 될 수 없는 이중타동사 목록에 send가 포함되어 있던 것이다.
그러나 현대에는 send에 IO를 주어로 삼은 수동태 표현도 널리 쓰이고 있다. 즉, 'I was sent + NP'는 '내가 ~을 받았다'는 의미로 쓰인다. 우리나라의 일부 영문법서들은 직접목적어만 수동태의 주어가 가능한 동사 목록에 아직까지도 send를 포함시키고 있는데, 대단히 시대착오적이라고 하지 않을 수 없다.

· When I asked why, **I was sent** an email stating several inaccurate reasons.
— 〈The Guardian〉 Work & Careers. January 1, 2015.

③ DO가 수동태 문장의 주어가 될 수 없는 이중타동사: 비수여적 이중타동사

| wish | envy | forgive | pardon | cost | fine | save | spare |

비수여적 이중타동사들은 능동태이건 수동태이건 전치사로 간접목적어가 표현되지 않는다. 그래서 DO를 주어로 한 수동태 문장으로 쓰이지도 않는다. IO를 주어로 한 수동태로는 쓰일 수 있다.

- The police fined me $50 for speeding. O
→ I was fined $50 for speeding. O

- The police fined $50 to me for speeding. x
→ $50 was fined to me for speeding. x

- Remodeling the kitchen cost me $2,000. O
→ I was cost $2,000 by remodeling the kitchen. x
→ $2,000 was cost to me by remodeling the kitchen. x
  ☞ cost는 어떤 형태의 수동태로도 쓰이지 않는다.

- Home appliances save us a lot of trouble in daily life. O
→ We are saved a lot of trouble in daily life by home appliances. O

- Home appliances save a lot of trouble to us in daily life. x
→ A lot of trouble is saved to us in daily life by home appliances. x

단, save, spare가 혜택수여동사로 쓰일 때는 DO를 주어로 한 수동태로 표현할 수 있다. 이때는 오히려 IO를 주어로 한 수동태로 표현하지 않는다.

- We have saved Larry some pizza. O
→ Larry has been saved some pizza. x

- We have saved <u>some pizza</u> for Larry. O
→ <u>Some pizza</u> has been saved for Larry. O

3) SVOC: 복합타동사의 수동태

$$S + V + O + C$$
$$\to O + \text{be -ed} + C + (\text{by S})$$

① 목적보어가 명사인 경우

- <u>The President</u> appointed <u>her</u> a Supreme Court Justice. [능동태]
      S   V   O   C

→ <u>She</u> was appointed a Supreme Court Justice by the President. [수동태]
    O   V   C   by+S

- The board of directors elected **Mr. Cook** (as) CEO of the company.
→ **Mr. Cook** was elected (as) CEO of the company.

- People regard **education** as the key to success.
→ **Education** is regarded as the key to success.

- An 11-year-old girl from London named **the dwarf planet** "Pluto."
→ **The dwarf planet** was named "Pluto" by an 11-year-old girl from London.

② 목적보어가 형용사인 경우

· Caretakers have to keep infants warm and dry.
→ Infants have to be kept warm and dry.

· The court found the company guilty of wrongful termination.
→ The company was found guilty of wrongful termination. 그 회사는 부당해고에 대해 유죄 판결을 받았다.

· Just looking at her baby's photos makes her happy.
→ She is made happy by just looking at her baby's photos.

· Doctors regard the body temperature of 36.5°C as normal.
→ The body temperature of 36.5°C is regarded as normal.

③ 목적어 뒤에 to 부정사가 있는 경우

$$S + V + O + \text{to do}$$
$$\rightarrow O + \text{be -ed} + \text{to do (by S)}$$

· People expect international flight passengers to arrive at the airport two hours before the departure time.
→ International flight passengers are expected to arrive at the airport two hours before the departure time.
· Safety regulations require all passengers to fasten their seat belts during taxi, takeoff, and landing.
→ All passengers are required to fasten their seat belts during taxi, takeoff, and landing.
· Experts advise passengers with children to put the oxygen masks first and then assist their children.
→ Passengers with children are advised to put the oxygen masks first and then assist their children.

· People suppose flight attendants to be able to deal with emergency situations.
→ Flight attendants are supposed to be able to deal with emergency situations.
· People believe air travel to be the safest form of transport.
→ Air travel is believed to be the safest form of transport.

5 다어동사가 쓰인 문장의 수동태

1) 부사 수반 타동사 (타동사 + 부사 파티클)

- The alarm clock woke me up. [능동태]
→ I was woken up by the alarm clock. [수동태]

- Americans throw away over 190 million tons of trash in one year. [능동태]
→ Over 190 million tons of trash is thrown away by Americans in one year. [수동태]

2) 전치사 수반 자동사 (자동사 + 전치사) → 타동사구

수동태는 능동태 문장의 목적어를 주어로 삼아서 표현한 형태이므로 능동태 문장에 목적어가 없다면 수동태로 표현할 수 없다. 그래서 이것을 '자동사는 수동태로 전환할 수 없다'는 문법사항으로 제시한다. **그러나 이것은 간략한 표현일 뿐이지 문자 그대로 사실인 것은 아니므로 유의할 필요가 있다. 동사가 자동사라 하더라도 전치사가 있다면 그 전치사의 목적어가 있을 것이므로 전치사의 목적어를 주어로 삼아 수동태로 표현할 수도 있다.** '자동사 + 전치사'가 하나의 타동사구로서의 의미를 가지는 경우 다음과 같이 수동태로 표현할 수 있다.

- A social worker is looking after the child. [능동태]
→ The child is being looked after by a social worker. [수동태]

- Most people in the world rely on the Internet. [능동태]
→ The Internet is relied on by most people in the world. [수동태]

- Child abuse must be answered for by the perpetrator.
- Her relationship with Paul was not approved of by her father, but she wanted to marry him anyway.
- The Civil War was brought about by the conflicting economic systems of the industrial North and the agrarian South.
- Many women feel that they are discriminated against in the workplace due to pregnancy.
- Hazardous chemical wastes must be disposed of by government-approved contractors.
- Her proposal was strongly objected to by human rights organizations.
- The gingko tree is often referred to as a "living fossil."
- I sent several emails to him, but they haven't been replied to yet.
- He was spoken to by a police officer.
- The issue of education reform is constantly being talked about by the media.

(수동태로 표현할 수 없는 전치사 수반 자동사들은 200페이지를 참조하라.)

그런데 문제는 모든 전치사 수반 자동사가 타동사구를 이루어 수동태로 표현될 수 있냐는 것이다. 그렇지는 않다.

- My nephew graduated from the University of Washington.
→ The University of Washington was graduated from by my nephew. x

- They arrived at Seattle last night.
→ Seattle was arrived at last night by them. x

Cf) The members of the committee have arrived at the final agreement.
→ The final agreement has been arrived at by the members of the committee. ○
　　최종 합의가 위원회의 위원들에 의해 도달되었다.
　　☞ 'arrive at ~'이 물리적 장소가 아니라 '결정', '합의', '결론' 등 추상적 개념에 도달하는 의미일 때는 수동태로 쓰일 수 있다.

자동사와 전치사가 결합하여 하나의 타동적 의미를 형성하는 경우는 수동태가 가능하지만, 전치사구가 부사적 수식어구로 쓰인 경우에는 수동태로 표현할 수 없다고 생각할 수 있다. 그런데 그런 경향이 있기는 하지만 반드시 그런 것만도 아니다.

· This house is very new and has never been lived in. ○
　이 집은 매우 새것이며 그 안에서 아무도 산 적이 없다.
· I feel as if my body had been walked on by an elephant. ○
　나는 마치 내 몸이 코끼리에 의해 밟힌 것 같은 기분이다.

'자동사 + 전치사'가 무의지적 행위나 주어의 일반적 상태를 표현하는 경우에는 수동태로 쓰이지 않는 경향이 있다고 할 수는 있으나, 이것도 완전히 만족할만한 설명이라고 하기는 어렵다. 어떤 경우에 '자동사 + 전치사'가 수동태로 쓰이지 않는지에 대해서는 쉽고 명쾌한 설명이 (아직) 존재하지 않는 것으로 보인다.

3) 부사+전치사 수반 자동사
(자동사 + 부사 + 전치사) → 타동사구

· They did away with capital punishment in Britain decades ago.
→ Capital punishment was done away with in Britain decades ago.

· Many people look up to major league baseball players.
→ Major league baseball players are looked up to by many people.

· His neighbors speak well of him.
→ He is well spoken of by his neighbors.

4) 전치사 수반 타동사 (타동사 + 명사 + 전치사)

① 일반적인 명사구를 목적어로 하는 경우

능동태	수동태
blame A for B B에 대해 A를 비난하다 criticize A for B B에 대해 A를 비판하다 praise A for B B에 대해 A를 칭찬하다	A is blamed for B A가 B로 비난받다 A is criticized for B A가 B로 비판받다 A is praised for B A가 B로 칭찬받다
stop A from B A가 B하는 것을 중단하다 prohibit A from B A가 B하는 것을 금지하다 prevent A from B A가 B하는 것을 방지하다	A is stopped from B A가 B하는 것이 중단되다 A is prohibited from B A가 B하는 것이 금지되다 A is prevented from B A가 B하는 것이 방지되다
deprive A of B A에게서 B를 박탈하다 inform A of B A에게 B에 대해 알려 주다 convinced A of B A에게 B를 확신시키다	A is deprived of B A가 B를 박탈당하다 A is informed of B A가 B에 대해 알림 받다 A is convinced of B A가 B를 확신하다
ascribe A to B A를 B의 탓[덕]으로 돌리다 attribute A to B A를 B의 탓[덕]으로 돌리다	A is ascribed to B A는 B 때문이다 A is attributed to B A는 B 때문이다
supply A with B A에게 B를 공급하다 provide A with B A에게 B를 공급하다 associate A with B A를 B와 연관시키다	A is supplied with B A가 B를 공급받다 A is provided with B A가 B를 공급받다 A is associated with B A가 B와 연관되다

② 특정한 명사를 목적어로 하는 관용구들

(1) 하나의 타동사구로 취급하여 수동태 표현

· You should pay attention to the details of the contract.

→ The details of the contract should be paid attention to.

· Insurance companies take advantage of the fact that many people neglect to read the fine print on the contract.

→ The fact that many people neglect to read the fine print on the contract is taken advantage of by insurance companies.

· They find fault with policy holders so that the companies can avoid liability.

→ Policy holders are found fault with so that the companies can avoid liability.

(2) 목적어인 특정 명사를 주어로 하여 수동태 표현

'타동사 + 특정 명사 + 전치사'의 형태로 된 관용구는 그 특정 명사를 주어로 삼아 수동태로 표현하면 부자연스럽다. 그런데 적절한 수식어(great, good, much, no, little, any, etc.)를 명사 앞에 두는 경우에는 수동태 표현이 자연스러워진다.

- You should **pay** (**great**) **attention to** the details of the contract. ○
- → **Attention** should **be paid to** the details of the contract. ✗
- → **Great attention** should **be paid to** the details of the contract. ○

- We must **take** (**special**) **care of** children with a disability. ○
- → **Care** must **be taken of** children with a disability. ✗
- → **Special care** must **be taken of** children with a disability. ○

단, 어떤 표현들은 명사 앞에 수식어를 사용해도 위와 같이 수동태로 표현하는 것이 억지스럽고 부자연스럽게 느껴진다. (give birth to, give way to, take part in 등)

- Maia, the eldest daughter of Atlas **gave birth to** Hermes, the messenger god. ○
- → **Great birth was given to** Hermes, the messenger god by Maia, the eldest daughter of Atlas. ✗

5) 부사+전치사 수반 타동사 (타동사 + 목적어 + 부사 + 전치사)

- Greg **fixed** me **up with** Molly. → I **was fixed up with** Molly by Greg.
- The entire class bullied the poor kid and they never **let** him **in on** any activities.
- → The entire class bullied the poor kid and **he was** never **let in on** any activities.
- You **should not take** your stress **out on** other people.
- → Your stress **should not be taken out on** other people.

6 유의해야 할 수동태 표현들

1) 목적어가 that절인 경우

say, claim, maintain, report, announce, know, believe, think 등의 언술 및 인식 동사들에는 that절이 목적어로 올 수 있다. 그러한 경우도 수동태로 표현될 수 있는데, that절 자체를 주어로 삼을 수는 없으며, 대명사 it을 가주어로 활용하여 표현하거나 to 부정사를 이용하여 표현한다.

- They thought that the Earth was the center of the universe.
- → It was thought that the Earth was the center of the universe.
- → The Earth was thought to be the center of the universe.

(언술·인식 동사의 수동태에서 to 부정사의 사용은 404페이지를 참조하라.)

2) 사역동사의 수동태

① make

make는 수동태로 표현될 수 있는 사역동사이다. 다만 수동태에서는 원형부정사가 아니라 to 부정사가 쓰인다.

- My mom made me wear this coat. [능동태]
→ I was made to wear this coat by my mom. [수동태]
→ I ~~was made~~ ~~wear~~ this coat by my mom. ✗

② have

have는 사역의 의미를 가질 때는 수동태로 표현되지 않는다. 굳이 수동의 의미를 표현하고 싶다면 비슷한 의미를 가진 동사인 make나 ask 등을 활용하여 표현할 수밖에 없다.

- My dad had me take out the garbage.
→ I ~~was had (to)~~ take out the garbage by my dad. ✗
→ I was made to take out the garbage by my dad. ○
→ I was asked to take out the garbage by my dad. ○

③ let

let은 목적어 뒤에 원형부정사가 쓰인 경우 수동태로 쓰이지 않는다. 수동의 의미를 표현하려면 비슷한 의미의 동사인 allow나 permit 등을 활용한다. 단, 원형부정사가 아닌 부사나 전치사구가 쓰인 경우는 수동태로 쓰일 수 있으며 'let sb go'가 해고하다는 뜻의 이디엄으로 쓰인 경우도 수동태로 쓰일 수 있다.

- His boss let him take a day off.
→ He ~~was let (to)~~ take a day off by his boss. ✗
→ He was allowed to take a day off by his boss. ○

- The guard didn't let him in the building because he didn't have a security pass.
→ He wasn't let in the building by the guard because he didn't have a security pass. ○

- In a job interview, it can be difficult to explain why your previous employer let you go.
→ In a job interview, it can be difficult to explain why you were let go by your previous employer. ○

④ help

help도 make와 마찬가지로 수동태로 표현되는 경우 원형부정사는 쓰이지 않으며 to 부정사가 쓰인다.

- Michael **helped** the elderly lady **(to) carry** her groceries to her car.
- → The elderly lady **was helped to carry** her groceries to her car by Michael.

3) 지각동사의 수동태

지각동사가 능동태로 쓰인 문장을 수동태로 표현하면 원형부정사가 아닌 to 부정사가 쓰이며, -ing가 쓰인 경우는 그대로 -ing가 쓰인다.

- We **saw** a man **enter** the building a few minutes before the explosion.
- → A man ~~was seen~~ **enter** the building a few minutes before the explosion. **x**
- → A man **was seen to enter** the building a few minutes before the explosion. **O**

- We **saw** the man **running** out of the building right before the explosion.
- → The man **was seen running** out of the building right before the explosion. **O**

4) modal이 쓰인 경우

- According to the Miranda Rule, the police **must advise suspects** of their rights before they begin interrogation.
- → According to the Miranda Rule, **suspects must be advised** of their rights before the police begin interrogation.

- You have the right to remain silent and we **can use** anything you say against you in the court of law.
→ You have the right to remain silent and **anything you say can be used** against you in the court of law.
- You have the right to consult with an attorney before answering any questions and if you can't afford an attorney, the government **will provide you** with one.
→ You have the right to consult with an attorney before answering any questions and if you can't afford an attorney, **you will be provided** with one by the government.

5) 부정어가 주어인 경우

nobody, no one, nothing, no + NP와 같은 부정어를 주어로 하는 능동태 문장을 수동태로 표현하는 경우, by nobody, by nothing 등으로 표현하지 않는다. 영어에서는 문장의 끝에 부정어구를 써서 부정문으로 만드는 것은 회피되는 경향이 있다.

- Nobody loves cockroaches.
→ Cockroaches are loved by nobody. x
→ Cockroaches are not loved by anybody. O

- Nothing is going to change my love for you.
→ My love for you is going to be changed by nothing. x
→ My love for you is not going to be changed by anything. O

6) be to blame

be to blame은 형태상 능동이지만 의미상 수동을 표현한다. be to be blamed와 같이 수동태로 표현하는 것은 틀리지는 않으나 선호되지 않는다.

A: Who **is to blame** for the holocaust?
B: I think Hitler and all the people who supported him **are to blame**.

7) (거의) 언제나 수동태로 쓰이는 주요 표현들

be deemed to	be based on	be inclined to
be obliged to	be located in	be subjected to

- The public official's remark **was deemed to** be very inappropriate.
- This movie is a period drama which **is based on** a true story.
- Many employees **are subjected to** being forced to attend after-work parties.
- Guernica, a small town in Spain, **was subjected to** a massive bombing during the Spanish Civil War.
  ☞ 'be subjected to ~'는 어떤 일을 겪거나 당하다는 의미

Cf) **be subject to** ~하기 쉽다, ~할 가능성이 있다

- The schedule **is subject to** change without notice. 스케줄은 공지 없이 변경될 수도 있습니다.
- Young children **are subject to** various infectious diseases. 어린아이들은 여러 감염성 질병에 걸리기 쉽다.

7 수동태로 표현되지 않는 동사들

수동태로 쓰이지 않는 동사들은 '무의지성'이라는 공통점이 어느 정도 있는 것으로 보인다. 즉, 주어가 어떤 행위를 의지를 가지고 수행하는 동작이 아니라, 어떤 특성이나 상태를 표현하거나 주어의 의지와 상관없이 벌어진 일을 표현하는 동사들은 수동태로 쓰이지 않는 경향이 대단히 강하다.

1) 자동사: 자동사는 수동태로 표현되지 않는다.

① 연결동사

· This watermelon **tastes** juicy and sweet. O
→ This watermelon ~~is tasted~~ juicy and sweet. x
· It **seems** that the weather is getting colder. O
→ It ~~is seemed~~ that the weather is getting colder. x
· This fabric **feels** very soft. O → This fabric ~~is felt~~ very soft. x

단, prove, turn, grow, feel 등과 같이 연결동사로 쓰일 수도 있고 타동사로 쓰일 수도 있는 동사들은 타동사일 때 수동태로 표현될 수 있다.

· Some residents in this area **felt** a minor earthquake this morning.
→ A minor earthquake **was felt** by some residents in this area this morning. O

② 수동태로 쓰일 수 있을 것처럼 착각하기 쉬운 자동사들

| disappear, vanish 사라지다 | fall 쓰러지다, 넘어지다 | collapse 쓰러지다, 붕괴되다 |
| arrive 도착되다 | happen, occur, take place 발생되다 | last 지속되다 |

수동태로 표현될 수 있는 것처럼 착각하기 쉬운 자동사들이 있다. 특히 우리말로 '-되다', '-지다'로 해석될 수 있는 경우들에 유의하라.

- 공룡들은 지구상에서 완전히 사라졌다.
  → Dinosaurs ~~were disappeared~~ completely on Earth. x
  → Dinosaurs **disappeared** completely on Earth. O

- 그 사고는 음주운전에 의해 발생되었다.
  → The accident ~~was occurred~~ by drunk driving. x
  → The accident **occurred** due to drunk driving. O

- 내가 주문한 물건들이 어제 도착되었다.
  → The goods I ordered ~~were arrived~~ yesterday. x
  → The goods I ordered **arrived** yesterday. O

〈탐구문제 5〉

다음 글에서는 disappear가 타동사로 사용되었다. 자동사일 때와 의미가 어떻게 다른지 살펴보라.

> We left behind our family, friends and our motherland, El Salvador, which was in turmoil. Death squads were killing, **disappearing** and torturing **people** all over the country.
> ...
> The following day men in civilian clothes arrived at my friend's home where I was staying and took me with them to an unknown place. I **was disappeared** until the International Red Cross found me in the secret cells of the national police.
> ― Rosanna Perez, "What happens after you're 'disappeared'." 〈The Guardian〉 April 5, 2016.

③ 수동태로 표현되지 않는 전치사 수반 자동사

| belong to | consist of | consist in | consist with | come across |
| do without | result in | result from | take after | succeed in |

- This guitar **belongs to** Diane. ○
  → Diane ~~is belonged to~~ by this guitar. ✗

- I **came across** a cozy-looking coffee shop yesterday. ○
  → A cozy-looking coffee shop ~~was come across~~ by me yesterday. ✗

- A small mistake can **result in** a catastrophic disaster. ○
  작은 실수가 비극적인 재앙을 초래할 수 있다.
  → A catastrophic disaster can ~~be resulted in~~ by a small mistake. ✗

- A catastrophic disaster can **result from** a small mistake. ○
  비극적인 재앙이 작은 실수로부터 비롯될 수 있다.
  → A small mistake can ~~be resulted from~~ by a catastrophic disaster. ✗
  ☞ '원인 result in 결과'에서 결과를 주어로 하여 표현하려면 '결과 result from 원인'으로 표현하면 되므로 수동태로 표현하지 않는다.

- Water **consists of** hydrogen and oxygen. ○
- Hydrogen and oxygen ~~are consisted of (by)~~ water. ✗
- Water ~~is consisted of~~ hydrogen and oxygen. ✗
- Water **is made up of** hydrogen and oxygen. ○
- Water **is composed of** hydrogen and oxygen. ○
- Water **is comprised of** hydrogen and oxygen. ○
- Water **comprises** hydrogen and oxygen. ○
- Hydrogen and oxygen **compose** water. ○ [덜 선호]
- Hydrogen and oxygen **make up** water. ○
- Hydrogen and oxygen **comprise** water. ○ [덜 선호]

☞ consist of가 가장 널리 쓰인다. comprise는 딱딱한 표현이고 make up은 다소 비격식적 표현이다. comprise는 목적어와 주어를 바꾸어도 의미가 같고 능동태와 수동태도 의미가 같으므로 유의하라.

ㄹ) 타동사이지만 수동태로 표현되지 않는 동사들

| resemble 닮다 | become 어울리다 | suit 어울리다, 적합하다 | have 가지고 있다 |
| possess 소유하다 | cost 비용이 들다 | lack 부족하다 | weigh ~의 무게가 나가다 |

- She **resembles** her mother. O → Her mother ~~is resembled~~ by her. X

- That white hair piece really **becomes** her. O
→ She ~~is really become~~ by that hair piece. X
  - ☞ become은 기본적으로 연결동사로 쓰이나 '~에게 어울리다'는 의미일 때는 타동사로 분류된다. 분류는 타동사로 되더라도 워낙 연결동사의 성격이 강하므로 수동태로 쓰이지 않는다.

- A co-founder of a video game company **has [possesses, owns]** the most expensive mansion in Beverly Hills. O
→ The most expensive mansion in Beverly Hills **is owned** ~~[is had, is possessed]~~ by a co-founder of a video game company. (own은 수동태 가능)

- The mansion **costs** about $190 million. O
→ About $190 million ~~is cost~~ by the mansion. X

- Many American students **lack** sufficient knowledge about other countries. O
→ Sufficient knowledge about other countries ~~is lacked~~ by many American students. X

weigh는 '~가 ~만큼의 무게가 나가다'는 뜻일 때는 수동태로 쓰이지 않는다.

- This bag **weighs** 3kg. O
→ 3kg ~~is weighed~~ by this bag. X
→ This bag ~~is weighed~~ 3kg. X

단, '~의 무게를 측정하다'는 뜻의 타동사일 때는 수동태로 표현될 수 있다.

- They must weigh and tag passengers' baggage before it is put on the airplane. O
  그들은 비행기에 실리기 전에 승객들의 짐의 무게를 재고 꼬리표를 달아야 한다.
- → Passengers' baggage must be weighed and tagged before it is put on the airplane. O
  승객들의 짐은 비행기에 실리기 전에 무게가 재어지고 꼬리표가 달려져야 한다.

3) 상호동사

"The cat caught the mouse."라는 능동태 문장이 있을 때, 동작의 대상, 즉 목적어를 주어로 삼고 그 대상의 입장에서 표현을 한 것이 "The mouse was caught by the cat."이라는 수동태 문장이다. 그런데 상호적 행위를 표현하는 동사는 그 의미의 특성으로 인해 수동태로 표현되지 않는 경향이 강하다. 왜냐하면 상호적 행위는 어느 한 당사자만 동작의 주체인 것이 아니라 서로가 함께 그 동작에 참여한 것이기 때문이다. "Peter met Mary."를 목적어인 Mary의 입장에서 서술하면 "Mary met Peter."라는 능동태 문장으로 표현되지 "Mary was met by Peter."로 표현되지 않는다.

① 두 당사자를 모두 주어로 삼았을 때

상호동사가 자동사로 쓰였을 때는 목적어가 없으므로 수동태로 표현할 수 있는 여지가 없다.

- Peter and Mary met. [vi]
- Peter and Mary argued. [vi]

② 타동사형 상호동사의 경우

meet는 '만나다'는 일반적인 의미일 때 수동태로 쓰이지 않는다.

- Ralph met Susan at the party. O → Susan was met by Ralph at the party. x

단, 차에서 내리거나 공항이나 역에 도착했을 때 거기서 기다리고 있던 사람과 만나게 되는 상황에서는 수동태로 쓰인다.

· When she got off the van, she **was met** by a lot of reporters. O

fight는 싸움에 참여한 당사자를 주어로 삼아 수동태로 표현하지 않는다.

· The U.S. **fought** Vietnam in the 1960s and 1970s. O
→ ~~Vietnam was fought~~ by the U.S. in the 1960s and 1970s. x

단, war, battle 또는 극복하거나 해결해야 할 문제점 등을 주어로 삼아 수동태로 표현할 수는 있다.

· The U.S. **fought** the Vietnam War in the 1960s and 1970s. O
→ The Vietnam War **was fought** by the U.S. in the 1960s and 1970s. O
· All of us **must fight** racism. O
→ Racism **must be fought** by all of us. O

kiss, touch, hug, embrace 등의 동사는 한 당사자가 주어일 때는 주어가 능동적으로 동작을 주도하고 상대방이 수동적으로 받아들였다는 의미가 형성되므로 수동태로 표현될 수 있다.

· The groom **kissed** the bride. → The bride **was kissed** by the groom.

또한 다음 표현에도 유의하라.

· Paul and Susan **were married** by Reverend Harrison.
  폴과 수잔은 해리슨 목사님에 의해 결혼되었다. → 폴과 수잔은 해리슨 목사님의 주례로 결혼식을 올렸다.

marry는 '주례를 서다'는 뜻을 가지기도 한다. 성직자가 젊은 여성으로부터 "Will you marry me?"라는 말을 듣고 청혼하는 줄 알고 깜짝 놀랐으나 알고 보니 주례를 서 달라는 부탁이었다는 조크는 너무나 진부한 말장난이므로 제발 하지 말기 바란다.

서구문화에서 혼인을 성사시키는 것은 주례, 즉 officiant이며 행사나 의식을 공식적으로 집행하는(officiate) 사람을 의미한다. 주례에는 종교적 주례와 비종교적 주례가 있다. 종교적 주례(religious officiant)는 임명된 성직자(ordained clergy)이고 비종교적 주례(secular officiant)는 판사 또는 기타 합법적으로 결혼식을 주관할 수 있는 자격을 부여받은 사람이다. 많은 서구인들이 한국 문화에 대해 신기하게 생각하는 것 중 하나는 아무런 법적 자격을 갖추지 않아도 주례를 설 수 있다는 점과 주례 없이도 결혼이 가능하다는 점이다. 우리 문화에서는 성직자가 주례를 서는 경우도 많지만, 성직자가 아니더라도 사회적 존경을 받는 어른이 주례를 설 수도 있는데, 주례는 결혼식에서 교훈적인 말씀을 해 주는 사람이며, 결혼식의 사회자를 따로 두기도 한다. 또한 결혼식은 행사일 뿐 법적이고 공식적으로 결혼이 성사되는 것은 혼인신고라는 서류절차를 통해서이다. 그래서 결혼식을 올리고 혼인신고를 미루거나 혼인신고만 하고 결혼식을 하지 않는 경우도 있다.

그러나 영미권의 결혼 제도에서는 결혼식과 결혼의 공식적 성사가 별개가 아니다. 미국의 경우를 예로 들면, 주마다 법이 다를 수는 있지만, 먼저 당사자들이 결혼 허가서(marriage license)를 발부받는다. 결혼 허가서의 유효 기간 내에 법적으로 결혼식을 수행할 수 있는 권한을 가진 주례를 찾아서 결혼식을 진행한다. 주례가 예식을 집전하고, 두 사람의 혼인이 성사되었음을 선포하고, 당사자, 주례 그리고 경우에 따라 증인이 결혼 허가서에 결혼식이 실제로 거행되었음을 입증하는 서명을 한 후 이것을 국가 기관에 제출한다. 그러면 국가는 결혼 증명서(marriage certificate)를 발부해 준다.

서구문화에서 혼인은 성혼을 시킬 수 있는 권한을 가진 주례가 예식을 거행하는 것을 통해 성사되는 것이며 결혼식은 법률적, 공식적으로 부부가 되는 의식이다. 시청에서 하는 간소한 결혼식의 경우에도, 아무리 요식행위라 하더라도, 결혼식으로서의 최소한의 의례가 자격을 갖춘 주례에 의해 주관되어야 혼인이 성사되는 것이지, 서류작업만으로 혼인이 이루어질 수 없다. 그래서 결혼은 당사자들 스스로가 할 수 있는 것이 아니라, 주례에 의해 결혼되어야 하는 것이다. (이혼도 마찬가지로 법원에 의해 이혼되는 것이지 당사자들 스스로 할 수 없다.) 즉, marry는 '주어가 혼인한 상태가 되다'는 뜻을 가지는 자동사로 쓰이기도 하지만, '누군가를 혼인한 상태로 만들다'는 뜻을 가진 타동사로 쓰이는 경우가 많으며, 그래서 '타인에 의해 혼인 상태가 된 것'이므로 수동태로 표현하는 경우가 많은 것이다. 또한 누구에 의해 결혼된 것인지는 대개 생략하지만, 만약 명시하고 싶다면 "Paul and Susan **were married** by Reverend Harrison."과 같이 표현할 수 있다. 이것을 누구의 주례로 결혼식을 올렸다고 해석하는 것은 우리 문화에서는 그렇게 표현하기 때문에 어쩔 수 없이 그렇게 해석하는 것일 뿐, 실제의 의미는 그와 사뭇 다르며, 서구문화를 이해하지 못하면 정확한 의미를 알기 어렵다.

② 전치사 수반 상호동사

전치사 수반 상호동사는 전치사 뒤 어구를 주어로 하여 수동태로 표현하지 않는다.
- Bill **argued with** Grace over the phone. O
→ Grace **was argued with** by Bill over the phone. x
  ☞ Grace 입장에서 서술하고 싶다면 "Grace argued with Bill over the phone."으로 표현한다.

단, correlate, match, merge, mix는 상호동사이면서 능격동사이므로 수동태로 쓰일 수 있다. 능격동사에 대해서는 뒤에서 설명하겠다.

mix가 '섞이다'는 의미의 자동사인 경우
- Oil and water **cannot mix**. [vi. 두 당사자 주어]
= Oil **cannot mix with** water. [vi. 한 당사자 주어]

mix가 '~를 섞다'는 의미의 타동사인 경우
- You **cannot mix** oil **with** water. [vt. 능동]
= Oil **cannot be mixed with** water. [vt. 수동]

결국 "Oil cannot mix with water."와 "Oil cannot be mixed with water."가 같은 의미가 된다.

8

중간태와 능격동사

· The door **opened**.

많은 학생들이 위 문장에 대해 문이 사람에 의해 열린 것이므로 수동태가 되어야 하지 않느냐고 따져 묻는다. 물론 아래와 같은 수동태 표현도 올바르다.

· The door **was opened** by Bill.

그러나 영어에는 실질적으로는 어떤 행위자에 의해 이루어진 동작이지만, 행위자가 아니라 행위 대상을 주어로 삼아 능동태로 표현할 수 있는 동사들이 있다. 이렇게 타동사의 목적어가 자동사의 주어가 되어 능동태로 쓰이면서도 의미상 수동의 개념이 내포되는 방식으로 쓰일 수 있는 동사를 능격동사(ergative verbs)라고 하고, 형태상 능동태이지만 수동적 의미가 내포된 태를 중간태라고 부른다. 중간태는 능동과 수동의 이분법적 구분에서는 능동태로 분류된다. 능격동사는 자타동 양용동사이다.

(a) Bill **opened** the door. [vt. 능동태]
(b) The door **was opened** by Bill. [vt. 수동태]
(c) The door **opened**. [vi. 중간태 또는 능동태]

사람들은 조금이라도 더 짧은 형태를 선호하므로 수동태로 표현해야 할 이유가 없다면 중간태가 선호된다. 수동의 의미를 강조하거나 행위자를 구체적으로 표현하기 위해서는 수동태를 쓴다. 중간태는 설령 논리적으로 따지면 어떤 동작 주체에 의해 동작이 이루어진 것이라 하더라도, 그것이 수동적 동작이라는 것에 관심을 두지 않고 사건의 발생 자체에 초점을 두어 표현하는 것이다. 또한 동사에 따라 수동태로 표현하는 것이 문법적으로 틀리다고 할 수는 없어도 그다지 선호되지 않는 경우들도 있다.

- The government has increased the customs duty on crude oil. [능동태]
  정부는 원유에 대한 수입관세를 **인상하였다**.
- The customs duty on crude oil has been increased by the government. [수동태]
  원유에 대한 수입관세가 정부에 의해 **인상되었다**.
- The customs duty on crude oil has been increased. [수동태: 행위자 생략]
  (틀린 형태는 아니지만 덜 선호된다. 중간태로 간결하게 표현하는 것이 더 선호된다.)
- The customs duty on crude oil has increased. [중간태]
  원유에 대한 수입관세가 **증가하였다**.
- The customs duty on crude oil ~~has increased~~ by the government. ✗
  (중간태 문장에서는 by로 행위자를 표현하지 않는다.)

1) 주요 능격동사의 유형

① 증가, 감소, 변화 및 향상, 발전

increase	enlarge	extend	expand	multiply	spread
decrease	contract	diminish	lessen	lower	shrink
change	convert	mutate	advance	develop	improve

- High winds spread the fire into residential areas. [vt. 능동]
- The fire was spread into residential areas by high winds. [vt. 수동]
- The fire spread into residential areas. [vi. 능동]

- She has changed her hair style. [vt. 능동]
- Her hair style has been changed. [vt. 수동]
- Her hair style has changed. [vi. 능동]

- You can improve your English in our Intensive English Program. [vt. 능동]
- Your English will be improved within just a few weeks. [vt. 수동]
- Your English will improve within just a few weeks. [vi. 능동]

② 시작과 끝 및 열고 닫기

| begin | start | resume | stop | halt | end |
| finish | open | close | shut | lock | unlock |

- We will start the ceremony at 10 o'clock and end it at noon. [vt. 능동]
- The ceremony will start at 10 o'clock and end at noon. [vi. 능동]

- They open the shop at 10 a.m. and close it at 8 p.m. [vt. 능동]
- The shop opens at 10 a.m. and closes at 8 p.m. [vi. 능동]

- I wanted to unlock the door. [vt. 능동] I inserted the key into the keyhole and turned it. The door unlocked with a loud click. [vi. 능동]

③ -en 동사들

| brighten | broaden | deepen | sharpen | soften |
| tighten | toughen | weaken | whiten | strengthen |

- You can whiten your teeth with our super whitening gel. [vt. 능동]
- Your teeth will be whitened in just a couple of weeks. [vt. 수동]
- Your teeth will whiten in just a couple of weeks. [vi. 능동]

④ 요리 관련 동사

| cook | boil | bake | fry | roast | marinate |

- To make bulgogi, you should marinate beef in seasoned soy sauce. [vt. 능동]
- The beef should be marinated in the sauce at least for an hour. [vt. 수동]
- The beef should marinate in the sauce at least for an hour. [vi. 능동]

- Boil the eggs and fry the shrimps. [vt. 능동]
- Now the eggs are boiling and the shrimps are frying. [vi. 능동]

⑤ 상태의 변화를 표현하는 동사들

dry	freeze	melt	thaw	defrost	burn	dissolve	explode
blast	ignite	shatter	crack	erode	corrode	weather	unite
unify	combine	gather	mix	merge	train	relax	split
fill	empty	fold	unfold	form	puncture	drown	revive

- The soldiers burnt down the cottage to the ground. [vt. 능동]
- The cottage was burnt down to the ground by the soldiers. [vt. 수동]
- The cottage burnt down to the ground. [vi. 능동]

- The union leaders tried to unite the workers to fight for better working conditions. [vt. 능동]
- The workers united to fight for better working conditions. [vi. 능동]

- Warm water can thaw [defrost, ~~melt~~] frozen meat faster, but it may encourage the growth of bacteria. [vt. 능동]
- Just put it in the refrigerator and wait. Then the frozen meat will thaw [defrost, ~~melt~~] in several hours. [vi. 능동]

  ☞ 냉동식품의 해동을 표현할 때 'melt'는 쓰이지 않는다. melt는 고체에서 액체로 변하는 것을 묘사하는 동사인데, 냉동식품을 해동하면 녹아서 액체가 되는 것이 아니라, 내포된 수분이 녹으면서 말랑말랑해지는 것이다. thaw와 defrost는 이러한 상태 변화를 묘사한다.

⑥ 이동·움직임 관련 동사

| move | relocate | shake | spin | turn | sail |
| float | sink | run | crash | slow down | back up |

- They **have relocated** their office to downtown Portland. [vt. 능동]
- Their office **has been relocated** to downtown Portland. [vt. 수동]
- Their office **has relocated** to downtown Portland. [vi. 능동]

- John **crashed** his car into a tree. [vt. 능동]
- His car **crashed** into a tree. [vi. 능동]

⑦ -ize로 끝나는 일부 동사들

| crystallize | fossilize | modernize | normalize | oxidize | stabilize |

- Tremendous heat and pressure **fossilized** skeletons of ancient animals. [vt. 능동]
- Skeletons of ancient animals **were fossilized** by tremendous heat and pressure. [vt. 수동]
- We learned how skeletons of ancient animals **fossilized**. [vi. 능동]

⑧ 기타

| play | show | continue |

- They will **continue** the project next year. [vt. 능동]
→ The project will **be continued** next year. [vt. 수동]
→ The project will **continue** next year. [vi. 능동]

- Do you know what movies **are playing** at the movie theater? [vi. 능동]
- Check your pants. Your underwear **is showing**. [vi. 능동]

ㄹ) 특이한 능격동사들

clean	peel	drink	photograph	read
remove	scratch	sell	drive	wash

능격동사들 중 일부는 다소 특이한 성격을 지닌다. 이 동사들은 중간태로 쓰일 때 몇몇 제한된 부사들과 함께 쓰이며 그러한 부사가 없으면 문장이 완결되지 않는다. 또한 수동태로는 자연스럽게 표현되지 않는다.

- This book reads easily. 이 책은 쉽게 읽힌다.
- Cheap glasses scratch easily. 값싼 안경은 쉽게 긁힌다. (흠집이 잘 난다.)
- This adhesive tape removes cleanly. 이 접착테이프는 깨끗하게 떼어진다.
- This wine drinks quite nicely. 이 와인은 꽤 좋게 마셔진다. → 이 와인은 마시기 꽤 좋다.
- This car drives smoothly. 이 차는 부드럽게 운전된다. → 이 차는 부드럽게 잘 나간다.
- She is much more attractive in real life. She just didn't photograph well.
  그녀는 실물이 훨씬 더 매력적이야. 단지 사진이 잘 안 나왔을 뿐이야.

9 상태 수동태와 동작 수동태

1) 상태 수동태와 동작 수동태의 개념

동작 수동태는 주어가 동작의 대상이 되어 그 동작을 받았음을 표현한다. 반면, 상태 수동태는 be -ed 형태이기 때문에 수동태로 분류되기는 하지만, 동작 수동태와 다르다. 앞에서 be 동사가 연결동사로 쓰여서 형용사가 주격보어로 오는 것을 살펴보았다. 그런데 과거분사도 형용사로 쓰일 수 있으므로, be 동사의 주격보어가 될 수 있다.

· I am tired.

tire는 '~를 피곤하게 만들다'는 의미의 동사이다. 'Exercise tires me.'는 '운동이 나를 피곤하게 만든다'는 뜻이다. 이것을 수동태로 바꾸면 'I am tired by exercise.'이다. 단순현재라는 점을 고려하면, 이것은 '나는 언제나 운동에 의해 피곤하게 된다'는 뜻이지 현재 피곤하다는 것을 의미하지 않는다. 그런데 'I am tired.'는 현재 주어가 피곤한 상태라는 것을 표현할 뿐, 상태 변화의 의미로 이해되지 않는다. 형태상 'be -ed'이기 때문에 이것을 '상태 수동태'라고 부르기는 한다. 그러나 사실 이것은 'I am weary.'로 표현한 것과 크게 다를 바가 없다.

상태 수동태인지 동작 수동태인지는 의미와 맥락에 따라 판단하는 것이지, 형태만으로는 판별할 수 없으며 중의적일 수도 있다. exhausted, surprised, worried, disappointed, determined 등 감정동사의 과거분사 및 married, broken, ruined, closed 등은 대개 완전히 형용사화되어 상태 수동을 표현하는 경우가 많다. 단, 언제나 그러한 것은 아니며, 맥락에 따라 동작 수동을 의미하는 것일 수도 있다.

- I **am tired**. 나는 피곤하다. [상태 수동]
- I **am** easily **tired**. 나는 쉽게 피곤해진다. [동작 수동]

- I didn't know that they **were married**. 나는 그들이 결혼한 지 몰랐다. [상태 수동]
- They **were married** at St. Paul's Church in 2012. [동작 수동]
  그들은 2012년 성바울 교회에서 결혼했다. (미혼 상태에서 혼인 상태로 변화. 생략된 행위자는 주례)

- Several windows **were broken** when I checked the house. [상태 수동]
  내가 그 집을 점검했을 때 유리창 몇 장이 깨져 있었다.
- Several windows **were broken** when the earthquake occurred. [동작 수동]
  지진이 일어났을 때 유리창 몇 장이 깨졌다.

라) get-수동태

동작 수동태로 get이 쓰인 경우를 get-수동태라고 하는데 상태 변화에 초점을 두어 주어가 어떤 일을 당하거나 겪게 됨을 표현한다. get-수동태의 경우 by를 통해 행위자를 표현하지 않는다. get-수동태는 상태의 변화나 행위가 이루어졌음을 강조하거나 be-수동태로 표현하면 상태 수동인지 동작 수동인지 불분명할 때 동작 수동임을 명확히 표현하기 위해 사용된다. 회화에서 매우 자주 사용된다.

- He **got punished** for an offense that he did not commit.
- If you do well at your job, you will **get promoted** to a higher position.

- Michael **was injured**. (과거의 시점에 부상당한 상태였음을 표현한다.)
- Michael **got injured**. (과거의 시점에 부상을 당하는 사건이 발생했음을 표현한다.)

10. by 이외의 전치사 사용하는 수동태 표현

1) at: 감정의 원인 표현 (특히 놀람의 의미에 많이 사용됨)

be annoyed at	be disappointed at	be disgruntled at	be disgusted at
be delighted at	be amazed at	be amused at	be astonished at
be surprised at	be startled at	be shocked at	be appalled at

- I was so disappointed at my test results.
- Many people were shocked at the sudden decision by the President to shut down the industrial complex.

2) with

① 사물을 덮거나 둘러싸거나 표면에 있는 재료, 물질, 문양의 표현

be covered with	be surrounded with	be decorated with	be painted with
be embroidered with	be printed with	be coated with	be engraved with

- The town is surrounded with high mountains, the summits of which are covered with snow and ice.
- This fabric is embroidered with sophisticated floral patterns.

② 안을 채우고 있는 것들의 표현

| be filled with | be packed with | be teemed with | be crowded with |

- The lake is teemed with fish, shrimp, and other aquatic animals.
- The subway station is almost always crowded with passengers.

③ 감정의 원인 표현 (특히 만족 또는 불만족의 경우에 많이 사용됨)

be annoyed with	be satisfied with [by]	be pleased with
be amused with	be charmed with	be fascinated with [by]
be delighted with	be dissatisfied with	be displeased with

- I am quite pleased with the service provided by your company.
- The recipe for perpetual ignorance is: Be satisfied with your opinions and content with your knowledge. — Elbert Hubbard

④ 상호적 관계성 표현

| be connected with | be associated with | be faced with [by] |
| be confronted with [by] | be related with | be affiliated with |

- Your phone can be connected with your computer with a USB cable.
- We are faced with the paradoxical fact that education has become one of the chief obstacles to intelligence and freedom of thought. — Bertrand Russell

3) about, over: 걱정과 우려 표현

| be worried about [over] | be concerned about [over] |

- We should **be concerned** not only **about** the health of individual patients, but also the health of our entire society. — Ben Carson

4) to: 방향성 표현

| be addicted to　be dedicated to　be exposed to　be opposed to　be related to |

- You can get a sunburn if your skin **is exposed to** the sun for too long.
- Her last name is Gates. She might **be related to** [with] Bill Gates.
- Whales **are related to** [with] hippos.
  ☞ 사람과 사람이 related 된 것은 서로 친인척 관계라는 의미이다. 동식물에 대해서는 공통의 조상으로부터 진화된 관계임을 표현한다. 이 의미일 때는 전치사 with를 쓰지 않는다.

5) in

① 장소적 위치

| be located in　　be situated in　　be stationed in |

- The Art Institute of Chicago **is located in** the heart of downtown Chicago.
- Around 30,000 U.S. troops **are stationed in** South Korea.

② 안, 내부, 내용물 표현

| be dressed in | be contained in | be included in | be covered in |

- Vitamin B **is contained in** green vegetables, meat, fish, and dairy products.
- The guy who **is dressed in** a Spiderman costume is Mary's boyfriend, Peter.

③ 몰두, 몰입, 흥미 (추상적인 개념으로서 무언가의 안에 빠져 있음 표현)

| be interested in | be absorbed in | be indulged in |
| be immersed in | be involved in | be engrossed in |

- A lot of children **are indulged in** computer games.
- Mr. Ford didn't notice me enter his room as he **was** really **absorbed in** what he was doing.

6) 전치사에 따라 의미가 달라지는 표현들

① be made of / be made from

- This water bottle **is made of** plastic. 이 물병은 플라스틱으로 만들어졌다.
- Plastic **is made from** petroleum. 플라스틱은 석유로 만들어진다.

우리나라에서는 be made of는 물리적 변화, be made from은 화학적 변화에 쓰인다는 가짜 영문법 지식이 유포되어 왔다. 이러한 설명은 입시용 구식 영문법의 언어에 대한 이해가 얼마나 천박한지 보여 준다. 언어가 도대체 뭐라고 생각하기에 문법이 물리와 화학이라는 과학적 개념에 따라 구분된다는 발상을 할 수가 있다는 말인가? 게다가 지난 수십 년 동안 수많은 사람들이 "Water is made of oxygen and hydrogen."이나 "Flour is made from wheat."와 같은 문장을 접했을 텐데, 산소와 수소가 결합하여 물이 되는 것은 화학적 결합이며 밀가루는 밀을 물리적으로 빻아서 만든 것이라는 기초 상식도 없다는 말인가? 이와 같이 분명한 반례들이 눈앞에 있는데도 불구하고 "원칙적으로는 그렇지만 예외적인 경우도 있다"는 타령이나 늘어놓으며 지금까지 가짜 지식을 정당화해 온 것이다.

문법은 과학성이 아니라 인간의 주관적 심리에서 비롯되는 것이다. 완제품에 원재료의 특성이 변화되지 않고 유지되어 있다고 주관적으로 느껴지는 경우에 be made of가 사용된다. 또한 사람이 재료를 가공하여 제조한 것이라기보다는 사물의 본래적·자연적 구성 성분을 표현하는 경우에도 주관적으로 변화가 느껴지지 않으므로 of를 사용하기도 한다. 반면, 원재료의 본래적 성질이나 특성이 알아보기 어려울 정도로 현저히 변화된 것으로 주관적으로 인식되고 느껴질 때는, 과학적으로는 물리적 변화라 하더라도, be made from으로 표현한다.

- All elements **are made of** atoms.
- Pork **is made from** pigs.
- Hair **is made of** protein.
- Silk **is made from** cocoons of silkworms.

또한 재료의 원래 사용 목적과 동떨어진 용도로 무언가를 만들었을 때도 많은 변화가 이루어진 것처럼 느껴지기 때문에 from을 사용하기도 한다.

- This boat **is made from** plastic bottles.
- This sculpture **is made from** soap.

of는 원재료의 성질이 직접적으로 느껴짐을 표현하는 것이고, from은 원재료가 질적으로 변했다고 느껴짐을 표현하는 것이다. 이것은 그런 느낌을 표현하고 싶으면 그렇게 표현할 수 있다는 말이지, 원재료의 성질이 변하지 않았을 때는 of를 써야 한다는 식의 규정이나 원칙 같은 것은 애초에 존재하지 않는다. 재료의 특성이 완성품에서 객관적으로는 그대로 유지되어도, 화자의 심리에서는 무언가 변화가 일어난 것으로 느껴진다면 얼마든지 from을 사용할 수 있다. 이것이 문법적 원칙에 어긋난다는 주장은 전혀 타당성이 없다. 원어민들이 문법적 원칙을 지키지 않는 경우가 많은 것이 아니라. 원어민들이 지키지도 않는 것을 문법적 원칙이라고 내세우며 가르치는 자들이 많은 것뿐이다. 그러나 현실의 언어를 설명하지 못하는 것이 과연 제대로 된 문법인가?

- Most puppets **are** still **made from** wood and hang on strings like their predecessors.
  — "Why Czechs don't speak German?" 〈BBC News〉 August 21, 2018.

- The facade is made from 16,500 individual glass panes fitted with automatic shutters and valves designed to reduce heat loss.   * glass pane: 유리판

  — "Europe's tallest skyscraper nears completion" 〈CNN〉 August, 2018.

② be known to / as / for

(1) be known to: ~에게 알려져 있다
- Billie Holiday is known to many Jazz fans around the world.

(2) be known as: ~로서 알려져 있다
- She is known as one of the greatest Jazz singers.
- She is also known as Lady Day.

  (also known as: ~로도 알려져 있다; 별명, 별칭을 표현. AKA 등의 약자로도 표현된다.)

(3) be known for: ~로 유명하다 (= be famous for)
- She is known for her unique voice and romantic style.

③ be engaged to / be engaged in

- Julie is engaged to Brian. (be engaged to: ~와 약혼한 상태이다.)
- They are engaged in planning their wedding.

  (be engaged in: ~하느라 바쁘다, ~에 열중하고 있다, ~에 종사하고 있다)

5 형용사

1. 주요 형용사화 접미사
2. 형용사의 기능
3. 명사 뒤 수식 형용사
4. 여러 가지 형용사들

1 주요 형용사화 접미사

1) -ate

〈'-ate'로 끝나는 주요 단어들의 발음과 쓰임〉

graduate	v	/ɡrædʒueɪt/	· They graduated from the same high school.
	n	/ɡrædʒuɪt/	· They are graduates of 2013.
	adj	/ɡrædʒuɪt/	· Lisa's sister is a graduate student.
subordinate	v	/səbɔ́rdəneɪt/	· The Roman Empire subordinated diverse peoples.
	n	/səbɔ́rdənɪt/	· The dictator was assassinated by his own subordinate.
	adj	/səbɔ́rdənɪt/	· The serf was subordinate to the feudal lord.
appropriate	v	/əpróʊprieɪt/	· He appropriated the company's assets for his own use. · The U.S. appropriated $100 billion for missile defenses.
	adj	/əpróʊpriət/	· This movie is rated R. It's not appropriate for children.
deliberate	v	/dɪlíbəreɪt/	· I carefully deliberated which one to buy.
	adj	/dɪlíbərɪt/	· It was not an accident, but a deliberate homicide.
elaborate	v	/ɪlǽbəreɪt/	· Could you elaborate on what you mean?
	adj	/ɪlǽbərɪt/	· This costume is decorated with elaborate geometrical designs.

2) -al, -ant, -ary, -ory, -ic, -ive

① -al

n only	arrival 도착	burial 매장, 묻기	denial 부인, 부정	mammal 포유동물
	proposal 제안, 제의	renewal 갱신	removal 제거; 해임	withdrawal 철수, 철회
adj n	chemical 화학적인 화학물질	commercial 상업적인 광고	criminal 범죄적인 범죄자	editorial 사설의, 논설의 사설, 논설
	individual 개인적인 개인	periodical 정기적인 정기간행물	physical 신체적인 신체검사	radical 급진적인 급진주의자

* 텔레비전이나 라디오 광고는 commercial이라고 한다. 'CF'는 영미권에서 쓰이지 않는 표현이다.

② -ant

n only	assailant 가해자, 공격자	inhabitant 거주자	occupant 점유자	tyrant 폭군, 압제자
	hydrant 소화전	coagulant 응고제	coolant 냉각수, 냉각제	pollutant 오염물질
adj n	assistant 보조의, 보조인 조수, 비서	constant 변함없는 상수, 불변의 것	descendant 후손의 후손	deodorant 냄새를 없애는 탈취제
	immigrant 이민자의 이민자	infant 유아의, 아기의 유아, 아기	participant 참여하는 참여자	remnant 남아 있는 잔여물

③ -ary

n only	aviary 큰 새장	burglary 절도, 강도	calamary 오징어	commentary 논평
	granary 곡물창고	dictionary 사전	infirmary 의무실	vocabulary 어휘
adj n	documentary 기록물의 기록물	judiciary 사법의, 사법적인 사법부	legionary 군단병의 군단병	mercenary 용병의 용병
	military 군대의, 군사적인 군대	missionary 선교의 선교사	penitentiary 징계의 교도소	revolutionary 혁명적인 혁명가

④ -ory

n only	allegory 우화, 비유 observatory 천문대	armory 무기고 oratory 웅변, 미사여구	dormitory 기숙사 territory 영토, 영역	lavatory 세면실 trajectory 궤도, 탄도
adj n	accessory 부수적인 장식품	conservatory 보존성 있는 온실	directory 지시적인 안내 책자	laboratory 실험실의 실험실

⑤ -ful

adj only	deceitful 거짓의 plentiful 풍부한	fruitful 비옥한 scornful 경멸하는	graceful 우아한 skillful 능숙한	harmful 해로운 sorrowful 슬픈	painful 고통스런 unlawful 불법의
n only	bagful pocketful	boatful plateful	bottleful spoonful	boxful teaspoonful	handful truckful

* two boxful books x → two boxfuls of books ○

⑥ -ic

n only	clinic 진료소, 병원	critic 평론가, 비평가	mechanic 정비사	relic 유적, 유물
adj n	antibiotic 항생 작용의 항생제 classic 고전적인 고전 작품	alcoholic 알코올성의 알코올중독자 pandemic 유행성의 유행병	Catholic 천주교도의 천주교도 romantic 낭만적인 낭만주의자	characteristic 특징적인 특징 skeptic 회의적인 회의주의자

* He is a romantist. x → He is a romantic. ○

⑦ -ive

adj n	additive 첨가적인 첨가제 explosive 폭발력 있는 폭발물	adhesive 접착력 있는 접착제 conservative 보수적인 보수주의자	captive 잡혀 있는 포로 preservative 방부적인 방부제	contraceptive 피임의 피임기구 sedative 진정시키는 진정제

3) 부사화 접미사이자 형용사화 접미사인 '-ly'

'-ly'는 대표적인 부사화 접미사이다. 대개 형용사에 '-ly'를 써서 부사가 된다. 부사로 쓰이는 단어들 중 매우 많은 수가 -ly 형태의 부사들이다. 그런데 '-ly'는 형용사화 접미사로도 쓰인다. 대개 명사 뒤에 붙어서 형용사를 만든다. 단, 'deadly', 'kindly'와 같이 '형용사 + ly'가 형용사로 쓰이는 경우도 있다.

〈-ly 형태의 주요 형용사들〉

manly 남자다운, 남성적인 (manly sports)	womanly 여자다운, 여성스런 (womanly clothes)
friendly 친근한 (a friendly smile)	cowardly 비겁한 (a cowardly excuse)
elderly 노인의, 노인과 관련된 (elderly society)	ghostly 귀신의, 귀신같은 (ghostly sounds)
daily 하루의, 매일의 (daily newspapers)	weekly 일주일의 (weekly magazines)
monthly 1개월의, 매월의 (monthly payment)	yearly 1년의, 매년의 (a yearly plan)
hourly 한 시간마다의 (hourly wage)	timely 알맞은 때의, 시기적절한 (timely help)
bodily 신체의 (bodily injuries)	bubbly 거품이 있는, 명랑한 (bubbly champaign)
heavenly 천국의, 천상의 (heavenly beauty)	leisurely 느긋한, 레저의 (leisurely outdoor activities)
costly 비싼 (costly jewelry)	orderly 정돈된, 질서 있는 (an orderly kitchen)
deadly 치명적인 (deadly bacteria)	disorderly 무질서한 (disorderly urbanization)
lovely 사랑스러운 (a lovely bride)	lively 생기 넘치는 (lively dance music)

2. 형용사의 기능

형용사는 사람, 사물, 추상적 개념 등의 명사가 가진 특성, 모습 등을 묘사하고 설명하는 낱말을 일컫는다. 형용사는 크게 두 가지 기능을 가지고 있는데 명사 수식 기능과 서술 기능이다.

- She has a cute puppy. [수식 기능]
- The puppy is cute. [서술 기능]

1) 수식 기능

형용사는 명사를 수식한다. 한국어에서 명사를 수식하는 어구는 그 명사 앞에 위치한다. 반면에 프랑스어, 스페인어, 이탈리아어 등에서는 형용사가 명사 뒤에 오는 것이 기본적 형태이다. 영어의 형용사는 명사 앞과 뒤 모두에 오는데, 자유롭게 명사 뒤에 오는 것은 아니고 약간의 제약이 있기는 하다. 그러나 명사 뒤 수식은 영어에서 결코 일부의 예외라고 할 수 없을 정도로 광범위하게 사용된다. 명사 앞 수식은 형용사를 '명사 앞에서 둔다'는 뜻에서 흔히 '전치수식'이라고 하고, 명사 뒤 수식은 '후치수식'이라고 한다. 이 책에서는 명사 앞 수식기능은 '관형 기능 (the attributive function)' 또는 그냥 '명사 앞 수식'이라고 부르겠다. 명사 뒤에서 수식하는 경우는 '명사 뒤 수식'이라고 하겠다.

① 관형 기능 (prenominal modification)

· I love eating hot fish cake soup when cold winter comes.
· I usually order a boiled egg and some fried squid at a street vendor.
· I also like grilled skewered chicken with spicy sauce on it.

형용사는 일반적으로는 인칭대명사를 수식할 수 없다. 단, lucky, poor, silly, clever의 경우에는 회화체의 감탄문에서 목적격 인칭대명사를 수식하는 형태로 사용될 수 있다.

· Lucky me!   · Oh, poor her!   · Silly you!   · Clever him!

② 명사 뒤 수식 기능 (postnominal modification)

형용사가 명사 뒤에서 수식하는 경우도 있다. 특히 부사구가 형용사 뒤에 수반되어 있는 경우 명사 뒤에 위치한다.

· Street foods available in Korea include *tteokbokki* and blood sausage.
· Hot dogs and tacos are street foods popular in the U.S.

리) 서술 기능

형용사는 연결동사 뒤에서 주격보어로 사용되거나 목적어 뒤에서 목적격보어로 사용될 수 있다. 이때의 기능을 **서술 기능**이라고 한다.

· **My bicycle** is very nice. I feel awesome when I ride it along the river. [주격보어]
· I find **my bicycle** reliable. I keep it clean and well-maintained. [목적격보어]

3) 기능에 제약이 있는 형용사들

대부분의 형용사는 명사 수식 기능과 서술 기능을 모두 가지고 있다. 그런데 어떤 형용사는 관형 기능으로만 쓰이고, 어떤 형용사는 명사 뒤 수식 기능이나 서술 기능으로만 쓰인다. 한국식 영문법에서 전자는 '한정 형용사,' 후자는 '서술 형용사'라고 불린다. 그러나 필자는 명사 앞에서 그 명사를 수식하는 기능을 '한정'이라고 부르는 것은 심각하게 잘못된 용어 사용이라고 본다. (246~248페이지를 보라.) 필자는 명사 앞 수식 기능만을 가진 형용사, 즉 attributive-only adjectives는 **관형적 형용사** 또는 **관형사**로 부르겠다. 관형사는 통상 국문법에서 사용되는 용어인데, 명사 앞에 쓰여서 명사를 꾸며 주는 기능만을 하는 품사로서 서술어로는 쓰이지 않는 품사를 말한다. 그리고 영어의 attributive-only adjectives도 단지 독립된 품사로 간주되지 않을 뿐 이 정의에 정확히 일치한다. 명사 뒤 수식 기능이나 서술 기능만을 하는 형용사는 관형적으로 쓰이지 않는다는 점에서 **비관형적 형용사**(never-attributive adjectives)로 부르는 것이 사실은 더 정확한 용어 사용일 것이다. 그러나 우리나라 영어교육에서는 '서술 형용사'라는 용어가 일반적으로 사용되고 있다. 필자도 이것이 학습자들이 이해하기에는 좀 더 쉬운 용어라고 판단하여 그대로 사용하겠으나 서술 형용사가 서술 기능뿐 아니라 명사 뒤 수식 기능도 한다는 점에 유의할 필요가 있다.

① 관형사 (attributive-only adjectives)

대상의 특정 범위의 지정	particular, very, chief, main, major, principal, prime, leading, maximum, minimum, entire, total, general, nationwide, worldwide, neighboring
단일성 표현	sole 유일한, only 유일한, single 하나의, 개별적인, lone 혼자의, 외로운
정도의 강조	extreme, utmost, mere, pure, outright, sheer, utter
순차 표현	former, latter, previous, following, initial
방위, 위치, 장소	north, northern, south, southern, west, western, east, eastern left, right, front, middle, bottom, back, urban, rural
절대비교급	inner, outer, upper, lower, elder, hinder 뒤쪽의, 후방의
-en형 형용사	drunken, earthen, golden, leaden, wooden, woolen
명사에서 파생되어 대상의 유형을 표현하는 형용사	atomic, chemical, criminal, digital, economic, environmental, federal, medical, national, visual, introductory
기타	belated 뒤늦은, 때늦은, current 현재의, underlying 기초가 되는, 근원적인, live 살아 있는, 생방송의, little 작은, 사소한, 잠깐의, indoor 실내의, outdoor 실외의, occasional 가끔의

single은 '하나의'라는 뜻에서는 관형사이다. '미혼의'라는 뜻일 때는 수식/서술 양용이다.

· He was killed by a single gunshot wound to the head.
· The gunshot was single. ✗
· She is single. ○   · She is a single lady again. ○

pure는 '순전한, 완전한 (complete, only, just)'의 뜻일 때는 관형적으로만 쓰이며, '순수한, 불순물이 없는 (not mixed with anything else)'의 뜻일 때는 수식/서술 양용이다.

· It was pure coincidence. ○   · The coincidence was pure. ✗
· This is pure water. ○   · This water is pure. ○

drunken은 관형적으로만 쓰인다. drunk는 서술적으로만 쓰인다.

· He is drunken. ✗   · He is drunk. ○
· Look at the drunken man. ○   · Look at the drunk man. ✗

단, driver와 driving에 대해서는 drunk가 명사 앞에서 수식할 수 있다. 이때는 의미에 차이가 있으나 엄밀히 구분해 사용하지는 않으며 대개 drunk를 쓴다.

· A drunk driver ran over the victim. ○   · Drunk driving is a crime. ○

  * a drunken driver: 만취한 운전자
  * a drunk driver: 혈중 알코올 농도가 법정 기준치 이상인 운전자

little은 '작은'의 뜻일 때는 관형적으로만 쓰이나 '매우 어린'의 뜻일 때는 서술적으로 쓰일 수 있다.

· I have a little green car. ○
· The car is little. ✗ → The car is small. ○
· I loved playing hide and seek when I was little. ○

절대비교급이란 어떤 구체적 대상과 특성의 정도를 비교하는 표현이 아니라, 상대적 위치나 막연한 정도를 표현하는 말이다. 절대비교급은 관형적으로만 쓰이며 than과 함께는 쓰이지 않는다.

- She put lipstick on her lower lip. O
- Her lip is lower. x

단, 수치가 낮다는 뜻의 low의 비교급인 lower는 절대비교급이 아니다.

- The price of this product is lower than the average price of similar ones. O

elder는 주로 영국영어에서 형제자매나 친척 관계에서 손위라는 표현으로 쓰인다.

- She is my elder sister. *BrE*
- She is my older sister. *AmE*
- She is elder than me. x
- She is older than me. O

② 서술 형용사 (never-attributive adjectives)
– 서술 기능이나 명사 뒤 수식 기능으로만 쓰이는 형용사

접두어 a-	ablaze 화염에 싸인 adrift 표류하는 afloat 물이나 공중에 떠 있는 afraid 두려운 alike 유사한 alive 살아 있는 alone 혼자 있는 apart 떨어져 있는 ashamed 부끄러운 awake 깨어 있는 aware 알고 있는
건강 및 심리 상태 관련	content 만족하는 faint 몸이 약한 glad 기쁜 ill 아픈 upset 짜증 난 well 건강한 unwell 건강하지 못한
관용구	be bound for ~로 향하는 be inclined to ~하기 쉬운 be liable to ~할 의무가 있는 be subject to ~하기 쉬운 be worth -ing 가치가 있는

* upset은 'an upset stomach(배탈)'의 경우에는 명사 앞에 쓰인다.

- Some dogs are afraid of cats. O [서술 기능]
- There are **many dogs** afraid of cats. O [명사 뒤 수식 기능]
- Afraid dogs tend to bite people. x
  → Scared dogs tend to bite people. O

- I believe he **is** alive. [서술 기능]
- Who is **the oldest person** alive in the world? [명사 뒤 수식 기능]
- ~~Alive animals~~ are not allowed in restaurants. x
- → Live animals are not allowed in restaurants. O

4) 관형 기능일 때와 서술 기능일 때 의미가 다른 형용사들

concerned	양용	worried 걱정스러운, 우려하는 · After the accident, **concerned** parents stopped bringing their children to the sports center. They are **concerned** about the safety of their children.
	서술	involved 관련된, 관계된, 연루된 · I have informed all **concerned** of the change of the plan.
certain	관형	of a particular but unspecified character, quantity, or degree 어떤 · **Certain** students have difficulty paying attention to the teacher.
	서술	confidant and sure, without any doubts 확신하다 · Nobody can be **certain** about the future.
due	관형	proper or suitable 마땅한, 적당한, 합당한 · All children should receive **due** education. · With all **due** respect, I think your argument is wrong.
	서술	expected to happen or arrive ~할 예정인, ~하기로 되어 있는 · Their baby is **due** in February.　　· I'm **due** at work at 9 a.m. · Their new album is **due** to be released next month.
ill	관형	bad or harmful 부도덕한, 나쁜, 유해한 · He is very rude and has **ill** manners.
	서술	suffering from a disease or not feeling well 아픈, 병이 난 · He's been **ill** for several weeks. · He helped is ill son. x → He helped his sick son. O 　☞ 단, 앞에 부사가 있거나 health를 수식할 때는 명사 앞에 올 수 있다. · mentally ill patients O　· ill health O 　☞ ill은 '아픈'의 뜻으로서는 명사 앞 수식을 하지 않는다.
present	관형	happening or existing now 현재의 · The journalist reported on the **present** economic situation in Greece.
	서술	in a particular place 참석한, 출석한 · Many guests from other countries were **present** at the inauguration.

proper		
proper	관형	right, suitable, correct 적절한, 제대로 된 · Put the toy in its **proper** place. · Do you know the **proper** way to use chopsticks?
	양용	socially, morally, or legally correct or acceptable 사회적, 도덕적, 법적으로 올바른 · I don't think it's **proper** for you to give him such an expensive gift. · What's the **proper** attire for a funeral?
	명사 뒤	① strictly defined 엄밀하게 규정된, 엄격한 의미에서의 · Venus is often called the morning star, but it is not a star **proper**. It is a planet. · She says she's from Seoul, but she doesn't live in Seoul **proper**. She's actually from Goyang. ② belonging to the main or most important part 가장 중심적인, 본격적인, 중요한 · The show **proper** hasn't started yet. · How long does it take from Seoul **proper** to Incheon Airport?

5) 형용사의 명사적 기능

〈명사적 형용사: the + 형용사〉

앞 명사가 있는 경우		· The red wine is usually dry and full-bodied, whereas **the white** is fresh and light. (앞 명사 'wine'이 생략된 것으로 볼 수 있다.)
앞 명사가 없는 경우	비가산 (추상적)	· **The unknown** is scary. · The essence of **the beautiful** is unity in variety. — Felix Mendelssohn · The crisis consists precisely in the fact that **the old** is dying and **the new** cannot be born. — Antonio Gramsci · "Wine is a grand thing," I said. "It makes you forget all **the bad**." — A Farewell To Arms / Earnest Hemingway
	복수	· **The disabled** need more help. · **The wounded** were lying on the battlefield. · **The rich** are getting richer and **the poor** are getting poorer.
	단수	· **The accused** has been charged with murder. · **The undersigned** hereby acknowledges the terms of this Agreement. the accused 피고, the deceased 고인, 사망한 분, the insured 피보험자, the pursued 수배자, the undersigned 아래 서명자

일부 'the + 과거분사' 표현은 의미상 단수인 경우가 많기 때문에 단수 취급하게 된다. 예를 들어, 재판에서 피고는 대개 한 사람이기 때문에 통상 단수 취급하게 되는 것이다. 하지만 만약 여러 명인 경우라면, 당연히 복수 취급된다.

형용사 앞에 부정관사나 소유격이 와서 명사적으로 쓰이는 경우도 있다.

- You are my beloved. /bɪlʌ́vɪd/
- An accused has the right to a fair trial.

'the + 형용사'는 기능상 명사구이지만, 형용사 자체는 형용사로서의 속성을 가지고 있으므로 부사에 의해 수식될 수 있다.

- They are trying to make the seemingly impossible possible.

〈명사로 전환되는 형용사〉

'형용사 + 명사'에서 명사가 생략되고 형용사였던 낱말이 완전히 명사화	·She drives **a red convertible**. (= a red convertible car) ·You should get **a physical** once a year. (= a physical checkup) ·This book is too difficult for **ten-year-olds**. (= ten-year-old children) ·He doesn't treat his employees as **equals**. (= equal people) ·You should eat a lot of **greens**. (= green vegetables) ·[와인 가게에서] I want **two reds** and **three whites**. (= two bottles of red wine and three bottles of white wine)

〈탐구문제 6〉

흔히 candy와 사탕이 같은 뜻이라고 생각하나, 영어의 candy와 한국어의 사탕은 뜻이 똑같지 않다. 의미 차이를 살펴보고, 이와 같이 영어단어의 뜻이 우리나라 사람들이 통상 생각하는 것과 일치하지 않는 다른 사례들을 찾아보라.

3. 명사 뒤 수식 형용사

1) 관용 표현들

① 여러 가지 용어들

battle royal 대결전, 대규모 전투	court martial 군사법정	force majeure 불가항력	Asia Minor 소아시아. 현재 터키 지역	the sum total 총액, 총계
God Almighty 전능하신 하느님	Ursa Major 큰곰자리	Ursa Minor 작은곰자리	heir apparent	heir presumptive

* heir apparent: 적장자로서 상속이나 왕위계승에 있어서 제1순위 후계자. 현대에는 후임자를 뜻하는 말로 쓰이기도 한다.
* heir presumptive: 적통 아들이 없을 때 제1순위 후계자. 영국에서는 왕자가 없으면 제1공주가 heiress presumptive가 된다.

· Prince Gwanghae was appointed as Crown Prince when the Seven Year War broke out. After the war, however, his status was seriously threatened as the **heir apparent**, Prince Youngchang, was born.

② 직책과 지위

Attorney General 법무장관, 검찰총장	Secretary General 사무총장, 사무국장	notary public 공증인	Princess Royal 왕의 장녀, 제1공주
Queen Regnant 군주로서의 여왕	Queen Consort 국왕의 아내로서의 왕비	Prince Consort 여왕의 남편	Prince Regent 대리청정하는 왕자, 섭정 왕자
Queen Regent 섭정왕비	Queen Dowager 선왕의 왕비, 대비	Poet Laureate 계관시인 (영국, 미국, 독일 등에서 뛰어난 시인에게 주는 명예적 칭호)	

* dowager /dáuədʒər/

- Prince Phillip, Duke of Edinburgh, is the **Prince Consort** of Elizabeth II.
- Queen Munjeong was the **Queen Consort** of King Jungjong. When her son, King Myeongjong, took the throne at the age of twelve, she became **Queen Dowager Regent** and held regency for eight years.

③ 군주에 대한 칭호

Alexander the Great 알렉산더 대왕, Ivan the Terrible 이반 뇌제, Richard the Lion-hearted 사자왕 리차드, Elizabeth the Second 엘리자베스 2세, Charles the Fair 미남왕 샤를

④ 단체나 작품의 명칭

명사 뒤 수식은 격식적이고 고풍스럽게 느껴지는 면이 있어서 단체나 작품명 등의 명칭에 사용되곤 한다.

Alcoholics Anonymous, Amnesty International, the Socialist International, Manchester United, Paradise Lost, the Matrix Reloaded

리) 명사 뒤 수식 기능만 있는 형용사

designate	내정된, 임명 예정된 · Prime Minister-**designate** 총리 내정자 · a bishop-**designate** 주교 임명자
elect	당선된 (아직 취임은 안 한) · the President-**elect** 대통령 당선인 · the governor-**elect** 주지사 당선인
incarnate	① 인간의 몸을 입은, 육화한 · In Christianity, Jesus is believed to be God **incarnate**. ② (비유적으로) ~의 화신인, ~의 현신인 · She is jealousy **incarnate**.

3) -body, -one, -thing, -where

- Almost **everyone** present in the meeting was just daydreaming.
- I couldn't find **anyone** genuinely interested in the topic.
- We have to find **somebody** responsible and trustworthy to lead our organization.
- **Nothing** productive can be achieved in this situation.
- We even have to consider moving **someplace** cheap to save money.

단, 'a little something'의 경우에는 a little이 something 앞에 온다.

A: I have a little **something** for you. 널 위해 작은 선물 하나 준비했어.
B: Oh, thank you. What is it? 오, 고마워. 뭔데?

4) 긴 형용사구가 명사를 수식할 때

- Choosing the right accommodations is **a decision** crucial for making an enjoyable vacation.
- Our hostel is located in a safe and convenient **neighborhood** ideal for backpackers.
- We have friendly **staff members** ready to help guests.
- We offer **rates** lower than most guest houses in the same area.
- We also provide **information** useful in planning your trip to surrounding areas.
- You can also join a variety of **social events** suitable for everyone.

긴 수식어구가 명사 뒤에 있는데 명사 앞에는 아무런 형용사가 없으면 다소 불균형적으로 느껴진다. 그래서 형용사를 명사 앞에 위치시키고 뒤에 전치사구 등을 두는 형태가 훨씬 더 자연스럽다.

- Choosing the right accommodations is a crucial **decision** for making an enjoyable vacation.
- We offer lower **rates** than most guest houses in the same area.
- We also provide useful **information** in planning your trip to surrounding areas.

5) -able / -ible

available, possible, imaginable, conceivable과 같이 -able 또는 -ible로 끝나는 형용사들은 명사의 앞뒤에서 모두 수식할 수 있다. 특히 수식을 받는 명사 앞에 the, every, all이 있을 때는 명사 뒤에 위치하는 경향이 강하다.

- There are no **rooms** available. = There are no available **rooms**.
- I'll use every **means** possible. = I'll use every possible **means**.
- Salzburg is one of the most romantic **locations** conceivable.

6) 측정과 정도 표현

- Jessie is twenty-six years old.

위 문장을 보면 'twenty-six years'라는 명사구가 얼마나 'old'한 것인지를 표현하고 있는 것이므로 명사구가 뒤에 있는 형용사를 수식하는 것으로 볼 수 있다. 다만 형태상 형용사가 명사구 뒤에 위치한 것이므로 이 단원에서 살펴보는 것이다. 나이 (old)뿐 아니라, 길이 (long), 무게 (heavy), 깊이 (deep), 높이 (tall, high), 두께 (thick), 너비 (wide, broad)도 이와 마찬가지 방식으로 표현한다.

- Tom is six feet tall.
- This steak is almost an inch thick.
- This package is ten pounds heavy.
- Mount Rainier is nearly three miles high.

4

여러 가지 형용사들

1) 복합형용사 (compound adjectives)

형용사-명사	high-class 등급이 높은, 고급의 general-purpose 일반적 목적의, 다용도의	late-night 늦은 밤의, 심야의 large-scale 대규모의
형용사-형용사	rural-urban 농촌에서 도시로의 reddish-brown 불그스름한 갈색의	blue-green 청록색의 social-cultural 사회문화적인
명사-현재분사	English-speaking 영어를 사용하는 life-changing 인생을 바꿔놓는	law-abiding 법을 준수하는 heart-breaking 마음을 아프게 하는
명사-과거분사	sun-dried 햇볕에 말린 student-oriented 학생 중심적인	state-owned 국가가 소유한 wind-powered 풍력의
명사-형용사	paper-thin 종잇장같이 얇은 health-conscious 건강에 신경 쓰는	razor-sharp 면도날처럼 날카로운 environment-friendly 환경친화적인
부사-현재분사	fast-moving 빨리 움직이는 fully-functioning 완전히 기능하는	slowly-changing 천천히 변하는 never-ending 결코 끝나지 않는
부사-과거분사	well-known 잘 알려진, 유명한 densely-populated 인구가 밀집한	newly-wedded 신혼의 so-called 소위, 이른바
형용사-현재분사	good-looking 잘 생긴, 미모의 sweet-smelling 달콤한 향이 나는	easy-going (성격이) 태평한, 느긋한 tight-fitting 꽉 끼는, 꽉 맞는
형용사-과거분사	clean-shaven 깨끗하게 면도한 hard-boiled 단단하게 삶은	clear-cut 윤곽이 뚜렷한, 명확한 deep-fried 기름에 담가서 튀긴

형용사-명사ed	warm-hearted 따뜻한 마음을 가진 cold-blooded 냉혈의, 차가운 마음의	long-haired 긴 머리의 open-minded 열린 마음을 가진
숫자-명사	a fifteen-story building 15층 건물 a 500-page book 500페이지짜리 책	a two-week vacation 2주간의 휴가 a two-thousand-word essay
숫자-단위-형용사	a twelve-year-old child 12세의 어린이 a mile-thick glacier 1마일 두께의 빙하	a seven-foot-high wall 7피트 높이의 벽 a six-inch-long sausage
to 부정사형	well-to-do people 부유한 사람들 an easy-to-use guide	fun-to-watch videos 보기에 재밌는 비디오 hard-to-solve puzzles 풀기 어려운 퍼즐
명사구형	state-of-the-art 최신식의, 최첨단의 top-of-the-line 최고급의, 최상품의	head-in-air 멍한, 꿈결 같은 life-and-death 삶과 죽음을 가르는
전치사구형	off-the-record comments 비공식 논평 after-dinner wine 식후 용 와인	under-the-table negotiations 물밑 협상 over-the-counter medicine 일반 의약품
반복형	roly-poly 오동통한, 통통한 teeny-weeny 매우 작은	topsy-turvy 거꾸로의, 뒤죽박죽의 wishy-washy 우유부단한, 결정을 못 내리는
문장형	buy-two-get-one-free coupons 두 개 사면 하나를 덤으로 주는 쿠폰 She made a "don't even think about it" face. 생각도 하지 말라는 표정	

① 숫자를 포함한 복합형용사 – '숫자 + 명사', '숫자 + 단위 명사 + 형용사'

- Haley is a **six**-foot-tall girl. O
- Haley is a **six**-feet-tall girl. x
- He is only a **twelve**-year-old child. O
- He is only a **twelve**-years-old child. x
- She had a **two**-week vacation in Florida. O
- She had a **two**-weeks vacation in Florida. x

복합형용사가 아니라 서술적으로 쓰일 경우에는 알맞게 복수 형태로 쓴다.

- Haley is six feet tall. O
- He is only twelve years old. O
- Haley is six ~~foot~~ tall. x
- He is only twelve ~~year~~ old. x

② 유사 분사 — 명사ed

- She likes soft-voiced male singers.
- She is a pretty-faced actress.
- He is a blue-eyed German boy.
- He is taking care of a three-legged puppy.

③ 문장형 복합형용사

- Do-it-yourself products are quite convenient.
- She doesn't like her boyfriend's "I don't care" attitude.
- She is sick and tired of "You have to get married" speeches.
- She is not a do-this-do-that kind of mother. She is more like a do-what-you-really-want-to-do type of mother.

2) high, low로 수식되는 명사들

| demand | supply | price | cost | pay | income |
| salary | temperature | rate | speed | pressure | level |

한국어에서는 '많다', '적다'로 표현되는 것이 일반적이지만, 영어에서는 much나 many가 아니라 high나 low로 표현하는 것이 일반적인 명사들이 있다. 영어적 인식에서는 측정 수치로 표현되는 것은 많거나 적은 것이 아니라 높거나 낮은 것이다. 또한 한국어에서는 물건과 가격에 대해 모두 싸거나 비싸다고 표현할 수 있으나, 영어에서는 물건이 비쌀 수는 있어도 가격이 비쌀 수는 없다. 가격은 높거나 낮은 것이다.

- How much is this shirt? O
- How much is the price of this shirt? x → What is the price of this shirt? O
- This shirt is very expensive. O
- The price of this shirt is very expensive. x → The price of this shirt is very high. O
- An automobile dealer buys a used car at a low price and sells it at a higher price.

3) large, small로 수식되는 명사들

amount	number	quantity	family	population
audience	sum	income	salary	expense

수량을 표현할 때 many와 much 대신 (대부분) large와 small을 사용하는 명사들도 있다. 물건의 수량은 much나 many로 표현하는 것이 일반적이나, '수 (number)'와 '양 (amount, quantity)'이라는 단어 자체는 large와 small로 표현한다. 여러 구성원들로 이루어진 집단을 표현하는 명사에 대해 그 구성원의 수가 많고 적음을 표현할 때도 large와 small을 쓴다. 수입이나 이익 등을 표현하는 일부 단어들도 large와 small로 표현한다.

- He spends only a small amount of money on clothes. O
- There was a large audience at the theater. O
- How much is the population of Germany? x
- → How large is the population of Germany? O = What is the population of Germany? O

5) 형태는 비슷하지만 의미가 다른 형용사들

classic ① 고전의, 세월이 흘러서도 높게 평가되는 · a classic movie, a classic novel ② 전형적인, 가장 대표적인 · It's a classic example. ③ 스타일이 심플하지만 우아하고 고급스러운 · a classic black dress	**classical** ① 현대 이전의 전통적 예술이나 과학의 · classical music, classical physics theories ② 고대 그리스나 고대 로마와 관련된 · classical philosophers, classical mythology * classic music x → classical music O
comprehensible 이해할 수 있는, 알기 쉬운 · a clear and comprehensible explanation	**comprehensive** 포괄적인, 종합적인 · a complete and comprehensive guide
considerable 상당한, 꽤 많은 · a considerable amount of money	**considerate** 사려 깊은, 배려하는 · She is a considerate person.
continual 반복되는 (repeated many times) · continual mistakes, continual complaints	**continuous** 지속적인 (without stopping) · the continuous development of science
economic 경제의 · economic growth, economic development	**economical** 경제적인, 돈을 아껴주는 · economical heating systems
fun 재미있는, 즐거운 (enjoyable) ·This movie is sad but fun.	**funny** 웃기는, 웃게 만드는, 우스꽝스러운 · His joke was so funny.
historic 역사적으로 중요한, 기념비적인 · a historic event, a historic moment	**historical** 역사에 관한, 역사적 주제를 다루는 · historical records, a historical novel
industrial 산업의, 공업의 · the Industrial Revolution, industrial waste	**industrious** 부지런한, 근면한 · Those farmers are very industrious.
regretful 후회하는 마음의, 유감으로 생각하는 · I feel regretful that I missed the opportunity.	**regrettable** 안 했으면 좋았을, 후회스러운 · a regrettable mistake, a regrettable decision
successful 성공적인 · The experiment was successful.	**successive** 잇따른, 연속적인 · The team won three successive years.
sensible 현명한, 합리적인; 실용적인 · He is a sensible person.	**sensual** 육감적인, 성적 매력이 있는 · The supermodel has a sensual body.
sensuous 감각을 만족시키는, 미적인 · the sensuous smell of coffee (sensuous는 원래는 성적인 의미를 가지지 않았으나, 현대에는 sensual의 뜻으로 쓰일 때가 많다.)	**sensitive** ① 민감한, 예민한 I have sensitive skin. ② 감수성이 예민한, 감성이 풍부한 · Adolescent girls are very sensitive. ③ 다른 사람을 배려하는, 세심한 · He is very sensitive and caring.

imaginative 상상력이 풍부한, 창의적인 · She is very imaginative. **imaginary** 상상 속의, 실제로 존재하지 않는 · A unicorn is an imaginary animal. **imaginable** 상상할 수 있는, 상상 가능한 · This is the best phone imaginable.	**literary** 문학의, 문학적인 · literary criticism, great literary works **literate** 글을 읽고 쓸 수 있는 · Over 95% of Koreans are literate. **literal** 문자 그대로의, 글자 그대로의 · the literal meaning, the literal interpretation
respectable 존경받을 만한, 훌륭한 · He is a very respectable person. **respective** 각각의, 각자의 · They went to their respective rooms. **respectful** 다른 사람을 존중하는, 공손한, 정중한 · She disagreed in a respectful manner.	**variable** 변하기 쉬운, 변동이 심한, 가변적인 · Stock prices are highly variable. **variant** 다른, 상이한 (같은 종류이나 변형이 있는) · *Tyre* is a variant spelling of *tire*. **various** 다양한 · There are various kinds of music.

결정사

6

1. 구식 영문법의 '한정'과 '한정사' 개념
2. 정관사
3. 부정관사
4. 명사구의 소유격
5. 무관사
6. 총칭 표현
7. 머리결정사
8. 꼬리결정사

구식 영문법의 '한정'과 '한정사' 개념

> 명사를 한정하는 형용사들 중에는 다른 형용사들과 달리 명사를 한정하는 기능이라는 독특한 기능을 하는 형용사들이 있다. 명사를 한정하는 일반적인 기능을 하는 형용사들과 구별하기 위해 이러한 형용사들을 한정사라고 부른다. 한정적 한정사가 한정하는 명사는 한정적이고, 비한정적 한정사가 한정하는 명사는 비한정적이다. 명사를 한정하는 어구가 그 대상을 한정하는 경우는 한정적 한정사를 사용한다. 그러나 명사를 한정하는 어구가 있다 하더라도 반드시 한정적 한정사가 사용되는 것은 아닌데 왜냐하면 명사를 한정하는 어구가 한정적이기는 하지만 한정적이지 않을 수 있기 때문이다. 즉, 명사의 범위를 한정하기는 하지만 한정하지 않고 그 한정된 범위 내에서 어느 비한정적 대상을 지칭할 경우에는 비한정적 한정사를 사용한다.

구식 영문법 용어를 사용해서 '한정사'에 대해 설명하면 위와 같은 말도 안 되는 설명이 나오게 된다. 서로 다른 개념들을 모두 '한정'이라고 번역했기 때문이다.

- attributive → 한정적
- restrictive → 한정적
- definite → 한정적
- determiner → 한정사
- modify → 한정하다
- restrict → 한정하다
- define, identify → 한정하다

1) 'attributive'와 'modify'

구식 영문법은 형용사가 명사를 앞에서 수식하는 기능을 '한정'이라고 한다. 그런데 명사를 뒤에서 수식하는 것도 '한정하다'로 번역한다. 게다가 'restrictive'와 'definite'마저도 '한정적'이라고 번역한다. 필자는 명사를 수식하는 기능은 '수식 기능'이라고 부르고, 명사 앞 수식 기능은 '관형 기능' 또는 그냥 '명사 앞 수식'이라고 부르겠다.

2) 'restrictive'와 'restrict'

restrictive는 형용사가 가지는 한 가지 속성으로서, 명사가 가리키는 여러 대상들이나 범위가 있을 때, 그 범위를 좁히고 제한하는 성질을 표현한다. 예를 들어 'tall buildings'의 경우 'buildings' 중에서 'tall'이라는 성질을 가진 것들로 제한하여 가리키는 것이다.

형용사는 명사를 제한하기도 하지만 그렇지 않은 경우도 있다. 예를 들어 '둥근 원 (round circles)'이라는 말을 생각해 보자. 세상에 둥글지 않은 원이 존재하는가? 모든 원은 자체의 속성상 둥글다. 따라서 '둥근 원'은 여러 원들 중 둥근 것으로 제한하여 가리키는 것이 아니라, 원의 일반적 특징을 묘사한 것이다. 형용사가 제한적인지 아닌지는 맥락으로 구분할 수 있을 뿐 형태적으로는 구분할 수 없으며 중의적인 경우도 많다.

3) 'definite'과 'define'

제한적 수식어구가 범위의 경계선을 명확히 설정하여 말하는 사람과 듣는 사람이 모두 '무엇이 지칭되는지', '지칭되는 대상의 범위가 어떻게 되는지'를 분명하게 알 수 있도록 하는 성질을 '한정적 (definite)'이라고 한다. 즉, 어떤 수식어구는 제한적이긴 하지만 한정적이지는 않다. (big animals, delicious food) 이런 경우는 명사가 의미하는 전체집합 중 수식어구가 의미하는 속성을 가진 대상들로만 제한한 것이기는 하지만, 그 경계가 명확한 것은 아니어서 경계가 모호한 어떤 범위 내의 불특정 대상들을 가리킨다. 그런데 한정적 수식어구는 반드시 제한적이다. 즉, 한정성 (definiteness)은 지칭 범위를 좁히는 것에서 나아가, 그 경계선이 어떻게 되는지 또는 딱 무엇이 지칭되는지를 명료하게 밝히는 성질이다. 영어에서 한정적 수식어구는 전형적으로 정관사 (the definite article)에 의해 표현된다. (<u>the</u> books <u>in my room</u>) 어떤 수식어구가 지칭 대상이나 범위를 명확하게 드러낼 때, 즉, 말하는 사람과 듣는 사람이 모두 무엇이 지칭되고 언급되고 있는지를 알 수 있을 때, 그 수식어가 명사를 '한정한다'고 표현한다. 우리말로는 '정관사'라고 표현하지만 사실 이것은 'definite한 성질을 표현하는 관사', 즉 '한정적 관사'인 것이다.

4) '결정사'의 개념

determiner는 a, the, this, his, many, few 등을 가리키는 말이다. determine은 '결정하다', 또는 '판별하다'는 의미이며 determiner는 명사의 속성을 결정 또는 판별하는 낱말이라는 뜻이다. **determiner가 결정하고 판별하는 가장 대표적 속성은 그 명사가 한정적인지 비한정적인지 여부이다.** 그 외에도 그 대상이 가까이 있는지 멀리 있는지 (this, that), 누구의 것인지 (his, her), 수량이 어느 정도 되는지 (many, several) 등을 보여 준다. 그런데 구식 영문법은 determiner를 '한정사'라고 번역하고 있다. 대단히 어리석은 번역이다. determiner를 한정사라고 하면 한정적 속성을 표현하는 말로 오해될 수밖에 없으며, 명사를 한정하는 말이라고 잘못 설명하기 쉽다. 게다가 determiner를 한정사라고 부르면 한정사에는 '한정적 한정사 (definite determiners)'와 '비한정적 한정사 (indefinite determiners)'가 있다는 모순적인 표현을 할 수밖에 없게 된다. **이 책에서는 determiner를 '결정사'로 부르겠다.**

〈결정사의 종류〉

definite determiners 한정적 결정사	· 정관사: the · 지시사: this, these, that, those · 소유격: my, your, her, their, its, Mary's, the student's, etc. · wh- 결정사: what, which, whose, whatever, whichever
indefinite determiners 비한정적 결정사	· 부정관사: a(n) · 수량사: any, some, many, much, few, little, several, enough, no … · 배분사: each, every, all, both, either, neither

5) 결정사의 특성들

① 형용사의 일종? 또는 별도의 범주?

전통적 영문법에서 결정사는 형용사의 특수한 종류로 분류되어 왔다. 그러나 결정사를 형용사와 구별되는 별도의 품사 내지 범주로 보려는 시도가 지속적으로 이루어져 왔다. 결정사는 일반적 형용사들보다 더 앞에 위치하는 성질, 그리고 일반적 형용사와는 달리 단수가산명사 앞에는 필수적으로 쓰이는 성질과 같이 다른 형용사와는 다른 특성을 가지고 있다.

② 결정사의 분류와 조합

결정사는 머리결정사, 중앙결정사, 꼬리결정사로 분류될 수 있다.[12] 하나의 명사구에는 최대 3종류의 결정사가 올 수 있고[13] 둘 이상의 결정사가 결합하여 하나의 결정사구(determiner phrase)를 구성하기도 한다. 결정사들은 자유롭게 조합을 이룰 수는 없으며, 서로 함께 쓰이지 않는 경우들이 있다.

(1) **일부 결정사들은 함께 쓰이지 않는다.**

- ~~this my~~ computer **X** (한정적 결정사들은 서로 중복되어 쓰이지 않는다.)
- ~~a her~~ blouse **X** (부정관사와 한정적 결정사는 함께 쓰이지 않는다.)
- ~~many few~~ people **X** (의미가 서로 모순된 결정사는 함께 쓰이지 않는다.)

(2) **어파스트로피를 사용한 소유격은 중복되어 쓰일 수 있다.**

하나의 명사구에 어파스트로피를 붙이면 하나의 결정사구(determiner phrase)가 형성된다. 그 결정사구에 의해 수식을 받는 명사구에 또 어파스트로피를 붙이면 또 하나의 더 큰 결정사구가 형성되어 명사를 수식할 수 있게 된다.

my mother: 소유격 (my) + 명사 (mother) → 하나의 명사구

my mother's: 명사구 (my mother) + 's → 하나의 결정사구

---

12 predeterminer, core determiner, postdeterminer는 흔히 전치한정사, 중앙한정사, 후치한정사라고 번역되나, 필자는 머리결정사, 중앙결정사, 꼬리결정사로 번역하겠다.

13 꼬리결정사는 2개가 올 수 있으므로 종류는 3종류, 개수로는 최대 4개까지 올 수 있다. ex) during <u>all</u> <u>the</u> <u>first</u> <u>six</u> months of his term 그의 임기 첫 6개월 모두 동안에

my mother's friend: 결정사구 (my mother's) + 명사 (friend) → 하나의 명사구
my mother's friend's: 명사구 (my mother's friend) + 's → 하나의 결정사구
my mother's friend's son: 결정사구(my mother's friend's) + 명사 (son) → 하나의 명사구

(3) **all과 both 등의 머리결정사는 다른 결정사 앞에 쓰일 수 있다.**

- <u>all the</u> girls ○
- <u>all her</u> friends ○
- <u>both the</u> boys ○
- <u>both my</u> parents ○

(4) **수량사와 숫자와 같은 꼬리결정사는 다른 결정사 뒤에 쓰일 수 있다.**

- <u>a few</u> students ○
- <u>his many</u> friends ○
- <u>the two</u> students ○
- <u>your every</u> wish ○

한국식 영문법 교육에서 일부 사람들은 '1 명사 1 한정사 (= 결정사) 원칙'을 내세우며 하나의 명사에 하나의 결정사만 쓰여야 한다고 설명하기도 했다. **일고의 가치도 없는 엉터리 설명**이다.

결정사들은 어떤 조합으로는 쓰이지만 다른 조합으로는 쓰이지 않는다. 예를 들어, my every dream은 옳지만 my each dream은 틀리다. my many friends는 옳지만 my several friends는 틀리다. 그런데 이것은 적절한 의미가 구성되는지에 대한 직관으로 구분할 수 있을 뿐, 어떤 논리적이고 일관성 있는 패턴을 찾기가 어렵다. 그렇다고 해서 하나의 명사에 하나의 결정사만 쓰여야 한다고 말하는 것은 터무니없는 소리이다. 원칙적으로는 하나의 결정사만 오지만 예외가 있다는 수법을 쓰려고 하겠지만, 예외가 워낙 많기 때문에 '원칙'이라는 말이 무색하다.

관사, 소유격, 지시사는 중복되어 쓰이지 않고, 서로 의미가 모순적인 결정사들은 함께 쓰이지 않으나, 관용적으로 함께 쓰이는 여러 표현들이 있으며, 결정사의 특성에 따라 서로 조합되어 사용된다.

2 정관사

1) 정관사의 기본적 특징

- 정관사(the definite article)는 한정성(definiteness)을 표현한다.
- 정관사 the는 that, this와 어원적으로 같은 기원을 가지고 있다.
- the는 일반적으로 쓰일 때는 강세를 받지 않으며 첫소리가 자음인 낱말 앞에서는 /ðə/로 발음되고, 첫소리가 모음인 낱말 앞에서는 /ðɪ/로 발음된다.
  ex) the pen /ðə pɛn/   · the SUV /ðɪ ésyu:ví:/

the에 포함된 약한 모음인 /ə/가 뒤에 있는 다른 모음과 충돌하면 발음을 명확히 하기 어렵기 때문에 /ə/보다는 더 구별하기 쉬운 모음인 /ɪ/로 발음하는 음운현상이 나타나는 것이다. 즉, 발음의 편의를 위해 낱말의 첫소리에 따라 발음을 달리하는 것이지, 철자와는 관련이 없다. 또한 one이나 university와 같이 초성이 /w/, /y/인 낱말에 대해 초성이 모음이라고 착각하지 않도록 유의하라. /w/와 /y/는 자음이지 모음이 아니다. 또한 the를 강조할 때는 강세를 주어 발음하는데 이때는 뒤 낱말의 초성과 상관없이 모두 /ðí:/로 발음한다.

- This is THE best move I've ever seen.
        /ðí:/
- "I ran into Scarlett Johansson this morning." "What? You mean THE Scarlett Johansson?"
                                                              /ðí:/

ㄹ) '한정성' 개념

① 수식어구와 한정성

한정성(definiteness)은 화자와 청자 모두가 어느 대상 또는 어느 범위의 대상들이 지칭되고 있는지 명확하게 이해할 수 있는 특성을 말한다.

the movie 그 영화

필자는 특정 영화를 생각하며 위에 'the movie'라고 적었다. 그러면 독자에게 묻겠다. 위의 'the movie'의 제목이 무엇인가? 'the movie'에는 정관사가 있고 정관사는 화자와 청자 모두가 어느 대상이 지칭되는지 아는 성질을 표현하는 것이다. 따라서 위 명사구에 정관사가 있으므로 독자인 당신도 'the movie'가 어느 영화를 가리키는지 알아야 하는 것 아니겠는가?

당신은 틀림없이 이것이 말도 안 되는 소리라고 생각할 것이다. 왜냐하면 정관사를 쓴다고 해서 그것이 무엇을 가리키는 것인지 듣는 사람이 갑자기 알게 되는 것이 아니기 때문이다. 이것은 **한정성이 형태가 아니라 맥락과 상황과 의미에서 발생하는 것이라는 점**을 보여 준다. 정관사 또는 다른 한정적 결정사가 쓰였지만 상대방이 그것이 가리키는 것을 알 수 없는 경우, 그것은 불완전한 한정성이다. 이것은 말하는 사람은 어느 대상을 가리키는지 알지만 듣는 사람 입장에서는 도무지 알 수 없는 경우를 말한다. "있잖아, 있잖아, 그 영화 뭐야? 그 영화 그거?" "무슨 영화?" "그, 왜 있잖아 그 영화, 그거, 그거." "그렇게 말하면 어떻게 알아!" 이와 같이 아무리 '그'라는 말을 사용해도 듣는 사람 입장에서는 알 수가 없을 수 있다. 정관사도 마찬가지이다. 이런 식으로 정관사가 쓰이면 말하는 사람이 특정 대상을 가리키고 있다는 점은 알 수 있어도, 듣는 사람 입장에서 그것이 어느 대상을 지칭하는지 알 수 없으므로, 그 정관사는 기능상 불완전하다.

(a) <u>the</u> interesting Korean **movie** <u>whose leading actress is very beautiful</u>

위와 같이 말하면 필자가 어느 영화를 가리키는지 알 수 있겠는가? 아마 알 수 없을 것이다. 왜냐하면 위의 수식어구는 'movie'를 **제대로 '한정'**하고 있지 못하기 때문이다. 주연 여배우가 매우 아름답고 내용이 재미있는 한국 영화가 이 세상에 하나뿐이란 말인가? 밑줄 친 수식어구는 지칭 범위를 상당히 좁히기는 했으므로 명사를 **제한**하고는 있지만 온전하게 **한정**하고 있는 것은 아니다. 이렇게 수식어구가 명사를 제한하더라도 위 명사구에서 정관사는 여전히 불완전한 한정성만을 가지고 있을 뿐이다.

(b) **an** interesting Korean **movie** whose leading actress is very beautiful

(b)에는 정관사가 아닌 부정관사가 쓰였다. 이것은 어떤 특정한 영화를 가리키는 것이 아니다. 사람들에게 "Can you recommend an interesting Korean movie whose leading actress is very beautiful?"이라고 묻는다면 사람들은 자신이 추천하고 싶은 영화를 제시할 것이다. 즉, 명사구가 가리키는 것이 한정적이지 않다. 위와 같이 명사를 수식하는 어구가 있고 그 앞에 부정관사가 있으면 **수식어구가 제한하는 특성을 가지고 있는 여러 대상들이 있는데 그중 어느 임의의 하나, 즉 제한된 범위 내에서의 비한정성**을 나타낸다.

(c) **the** Korean **movie** in which Kang Dong-won plays Lee Han-yeol

위와 같이 표현하면 당신은 이 영화가 어느 영화를 가리키는지 알 수 있을 것이고 그렇다면 여기서 the는 완전한 한정성을 표현하는 것이다. 이렇게 대상의 고유한 성질, 즉 오직 그 대상만이 가지고 있는 특성을 묘사하여 상대방으로 하여금 대상을 특정할 수 있도록 해 주는 의미를 가진 수식어구가 **한정적(definite) 수식어구**이다. 따라서 수식어구가 명사를 수식하기 때문에 명사 앞에 정관사를 쓴다기보다는, 수식어구와 정관사가 결합하고 그 둘이 맥락 속에서 함께 작용하여 듣는 사람으로 하여금 어느 대상이 지칭되는지를 명확하게 표현하는 성질이 한정성인 것이다.

② 의미에 한정성이 내포되어 있어서 정관사와 함께 사용되는 형용사들

최상급	She is one of **the best** singers in the world.
서수	**The first** person to reach the South Pole was Roald Amundsen.
the last	**The last** page of that book is missing.
the next	Make a right turn at **the next** intersection.
the only	Nauru is **the only** country in the world with no official capital.
the very	Beethoven House in Baden is **the very** place where Beethoven lived when he composed his famous ninth symphony.
the entire	**The entire** building is a non-smoking area.
the main	**The main** idea of a paragraph is often expressed in the first sentence.
the usual	The meeting will begin at **the usual** time.
the present	Who is **the present** President of Korea?
the same	She sings **the same** song over and over again, all day long.
the right	What is **the right** way to ask a girl out on a date?

단, 위의 모든 형용사들에 대하여 정관사가 쓰이지 않는 경우들이 있다. 위 형용사들은 의미에 한정성이 내포되어 있기 때문에 정관사를 쓰는 것인데, 맥락에 따라 한정성을 내포하지 않는 의미로 쓰일 때는 정관사를 쓰지 않는다. 또한 소유격 등 다른 한정적 결정사가 쓰일 수도 있으며 관용적으로 정관사가 쓰이지 않는 표현들도 있다.

- She is a most charming young lady indeed. (= very) — Pride and Justice / Jane Austen
- His office is on Fifth Avenue. (고유명사에 쓰인 서수는 무관사)
- Fred is a first son. 프레드는 장남이다.
- Fred is Jane's first son. 프레드는 Jane의 첫째 아들이다.
- She won first prize in the spelling bee. (1등 상, 2등 상에는 무관사)
- I couldn't sleep very well last night. (말하는 시점에서 가장 가까운 과거의)
- They will come back next month. (말하는 시점에서 가장 가까운 미래의)
- She began to write a novel in 2003 and finished it the next year.
  (말하는 시점이 아닌 다른 기준 시점의 다음을 표현할 때는 정관사 사용)
- Susan is an only child. (외동이다. only는 형용사)

- Susan is **only a** child. (아이일 뿐이다. only는 부사)
- There are a lot of children dying of hunger at **this very** moment.

    ('지시사+very'는 '바로 그' 또는 '바로 이'를 의미한다.)
- To make mistakes is **humans' very** nature. (very에 소유격 가능)
- He lived in Hawaii during **his entire** life. (entire 앞에는 소유격 가능)
- **Our main** problem is that we don't have enough money. (main 앞에 소유격 가능)
- She is not used to driving on **a main** road. (고속도로를 뜻하는 영국식 표현. 미국영어에서는 highway)
- He is **a usual** customer to this coffee shop. (여러 단골손님 중 한 명)
- What's **his present** address? (present 앞에 소유격 가능)
- Guys are never satisfied with one girl and they always cheat on their girlfriends. I mean, **present company excepted**, of course.

    ('여기 있는 분들은 빼고요'라는 의미의 관용구. 어떤 부류의 집단에 대해 비판적인 말을 할 때, 함께 있는 사람들에게는 해당되지 않는다고 말할 때 쓰는 표현이다. 다소 익살스런 비격식적 표현)
- "I am so hungry." "**Same** here!" (관용 표현)
- That is also **a right** answer. (올바른 답이 2개 이상 있고 그중 하나)

③ 대상에 대한 지식과 한정성

- Who is **the** President of the United States?

세상에는 여러 나라가 있고 여러 대통령이 있는데, "of the United States"라는 수식어구로 명사를 제한하면 한정성이 발생하여 정관사가 쓰인다. 왜냐하면 미국의 대통령이 한 명이라는 것을 우리가 알기 때문이다. 그런데 똑같은 수식어구가 있어도 부정관사가 쓰일 수 있다. 즉, 대상이 여럿 존재하고 그 중에 하나를 가리키는 것이라면 부정관사가 쓰인다.

- She is **a** Senator of the United States.

그런데 원어민들은 'She is the Senator of the United States.'라고 표현하기도 한다. '미국의 여러 상원의원 중 한 명'인 것이므로 부정관사를 쓰는 것이 논리에 맞지만, 원어민들은 별다른 이유 없이 그저 말버릇으로 정관사를 사용하는 경우가 많다. 그래서 "명사가 of로 수식되면 정관사를 사용한다"고 설명하기도 하는데, 이것은 그런 경우가 대단히 많은 것이지, 반드시 그래야 하는 규칙은 아니다.

'of ~'가 동격을 의미할 때는 바로 그 대상을 지칭하는 것이므로 비한정적일 여지가 없으며 항상 정관사와 함께 쓰인다.

· the City of Seoul, the State of Washington, the Republic of Korea.

이제 결정사에 관한 다음 설명을 읽고 이해가 되는지 이 장의 첫머리에 실린 글과 비교해 보라.

> 명사를 수식하는 형용사들 중에는 다른 형용사들과 달리 명사의 특징을 결정하는 기능이라는 독특한 기능을 하는 형용사들이 있다. 명사를 수식하는 일반적 기능을 하는 형용사들과 구별하기 위해 이러한 형용사들을 결정사라고 부른다. 한정적 결정사가 수식하는 명사는 한정적이고 비한정적 결정사가 수식하는 명사는 비한정적이다. 명사를 수식하는 어구가 그 대상을 한정하는 경우는 한정적 결정사를 사용한다. 그러나 명사를 수식하는 어구가 있다 하더라도 반드시 한정적 결정사가 사용되는 것은 아닌데, 왜냐하면 명사를 수식하는 어구가 제한적이기는 하지만 한정적이지는 않을 수 있기 때문이다. 즉, 명사의 범위를 제한하기는 하지만 한정하지 않고 그 제한된 범위 내에서 어느 비한정적 대상을 지칭할 때는 비한정적 결정사를 사용한다.

ㄹ) 응집 장치로서의 정관사

① 응집성

응집성이란 말이나 글이 서로 연결되어 하나의 통일된 담론을 만드는 것, 즉 문장과 문장이 서로 동떨어져 있는 것이 아니라 서로 응집하여 하나의 맥락을 구성하는 성질이다.

> A. 지난 토요일 해가 너무 뜨겁지도 차갑지도 않았다. 그래서 나와 아내 수잔은 강아지 맥스를 데리고 공원으로 운동을 하러 나갔다. 오솔길을 따라 얼마 정도 달리다가 우리는 자전거를 타고 가는 한 어린 소녀를 보게 되었다. 바퀴는 진한 빨간색이고 헬멧은 샛노란 색이었다. 맥스가 꼬리를 흔들며 그 소녀에게 다가갔다. 그 친절해 보이는 아이는 맥스에게 손을 흔들었다. 그때 아내가 내게 말했다. "여보 다람쥐 좀 봐요." 나는 머리를 돌려 손가락이 가리키는 곳을 바라보았다.

위의 글은 문장과 문장의 의미가 서로 연결되어 하나의 통일된 이야기를 이루어 나가고 있다. 여기서 이러한 연결성과 통일성을 응집성이라고 한다. 이러한 응집성은 연결어구, 대명사, 서로 의미상 연관된 어휘들로 인해 형성된다.

그래서: 앞 문장과 뒷 문장을 논리적으로 연결
나, 아내 ← 우리 (앞에 언급된 '나'와 '아내'를 지칭)
공원 ← 오솔길 (앞에 언급된 공원에 있는 오솔길을 지칭)
한 어린 소녀 ← 그 소녀 ← 그 친절해 보이는 아이 (앞에 언급된 '한 어린 소녀' 지칭)
자전거 ← 바퀴, 헬멧 (앞에 언급된 자전거의 바퀴, 앞에 언급된 소녀가 쓰고 있는 헬멧 지칭)
강아지 맥스 ← 맥스 ← 꼬리 (앞에 언급된 '맥스'의 꼬리 지칭)
아내 ← 아내 ← 손가락 (앞에 언급된 '아내'의 손가락 지칭)
나 ← 여보 ← 나 ← 머리 (앞에 언급된 '나'의 머리 지칭)

이렇게 문장과 문장을 응집하게 해 주는 요인들을 응집 장치(cohesive ties)라고 한다. 응집 장치들이 제대로 사용되지 않으면 글은 응집력을 잃게 된다. 아랫글을 윗글과 비교하라.

> B. 지난 토요일 해가 너무 뜨겁지도 차갑지도 않았다. 예를 들어 그는 그의 아내와 함께 강아지 맥스를 데리고 공원으로 운동을 하러 나갔다. 활주로를 따라 얼마 정도 달리다가 나는 경운기를 타고 가는 아저씨 한 분을 보게 되었다. 면발은 진한 빨간색이고 국물은 샛노란색이었다. 그 소녀는 태극기를 흔들며 마라톤 선수들에게 다가갔다. 선장은 그 승객들에게 손을 흔들었다. 그 때 너는 내게 말했다. "여보, 다람쥐 좀 봐요." 그녀는 망원경을 돌려 총구가 가리키는 곳을 바라보았다.

글 B의 문장들은 문법적으로는 하자가 없으나, 서로 응집되지 않는다. A에서 서로 연결되어 있던 어구들을 관련 없는 어구로 대체하자 응집성이 파괴된 것이다.

② 텍스트 내적 지시와 텍스트 외적 지시

윗글 A에서 '그 소녀', '그 친절해 보이는 아이'는 앞에 언급된 '한 소녀'를 가리킨다. 즉, 어구가 어느 대상을 지칭하는지가 텍스트 내부에 표현되어 있다. 이렇게 어구가 가리키는 대상이 무엇인지가 말이나 글 내에 표현되어 있을 때 이것을 **텍스트 내적 지시**라고 한다.

텍스트 외적 지시는 지칭되는 대상이 말이나 글 바깥에 있는 경우를 말한다. 대화를 하면서 어떤 물건을 가리키며 '이것' 또는 '저것'이라고 말할 때 그 지칭 대상은 현실에 있는 특정 대상이며 그것은 텍스트 외부에 있다. A에서 '다람쥐'가 가리키는 대상도 텍스트 외부에 있다. 즉, '다람쥐'가 지칭하는 대상을 글 안에서 찾을 수 없다.

그러면 이제 영어에서 어떤 응집 장치들이 사용되는지 살펴보자.

> C. Last Saturday, **the** sun was neither too hot nor too cold. So, my wife Susan and I went to **the** park with our dog Max to get some exercise. While we were jogging along **the** path, we saw a little girl riding a bicycle. **The** wheels were dark red and her helmet was bright yellow. Wagging his tail, Max approached **the** girl. **The** kind-looking child waved her hand at Max. At that moment, my wife said to me, "Honey, look at **the** squirrel!" I turned my head and looked at where her finger points.

대명사 (I, we, her, his, me, my), 연결어구 (So) 등의 응집 장치들이 윗글에도 사용되어 있는데 우리말과 다른 점은 관사와 소유격의 사용이다.

정관사	the sun, the park, the path, the wheels, The girl, The kind-looking child, the squirrel
소유격	my wife, our dog, her helmet, his tail, her hand, my wife, my head, her finger

여기서 정관사가 사용된 명사구를 텍스트 외적인 것과 텍스트 내적인 것으로 구분하면 다음과 같다.

텍스트 내적 지칭	the path (in 'the park'), the wheels (of 'a bicycle'), The girl (→ 'a little girl'), The kind-looking child (→ 'a little girl', 'the girl')
텍스트 외적 지칭	the sun, the park, the squirrel

③ 텍스트 내적 지칭과 정관사

(1) 앞에서 언급된 명사가 있을 때 그 대상을 지칭하는 정관사

· While we were jogging along the path, we saw **a little girl** riding a bicycle. (…) Wailing his tail, Max approached <u>the girl</u>.

여기서 정관사는 '그'와 비슷하다. 위 문장을 우리말로 바꾸면, 앞에서는 '한 어린 소녀'로, 뒤에서는 '그 소녀'로 표현할 수 있다. 'the girl'이 누구인지 정확하게 알 수는 없으나, **앞에서 언급된 'a little girl'과 동일 대상이라는 것은 알 수 있으며 바로 그 점이 정관사를 통해 표현되고 있다.**

(2) 앞에서 언급된 대상을 가리키기 위한 동의어의 사용

- Wailing his tail, Max approached **the girl**. The kind-looking **child** waved her hand at Max.

위에서 'The kind-looking child'는 앞의 'the girl'을 지칭한다. 영어는 동어 반복을 매우 싫어하므로 이와 같이 정관사와 함께 앞의 명사를 지칭할 수 있는 동의어나 다른 단어를 사용하는 경우가 많다.

(3) 앞에 언급된 대상과 의미상 관련된 명사

- So, my wife Susan and I went to the park with our dog Max to get some exercise. While we were jogging along the path, we saw a girl riding a bicycle. The wheels were dark red and her helmet was bright yellow.

위에서 the path는 앞에 언급된 'the park' 안에 있는 길이지 임의의 아무 길을 의미하지 않는다. 또한 'The wheels' 역시 앞에 언급된 'a bicycle'의 바퀴이다. 여기서 우리말 표현과 비교해 보자.

- 우리는 **자전거**를 타고 가는 한 소녀를 보게 되었다. **바퀴**는 진한 빨간색이고 헬멧은 샛노란 색이었다.

위 문장의 '바퀴'에는 아무 표시가 없다. 영어 사용자는 진심으로 궁금해서 묻는다. 여기서 '바퀴'가 앞에 언급된 '자전거'의 바퀴인지, 일반적인 모든 바퀴인지, 지나가는 자동차의 바퀴인지 어떻게 알 수 있냐고 말이다. 한국인들은 그것을 어떻게 모를 수 있냐고 어이없어한다. 그리고 영어 사용자들은 한국인들이 왜 관사를 어렵다고 하는지 어이없어한다. 왜냐하면 그 둘의 인식 차이는 동전의 양면과 같기 때문이다. 한국어 사용자는 특정 표시가 없어도 글이 서로 응집되도록 이해한다. 그래서 '자전거'와 '바퀴'가 가지는 의미적 연관성을 파악하고, 여기서 '바퀴'를 앞에 언급된 '자전거'의 바퀴로 이해하는 것이 자연스러운 의미를 형성하기 때문에, 그 둘 사이에 연관성이 있다는 것을 인식한다. 이처럼 한국인은 구체적 표시가 없어도 그 관계를 적극적으로 인식하면서 이해하는 것에 익숙하다. 그래서 서로 간의 관계가 쉽게 인식되는데, 왜 영어에는 그것을 굳이 표시하는 정관사 같은 것이 있냐고 생각한다. 그러나 영어식 사고는 반대이다. 서로 간의 관계를 쉽게 인식할 수 있는데, 그것을 표시하는 것일 뿐인 정관사 사용이 뭐가 어렵냐고 생각하는 것이다.

④ 텍스트 외부를 지칭하는 정관사

(1) 지칭 대상이 유일한 경우 (universally unique)

· Last Saturday, <u>the sun</u> was neither too hot nor too cold.

'유일물에는 정관사가 쓰인다'는 사항은 텍스트 외부적 정관사의 성질이다. 글 안에 지칭대상과 관련된 어구가 없더라도, 지칭대상이 유일물이면 그것이 어느 대상을 가리키는지 알 수 있는 것이다. 그러나 정관사의 이러한 쓰임 역시 한국인에게는 대단히 불필요하게 느껴진다. 즉, '태양', '해'라고 하면 당연히 태양계의 태양이지, 어느 태양이 지칭되는지를 표시해야 한다는 발상을 이해하기 어려워한다. 어차피 하나밖에 없는데 뭐 하러 굳이 표시하느냐는 논리이다. 그러나 영어의 논리는 반대이다. 즉, 어느 명사가 가리키는 대상이 하나밖에 없다면 누구나 그 명사가 그 유일한 대상을 가리킨다는 것을 알 수 있고 따라서 그것은 한정적(definite)이므로 그것을 표시하는 정관사(the definite article)를 사용하는 것이다.

the sun, the moon, the earth, the equator, the North Pole, the South Pole, the sky, the world, the solar system, the universe, the north, the south, the west, the east, etc.

또한 정관사는 그 대상의 유일성을 의미하는 것에서 파생하여 '독보적인' 대상을 가리킬 때도 사용된다. 그래서 다른 형용사 없이 the만 사용해도 '바로 그'의 뜻으로서 '최고의', '가장 중요한', '가장 멋진' 등 최상급의 의미를 내포하기도 한다.

· You are the man!   · You are the woman!   · That's the spirit!

다른 형용사 없이 the에 강세를 주어 /ðiː/로 발음하여 '최고의', '가장 대표적인', '단연 독보적인'의 의미를 표현할 수도 있다.

· Gyeongbok Palace is **THE** palace in Seoul that you shouldn't miss visiting.

> **〈탐구문제 7〉**
>
> 앞에서 'world'에는 정관사가 쓰인다고 했는데 다음 문장에서 부정관사가 쓰인 이유는 무엇인가?
>
> · I want to live in **a world** without wars.

(2) 지칭 대상이 지역사회의 범위 안에서 유일한 경우 (regionally unique)

· So, my wife and I went to <u>the park</u> with our dog Max to get some exercise.

위 이야기의 주인공은 세상의 여러 공원들 중 어느 한 공원에 간 것이고 독자로서는 그것이 어느 공원인지 알 수 없으므로 부정관사를 사용해야 한다고 생각할 수도 있다. 그러나 그렇지 않다.

온 세계를 종횡무진하며 어느 날은 뉴욕에 있는 공원에 갔다가 그다음 날은 시카고의 공원에 가는 사람은 (거의) 없다. 즉, 일반적으로 사람들은 세상의 모든 공원 중 아무 임의의 공원에 가지 않는다. 자신이 살고 있는 지역 내에서 그 지역 사람들이 일반적으로 이용하는 공원에 간 것이므로 정관사가 사용되는 것이다. 이와 같이 어느 지역의 범위 내에 있는 사람들은 그 범위 내에서 익숙한 특정 지형지물이나 대상을 가리킬 때 정관사를 사용한다. 시카고에 사는 사람이 "I live near **the lake**."라고 말한다면 '그 호수 (the lake)'는 미시건호 (Lake Michigan)를 가리킬 것이다. 런던에서 "We took a sightseeing cruise on **the river**" 라고 말했다면 그 강 (the river)은 템스강 (the River Thames)일 것이다. **지역적 유일물의 경우, 그 지역 주민이 아닌 사람에게 말을 하거나 글을 쓸 때는 상대방이 지칭 대상을 인식하기 어려울 수도 있지만, 그렇다 하더라도 통상 정관사가 사용된다.** 또한 현대의 도시에는 다수의 시설들이 있는 경우도 많다. 그래서 논리적으로 따지면 여러 시설들 중 어느 하나를 가리키므로 부정관사가 사용되어야 한다고 할 수 있다. 그러나 문법에서는 논리성보다 말버릇이 더 큰 영향력을 가지는 경우가 많다. 즉, 주요 시설이 지역 사회에 하나만 있던 시대에 형성된 말버릇이 여러 세대를 통해 대물림되어 와서 오늘날에도 그것이 그냥 계속 남아 있는 것이다.

A: Hey, what's up? Where are you going?

B: Hi, Helen. I'm going to **the mall** to buy a gift for my little nephew.

A: How nice of you! Is it like his birthday present?

B: Not really. His mother's been in **the hospital** for weeks, so I just want to buy him something to cheer him up.

A: Oh, I see. By the way, do you have any plans this evening? What about going to the movies together?

B: Great! I just need to go to **the post office** to send the gift and then I should go to **the fish market** to pick up some mackerel. So I think I'll be free after 4.

A: OK. Let's meet in front of **the library** at 4:30.

(3) 지칭 대상이 주어진 상황 속에서 유일한 경우 (unique in a given situation)

· Honey, look at **the** squirrel!

대화가 이루어지는 상황 속에 하나뿐인 대상을 지칭할 때는 정관사가 쓰인다. "Look at the squirrel!"은 아무 임의의 다람쥐를 보라거나, 다람쥐 일반을 보라는 말이 아니라, 대화가 이루어지는 상황 속에 있는 특정한 다람쥐를 보라는 뜻이다.

또 다른 상황을 상상해 보자. 한 명의 목수와 그 목수의 조수가 작업을 하고 있다. 그들의 작업장에는 여러 공구들이 있는데 망치는 한 개뿐이라고 하자.

carpenter: Bring me **the hammer**.
assistant: OK. Here you are.

위에서 "Bring me the hammer."라는 말에 조수는 어느 망치를 가져와야 할지 혼란을 느끼지 않을 것이다. 왜냐하면 그 상황 속에서는 '망치'가 유일물이기 때문이다.

· Mr. Clark, please fill **the copy machine** with enough paper.

만약 여기에 'the'가 아니라 'a'를 쓴다면, 다른 회사 사무실에 있는 복사기이건, 회사 앞 문구점에 있는 복사기이건 이 세상에 존재하는 복사기 중 아무 하나의 복사기에 종이를 채워 넣으라는 말이다. 그러나 도대체 왜 그런 이상한 지시를 내린다는 말인가? 대화자들이 위치해 있는 공간 내의 특정 복사기에 종이를 채워 넣으라는 말이므로 정관사를 사용한 것이다.

(4) 복수명사의 한정성

유일물에 정관사가 쓰이는 특성은 유이물[有二物], 유삼물[有三物], 유사물[有四物] 등에도 적용된다. 즉, **어느 대상이 n개 존재할 때 그 존재하는 n개의 대상 모두를 가리킨다면 그것은 지칭 대상이 명확하므로 한정적이다.**

- The poles of Earth are much colder than the rest of the planet.
  (남극과 북극 두 개의 극을 모두 지칭)
- Add the angles of a triangle.
  (한 삼각형의 세 개의 각을 모두 지칭)
- The legs of a horse are quite weak compared to those of many other mammals.
  (말 한 마리가 가지고 있는 네 개의 다리를 모두 지칭)

3) 정관사가 쓰이는 관용 표현들

① 시간, 거리, 무게 등의 단위를 표현할 때

- I get paid by the hour [by the day / by the month].
- His condition is getting worse by the minute. (1분 단위로 악화되고 있다. → 시시각각 악화되고 있다.) That is, his condition is getting worse by time.
- In the EU countries, selling eggs by the dozen has been banned and eggs must be weighed and sold by the kilo. It means that they must sell eggs by weight, not by number.
- Most taxis charge by the mile. That is, taxi fares are calculated by distance.

② Do you have the time? / Do you have time?

"Do you have <u>the</u> **time**?" "Yes, it's four o'clock." (표준시각은 하나뿐임)

"Do you have **time**?" "I'm sorry, but my plate is full right now." (불특정 시간)

"Do you have <u>the</u> **time** to talk with me?" "Sure. What is it about?" (아무 시간이 아닌 나와 이야기할 시간)

③ 신체 일부를 표현할 때

사람의 신체 일부의 경우 아래와 같이 특정 동사들이 특정 방식으로 쓰일 때는 정관사를 사용한다.

(1) '잡다' + 사람 목적어 + by the 신체 일부 — catch, grab, grasp, grip, hold, pull, take, seize

- He held me **by the sleeve**.
- I caught him **by the arm**.
- He seized me **by the collar**.
- I took him **by the hair**.

(2) '접촉' + 사람 목적어 + on the 신체 일부 — pat, touch, kiss, hit, kick, beat, shoot

- He kissed her **on the lips**.
- He hit her **on [in] the stomach**.
- He kicked her **on the shin**.
- A police officer shot him **on [in] the leg**.

(3) '보다' + 목적어 + in the 신체 일부 — look, stare, gaze

- He stared another girl **in the face and the legs**.
- He looked me straight **in the eyes** and lied to my face without even blinking that he never stared at her.
- When you were here before, couldn't **look** you **in the eye**. You're just like an angel. Your skin makes me cry. — Creep / Radiohead

목수와 조수가 일하는 작업장에 여러 망치가 있다고 상상해 보자. 목수가 조수에게 "Bring me a hammer."라고 하면, 아무 망치나 하나 가져오라는 말이다. 특정 망치를 원한다면 "Bring me the big hammer on the table."과 같이 정관사와 수식어를 사용할 것이다.

그런데 그 목수와 조수가 한국 사람이라고 하자. 목수가 조수에게 "망치 가져와"라고 말했다. 이때 조수는 어느 망치를 가져와야 하는지 어떻게 알 수 있을까? 이 질문은 관사가 없는 한국어에서 어떻게 지칭 대상이 특정되는지에 대한 의문이다. 영어라면 부정관사나 정관사가 쓰이므로 아무 망치나 가져다주면 되는지 아니면 특정 망치를 원하는지 알 수 있다. 또한 단복수 체계가 있으므로 망치를 하나만 필요로 하는지 아니면 여러 개 필요로 하는지 알 수 있다. 따라서 영어 사용자들은 "망치 가져와"라는 말만으로는 조수가 어느 망치를 가져와야 하는지 알 수 없다고 생각할지도 모른다. 그런데 웬만한 한국인 조수는 이 문장만으로도 목수가 원하는 망치를 가져다준다. 대체 어떻게 된 일일까? 이것은 한국인 조수가 '눈치 (nunchi)'가 있기 때문이다. nunchi는 한국어 및 한국 문화의 독특한 비언어적 의사소통 방식을 가리키는 개념으로서 국내외의 학자들에게 흥미로운 연구 주제가 되고 있다. 위 상황에서 어느 망치를 가져와야 하는지 말로 특정하지 않아도, 조수는 목수의 작업을 보면서 어느 망치가 필요한지 알아서 파악해야 하며 그러지 못하면 '눈치 없는' 조수가 된다. 또한 "복사기에 종이 좀 채워"라고 했을 때도 '복사기'라는 단어가 가리키는 것이 상황 속의 특정 복사기라는 것을 그냥 눈치로 안다. "복사기에 종이 좀 채워", "우리는 새 복사기가 필요해", "요즘 복사기는 그렇게 비싸지 않다"라는 문장들에서 '복사기'가 가리키는 것은 완전히 다르다. 즉, 각각 '상황 속의 특정 복사기', '임의의 복사기 하나', '복사기 일반'을 가리킨다. 그런데 한국어는 이것을 명시적으로 구분하지 않고 듣는 사람이 알아서 눈치껏 파악하는 시스템으로 운영된다. 만약 "복사기에 종이 좀 채워"라는 지시를 받고 그것이 어느 복사기를 가리키는지 알아듣지 못하거나 엉뚱한 복사기에 종이를 채워 넣는다면, 그 사람은 한국 사회에서 눈치 없는 사람으로 비난받을 것이다. 이와 같이 한국어 문화권에서는 지칭 대상에 대해 '눈치껏' 파악해야 할 책임이 듣는 사람에게 주어지는 경향이 있다. 즉, "개떡같이 말해도 찰떡같이 알아들어야" 하는 것이다. 반면에 영어권에서는 가리키는 것이 어느 대상인지를 정관사나 다른 문법적 장치를 사용하여 명료하게 표현해야 할 책임이 말하는 사람에게 주어지는 경향이 있는 것으로 보인다.

3

부정관사

1) 부정관사의 기본적 특징

- 부정관사는 비한정성을 표현한다. 'a', 'an'은 어원상 'one'이 변형된 것이다.
- 부정관사는 가산명사에만 사용된다. · a water x   · an advice x
- 부정관사는 복수명사에 사용되지 않는다. · a songs x   · an umbrellas x
- 초성이 자음인 낱말 앞에는 'a'가 쓰이고 초성이 모음인 낱말 앞에서는 'an'이 쓰인다. an을 쓰는 것은 발음에 있어 모음 충돌을 방지하기 위해 사이에 n을 집어넣는 것이며 뒤 명사의 철자와는 무관하다.

  ex) a table, a European-style building, an ant, an honest man, an MP3 file
- 부정관사를 강조하는 경우 'a'는 /eɪ/ 'an'은 /æn/으로 발음된다. 천천히 말할 때나 말하면서 생각하느라 뜸을 들일 때 /eɪ/로 발음하기도 한다.

- "Well, there was a, um ⋯ kind of problem at work."

  /eɪ/

2) 부정관사의 의미

① 하나 (one) 또는 숫자 1의 의미로 쓰이는 부정관사

· He bought me a keychain. It cost a dollar. I used the keychain for a year.

② 전체집합의 일원 또는 하나의 원소임을 뜻하는 부정관사

'Tom은 학생이다'를 다음과 같이 표시해 보자. → Tom = student
'Kathy는 학생이다'를 다음과 같이 표시해 보자. → Kathy = student
그런데 Tom과 Kathy는 서로 다른 사람이다. → Tom ≠ Kathy
그러므로 위 식은 모순이며 논리적으로 전혀 성립하지 않는다.

위의 식에 따르면 Tom = student = Kathy이므로 Tom과 Kathy가 동일 대상이어야 하지만, Tom과 Kathy는 서로 다른 개별자이므로 모순이다. 따라서 Tom과 Kathy 중 한 명만 학생일 수 있으며 둘 다 학생일 수 없다. 따라서 영어에서 'Tom is student.', 'Kathy is student.'와 같은 표현은 허용되지 않는다.

이것을 해결하는 방법은 다음과 같다.

Tom ∈ student → Tom은 student라는 명칭의 전체집합의 하나의 원소이다.
Kathy ∈ student → Kathy 역시 student라는 명칭의 전체집합의 하나의 원소이다.
Tom ≠ Kathy → Tom과 Kathy가 다른 사람이어도 각각 student의 일원이다.

이와 같이 부정관사는 그 명사가 가리키는 전체집합의 하나의 원소 또는 일원임을 표현한다.

· Tom is a student. Kathy is also a student.

③ 아무것 하나 (any, random)를 의미하는 부정관사

- I need a pen. → 아무 하나의 펜
- I want to read an interesting novel. → 아무 재미있는 소설 한 권
- I have several cards here. Pick a card of your choice. → 아무 카드 한 장

④ 아무것 하나에 대해 성립하므로 의미상 모두를 의미하는 부정관사

- A passenger car usually has four wheels.
  → 아무 승용차 하나를 선택해도 보통 바퀴가 4개라는 의미이며, 하나의 승용차만 그렇다는 뜻이 아님
- A doctor must abide by the Hippocratic Oath
  → 모든 의사가 히포크라테스 선서를 지켜야 한다는 뜻이지 의사 한 명만 지켜야 한다는 뜻이 아님
- A dolphin is very smart.
  → 돌고래가 일반적으로 매우 영리하다는 의미이지 어느 돌고래 한 마리만 영리하다는 뜻이 아님

⑤ 특정적이지만 듣는 사람에게 새로운 정보여서 비한정적인 경우

앞에서 '한정적 (definite)'의 개념을 살펴보았는데 한정적인 것과 특정적인 (specific) 것은 겹치는 부분이 있지만 **서로 다른 개념이다.**

- I met a friend of mine at a coffee shop last Tuesday.

위 문장에서 'a coffee shop'은 비한정적이지만 **특정한** 커피숍이다. 필자는 이 글을 쓰고 있는 시점을 기준으로 지난 화요일에 한 친구와 어느 커피숍에서 만났다. 여기서 커피숍은 세상의 모든 커피숍을 총칭하지 않는다. 또한 필자가 거기에 간 일이 이미 벌어졌으므로 그곳이 불특정한 임의의 커피숍일 수도 없다. 하지만 그것이 어느 커피숍인지 필자는 알고 있어도, 이 말을 처음 듣는 사람 입장에서는 모를 것 아닌가? 그래서 **무엇을 가리키는 것인지 화자와 청자 모두 알고 있는 것은 아니므로 (indefinite) 일단 부정관사를 써서 제시한 것이지,** 필자가 지난 화요일에 간 커피숍은 **특정한 (specific)** 커피숍이다. 'a friend of mine' 역시 마찬가지이다. 그 친구가 누구인지 필자는 안다. 다만 이 말을 처음 듣

는 사람 입장에서는 모를 것이므로, 즉 **청자에게는 새로운 정보 (new information)일 것이므로**, 일단 처음에 제시할 때 부정관사를 쓴 것이다. 한정성 (definiteness)은 화자와 청자 모두가 그 대상의 존재에 관해 인식하고 있을 때 발생하는 것이다. 따라서 특정 대상이라 하더라도 상대방이 그 존재에 대해 전혀 인식하지 않고 있는 대상은 비한정적이다. 일단 부정관사를 써서 제시된 이후에는, 청자도 그 대상의 존재를 인식하게 되었으므로 한정적이 되고 따라서 그 이후에는 정관사나 대명사가 사용된다.

⑥ 특정 대상에 대해 구체적 정보를 밝히지 않는 부정관사 (= unknown, certain)

A: A woman is waiting for you in the lobby.
B: A woman? Who is she?
A: I have no idea.

위 대화에서 'a woman'은 누구인지 모르는 어떤 한 명의 여자를 의미한다. 여기서 'a' 대신 'some'을 쓸 수도 있는데, 이때의 'some'은 '어떤'을 의미한다.

이 경우에도 대상은 특정적이다. 다만 어느 특정 대상의 정체, 신분, 세부사항 등에 대한 구체적인 정보를 밝히지 않거나 알 수 없는 대상으로 표현하는 것이다.

⑦ '~마다', '~에'를 의미하는 a (= per)

· I go grocery shopping once a week. (일주일에 한 번)
· These coffee beans cost 90 cents a pound. (1파운드에 90센트)

〈탐구문제 8〉

(1) "문경새재는 조선 시대에 영남지역에서 한양으로 가는 관문이었다"를 영어로 번역하려고 한다. 다음 밑줄 친 부분에 정관사와 부정관사 중 어느 것이 더 적절한지 판단하려면 무엇을 알아야 하는지 생각해 보라.

· During Chosun Dynasty, Mungyeong Saejae was _____ gateway to Hanyang from Youngnam province.

(2) 당신이 역사학자로서 우리나라의 역사에 관해 책을 썼고 그 책이 영어로 번역된다고 해 보자. 이때 당신은 책 제목으로 'The History of Korea'와 'A History of Korea' 중 어느 것을 선택하겠으며 그 이유는 무엇인가?

4

명사구의 소유격

하나의 명사구에 's를 붙인 형태를 그 명사구의 소유격(the possessive case)이라고 한다. 그런데 '소유격(possessive)'이라는 용어는 명칭일 뿐, 소유격이 언제나 소유를 뜻하지는 않는다. 예를 들어, 'his painting'은 그가 소유한 그림일 수도 있지만, 그가 그린 그림일 수도 있고, 그를 그린 그림일 수도 있다.

1) 소유격의 스펠링

That **girl's** clothes와 같이 명사 뒤에 's를 붙인다. 그러나 명사의 복수형으로서 s로 끝나는 낱말 뒤에서는 those **girls'** clothes와 같이 어파스트로피만 붙인다. 이것은 **명사의 복수형이 s로 끝나는 경우에 그렇다는 말인데, s가 두 개 겹치면 안 된다는 식으로 오해하는 경우가 대단히 많다.** 명사의 복수형이 아닌 단수명사나 고유명사가 s로 끝나는 경우는 's를 붙인다. (**Doris's** friend, **Kansas's** capital, **Ross's** wife, my **boss's** car) 단, 고대 그리스나 로마식의 이름 또는 성경 속 인물 이름의 경우에는 's를 붙이지 않고 어파스트로피만 붙인다. (Socrates', Pythagoras', Copernicus', Jesus', Moses')

2) 결정사로서의 소유격과 일반적 형용사로서의 소유격

누구의 것인지, 누구/무엇의 일부분인지, 누구/무엇과 관계된 것인지 등을 표현하는 소유격은 한정적 결정사이다. 반면에 그 명사의 유형이나 종류를 의미할 때는 일반적 형용사이다.

결정사로서의 소유격	일반적 형용사로서의 소유격
Jack's mother, his house, that dog's owner, this woman's hands, his father's room, these young students' dreams, American people's lifestyle, your parents' consent	women's movement, women's universities, men's clothing, cow's milk, goats' cheese, children's books, ladies' room, farmer's market, driver's licence, master's degree

- She followed her doctor's advice. 그녀는 그녀의 의사의 충고를 따랐다. (her doctor's가 결정사구)
- She received her doctor's degree in 2003.
  그녀는 2003년에 박사 학위를 받았다. (her는 결정사, doctor's는 degree의 종류를 나타내는 형용사)

- I found that truck driver's driver's license on the floor of the men's room.
  나는 남자 화장실 바닥에서 저 트럭 운전사의 운전면허증을 발견했다.

3) 's를 쓸 것인가 of를 쓸 것인가

보통 초보적 학습자들에게는 사람을 뜻하는 명사에는 's를 사용하고 사물을 의미하는 명사에는 of를 쓴다고 단순화하여 가르친다.

- My father's room is upstairs. 나의 아버지의 방은 위층에 있다.
- The roof of that house is reddish brown. 저 집의 지붕은 불그스름한 갈색이다.

이것은 어느 정도의 경향성이기는 하지만 's와 of의 사용은 이렇게 단순하지 않다. 사람에 of를 쓰는 경우도 많으며 사물에 's를 쓰는 경우도 많다. 사람, 동물, 사람들의 집단인 경우에는 's가 선호되고, 사물, 추상명사, 비가산명사에는 of가 선호된다. 또한 of가 's보다 더 격식적이다.

① 사람들로 이루어진 집단, 단체, 기관, 회사 등: 's 〉 of

- The university's facilities are excellent.
- The new policy is posted on the company's website.

② 움직이고 작동하는 사물이나 자연물: 's 〉 of

- This computer's **speed** is very fast.
- That car's **engine** hasn't been maintained properly.
- Get to the station at least 20 minutes before your train's **departure**.
- A volcano's **eruption** can be a very serious natural disaster.
- The hurricane's **damage** was extensive.
- The distance from the sun influences a planet's **revolution speed**.

③ 어구가 긴 경우: 's 〈 of

- She is **the daughter** of a very famous actor.
- I spent the weekend at **the house** of my father-in-law.

④ 시간, 거리, 가격, 기간: 's

- Today's **special dish** is the chicken chimichanga.
- Tomorrow's **weather** will be fine.
- It's desirable to get eight hours' **sleep** every night.
- A mile's **walk** will take you to the shopping mall.
- The thief stole a million dollars' **worth** of gold and silver.

⑤ 국가, 도시, 지리적 장소: 's 또는 of (격식체에서는 of, 비격식체에서는 's)

- Canada's **population** = the **population** of Canada
- Seoul's **metro system** = the **metro system** of Seoul
- Asia's **top singers** = the **top singers** of Asia
- The Nile river's **length** = the **length** of the Nile river

3) 소유격의 명사적 기능

① 반복되는 명사의 생략

- Lisa's office is across from Tom's.
- Davis's personality is very different from his father's.

② 집, 일터, 상점 등을 표현하는 소유격

- I am going to stay at my grandparents' next month. (= my grandparents' place)
- You need to go to the dentist's tomorrow. (= the dentist's clinic)
- She went to the butcher's and bought some beef. (= the butcher's shop)

4) 이중소유격 (결정사 + 명사 + of + 소유대명사/소유격)

소유격은 다른 결정사와 함께 쓰일 수 없는 경우가 많은데, 이중소유격은 소유격과 다른 결정사를 함께 사용하기 위한 구조이다. 즉, 가까이에 있는 어떤 책을 가리키면서 '이 책 (this book)'이라고 말하고 싶고 동시에 그 책이 '나의 책 (my book)'이라는 것도 표현하고 싶으면 'this book of mine'이라고 표현한다. 그러나 'this my book'이나 'my this book'이라는 표현은 받아들여지지 않는다.

이중소유격에서 of 뒤에 대명사가 올 때는 mine, ours, hers, his와 같은 소유대명사가 온다.

- She cares about each student of hers. O
- She cares about each student of her. x
- Some friends of mine are from Busan. O
- Some friends of me are from Busan. x

of 뒤에 대명사가 아닌 명사구나 고유명사가 오는 경우, 소유격을 쓰지 않은 형태가 간결하기 때문에 좀 더 선호된다.

- He is a colleague of my father's. = He is a colleague of my father.
- This painting of Picasso's is great. = This painting of Picasso is great.

사진의 경우, 그 사람이 소유한 사진이 아니라 그 사람의 모습이 담긴 사진이라는 것을 표현할 때는 흔히 목적격을 사용한다.

- I don't even have a picture of him. He exists only in my memory. − from the movie, Titanic

5 무관사

제로 결정사(the zero determiner), 제로 관사(the zero article), 무관사는 모두 같은 의미이다. 제로 결정사는 다음과 같은 경우에 사용된다.

1) 물질명사(substance mass noun)에 쓰여서 불특정하거나 일반적인 의미를 표현

- Aluminum is a very light metal.
- A baseball bat is made of aluminum or wood.

2) 추상적 개념을 표현

- Education is a social process. Education is growth. Education is not a preparation for life; education is life itself. — John Dewey
- Government has no other end, but the preservation of property. — John Locke
  ☞ 'the government'는 말하는 사람이 살고 있는 국가의 정부, 즉 특정 국가의 정부를 의미하고, 'a government'는 세상의 여러 정부들 중 어느 하나를 의미하며, 'government'는 'govern (통치하다)'의 명사형으로서 '통치', '행정'을 의미하는 추상명사이다. 무관사 형태인 government가 정부를 의미하는 경우도 있으며 때로는 대문자화하기도 한다.

3) 복수가산명사와 함께 쓰여 불특정 다수나 일반적 대상 (things in general)을 표현

- Smartphones are useful.
- A zoo is a place where animals are kept so that people can see them.

4) 교통수단이나 통신수단이 전치사 by로 표현될 때

- I came here by taxi.
- I came here in a taxi.
- We went to Portland by train.
- We went to Portland on a train.

- We can communicate by radio.
- I made a reservation by phone.
- I heard the news on the radio.
- Turn down the TV. I'm on the phone.

- I saw her on TV. ('on TV'는 텔레비전 방송에서를 의미)
- I saw a fly on the TV. ('on the TV'는 전자제품으로서의 텔레비전 위를 의미)

5) 시설, 건물, 물건이 본래의 기능에 따라 사용될 때

- She goes to church. 그녀는 교회에 다닌다.
- He is too young to go to school. 그는 학교에 다니기에 너무 어리다.
- He is in jail. 그는 수감되어 있다.
- She is in bed. 그녀는 잠자고 있다. 또는 자려고 침대에 누워 있다.
- It's time to go to class. 수업 들으러 갈 시간이다.
- They are at table. 그들은 식사 중이다.

- See you in court. 법정에서 봅시다.
- I met Vivian in college. 나는 비비안을 대학 다닐 때 만났다. 대학생일 때 만났다.
- President John Tyler's wife died while he was in office.
  존 타일러 대통령의 부인은 그가 재임 중에 사망했다.
- They opened a new restaurant in town. 그들은 이 인근에 새 레스토랑을 개업했다.
  ☞ 기능에 따라 사용되는 것은 아니지만 in town은 관용적으로 무관사로 표현한다.

물리적 공간으로서 표현할 때, 즉 일반적 기능으로 쓰이는 경우가 아닐 때는 알맞은 관사를 쓴다.

- She went to the school to meet with Paul's teacher.
  그녀는 폴의 선생님을 만나기 위해 학교에 갔다.

6) 계절, 월, 요일 및 기타 시간 표현

월, 요일 등에는 대개 관사를 쓰지 않는다. 또한 말하는 시점과 가까이에 있는 요일이나 달에는 특정 시점이더라도 관사를 쓰지 않는다. 계절을 표현할 때는 무관사로 쓰이기도 하고 정관사를 쓰기도 한다.

- Steve came to Korea in March.   · Let's go to the movies on Saturday.
- She often goes skiing in (the) winter.

시간 표현에는 관용적으로 정관사를 쓰지 않는 표현들도 있고 쓰는 표현들도 있다.

- at night, at dawn, at sunrise, at noon, at midnight
- in the morning, in the afternoon, in the evening, all through the night

10년 기간의 연대 (decade)와 세기 (century)를 표현할 때는 정관사를 사용한다.

- in the 1990s, in the 2000s …   · in the 19th century, in the 20th century, …

7) 질병의 명칭

① 질병의 명칭은 대부분 무관사

cancer 암	cataract 백내장	cholera 콜레라	diabetes 당뇨병	diarrhea 설사
gingivitis 치은염	influenza 독감	leukemia 백혈병	meningitis 뇌수막염	smallpox 천연두
tuberculosis 결핵	typhoid 장티푸스	MERS 메르스	foot and mouth disease 구제역	

단, 'cancer'가 '암적 존재'를 의미할 때는 가산명사이므로 관사와 함께 쓰인다.

· The high costs of private education are <u>a cancer</u> in the Korean society.

② 정관사가 쓰이기도 하는 일부 질병들

(the) flu	(the) gout	(the) mumps	(the) measles	(the) chickenpox
독감	통풍	볼거리	홍역	수두

③ 감기 (a cold), 기침 (a cough), 열 (a fever), 심장마비 (a heart attack) 및 '~ache'는 가산명사이므로 관사 사용

· I have <u>a cold</u>.

· Try not to <u>catch a cold</u>. = Try not to <u>catch cold</u>.

☞ cold는 'catch cold' 형태로 쓰일 때 무관사로 쓰이기도 한다.

· He had <u>a heart attack</u>.   · I have <u>a severe headache</u>.

8) 칭호(title)나 직책이 보어나 'as ~'에 쓰인 경우

- We elected Ms. Brown Chairperson of our organization.
- Augustus was Emperor of the Roman Empire for 41 years.
- Hattie Caraway was the first woman who served a full term as Senator of the United States.

as 뒤에 쓰이거나 보어로 쓰인 직책에는 관사가 생략되는 것이 일반적이다. 대통령(President)이나 총리(Prime Minister)와 같은 사회적으로 중요한 직책은 대부분 대문자화하여 관사 없이 표현된다. 단, 직책이 주어나 목적어로 쓰이면 알맞은 관사를 쓴다.

- The Mayor delivered a speech at the press conference.
- We asked the chairperson about her new plans.

9) 사람을 부를 때나 이름 앞에 칭호를 붙여 표현할 때

- Officer, I have a crime to report.
- Nurse! That patient is not breathing!
- Professor Johnson is a very talented educator.

10) 동격 표현

- Victor Hugo, author of Les Miserables is considered one of the greatest French writers.

단, 동격 표현에 반드시 관사를 생략해야만 하는 것은 아니다.

- Victor Hugo, the author of *Les Miserables* is considered one of the greatest French writers.
  - ☞ '레미제라블의 작가'라는 특정 작가를 나타내는 뜻에서 정관사 사용
- *Les Miserables* is a novel written by Victor Hugo, the French writer.
  - ☞ 빅토르 위고는 유명한 작가이므로 듣는 사람이 누구인지 알 것이라고 생각하여 정관사 사용
- *Les Miserables* is a novel written by Victor Hugo, a French writer.
  - ☞ 듣는 사람이 빅토르 위고를 모른다고 생각하여 새로운 정보로서 알려 주는 뜻에서 부정관사 사용

11) 쌍을 이루는 표현들 (각각 관사를 쓰면 발음하기 귀찮으므로)

- An adolescent is neither child nor adult.
- The lecture was boring from beginning to end.
- Elephants tend to be equally active during day and night.
- Conflict of interest is inevitable between employer and employee. — Ralf Dahrendorf
- Modern Korean is written horizontally from left to right, but Middle Korean used to be written vertically from top to bottom and from right to left.

12) 같은 단어가 반복되는 관용적 표현들 (각각 관사를 쓰면 발음하기 귀찮으므로)

- They are walking hand in hand. (손을 잡고)
- Your English is improving day by day. (매일 천천히 꾸준히)
- We need to discuss the matter face to face. (얼굴을 맞대고)
- The highway was filled with car after car. (줄줄이 늘어선 차들)
- Henry and I see eye to eye about many things. (의견이 일치한다.)

13) 명사가 and로 연결된 경우 두 번째 명사의 관사 생략

의미상 연관된 명사들이 and로 연결되어 있는 경우, 뒤에 있는 명사의 관사는 생략할 수 있다. 두 어구가 같은 종류이거나 쌍을 이루는 표현일 경우에 그러하다.

- I need **a knife and fork**. Cf) I need **a knife and a fork**. O
- **That boy and girl** are so cute. (둘을 별개의 대상이 아니라 '한 쌍'으로 보는 것임.)
- It's not quite proper for a man go to a funeral without **a jacket and tie**.
- Rolling Stones is a British rock band that was very popular in **the 1960s and 1970s**.

and로 연결된 명사 앞에 하나의 관사가 있을 때는 '~이면서 동시에 ~인'을 의미하기도 한다.

- She is **a singer and songwriter**. (= a singer-songwriter) 그녀는 가수이자 작곡가이다.
- This is **a printer and copier**. 이것은 프린터이기도 하고 복사기이기도 하다. 프린터/복사기 콤보 제품이다.

'~이면서 동시에 ~인'을 의미하는 것인지 아니며 단순히 두 번째 명사에서 관사를 생략한 것인지는 의미를 살펴서 파악할 수밖에 없다.

14) 관사가 쓰이지 않는 기타 표현들

① kind of, type of, sort of

- Chardonnay is **a type of** ~~a~~ white wine. 샤도네이는 백포도주의 일종이다.
- I don't like **this kind of** ~~a~~ song. 나는 이런 종류의 노래를 좋아하지 않는다.
- There are **many sorts of** ~~the~~ farm animals. 많은 종류의 가축들이 있다.
- The brontosaurus is **a kind of** ~~a~~ dinosaur. 브론토사우루스는 공룡의 일종이다.

kind of, type of, sort of 뒤의 명사구에는 관사를 쓰지 않는 것이 일반적이다. 단, 비격식적 말하기에서는 관사를 쓰기도 한다. kind of는 주로 미국영어에, sort of는 주로 영국영어에 쓰인다.

'kind of'나 'sort of'가 형용사나 동사를 수식하여 '약간', '조금'을 의미하는 부사구로 쓰일 때는 앞에 관사가 쓰이지 않는다. 회화적인 표현이다. 'of' 발음에서 /v/가 탈락될 때가 많은데, 위 경우에도 그러하다. 대부분 /káɪndə/, /sɔ́rrə/ 로 발음된다.

- He is sort of cute. 걔 쫌 귀여운 것 같아. [형용사 cute 수식]
- I kind of like him. 나 걔 약간 좋아해. [동사 like 수식]

kind of가 질문에 대한 대답으로도 쓰일 수 있다.

A: Do you like cats? 너는 고양이를 좋아하니?   B: Kind of. 약간.

② 학문(학과명), 스포츠, 식사

학문, 학과명, 전공의 명칭은 무관사로 표현한다.

A: What are you majoring in?
B: I'm majoring in theater and film. What about you?
A: My major is physics.

스포츠는 무관사로 표현한다.

- I want to learn how to play tennis.
- Many Americans love watching American football.

일반적인 악기를 가리킬 때는 정관사를 사용하는 것이 일반적인데, 일상회화에서는 이 경우에도 무관사로 표현하는 경우가 대단히 많다.

- She began playing <u>the violin</u> at the age of seven.
- Do you play <u>guitar</u>? [비격식]

악기가 전공으로서 표현될 때는 무관사로 쓴다.

- She majored in <u>piano</u>.
- He majored in <u>cello</u>.

일상적 식사는 무관사로 표현한다.

A: Let's have <u>dinner</u> together. 같이 저녁 먹자.
B: Sure. What do you wanna have? 그래. 뭐 먹고 싶어?
A: What about Chinese food? 중국 음식 어때?
B: I had Chinese for <u>lunch</u>. 나 점심 때 중국 음식 먹었는데.
A: Oh, then what about Indian food? 어, 그러면 인도 음식은 어때?
B: Sounds good! I am kinda in the mood for curry. 좋아. 카레가 약간 당기는걸.
(the next day)
A: Kate and I had <u>a really nice dinner</u> last night. 케이트랑 나랑 어제 정말 맛있는 저녁 먹었어.
C: Oh, really? 어, 정말?
B: Yeah, <u>the dinner</u> was so good. 응, 그 저녁 정말 맛있었어.

☞ 통상적인 일상으로서의 식사를 의미할 때는 무관사로 쓰지만 어떤 특정한 종류의 식사를 의미하거나 한정성이 표현될 때는 관사와 함께 사용된다.

6

총칭 표현

1) 가산명사의 총칭 표현

- Pandas eat bamboo leaves. [가장 일반적]

    (일반적인 다수의 판다들이 대나무 잎을 먹는다는 것을 통해 총칭 표현)

- A panda eats bamboo leaves.

    (아무 판다 한 마리를 선택하더라도 대나무 잎을 먹는다는 것을 통해 총칭 표현)

- The panda eats bamboo leaves. [격식적]

    ('the panda'라는 명칭의 종(species)이 대나무 잎을 먹는다는 것을 통해 총칭 표현)

창의적인 아이디어나 기술 발전에 의한 발명품을 총칭할 때는 정관사를 사용한다. (the airplane, the computer, the Internet, the telephone, etc.)

- The computer was invented in the 1940s.

이외에도 정관사를 사용한 관용적인 총칭 표현들이 있다.

- You have to abide by the law. (특정 법률이 아닌 일반적인 법을 의미)
- They look beautiful on the stage. (특정 무대가 아니라 일반적인 무대를 의미)

2) 비가산명사의 총칭 표현

- Children love to eat *pizza* with *cola*.
- *Diamond* is the hardest natural material.
- *Glass* is used to make various products such as bottles, windows, and dishes.

무관사의 비가산명사가 항상 총칭을 표현하는 것은 아니다. 비가산명사는 낱개나 개별자라는 개념이 없는 것이므로, 총칭과 그 일부를 구별하지 않고 표현된다.

- *Jewelry* is expensive. 보석은 비싸다. (일반적 보석류를 총칭)
- She is wearing *jewelry*. 그녀는 보석 장신구를 하고 있다. (총칭이 아님)

3) Man

과거에는 단수 무관사 형태인 'man'을 '인류', '인간'을 총칭하는 표현으로 사용하였다. 대문자화하기도 하였다.

- *Man* is the measure of all things. − Protagoras 인간은 만물의 척도이다.
- *Man* is by nature a political animal. − Aristotle 인간은 본성상 정치적 동물이다.

복수 형태인 'men' 역시 '인간'을 총칭하는 표현으로 사용되기도 했다.

- All *men* are created equal. 모든 인간은 평등하게 창조되었다.

과거에는 이러한 표현이 사용되었으나, 현대에는 성차별적 표현으로 받아들여지기 때문에 회피된다. 오늘날에는 'humans', 'the human race', 'humanity', 'the human being' 등의 표현을 사용한다.

7 머리결정사

머리결정사	중앙결정사	꼬리결정사
수량: all, both, half 배수: double, twice, three times, ten times, … 분수: one-third, two-fifths, … 강조: such, what, quite	관사: a, the 소유격: my, her, the boy's, … 지시사: this, that, these, those 수량사: any, some, either, neither, no, each, every, enough …	기수: first, second, third, … 서수: one, two, three, … 수량사: many, much, few, little, several, more, less, most, least 기타: next, last, same

결정사 중에는 다른 결정사 앞에 위치할 수 있는 것들이 있는데 영어로는 결정사 (determiner)의 앞 (pre-)에 위치한다 하여 predeterminers라고 하고 우리말로는 흔히 전치한정사前置限定詞라고 번역해 왔다. 이 책에서는 '머리결정사'라고 부르겠다. 머리결정사에는 다음과 같은 표현들이 있다.

〈머리결정사 (predeterminers)〉

전부 표현	all, both	강조 표현	such, quite, what
분수 표현	half, one-third, two-fifths	배수 표현	twice, double, three times

1) 전부 표현

- He lost <u>all</u> **the** money he had in gambling.
- <u>All</u> **my** friends are single.
- <u>Both</u> **her** parents are school teachers.
- Sarah has two cats. <u>Both</u> **the** cats are male.

단, all과 both는 다른 결정사 없이 쓰일 수도 있다.

- **All** humans are born free and equal.
- I put **both feet** in the water.

2) 분수 표현

- Please peel **half the** potatoes in this box.
- **Two-thirds the** students in this class wear glasses.

3) 배수 표현

- Organic milk can cost **double the** price of regular milk.
- If you are caught for fare evasion, you have to pay **30 times the** fare.

4) 강조 표현

- **What a** cute puppy!
- I've never seen **such a** cute puppy.
- The news was **quite a** nice surprise.
- = The news was **a quite** nice surprise. (quite은 관사 뒤에 쓰이기도 함)

8

꼬리결정사

머리결정사	중앙결정사	꼬리결정사	
		서수, same, next, last	기수, 수량사 (many, much, etc.)

꼬리결정사(postdeterminers)는 중앙결정사 뒤에 위치하는 결정사를 말한다.

- Look at **all these many** beautiful flowers in the garden.
- Where did you get **these many** four-leaf clovers?

위 표에서 볼 수 있듯이 꼬리결정사에도 어순이 있는데 서수는 항상 기수 앞에 위치한다. 이와 같이 꼬리결정사 중에는 둘 이상이 배열되어 쓰일 수 있는 경우도 있다.

- He listened to **the same three** old songs all day.
- During **the first six** months of his term, President Kennedy suffered from various health problems.
- They have tried to solve the problem over **the last three** years.
- There are **a few** apples in the box.
- Let's go outside and get **a little** fresh air.

(a few, a little, few, little에 대해서는 478~479페이지를 보라.)

〈탐구문제 9〉

'my many friends'와 'many friends of mine'의 의미 차이는 무엇인가?

- When I had money, money, O! / **My many friends** proved all untrue; / But now I have no money, O! / My friends are real, though very few. — Money, O! / William H. Davies

명사

1. 명사의 형태
2. 명사의 유형
3. 가산명사
4. 비가산명사
5. 가변명사
6. 쓰임에 유의해야 할 명사들
7. 집합명사
8. 단복수에 유의해야 할 명사들
9. 기타 주의해야 할 명사들

명사의 형태

1) 주요 명사화 접미사

-acy	legacy	-age	heritage	-al	approval	-ance	tolerance
-ence	existence	-dom	freedom	-er	singer	-or	collector
-hood	childhood	-ism	capitalism	-ist	motorist	-ity	solidarity
-ment	movement	-ness	darkness	-ship	leadership	-sion	television
-tion	intention	-sis	symbiosis	-ure	failure	-ry	archery

2) 명사형과 동사형이 철자가 같지만 강세가 다른 경우

명사	동사	명사	동사	명사	동사	명사	동사
address	address	impact	impact	produce	produce	object	object
contract	contract	permit	permit	progress	progress	rebel	rebel
increase	increase	present	present	insult	insult	record	record

control, report, reward 등과 같이 발음의 차이 없이 명사로도 쓰이고 동사로도 쓰이는 낱말들도 있다. 이와 같이 영어에는 명사와 동사로 모두 쓰이는 낱말들이 매우 많이 있다.

- Would you like to lunch with me?
- Would you please bag these?
- She cupped his cheeks and kissed him.
- She mouthed "I love you." to him.
- Mr. Smith is going to chair the committee.

2 명사의 유형

1) 보통명사와 고유명사

명사는 **보통명사**(common nouns)와 **고유명사**(proper nouns)로 구분할 수 있다. 보통명사는 사람, 사물, 개체, 개념 등을 표현하는 명사이다. (girl, student, rabbit, hat) 고유명사는 어떤 사물이나 사람 등의 고유한 명칭, 이름을 표현하는 명사이다. (Korea, Berlin, Mars, Albert Einstein)

2) 가산명사와 비가산명사

보통명사는 가산명사와 비가산명사로 구분된다. 과거에는 'countable nouns (가산명사)'와 'uncountable nouns (불가산명사)'라는 용어를 사용했으나, 그것이 불러일으키는 오해로 인해 현대 영문법에서는 'count nouns (세는 명사)'와 'noncount nouns (세지 않는 명사)'라는 대안적 용어가 사용되는 경우가 많다. '불가산명사'는 세는 것이 불가능한 명사라는 뜻인데 셀 수 없어서 못 세는 경우도 없지 않지만, 사실 그냥 영어에서 문법적으로 세지 않는 것인 경우도 있다. 영어에서 세지 않는 명사가 다른 언어에서는 세는 명사로 사용되는 사례들은 얼마든지 있다. 이 책에서는 count noun은 **가산명사**로, noncount noun은 **비가산명사**로 부르겠다.

가산과 비가산의 구분에 있어서 우리나라 학습자들이 크게 오해하는 개념은 '세다'이다. 다음 한국어 명사들을 **한국어에서 셀 수 있는지 없는지** 구분해 보라.

> 사람, 소나무, 돈, 종이, 평화

만약 당신이 '소나무', '돈', '종이'를 한국어에서 셀 수 있는 명사로 생각했다면, 당신은 문법에서 말하는 '세다'의 개념과는 **전혀 무관하게** 생각한 것이다.

〈한국어 명사에 대한 가산/비가산의 잘못된 분류〉

사람	사람 1명, 사람 2명, 사람 3명, 사람 4명, 사람 5명, 사람 6명 …	셀 수 있음
소나무	소나무 1그루, 소나무 2그루, 소나무 3그루, 소나무 4그루 …	
돈	100원, 200원, 300원, 1달러, 2달러, 3달러, 4달러, 5달러 …	
종이	종이 1장, 종이 2장, 종이 3장, 종이 4장, 종이 5장, 종이 6장 …	
평화	×	셀 수 없음

위와 같은 방식으로 '평화'는 비가산명사이고 나머지 명사들은 가산명사라고 생각하는 것은 **문법에서 말하는 '세다'의 개념과는 무관하다.**

〈한국어 명사에 대한 가산/비가산의 올바른 분류〉

사람	1사람, 2사람, 3사람, 4사람, 5사람, 6사람, 7사람 … ○	셀 수 있음
소나무	1소나무, 2소나무, 3소나무, 4소나무, 5소나무, 6소나무 … (?)	셀 수 없음
돈	1돈, 2돈, 3돈, 4돈, 5돈, 6돈, 7돈, 8돈 … (?)	
종이	1종이, 2종이, 3종이, 4종이, 5종이, 6종이, 7종이 … (?)	
평화	1평화, 2평화, 3평화, 4평화, 5평화, 6평화, 7평화 … (?)	

* '1돈, 2돈, 3돈'이라는 표현이 말이 되는 것은 '돈'이 무게의 단위일 때이다.

우리말에서는 가산명사와 비가산명사가 선명하게 구분되는 것은 아니나, 숫자를 앞에 썼을 때 '한, 두, 세'로 읽히면 가산명사이고 '일, 이, 삼'으로 읽히면 비가산명사인 경향이 있다. 그 명사가 의미하는 대상이 얼마나 많이 있는지를 숫자와 단위를 사용해 계량하는 것은 문법에서 말하는 '세다'의 개념이 **아니다.** 문법적 개념으로는 **'종이'를 '1장, 2장' 세는 것은 '종이'를 세는 것이 아니라 '장'을 세는 것이다.** '종이'가 셀 수 있는 명사라면 '1종이, 2종이, 3종이'와 같이 셀 수 있어야 한다.

'사람'은 가산명사이기 때문에 "몇 사람이세요?" "세 사람입니다"라고 말할 수 있다. 그러나 우리는 "몇 빵 드릴까요?" "세 빵 주세요"라고 말하지 않으며, 셀 수 있는 명사 '개'의 도움을 받아 "빵 몇 **개** 드릴까요?" "빵 세 **개** 주세요"라고 말한다. 만약 이렇게 단위를 이용하는 것도 '셀 수 있는 명사'라면 'bread'도 셀 수 있는 명사일 뿐 아니라 (a piece of bread, two pieces of bread), 영어의 거의 모든 명사들이 가산명사일 것이고 비가산명사란 존재하기 어려울 것이다. '개'나 '명' 등 일부 단위를 사용하는 한국어 명사들과 영어의 가산명사들이 서로 상응하는 경향이 없지는 않지만, 그것은 아주 약간의 경향성에 불과하다. 또한 한국인들은 '개', '권', '장' 등 단위를 사용하면 대부분의 명사들을 셀 수 있기 때문에 한국어 명사들이 대개 가산명사라고 느낀다. 그래서 학생들은 bread나 money를 왜 셀 수 없냐고 의아해하면서 영어가 어렵다고 답답해하지만, 이것은 참으로 아이러니한 일이다. 한국어에서도 '빵'과 '돈'을 셀 수 없기는 마찬가지이기 때문이다. 한국어 명사들은 단위를 사용해서 세는 것이 일반적이기 때문에 언어학자들은 한국어 명사들 대부분을 비가산명사로 본다. 한국어에서는 '연필', '자동차'와 같이 하나의 개체가 명확하게 인식되는 사물을 가리키는 명사조차도 세지 못하고, '자루'와 '대'라는 단위를 사용한다. 한국어를 배우는 영어 사용자들은 "10연필 주세요." "주차장에 4자동차가 있어요."라고 말할 수 없고 "연필 열 자루", "자동차 네 대"와 같이 적절한 단위를 사용해야 한다는 것을 배워야 한다. 그들이야말로 한국어에는 도대체 왜 이렇게 셀 수 없는 명사가 많은지 답답할 노릇일 것이다.

영문법에서 말하는 가산과 비가산의 구분은 별도의 단위를 이용하지 않고 직접 숫자를 그 명사 앞에 붙여서 셀 수 있는지, 즉 그 명사 자체가 그 명사가 의미하는 대상들을 세는 단위로 쓰일 수 있는지 여부를 기준으로 하는 것이다. 명사가 그 자체로서 그 명사에 해당하는 대상을 계량하는 단위가 되기 위해서는 그 명사가 의미하는 개념이 일정한 크기, 모양, 기능 또는 기타 동질적인 속성을 가지고 있어서 하나의 단위, 개체, 개별자가 무엇인지 또는 얼마만큼인지 정의되고 인식될 수 있어야 한다.

〈탐구문제 10〉

bread는 비가산명사인데, bun, muffin, scone, pastry, bagel, baguette는 가산명사이다. 왜 그럴까?

가산명사

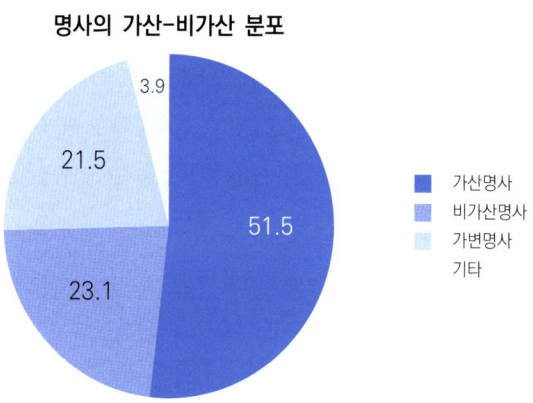

명사의 가산-비가산 분포

* 위 통계는 필자가 영어의 명사 9,396개의 쓰임을 직접 세어 본 결과이다.

		∅ 단수	a(n) 단수	복수	예시		
① 가산명사		x	O	O	~~house~~	a house	houses
② 비가산명사		O	x	x	pork	~~a pork~~	~~porks~~
③ 가변명사		O	O	O	paper	a paper	papers
④ 기타	복수명사	x	x	O	~~scissor~~	~~a scissor~~	scissors
	비가산/복수	O	x	O	travel	~~a travel~~	travels
	비가산/단수	O	O	x	heritage	a heritage	~~heritages~~
	단수명사	x	O	x	~~ambience~~	an ambience	~~ambiences~~

영어의 명사들은 가산명사로 쓰이는 경우가 가장 많다. 이것은 개별적인 개체로서 존재하는 사람, 동식물, 사물 등을 나타내는 명사들이 매우 많이 있기 때문이다. 가산명사는 단수 무관사 형태로 쓰이지 않는다.

- She wants to be nurse. x → She wants to be a nurse. O
- I bought this car at low price. x → I bought this car at a low price. O

1) 하나의 개체를 설정할 수 있는 명사로서 형태, 크기, 구조, 특성 등이 유사한 생명체, 사람, 사물, 구조물

사람	actor, accountant, architect, classmate, colleague, consumer, historian, supervisor
생명체	reptile, rodent, chipmunk, willow, flower, dandelion, insect, magpie, parasite
사물	airplane, bag, book, comb, dish, necklace, pen, spatula, refrigerator, wallet
구조물	airport, bridge, building, castle, overpass, cottage, dormitory, factory, fortress

2) 돈 관련 표현

가산	price, cost, fare, fee, rate, discount, fund, refund, wage, fine, loan, bribe, scholarship 장학금, allowance 용돈, coin, bill, budget
비가산	money, cash, change 잔돈, tuition, capital 자본
가변	charge, tax, salary, income, debt, payment, profit, expense
비가산/복수	revenue, finance

* scholarship: '학문'의 뜻일 때는 비가산. allowance: '허용'의 뜻일 때는 비가산.

3) 하나의 개념, 사건, 유형 등 낱개로서 표현될 수 있는 추상명사 (abstract count nouns)

증가, 감소, 변화	an increase, a raise, a rise, an advance, a hike, a decrease, a decline, a drop, a fall, a change, a shift, a switch
여러 가지 추상적 가산명사	an opinion, an idea, a thought, an affair, an effect, a phenomenon, a method, a disaster, a death, a demand, a wish, a surprise, a right, an appointment, an opportunity, an obligation, a calculation, a strategy

4) 일정한 형태가 없는 데도 가산명사인 경우

구체적이거나 일정한 형태가 없는데도 가산명사인 경우들이 있다. 횟수의 측면에서 가산명사로 생각할 수 있는 경우도 있지만, 왜 가산명사인지 이해하기 어려울 때도 있다.

a comforting **aroma**	a friendly **atmosphere**	a gentle **breeze**
a powerful **storm**	a **cacophony** of noise	a **chill** in the air
a patient in **a coma**	a loud **echo** of applause	a **vacuum** in space

또한 가산—비가산 구분에 있어 단어들 간에 일관성이 없는 경우들도 있다. 예를 들어 ice는 비가산명사인데 glacier는 가산명사이다.

- Glaciers are ice that has built up for a long period of time.

소문을 뜻하는 rumor는 가산명사이나 gossip은 비가산명사이다.

- I've heard some rumors about him. = I've heard some gossip [gossips] about him.

hair는 여러 가느다란 머리카락으로 되어 있으므로 셀 수 없다고 하는데, 턱수염을 뜻하는 beard는 가산명사이다.

- He has curly hair and a long beard.

fruit는 통상 비가산명사로 쓰이나 vegetable은 가산명사로 쓰인다.

- You should eat a lot of fruit and vegetables.

headache(두통)는 언제나 가산명사인데, migraine(편두통)은 비가산명사로도 쓰인다.

- I have a severe headache.   · I have (a) severe migraine.

4 비가산명사

가산명사와 비가산명사의 가장 중요한 차이점은 **비가산명사는 단수 무관사 형태로 쓰일 수 있다는 점 그리고 복수형태로 쓰이지 않는다는 점**이다.

- Let there be work, bread, water and salt for all. — Nelson Mandela

비가산명사는 부정관사와는 결합하지 않으나, 한정적 수식어구가 쓰이거나 하여 특정한 종류나 유형을 의미할 때는 정관사가 쓰일 수 있다.

- Freedom is always the freedom of dissenters. — Rosa Luxemburg
  자유는 언제나 반대하는 사람들의 자유이다. → 지배적 통념에 반대할 수 있는 자유가 보장되어야 한다.

1) mass noun

mass noun은 비가산명사를 가리키는 또 다른 말로서 고체, 액체, 기체 상태의 물질 또는 낱개로 나눌 수 없는 추상적 개념과 같이 일정한 형태가 없는 뭉텅이, 덩어리로 존재하는 대상과 개념을 의미한다. mass는 고정된 형태(definite shape)가 없는 '무더기', '뭉텅이'나 '덩어리'를 의미하며, 특정한 모양 없이 뭉텅이나 덩어리로서 존재하기 때문에 어디서부터 어디까지가 '하나의 단위'인지 정의할 수 없고 전체적으로 동질적이거나 균질적이어서 별도의 낱개가 존재하지 않는 것을 가리킨다.

그런데 mass noun은 흔히 '물질명사'로 번역된다. 도대체 어떤 어리석은 자가 이런 번역을 한 것인지 참으로 한심하다. mass noun이 '물질명사'라면 '물질명사'는 '물질적 물질명사(substance mass noun)'와 '추상적 물질명사(abstract mass noun)'로 나뉜다는 말도 안 되는 표현을 해야 한다. mass noun을 '물질명사'로 부르면 추상적 비가산명사(abstract mass nouns)는 배제하고 물질적 물질명사만을 mass noun인 것으로 오해하게 된다. '물질명사'라는 용어를 사용하는 사람들은 사실은 substance mass noun을 가리키기 위해 그러한 용어를 사용한다. mass noun은 비가산명사의 동의어이므로 굳이 다른 용어로 번역하기보다는 그냥 비가산명사라고 하는 것이 낫다. 이 책에서 '물질명사'는 'mass noun'이 아니라, 'substance mass noun'을 가리키는 개념으로만 사용하겠다.

〈주요 물질명사 (substance mass nouns)〉

alcohol	amber	bacon	caffeine	charcoal	clay	copper	cotton
gold	leather	honey	jade	ketchup	limestone	meat	metal
nitrogen	oxygen	protein	silver	smoke	starch	steel	sulfur

물질적 비가산명사, 즉 물질명사는 나누거나 자르더라도 또 다른 뭉텅이나 덩어리가 될 뿐이며 그 명사가 가진 속성이 파괴되지 않는다. 예를 들어, 당신은 누군가가 금 덩어리를 잘라서 한 조각을 준다면 마다하지 않고 받을 것이며, 부서진 금이라고 생각하여 쓰레기통에 버리지 않을 것이다. 그러나 전화기(phone) 하나를 열 조각으로 잘라서 어느 한 조각을 주면, 당신은 그 부서진 조각을 쓰레기통에 버릴 것이다. 물(water), 금(gold), 쇠(iron), 빵(bread), 기름(oil), 비누(soap), 돼지고기(pork), 버터(butter) 등은 개체가 아니라 덩어리로서 존재하기 때문에 나누고 분할해도 크기와 모양이 바뀔 뿐이다.

또한 단일한 하나의 사건이나 관념 등으로 개념화할 수 없는, 즉 범위와 경계가 모호한 개념적 덩어리라는 측면을 가진 추상적 비가산명사도 mass noun에 포함된다.

〈주요 추상적 비가산명사 (abstract mass nouns)〉

arrogance	dominance	endurance	confidence	independence	patience
architecture	stature	pressure	amazement	employment	harassment
cleanliness	correctness	loneliness	consent	damage	harm

추상적 개념의 덩어리는 낱개의 개념으로 분할되지 않는 총체적이고 일반적인 개념을 지칭한다. 예를 들어, song은 비록 유형적 물질은 아니지만 개념적으로 one song, two songs와 같이 개개로 분할하여 표현할 수 있으므로 가산명사이다. 그러나 music은 성악, 기악, 댄스곡 등 온갖 종류의 음악을 총체적으로 표현하는 추상적인 mass noun이다. 또한 하나의 특정 사례나 사건이 아닌 추상적이고 일반적인 개념, 관념, 성질, 상태, 감정 등을 가리키는 낱말도 추상적 비가산명사에 속한다. 형용사에서 파생된 추상명사들(wisdom, brilliance, modesty), 접미사 '-ness'가 쓰인 추상 명사들(loneliness, happiness)은 비가산명사로 쓰이는 경향이 매우 강하다.

2) 다수의 작은 알갱이나 가느다란 선으로 이루어진 물질명사

| sugar | salt | sand | grass | hair | dust |
| gunpowder | flour | rice | pollen | cement | mud |

위와 같은 명사들에 대해 알갱이가 너무 작고 많아서 셀 수 없다고 설명하는 경우가 많다. 어린이용 설명이다. 다음의 명사들은 모두 가산명사이다.

germ 세균, virus 바이러스, colon bacillus 대장균, lactobacillus 유산균, mite 진드기, microbe 미생물, cilium 섬모, sperm 정자, embryo 배아, cell 세포, neuron 신경세포, chromosome 염색체, gene 유전자, particle 미립자, molecule 분자, atom 원자, electron 전자, pore 모공, freckle 주근깨, raindrop 빗방울, snowflake 눈송이

대장균은 몇 마리인지 셀 수 있는데, 쌀 알갱이는 너무 작고 많아서 못 센다는 것이 말이 되는가? **아무리 작은 알갱이가 많이 있더라도, 그 명사의 개념이 하나의 구체적인 낱개의 대상을 가리키는 것이라면 가산명사로 쓰인다.**

sugar, sand 등이 비가산명사인 것은, 그 명사들이 가리키는 것이 하나의 작은 알갱이를 뜻하는 것이 아니라, 손이나 숟가락 등으로 퍼서 다양한 모양의 용기에 담을 수도 있고 뿌릴 수 있는 덩어리이자 뭉텅이로서, 일정한 형태가 없는 마치 유동체 비슷한 성질을 가진 물질, 즉 가루로 이루어진 물질명사를 의미하기 때문이다.

3) 집합적 비가산명사 (collective mass nouns)

> advice, baggage, luggage, clothing, apparel, sportswear, footwear, equipment, gear, evidence, furniture, garbage, trash, information, merchandise, freight, news, poetry, machinery, scenery, weaponry, jewelry, stationery, vocabulary, slang, silverware, kitchenware, homework, conduct, research, behavior, work, mail, game, prey, produce, progress, literature, fiction, humanity, stuff

* gear는 장비(equipment)의 뜻일 때 비가산명사이며 기계의 기어를 뜻할 때는 가산명사이다.
* work는 일을 뜻할 때는 비가산명사이며 작품을 뜻할 때는 가산명사이다.
* game은 사냥감을 뜻할 때 비가산명사이다.
* cargo는 가산명사와 비가산명사 모두로 쓰이나, freight는 비가산명사로만 쓰인다.
* behavior, research는 통상 비가산명사로 쓰이나 때로는 복수형으로 쓰이기도 한다.
* humanity는 인류를 총칭하는 비가산명사로 쓰인다. (the) humanities는 인문학을 뜻한다.

집합적 비가산명사는 여러 요소들이나 부분들로 이루어진 것을 집합적으로 나타내는 개념인데 그 의미에 있어서 복수적인 측면이 있지만, 비가산명사이기 때문에 부정관사를 쓰거나 '-s'를 붙여 복수 형태로 쓰지 않는다. 집합적 비가산명사들은 한국어의 영향으로 인해 가산명사로 혼동하기 쉽다.

- He gave me some useful ~~advices~~. x → He gave me some useful **advice**. O
- How many ~~baggages~~ are you checking in? x → How many **bags** are you checking in? O
- *Booze* is ~~a slang~~ for alcoholic drinks. x → *Booze* is **slang** for alcoholic drinks. O
- This is ~~a very expensive equipment~~. x → This is **a** very expensive **piece of** equipment. O
- Hurricane Harvey did a lot of **damage** ~~[damages]~~ to the City of Houston.
- If you don't succeed at first, hide all **evidence** ~~[evidences]~~ that you tried. — Anonymous
- Knowledge is no guarantee of good **behavior**, but ignorance is a virtual guarantee of bad **behavior**. — Martha C. Nussbaum

의미가 비슷한 가산명사와 구분하라.

비가산	merchandise	homework	produce	poetry	machinery	jewelry	fiction
가산	commodities	assignments	crops	poems	machines	jewels	novels

구식 영문법은 '집합적 비가산명사'를 '집합적 물질명사'라고 불러왔다. mass noun을 물질명사로 번역했기 때문에 'collective mass noun'도 '집합적 물질명사'라고 번역해 버린 것이다. 하지만 여기에는 scenery, poetry, vocabulary 등과 같이 **명백하게 비물질적인** 명사들이 포함되어 있다. 도대체 얼마나 무비판적이었으면, 그 오랜 세월 동안 이것들을 '물질'이라고 부르면서도 문제점을 깨닫지 못했다는 말인가? vocabulary가 물질명사라는 말이 이해가 되는가? 도저히 이해가 안 가야 정상이다. 물질이 아니기 때문이다. 또한 furniture가 물질명사라는 말도 이해가 되는가? 물질은 금속, 플라스틱, 기름, 단백질과 같이 개별자의 개념이 없고 형태나 크기와 무관하게 균질적이고 동질적인 속성을 가지고 있는 사물을 가리키는 개념이다. 가구가 나무라는 물질로 이루어져 있기는 해도 도대체 이 세상에 가구라는 물질이 어디 있는가? 물질로 이루어져 있으니 물질이라면, car나 book은 왜 물질명사가 아닌가? 벌거벗은 임금님에게 임금님이 벌거벗었다고 외치듯이, vocabulary와 furniture 등을 물질명사라고 가르치는 사람들에게 도대체 그 무슨 말도 안 되는 소리냐고 외치라. 그들은 그 단어들에 문법적으로 심오한 물질적 특성이라도 있는 듯이 말을 하면서 그것을 이해하지 못하면 문법에 대한 이해력이 부족하다고 치부한다. 하지만 '물질명사'에 그러한 명사들을 포함시키는 황당한 개념화를 하는 사람들이 문제이지, 그것을 이해할 수 없어 하는 학생들은 오히려 지극히 정상이다. 이것은 엉터리 번역어를 무비판적으로 신봉하는 것에서 벌어지는 혼란일 뿐이다.

집합적 비가산명사는 의미상 여러 대상들 또는 하위의 구성 요소나 부분들을 포함하고 있지만, 그 하나하나의 구성 요소를 뜻하는 것이 아니라, 그것들이 잔뜩 모여 있는 뭉텅이를 추상화하여 표현하는 명사이다. 예를 들어, 의자와 옷장의 개수는 **셀 수 있다**. 하지만 furniture라는 단어는 그 하나하나를 가리키는 것이 아니라, 그것들이 잔뜩 있는 무더기를 개념화한 것으로서 **셀 수 없다**. 모래가 많이 있거나 적게 있을 수는 없어도 'sand'는 모래알 하나를 가리키는 개념이 아니라 모래 알갱이가 잔뜩 모여 있는 것을 표현하는 단어다. 그래서 '모래알 (a grain of sand)'의 개수를 셀 수는 있어도 '모래(sand)'의 개수를 셀 수는 없다. furniture 역시 이와 마찬가지로 많이 있거나 적게 있을 수는 있어도 one furniture, two furnitures는 성립하지 않는다. sand와 furniture가 비가산명사인 것은 같은 원리이다. 다만 전자는 모래알이라는 작은 알갱이로 구성되어 있는 것이고, 후자는 책상, 의자 등과 같은 큰 알갱이로 구성되어 있는 것일 뿐이다. sand와 furniture는 모두 그 알갱이 하나하나가 아니라, 그것이 모인 뭉텅이를 가리키는 말이다.

4) 비가산적 추상명사 표현들

① 형용사구로 쓰이는 of + 추상명사

of ability = able	of help = helpful	of value = valuable
of use = useful	of strength = strong	of beauty = beautiful
of elegance = elegant	of honor = honorable	of importance = important

- This is a matter of great importance.
- He is a man of honor. He will never betray his country.
- My phone is broken. It's absolutely of no use.
- How may I be of help? = How may I be of service? 어떻게 도와드릴까요?

Cf) "Would you like to dance?" "I'm sorry. I'm not **much of a dancer.**"

② 전치사 + 추상명사

| at random 무작위로 | by chance 우연히 | in private 개인적으로 | in haste 서둘러서 |
| in public 공공연히 | on occasion 때때로 | with care 조심스럽게 | with difficulty 어렵게 |

③ to one's 감정추상명사

- To my amazement, she replied back to my letter.
- To his joy, Laura said yes when he popped the question.
- To her great disappointment, her husband forgot their wedding anniversary.
- To her deep sorrow, the doctor told her that her father had Alzheimer's disease.

④ 'all + 추상명사', '추상명사 itself'

주어가 어떤 특성을 매우 많이 가지고 있음을 표현한다. 격식적 표현이다.

- She is all beauty. 그녀는 온통 아름다움이다. = She is beauty itself. 그녀는 아름다움 그 자체이다.
- She is all kindness. 그녀는 온통 친절함이다. = She is kindness itself. 그녀는 친절함 그 자체이다.
- When the lawyer won the case, his client was all gratitude. [= gratitude itself]

5 가변명사

1) 의미에 따른 차이

beauty	가산	미인, 미녀 · She is **a** **beauty**.
	비가산	아름다움, 미^美 · **Beauty** lies in the eyes of the beholder.
business	가산	사업체, 상점, 기업 · The government must take serious measures to support small **businesses**.
	비가산	사업, 일, 업무 · **Business** is **business**. If you keep getting complaints from customers, I'll have to let you go.
chicken	가산	닭 · He loves **chickens**; he raises a lot of **chickens**.
	비가산	닭고기 · He loves **chicken**; he eats a lot of **chicken**.
company	가산	회사 · They work at **a** publishing **company**.
	비가산	일행, 동반 · Do you have **company**?
convenience	가산	편리한 물건, 시설, 편리한 일 · This hotel has many modern **conveniences**.
	비가산	편리함, 편의 · People seek **convenience**.
democracy	가산	민주주의 국가 · The worst thing that can happen in **a democracy** — as well as in an individual's life — is to become cynical about the future and lose hope. — Hillary Clinton
	비가산	(이념으로서의) 민주주의 · We can have **democracy** in this country, or we can have great wealth concentrated in the hands of a few, but we can't have both. — Louis D. Brandeis

light	가산	(조명기구로서의) 전등, 전구, 불; 촛불 · The Christmas tree is decorated with many small **lights**.
	비가산	빛 · Nothing is faster than **light**.
luxury	가산	사치품 · The store sells **luxuries** such as Italian jewelry and watches.
	비가산	호화로움, 사치 · A yacht is a symbol of **luxury** and wealth.
necessity	가산	필수품 · The Red Cross provided basic **necessities** to the refugees.
	비가산	필요성 · There is **necessity** for further investigation.
paper	가산	① 신문 ② 논문 ③ 서류 · She wrote an article for **a paper**. · He wrote **a paper** on education and social justice. · Have you brought all the necessary **papers**?
	비가산	종이 · We need more **paper** for the photocopier.
success	가산	성공한 사람, 성공적 사례 · If you wish to be **a success** in the world, promise everything, deliver nothing. — Napoleon Bonaparte
	비가산	성공 · **Success** is not the key to happiness. Happiness is the key to **success**. If you love what you are doing, you will be successful. — Albert Schweitzer

A: I heard you went to Paris during summer. How was it?

B: Yeah, I had such **a wonderful time** in Paris. (가산: 특정한 사건, 일, 경우로서의 시간)

A: Was it your first trip to France?

B: Not really. I've been to France **several times**. (가산: 횟수), but they were just very short business trips.

A: So, what did you do in Paris **this time**? (가산: 특정한 사건, 일, 경우로서의 시간)

B: I spent **a lot of time** looking at great paintings and sculptures in the Louvre museum.
    (비가산: 흘러가는 시간)

A: Wow! I have always wanted to visit the Louvre. What was your favorite piece of art?

B: I really liked Ancient Greek and Roman sculptures, like Milo's Venus. They still looked so beautiful even after such **a long period of time**. (비가산: 흘러가는 시간) What about you? Who's your favorite artist?

A: I like Van Gogh best. He lived a tragic life (가산: 하나의 구체적인 삶) in a time (가산: 시대) when his art was not appreciated, but produced great paintings.

B: Yeah, I think art can teach us a lot about life (비가산: 일반적 의미로서의 삶, 인생) and affect many lives. (가산: '사람들', '여러 사람들의 삶 또는 생명')

A: I guess visiting the Louvre must have been a great experience (가산: 구체적으로 겪은 어떤 일, 사건) to you. I hope I can go to France someday.

B: Yeah, travel is such a good way to gain experience. (비가산: 삶의 지혜, 지식, 경력으로서 쌓은 총체적 경험, 견문, 체험)

〈탐구문제 11〉

다음 명사들이 가산명사와 비가산명사로 쓰일 때 의미의 차이에 대해 살펴보라.

foundation	genius	invention
iron	occupation	order
reason	room	sanction

2) 물질명사의 가산명사로의 전환

- This coffee shop has many coffees and teas.
- What are some good wines that go with seafood?
- Lactose is a particular sugar found in milk. If you have lactose intolerance, you may have difficulty digesting dairy products.

물질명사로 쓰이는 모든 낱말들은 종류를 의미하는 가산명사로 전환될 수 있는 잠재성을 가지고 있다. 그러나 모든 물질명사가 실제로 가산명사로 쓰이는 것은 아니다. 이것은 어떤 규칙이 있는 것이 아니라, 의미 때문이다. 즉, 종류를 가지지 않는 경우들이 있기 때문이다. 예를 들어 oil에는 olive oil, canola oil, sesame oil 등이 있기 때문에, 'There are various cooking oils.'로 표현할 수 있다. 그런데 oxygen, aluminium은 우리가 통상적으로 종류를 나누지 않기 때문에 가산명사로 전환되지 않는 것이다. 그러나 만약 어떤 과학자가 알루미늄에도 종류가 있고 각 종류의 특징이 다르다는 연구를 해서 논문을 쓴다면, aluminums라고 할 수도 있다. 즉, 맥락 속에서 적절한 의미가 구성된다면 물질명사가 가산명사로 전환될 수 있는 것이다.

또한 그 물질로 만들어진 사물이나 제품을 뜻하는 의미로서 가산명사로 전환되기도 한다.

· There are fifteen bronzes by Camille Claudel in this gallery.
· She won two golds and three silvers in the Olympic Games.

물질명사가 가산명사로 전환되는 것과 마찬가지로 가산명사가 물질명사로 전환될 수도 있다. 사실 하나의 낱말이 물질명사로도 쓰이고 가산명사로 쓰이는 것인데, 물질명사로서의 의미가 우리에게 더 익숙하면 그것을 기준으로 생각해서 가산명사로 전환된다고 표현하는 것이고, 반대의 경우도 마찬가지이다. 예를 들어 egg는 통상적으로 가산명사로 쓰이며 one egg, two eggs로 셀 수 있다. 그런데 껍질 안에 들어 있는 흐물흐물한 부분을 가리킬 때는 비가산명사로 쓰인다.

· There is an egg on your shirt. 네 셔츠 위에 달걀 한 개가 있어.
· There is egg on your shirt. 네 셔츠에 달걀 묻었어.

핸드백 속에 들어 있는 lipstick은 특정한 크기와 모양을 가진 하나의 사물로서 가산명사이다. 그러나 입술에 바르는 빨간색 물질로서의 lipstick은 비가산명사이다.

· She has a lipstick in her purse. · She is wearing pink lipstick.

3) 상업적 또는 서비스적 상황에서 한 단위가 정해질 때

물질명사가 가산성을 가지지 않는 것은 그것의 한 단위가 정해져 있지 않기 때문이다. 그런데, 특정 상황에서 단위가 정해진다면 가산명사로 쓰일 수도 있다. 예를 들어, 레스토랑에서는 음료를 일정한 크기의 잔이나 캔 단위로 판매한다. 따라서 레스토랑에서 "Can I have one orange juice?"라고 말하면 무슨 의미인지 즉각 이해가 된다. 또한 비행기에서 "One more coffee, please."라고 말했을 때 "coffee가 가산명사가 아니어서 one coffee가 얼마만큼인지 알 수가 없습니다, 손님"이라고 대답하는 승무원은 없을 것이다. 이와 같이 일상생활에서 상품으로 제공되는 물질명사들, 특히 음료나 술은 가산명사로 쓰이는 경우들이 많다.

- Two mineral waters, please.
- Let's go grab a couple of beers and touch base.

4) 고유명사의 가산명사화

- He owns a Porsche. (포르쉐 자동차 한 대)
- I'll be wearing a Versace tomorrow. (베르사체 의상 한 벌)
- He believes that his son is an Einstein. (아인슈타인과 같은 천재)
- She is a Kennedy. (케네디 가문의 일원, 성이 Kennedy인 사람)
- The Kennedys were once a powerful family. (케네디 가문, Kennedy 성을 쓰는 사람들)
- I read an article about the relationship between the two Koreas. (남북한)

6 쓰임에 유의해야 할 명사들

1) 복수형으로만 쓰이는 유형

① 두 부분으로 이루어진 사물

glasses 안경	spectacles 안경	sunglasses	shades (= sunglasses)	goggles
binoculars 쌍안경	scissors 가위	tweezers 작은 집게	tongs 집게	pliers 펜치
compasses 컴퍼스	handcuffs 수갑	earphones	headphones	pants 바지
trousers 바지	jeans 청바지	shorts 반바지	stockings	leggings
tights	panties	underpants	briefs	vocal cords 성대

* a compass: 나침반   compasses: (제도용구) 컴퍼스

위 명사들은 하나의 사물을 가리키더라도 항상 복수로 표현되고 복수 취급된다. 단, a pair of glasses, a pair of pants와 같이 pair를 사용하여 표현할 수도 있다.

- I've found **a pair of jeans** that fits me perfectly.
- **two pairs of** scissors ○   · ~~two scissors~~ ✗

② 그 외 (거의) 언제나 복수로 표현되는 유형

amends 보상	amenities 편의시설	bangs 앞머리	belongings 소지품	braces 치열 교정기
clothes 옷	earnings 이득, 소득	electronics 전자제품	fireworks 불꽃놀이	French fries
fumes 매연, 유독 가스	goods 상품	groceries 식료 잡화	initials 머리글자	looks 외모, 모습
mores 관습, 풍습	outskirts 변두리	pajamas 파자마	remains 유물, 잔해	savings 저축
stairs 계단	surroundings 환경	thanks 감사	valuables 귀중품	human rights 인권
business hours 업무 시간	natural resources 천연자원	current affairs 시사	social services 사회복지, 복지 서비스	vital signs 생명징후 (체온, 혈압 등)

* electronics는 '전자제품'일 때 복수 취급되고 '전자공학'일 때는 단수 취급된다.
* a firework는 한 발의 폭죽을 의미하고 fireworks는 불꽃놀이를 뜻한다.
* a grocery는 supermarket을 뜻한다.
* mores와 pajamas는 발음에 유의하라. /mɔ́reɪz/, /pədʒáməz/ 또는 /pədʒǽməz/로 발음한다.

2) 단수형일 때는 없는 의미가 복수형일 때 있는 유형

arm [C] 팔	arms	① arm의 복수형 ② 무기 · A well regulated militia being necessary to the security of a free state, the right of the people to keep and bear **arms** shall not be infringed. — the Second Amendment to the U.S. Constitution
color [UC] 색깔	colors	① color의 복수형 ② (나라, 단체, 학교 등을 상징하는) 깃발 또는 깃발에 쓰이는 색깔 · France's national **colors** are red, white, and blue. · That school building has a flagpole with its **colors** flying.
custom [C] 관습, 풍습	customs	① custom의 복수형 ② (세금으로 내는) 관세·**Customs** are imposed on imported goods. ③ (공항 등의) 세관·The airport **customs** are strict about fresh food.
lyric [C] 서정시	lyrics	① lyric의 복수형 ② 노래 가사·The **lyrics** of this song are so beautiful.
manner [C] 방식, 태도	manners	① manner의 복수형 ② 매너, 예의 · Good table **manners** are important in the education of children.

pain [UC] 통증	pains	① pain의 복수형 ② 수고, 노력 go to (great) **pains** to ~ = take (great) **pains** to ~ · The lawyer took great **pains** to prove her client's innocence.
quarter [C] 4분의 1	quarters	① quarter의 복수형 ② 숙소, 거처, 생활하는 공간 · Soldiers' **quarters** have to be maintained neat and clean.

3) 비가산명사이면서 복수형이 있는 유형

air [U] 공기	airs	잘난 체, 우월감 (put on airs = give oneself airs) · She is a very successful woman, but doesn't **put on airs**.
authority (1) [U] 권위 (2) [C] 전문가	authorities	① 당국자들 (정책·규칙을 입안·시행할 수 있는 기관, 단체의 사람들) · **Authorities** have decided to adopt a new education policy. ② (2)의 복수형: 전문가들 · Many **authorities** on education are against it.
damage [U] 피해, 손해	damages	손해 배상금, 피해 액수 · The victim of sexual harassment was awarded $1 million in **damages**.
gum [U] 고무; 껌	gums	잇몸 · My **gums** bleed when I brush my teeth. 단, 명사 앞에 쓰일 때는 단수형으로 쓰인다. · Gingivitis is a kind of **gum** disease.
regard [U] 관심, 존중	regards	안부, 잘 지내기를 바라는 인사말 · Give my **regards** to her. · His warm **regards** were so touching.
respect (1) [U] 존경 (2) [C] 측면	respects	① 안부 (= regards); (돌아가신 분에 대한) 조의, 추모 · Give my **respects** to your parents. · After **respects** are paid to ancestors on *Chuseok* morning, some Korean families travel to the countryside to relax. ② (2)의 복수형 · Alligators and crocodiles are different in several **respects**.
sand [U] 모래	sands	(사막이나 해변에 있는 넓은) 모래밭 · Many children are playing on the **sands** of the beach.
security [U] 보안, 경비	securities	유가증권 (주식, 채권 등 재산적 가치가 있는 증서) · The investment in foreign **securities** can be risky.

water [U] 물	waters	(일정한 구역의) 바다 · Many refugees crossed dangerous **waters** seeking a better life. · International **waters** are outside the territorial **waters** of a country.
work (1) [U] 일 (2) [C] 작품	works	① [단+복수] 공장 · He is a laborer at a steel **works**. · The cement **works** are [is] located in Jackson county. ② (도로, 철도, 댐 등의) 기반시설, 또는 그러한 시설을 건설하는 공사 · Public **works** are important to economic development. ③ 안에 있는 움직이는 부품들 또는 그 작동원리 (= mechanism) · The **works** of the universe are mysterious and astonishing. ④ (2)의 복수형 · There are some **works** of Renoir in this museum.
condolence [U] 조의, 애도	condolences	· The President sent a message of **condolence** to the bereaved. · I just want to express, on behalf of the American people, our deepest **condolences** to the Republic of Korea and the families of all those who have seen their loved ones lost when a ferry sank within the last couple of days. — Barack Obama ☞ condolence는 단수형과 복수형에 의미 차이는 없으나, offer, express, send 등의 목적어로 쓰일 때는 복수형으로 쓰인다.
travel [U] 여행	travels	· During my **travels** in Europe, I visited many art galleries. ☞ travels는 오랫동안 여러 다른 장소들, 특히 여러 나라들을 여행한 것을 나타내는데, travel과 큰 의미 차이는 없다. 단, a travel로 표현하지 않는다. · Have a good **travel**! x → Have a good **trip**! O

4) 비가산명사이면서 부정관사와 쓰일 수 있는 유형

① 관사를 쓴 형태와 무관사 형태가 같은 의미인 경우

condition	· This car is in **(an)** excellent **condition**. · He is in **(a)** critical **condition**. ☞ condition은 사물의 상태나 사람의 건강 상태를 의미할 때는 비가산/단수명사이고, '조건'이나 '질환', '건강상의 문제점'을 뜻할 때는 일반적 가산명사이다.
consensus	· The Congress has failed to reach **(a) consensus** about the energy reform bill.
heritage	· Paris has **(a)** rich cultural **heritage** and diverse tourist attractions. ☞ 복수형으로 heritages라고 잘못 표현하기 쉬우니 유의하라.
reliance	· The country has **(a)** heavy **reliance** on fossil fuels.
resistance	· The Nazi-Germany invaded Russia, but encountered **(a)** strong **resistance**.

② 관사를 쓴 형태와 무관사 형태에 의미 차이가 있는 경우

pity shame	연민, 불쌍히 여기는 감정 · I feel **pity** for those poor people. 부끄러움, 수치심 · He blushed with **shame**.
a pity a shame	안타까운 일, 아쉬운 일 · What **a pity** [= **a shame**] we missed the festival! · It's **a pity** [= **a shame**] you can't make it to the party.
wealth	부(富), 많은 재산, 부유함 · The inequality in the distribution of **wealth** is a major problem in our society.
a wealth	풍부함, 다량 (a wealth of sth ≒ a lot of sth) · Dr. Jones has **a wealth of** experience in education.
eternity	영원, 매우 장구한 세월 · The universe has been expanding for **eternity**.
an eternity	(초조함, 지루함, 괴로움 등으로 인해) 매우 길게 느껴지는 시간 · It took **an eternity** for her to get ready to go.

③ 관용구에 따라 달리 쓰이는 경우

abundance	· There is **an abundance of** misinformation in the media. · Many tropical flowers grow **in abundance** in Hawaii.
hurry	· Let's move quickly. We are **in a hurry**. · You may enjoy your meal **without hurry**. We have plenty of time.

5) 단수 가산명사 형태로만 쓰이는 유형

an ambience	(장소의) 분위기 (= atmosphere) · The little café has **a** very pleasant **ambience**.
a cinch	매우 쉬운 일 [비격식] (It's a cinch. = It's a piece of cake.) · Caesar salad is **a cinch** to make.
a liking a penchant	좋아함, 애호 · She has **a liking for** modern art. = She has **a penchant for** modern art.

7

집합명사

1) 가산적 집합명사 (collective count nouns)

| army | audience | class | crowd | committee | council | crew | company |
| enemy | family | government | group | navy | staff | team | jury |

위 집합명사들은 다른 일반적 가산명사와 마찬가지로 단수형과 복수형이 있다. (family - families, staff - staves, audience - audiences) 가산적 집합명사의 복수형은 그 집단이 여럿 있음을 표현한다.

· Many **families** spend their weekends at amusement parks.

가산적 집합명사의 단수형은 단수 취급되기도 하고 복수 취급되기도 한다. 단수 취급과 복수 취급이 모두 가능한 경우는 '단+복수 취급된다'고 표현하겠다. 구식 영문법은 집합명사가 하나의 집단으로 간주될 때는 단수 취급하고 여러 사람들을 가리키는 뜻으로 쓰일 때는 복수 취급한다고 가르쳐 왔으며, 특히 집합명사가 복수 취급될 때 '군집명사'라는 별도의 용어까지 사용하면서 특정 경우에는 반드시 군집명사가 사용되어야 하는 것처럼 가르쳤다. 그러나 이것은 현대영어, 특히 현대 미국영어의 현실과는 동떨어진 설명이다. 집합명사는 영국영어에서는 의미에 따라 단수와 복수를 구별하여 사용하기도 하는데, 그렇다 하더라도 복수 취급하는 경향이 더 강하다. 반면, 현대의 상당수 미국인들은 그러한 구분을 어떻게 하는지 알지도 못하며 미국영어에서 집합명사는 일반적으로 단수 취급된다.

- **My family** live in London. *BrE*[14] (여러 구성원들로서 복수 취급)
- **My family** lives in Seattle. *AmE* (하나의 전체로서 단수 취급)
- **My family** like spicy food. *BrE* (가족 구성원 각각이 매운 음식을 좋아하는 것 표현)
- **My family** likes spicy food. *AmE* (가족 전체가 매운 음식을 좋아하는 것 표현)
- **All my family** are healthy. *BrE* (가족 구성원들 각각이 건강함을 표현)
- **All my family** is healthy. *AmE* (가족이 전체적으로 건강함을 표현)
- **My family** are all vegetarians. *BrE* (각각의 구성원이 채식주의자임을 표현)
- **My family** is all vegetarians. *AmE*

  (all이 쓰이고 보어가 복수명사이므로 복수 취급해야 한다는 주장도 있으나, AmE에서는 흔히 단수 취급)

- **My family** is large. *AmE*, *BrE* 우리 가족은 대가족이다.

  ☞ 집합명사에 large나 small이 사용되면 집단의 크기가 크거나 작음을 표현하는 것이고 이것은 집단의 구성원의 수가 많거나 적다는 뜻이다. 이 경우는 의미의 특성상 집단을 하나의 대상으로 보고 단수 동사가 사용된다.

- **Our team** are made up of six members. *BrE*

  (하나의 팀이 멤버들로 구성된 것이므로 단수 취급해야 한다는 주장도 있으나, BrE에서는 종종 복수 취급)

- **Our team** is made up of six members. *AmE* (하나의 팀이라는 개념으로서 단수 취급)
- **The council,** who are worried about the environment, will reject the plan.

  (집합명사에 관계대명사 who를 사용하는 경우는 그 집단에 속한 사람들을 가리키는 것이므로 복수 취급)

- **The council,** which is worried about the environment, will reject the plan.

  (집합명사에 관계대명사 which를 사용하는 경우는 그 집단을 하나의 전체로 가리키는 것이므로 단수 취급)

- **The committee** is going to choose their new chairperson next month.

  (단수 동사를 썼어도 대명사는 복수 대명사를 쓰기도 한다. 단수 동사를 썼으면 대명사도 단수형을 써야 한다는 주장도 있으나, 그런 주장에 신경 쓰는 원어민은 많지 않다.)

- **The committee** is going to choose its new chairperson next month because their former chairperson resigned.

  (집합명사에 복수 대명사를 썼으면 일관되게 복수 대명사를 쓰고, 단수 대명사를 썼으면 일관되게 단수 대명사를 써야 한다는 주장도 있으나, 서로 다른 절에 속하거나 서로 간에 간격이 어느 정도 있으면, 단수 대명사와 복수 대명사를 혼용하여 사용하는 경우도 많다.)

---

14 다른 집합명사들과 달리 'family'의 경우에는 미국영어에서도 종종 복수 취급된다. 다만 상대적으로 영국영어에서 복수 취급되는 경향이 더 강하므로 영국영어로 분류하였다.

- **Every company has its** own unique culture.
  ☞ each, every가 쓰인 경우는 동사와 대명사 모두 단수로 일치시킨다.

the government, the audience, the jury, the committee, the army, the navy, the enemy 등은 한정적 의미로 사용될 때가 많아서 자주 정관사와 함께 사용된다.

- Conformity is the jailer of freedom and **the enemy** of growth.   — John F. Kennedy
- Real patriotism is a willingness to challenge **the government** when it's wrong.   — Ron Paul
- **The jury** is still out on the case.

그러나 그 명사들에 반드시 정관사를 써야 한다는 규칙이 있는 것은 아니다. 한정적이지 않은 의미라면 정관사를 사용하지 않는다.

- It is easier to forgive **an enemy** than to forgive a friend.   — William Blake
- A language is a dialect with **an army** and **a navy**.   — Max Weinreich
- Serving on **a jury** is an important responsibility.

2) 복수적 집합명사 (plural collective nouns)

the police	the clergy	cattle	vermin
poultry	personnel	livestock	people

① police, clergy

police와 clergy는 일반적으로 정관사와 함께 쓰이며 복수 취급된다.

- **The police are** searching for a tall Caucasian male with curly blond hair in his 20s.
- **The clergy have to** speak out on moral and ethical issues.

police와 clergy는 some, many, a few, several 등과 함께 쓰이기도 한다.

- I saw some police patrolling the area. (police = police officers)
- Many clergy were present at the seminar. (clergy = clergymen)

그런데 현실에서는 'the clergy'가 단수 취급되는 경우도 있다. 현대 기술문법은 the clergy가 단+복수 취급된다고 본다.[15]

- The clergy is in the same business as actors, just a different department. — John Hurt

② cattle, vermin

cattle과 vermin은 언제나 복수 취급한다.

- Cattle play an important role as a source of meat in Korea.
- Those vermin are making me crazy! They totally ruined my potato field.

③ personnel, poultry

personnel /pərsənél/ 은 복수 취급되는 명사로서 하나의 회사, 단체, 시설 등에서 근무하는 직원들을 통틀어 가리키는 개념이다. 단, 회사의 인사과를 의미할 수도 있는데 이때는 단수 취급된다.

- All personnel have to attend the meeting.
- Personnel is reviewing the résumés of job applicants.

poultry는 닭, 오리, 거위, 칠면조와 같이 고기나 알을 얻기 위해 사육하는 조류, 즉 가금류(家禽類)를 말한다. 가금류를 뜻할 때 복수 취급하지만, 가금류의 고기를 뜻 때는 비가산명사로서 단수 취급한다.

---

15 Sidney Greenbaum and Randolph Quirk, *A Student's Grammar of the English Language* (Longman, 1990), 99.

- **Poultry have** been raised for meat and eggs since ancient times.
- **Poultry has to** be cooked thoroughly to kill all bacteria.

④ livestock

livestock은 단+복수 취급된다. 즉, 복수명사로 쓰일 수도 있고 집합적 비가산명사로 쓰일 수도 있다. 단, a livestock이나 livestocks는 쓰이지 않는 표현이다.

- **Livestock is [are]** responsible for around 20% of greenhouse gas emissions.

> 한국/일본식 영문법은 복수적 집합명사의 일부를 'cattle형 집합명사'로 분류하고 항상 복수 취급되는 명사이며 '원칙적으로 정관사를 쓸 수 없지만 예외적으로 쓰기도 한다'고 가르쳤었다. 그러나 이것은 터무니없는 가짜 지식일 뿐이다. cattle, vermin 등의 복수적 집합명사는 단수 형태가 없다는 등의 일부 특이점을 제외하면 children과 같은 일반적 명사의 복수형과 아무 차이가 없다. children에 대해 "원칙적으로는 정관사를 쓸 수 없는데 예외적으로 쓸 수도 있다"는 식으로 생각하지 않듯이 cattle에 대해서도 그렇게 생각할 이유가 없다. 다만 cattle, poultry, livestock은 숫자를 앞에 써서 표현하지 않는다는 특징이 있기는 하다. 이 명사들에는 head를 써서 몇 마리인지 표현한다. 이때의 head는 단복수 형태가 같다.
>
> - ~~three cattle~~ x → three **head** of cattle ○
> - **Cattle** have been raised for thousands of years.
>   ☞ 일반적 명사의 복수형과 마찬가지로, cattle로 일반적인 소들을 표현한다.
> - Hey, Tom! How are **the cattle** doing?
>   ☞ Tom이 기르는 소들을 가리키므로 의미상 한정적이어서 정관사가 쓰였다.

⑤ people

people은 person의 복수형으로 '사람들'을 의미한다. persons도 같은 뜻이기는 하나 일상적 회화에서는 쓰이지 않으며 서류, 계약서 등 딱딱하고 사무적인 맥락에서 쓰인다. people은 불특정하고 일반적인 사람들을 뜻하고 the people은 국민을 총체적으로 지칭한다. 단, the people은 고위층과 상류층은 제외한 개념, 즉 우리말 '민중'과 비슷한 뜻으로 쓰이는 경우가 많다.

- She is **a woman of the people**. (man/woman of the people: 서민의 대변자)
- He is **a people person**. (사교성이 좋고 다른 사람들과 잘 어울리는 사람)

people은 민족을 뜻하기도 한다. 이때는 people이 단수 형태이고 peoples가 복수 형태이다.

- There are diverse peoples with diverse cultures and languages in the world.
- The Aztec were a great people who dominated the Valley of Mexico for 200 years.

위와 같이 주어는 복수인데 주격보어는 단수명사가 오는 것을 이상하게 생각하는 경우가 있는데, 이것은 주어는 여러 대상들인데 보어는 그 대상들을 통틀어서 하나의 개념으로 표현하는 말일 때 흔히 볼 수 있는 현상이다.

- Tom and Lisa are a wonderful couple.
- Those girls are a very popular Korean idol group.

3) 사회계층 및 집단을 표현하는 집합명사

the aristocracy 귀족	the nobility 귀족	the proletariat 프롤레타리아트	the working class 노동계급
the gentry 신사계급	the peasantry 소작농	the bourgeoisie 부르주아지	the leisure class 유한계급
the public 대중	the press 언론	the management 경영진	the middle class 중간계급
Labor 노동계	Capital 재계	the defense 피고 측	the prosecution 검찰 측

위 명사들은 현대 미국영어에서

(1) **단수 형태로 쓰이고 단수 취급된다.** 단, class는 가산명사이므로 'the middle classes'와 같이 표현될 수 있다.

(2) **대명사로 받을 때는 단수대명사와 복수대명사 모두 사용할 수 있는데 복수대명사를 사용하는 경우가 많다.** (The press has their special rights.)

(3) **정관사와 함께 사용된다.** 단, Labor와 Capital은 관사 없이 대문자로 쓰여 노동계와 재계를 집합적으로 가리킨다.

- **The aristocracy was** made up of the rich and powerful who owned large land.
- The most perfect political community is one in which **the middle class is** in control, and **outnumbers** both of the other classes. — Aristotle
- Democracy doesn't work unless **the public is** informed, and the public can't be informed if **the press isn't** asking those tough questions. — Rory Kennedy

일본식의 구식 영문법은 the jury, the peasantry, the aristocracy, the nobility 등을 the police, the clergy와 함께 'police형 집합명사'로 분류하고 항상 복수 취급 된다고 가르쳤다. **그러나 이것은 현실과 전혀 부합하지 않는다.** 위 명사들 중 police는 복수 취급되고 clergy는 대개 복수 취급되지만, 그 외 명사들은 현대 미국영어에서 항상 단수 취급된다.

〈총칭과 개별 구성원 표현〉

총칭	개별 구성원	총칭	개별 구성원
the police	a police officer	the clergy	a clergyman
the jury	a juror	the nobility	a noble
the aristocracy	an aristocrat	the proletariat	a proletarian
the peasantry	a peasant	the bourgeoisie	a bourgeois

영어적 사고와 한국어적 사고의 차이점 중 하나는 집합과 개별 구성원 간의 구분이다. 예를 들어, 한국어에서는 "그는 육군이다"라고 말한다. 그러나 영어식 사고에서는 전혀 말이 안 된다. '육군(the army)'은 여러 명의 병사들로 이루어진 집단이므로 한 명의 개인이 육군일 수는 없으며 한 명의 육군 병사(an army soldier)일 수 있을 뿐이다. 한국인은 어릴 때부터 알파벳(the alphabet)을 배우지만 절대다수가 알파벳의 정확한 개념을 알지 못한다. 어릴 때부터 노래까지 만들어서 'a, b, c, d, e, f, g … x, y, z'라는 26개의 글자들이 알파벳이라고 가르쳐도, a와 b같이 알파벳을 구성하는 하나하나의 글자(letter)도 알파벳이라고 생각하는 것이다. 반면, 영어 원어민은 어려서 글자를 배울 때부터 the alphabet은 26개 글자들의 집합이고 그 집합에 속한 하나의 글자는 a letter라고 구분하는 사고방식을 배운다.

〈중세의 신분과 사회 계층〉

	지위	부를 때의 경칭	
royalties	King / Queen	Your Majesty	3인칭인 경우에는 His Majesty, Her Royal Highness와 같이 표현.
	Prince / Princess	Your Royal Highness	

	지위	부를 때의 경칭	
the nobility	Duke / Duchess	Your Grace	공작.
	Marquess / Marchioness	My Lord / My Lady	후작.
	Earl (Count) / Countess	My Lord / My Lady	백작. 영국은 Earl, 그 외는 Count. Earl의 여성형은 Countess를 사용.
	Viscount / Viscountess	My Lord / My Lady	자작. /váɪkaʊnt/로 발음.
	Baron / Baroness	My Lord / My Lady	남작.
	Baronet / Baronetess	Sir / Madam / My Lady	준남작. 주로 귀족의 가신에게 주어진 칭호. 준남작 이하로는 봉토를 다스릴 권한이 없다.
	Knight	Sir	기사. 주로 무사에게 주어진다. 기사 이하의 칭호는 세습되지 않는다.
	Esquire	Esquire	향사. 귀족이나 기사를 보좌하는 역할. 현대에는 변호사에 대한 경칭으로 사용. ex) Bill Jones, Esq.

	지위	
commoners	Gentleman (the gentry)	귀족이 아니면서 대토지를 소유한 부유층. 축적된 부에 걸맞은 지식, 교양, 품위를 추구했고 이에 따라 오늘날의 '신사' 이미지가 생겨났다.
	Yeoman / Franklin	중소규모 토지를 소유한 자작농. 자유민(freeman)이라고 불리나 영주로부터 완전히 자유롭지는 않았다.
	Serf / Peasant	serf(농노)의 대다수는 peasant(소작농)이었다. serf는 영주에게 신분적으로 예속된 사람을 가리키고, peasant는 소작농민을 말한다. peasant는 중세사회의 대다수를 구성했다.
	Slave	노예는 중세사회에서 가장 열악한 지위에 있었다.

the gentry는 중세 후기에 등장한 상류층으로서 귀족 작호는 없으나 대규모 토지를 소유한 부유층을 일컫는다. 통상 '신사계급'으로 번역한다. 젠트리 계층에 속한 한 명의 남자 개인을 a gentleman이라고 한다. 기사(knight)와 향사(esquire)와 같이 하급 칭호를 가진 사람이 대토지를 소유한 경우도 젠트리에 포함된다. 젠트리피케이션(gentrification)도 젠트리 계층에서 온 말이다. 이것은 '부유층화, 상류층화'라는 의미이며, 고급 상업시설, 대기업 프랜차이즈 등이 몰려들어 임대료와 주거비용이 상승하고 원래의 주민들이 밀려나는 부정적 현상을 말한다. the gentry는 전통적으로는 복수 취급되는 명사였다. 그러나 오늘날에는 단수 취급되는 경향이 매우 강하다.

- I come from a class which used to be called **the gentry** — **which is** nowadays mistakenly used to include the nobility, but in fact is not. **The gentry was** essentially the untitled landowning class.
  — 〈the Guardian〉 November 28, 2004 (영국의 보수당 상원의원 Julian Fellowes와의 인터뷰 기사 중)

4) 동물 집합명사 (animal collective nouns)

herd	cattle, deer, antelopes, elephants, sheep, goats, donkeys, zebras, camels		
flight	[날고 있는 무리] birds, ducks, mallards, pigeons, swallows, swans, butterflies		
cloud	[작은 곤충/동물들이 날고 있는 무리] bats, bees, gnats, grasshoppers, locusts		
wedge	[V자로 나는 무리] wild geese, swans	**flock**	birds, pigeons, sheep, goats
pack	wolves, hounds, coyotes, rats	**swarm**	insects, ants, termites, bees, flies
school	fish, herrings, sharks, dolphins	**litter**	[새끼들의 무리] cubs, piglets

a **pride** of lions   an **army** of ants   a **murder** of crows
a **rookery** of penguins   a **parliament** of owls   an **intrusion** of cockroaches

5) 부분사 (partitives)

단위	a **gallon** of milk	a **yard** of fabric	a **ton** of coal	an **acre** of land
	a **pint** of beer	a **pound** of oranges	a **liter** of water	an **ounce** of liquor
용기	a **bottle** of water	a **glass** of wine	a **cup** of tea, soup	a **six-pack** of beer
	a **bag** of nachos	a **packet** of ketchup	a **carton** of cigarettes, milk, eggs, cookies	
모양 일부 조각	a **loaf** of bread	a **stream** of people	a **heap** of sand, leaves, garbage, trouble	
	a **pinch** of salt	a **dash** of pepper	a **pile** of garbage, rocks, money, dishes	
	a **sheet** of paper	a **grain** of corn, rice	a **slice** of cheese, bacon, meat, pizza	
	a **bar** of chocolate, soap, gold, butter		an **item** of news, clothing, furniture	
	a **word** of advice, encouragement		a **drop** of water, rain, blood, oil, tears	
	a **piece** of advice, furniture, information, evidence, news, land, clothing, paper, cake			
횟수 기간	a **fit** of anger	a **gust** of wind	a **shower** of rain	a **stroke** of luck
	a **wink** of sleep	a **sip** of coffee	a **blink** of an eye	a **click** of a mouse
야채	an **ear** of corn, rice	a **pod** of peas	a **sprig** of parsley	a **clove** of garlic
	a **leaf** of lettuce, cabbage, kale		a **stalk** of celery, broccoli, asparagus	
	a **bunch** of green onions, spinach		a **head** of lettuce, cabbage, watermelon	

* 원어민들이 일상에서 보통의 속도로 위 표현을 발음할 때 of의 /v/는 탈락되는 경우가 많다.
  · a glass of wine /ə glǽsə waɪn/ · a cup of coffee /ə kʌ́pə kɔ́fɪ/

* 흔히 '담배 한 보루'라고 표현하는데, 이것은 board box를 일본식으로 '보루 바꾸'라고 부르던 것에서 유래한 것이다. 영어로는 carton이라고 한다. carton은 빳빳한 종이로 만든 사각 모양의 상자나 용기를 일컫는 말이며 담배의 보루, 우유 팩, 달걀 용기, 과자상자 등을 표현한다.

* garlic은 비가산명사이므로 a garlic이나 garlics로 표현하지 않으며, head나 clove를 써서 계량한다.
  · A head of garlic has several cloves.

단복수에 유의해야 할 명사들

1) 단수와 복수 형태가 같은 명사들

fish 물고기	carp 잉어	salmon 연어	trout 송어	cod 대구
snapper 도미	tuna 참치	mackerel 고등어	marlin 청새치	halibut 큰 넙치
yellowtail 방어	squid 오징어	sheep 양	swine 돼지	bison 들소
deer 사슴	buffalo 들소	moose 무스	giraffe 기린	pheasant 꿩
offspring 자식, 새끼	species 종	head 마리	aircraft 항공기	barracks 병영
corps 군단	crossroads 교차로	headquarters 본부	means 수단	series 연속물

* 종류를 의미할 때는 'fishes'를 쓸 수 있다. 또한 옛날 문투로 쓰인 성서에서는 fishes가 쓰였다.
  · There are many different **fishes** in this lake.
  · the miracle of five loaves and two **fishes**

* head는 가축의 수를 세는 단위로 쓰일 수 있는데 이때는 단수와 복수가 같다.
  · He raises twelve **head** of sheep in his farm.
  Cf) two **heads** of cabbage, three **heads** of garlic

* corps의 p는 묵음이며 단수일 때와 복수일 때 철자는 같으나 발음이 다르다. (단수: /kɔr/ 복수: /kɔrz/) 또한 corpse /kɔrps/ 와 착각하지 않도록 유의하라.
  · the Marine **Corps** 해병대   · medical **corps** 의무부대
  · A **corpse** was found in the river. 강에서 사체가 발견되었다.

* means는 '수단', '방법'의 뜻일 때 단복수가 같다. '재력', '재산'을 뜻할 때는 항상 복수 취급된다.
  · The means to support your family are essential.

* buffalo는 아메리카 들소를 일컫는다. 닭 날개에 매콤한 소스를 입힌 요리인 'buffalo wings'는 동물 buffalo와는 관련이 없으며, 뉴욕 주 Buffalo시에서 처음 만들어졌기 때문에 붙여진 명칭이라는 것이 통설이다.

2) 외래어의 복수형

① 라틴어 어원 명사들

alumnus 남자 졸업생 → alumni /əlʌ́mnaɪ/	alumna 여자 졸업생 → alumnae /əlʌ́mniː/
stimulus 자극 → stimuli /stímyʊlaɪ/	fungus 곰팡이 → fungi /fʌ́ndʒaɪ, fʌ́ŋgaɪ/, funguses
focus 초점 → foci /fóʊsaɪ, fóʊkaɪ/, focuses	syllabus 강의 계획표 → syllabi, syllabuses
formula → formulae, formulas	antenna → antennae, antennas
medium 매개체 → media	curriculum 교육과정 → curricula, curriculums

bacteria, data, the media (언론)은 어원적으로는 복수형의 라틴어 단어이지만, 현대영어에서 단수 취급된다. 다만, 격식적인 글에서 드물게 복수 취급되기도 한다. 이 명사들은 과거에는 격식적 글쓰기에서 복수명사로 쓰이는 경우가 많았으나, 지금은 격식체와 비격식체 모두에서 집합적 비가산명사로 거의 다 전환되었고 일반적으로 단수 취급된다.

· In wine there is wisdom; in beer there is freedom; in water there is bacteria.
— Benjamin Franklin

· The media is absolutely essential to the functioning of a democracy. — Amy Goodman

· Recent data shows that there is a 20% pay gap between female and male workers.

② 그리스어 어원 명사들

analysis 분석 → analyses /ənǽləsi:z/	axis 축 → axes /ǽksi:z/
crisis 위기 → crises	hypothesis 가설 → hypotheses
criterion 기준, 척도 → criteria /kraɪtíriə/	phenomenon 현상 → phenomena

3) 복합명사

① 복합명사의 형태

phone card 전화카드	bus stop 버스 정류장	pencil case 필통	full moon 보름달
he-goat 숫염소	she-wolf 암늑대	man nurse 남자 간호사	woman doctor 여의사
man child 철없는 남자	woman writer 여성 작가	forget-me-not 물망초	touch-me-not 봉선화
sit-up 윗몸일으키기	push-up 팔굽혀펴기	grown-up 어른	close-up 클로즈업
passer-by 지나가는 사람	looker-on 구경꾼	runner-up 2등; 입상자	status quo 현 상태
father-in-law 시아버지, 장인	daughter-in-law 며느리		commander-in-chief 총사령관
do's and don'ts 해도 되는 것들과 하면 안 되는 것들			pro's and con's 장점과 단점

② 복합명사의 복수형

(1) 명사 + 명사는 뒤 명사를 복수로	train stations, bus stops, pencil cases, phone cards
(2) (wo)man + 사람명사는 모두 복수로	men nurses, women students, women CEOs (단, man-hunters, woman haters와 같이 앞 명사가 의미상 목적어인 경우는 그렇지 않음)
(3) 명사가 하나면 그것만 복수로	passers-by, lookers-on, daughters-in-law
(4) 명사가 없으면 맨 끝을 복수로	grown-ups, sit-ups, in-laws, forget-me-nots

③ '명사 + 명사' 복합 명사

(1) 복합 명사에서 앞의 명사는 단수로 표현된다.

| a book store | a ticket office | a key holder | an eye doctor | a truck driver |

(2) 복합 명사의 앞 명사에 복수형을 써야만 해당 의미가 표현되면 복수형을 쓴다. 그 외에 관용적으로 복수 형태를 사용하는 경우도 있다.

an **arms** race	a **clothes** shop	a **customs** officer	**customs** duties
a **sports** complex	a **fireworks** festival	the **electronics** industry	a **savings** account
a **glasses** case	**earnings** growth	a **sales** report	the **sales** department
a **communications** device		the **human resources** department	

4) 형태는 복수이지만 단수 취급되는 명사

질병의 명칭	measles 홍역, bronchitis 기관지염, diabetes 당뇨, rabies 광견병
게임의 명칭	billiards, bowls, darts, dominoes, checkers, charades /ʃəréɪz/
학문의 명칭 및 체육 활동	mathematics, physics, phonetics, linguistics, classics, aerobics, gymnastics, athletics, statistics, politics, ethics, economics
국명과 제목	the United States, the Philippines, the Netherlands *Little Women*, *Gulliver's Travels*, *Snow White and the Seven Dwarfs*
시간, 거리, 가격, 중량을 하나의 개념으로 표현	· **Three years is** a short period of time. · **Two miles is** too far to walk on a hot summer day. · **Fifteen dollars is** not enough to buy a decent suitcase. · **Two pounds is** about one kilogram. Cf) · **Eight years have** passed since we first met. (시간의 점진적 흐름) · **More than a thousand dollars are** needed for this project. (불특정 수량)
단일한 품목의 음식을 의미할 때	ham and eggs, curry and rice, curry and nan, macaroni and cheese, bread and butter, toast and jam, peanut butter and jelly, fish and chips, gin and tonic, rum and Coke

* 여러 사람들로 이루어진 집단의 고유명사가 사람을 가리키는 말의 복수형일 때는 복수 취급한다.
· The L.A. Dodgers are doing good this year.

* statistics가 통계학을 의미할 때는 단수 취급되나 통계 수치(figures)를 의미할 때는 복수 취급된다.
  · Recent statistics show that more and more people are having cosmetic surgery.

* politics가 정치, 정치학을 뜻할 때는 단수 취급, 정치적 성향, 신념 등을 뜻할 때는 복수 취급된다.
  · His politics are conservative, but her politics are radical.

* ethics가 윤리학을 의미할 때는 단수 취급되고, 도덕과 윤리 규범을 의미할 때는 복수 취급된다.
  · Work ethics are needed in all occupations.

* economics는 경제학을 의미할 때 단수 취급되고, 경제 상태나 경제 정책을 뜻할 때 복수 취급된다.
  · Rural economics are affected by decreasing population.

a fried egg	기름을 두르고 팬 위에서 익힌 달걀 요리를 두루 일컫는 말
a sunny-side-up (egg)	약한 불에서 뒤집지 않고 요리하여 노른자를 익히지 않은 것. 노른자를 빵에 묻혀 먹는 것을 좋아하는 사람들이 선호한다.
an over-easy (egg)	달걀을 뒤집어서 앞뒤를 모두 익히나, 노른자는 액체 상태로 남긴 것. over는 뒤집었다는 것을 나타내고 (flip over), easy는 살살 익혔다는 것을 나타낸다.
an over-hard (egg)	달걀을 뒤집어서 앞뒤를 모두 익히고 노른자까지 완전히 익힌 것. 우리나라에서 흔히 먹는 달걀 후라이가 여기에 해당된다.
a poached egg	수란水卵. 달걀을 깨서 고온의 물 (약 80°C)에 집어넣어서 익힌 것. 흰자만 부드럽게 익혀지고 노른자는 액체 상태이다.
eggs benedict	머핀 두 조각 위에 햄이나 베이컨 그리고 poached egg를 얹은 후 소스를 곁들여 먹는 요리로 주로 아침 식사나 브런치로 먹는다.
scrambled eggs	달걀을 버터, 우유 등과 함께 섞은 후 팬 위에서 휘저어 가며 요리한 것.
a boiled egg	삶은 달걀. · a hard-boiled egg: 완숙 · a soft-boiled egg: 반숙

5) a number of / a couple of / a lot of / a variety of / a bunch of

① a number of / a couple of

a number of는 many와 같은 말이고 a couple of는 two와 같은 말이다. 이 표현들은 뒤의 명사를 수식하는 수식어구이며 뒤의 명사가 실질적 주어가 된다.

- A number of international students are learning Korean.
- A couple of Korean language institutes are located in this area.

'the number of ~'는 '~의 수' 또는 '~의 번호'를 의미하며 단수 취급한다. 즉, 'number' 뒤에 있는 'of + 명사'가 number를 수식하는 수식어이며 'the number'가 주어가 된다.

- The number of international students is increasing. 외국 학생들의 수가 증가하고 있다.
- The number of my hotel room is 513. 내 호텔 방 번호는 513호이다.
- The number of unemployed is on the rise 실업자의 수가 증가 추세이다.
  ☞ 'the number of'와 'the amount of' 뒤의 명사는 무관사 형태이다.

② a lot of

가산명사와 비가산명사를 모두 수식할 수 있다. 많다는 의미이므로 단수 가산명사 앞에는 올 수 없다. 비격식적 표현이므로 격식적 글쓰기에서는 회피하는 것이 좋다.

- A lot of cattle are grazing on the ranch. 많은 소들이 목장에서 풀을 뜯고 있다.
- A lot of beef is produced from the ranch. 그 목장에서는 많은 쇠고기가 생산된다.

sirloin steak	등심 스테이크
tenderloin steak	안심 스테이크
T-bone steak	안심과 등심 사이의 T자형 뼈 부분의 스테이크
rib eye steak	갈비 부위에서 뼈가 없이 살코기가 많은 부위로 만든 스테이크
strip steak	New York strip steak가 특히 유명. 부드러운 허리 부분을 사용한 스테이크
fillet mignon	/filéɪ-mɪnyán/ 매우 부드러운 안심 부위로 만든 프랑스식 스테이크
pepper steak	후추를 뿌리고 버터에 구운 후 여러 가지 소스를 곁들인 스테이크
cheesesteak	고기를 잘게 잘라서 녹인 치즈와 양파를 곁들여 긴 빵 사이에 넣은 샌드위치이다. 필라델피아 지역에서 유래했기 때문에 흔히 Philly cheesesteak라고 한다.

③ a variety of

'a variety of 복수명사'는 various나 many로 바꾸어도 의미의 차이가 없는 경우 복수 취급한다.

- **A variety of books** are kept in the library. 다양한 책들이 이 도서관에 보관되어 있다.

단, variety가 단수로 쓰여서 하나의 종류나 품종을 뜻하는 경우 단수 취급된다.

- New Zealand is a country where **a variety of English** is spoken.
  뉴질랜드는 한 유형의 영어가 사용되는 나라이다.
- **This variety of apple** is especially sweet and juicy.
  이 품종의 사과는 특히 달고 즙이 많다.

The variety of ~가 '~의 다양성, 다양함'을 의미하는 경우도 단수 취급된다.

- **The variety of dishes at this restaurant** is impressive.
  이 식당의 음식의 다양성은 인상적이다.

④ a bunch of

a lot of와 비슷한 의미로 비격식적 말하기에서 사용된다. 가산과 비가산명사 모두에 사용될 수 있다. several보다는 많고 a lot of보다는 적은 느낌의 표현이다. 복수 가산명사와 쓰일 때는 복수 취급되고 비가산명사와 쓰일 때는 단수 취급된다.

A: Mom, <u>a bunch of **my friends** are</u> gonna have a party tonight. Can I join them?
B: There's <u>a bunch of **stuff**</u> you need to do tonight. Do you really have to go there?

단, a bunch가 단위로 쓰여서 '한 단', '한 다발', '한 묶음'을 의미할 때는 단수 취급한다. 보통 grapes, bananas, flowers와 같은 단어들과 어울려 쓰인다.

- <u>A bunch of grapes</u> usually **weighs** about 1 pound.
  포도 한 송이는 보통 1파운드 정도 한다.
- <u>A bunch of flowers</u> **was** delivered to her.
  꽃 한 다발이 그녀에게 배달되었다.

6) 상호 복수

make **friends** with ~와 친구가 되다	shake **hands** with ~와 악수를 하다
hold **hands** with ~와 손을 잡다	link **arms** with ~와 팔짱을 끼다
switch **seats** with ~와 자리를 바꾸다	exchange **greetings** with ~와 인사를 나누다
exchange **letters** with ~와 편지를 교환하다	exchange **numbers** with ~와 전화번호를 교환하다
change **flights / trains / dresses / diapers** 비행기, 열차를 갈아타다, 옷을 갈아입다, 기저귀를 갈다	

9. 기타 주의해야 할 명사들

1) 콩글리시 또는 우리말 표현으로 인해 잘못 사용하기 쉬운 낱말들

깁스 → cast	등산 → hiking	카센터 → auto repair shop
나트륨 → sodium	러닝머신 → treadmill	자동차 앞 유리 → windshield
칼륨 → potassium	아파트 → apartment	핸들 → steering wheel
포클레인 → backhoe	원룸 → studio (apartment)	룸미러 → rear-view mirror
(수술용) 메스 → scalpel	드라이버 → screwdriver	사이드미러 → wing mirror
믹서 → blender	메뉴 → dish	SNS → the social media
커닝 → cheating	콘센트 → (electrical) outlet	CCTV → security camera
와이셔츠 → dress shirt	브로마이드 → poster	피켓 → sign, sign board
헤어숍 → beauty shop	(유명인의) 싸인 → autograph	핫도그 → corn dog

* mountain-climbing: 장비를 갖추어 하는 등반 hiking: 등산로를 오르는 것. 평지를 걷는 것 포함.
* 일자 드라이버: a flat-head screwdriver 십자 드라이버: a phillips-head screwdriver
* menu는 식당이나 카페에서 제공되는 음식이나 음료의 목록이 적힌 메뉴판이지 그 목록 중 어느 하나의 음식, 하나의 요리를 의미하지 않는다.
    · This is my favorite menu. x → This is my favorite dish. O
* picket은 아래가 뾰족한 말뚝이나 판자를 의미하며 땅에 박아 텐트를 고정하거나 동물을 묶어 두거나 여러 개를 사용하여 울타리를 만드는데 사용하는 물건이다. 19세기부터 시위대의 의미로도 쓰이기 시작했는데 파업 시에 대체 인력 투입을 막기 위해 사람의 울타리를 쳐서 공장을 봉쇄하던 것에서 유래했다. 즉, picket은 사람인 시위대를 가리키는 말이지 손에 드는 팻말을 뜻하지 않는다. 손팻말은 sign, sign board, 또는 placard라고도 한다. placard는 정보, 내용, 주장 등을 담은 빳빳한 판지를 가리킨다. **(발음이 '플랭카드'가 아니라 '플래카드'이므로 유의)** 천으로 된 현수막은 placard가 아니라 banner이다.
    · A woman is holding a one-person protest with a sign saying "Equal pay for equal work."

리) 발음에 유의해야 할 단어들

Arkansas /árkənsɔ/ 아칸사스 → **아컨써어**
Illinois /ɪlənɔ́ɪ/ 일리노이즈 → 일러**노**이
Los Angeles /lɔs ǽndʒəlɪs/ **로스 앤절리스**
Costco /káskoʊ/ 코스트코 → **카스코우**
ally /ǽlaɪ/ 앨리 → **앨라이**
applicant /ǽplɪkənt/ 어플리컨트 → **애플리컨트**
barricade /bǽrɪkeɪd/ 바리케이트 → **배리케이드**
chaos /kéɪɑs/ 카오스 → **케이아스**
label /léɪbəl/ 라벨 → **레이블**
obstacle /ábstɪkəl/ 옵스타클 → **압스티클**
raspberry /rǽzbɛrɪ/ 랍스베리 → **래즈베리**
shepherd /ʃépərd/ 셰ㅓ드 → **셰퍼드**

Connecticut /kənérɪkət/ 코넥티컷 → **커네디컷**
Ottawa /áɾəwɑ/ 오타와 → **아러와**
L.A. /éléɪ/ 에레이 → **엘레이**
IKEA /aɪkíːɑ/ 이케아 → **아이키아**
caffeine /kǽfiːn/ 카페인 → 캐**f**l인
cocoa /kóʊkoʊ/ 코코아 → **코우코우**
hierarchy /háɪərɑrkɪ/ 히어라키 → **하이어라키**
leopard /lépərd/ 레오파드 → **레퍼드**
parliament /párləmənt/ 팔리아먼트 → **팔러먼트**
profile /próʊfaɪl/ 프로필 → 프로우f ㅏ일
reformation /rɛfərméɪʃən/ 레포**메**이션
zealot /zélət/ 질럿 → **젤럿**

프랑스어 차용 외래어

buffet /bəféɪ/ 뷔페 → 버f ㅔ이
café /kæféɪ/ 카페 → 캐f ㅔ이
debut /deɪbyúː/ 데뷔 → 데이**뷰**우
depot /díːpoʊ/ 디팟 → **디포우**
genre /ʒánərə/ 장르 → **쟈너러**
margarine /márdʒərɪn/ 마가린 → **마**r저린
Renaissance /rɛ́nəsans/ 르네상스 → **레너싼스**

baguette /bæɡét/ 바게트 → **배게트**
carousel /kǽrəsɛl/ 커로우셀 → **캐러셀**
debris /dəbríː/ 데브리즈 → **더브리**
the Eiffel Tower /áɪfəl/ **아**이플 **타**워
gourmet /ɡúrmeɪ/ 고어r멧 → **구어**r메이
mayonnaise /meɪənéɪz/ 메이여**네**이즈
repertoire /répərtwɑr/ 레파토리 → **레퍼트와**r

* Los Angeles를 loss and jellies처럼 발음 하지 않도록 유의.
* 외국어의 원래 발음이 어려워서 영어에서 발음이 변형되는 경우도 많다. 예를 들어 조난 신호인 Mayday라는 표현이 있다. ("Mayday! Mayday! We're going down!") 이것은 'help me'를 뜻하는 프랑스어 m'aider에서 유래한 것인데, 프랑스어를 발음하기가 어려워서 Mayday로 변형하여 표현하게 된 것이다.

3) 영국식 어휘와 미국식 어휘

	British English	American English		British English	American English
주차장	car park	parking lot	인도, 보도	pavement	sidewalk
응급실	casualty	emergency room	휘발유	petrol	gasoline, gas
감자튀김	(potato) chips	French fries	사립학교	public school	private school
감자 칩	crisps	potato chips	공립학교	state school	public school
영화관	cinema	movie theater	줄	queue	line
운전면허증	driving license	driver's licence	쓰레기	rubbish	trash
건물의 1층	ground floor	first floor	팬티스타킹	tights	pantyhose
건물의 2층	first floor	second floor	손전등	torch	flashlight
아파트	flat	apartment	노동조합	trade union	labor union
축구	football	soccer	바지	trousers	pants
핸드백	handbag	purse	지하철	underground, tube	subway
옥수수	maize	corn	횡단보도	zebra crossing	crosswalk

* 영국에서는 명문 사립학교를 public school이라고 한다. 대부분 학비가 비싼 기숙학교이다. 영국에서 사립학교를 일반적으로 일컫는 말은 independent school이며 private school이라고도 한다. 즉, 영국에서는 public school과 private school이 모두 사립학교를 뜻한다. 국립학교는 state school이라고 한다.

* pantyhose는 그 자체가 복수형이다. 즉, 단수형도 없으며 -s를 붙인 복수형도 없다. 셀 때는 pair로 센다.
  · She bought two pairs of pantyhoses. x → She bought two pairs of pantyhose. O

4) 여러 의미를 가지는 명사들

balance	The **balance** on my transit card is not sufficient. I have to recharge it.
ball	During the **ball**, the prince fell in love with Cinderella at first sight.
battery	He was imprisoned for assault and **battery**.
Cancer	A: What's your horoscope sign? B: My sign is **Cancer**.
club	I know that the spades are the swords of a soldier. I know that the **clubs** are weapons of war. I know that diamonds mean money for this art. But that's not the shape of my heart. — Shape Of My Heart / Sting (영화 레옹 OST)
date	A: What are these? B: They are **dates**. Try some. They taste sweet.
file	A small **file** is usually attached to a nail clipper.
magazine	A marine usually carries six spare **magazines** in a battlefield.
moment	Finding the right leader is a matter of great **moment**.
movement	The third **movement** of the Moonlight Sonata is my favorite.
power	A: What is the tenth **power** of 2? B: It's 1,024.
number	'This is the Moment' is a famous **number** from 'Jekyll and Hyde'.
shoulder	A: What does that traffic sign say? B: It says "Do not drive on **shoulder**."
shower	We are going to throw a **shower** for Alissa this weekend.
society	She was the queen of **society**. I joined several **societies** in the university.
study	There are hundreds of books in my father's **study**.
water labor delivery	A: What happened to Lisa? B: Her **water** broke and went to the hospital. A: What? Is she OK? B: I hope so. She is now in **labor** in the **delivery** room.

전치사

8

1. 전치사의 기본적 특성
2. at, on, in
3. 여러 가지 위치 및 장소 표현 전치사
4. 수준, 수치 및 추상적 의미의 위, 아래, 뒤
5. 방향 표현 전치사
6. 기간 및 시간 표현 전치사
7. 원인 및 이유 표현 전치사
8. 관련 표현 전치사
9. 양보 표현 전치사
10. 혼동하기 쉬운 전치사들
11. 기타 전치사들의 여러 의미
12. 전치사의 명사화

전치사의 기본적 특성

전치사는 preposition을 한자어로 번역한 것으로서 '앞(前, pre-)에 위치(置, position)하는 말'이라는 뜻이다. 이것은 전치사가 명사 앞에 위치하는 특성을 표현한 것이다. 전치사는 뒤의 명사와 결합하여 하나의 전치사구를 형성한다.

- I saw Lisa in the library on Friday. [부사구]
- Lisa is a student at Yale University. [명사 수식]
- She seems in good health. [주격보어]
- Morning coffee makes her in a good mood. [목적격보어]
- She is good at playing the piano. [형용사와 결합]
- She is majoring in business. [다어동사 형성]

두 개 이상의 단어가 결합하여 하나의 의미를 가지는 전치사로 기능하는 것을 '구전치사(phrasal preposition)'라고 한다. in front of, in spite of 등이 있다.

〈파티클의 품사에 따른 쓰임〉

순수 전치사	among, at, beside, despite, during, from, into, of, onto, throughout, upon, upside, versus, via, with
순수 부사	away, apart, back
전치사/부사	about, above, across, along, around, behind, below, between, by, down, in, inside, near, off, on, outside, over, past, through, to, toward, under, underneath, up, within, without
전치사/부사/접속사	after, as, before, like, notwithstanding
전치사/접속사	except, for

2

at, on, in

1) 장소 표현 전치사로서의 at, on, in

at	① 개념적으로 하나의 '점'으로 인식되는 장소. 번지수가 포함된 구체적 주소지 · **at** the corner 모퉁이에서 · **at** the center 중앙에서 · **at** the next intersection 다음 사거리에서 · **at** 10 Downing Street, London 런던의 다우닝가 10번지에서 ② 구체적이고 좁은 장소 (특히 사람과 만나는 약속 장소 및 장소를 나타내는 소유격에) · Let's meet **at** my place. [**at** the main entrance / **at** the lobby / **at** the station] · We are going to throw a party **at** Rachel's. · I am **at** the dentist's now. ③ 그 장소의 기능을 내포하는 표현일 때 (특히 공공장소) · **at** Cornell 코넬 대학교 재학 중 · **at** Apple 애플사에서 재직 중 (at + 학교명 / 회사명) · **at** work 직장에서 근무 중 · **at** the computer 컴퓨터 사용 중 · **at** the desk 책상에 앉아서 업무 중 · **at** the movie theater, **at** the beauty shop, **at** a restaurant, **at** a coffee shop ④ 사회적 행사, 모임, 이벤트 등 여러 사람들이 모이는 장소 · **at** the lecture 강의에서 · **at** a meeting 회의에서 · **at** the concert 콘서트에서 · **at** a party 파티에서 · **at** his wedding 그의 결혼식에서 · **at** her funeral 그녀의 장례식에서

on	① 표면에 접촉한 위에 · a picture **on** the wall　　　　· the memo **on** the door · a fly **on** the ceiling　　　　　· the mole **on** her nose · the photo **on** the screen　　　· the rooms **on** the third floor ② 거리, 도로, 강, 해변, 섬에 쓰여서 · His house is **on** Adams Street. 그의 집은 아담스가에 있다. · A police car is parked **on** the side of the road. 도로가에 경찰차 한 대가 주차되어 있다. · The plane crashed **on** the Hudson River. 그 비행기는 허드슨강 위로 불시착했다. · New York City is located **on** the Hudson River. 뉴욕시는 허드슨 강가에 위치해 있다. · The hotel is located **on** the beach. 그 호텔은 해변에 위치해 있다. · Moai Statues are **on** Easter Island. 모아이상은 이스터섬에 있다. ③ 사람이 착용하고 있거나 사물에 붙어서 고정·장착되어 있는 것 · the gloves **on** your hands　　· the ring **on** your finger · a tire **on** the car　　　　　　· the CPU **on** the computer · the leaves **on** the tree　　　· the battery **on** my phone
in	① 비교적 넓은 영역이나 구역 · Ben lives **in** Canada.　　　　· David goes to school **in** Boston. · Many bears live **in** this forest.　· My car is **in** the parking lot. ② 입체적인 공간의 안 (작은 상자에서 방, 건물, 구조물에 이르기까지) · There is a book **in** the box.　· His office is located **in** this building.

2) at, on, in의 비교

① at: 그 장소의 사회적 기능과 목적에 따라 이용
in: 단순한 물리적 공간의 안이나 내부

· I am <u>at</u> the Hilton Hotel. (투숙객으로서 힐튼 호텔에 머물고 있음을 표현)
· I am <u>in</u> the Hilton Hotel. (자신이 있는 위치가 힐튼 호텔 내부라는 것을 표현)

단, 언제나 그러한 것은 아니다. in school은 수업 중, in college, in the university는 대학교 재학 중을 뜻하고 in the hospital은 병원에 입원 중을 뜻한다.

② on: 올라타는 느낌의 교통수단 (버스, 비행기, 기차, 배, 자전거 등)
　in: 좁은 공간에 들어가는 느낌의 교통수단 (승용차, 구급차, 경비행기 등)

· Let's get on the bus.
· I came here in a taxi.
· I came here on a train.
　Cf) I came here by taxi.

③ on my mind: 마음속으로 생각하고 있거나 신경 쓰고 있음을 표현
　in my mind: 내 생각에는; 마음속에서

· You are always on my mind. 나는 항상 당신을 생각하고 있어요.
· In my mind, David is a very romantic guy. 내 생각에는, 데이빗은 매우 낭만적인 남자야.
· This is not what I imagined in my mind. 이것은 내가 마음속에서 상상했던 것이 아니야.

④ on the way: 가고 있는 도중이거나 가는 길에 위치하고 있음을 표현
　in the way: 길을 가로막고 있거나 무언가를 방해하고 있음을 표현

· If you need a ride, I will pick you up on the way to work.
· The hotel is on the way to the airport. 그 호텔은 공항 가는 길에 있다.
· There are many obstacles in the way of developing a better education system.
　더 나은 교육제도를 개발하는 것을 가로막고 있는 많은 방해물들이 있다.

3) 시간 표현 전치사로서의 at, on, in

at	① 구체적 시각 · at noon = at 12 p.m. · at midnight = at 12 a.m. ② 밤, 일출, 일몰 · at night 밤에 · at dawn [sunrise] 동틀 때에 · at sunset [twilight] 해 질 녘에 '밤에'는 통상적으로 at night로 표현한다. 시나 문학적 표현에서 in the night로 표현하기도 한다. · Dreams are my reality, a different kind of reality. I dream of loving **in the night** and loving seems all right, although it's only fantasy. — Reality / Richard Sanderson (영화 라붐 OST) ③ '기간', '철'로서의 명절 및 휴일 · **at** Christmas: 크리스마스 철에 · **at** the New Year: 연말연시에 · **on** Christmas: 크리스마스 날에 · **on** the New Year's Day: 새해 첫날에 · As we give presents **at** Christmas, we need to recognize that sharing our time and ourselves is such an important part of giving. — Gordon B. Hinckley, American clergyman ④ 나이: **at** 32 [= **at** the age of 32] ⑤ · **at** the beginning of last week · **at** the end of this month
on	특정한 날, 요일, 주말 · **on** April 19, **on** Saturday, **on** the weekend · **on** Sunday morning, **on** the night of November 1 ☞ 특정한 요일이나 날의 morning, evening, night에는 on을 사용한다.
in	① 연, 월, 계절 및 긴 기간 · **in** 1994, **in** November, **in** winter, **in** the 19th century, **in** the 1980s ② 아침, 오후, 저녁: **in** the morning, **in** the afternoon, **in** the evening ③ ~후에: **in** three days, **in** ten minutes, **in** a few years * within도 이와 비슷한 뜻으로서 '~이내에'를 의미하는데 좀 더 격식적 느낌이다.

3. 여러 가지 위치 및 장소 표현 전치사

over	① 접촉해 있지 않고 떨어져서 위에; ~를 위로 넘거나 가로질러 · I have a ceiling fan **over** my desk. · The sun is **over** the horizon. · The cat ran **over** the fence. · The plane flew **over** the Pacific Ocean. ② ~ 위를 덮어서 (접촉한 경우 포함) · I put my jacket **over** my shoulder. · The nurse has applied a bandage **over** the wound.
above	① 접촉해 있지 않고 떨어져서 위에 있는 · I have a ceiling fan **above** my desk. · The sun is **above** the horizon. ② 바로 위가 아니라 비스듬하게 위에 · There is a poster on the wall **above** my desk. ③ 수면이나 지표면보다 위에 있는 · The city is 600 feet **above** sea level. · The mind is like an iceberg, it floats with one-seventh of its bulk **above** water. — Sigmund Freud
under	① 접촉해 있지 않고 떨어져서 아래에; ~의 아래를 지나서 · There is a cat **under** the table.　· A bike path runs **under** the bridge. ② 아래에 가려져 있거나 덮여 있는 (접촉된 경우 포함) · I found several coins **under** the carpet.

below	① 접촉해 있지 않고 떨어져서 아래에 · A bike path runs **below** the bridge. ② 바로 아래가 아니라 비스듬하게 아래에 · The village is **below** the mountain. ③ 수면, 지표면의 아래에 · The hypocenter of the earthquake was 6 miles **below** the ground surface.
beneath	(under보다 격식적 표현으로 일상생활에서는 상대적으로 덜 쓰임) ~ 아래에, 밑에 (대개 접촉된 경우를 가리키나 떨어져 있는 경우도 표현함) · There was chewing gum **beneath** my left shoe. · There is a vase **beneath** the window.
underneath	~의 아래에, 밑에 (under와 비슷하나 다른 무언가의 밑이나 안쪽에 잘 보이지 않게 덮여 있거나 가려져 있는 경우에 쓰임) · He is wearing a white T-shirt **underneath** his cardigan.
after	① 순서, 차례가 있는 것의 뒤에, 글에서의 뒤에 · You have to get off at the station **after** City Hall. ② 추적과 쫓음의 표현에서 · The police are **after** him. 경찰이 그를 쫓고 있다. · go [run/drive] **after** ~를 추적하다, 쫓다　　· seek **after** ~를 추구하다 · There is nothing like looking, if you want to find something. You certainly usually find something, if you look, but it is not always quite the something you were **after**.　― The Hobbit / J.R.R. Tolkien
before	① 순서, 차례가 있는 것의 앞에, 글에서의 앞에 · 'Everyday' is an adjective and has to be placed **before** a noun. ② ~의 앞에 (in front of보다 격식적) · The knight knelt **before** the queen. · Don't put the cart **before** the horse. 　마차를 말 앞에 놓지 마라. → 본말을 전도시키지 마라.
in front of	~의 앞쪽에, 전면에; (사람들의) 앞에서 · Never swear **in front of** children. · There is a laundromat **in front of** this building. · There is a laundromat **across from** this building. · in front of + 건물: 건물의 정문 근처에, 도로의 같은 쪽에 · across from + 건물: 건물의 정문으로부터 길 건너편에, 길 건너 맞은편에
behind	~의 뒤쪽에, 후면에 · There were a lot of people standing **behind** me in line. · There is a parking lot **behind** the restaurant.

4. 수준, 수치 및 추상적 의미의 위, 아래, 뒤

above	① 측정치가 더 높은 · If you have a fever, your body temperature is **above** normal. ② 중요성, 직위, 정도 등 추상적 수준에 있어서 상위인 · She is **above** most students in our class.
over	① 수치가 더 높거나 나이가 더 많은, ~이상 · The maximum speed of this helicopter is **over** 200 mph. ② (경쟁의 상황에서) 우위에 있는 · We have a great advantage **over** our rivals. · Hillary Clinton had a lead **over** Donald Trump in most polls. ③ ~에 대한 통제, 지배, 영향력을 가지고 있는, 행사하고 있는 · Slave owners held great power **over** their slaves. · Parents exercise a lot of influence **over** their children.
under	① 수치가 더 낮거나 나이가 더 어린 · If you are **under** 21, you cannot purchase, possess, or consume alcohol. ② 위계 서열에서 아래인 · About a hundred employees are working **under** Mr. Thompson. ③ 영향, 상황, 상태 하의 · **under** control · **under** the influence of alcohol · I am **under** a lot of stress these days. · I ~~receive a lot of stress~~ these days. ✗ ④ 법률, 규정 등에 따르면 · It's invalid **under** the civil law. · It's illegal **under** the criminal law. ⑤ (예약 등을) ~의 이름으로 한 · **Under** whose name did you make the reservation?

below	① 수치 및 측정치가 더 낮은 · Hypothermia occurs when your body temperature is **below** 35°C. ② 중요성, 직위, 정도 등 추상적 수준에 있어서 하위인 · His work performance was **below** an acceptable level.
beneath	① 신분, 지위, 품격, 수준, 가치 등이 하위인 · He thinks that everybody else is **beneath** him. · She felt that it was **beneath** her dignity to ask others a favor. ② 사람의 겉모습 이면에 · **Beneath** his cold face lies a warm heart. · Many individuals have, like uncut diamonds, shining qualities **beneath** a rough exterior.　— Juvenal, ancient Roman poet
underneath	사람의 겉모습 이면에 · **Underneath** her happy smiles, she carries a great deal of pain. · You're really lovely **underneath it all**. You want to love me **underneath it all**. I'm really lucky **underneath it all**.　— Underneath It All / No Doubt 당신은 겉으로는 안 그래 보여도 알고 보면 참 사랑스러워요. 당신은 안 그런 척해도 속으로는 날 사랑하고 싶어 하죠. 나는 알고 보면 참 운이 좋은 거예요.
behind	① 수준, 진전, 발전, 진행에 있어서 뒤처지는 · The U.S. health care system falls **behind** other developed countries. ② (이유 등이) ~의 이면에 숨겨진, ~의 배후에 있는 · I think there is something **behind** his behavior.

5. 방향 표현 전치사

from	~로부터, ~에서부터 (출발의 시작점 표현) · I am coming **from** the market. · I live two miles south **from** the school.
to	~로, ~에 (최종 도착지점 표현) · go, come, get, return, move + **to** · They went **to** the museum. · She moved **to** Denver.
for	~를 향해 (출발에 있어서의 목적지 표현) · depart, leave, start, set out, head, make, be bound + **for** · All passengers departing **for** Singapore on flight SQ0609, please proceed to Gate 113.
toward	~쪽으로 (이동의 방향 표현) (toward: *AmE*, towards: *BrE*) · He was walking **toward** the post office. 그는 우체국 쪽으로 걸어가고 있었다. (목적지가 우체국인지는 아닌지는 알 수 없음)
up	~ 위로 (북쪽, 상류, 대도시나 중요한 장소 등으로의 이동도 표현) · They ran **up** the hill. · They walked **up** the stairs. · We drove **up** the highway to New York.
down	~ 아래로 (남쪽이나 하류로의 이동 및 중심지로부터 멀어지는 이동도 표현) · He climbed **down** the cliff. · She walked **down** the stairs. · Go **down** this road until you get to an intersection. ☞ '아래'의 뜻이 없는데도 길에서의 직진을 의미할 때 흔히 down을 사용한다.
into	~의 안으로 (내부를 향한 이동 표현) · They went **into** the tunnel. · They walked **into** the station.
onto	~의 위로 (표면 또는 평면적 영역 위로의 이동 표현) · He stepped **onto** the stage. · Turn left **onto** Allen Street.

off	~에서 떨어져서, ~로부터 벗어나 (이탈, 분리, 떨어짐 표현) · The cargo ship sank 30 miles **off** the coast of Alaska. · A truck fell **off** the bridge. · I got **off** the bus at City Hall. · The purpose of art is washing the dust of daily life **off** our souls. — Pablo Picasso
across	~를 가로질러, 건너 (긴 선이나 면을 가로지르는 이동 표현) · Don't jaywalk **across** the road. · He swam **across** the English Channel.
through	~를 통과하여, ~를 지나서 (공간이나 사물을 뚫고 지나가는 이동 표현) · A bird came **through** the window. · The Thames runs **through** London.
throughout	~의 도처에, 구석구석까지 (영역 전체를 범위로 하는 움직임이나 위치 표현) · We traveled **throughout** Western Europe. · The bank has branches **throughout** the United States.
past	~을 지나쳐서 (지점이나 사물의 옆을 지나가면서 이동한 것을 표현) · He walked **past** the fish market. · He drove **past** a police car.
along	~을 따라 (긴 선의 길이 방향을 따르는 이동이나 위치 표현) · I took a walk **along** the path in the park. · There are many beautiful houses **along** the beach.
around	① ~을 돌아서; ~의 주변에 (주변을 돌거나 둘러싸는 움직임이나 위치 표현) · The Earth moves **around** the sun. · We sat **around** the bonfire. ② 이리저리, 여기저기 (불특정한 여러 방향이나 여러 위치들을 표현) · I walked **around** Paris and took many pictures. · There are many festivals **around** the world.

6 기간 및 시간 표현 전치사

from	~부터 (동작이나 상태의 시작 시점 표현) · I'll begin to work **from** next Monday.
since	~이래로 (동작이나 상태가 과거 시점부터 현재까지 이어지거나 반복됨을 표현) · He's lived in Seoul **since** 1998. · I haven't seen her **since** graduation.
over	~에, ~동안에, ~에 걸쳐서 (기간을 나타내는 명사와 함께 쓰여, 어떤 사건이 그 기간 내의 어느 한 시점, 또는 여러 시점들에서 발생함을 표현) · He called me **over** the lunch break. · I cleaned my house **over** the weekend.
through	① (≒ all through, throughout) ~ 동안 내내 (기간을 나타내는 명사와 함께 쓰여, 기간의 전부 또는 대부분 동안 지속됨을 표현. all through나 throughout을 사용하여 처음부터 끝까지의 전체 기간 동안임을 강조하는 경우가 많다.) · I zoned out **through** the entire class. · I sat up **all through** the night. ② A through B: (= from A to B) A에서 B까지 · The library opens Monday **through** Friday from 9 a.m. to 5 p.m.
after	~ 이후에 (어느 시점의 이후 또는 어느 기간이 흐른 이후) · I'll call you **after** 2 o'clock. · I'll call you **after** ten minutes.
before	~ 이전에 (어느 시점의 이전에) · He arrived **before** the meeting. · I will finish the work **before** dinner.

원인 및 이유 표현 전치사

for	① 칭찬, 비난, 처벌의 이유 표현 (praise, blame, thank, punish + sb + **for** ~) · He was blamed **for** neglecting his children. ② 형용사와 결합하여 (happy, sad, angry, sorry, grateful, thankful + **for** ~) · Congratulations! I am so happy **for** your wedding. ③ 'reason'에 쓰여: **for** security [health, personal] reasons
because of due to	~ 때문에, ~로 인해 (원인을 나타내는 일반적인 표현) · The soccer game has been canceled **because of** bad weather. · **Due to** the heavy snow, the school will be closed tomorrow.
owing to on account of	~ 때문에, ~로 인해 (because of, due to에 비해 격식적인 표현) · **Owing to** the driver's negligence, the vehicle collided with a tree. · **On account of** the heightened security, all passengers must undergo stricter security screening prior to boarding an aircraft.
thanks to	~ 덕분에, ~ 때문에 · **Thanks to** modern medicine, the average life expectancy has increased to around 80 years.
through	~로 인해 (주로 무언가를 해 내거나 해내지 못한 이유 또는 좋은 일이나 불행한 일의 발생 이유를 표현) · He passed the test **through** hard work. · They lost the game **through** lack of steadiness.

관련 표현 전치사

about	~에 관해서 (일반적으로 널리 사용되며 상대적으로 비격식적 표현임) · What do you think **about** euthanasia?
of	① ~에 관해서 (speak, talk, hear, know, think, complain + **of** ~) · Have you ever heard **of** the tomato festival in Spain? ② ~에 관해서 (inform, apprise, notify, remind, convince, warn + sb + **of** ~) · Please inform me **of** further details.
on	~에 관해서 (주로 글이나 논의의 주제 표현) · He wrote a book **on** the history of Western art.
over	~에 관해서 (주로 문제점이나 우려의 대상 및 논쟁의 주제 표현) · Many consumers have concerns **over** the safety of food additives.

as to, concerning, regarding, with regard to, as regards, with respect to, with reference to는 '~에 관하여'를 뜻하는 전치사로서 주로 글쓰기에 사용되는 격식적 표현이다. 사무적인 글이나 학술 서적 등에서 흔히 볼 수 있으며 발표나 연설 등에 쓰이기도 한다.

· Please notify me **as to** whom to contact for additional information.
· **As regards** your request for samples of our products, I would like to inform you that they will be sent to you by courier service within three business days.
· Our merchants and master-manufacturers complain much of the bad effects of high wages in raising the price, and thereby lessening the sale of their goods both at home and abroad. They say nothing **concerning** the bad effects of high profits. They are silent **with regard to** the pernicious effects of their own gains. They complain only of those of other people. — The Wealth of Nations / Adam Smith

우리의 상인들과 공장주들은 가격을 상승시키고 그로 인해 국내와 해외에서 그들의 상품 판매를 감소시킨다며 높은 임금이 가지는 해로운 효과들에 대해 많은 불평을 한다. 그들은 높은 이윤의 해로운 효과들에 대해서는 아무 말도 하지 않는다. 그들은 그들 자신의 이익이 가지는 치명적인 효과들에 대해서는 침묵한다. 그들은 오직 다른 사람들의 이익에 대해서만 불평한다.

9

양보 표현 전치사

in spite of / despite	~에도 불구하고 (despite는 좀 더 문어체적 표현이다.) · **In spite of** the advances of medicine, deathly epidemics are more menacing than ever before. — Christian de Duve, Belgian scientist · Democracy, **despite** its limitations, is in the end the only way to ensure that policies do not simply benefit the privileged few. — Ha-Joon Chang, Korean economist
for all / with all	~에도 불구하고, 그 모든 ~가 있음에도 불구하고 · **For all** her fame, she was very modest. · **With all** her shortcomings, she is a likable person.
notwithstanding	~에도 불구하고 (격식적 표현. 명사구 뒤에 쓰이기도 한다.) · **Notwithstanding** the bad weather, we had a good time on the beach. = The bad weather **notwithstanding**, we had a good time on the beach.

notwithstanding이 명사 뒤에 온 경우는 **후치사**(postposition)로 쓰인 것이다. 후치사는 '명사 뒤에 온 말'이라는 뜻이다. 대표적인 후치사로는 ago가 있다. ago는 8품사 체계에 끼워 맞추기 위해 어쩔 수 없이 부사로 분류되지만, 실제로는 후치사이며 부사가 아니다. ago는 독자적으로는 수식어로 쓰이지 못하고 반드시 시간 명사구 뒤에 쓰여서 그것과 결합하여 부사구를 이루는데, 이것은 부사의 특성이 아니며 ago가 후치사로만 쓰인다는 것을 보여 주는 것이다. 이것은 at이 뒤의 명사와 결합하여 부사구를 이루지만 at 자체가 독자적 수식어로 쓰이지는 못하기 때문에 부사가 아니라 전치사인 것과 정확히 마찬가지이다. ago는 후치사로만 사용되고 다른 품사로는 사용되지 않는데, 영어에서 이런 특성을 가진 낱말은 ago가 유일한 것으로 보인다.

· I first met her ago. ✗ → I first met her **seven years** ago. ○

또한 apart, away, aside는 부사로, 얼마만큼이 부족한지를 표현하는 명사구 뒤에 쓰이는 short는 형용사로 분류되는데, 이 단어들은 후치사의 특성도 가지고 있다. 후치사구는 전치사구와 마찬가지로 부사어로 쓰이기도 하고 보어로 쓰이기도 한다.

- We live **20 miles apart**. [부사어]
- My work and my home are **20 miles apart**. [주격보어]
- Lay the cookies on a tray and keep them **an inch apart**. [목적격보어]
- I wanted to buy the book, but I was **a few dollars short**. [주격보어]
- At the toll gate, I found myself **a dollar short**. [목적격보어]
- After one of the players received a red card, the team had to complete the entire game **a player short**. [부사어]

across는 '~를 넘어서', '~를 가로질러'의 뜻일 때는 전치사이지만, 무언가의 지름, 너비, 폭이 얼마나 되는지를 표현할 때는 후치사적으로 쓰인다. 사전들은 이러한 쓰임을 부사로 분류하고 있으나, 앞에 길이를 표현하는 명사구를 삭제하면 말이 되지 않는 점을 보면 부사와는 사뭇 성질이 다르다는 것을 알 수 있다. 또한 사전들은 wide의 경우는 같은 의미로 쓰일 때 형용사로 분류하면서, across는 부사로 분류하고 있다. 이것은 8품사에 끼워 맞춰 across를 분류하려다 보니 생기는 문제이며, 모든 단어의 성질을 8품사로 설명할 수는 없다는 점을 보여준다.

- He swam **across** the river. [전치사]
- The river is 500 meters **across**. [후치사]
- The river is **across**. ✗

Cf) The river is 500 meters **wide**. [형용사] ○
    The river is **wide**. [형용사] ○

10 혼동하기 쉬운 전치사들

1) except / except for

① except

- All his close friends <u>except</u> Kevin are from California.
- She told nobody about it <u>except her mother</u>.
- Students are not allowed to leave the school premises during school hours <u>except</u> with <u>parents</u>.
- I can't remember anything about the man, <u>except that</u> he was wearing glasses.
- The doctor told me to wear this splint all the time <u>except to take</u> a shower once a day.

앞에 do 동사가 있을 경우는 except 뒤에 원형부정사가 온다.

- There is nothing we can <u>do</u> about it <u>except</u> **pray** for a miracle.
- Mockingbirds don't <u>do</u> one thing <u>except</u> **make** music for us to enjoy. They don't eat up people's gardens, don't nest in corn cribs, they don't do one thing but sing their hearts out for us. That's why it's a sin to kill a mockingbird. — To Kill a Mockingbird / Harper Lee

accept는 /əksépt/ 또는 /æksépt/로 발음되고, except는 /ɪksépt/로 발음된다. 그러나 현실의 원어민들은 accept를 except와 똑같이 또는 매우 비슷하게 발음하는 경우가 상당히 많고 그래서 원어민들도 간혹 혼동한다.

② except for

except for는 형태적으로 보면 except 뒤에 for로 시작하는 전치사구가 온 것이다. 의미는 'except + 명사구'와 동일하다. 단, except와 달리 문두에도 올 수 있다. except for 뒤에는 명사절, 부정사, 전치사구는 올 수 없다.

- This shop opens every day except for Sundays. O
- Except for Sundays, this shop opens every day. O
- Except Sundays, this shop opens every day. X
- → This shop opens every day except Sundays. O

2) beside / besides

① beside [= next to, by] ~의 옆에 (측면에 위치함을 표현)

- There is a convenient store beside [next to, by] this building.
- Don't walk in front of me; I may not follow. Don't walk behind me; I may not lead. Just walk beside me and be my friend. – Anonymous
  내 앞에서 걷지 말게나. 내가 따라가지 않을지도 모르니. 내 뒤에서 걷지 말게나. 내가 이끌지 않을지도 모르니. 그저 내 옆에서 걸으며 나의 친구가 되어 주게.

② besides [= aside from] ~에 더하여, ~뿐 아니라, ~외에도

- Henry speaks French besides [aside from] English.
  헨리는 영어뿐 아니라 불어도 한다.
- There were many people in the office besides [aside from] Ben.
  사무실에 벤 외에도 많은 사람이 있었다.

- He speaks French ~~beside English~~. **x**
- He speaks French ~~except English~~. **x**
- He speaks French **besides** English. **O**
  ☞ 그가 구사하는 언어에서 영어가 빠지는 것이 아니라 그에 더하여 추가적으로 불어를 하는 것임.

- There were other people in the office ~~beside Ben~~. **x**
- There were many people in the office **except** Ben.
  사무실에 벤을 빼고 많은 사람이 있었다. (벤은 없었음)
- ≠ There were many people in the office **besides** Ben.
  사무실에 벤 외에도 많은 사람이 있었다. (벤도 있었음)

3) between / among

① between ~ 사이에, ~ 간에, ~ 중에서

두 대상 사이에 많이 쓰이기는 하나, 반드시 두 대상에만 쓰이는 것은 아니다. **두 대상에는 between 이 쓰여야하고 셋 이상에는 among이 쓰여야 한다는 말이 끈덕지게 유포되어 왔지만, 근거 없는 관념이며 그런 원칙 같은 것은 옛날부터도 아예 존재하지 않았다.** 단지 그렇게 단순하게 구분되면 좋겠다는 사람들의 희망사항이 존재해 왔을 뿐이다. between이 셋 이상의 대상에 쓰이는 경우는 대단히 많다. 특히 distinguish, differentiate, divide, share, choose 뒤에서는 대상이 셋 이상일 때도 between이 쓰이는 것이 일반적이다. 또한 relationship과 difference에는 셋 이상의 대상이라 하더라도 between을 쓴다. 따라서 between은 둘 또는 그 이상의 대상에 대해 쓰이고, among은 하나의 집단이나 집합 또는 셋 이상의 대상에 대해 쓰인다고 하는 것이 정확한 설명이다.

- Putting a pillow **between** your legs can help lessen back pain.
- The Mojave Desert is located **between** Los Angeles and Las Vegas.
- There is a great difference **between** being fearless and being brave.
  — The Name of the Wind / Patrick J. Rothfuss
- He divided the pizza **between** the children.
- Can you distinguish **between** data, information, and knowledge?
- This book discusses the historial relationship **between** Korea, China, and Japan.

② among ~ 사이에, ~간에, ~ 중에서

셋 이상의 사람/사물에 쓰이며 두 대상에 대해서는 쓰이지 않는다. 여러 대상이나 무더기에 둘러싸여 있거나 여러 대상들을 통과하여 이동하거나 전체에 일부분으로 포함되어 있는 것도 표현한다. 또한 여러 대상들 사이에 분리된 개별적 관계가 아니라 그 대상들 모두가 전체적으로 연루된 공동관계를 표현할 때는 between이 아니라 among이 적합하다. 최상급 표현에도 쓰인다. among 대신 amongst를 쓰기도 하는데 격식적인 표현이다.

- There is a park among tall buildings.
- The singer walked among the audience.
- There were many college students among the protesters.
- They tried to keep peace among the three countries.
- Michael is the tallest among my friends.

4) for / during

① for ~ 동안 (for + 숫자 + 시간단위)

- I lived in Berlin for three years.
- He's been studying in his room for several hours.
- I waited for Tom for hours, but he didn't show up.

② during ~ 동안 (during + 명사)

- The store was robbed during the night.
- I waited tables during summer vacation.

'for [during, over, in] the past [last] ~' 표현에는 for와 during 모두 쓰일 수 있다.

- She's been working as a research assistant for [during] the past five months.

5) until / by

① until ~까지 (동작이나 상태가 어느 시점까지 계속 지속되는지를 표현)

- I'll be here until five. 나는 5시까지 여기 있을 거야.
  (4시에 그 장소를 떠난다면 5시까지 있는 것이 아니다. 5시까지 그 장소에 계속 쭉 머무르겠다는 의미이다.)
- You must wait until Friday to know the result. 결과를 알려면 금요일까지 기다리셔야만 합니다.
  (결과를 알려면 기다리는 행위를 금요일 이전에 중단할 수 없으며 금요일까지 쭉 계속 기다려야 한다.)
- We don't close the shop until eleven. 우리는 11시까지 가게 문을 안 닫습니다.
  (가게를 닫지 않고 있는 상태가 11시까지 쭉 계속 이어진다는 의미이다.)

② by ~까지 (deadline을 표현하는 by. 동작이 어느 시점 이전까지 완료되는지를 표현)

- I'll be there by five. 나는 5시까지 거기 갈게.
  (4시 30분에 그 장소에 도착해도 상관없다. 도착하는 행위가 5시 이전까지 1회적으로 발생하기만 하면 된다.)
- You must submit your essay by Friday. 금요일까지 에세이를 제출해야 합니다.
  (목요일에 제출해도 상관없다. 제출하는 행위가 금요일 이전까지 1회적으로 발생하기만 하면 된다.)
- We will let you know the result by Monday. 월요일까지 당신에게 결과를 알려드리겠습니다.
  (월요일 이전에 알려 줘도 상관없다. 알려 주는 행위가 월요일까지 지속되는 것이 아니라, 월요일 이전까지 알려 주는 행위가 1회적으로 발생할 것이다.)
- When do you need it by? 그거 언제까지 필요하세요?

by는 과거완료 또는 미래완료와 결합하여 어떤 동작이 과거의 또는 미래의 기준 시점 이전에 발생하여 그 기준 시점에 이르러서는 이미 그 동작이 완료된 상태에 있음을 표현한다. 'by the time ~'으로 표현되기도 한다.

- The population of the city had reached one million by 1980.
  (인구가 1980년이라는 기준 시점 이전에 100만에 도달하여 1980년에는 인구가 100만 이상인 상태에 있었다.)

· I will have finished this work by the time you get home.

(너의 도착 시점 이전에 일을 끝낼 것이며 너의 도착 시점에는 내가 이미 이 일을 끝낸 상태가 되어 있을 것이다.)

6) different from / different than

different from이 가장 널리 쓰이는 형태이나, 미국영어에서는 different than도 흔히 쓰이고 있다. different than이 틀리다고 하는 사람들도 있으나, 타당성 없는 주장일 뿐이다. different than은 영국영어에서는 거의 쓰이지 않으며, 미국영어에서도 격식적 글쓰기에서는 상대적으로 덜 선호되기는 하지만, 표준적이고 올바른 표현이다.[16] 뒤에 절이 올 때는 미국영어와 영국영어 모두에서 than이 쓰인다.

· He is no different from other men. O
· He is no different than other men. O *AmE*
· This job is different from I expected. x
· This job is different than I expected. O

---

16 https://www.merriam-webster.com/dictionary/different
    https://en.oxforddictionaries.com/usage/different-from-than-or-to

11 기타 전치사들의 여러 의미

1) according to ~에 따라

- **According to** a recent survey, Americans get an average of seven hours of sleep per night. (정보의 출처)
- You must operate the equipment **according to** the instructions. (일치되는 방식)
- The dosage of the medicine must be adjusted **according to** the patient's age and body weight. (비율이나 정도에 따라)

2) against

- I leaned **against** the window and looked out at the scenery. (기대어)
- They are **against** going to war. (반대하는)
- A company has to compete **against** its rivals. (대항하여)
- Sailing **against** the current is never easy. (거슬러서)
- This dress looks great **against** your skin tone. (~을 배경으로 하여, ~과 대비하여)

3) as of: ~일자로, ~를 기준으로

- **As of** January 1, 2015, the world's population was estimated to be 7.3 billion.
- The new timetable will be effective **as of** July 1.

4) beyond

- There is a village **beyond** this hill. (너머에, 너머로)
- You must not stay at the ball **beyond** midnight. (이후까지)
- Prices have risen **beyond** acceptable levels. (수준, 수치를 넘어서)
- It should be kept **beyond** the reach of children. (범위, 한계를 넘어서)
- This car is **beyond** repair (~할 수 있는 수준을 넘어서는)

5) by

- Over 170 million tons of chemical products are transported **by** rail in the U.S. (교통수단)
- He makes a living **by** selling fruit and vegetables. (수단)
- The bullet missed his heart **by** an inch. (차이, 격차)
- He ordered related officials to handle the matter **by** the book. (규정)

A: Excuse me. I'm looking for Mr. Andrew Smith.
B: I'm sorry, but I don't know anyone **by** that name. (명칭, 이름)

6) for

- I have a present **for** you. (~를 위한)
- These knives are **for** woodcraft. (사물의 용도)
- She is very mature **for** her age. O (~ 치고는)
Cf) She is very mature ~~compared to her age.~~ X
- I bought this shirt **for** twenty dollars. (구입이나 판매의 액수)
- I am all **for** increasing corporate taxes. (찬성)
- I went out **for** some fresh air. (행위의 목적, 특히 무언가를 얻기 위해)

'for -ing'로는 행위의 목적을 표현할 수 없고 to 부정사로 표현한다.

- I went to the store ~~**for** buying some milk.~~ X
- I went to the store (in order) **to buy** some milk. O

for sale: 판매 중인, 팔려고 내놓은 / **on** sale: 세일 중인, 할인행사 중인

- This house is **for sale**. 이 집은 팔려고 내놓은 집입니다.
- These clothes are **on sale**. 이 옷들은 세일 중입니다.

7) out of

- Her phone fell **out of** her bag. (바깥으로)
- We are **out of** milk. (~가 없는, 다 떨어진)
- He yelled at her **out of** anger. (~로 인해, 행위의 동기가 되는 감정)
- Nearly nine **out of** ten Americans are addicted to caffeine. (~ 중에서)
- The bridge is made **out of** wood. (재료, 원료)

8) to

- They were frozen [starved] **to** death. (~에 이를 정도, ~에 이르기까지)
- Let's make a toast **to** our friendship. (경의)
- The night club was filled with people dancing **to** music. (음악에 맞추어)
- David is a person who marches **to** the beat of his own drum.
    데이빗은 자기 자신만의 드럼의 박자에 맞추어 행진하는 사람이다.
    → 데이빗은 일반적인 사회적 관습이나 고정관념에 얽매이지 않고 자신만의 개성과 방식대로 사는 사람이다.

12

전치사의 명사화

1) 전치사 + (명사화된) 전치사

from above 위로부터	from within 안으로부터	as above 위와 같이
from below 아래로부터	from behind 뒤로부터	as below 아래와 같이

- Changes and progress very rarely are gifts from above. They come out of struggles from below. — Noam Chomsky
  변화와 진보가 위로부터 주어지는 선물인 경우는 거의 없다. 그것은 아래로부터의 투쟁을 통해 이루어진다.
- Happiness comes from within. 행복은 내부, 즉 사람의 마음속으로부터 나오는 것이다.
- A squeaking noise was coming from behind. 뒤에서 끽끽거리는 소리가 들렸다.
- My address is as above. 제 주소는 위와 같습니다.
- My phone number is as below. 제 전화번호는 아래와 같습니다.
- I'm sorry about before. 지난번 일은 미안해.

2) 이중전치사 (double prepositions): 전치사구의 명사구화

이중전치사는 하나의 명사구 앞에 두 개의 전치사가 위치한 것을 말한다. 각각이 별개의 목적어를 가지고 있는 경우는 형태상 전치사 2개가 연속한 경우라도 이중전치사가 아니다.

- This matter must be dealt **with with** caution. [이중전치사가 아님]
- A thumping sound was coming **from behind** the wall. [이중전치사]

'from behind the wall'은 'behind the wall'이라는 전치사구가 from의 목적어 역할을 하고 있는 것이다. 이중전치사는 장소와 시간을 표현하는 일부 표현들에 국한되어 쓰인다. 'from behind the wall'에서 'behind the wall'은 형태상 전치사구이지만 실질적으로는 '벽 뒤에 있는 공간'을 뜻하는 것으로서 의미에 있어서는 상당히 명사적 속성을 강하게 가진다. 즉, 전치사구가 의미상 '~한 곳, 공간' 또는 '~한 때, ~한 시점'을 뜻하는 경우 이중전치사 표현이 형성된다.

- A boy crept out **from under** the table on his hands and knees.
  한 남자아이가 테이블 밑에서 손과 무릎으로 기어서 나왔다.
- I am **in between** jobs. 나는 직장들 사이에 있다. → 이전 직장에서 나온 후 다른 직장을 구하고 있는 중이다.
- We picked up a bottle of wine **for after** dinner.
  우리는 저녁 식사 이후를 위해 (즉, 저녁 식사 이후에 마시기 위해) 와인을 한 병 샀다.
- They stayed on the beach **until after** dark.
  그들은 어두워진 이후까지 해변에서 머물렀다.

〈탐구문제 12〉

"Where are you at?"에서는 where가 의문부사이기 때문에 전치사 at이 쓰인 것은 틀리다고 설명한다. 그런데 "Where are you from?"은 맞는 문장이다. 이것을 어떻게 설명할 수 있을까? 원어민들은 "Where are you at?"이라고 말하는 경우가 있다. 이유가 무엇일까?

9 부정사

1. 부정사의 개념
2. 명사적 to 부정사절
3. 형용사적 to 부정사절
4. 부사적 to 부정사절
5. to 부정사의 부정
6. to 부정사절의 주어
7. to 부정사의 시간 표현과 태
8. to 부정사와 생략
9. 의문사 + to 부정사
10. 분리 부정사
11. 밀어 올리기
12. 원형부정사

1 부정사의 개념

infinitive는 어원적으로 보면 finite verb (정동사 또는 정형동사)에 대비되는 개념이다. (/fáınaıt/) 즉, finite하지 않은 것(in- + finite)이 infinitive이며 이것은 non-finite과 같은 말이다. 많은 서양 언어들에서 문장의 동사는 주어의 인칭과 수 및 시제에 따라 적절히 형태변화를 해 주어야 하는데, finite verb는 그렇게 적절한 형태로 표현된 동사를 말한다. infinitive는 주어의 인칭이나 수와 관계없이 동일하게 쓰이는 가장 단순한 동사 형태, 즉 어형변화가 없는 동사 원형을 말한다. 그런데 이것이 '무한한'을 뜻하는 단어 infinite와 관계가 있는 것으로 지레짐작하여 'to 뒤에 무한히 많은 동사들이 올 수 있다는 뜻'이라느니, '의미에 있어 무한한 가능성을 가지고 있는 말'이라느니 하는 식으로 설명하는 경우가 있는데 이것은 제대로 알지 못하는 사람들이 만들어낸 민간어원설일 뿐이다. 또한 infinitive는 '부정사'로 번역되는데 이것을 '품사가 정해지지 않은 말'이라거나 '여러 품사로 쓰이는 말'이라고 설명하는 것은 어설픈 한자 뜻풀이에 불과하다. '부정사不定詞'라는 용어는 '정동사定動詞'가 아닌 동사라는 뜻에서 infinitive를 그렇게 번역한 것이다. 여기서 '정定'은 문장의 동사가 주어의 인칭과 수 그리고 시제에 따라 알맞은 형태가 정해져 있는 것을 표현한다. 영어는 이러한 특성이 약하긴 한데, 그래도 동사의 현재형과 과거형이 있고 현재시제일 때 주어가 3인칭 단수이면 동사에 '-s'를 붙이는 등 문장의 동사는 적절한 형태가 되어야 한다. 그런데 영어에서는 'I think so.'와 같이 'think'라는 동사원형 형태가 문장의 동사로 쓰이기도 한다. 그러나 infinitive가 라틴어 문법에서 차용된 용어라는 것을 생각할 필요가 있다. 라틴어에서 '생각하다'는 뜻의 동사 cōgitāre는 현재시제일 때 주어에 따라 다음과 같이 6가지 형태로 변화한다. cōgitō (1인칭 단수), cōgitās (2인칭 단수), cōgitāt (3인칭 단수), cōgitāmus (1인칭 복수), cōgitātis (2인칭 복수), cōgitānt (3인칭 복수). 또한 영어에서는 'thought'라는 하나의 과거형이 모든 주어에 쓰이지만, 라틴어는 과거형도 인칭과 수에 따라 6가지 형태로 변화한다. 그래서 라틴어에서는 주어가 생략되는 경우가 많은데 동사의 형태만 보아도 시제는 물론 주어의 인칭과 수를 알 수 있도록 동사의 형태가 정해져 있기 때문이다. 또한 동사원형 형태인 cōgitāre는 문장의 동사로 쓰이는 경우가 없고 '생각하는 것'과 같이 명사적 의미와 기능으로 사용된다. 그리고 주어의 인칭과 수에 따라 별도의 형태가 정해져 있지 않기 때문에 이것을 infinitive라고 부르는 것이다. 또한 라틴어의 infinitive는 여러 품사적 기능으로 쓰이는 것이 아니라 명사적으로만 쓰인다. 라틴어에서 infinitive와 gerund는 모두 verbal noun으로서 명사적 기능을 하는데, infinitive는 주격과 목적격에 쓰이고 gerund는 전치사 뒤에 쓰이는 것과 같이 쓰임에 있어 차이가 있는 것이다.

따라서 infinitive(부정사)라는 개념 자체가 '여러 품사로 쓰이는 말'이라고 하는 것은 어불성설이다. 영어에서 to 부정사는 명사적 기능, 형용사적 기능, 부사적 기능으로 사용되기는 하나[17], 이것은 to 부정사의 특성일 뿐이지 '부정사'라는 용어 자체가 그러한 특성을 표현하는 것은 아니다. 그런 식으로 뜻풀이를 하면 영어에서도 원형부정사는 여러 품사적 기능으로 쓰이지 않는데 그것은 대체 어떻게 설명한다는 말인가? 따라서 부정사라는 개념자체는 '정형동사가 아닌 동사'를 가리키는 말이라고 정확히 이해하는 것이 더 바람직하다고 본다.

영어의 부정사는 to와 함께 쓰이거나 to 없이 쓰이는데 전자는 'to 부정사'로, 후자는 '원형부정사'로 부른다. 우리는 흔히 'to go'를 'to 부정사'라고 부르는데 그 두 단어가 하나의 부정사인 것이 아니라, 사실 'to'는 뒤에 부정사를 취하는 특수한 전치사이고 'go'가 부정사이다. 그래서 엄밀히 보면 부정사는 원형부정사 밖에 없다. 단지 'to' + '부정사'를 'to 부정사'라는 부정사의 한 유형으로 생각하면 편리하기 때문에 그렇게 개념화를 하는 것이고, to 없이 쓰이는 경우를 그와 구분하기 위해 '원형부정사'라고 부르는 것이다. 원형부정사는 영어로 'bare infinitive'라고 하는데 이것은 '앞에 아무 것도 없는 부정사', 즉 '앞에 to가 쓰이지 않은 부정사'라는 뜻이다. 원형부정사는 can, will 등의 조동사 뒤에 쓰이거나 또는 일부 제한적인 경우에 쓰인다. 또한 부정사라는 개념 자체는 비정형동사의 뜻이기는 하지만, 영어에는 부정사 외에도 비정형동사들이 더 있는데 바로 분사와 동명사이다.

구식 영문법은 비정형동사가 쓰인 것을 '구(phrase)'로 간주했고, 그래서 'to 부정사구', '분사구'라는 용어를 사용했으며 옛날에 영어를 배운 사람들이 그러한 용어를 사용하는 것을 아직도 볼 수 있다. 현대 영문법은 to 부정사와 분사가 사용된 것을 '절(clause)'로 본다. 절은 주어와 서술어 관계가 있는 것으로 정의되기 때문이다. 그래서 Advanced Grammar in Use를 비롯한 수준 높은 영미권의 문법서적들은 이미 오래전부터 'to infinitive clause'와 같은 용어를 사용해 오고 있다.

---

17 to 부정사는 이 세 가지 기능으로 사용되는 경우가 많기는 하나, 모든 to 부정사가 반드시 이 셋 중 하나의 기능으로 사용되는 것은 아니다.

2

명사적 to 부정사절

1) 주어로 쓰이는 to 부정사절

① 연결동사의 주어로 쓰이는 경우

- To waste such a lovey day is a shame.
→ It's a shame to waste such a lovely day.

- In Korea, to eat seaweed soup on one's birthday is customary.
→ In Korea, it is customary to eat seaweed soup on one's birthday.

가주어는 it만이 될 수 있다. that이나 this를 가주어로 사용하는 것은 문법에 어긋나는 것으로 간주된다. 단, 원어민들은 회화에서 that을 가주어로 종종 사용한다.

- ~~That~~'s a shame to waste such a lovely day. x
→ It's a shame to waste such a lovely day. ○

② 감정 유발 동사의 진주어로 쓰이는 경우

amuse	annoy	comfort	depress	disturb
embarrass	gladden	gratify	grieve	hurt
please	upset	scare	startle	worry

- It amuses me <u>to talk</u> with her.
- It hurt her <u>not to be able to</u> go on a picnic with us.
- It is killing me <u>to have to</u> wait a week to watch the next episode.

③ 기타 여러 동사의 주어로 쓰이는 경우

- <u>To love</u> makes one solitary. — Mrs. Dalloway / Virginia Woolf
- Years may wrinkle the skin, but <u>to give up</u> enthusiasm wrinkles the soul. Worry, fear, self-distrust bows the heart and turns the spirits back to dust. — Youth / Samuel Ullman

④ 관용구

- It paid me <u>to learn</u> about the labor law. 노동법에 대해 배워둔 것이 나에게 이익이 되었다.
- It occurred to me <u>to buy</u> him a small gift. 그에게 작은 선물을 사줘야겠다는 생각이 들었다.

ㄹ) 연결동사의 보어로 쓰이는 to 부정사절

- My mission is <u>to protect</u> you. — from Terminator 2
- To love someone is <u>to see</u> a miracle invisible to others. — Francois Mauriac, French novelist
- The main goal of the use of antibiotics is <u>to prevent</u> infection.
- The objective of this research is <u>to investigate</u> the relationship between students' stress level and cigarette smoking.

3) 목적어로 쓰이는 to 부정사절

- I've always **wanted** to visit Rome, but I can't **afford** to buy the air tickets. My parents **refused** to give me any money for the trip, so I've **decided** to get a part-time job and (to) save money. I am **planning** to travel to Italy next summer. If I **manage** to make enough money, I will **seek** to visit other countries like France and Germany. I will **try** to work hard and not to waste any money, but part-time jobs **tend** to be poorly paid. If I **fail** to make sufficient funds for my plan, I'll **pretend** to be OK about it, but I'll be really disappointed.

- Love **loves** to love love. — Ulysses / James Joyce

  사랑은 사랑을 사랑하는 것을 사랑한다.

4) 뒤에 to 부정사가 오는 동사들의 유형

① **attempt-형** S + V + to do	· Some inmates **attempted to escape** from the prison. 동사 뒤에 to 부정사가 바로 오는 유형의 동사들이다. '~하기를', '~하라고', '~하려고' 등으로 해석된다.
② **want-형** S + V + (for) (sb) + to do	· Lisa **wanted** (her husband) **to clean** the living room. 동사 뒤에 to 부정사가 바로 오거나 to 부정사 앞에 명사구나 전치사구가 와서 부정사의 주어 역할을 하는 유형이다.
③ **believe-형** S + V + O + to be	· We **believe** her **to be** innocent. to 부정사가 목적어의 상태나 정체를 표현하며 우리말로 대개 '~이라고'로 해석되는 유형이다.
④ **advise-형** S + V + O + to do	· He **advised** us **to read** as much as we can. 목적어 뒤에 to 부정사가 와서 목적어에게 '~하라고 ~하다', 또는 '~하게 하다'는 의미를 가지는 유형이다.

〈Attempt-형 동사들: S + V + to do〉

~하려고 -하다	attempt to 시도하다, aim to 작정하다, plan to 계획하다
~하려고 노력하다	seek to, try to, strive to, endeavor to, struggle to, vie to
~하라고 -하다	demand to 요구하다, say to 말하다
~하기로 선택하다	choose to, opt to, elect to
~하기로 약속/맹세하다	undertake to, swear to, vow to
~하기로 결심/결의하다	decide to, determine to, resolve to
~하는 것을 거부하다	decline to, disdain to, refuse to
~하는 것을 원하다	hope to, yearn to, aspire to, crave to, desire to, be dying to
~하겠다고 -하다	offer to 제안하다, threaten to 위협하다
기타	fail to 실패하다, hesitate to 주저하다, learn to 배우다 can afford to ~할 여유가 있다, manage to (하기 어려운 것을) 해내다, neglect to ~를 소홀히 하다 pretend to ~인 체하다, tend to ~하는 경향이 있다, not think to ~해야 한다는 생각이 들지 않다, ~할 생각을 못 하다

- I **demand** to be treated fairly.   · I **demand** to know the truth.
- He **demanded** me to put off the cigarette. ✗
- → He **demanded** that I put off the cigarette. ○ 그는 나에게 담배를 끄라고 요구했다.
    ☞ demand는 「demand sb to do」 형태로 쓰이지 않는다. demand를 사용하여 '다른 사람에게 ~하라고 요구하다'는 표현을 하려면 that절을 쓴다.

- The manual **says** to change filters every six months.
- He **chose** to drop out of college.
- Many students **elect** to study aboard.
- She **undertook** to submit the report by Monday. (= agreed to, promised to)
- I have **decided** to become a vegetarian.
- Don't **neglect** to feed your pet.
- He **failed** to show up for the job interview on time.

- I **can't afford** to buy such an expensive bag. ○
- I don't afford to buy such an expensive bag. ✗

- Wait. You already knew about this and **didn't think** to tell me?

  잠깐만. 너 이거에 대해 이미 알고 있었으면서, 나한테 얘기할 생각이 안 들었단 말이야?

- In the morning you beg to sleep more, in the afternoon you **are dying** to sleep, and at night you **refuse** to sleep. — Anonymous

〈Want-형 동사들: S + V + (O) + to do sth〉

want	want to ~하는 것을 원하다 · I **want to eat** something.	want sb to ~가 ~하는 것을 원하다[18] · I **want you to eat** something.
would like	would like to ~하고 싶어 하다 · I**'d like to join** the party.	would like sb to ~가 ~하기를 바라다 · I**'d like you to join** the party.
need	need to ~할 필요가 있다 · I **need to wash** the dishes.	need sb to ~가 ~해 줄 필요가 있다 · I **need you to wash** the dishes.
hate	hate to ~하는 것을 싫어하다 · He **hates to work** at night.	hate sb to ~가 ~하는 것을 싫어하다 · He **hates me to work** at night.
intend	intend to ~할 의도를 가지다 · I **intend to fix** the problem.	intend sb to ~로 하여금 ~하도록 할 의도이다 · I **intend someone to fix** the problem.
dare	dare (to) ~를 감히 하다 · Nobody **dared (to) tell** the manager that he had really bad breath.	dare sb to ~에게 할 테면 해 보라고 하다 · I **dared my boss to fire** me and he did.
ask	ask to ~할 것을 요청·부탁하다 · I **asked to know** the truth.	ask sb to ~에게 ~하라고 요청·부탁하다 · I **asked her to tell** me the truth.
beg	beg to ~해 달라고 간청하다 · He **begged to be** forgiven.	beg sb to ~에게 해 달라고 간청하다 · He **begged me to forgive** him.
promise	promise to ~할 것을 약속하다 · He **promised to quit** smoking.	promise sb to ~에게 ~할 것을 약속하다 · He **promised me to quit** smoking.
agree	agree to ~하기로 동의하다 · He **agreed to resign**.	agree for sb to ~가 ~하는 것에 동의하다 · I didn't **agree for him to resign**.
arrange	arrange to ~할 계획을 마련하다 · I've **arranged to meet** the doctor.	arrange for sb to ~가 ~하도록 하다 · I'll **arrange for someone to give** you a ride home.

* 'promise sb to ~'는 '주어가 ~에게 ~할 것이라고 약속하다'는 뜻이다. 즉, to 부정사의 주어가 to 부정사 바로 앞에 있는 명사구가 아니라 문장의 주어이다.

---

[18] 단, 현실의 말하기에서는 'want sb -ing'로 쓰이는 경우도 상당히 많다.

〈Believe-형 동사들: S + V + O + to be [to do sth]〉

~라고 인식	believe ~가 ~라고 믿다		feel ~가 ~라고 생각하다, 느끼다
	find ~가 ~임을 깨닫다, 알다, 느끼다		judge ~가 ~라고 판단하다
	perceive ~가 ~라고 인지하다		think ~가 ~라고 생각하다
	assume, suppose ~를 ~라고 가정하다		consider, deem ~를 ~라고 여기다
	discover ~가 ~임을 깨닫다, 발견하다		know ~가 ~라고 알다
	suspect ~가 ~이 아닐까 의심하다		imagine ~가 ~라고 생각·상상하다
	understand ~가 ~라고 알다		trust ~가 ~라고 믿다
	acknowledge ~가 ~라고 인정하다		take ~를 ~라고 여기다, 간주하다
~라고 말함	declare, proclaim ~라고 선언하다		claim ~가 ~라고 주장하다
	pronounce ~가 ~라고 단언·공표하다		report ~라고 보고하다, 보도하다
기타	appoint ~를 ~로 임명하다		elect ~를 ~로 선출하다
	prove ~가 ~라고 증명하다		show ~가 ~임을 보이다, 나타내다

- I **find** this new rice cooker to be very useful.
- Some people **perceive** artificial intelligence to be a threat to humanity.
- The police **suspect** him to have been murdered by someone close to him.
- We **understand** Mr. Johnson to be one of the best engineers in the business.
- I **took** Lisa's sister to be Lisa. = I **mistook** Lisa's sister for Lisa.
- They have **appointed** Ms. Brown to be Chief Operating Officer.
- They have **appointed** Mr. White to assist Ms. Brown in financial issues.

- His followers **claim** him to be the savior of the world.
- He **claims** to be reincarnated Jesus.

  ☞ claim은 'claim sb to be' 형태뿐 아니라 'claim to be'로도 쓰인다.

⟨Advise-형 동사들: S + V + O + to do sth⟩

~에게 ~하라고	advise 충고하다	admonish 훈계·충고하다	alert, warn 경고하다
	coerce, compel, force 강요하다	counsel 조언·상담하다	direct, instruct 지시하다
	encourage 고무·격려하다	entreat, implore 간청하다	exhort 열심히 권하다
	hassle, nag 귀찮게 조르다	order, command 명령하다	persuade, convince 설득하다
	petition 탄원하다	recommend 권유하다	remind 상기시키다
	signal, motion 신호를 하다	tell 말하다, 지시하다	urge 촉구·재촉하다
~가 ~하도록	allow, permit 허락하다	assign 임무를 부여하다	pressure, push 압박을 가하다
	cause, prompt 하게 만들다	drill, train 훈련시키다	provoke 자극·도발하다
	get 시키다, 하게 만들다	teach, educate 교육시키다	empower, enable 능력을 주다
	incite 부추기다, 선동하다	inspire 영감을 주다	lead 이끌다, 하게 만들다
	motivate 동기를 부여하다	touch 감동을 주다	qualify, license 자격을 주다
~가 ~하는 것을	assist, aid 돕다, 도와주다	mandate, oblige 의무화하다	forbid 금지하다

· Doctors **advise** us <u>to eat</u> plenty of fresh fruit and vegetables.

= Doctors **advise** <u>eating</u> plenty of fresh fruit and vegetables.

· We **warn** you <u>not to trust</u> anyone who calls you and asks for your personal information.

· Stalin **coerced** workers <u>to engage in</u> harsh and back-breaking labor.

· Heavy snow **forced** me <u>to chain up</u> the tires.

   폭설이 나에게 타이어에 체인을 감도록 강요했다. → 나는 폭설 때문에 타이어에 체인을 감아야 했다.

· The police cannot **compel** <u>a suspect</u> <u>to answer</u> their questions.

· The management **instructed** <u>their employees</u> <u>to shred</u> all the documents that might prove the guilt of the president.

· His family and friends **implored** <u>the judge</u> <u>to consider</u> his age and health conditions.

· The boy **hassled** <u>his mother</u> <u>to buy</u> him a brand-new iPhone.

· Her parents keep **nagging** <u>her</u> <u>to get</u> married and <u>start</u> a family.

· The dentist **told** <u>me</u> <u>not to drink</u> alcohol at least for three days.

· The conductor **signaled** (to) the orchestra <u>to start</u> playing.

   ☞ signal과 motion은 'signal [motion] to sb to do sth' 형태로 쓰이기도 한다.

· Japan's attack on Pearl Harbor **provoked** <u>the U.S.</u> <u>to declare</u> war on Japan and Germany.

· The law **forbids** minors to purchase liquor.
= The law **forbids** minors from purchasing liquor.

〈동사 lead의 쓰임〉

① **lead sb to do**
· The witness's testimony **led the jury to believe** that the boy was innocent.
  그 증인의 증언은 배심원이 그 소년이 무죄라고 믿게 만들었다.

② **lead sb to NP**
· The guide **led us to** the hotel. 그 안내원은 우리를 호텔로 데려다주었다.
· Smoking can **lead you to** lung cancer. 흡연은 당신을 폐암으로 이끌 수 있습니다.

③ **lead to -ing**
· Smoking during pregnancy may **lead to having** a miscarriage.
  임신 중의 흡연은 유산을 하도록 이끌 수 있습니다.

〈recommend〉

recommend는 쓰임에 있어 흥미로운 점이 있다. recommend는 advise-형 동사로 분류되며 여러 사전과 문법서들이 'recommend sb to do sth'의 형태를 문법적으로 올바르다고 설명하고 있다.

· I **recommend** you **to read** this book. 저는 이 책을 읽어 볼 것을 당신에게 추천합니다.
· He **recommended** me **to visit** that museum. 그는 저 박물관에 가보라고 나에게 추천했다.

그런데 위와 같은 표현이 전혀 말도 안 되는 어색하고 틀린 표현이라고 확신에 차서 주장하는 원어민들도 대단히 많다. 어떤 사전은 위와 같은 형태가 올바르다고 기재해 놓고도, 그렇게 사용하지 말라는 조언을 함께 싣고 있기도 하다.[19] recommend는 advise-형 동사로는 쓰이지 않는 방향으로 변화하는 과정에 있는 것으로 보인다.

단, 수동태로 표현하는 것은 자연스러운 표현으로서 여전히 널리 쓰이고 있다.

· International students **are recommended to arrive** at least one week before the start of classes.

'~에게 ~할 것을 권유하다, 추천하다'를 나타낼 때는 다음과 같이 표현하는 것이 좋다.

· He **recommended (that)** I visit that museum.   · I **recommend (that)** you read this book.

누구에게 권유하고 추천하는지를 명시하지 않고 -ing를 써서 표현하는 것도 자연스럽다.

· He **recommended visiting** that museum.   · I **recommend reading** this book.

recommend는 이중구조로는 쓰이지 않는다는 점도 유의하라.

· I ~~recommend you this book~~. x → I **recommend** this book to you. ○

---

19 http://www.ldoceonline.com/dictionary/recommend

3

형용사적 to 부정사절

1) 수식받는 명사구와 to 부정사와의 관계에 따른 분류

① 주어 관계

- They are recruiting **volunteers to help** refugees.
- I need **someone to take care of** my cat while I am out of town.
- This new fashion style is expected to be popular for **years to come**.
- Luo Meizhen was **the oldest person to have ever lived**.
  루오 메이진은 지금까지 살았던 사람 중 가장 오래 산 사람이다.
- He is **the last man to tell** a lie. 그는 거짓말을 할 사람이 결코 아니다.
- Eugene Cernan was **the last man to walk** on the moon. 유진 서난은 마지막으로 달을 걸었던 사람이었다.
- Marie Curie was **the first woman to win** the Nobel Prize and **the first person to win** it twice.

to 부정사는 대체로 미래적 의미, 즉 '~할'이라는 뜻을 가진다. 단, 최상급, first, last 등으로 수식되는 명사 뒤에서는 과거적 의미, 즉 '~한'이라는 뜻을 가지기도 한다. 'the last person to do sth'은 '마지막으로 ~한 [~할] 사람'이라는 문자 그대로의 뜻으로 사용되기도 하고, '결코 ~하지 않을 사람'을 의미하는 이디엄으로 쓰이기도 한다.

to 부정사가 앞 명사의 용도나 목적을 표현하는 경우에도 그 명사가 to 부정사의 주어인 것으로 볼 수 있다.

- This is a knife to cut bread.
- I don't have enough money to buy a motorcycle.
- An operation to remove tonsils is relatively simple.

② 목적어 관계

- Would you like something to drink?
- When I get on a train for a long trip, I always take a book to read.
- Many people play mobile games when they have time to kill.
- The president of the company had money to burn, but refused to give proper compensation to the employees who lost their health in industrial accidents.
  그 회사의 회장은 돈으로 불을 피워도 될 정도의 막대한 돈을 가지고 있었지만, 산업재해로 건강을 잃은 직원들에게 적절한 보상을 하는 것은 거부하였다.

③ 전치사의 목적어 관계

- There's no chair to sit on.
- I need a knife and fork to eat with.
- He always has something to complain about.
- He doesn't have a house to live in.
- She has a baby to take care of.
- I need something to write with. 나는 가지고 쓸 무언가가 필요하다. (필기구 필요)
- I need something to write on. 나는 위에다 쓸 무언가가 필요하다. (종이 필요)
- I need something to write about. 나는 대해서 쓸 무언가가 필요하다. (소재 필요)

④ 부사적 관계

(1) **시간, 차례**: time, moment, age, day, turn, ⋯
- Try to give your body **enough time** **to rest**.
- Do you think 16 is **a proper age** **to wear** makeup?
- It's **a good day** **to drink** soju.
- It's **your turn** **to roll** the dice.

(2) **장소, 공간**: place, room, venue, space, somewhere, ⋯
- We've found **a decent place** **to eat**.
- That church is **a good venue** **to have** a wedding ceremony.
- I'm looking for **somewhere** **to go** during the summer vacation.

일반적인 장소를 의미하는 place, space, room(공간) 등의 경우는 장소 전치사를 사용하지 않는 것이 통상적이다.

- I need **some space** **to store** these books.
  나는 이 책들을 보관할 공간이 좀 필요해.
- There is **no room** **to park** my car in the parking lot.
  주차장에 내 차를 주차할 공간이 없다.

school, office, house, city와 같은 특정 장소의 경우는 전치사가 사용된다.

- He has **no house** **to live in**. ○   · He has **no house** ~~to live~~. ✗

(3) **이유**: reason
- She suggested going on a picnic, and I had **no reason** **to object**.

(4) 방법: way

· What is the best way to learn a foreign language?

(5) 거리/시간 + to go

· We have twenty miles to go.
· We still have two hours to go before touching down at LAX.

⑤ 보어 관계

· I am a bride-to-be, and that man is my husband-to-be.
  나는 앞으로 신부가 될 사람이고 저 남자는 내 남편이 될 사람입니다.
· Susan is a doctor-to-be, and Frank is a lawyer-to-be.
  수잔은 의사가 될 사람이고 프랭크는 변호사가 될 사람입니다. → 수잔은 의대생이고 프랭크는 법대생입니다.

2) 동격적 수식의 to 부정사 (appositive postmodification)

~해야 하는	the **obligation** [**duty**] to pay taxes
~하라는	the **signal** to begin the show, the **instruction** to evacuate the building
~하고 싶은	**ambition** [**desire, drive**] to succeed, the **curiosity** to know the secret
~할 수 있는	the **ability** to think logically, the **capacity** to learn the **authority** to arrest a person, the **power** to influence others
~할	a **chance** [**opportunity**] to work as an intern, the **right** to vote the **courage** [**nerve, guts**] to face death, the **necessity** to learn English
~하겠다는	his **promise** to quit smoking, an **offer** to hire me a **threat** to kidnap the child, her **determination** to fight cancer
~하려는	a **tendency** to eat too much, an **effort** to lose weight an **attempt** to hijack the airplane, a **plan** to travel the world **intention** to interfere, his **will** to live, a **plot** to assassinate the President

명사구를 형용사적으로 수식하는 to 부정사절의 경우, 수식을 받는 명사구는 그 to 부정사절에서 주어, (전치사 또는 동사의) 목적어, 또는 부사어가 된다. 반면, 동격적 to 부정사절로 수식을 받는 명사구는 그 to 부정사절에서 어떠한 문법적 기능도 하지 않는다. 다시 말해 to 앞의 명사구는 동격적 to 부정사와 주어 관계도 아니고 목적어 관계도 아니며 부사 관계도 아니다. 다만, 앞에 있는 추상적 개념인 명사구의 내용(content)이 무엇인지를 to 부정사가 나타내 주는 것이다.

명사에 따라 큰 의미 차이 없이 to 부정사 대신 'of [for] + -ing' 로 표현할 수 있는 경우도 있다.

- I have **no intention** of attending the conference. (= intention to attend)
- I need to develop **the ability** of writing academic essays. (= ability to write)
- What is the best **way** of learning a foreign language? (= way to learn)
- What is your **reason** for applying for this job? (= reason to apply for)

'a chance to ~'는 '~할 기회'를 의미하고 'chance of -ing'는 '~할 가능성, 확률'을 의미한다.

- A defendant must be given **a chance** to explain his or her behavior.
- **The chance** of winning the lottery is lower than that of getting struck by lightning.

부사적 to 부정사절

1) 목적을 표현하는 to 부정사 (purpose infinitive)

· <u>To protect</u> endangered species, we have to protect the forests.
= We have to protect the forests <u>to protect</u> endangered species.

A: Why do you learn English?
B: I learn English <u>to get</u> a job in the U.S.

A: What made you come here today?
B: I came <u>to see</u> Mr. Clark.

목적을 표현한다는 것을 좀 더 분명히 나타내기 위해 in order to나 so as to를 사용할 수도 있다. 둘 다 격식적 표현으로 일상적 대화에서는 그냥 to 부정사를 사용하는 것이 일반적이다. 둘 중 in order to가 더 빈번히 쓰이며 so as to는 더 격식적인 표현이다.

· I think the person who takes a job <u>in order to live</u> — that is to say, for the money — has turned himself into a slave. — Joseph Campbell, American mythologist and writer
· We must be willing to let go of the life we have planned, <u>so as to have</u> the life that is waiting for us. — E. M. Forster, British novelist

2) 결과를 표현하는 to 부정사

never to (~했으나) ~하지 못하다	grow up to 자라서 ~가 되다
live to ~가 될 때까지 살다	only to (~했지만) 단지 ~할 뿐이다
awake [wake up] to 깨어나 보니 ~하게 되다	

부정사가 행위의 목적을 의미하는 것이 아니라 앞에서 진술된 내용에 이어진 내용이거나 결과일 수도 있다. 이러한 경우 to 앞에 쉼표가 사용되기도 한다.

- They left for the war **never to return** home.
  그들은 전쟁터로 떠났지만 결코 집으로 돌아오지 못했다.
- The little girl **grew up to be** a world-famous fashion designer.
  그 어린 소녀는 자라서 세계적으로 유명한 패션 디자이너가 되었다.
- My grandmother **lived to be** 100 years old.
  나의 할머니는 100살이 되도록 사셨다.
- The company spent a huge amount of money on the project, **only to fail** miserably.
  그 회사는 그 프로젝트에 엄청난 액수의 돈을 썼지만 끔찍하게 실패하고 말았다.
- Gulliver **woke up to find** himself tied to the ground.
  걸리버는 깨어나 보니 자신이 땅에 묶여 있는 것을 발견했다.
- He scored the second goal in stoppage time, **to make** the score 2-0.
  그가 연장전에서 두 번째 골을 넣자, 점수는 2:0이 되었다.

3) 조건을 표현하는 to 부정사

- **To see** him, you'd never know that he is over 50.
- **To talk** with her, you'd realize that she is very intelligent.
- **To hear** him speak, you'd think that he is American.

4) 형용사 뒤에 오는 to 부정사

① 형용사 + to 부정사로 된 표현들

확신 가능 예정	be likely to ~할 가능성이 높다	be unlikely to ~할 가능성이 별로 없다
	be certain [sure] to 틀림없이 ~할 것이다	be bound to 반드시 ~하기 마련이다
	be destined [fated] to ~할 예정/운명이다	be doomed to (불행히도) ~할 운명이다
능력 의지 의무	be willing [eager] to 기꺼이 ~하려고 하다	be ready to ~할 준비가 되어 있다
	be apt [inclined] to ~하는 경향이 있다	be determined to ~할 결심이 되어 있다
	be anxious to 몹시 ~하고 싶어 하다	be desperate to ~를 하려고 필사적이다
	be reluctant [hesitant] to ~를 망설이다	be able to ~할 수 있는 능력이 있다
	be competent to ~할 역량이 있다	be entitled to ~할 권리가 있다
	be supposed to ~해야 하다	be obliged [liable] to ~할 의무가 있다

② 감정 형용사 뒤에서 감정의 원인을 표현하는 to 부정사

감정 형용사	glad	happy	delighted	fascinated	pleased	excited
	surprised	amazed	astonished	astounded	shocked	startled
	proud	ashamed	worried	disappointed	disgusted	afraid
	sorry	sad	frustrated	depressed	devastated	dismayed

A: Nice to meet you, Dr. Pearson. I'm so **glad** to be able to work with you.

피어슨 박사님, 만나서 반갑습니다. 함께 일할 수 있게 되어 무척 기쁩니다.

B: Nice to meet you too. I'm **fascinated** to have the opportunity to work at this research center. I was **surprised** to hear that you picked me instead of other talented candidates.

저도 만나서 반갑습니다. 이 연구소에서 일할 기회를 가지게 되어 매우 기쁩니다. 다른 재능 있는 후보들 대신 저를 선택하셨다는 말을 듣고 깜짝 놀랐습니다.

A: Oh, you're so modest. We are all **very proud** to have you here.

아, 참 겸손하시군요. 박사님과 함께 일하게 되어 우리 모두 매우 영광으로 여기고 있습니다.

to 부정사는 감정 표현 동사들 (smile, laugh, cry, weep, burst into tears, tremble with fear, etc.) 뒤에서도 그 이유나 원인을 표현할 수 있다.

- The boy **smiled** to see the cute puppy.
- She **burst into tears** to hear the news.

③ 이유나 판단의 근거를 표현하는 to 부정사

- **I was right** to cancel the trip. The weather is terrible today.
  내가 그 여행을 취소한 것은 잘한 일이었다. 오늘 날씨는 매우 안 좋다.
- I almost got killed in the accident. **I am lucky** to be alive.
  나는 그 사고로 거의 죽을 뻔했다. 살아있다니 나는 운이 좋다.
- **You must be insane** to do something like that.
  그 같은 일을 하다니 너는 정신이 나간 것이 틀림없다.
- **You were smart** not to drink and drive last night.
  어젯밤에 음주운전을 하지 않은 것은 현명한 일이었다.
- **How silly I was** to believe such nonsense!
  그런 말도 안 되는 소리를 믿다니 나는 얼마나 어리석었던가!

5) 독립부정사

독립부정사는 부사어로 쓰인다. 이러한 부정사는 부사적 기능의 to 부정사이지만 부정사의 주어가 주절의 주어와 반드시 일치할 필요가 없기 때문에, 주절로부터 독립된 부정사라는 뜻에서 독립부정사라고 불린다.

- To be frank with you, I don't think Raymond is suitable for the job.
  솔직히 말하면, 나는 레이몬드가 그 일에 적합하다고 생각하지 않아.

- **To speak bluntly,** you have no chance of being admitted to this school.

  대놓고 말하면, 네가 이 학교에 합격할 가능성은 없어.

- **To sum up,** there is no one right way to be a good leader.

  요약하자면, 좋은 지도자가 되기 위한 하나의 옳은 방법은 없습니다.

- There are several reasons why I prefer to live in a big city. **To begin with,** various cultural events take place all year round in a large city.

  제가 대도시에 사는 것을 선호하는 몇 가지 이유들이 있습니다. 먼저, 대도시에는 연중 다양한 문화 행사들이 개최됩니다.

- My cousin David lives in Ohio. He is my second cousin, **to be specific.**

  나의 사촌 데이비드는 오하이오에 살아. 그는 정확히 말하자면 6촌이야.

- I missed my flight at the airport. **To make matters worse,** I couldn't find my wallet.

  나는 공항에서 비행기를 놓쳤다. 설상가상으로 나는 내 지갑을 찾을 수가 없었다.

- What you eat during your pregnancy affects the health of your baby-to-be, **not to mention** your own health.

  당신이 임신 중에 먹는 음식은 태어날 아기의 건강에 영향을 끼칩니다. 당신 자신의 건강은 말할 것도 없고요.

- It is important, **not to say essential,** to understand international issues.

  국제적 이슈들을 이해하는 것은, 필수적이라고까지 할 수는 없어도, 중요한 일입니다.

- Citrus fruits include oranges, tangerines, and lemons just **to name a few.**

  시트러스 과일은 몇 개만 예를 들자면, 오렌지, 귤, 레몬을 포함한다.

- Nature is beautiful, **to be sure,** but also dangerous and treacherous.

  자연은 물론 당연히 아름답다. 그러나 또한 위험하고 불안정하다.

- I learned a lot from her and tried to be like her. She was my role model **so to speak.**

  나는 그녀로부터 많은 것을 배웠고 그녀처럼 되고자 노력했다. 그녀는 말하자면 나의 롤 모델이었다.

- When he was ten, his father was jailed for drug trafficking. He lived in a slum with his mother, who was a factory worker on the minimum wage. He didn't have a very comfortable childhood, **to say the least.**

  그가 10살 때, 그의 아버지는 마약 판매로 감옥에 갔다. 그는 어머니와 빈민가에 살았는데, 어머니는 최저임금을 받는 공장 노동자였다. 그는, 최소한만 말하자면, 그렇게 편안한 유년시절을 보낸 것은 아니었다.

5
to 부정사의 부정

to 부정사를 부정할 때는 not 또는 never를 to 앞에 위치시킨다.

- I asked her **not to close** the window.
  나는 그녀에게 창문을 닫지 말라고 부탁했다.
- He has decided **not to attend** the meeting.
  그는 회의에 참석하지 않기로 결정했다.
- Zeus told Pandora **never to open** the box.
  제우스는 판도라에게 그 상자를 절대 열지 말라고 말했다.

하지만 원어민들은 to 뒤에 not을 위치시키기도 한다. 규범문법에서는 올바른 것으로 인정되지 않지만, 원어민들은 이러한 표현을 꽤 자주 사용한다.

- I told graduates **to not be** afraid to fail, and I still believe that. — Conan O'Brien, American comedian
- I am looking for a lot of men who have an infinite capacity **to not know** what can't be done. — Henry Ford
  ('무엇이 행해질 수 없는지를 모르는 능력'이란 '모든 것이 가능하다고 생각할 수 있는 능력'을 달리 표현한 것으로 그만큼 도전정신을 가진 사람을 찾고 있다는 뜻이다.)

6

to 부정사절의 주어

1) 문장의 주어와 일치하는 경우

문장의 동사 뒤에 to 부정사가 바로 이어진 경우, 목적과 결과를 표현하는 to 부정사의 경우, 형용사 뒤에 오는 to 부정사의 경우에는 문장의 주어가 to 부정사의 주어와 일치한다. to 부정사가 명사를 수식할 때 문장의 주어가 to 부정사절의 주어인 경우도 있다.

- Matthew offered to clean the bathroom.
= Matthew made an offer that he (= Matthew) would clean the bathroom.
- Paul appears to be wearing an expensive suit.
= It appears that Paul is wearing an expensive suit.
- Mr. Gray dyed his hair black to look younger.
= Mr. Gray dyed his hair so that he (= Mr. Gray) might look younger.
- John is sure to pass the test. = I am sure that John will pass the test.
- I have some errands to run. = I have some errands that I should run.

- To make your dog obedient, you must train it properly. O
- To make your dog obedient, it must be trained properly. x

2) 문장의 목적어와 일치하는 경우

    want-형 동사, advise-형 동사, believe-형 동사의 경우, to 부정사 앞에 위치한 명사구 (즉, 문장의 목적어)와 to 부정사의 주어는 (대부분) 일치한다.

- I want **John** to come to the party. = I hope that **John** can come to the party.
- He told **me** to take some aspirin. = He told **me** that I should take some aspirin.
- They expect **oil prices** to go up again. = They expect that **oil prices** will go up again.
- I believe **Tom** to be honest and trustworthy. = I believe that **Tom** is honest and trustworthy.

3) 일반인인 경우

- It's difficult to learn Chinese characters.
- Gyeongbok Palace is a good place to have a date.

4) 수식되는 명사가 to 부정사의 주어인 경우

- I need **someone** to give me a ride.
- I wish you health and happiness in **the years** to come.
- Life is **a journey** to be experienced, not **a problem** to be solved.   − Winnie the Pooh

5) 전치사 for로 표현되는 경우

- It's easy **for you** to say so, but it's really hard **for me** to forget her.
- Tracy needed some books **for her child** to read on a flight.
- In order **for children** to learn, they need to be able to pay attention.
- She ducked down under the desk and waited **for the earthquake** to stop.

6) 전치사 of로 표현되는 경우 (사람의 특성 표현 형용사 뒤)

good	kind	nice	clever	(un)wise	discreet
considerate	generous	big	foolish	silly	stupid
careless	immoral	polite	impolite	rude	selfish
fair	unfair	cruel	benevolent	brave	cowardly

- It was **stupid of him** to fall for the salesman's ploy.
- Thank you so much. It was very **kind of you** to help me out.
- It would be **unfair of me** not to give them the same chance.
- It was very **big of her** to admit her fault.

7) 기타 전치사로 표현되는 경우

- He **yelled at me** to stop taking photos. 그는 나에게 사진을 찍지 말라고 소리쳤다.
- We **looked to Jake** to fix the broken window. 우리는 제이크가 그 부서진 창문을 고쳐 주리라고 기대했다.
- She **appealed to the public** to stop using wildlife products.
  그녀는 대중에게 야생동물로 만든 제품을 사용하지 말 것을 호소했다.
- She **gestured to me** to come in. 그녀는 나에게 안으로 들어오라고 손짓을 했다.
- I **pleaded with her** not to leave me. 나는 그녀에게 나를 떠나지 말라고 애원했다.
- She tried to **reason with the kidnapper** to turn himself in.
  그녀는 유괴범이 자수하도록 설득하려고 노력했다.

8) 그 외 여러 가지 경우

① 화자가 to 부정사의 주어인 경우

- I'm sorry, but it's time **to go**. See you tomorrow. 미안하지만 가야 할 시간이야. 내일 봐.
- Do you have a minute? There's something **to tell** you. 잠깐 시간 있어? 너한테 할 얘기가 있어.
- **To be** honest, he's not my cup of tea. 솔직히 말하면, 걔는 내 스타일 아냐.

② 청자가 to 부정사의 주어인 경우

- If there's something **to tell** me, just spit it out. 나한테 할 얘기가 있으면 그냥 말을 해.
- (Mother to child) It's time **to go** to bed. 이제 잘 시간이야.
- It probably is a good idea **not to tell** your husband about your ex-boyfriends.
  네 전 남자친구들에 관해서는 네 남편에게 말을 안 하는 게 아마도 좋은 생각일 거야.

③ 화자와 청자가 모두 to 부정사의 주어인 경우

- It's time **to go**. (화자와 청자가 모두 갈 시간이 된 상황에서) 이제 갈 시간이야.
- The train leaves in two hours. There's no need **to hurry**. (화자와 청자가 일행인 경우)
  기차는 두 시간 후에 출발이야. 서두를 필요 없어.

④ to 부정사의 주어가 문맥에서 유추되는 경우

A: I bought a book for my little nephew, but he didn't even try **to read** it.
  내 어린 조카에게 책을 사 줬는데 그것을 읽어 보려고 하지도 않았어.
B: Maybe the book was too difficult **to read**.
  아마도 그 책이 읽기에 너무 어려웠나 보네. (대화의 맥락으로 보아 A의 조카가 to 부정사의 주어임)

7

to 부정사의 시간 표현과 태

	단순형	완료형	진행형	완료진행형
능동	to do	to have done	to be doing	to have been doing
수동	to be done	to have been done	to be being done	~~to have been being done~~

* to 부정사의 완료진행-수동은 형태적으로는 가능해 보이지만 실제로는 쓰이지 않는다.

- I want <u>to drink</u> some juice. [단순-능동]
- She seems <u>to have finished</u> her homework. [완료-능동]
- He seems <u>to be enjoying</u> the show. [진행-능동]
- I'm lucky <u>to have been running</u> my business for ten years. [완료진행-능동]
- Your hair needs <u>to be cut</u>. [단순-수동]
- My Internet seems <u>to have been disconnected</u>. [완료-수동]
- The hostages are reported <u>to be being held</u> by a terrorist group. [진행-수동]

1) 단순 to 부정사

① 미래 시간 표현

to 부정사와 결합하는 동사들의 의미를 살펴보면, 계획, 소망, 결심, 요구, 약속, 노력, 명령 등 **앞으로** '~하기로', '~하기를', '~하라고'를 의미하는 경우가 많다. 이러한 to 부정사는 미래 시간을 표현하는 것 내지는 미래 지향적 의미를 가진 것이라 할 수 있다.

- I hope to be a scientist in the future. 나는 미래에 과학자가 되기를 바란다.
- She plans to move to Busan next month. 그녀는 다음 달에 부산으로 이사 가려고 계획하고 있다.
- I promise to pay the debt in a week. 일주일 안에 빚을 갚을 것을 약속합니다.
- He is trying to become an actor. 그는 배우가 되려고 노력 중이다.
- We've decided to go to Florida for vacation. 우리는 플로리다로 휴가를 가기로 결정했다.

② 기준 시점과 동일한 시간 표현

상태, 인식, 언술 등의 표현 뒤에 나오는 단순 to 부정사는 주절 시점과 동일한 시점을 표현한다.

- I'm happy to work with you. = I'm happy because I work with you.
- I was happy to work with you. = I was happy because I worked with you.
- Jason seems to be sick. = It seems that Jason is sick.
- Jason seemed to be sick. = It seemed that Jason was sick.
- I believe Kelly to be honest. = I believe that Kelly is honest.
- I believed Kelly to be honest. = I believed that Kelly was honest.
- The Senate has declared him to be the enemy of the republic.
= The Senate has declared that he is the enemy of the republic.
- The Senate declared him to be the enemy of the republic.
= The Senate declared that he was the enemy of the republic.

2) 완료 to 부정사

① 이루어지지 않은 바람, 기대, 계획

hope, wish, want, expect, promise, intend, plan, mean 등 소망, 기대, 의도, 계획 등을 표현하는 동사가 단순과거로 쓰이고 뒤에 완료 to 부정사가 오는 경우, 또는 동사가 과거완료로 쓰이고 뒤에 단순 to 부정사가 온 경우, '과거에 ~하기를 소망, 기대, 의도, 계획했으나 그것이 이루어지지 못했음'을 표현한다.

- I wished to have met her in person.
= I had wished to meet her in person.
= I wished to meet her in person, but I couldn't.
- I had wished to have met her in person. ✗

② 기준 시점보다 앞선 시간 표현

상태, 인식, 언술 등의 표현 뒤에 완료 to 부정사가 오면 to 부정사의 시점이 주절의 기준 시점보다 앞선다는 것을 표현한다.

- I am happy to have worked with you.
= I am happy because I worked with you.
- I was happy to have worked with you.
= I was happy because I had worked with you.
- He seems to have been murdered.
= It seems that he was [has been] murdered.
- He seemed to have been murdered.
= It seemed that he had been murdered.

3) 명사 뒤 수식어로 쓰이는 to 부정사의 태

명사 뒤 수식어(postmodifier)로 쓰이는 to 부정사는 능동과 수동이 큰 의미 차이가 없는 경우도 있다. 특히 there로 시작하는 문장에서 그러하다.

- There are **some problems to handle**. (to 부정사 주어는 일반인 또는 화자)
- There are **some problems to be handled**. (to 부정사 주어는 some problems, 행위자는 일반인)
- She is **a good person to admire**. (to 부정사 주어는 일반인)
- She is **a good person to be admired**. (to 부정사 주어는 a good person, 행위자는 일반인)

위에서 to 부정사가 능동으로 표현된 경우, 그 주어는 일반인이다. 수동으로 표현되면 그 주어는 수식받는 어구이며 그 행동의 행위자는 by에 의해 명시되지 않았으므로 불특정 일반인이다. 따라서 능동이든 수동이든 누가 행위자인가에 있어서 차이가 없으므로 '해결해야 할 문제들'과 '해결되어야 할 문제들'은 차이가 없고 '(사람들이) 존경해야 할 사람'이나 '(사람들에 의해) 존경받아야 할 사람'도 차이가 없다.

(a) I made a list of **things to do**. (to 부정사 주어는 I)
(b) I made a list of **things to be done**. (to 부정사 주어는 things)

(a)에서 to do의 주어는 문장의 주어인 I이다. 따라서 주어인 'I'가 해야 할 일들의 목록을 만들었다는 뜻이다. (b)에서는 '행해져야 할 일들'의 목록을 만든 것인데, 누구에 의해 행해져야 할 일들인지는 명시되지 않았으므로 누가 할 일인지에 관심의 초점이 있지 않으며 누가 하든 간에 '행해져야' 할 일이라는 표현이다.

- I have **a lot of things to do**. ○ · I have **a lot of things to be done**. (?)

to 부정사에 의해 수식을 받는 명사구가 주절의 목적어인 경우, 특히 have나 get과 같이 소유나 획득을 표현하는 동사가 쓰인 경우, to 부정사가 능동으로 쓰이는 것이 자연스럽다. 주어가 해야 할 일을 주어가 가지고 있다는 뜻이 되는 것이 자연스럽기 때문이다.

관용표현인 to be seen/found는 항상 수동으로 쓰인다.

- I've got the key to my castle in the air, but whether I can unlock the door **remains to be seen**, observed Jo mysteriously. — Little Women / Louisa May Alcott
- A chimpanzee escaped from a zoo, and it is **nowhere to be found**.

의미 차이가 있는 관용 표현도 있다.

A: Hey, Joe! What are you doing? 어이, 조! 뭐 하고 있어?
B: Nothing. I'm just twiddling my thumb. There's nothing to do.
아무것도 안 해. 그냥 엄지손가락이나 돌리고 있어. 할 일이 없어.

A: What happened to your phone? 네 전화기 어떻게 된 거야?
B: I dropped it in the toilet bowl, so I put it in the oven to dry it out. Now it looks like this.
변기에 빠뜨렸어. 그래서 말리려고 오븐에 넣었거든. 이제 이렇게 생겼어.
A: Dude, I think it's totally broken. There's nothing to be done. You have to get a new one.
이 친구야, 그거 완전히 망가진 것 같은데. 어떻게 할 수 있는 일이 없어. 너 새것 사야 해.

to 부정사와 생략

1) 대부정사 代不定詞

- I didn't want to take piano lessons, but my mother compelled me **to** (take piano lessons).
  나는 피아노를 배우고 싶어 하지 않았지만, 엄마가 강제로 시켰다.
- He continued to play the computer game, although I told him **not to** (play the computer game).
  그는 내가 하지 말라고 했는데도 계속 컴퓨터 게임을 했다.

앞의 동사가 be 동사일 경우, 그를 대신하는 to 부정사는 'to be'로 표현한다.

- Although Thomas Edison **is** not the inventer of the light bulb, he is often thought **to be** (the inventer of the light bulb).

2) 중복되는 to의 생략

to 부정사가 2개 이상 연결된 경우, 뒤의 to 부정사에서 'to'는 종종 생략된다. 반드시 그래야 하는 것은 아니지만, 생략하는 것이 더 간결하므로 훨씬 더 선호된다.

- Do you want **to go** to the movies now or **have** dinner first?
- After she lost her vision, music gave her the strength **to live** and **enjoy** life.

9

의문사 + to 부정사

의문사 + to 부정사의 형태를 써서 간접적인 의문이나 질문 등을 표현할 수 있다. whether도 이와 같이 표현할 수 있다. 단, 'why + to 부정사' 형태는 쓰이지 않는다. 또한 to 부정사는 전치사의 목적어로 쓰이지 않으나, '의문사 + to 부정사'는 전치사의 목적어로 쓰일 수 있다. (whether에 관해서는 648~651페이지를 보라)

- I wonder who to contact about this matter. (= who I should contact)
- Don't tell me what to do and what not to do. I'm not your servant.
  (= what I should do and what I shouldn't do)
- I'll show you how to solve this equation. (= how you can solve)
- Many patients are often not aware of where to obtain accurate advice.
  (= where they can obtain)
- I haven't decided whether to accept his proposal. (= whether I will accept)

10

분리 부정사

to 부정사절에서 부사는 to 부정사 뒤 (목적어가 있으면 목적어 뒤) 또는 to와 동사 사이에 위치한다. 부사가 to와 동사 사이에 위치할 경우 이를 일컬어 분리 부정사(split infinitive)라고 한다.

- We tried to talk quietly. [to 부정사 뒤]
- We tried to quietly talk. [to와 동사 사이: 분리 부정사]
- We need to investigate the case thoroughly. [to 부정사의 목적어 뒤]
- We need to thoroughly investigate the case. [to와 동사 사이: 분리 부정사]

분리 부정사는 중세 때부터 격식적인 글에서도 흔히 사용되고 있었다. 그런데 19세기에 일부 학자들은 분리 부정사가 틀리다고 주장하기 시작했는데, 가장 큰 이유는 라틴어에 분리 부정사가 쓰이지 않는다는 점이었다. 예를 들어 라틴어로 to love는 amâre이다. 그러니 to와 동사 사이에 부사를 끼워 넣는다는 개념은 라틴어에 존재하지 않는다. 그래서 그들은 영어에서도 to와 동사 사이에 부사가 들어가면 안 된다고 주장한 것인데, 과거에는 그 정도로 라틴어를 숭상했다. 그러나 대다수 사람들은 그러한 주장을 끝내 받아들이지 않았다. 20세기 중반 이후, 많은 학자들이 분리 부정사를 인정하기 시작했고 최근 출판된 영미권 문법서들은 분리 부정사가 틀리지 않다고 설명하고 있으며, 비격식체에서 선호되기는 하지만, 말과 글, 격식체와 비격식체 모두에서 널리 쓰이고 있다. 일부 보수주의자들은 분리 부정사가 원칙적으로 틀리다고 아직도 주장하고 있으나, 그러한 주장은 구시대적 오류로서 역사의 뒤안길로 사라지고 있다. 분리 부정사는 의미의 혼동을 피하기 위해 주로 사용되는데, 그러한 경우가 아니더라도 하나의 표현 방식으로서 널리 사용되고 있다.

· I told him to leave **quietly**.

위 문장에서 quietly가 수식하는 것이 told인지 leave인지 불분명하다. 즉, 그에게 떠나라고 '조용히 말했다'는 뜻인지 '조용히 떠나라'고 그에게 말했다는 것인지 정확히 알 수 없다. 전자의 뜻이라면 told 앞에 quietly를 위치시키고 후자의 뜻이라면 leave 앞에 위치시켜 의미를 명료하게 하는 것이 바람직하다.

→ I **quietly** told him to leave. ○   · I told him to **quietly** leave. ○

중세 유럽에서는 라틴어 문법만이 문법으로 간주되었다. 그 외의 언어들은 문법도 없는 수준 낮은 언어로 여겨졌다. 라틴어 이외 언어의 문법에 대한 관심은 르네상스기에 증가했으며, 근대적 민족의식이 성장하면서 영국 지식인들은 영어의 지위를 격상시키고자 했다. 당시에는 라틴어에서 갈라져 나온 언어인 프랑스어와 이탈리아어가 세련된 언어로 여겨졌다. 영국 지식인들은 이 언어들처럼 '고급스럽고 우아한' 언어가 되기 위해서는 영어도 라틴어 문법 체계를 갖추어야 한다고 믿었으며 국가적으로 통일된 문법을 확립할 필요성도 제기되었다. 그에 따라 라틴어 문법을 베낀 영문법이 만들어지기 시작했다. 16세기에 최초의 영문법 서적이 출간된 이래 여러 영문법 서적들이 쏟아져 나왔다. 이후 18~19세기의 문헌들이 이른바 규범문법으로 확립되었으며 20세기까지도 강력한 영향을 끼쳤다. 지식인과 상류층은 '세련되고 수준 높은' 영어를 구사하기 위해서는 규범문법을 지켜야 한다고 주장했다. 영어와 라틴어는 모두 인도-유럽어족에 속하기 때문에 비슷한 점이 많기는 하지만, 영어는 게르만어군에 속하고 라틴어는 로망스어군에 속하는 서로 다른 언어들이기 때문에 라틴어 문법을 영어에 적용시키는 것은 억지스러운 부분이 많을 수밖에 없다. 그래서 20세기를 거치며 현실과 다르게 라틴어에 억지로 끼워 맞춘 규범문법 '규칙'들은 강한 비판을 받기 시작했고 실제 영어의 모습을 토대로 한 문법을 추구하기 시작했다. 또한 민주주의가 확대되면서 귀족과 상류층이 지식과 교양을 과시하기 위해 사용되었던 영어보다는 다수의 평범한 사람들이 일상생활에서 사용하는 영어가 대중매체를 포함한 여러 영역에서 널리 쓰이기 시작했다. 이에 따라 라틴어에 맞춘 인위적 문법체계는 그 부자연스러움으로 인해 쇠퇴하고, 다수 대중이 실제로 사용하는 영어가 보편화되는 방향으로 변화해 왔다. 그러나 규범문법의 영향력이 오늘날에도 사라진 것은 아니며 학술적 글과 같은 격식적 문어문법에 영향을 끼치고 있다.

11

밀어 올리기

1) 뒷주어를 앞으로 밀어 올리기

① seem, appear, turn out, happen, chance

(a) **Shelly** seems kind.   (b) It seems that **Shelly** is kind.

문장 (a)는 연결동사 뒤에 형용사가 보어로 온 형태이다. 문장 (b)는 'It + 동사 + that절'로 이루어진 형태이다. (b)와 같이 표현된 문장에서 that절 안의 주어를 앞으로 밀어 올려 가주어 it을 대체하여 주어로 삼고 to 부정사를 사용하여 표현하는 것을 'raising' 즉 '밀어 올리기'라고 한다.[20] 이와 같이 that절의 주어를 앞으로 밀어 올려서 문장의 주어로 삼는 것을 '뒷 주어를 앞으로 밀어 올리기(subject-to-subject raising)'라고 한다. 이와 같이 표현하면 (c)와 같은 문장이 만들어진다.

(c) **Shelly** seems to be kind.

seem뿐 아니라 appear, turn out, happen, chance도 이러한 방식으로 that절의 주어를 앞으로 밀어 올리고 to 부정사를 사용하여 표현할 수 있다.

---

[20] 한자어로 '상승구문上昇構文' 또는 '인상구문引上構文'이라고 번역하기도 하나, 무슨 말인지 이해하기 어려운 번역이라고 판단하여 이 책에서는 '밀어 올리기'로 표현하였다.

- It appears that Lucy is a high school student.
→ Lucy appears to be a high school student.
- It turned out that Mike had stolen the money.
→ Mike turned out to have stolen the money.
- It happens that today is his birthday.
→ Today happens to be his birthday.

② certain, sure, likely, unlikely

- It is certain that Chris will win the election.
→ Chris is certain to win the election.

- It is likely that the typhoon will arrive near Korea by the weekend.
→ The typhoon is likely to arrive near Korea by the weekend.

certain과 sure의 경우, 'A가 ~할 것이라고 B가 확신의 감정을 가지고 있다'는 의미이다. A를 '사건의 주체'라고 하고 B를 '확신의 주체'라고 하자. 그러면 'It is certain [sure] that ~'에서 that절의 주어는 사건의 주체이고 확신의 주체는 화자이다. (편의상 certain만으로 표기하겠으나 sure에도 마찬가지로 적용된다.)

- It is certain that Chris will win the election. (화자가 Chris의 당선을 확신)

여기서 that절의 주어를 앞으로 밀어 올리고 to 부정사를 써서 표현할 수 있다. 이 경우에도 의미는 동일하게 유지된다.

- Chris is certain to win the election. (화자가 Chris의 당선을 확신)

그런데 확신의 주체를 주어로 하고 that절을 사용하여 표현할 수도 있다.

- They are certain that Chris will win the election. (그들이 Chris의 당선을 확신)

certain 뒤에 of나 about을 쓸 수도 있는데 이 경우는 문장의 주어가 확신을 하는 주체이다. of나 about 뒤에 동명사의 주어가 표시되어 있지 않으면 확신의 주체 (= 문장의 주어)와 사건의 주체 (= 동명사의 주어)는 동일하며, 동명사의 주어가 그 동명사 앞에 표시되어 있다면 그것이 바로 사건의 주체가 된다.

- **Chris** is certain of winning the election. (Chris가 자신의 당선을 확신)
- **They** are certain of **Chris** winning the election. (그들이 Chris의 당선을 확신)

③ 언술 및 인식 동사의 수동태에서

언술 및 인식 동사(verbs of saying and thinking)는 언술 및 인식의 주체를 주어로 하고 그 내용을 that절로 하여 능동태로 표현할 수 있다.

- People say that **Seattle** is the Emerald City.
- Scientists believe that **the Earth** formed around 4.4 billion years ago.

그런데 위와 같은 의미를 표현할 때는 가주어 it을 주어로 하고 동사의 행위자를 생략하여 수동태로 표현하는 경우가 많다. 또한 그와 같이 수동태로 표현된 문장을 that절의 주어를 앞으로 밀어 올리고 to 부정사를 사용하여 표현할 수 있다.

- It is said that **Seattle** is the Emerald City.
- → **Seattle** is said to be the Emerald City.
- It is believed that **the Earth** formed around 4.4 billion years ago.
- → **The Earth** is believed to have formed around 4.4 billion years ago.

아래 동사들에서 이와 같은 구조로 빈번하게 사용된다.

say	think	believe	know	find	consider
suppose	conjecture	presume	suspect	claim	estimate
acknowledge	admit	allege	demonstrate	predict	suggest

2) 목적어를 주어로 밀어 올리기

(a) It is **easy** to read <u>this book</u>. [It은 가주어, to 부정사는 진주어]

→ (b) <u>**This book**</u> is **easy** to read. [to 부정사의 목적어를 주어로 밀어 올린 구조]

이러한 유형의 밀어 올리기는 이른바 '난이 형용사 (adjectives of ease or difficulty)', 즉 easy, difficult, tough, hard, impossible 등이 사용된 문장에서 전형적으로 발생한다. 전치사의 목적어도 마찬가지로 밀어 올릴 수 있다.

· It is **difficult** to work with <u>him</u>. → <u>**He**</u> is **difficult** to work with.

이러한 구조를 설명할 때 예문으로 "He is easy to please."를 사용하는 경우가 많아서, 흔히 'easy-to-please 구조'라고 불린다. 난이 형용사 및 좋고 나쁨 등의 평가 표현 형용사가 이와 같은 구조에 사용될 수 있다.

easy	hard	difficult	tough	challenging	impossible
good	nice	pleasant	wonderful	convenient	interesting
fascinating	fun	safe	important	necessary	essential
terrible	disgusting	dangerous	boring	annoying	unpleasant

· It is **easy** to please <u>him</u>. → <u>**He**</u> is **easy** to please.
· It is **easy** to make friends with <u>her</u>. → <u>**She**</u> is **easy** to make friends with.
· It is **difficult** to solve <u>this problem</u>. → <u>**This problem**</u> is **difficult** to solve.
· It's **nice** to work with <u>her</u>. → <u>**She**</u> is **nice** to work with.
· It's **fun** to watch <u>this TV show</u>. → <u>**This TV show**</u> is **fun** to watch.
· It's **important** to have <u>good friends</u>. → <u>**Good friends**</u> are **important** to have.
· Lemon tree very pretty and the lemon flower is sweet, but **the fruit of the poor lemon is impossible** to eat. — Lemon Tree / Peter, Paul & Mary

이와 같은 구조에 있어서 주의해야 할 사항은 다음과 같이 문장을 구성할 수 없다는 점이다.

- He is easy to solve the problem. x
- Children are difficult to read this book. x
- He is easy to be pleased. x
- This book is difficult to be read by children. x

한국 학생들은 'Children are difficult to read this book.'을 '어린아이들은 이 책을 읽기 어렵다'는 뜻을 가진 올바른 문장으로 착각하는 경우가 많다. '밀어 올리기 (raising)'라는 문법 현상에 대해 알지 못했던 사람들은 이런 문장이 왜 틀린지 설명할 필요가 있었을 것이다. 그리고 주어가 사람을 의미하는 명사라는 점에 주목했다. 위 유형의 문장이 틀린 문장으로 시험에 출제될 때, 주어가 사람인 경우가 많았기 때문이다. 그래서 '난이 형용사는 사람을 주어로 할 수 없다'는 것이 '원칙'이라는 말을 누군가 만들어서 유포하기 시작한 것으로 보인다. 그러나 난이 형용사가 쓰인 문장의 주어가 사람이라도 아래 문장은 올바르다.

- She is difficult to persuade. O

그래서 '난이 형용사는 사람을 주어로 할 수 없다'는 가짜 원칙에 '단, 문장의 주어가 to 부정사의 의미상 목적어인 경우는 가능하다'는 예외 조항이 덧붙여져서 마치 그럴듯한 설명처럼 퍼져나간 것으로 보인다. 그러나 주어가 사람이라는 것은 그저 피상적 우연에 불과할 뿐 위 문장들이 틀린 이유가 아니다. easy, difficult, impossible 등이 easy-to-please 구조로 쓰일 때 문장의 주어는 반드시 to 부정사의 목적어여야 하며 주어가 될 수 없다. 그런데 사물보다는 사람이 주어로 쓰이는 경우가 많다 보니 마치 주어가 사람이어서 틀리는 것처럼 보이는 것뿐이다. 그러나 이 구조에서는 사람이건 사물이건 무엇이건 상관없이 문장의 주어가 to 부정사의 주어이면 올바르지 않은 문장이다.

- Wooden houses are easy to catch fire. x
→ It is easy for wooden houses to catch fire. O
- Cats are difficult to obey orders. x

- → It is difficult **for cats** to obey orders. O
- · **Scientists** are difficult to determine the accurate age of the Earth. x
- → It is difficult **for scientists** to determine the accurate age of the Earth. O

또한 밀어 올리기는 가목적어-진목적어 구조에서 일어나기도 한다.

- · I find **it** difficult to learn **Chinese**. → I find **Chinese** difficult to learn.

이 경우에도 마찬가지 원리로 가목적어 자리로 밀어 올려진 명사구는 to 부정사의 목적어여야 올바른 문장이다. 다시 말해 to 부정사의 목적어가 아니라면 가목적어 it을 대체하여 그 자리로 밀어 올려질 수 없다.

- · Lack of concrete information makes **scientists** difficult to determine the accurate age of the Earth. x
- → Lack of concrete information makes **it** difficult **for scientists** to determine the accurate age of the Earth. O

3) easy-to-please 구조와 enough, too

- · **This box** is light enough to carry alone.
- · **This box** is too heavy to carry alone.

위 문장들의 주어인 'This box'는 'to carry'의 목적어이다. 즉, 'enough to' 표현과 'too ~ to' 표현도 형태적으로 보면 easy-to-please이다. 그러나 난이 형용사에 쓰인 구조와 차이점이 있다. enough와 too가 쓰인 easy-to-please 구조는

① 의미가 적절하기만 하다면 어떠한 형용사와도 함께 쓰일 수 있다.

② 'It ~ (for sb) to ~' 형태로 표현할 수 없다.

- It is light enough for me to carry this box alone. ✗
- It is too heavy for me to carry this box alone. ✗

③ so that ~ 구조로 표현할 수는 있다.

- This box is so light that I can carry it alone. ○
- This box is so heavy that I can't carry it alone. ○

'so ~ that ~'으로 표현하면 carry 뒤에 this box를 가리키는 대명사 it이 오는 것을 볼 수 있다. 그러나 이것을 easy-to-please 구조로 표현하면 to 부정사의 목적어를 앞으로 밀어 올린 것이므로 to 부정사 뒤에 그것을 가리키는 대명사가 또 올 수는 없다.

- This box is ~~too heavy to carry it alone~~. ✗
- → This box is too heavy to carry alone. ○

④ 문장의 주어가 to 부정사의 주어여도 된다.

- He is old enough to drive a car. ○
- He is too young to drive a car. ○
- This box is light enough to be carried alone. △
- This box is too heavy to be carried alone. △
    ☞ 단, 수동형 to 부정사로 표현되는 것은 틀리다고까지는 할 수 없으나 선호되지 않는다.

⑤ **enough와 too는 형용사뿐 아니라 부사에도 쓰일 수 있다.**

· She worked **hard** enough to pass the test.
· He spoke **too** quietly for me to make out the words.

· Man is the only creature that consumes without producing. He does not give milk, he does not lay eggs, he is **too weak** to pull the plough, he cannot run **fast enough** to catch rabbits. Yet he is lord of all the animals. — Animal Farm / George Orwell

4) worth 및 worthwhile에서의 밀어 올리기

· Oh, my poor Mathilde! Why, my necklace was paste. It was **worth** at most five hundred francs! — The Necklace / Guy de Maupassant
아, 나의 불쌍한 마틸드! 왜! 내 목걸이는 가짜였어. 그것은 아무리 비싸도 500프랑 정도밖에 안 했다고!

worth는 서술 형용사인데 특이하게도 뒤에 명사구나 동명사를 거느린다. 그래서 타동사 뒤에 목적어가 오는 것과 비슷하다 하여 타형용사(transitive adjective)라고도 한다. busy도 -ing를 취하는 타형용사이다. (She is busy writing a report.)

worthwhile은 worth와 while을 결합한 단어로서 어원적으로는 '~하는 데 시간(while)을 들일 가치가 있다'는 뜻이다. 따라서 한 단어로 결합되어 있기는 하지만 worthwhile에서 while이 worth의 목적어이므로 worthwhile 뒤에 명사 목적어가 또 올 수는 없다. 그러나 '무엇을 하면서' 시간을 보내는 것이 가치 있는지를 to 부정사로 표현할 수는 있다. 또한 worthwhile은 명사 앞 수식어로 쓰여서 '가치 있는'이라는 뜻을 표현하기도 한다.

가주어 it이 쓰인 문장에서 worth 뒤에 -ing가 있는 경우와 worthwhile 뒤에 to 부정사가 있는 경우, -ing 또는 to 부정사의 목적어를 주어로 밀어 올려서 표현할 수 있다. 단, 아래 사항에 유의하라.

- It's worth visiting the museum. ○ = The museum is worth visiting. ○
- It's ~~worth to visit the museum~~. ✗ (worth 뒤에는 to 부정사가 오지 않는다.)
- The museum is ~~worth to visit~~. ✗ (worth 뒤에는 to 부정사가 오지 않는다.)
- The museum is ~~worth being visited~~. ✗ (밀어 올려진 주어는 worth 뒤 -ing의 목적어여야 한다.)

- It's worthwhile to visit the museum. ○ = The museum is worthwhile to visit. ○

- It's worthwhile visiting the museum. ○

  (worthwhile 뒤에 -ing가 올 수는 있으나 덜 선호된다.)
- The museum is worthwhile visiting. ✗

  (worthwhile 뒤에 -ing가 온 것은 목적어를 밀어 올려 표현할 수 없다.)
- The museum is worthwhile to be visited. ✗

  (밀어 올려진 주어는 to 부정사의 주어일 수 없다.)

- The museum is worthy of a visit. ○ ('worthy'는 뒤에 'of + NP'가 온다.)
- The museum is ~~worthy visiting~~. ✗
- The museum is ~~a worth place~~ to visit. ✗ (worth는 서술 형용사)
- The museum is a worthy [worthwhile] place to visit. ○

  (worthy와 worthwhile은 명사 앞 수식어로도 쓰인다.)

12 원형부정사

1) let, have, make, help의 목적어 뒤에서

- My parents won't *let* me *keep* a pet.
- I'll *have* my secretary *send* the document to your office.
- Her death *made* me *realize* that life is really short.
- He *helped* her *(to) take* her boots off.
- *Let* it *go*. *Let* it *go*. You'll never see me cry. Here I stand and here I'll stay. *Let* the storm *rage* on. — Let It Go / 영화 Frozen OST

이젠 감추고 억누르지 않을 거야. 내 능력을 다 발휘해 버릴 거야. 너희들은 내가 우는 모습을 다시 보지 못할 거야. 나 당당하게 여기 서서 여기에 머무를 거야. 까짓것 폭풍아 몰아쳐라.

2) 지각동사의 목적어 뒤에서

- I *saw* a squirrel *climb* a tree.
- I *heard* someone *knock* on the door.

3) Why / Why not 뒤에서

- I could give him some advice about how to learn English, but why bother? He's not going to follow my advice anyway. (= why should I bother to give him such advice?)
- Why buy an expensive dress to wear once a year when you can rent one at a low price? (= Why do you buy an expensive dress ~)
- You don't look very well. Why not see a doctor? (= Why don't you see a doctor?)
- If you have very sensitive skin, why not use our special moisturizing cream? (= Why don't you use ~?)

4) but, except, like, than 뒤에서

- I cannot but fall in love with you.
= I cannot help but fall in love with you.
= I cannot help falling in love with you.

- If you keep coming late for work, I cannot choose but fire you.
= If you keep coming late for work, I have no choice but to fire you.

- I will do anything but (to) wash the dishes.
  설거지를 빼고 뭐든 다 하겠다. 설거지만은 절대 안 하겠다.

- There is nothing I can do except pray for her.
  그녀를 위해 기도를 하는 것 외에는 내가 할 수 있는 일이 없다.

- It's more important to give than (to) receive.
- It's better to try rather than (to) do nothing.
- I would rather betray the world than let the world betray me. — Cao Cao

5) come / go 뒤에서

- Just stay there. I'll come pick you up.
- Let's go eat something.

- He ~~came pick~~ me up. x → He **came to pick** me up. O
- She ~~went eat~~ something. x → She **went to eat** something. O

6) all, the best, the only, what이 주어로 쓰일 때 보어

- **All** I did was (to) love you, but **all** you did was (to) hurt me.
- **The best** (thing) you can do is just (to) enjoy your life.
- I didn't break the computer. **The only** (thing) I did was (to) turn it off.
- **What** a chick sexer does is (to) determine the sex of baby chicks.

단, 다음과 같은 경우에 유의하라.

- What she was **doing** was writing a letter.
  (주어에 -ing가 쓰인 경우 보어도 -ing)
- What I **want** is to take a nap.
  (주어에 to 부정사를 취하는 동사가 쓰인 경우 보어는 to 부정사)
- What he **enjoys** is reading novels.
  (주어에 동명사를 취하는 동사가 쓰인 경우 보어는 동명사)

7) 원형부정사의 부정

- Let's not talk about it anymore.
- I need someone who can make me not feel lonely.

8) 원형부정사가 쓰이는 관용구

- The boy grabbed the toy and wouldn't let go of it.
- The homeless man didn't even have socks nor shoes and made do with paper bags.
- The boy forged his ID card and made believe that he was an adult.

동명사

10

1. 동명사의 개념
2. 동명사와 부정사
3. 동명사의 상과 태
4. 동명사의 주어
5. 여러 가지 동명사 표현들
6. 전치사 to가 쓰이는 표현들

1

동명사의 개념

동명사는 동사에 -ing를 붙인 형태로서 동사이면서도 명사적 의미와 기능을 가진 것을 말한다. 동명사와 현재분사는 형태적으로 동일하지만 전통적 영문법은 이 둘을 구분하여, 명사적 기능은 동명사로, 형용사적 기능, 부사적 기능, 진행형에 쓰인 경우는 현재분사로 간주한다. 그러나 현대 영문법에서는 동명사와 현재분사를 통합하여 non-finite -ing clause (비정형 ing절)로 보기도 한다. 또한 영미권의 문법서적을 보면 전통적으로는 동명사로 간주되는 형태를 participle이라고 부르는 것을 종종 볼 수 있다.[21] 이렇게 현대 영문법은 동명사와 현재분사를 -ing라는 하나의 형태를 가진 하나의 실체로 본다. 이것은 영문법이 라틴어 문법에 대한 집착에서 벗어나 영어를 있는 그대로 인식하게 된 결과이다. 영문법이 동명사(gerund)와 현재분사 (present participle)를 구별한 것은 라틴어에서 그 둘이 구별되기 때문이었다. 라틴어에서 '읽다'는 뜻의 동사 legere는 전치사의 목적어로 쓰일 때는 legendo로, 명사를 수식하는 기능으로 쓰일 때는 legentem으로 표현되는데, 전자는 동명사로 후자는 현재분사로 구분된다. 그리고 이것을 영문법에도 적용시켜, reading이 명사적 기능일 때는 동명사로, 다른 기능일 때는 현재분사로 구분한 것이다.

그러나 라틴어 문법으로부터 벗어나 각성하게 되자, 영어는 라틴어와 달리 전치사의 목적어일 때나 명사를 수식할 때나 모두 -ing라는 하나의 형태를 가지고 있으며 그 둘이 별도의 실체가 아니라는 것을 깨닫게 된다. -ing라는 하나의 실체가 있을 뿐이고 단지 여러 기능으로 쓰이기도 하는 것이다. 우리는 to 부정사가 명사적, 형용사적, 부사적 기능을 한다고 개념화하지, 명사적으로 쓰인 to 부정사만 별도로 개념화하지 않는다. 그런데 -ing의 경우에는 왜 하나의 형태인데도 명사적 기능을 할 때만 완전히 다른 것으로 봐야 한다는 말인가? 현대 영문법은 이러한 인식에 도달한 것이다.

이 책에서는 설명의 편의를 위해 전통적 방식에 따라 동명사와 현재분사를 구분하여 다루겠다. 그러

---

21 Swan, *Practical English Usage*, 384.

나 동명사를 현재분사와 본질적으로 다른 것으로 보기 어려우며 그 둘을 언제나 선명하게 구분할 수는 없다는 점, 또한 -ing라는 하나의 형태가 여러 기능을 하는데 다만 -ing의 명사적 기능을 전통적으로는 동명사라고 개념화해 왔다는 점을 이해하는 것이 좋다.

1) 동명사와 현재분사

① 동명사의 기능 (-ing의 명사적 기능)

- Building bridges over the river is not an easy task. [주어]
- They are considering building bridges over the river. [동사의 목적어]
- Some people are against building bridges over the river. [전치사의 목적어]
- They think that it is no good building bridges over the river. [진주어]
- What the architect suggests is building bridges over the river. [보어]

② 현재분사의 기능 (-ing의 서술어 기능 및 수식 기능)

- The construction company is building bridges over the river. [진행형]
- He works for the company building bridges over the river. [형용사적 수식]
- Building bridges over the river, they are making a lot of noise. [부사적 수식]

2) 동명사의 명사화

완전히 명사화된 동명사라는 개념은 그 형태가 -ing여서 '동명사'라는 표현이 사용된 것일 뿐이지, 동사적 성격이나 의미가 전혀 없는 완전한 명사로서 동명사가 아니다.

《(주로) 완전히 명사화된 동명사로 쓰이는 낱말들》

| building | clothing | finding | housing | marketing |
| meaning | meeting | painting | recording | writing |

명사적 동명사는 의미는 일반적 동명사와 비슷하나 앞에 정관사가 쓰인 것과 같이 형태적으로 명사인 경우를 말한다. 흔히 전치사구 (of ~)의 수식을 받는다. 일반적 동명사와 의미는 크게 다르지 않다.

- Education is not **the** filling **of** a pail, but **the** lighting **of** a fire. — W. B. Yeats

- These paintings look nice. [완전히 명사화된 동명사]
- Many students participated in **the** painting **of** this mural. [명사적 동명사]
- = Many students participated in painting this mural. [일반적 동명사]

- That building is very tall. [완전히 명사화된 동명사]
- The plan for **the** building **of** a new airport was announced yesterday. [명사적 동명사]
- = The plan for building a new airport was announced yesterday. [일반적 동명사]

- You do **the** cleaning. I'll do **the** cooking. [명사적 동명사]
- I dislike my boss. He does all **the** talking in meetings and won't listen to others. [명사적 동명사]

3) 동명사의 부정

동명사를 부정할 때는 동명사 앞에 not이나 never를 위치시킨다. 단, 완료형 동명사에 never를 쓸 경우에는 having 뒤에 위치시킬 수도 있다.

- As the economy was getting worse, Andy was afraid of not being able to support his family.
- Marty was proud of not having received any complaints from his customers.
- Kelvin admitted having never ridden a bicycle.
- Love means never having to say you're sorry. — Love Story / Erich Segal

2. 동명사와 부정사

1) 동명사를 목적어로 취하는 동사들

중단/종료: give up, quit, stop, discontinue, finish
연기/미룸: postpone, delay, defer, put off, hold off
생각/숙고: imagine, recall, recollect, contemplate, consider
회피/저항: avoid, evade, escape, dodge, miss, resist
꺼림/싫어함: mind, dislike, detest, loathe, resent, grudge
즐김/좋아함: enjoy, relish, favor, adore, feel like
인정/부정: admit, acknowledge, deny
조언/제안: advise, recommend, suggest
기타: practice, keep (on), resume, advocate, anticipate, appreciate, end up, risk

- He **quit smoking** years ago. 그는 여러 해 전에 담배를 끊었다.
- She **postponed submitting** her paper. 그녀는 페이퍼 제출을 미뤘다.
- I'm **considering moving** to Boston. 나는 보스턴으로 이사를 갈까 생각 중이다.
- The boy **avoided being hit** by a truck. 그 소년은 트럭에 치이는 것을 피했다.
- I couldn't **tolerate being ignored**. 나는 무시당하는 것을 참을 수가 없었다.
- I **feel like having** some ice cream. 나 아이스크림이 좀 먹고 싶어.
- The defendant **denied entering** the victim's house. 피고는 피해자의 집에 들어간 것을 부인했다.
- Dentists **advise brushing** your teeth after each meal. 치과의사들은 매 식사 후에 이를 닦으라고 권고한다.
- Do you **mind turning down** the volume a little, please? 볼륨을 좀 줄여 주시겠어요?
- I got up 30 minutes earlier than usual, but I **ended up being** late to class.
  나는 평소보다 30분 일찍 일어났지만, 결국 수업에 늦고 말았다.

to 부정사는 일회적이고 특정한 미래의 행위와의 연관을 표현하는 경향이 있는 반면, 동명사는 반복적, 지속적, 일반적 행위 또는 과거의 행위와의 연관을 내포하는 경우가 많다. 예를 들어, 중단과 종료는 과거에서부터 해 오던 일을 중단하는 것이며, 회상, 인정, 부인 등도 과거의 일에 대한 회상, 인정, 부인을 의미한다. 또한 동명사를 사용하여 싫어함과 좋아함을 표현하는 것은 순간적인 감정이 아니라 평소에 일반적으로 좋아하거나 싫어함을 의미한다. 그러나 이것은 경향적인 것이지 절대적인 것이 아니다. 예를 들어 anticipate와 expect는 같은 의미이지만 전자는 동명사를 취하고 후자는 to 부정사를 취한다.

또한 advise, allow, permit, forbid, recommend는 '누구에게' 조언, 허용, 금지하는지를 표현하는 목적어가 있으면 목적어 뒤에 to 부정사를 쓰고, 없으면 동명사를 목적어로 취한다.

- Experts **advise** people to reduce sodium intake.
→ Experts **advise** reducing sodium intake.
- The school doesn't **allow** students to wear sleeveless shirts.
→ The school doesn't **allow** wearing sleeveless shirts.
- The law **forbids** us to smoke on airplanes.
→ The law **forbids** smoking on airplanes.

2) 동명사와 to 부정사를 쓸 때 의미 차이가 없는 동사들

> 시작/계속하다: begin, start, commence, continue
> 좋아하다: like, love, prefer
> 싫어하다/두려워하다: hate, hear, dread
> 기타: bear, cease, decline, intend

* continue에는 동명사와 to 부정사가 모두 쓰이나, discontinue에는 동명사만 쓰인다.

- I recently **began** learning Spanish. = I recently **began** to learn Spanish.

- I will **continue** learning Spanish. = I will **continue** to learn Spanish.
- I **hate** memorizing grammar rules. = I **hate** to memorize grammar rules.
- I **like** watching Spanish TV shows. = I **like** to watch Spanish TV shows.
- I **ceased** taking private lessons. = I **ceased** to take private lessons.
- I **intend** learning Spanish online. = I **intend** to learn Spanish online.
- I'm **beginning** to like Spanish culture. O
- I'm ~~beginning liking~~ Spanish culture. x

3) 동명사가 올 때와 to 부정사가 올 때 의미가 다른 경우

① to 부정사가 부사어로 오는 경우

'동명사를 목적어로 취하는 동사'를 '뒤에 to 부정사가 오면 틀리는 동사'라고 생각하는 것은 문법 사항을 크게 곡해하는 것이다. 동명사를 목적어로 취하는 동사들 중에는 자동사로 쓰일 수 있는 동사도 있으므로 동사 뒤에 목적어 없이 부사적 기능의 to 부정사가 올 수도 있으며, 또한 형태적으로 이러한 동사들 뒤에 to 부정사가 오게 만드는 방법은 얼마든지 있을 수 있다.

- We got very tired, so we **stopped** to take a break. [부사어]
- After 15 minutes, we **stopped** taking a break and continued hiking. [목적어]

I'm going out to clean the pasture spring;
나는 목장의 샘을 치우러 나가는 길이야.

I'll only **stop** to rake the leaves away. [부사어]
나뭇잎들을 갈퀴로 치워버리기 위해 (거기) 잠깐 들르기만 할 거야.

(And wait to watch the water clear, I may)
(그리고 물이 맑아지는 걸 지켜보렴.)

I shan't be gone long — You come too.
나는 오래 떠나있지 않을 거야. — 너도 오려무나.

— The Pasture / Robert Frost

- I **practiced** playing the violin. [목적어]
- I **practiced** to win first prize at the school contest. [부사어]

- A prisoner **escaped** to go to the dentist because he couldn't stand the pain from a toothache. [부사어]
- He couldn't **escape** getting punished for it. [목적어]

- They **resisted** being conquered. [목적어]
- They **resisted** to gain independence. [부사어]

② 동명사가 올 때와 to 부정사가 올 때 의미가 달라지는 표현들

(1) chance -ing / chance to -

- Don't **chance** investing all your money in stocks.

    (운에 맡기고 한번 해 보다, 위험을 감수하고 ~하다)

- A doctor **chanced** to be passing by when Mike had a heart attack.

    (우연히 ~하다 = happen to)

(2) try -ing / try to -

- "I've got a really bad cough." "**Try** drinking some hot tea with honey."

    (혹시 좋은 효과나 결과 등이 있을 수 있으니 한번 해 보다)

- Rescue workers are **trying** to find survivors under the debris.

    (~하려고 애쓰다, 노력하다)

(3) forget -ing / forget to -

- If you **forget** taking your medicine, you may overdose yourself.

    (과거에 ~했었다는 사실을 잊어버리다)

- If you **forget** to take your medicine, the symptom may last longer.

    (앞으로 해야 한다는 것을 잊어버리다)

(4) remember -ing / remember to -

- I **remember** meeting him in his office. I know that I met him there.

   (과거에 ~했다는 것을 기억하다)

- I **remember** to meet him in his office. I know that I should meet him there.

   (앞으로 ~해야 한다는 것을 기억하다)

(5) regret -ing / regret to -

- I **regret** telling you about it. I shouldn't have told you about it.

   (과거에 ~했다는 사실에 대해 마음 아프게 생각하다, ~한 것을 후회하다)

- I **regret** to tell you about this. I really don't want to, but I have to.

   (앞으로 ~해야 한다는 사실에 대해 마음 아프게 생각하다, ~하게 되어 유감이다)

(6) go on -ing / go on to -

- He **went on** talking about his experience during the Iraq War over an hour.

   (하나의 동작을 계속하여 중단 없이 지속적으로 하다)

- He showed a short video clip about the Iraq War to the students and **went on** to talk about his experience during the war.

   (앞에 하던 동작을 마친 후, 그에 이어서 다른 동작을 진행하다)

(7) afraid of -ing / afraid to -

- I hate to fly because I'm **afraid of** dying in a plane crash.

   (-ing가 표현하는 일이 벌어질까 봐 두려워하다)

- I am **afraid** to tell the truth to my parents.

   (to 부정사가 표현하는 행동을 하면 그 결과로 부정적인 일이 벌어질까 두려워하다)

3

동명사의 상과 태

	단순형	완료형
능동	doing	having done
수동	being done	having been done

1) 단순 동명사와 완료 동명사

　단순 동명사는 기준 시점과 같은 시점의 시간, 또는 그 이후의 시간 또는 그 이전의 시간을 표현한다. 다시 말해 단순 동명사가 표현하는 시점은 의미와 맥락에 의존적이다. 완료 동명사는 기준 시점 이전의 시간을 표현한다. 단, 완료 동명사는 기준 시점 이전의 시간을 표현하는 방법인 것이지, 기준 시점 이전을 표현할 때 반드시 완료 동명사를 써야 하는 것은 아니다. 기준 시점보다 시간적으로 앞서는 경우라 하더라도 단순 동명사를 사용하는 것이 시간적 선후관계를 이해하는 데 있어 혼동을 불러일으키지 않으면 대개 단순 동명사를 사용하며, 완료 동명사는 기준 시점 이전에 발생하였다는 사실을 명료하게 나타내거나 격식적으로 표현할 때 사용된다.

① 단순 동명사

- I **am** proud of being your friend. = I **am** proud that I **am** your friend.
  나는 (현재) 너의 친구인 것이 (현재) 자랑스러워.

- I **am** ashamed of committing such a crime. = I **am** ashamed that I committed such a crime.

  나는 내가 (과거에) 그러한 범죄를 저질렀다는 것에 대해 (현재) 부끄러움을 느낀다.

- I **am** sure of becoming a pilot someday. = I **am** sure that I will become a pilot someday.

  나는 내가 (미래의) 언젠가에 파일럿이 될 것이라고 (현재) 확신하고 있다.

② 완료 동명사

- A woman has to live her life, or live to repent not having lived it.

  ― Lady Chatterley's Lover / D. H. Lawrence

  여자는 자신의 삶을 살아야만 합니다. 그렇지 않으면 그러지 못한 것을 후회하는 삶을 살게 됩니다.

- He **is** proud of having been the student body president.
= He **is** proud that he was the student body president.

  그는 (과거에) 학생회장이었던 것에 대해서 (현재) 자랑스럽게 생각하고 있다.

- I **am** ashamed of having committed such a crime.
= I **am** ashamed that I committed such a crime.

  나는 내가 (과거에) 그러한 범죄를 저질렀다는 것에 대해 (현재) 부끄러움을 느낀다.

- Alice **was** sure of having seen the man before.
= Alice **was** sure that she had seen the man before.

  앨리스는 그 남자를 전에 본 적이 있다고 확신했다.

2) 능동형 동명사와 수동형 동명사

① 능동형 동명사

- I avoid drinking coffee because I am hypersensitive to caffeine.
  나는 카페인에 과민하기 때문에 커피 마시는 것을 피한다.
- Tom admitted having stolen the money. 톰은 그 돈을 훔쳤다는 것을 인정했다.

② 수동형 동명사

- The best way to prevent malaria is to avoid being bitten by mosquitoes.
  말라리아를 예방하는 가장 좋은 방법은 모기에 물리는 것을 피하는 것이다.
- He admitted having been bribed by the enemy.
  그는 적에게 뇌물을 받았다는 것을 인정했다.

③ 동명사가 수동의 의미를 가지는 경우

- This tree needs watering. *BrE* = This tree needs to be watered. *AmE*
- This novel deserves reading. *BrE* = This novel deserves to be read. *AmE*
- This kitchen floor wants mopping. *BrE* = This kitchen floor needs to be mopped. *AmE*

4 동명사의 주어

1) 동명사의 주어가 별도로 표시되지 않은 경우

① 동명사의 주어가 문장의 주어와 같은 경우

- I just finished writing my research paper.
- Do you mind closing the door?

② 불특정 일반인이 동명사의 주어인 경우

- Reading many books is the key to wisdom.
  책을 많이 읽는 것은 지혜로 가는 열쇠이다.

- Justin suggested planting some flowers in the garden.
  저스틴은 정원에 꽃을 좀 심자고 제안했다.

2) 동명사의 주어를 별도로 표시하는 경우

구식 영문법은 소유격으로 동명사의 주어를 표현하는 것을 원칙으로 보았다. 그러나 현실에서는 목적격을 사용하는 경우가 워낙 많다. 그래서 "소유격을 사용하는 것이 원칙이나 목적격을 쓰기도 한다"고

전향적으로 설명하기도 한다. 그런데 소유격으로 동명사 주어를 표현하는 것을 '원칙'이라고 하다 보니, 그것이 주된 형태라고 오해하는 경우가 많은데, 현대영어에서는 **목적격 (즉, 비소유격)으로 동명사의 주어를 표현하는 경향이 압도적으로 강하다.** 따라서 동명사의 주어는 목적격으로 표현하는 것이 일반적이고 일부의 경우에서 소유격으로 표현하기도 한다고 설명하는 것이 현실에 부합한다.

소유격으로 동명사의 주어를 표현하는 것은 격식적인 표현이다.

- Do you mind **my** closing the window?
- She was against **her father's** running for the President.
- Susan seems to be very proud of **her daughter's** receiving the award.

목적격(비소유격)으로 동명사의 주어를 표현하는 것이 훨씬 더 일반적이다.

- Do you mind **me** closing the window?
- She was against **her father** running for the president.
- Susan seems to be very proud of **her daughter** receiving the award.

복수명사인 경우, 사물을 뜻하는 명사인 경우, 부정대명사인 경우는 격식체와 비격식체 모두에서 목적격(비소유격)으로 표현하는 것이 자연스럽다.

- Larry is tired of **his parents** nagging him to get married. O
- The accident resulted in **my car** being totaled. O
- I don't enjoy **everyone** knowing my personal business. O

단, 동명사가 문장의 주어로 쓰인 경우에는 소유격으로 동명사의 주어를 표현하는 것이 격식체에 적합하다. 이 경우도 비격식적 말하기에서는 흔히 목적격으로 표현한다.

- **His** being so lazy is a problem for me. [격식]
- **Him** being so lazy is a problem for me. [비격식]

5 여러 가지 동명사 표현들

· Mark **is good at** **drawing**.

· He **insisted on** **paying** for the whole bill for dinner.

> A: No, no, you don't have to pay for me.
> 아니야, 아니야, 네가 내 것까지 낼 필요 없어.
> B: I really want to treat you this time. I owe you so much. **I insist**!
> 이번에는 정말 제가 대접하고 싶어요. 제가 신세를 많이 졌잖아요. 꼭 그렇게 하고 싶어요!
> A: Well, **if you insist**… 정히 그러겠다면야…

· **There is no** **denying** that global capitalism is in systemic crisis.

· I'm sorry, but **there's no** **smoking** in this building.

· **It is no use** **complaining** about the weather.
= **There is no use** **complaining** about the weather.

· **It goes without** **saying that** men and women are equal before the law.

· She has found out that her husband had an affair with her best friend. Their marriage **is on the edge of** **falling** apart.

- Julie **had difficulty adjusting** to her new job.

- He **spent** a lot of time **playing** computer games.
= He **spent** a lot of time **on** computer games.

- His administration **wasted** an obscene amount of tax money **dredging** rivers and **constructing** dams and weirs.
  그의 행정부는 강을 준설하고 댐과 수중보를 건설하는 데 터무니없는 액수의 세금을 낭비하였다.

- The corrupt regime was **far from respecting** human rights and **upholding** democratic values.
  그 부패한 정권은 인권을 존중하고 민주적 가치를 지키는 것과는 거리가 멀었다.
  Cf) He was **far from honest**. O ('far from' 뒤에 형용사가 올 수도 있다.)

- The company forced workers to handle toxic chemicals without providing proper safety equipment, but the workers stayed quiet **for fear of losing** their job.

- She **never** goes anywhere **without putting** on makeup.
= She **never** goes anywhere **but** she puts on makeup.

For the moon **never** beams, **without** bringing me dreams
Of the beautiful Annabel Lee;
And the stars **never** rise, **but** I feel the bright eyes
Of the beautiful Annabel Lee;
— Annabel Lee / Edgar Allan Poe

달이 비출 때마다, 나에게 아름다운 애너벨 리의 꿈을 꾸게 하기에
그리고 별들이 떠오를 때마다, 나는 아름다운 애너벨 리의 빛나는 눈동자를 느끼기에

- I was very **busy doing** chores and **running** errands.
= I was very **busy with** chores and errands.
  나는 집안일과 이런저런 일들을 처리하느라 바빴다.

영한사전들을 찾아보면 chore를 '잡일', '허드렛일', '자질구레한 일' 등으로 번역한 것을 볼 수 있다. 이것은 단어 번역에 가사(家事)를 하찮은 것으로 보는 시각이 포함된 예라고 할 수 있다. 영미권의 사전들은 chore를 '일상적, 정기적, 반복적으로 하는 일'로 정의한다. house chores 또는 domestic chores는 요리, 설거지, 빨래, 청소, 애완동물 먹이 주기 등과 같이 가정에서 반복해서 하게 되는 필수적인 일들을 말한다. 하기 싫지만 꼭 해야 하는 일을 표현하기는 하나, '자질구레한 잡일'이나 '허드렛일'이라고 저평가하는 의미가 포함되어 있지는 않다.

· According to a recent poll, sharing house **chores** was in the top three issues associated with a successful marriage.

chore에는 do를 사용하는 것이 일반적이다. 격식체에서는 perform을 쓰기도 한다.

· I have some **chores** to do [perform] this evening.

또한 영한사전을 찾아보면 errand를 '심부름'으로 번역한 것을 볼 수 있는데 이것은 절반만 올바르다. errand는 누구의 부탁도 받지 않고 스스로의 필요성으로 하는 일도 포함한다. errand는 보통 집 밖에서 어느 정도의 거리를 이동하여 하게 되는 일, 예를 들어, 장보기, 우체국에 우편물 부치러 가기, 세탁소에 세탁물 맡기거나 찾으러 가기 등을 말한다. 이런 일들을 지칭하는 정확한 우리말 단어가 딱히 없으므로, 볼일, 할 일 등으로 해석한다. 그러한 일을 누군가의 부탁을 받고 그 사람을 위해 해 주는 것일 때는 심부름의 뜻이 된다. errand에는 동사 run을 사용하는 경우가 많으며 do를 쓰기도 한다.

· I have some **errands** to run [do] this evening. 오늘 저녁에 할 일이 좀 있어.
· I have some **errands** to run [do] for my mom this evening. 오늘 저녁에 엄마 심부름을 좀 할 게 있어.

6 전치사 to가 쓰이는 표현들

- Year followed year, and all the years he devoted himself to **building and adorning** the Pearl of Love. — The Pearl of Love / H. G. Wells
  (the Pearl of Love는 소설의 주인공인 왕이 죽은 왕비를 위해 짓는 기념물이다.)

- He confessed to **stealing** a pair of gloves from the store.

- She testified to **witnessing** the defendant kick the victim.

- Most Republicans objected to **passing** the healthcare reform bill.

- Democrats are opposed to **cutting** social programs.

- Many fans are looking forward to **attending** the concert.

- We came near to **being** drowned.

- She participated in the audition with a view to **becoming** a singer.

- Quite many Koreans are accustomed to **sleeping** on the floor.

- For twenty-four years I've been living next door to Alice. Twenty-four years just waiting for a chance to tell her how I feel, and maybe get a second glance. Now I gotta get used to not living next door to Alice.
— Living Next Door To Alice / Smokie

- There is no one right way when it comes to raising children.

- A deep understanding of the subject is the key to writing a good essay.

- The language barrier was a significant obstacle to building close relationships between the participants.

- Now, let's get down to discussing these issues.

- Many Korean employees resign themselves to working overtime without getting paid.

- She restricts herself to eating pizza once a month.

A: What do you say to going to the movies this afternoon?
B: I'm sorry, but I have other plans.

11 대명사

1. 대형태로서의 대명사
2. 인칭대명사
3. 대명사 it
4. 지시사
5. so / such / the same
6. 재귀대명사
7. 부정대명사
8. 수량사

1

대형태로서의 대명사

다른 대상을 지칭하는 기능을 하는 낱말을 대형태(pro-form)라고 한다. 앞서 정관사가 지칭하는 대상이 텍스트 내부에 있는 경우와 외부에 있는 경우를 살펴보았는데 대형태도 마찬가지이다. 예를 들어 어떤 사람이 "I am hungry."라고 말하면, 여기서 'I'는 그 말하는 사람을 가리킨다. 이 경우 'I'가 가리키는 것은 글이나 말 안에 있는 것이 아니라, 텍스트 외부, 즉 현실 세계의 어떤 사람이다. "Peter was hungry, so he ate a sandwich."라는 문장에서 'he'는 앞에 언급된 'Peter'를 가리킨다. 이 경우는 지칭 대상이 텍스트 내부에 있는 것이다. 대형태가 가리키는 대상이 텍스트 안에 있을 때, 대형태 앞에 있으면 '앞에 온 말'이라는 뜻에서 '선행사先行詞(antecedent)'라고 하고, 뒤에 있으면 '후행사後行詞(postcedent)'라고 한다.

- **Lisa** studies at Harvard University. **She** is majoring in business. ('She'의 선행사는 'Lisa')
- At **his** school, **Michael** is known as a great basketball player. ('his'의 후행사는 'Michael')

한국식 영문법 교육에는 '선행사'가 '관계사절의 수식을 받는 명사구를 가리키는 개념'이라는 잘못된 지식이 유포되어 있으므로 유의할 필요가 있다. (533~534페이지를 보라.)

대형태가 가리키는 대상이 명사로 표현되거나 또는 명사로 표현될 수 있는 사물이나 사람일 경우, '대명사(pronoun)'라고 한다. 가리키는 어구가 부사이면 대부사(pro-adverb), 형용사이면 대형용사(pro-adjective), 동사이면 대동사(pro-verb)라고 한다.

- Lisa studies **at Harvard University**. Rachel also studies **there**.
                     선행사   대부사
- Lisa is **very smart** and **so** is Rachel.
       선행사   대형용사
- Lisa **speaks Spanish** and Rachel **does** too.
        선행사   대동사

2

인칭대명사

1) 인칭대명사와 지칭 시스템

인칭대명사는 '사람을 가리키는 대명사'라는 뜻이지만 언제나 사람을 가리키는 것은 아니다. 사람이건 사물이건 추상적 개념이건, 대상을 가리키는 대명사를 모두 인칭대명사라고 한다. 그래서 사실 사람과 사물, 추상적 개념을 모두 일컫는 대명사를 '지칭대명사(referential pronouns)'라고 하고 그중에서 사람을 가리키는 경우에 '인칭대명사(personal pronouns)'라고 하는 것이 정확한 용어 사용일 것이다.

2) 복수 2인칭 대명사

영어는 단수 2인칭과 복수 2인칭을 모두 you로 표현한다. 그러나 비격식적 회화에서는 아래와 같이 복수 2인칭을 표현하는 말들이 널리 사용된다.

you all (= y'all)	미국 남부에서 많이 사용되며 아프리카계 미국인들도 많이 사용한다.
you guys	북미에서 널리 쓰인다. guy는 남자를 뜻하지만 이 경우는 모든 성별에 쓰인다.
you two	상대방이 두 명 있는 경우에 사용된다.

A: Did y'all have dinner? 너희들 저녁 먹었어?
B: Yes, we did. Emily cooked enchilada for us. 응. 에밀리가 엔첼라다 만들어 줬어.

A: Where are you guys heading? 너희들 어디 가는 길이야?
B: We're heading downtown for dinner. 우리 저녁 먹으러 시내에 가는 중이야.

A: You two look very alike. Are you two related to each other? 둘이 굉장히 닮았네. 서로 친척 관계니?
B: Yes, we are. We are cousins. 맞아. 우린 사촌지간이야.

3) 사람을 지칭하는 젠더 중립적 단수 3인칭 대명사

영어에는 모든 성별에 대해 사용할 수 있는 젠더 중립적 단수 3인칭 대명사가 별도로 존재하지 않는다. 과거에는 성별이 특정되지 않은 경우 he를 사용했다. 오늘날에도 he를 사용하는 것이 원칙이라고 말하는 보수적 문법서들을 여전히 볼 수 있다.

- It is the duty of every citizen according to his best capacities to give validity to his convictions in political affairs. — Albert Einstein

그러나 이러한 관행은 1960~1970년대의 여성운동을 거치며 성차별적 언어 사용으로 비판을 받았으며 his or her와 같은 대안이 제시되었다.

- Every successful individual knows that his or her achievement depends on a community of persons working together. — Paul Ryan

일부에서는 오랫동안 사람을 대표하는 대명사로 he를 써 왔는데 대표 대명사로 she를 쓰지 못할 이유가 없다고 주장한다. 그래서 성별과 무관하게 she를 사용하는 '성별 중립적 she (gender-neutral she)'가 등장했다. 일반적으로는 잘 사용되지 않으나 학술서적과 논문 등의 글에서는 많은 지식인들에 의해 상당히 많이 사용된다.

현재 가장 널리 사용되는 성별 중립적 대명사는 they이다. 단수명사를 선행사로 하는 they를 '단수의 they (singular *they*)'라고 하는데, 현대영어에서 격식체와 비격식체, 말하기와 글쓰기 모두에서 널리 사용되고 있다. 그러나 일부 보수적인 사람들은 they가 복수대명사로 쓰여야 한다고 주장한다.

어떤 사람들은 이러한 논란을 회피하기 위해 젠더 중립적 단수 대명사를 사용할 상황을 아예 만들지 않기도 한다. 즉, 일반적 사람을 표현할 때 단수 표현을 회피하고 복수명사를 사용하는 것이다.

유형	대명사		예문과 장단점
전통보수형	he		· A teacher should respect **his** students.
		장점	전통적인 문법원칙이며 사용도 간단하다.
		단점	시대착오적이고 성차별적이라는 비판을 받을 수 있다.
원리원칙형	he or she		· A teacher should respect **his or her** students.
		장점	평등주의적이면서도 전통적인 문법에 위배되지 않는다.
		단점	사용하기 번거롭고 발음하기 귀찮다. 반복 사용할 수 없다.
페미니즘형	she		· A teacher should respect **her** students.
		장점	성차별에 반대하는 정치적 입장을 표현할 수 있다.
		단점	보편적 방식은 아니며 역차별이라는 비판을 받을 수도 있다.
주류대세형	they		· A teacher should respect **their** students.
		장점	오늘날 가장 널리 사용되는 방식이며 사용하기도 간편하다.
		단점	전통적인 문법원칙에 위배된다는 지적을 받을 수 있다.
원만무난형	단수명사 회피		· **Teachers** should respect **their** students.
		장점	전통적 문법에 부합하면서도 성차별적 표현을 피할 수 있다.
		단점	단수 표현을 써야할 때가 있으므로 계속 회피할 수는 없다.

4) 인칭대명사의 격

① 주격 인칭대명사

A: What kind of music do **you** like?   B: **I** like dance music.

② 목적격 인칭대명사

(1) 직접목적어: "Do you like her?" "Yeah, I like her."
(2) 간접목적어: "Did you buy him a gift?" "Yes, I bought him a tie."
(3) 전치사의 목적어: "Please send the file to him and me."
(4) 주격보어: "Who is it?" "It's me."
(5) 비격식체에서 다른 대상과 함께 주어로: Me and James are close friends.

> 인칭대명사가 주어로 쓰이면 주격, 목적어로 쓰이면 목적격이라고 한다. 그러면 보어로 쓰이면 보격이라고 할 수 있을 것이다. 그러나 영문법에서는 보격 인칭대명사라는 개념을 사용하지 않는다. 그런데 보격 인칭대명사라는 개념을 만들지 못할 이유도 없다. 영문법에서 그러한 개념화를 하지 않는 이유는 라틴어에 보격 인칭대명사가 없기 때문이다. 라틴어 문법의 인식 틀에 갇혀 있던 과거의 학자들은 라틴어에 보격 대명사가 별도로 존재하지 않고 주격 대명사를 보격으로 사용하니까 영문법에도 그것을 적용시킨 것이다. 그래서 그들은 라틴어 문법에서 주격 대명사가 주격보어로 사용되기 때문에 영어에서도 그것이 원칙이라고 주장했다. 그리고 심지어 오늘날에도 그런 주장을 하는 사람들이 아직도 존재한다. 즉, "This is her."가 아니라 "This is she."가 올바르다는 것이다. 그러나 이것은 영어에는 들어맞지 않는 라틴어 문법을 영어에 억지로 적용시킨 사례 중 하나이다. 영어에서는 목적격을 주격보어로 사용하는 것이 훨씬 더 자연스럽고 널리 쓰이는 표현이다. 현대영어뿐 아니라 원래 그 이전부터 그것이 자연스러운 표현이었다. 만약 학자들이 라틴어 문법에 집착하지 않고 영어의 모습을 있는 그대로 보았다면, 영어의 인칭대명사에는 주격, 목적격, 보격, 소유격이 있는데, 보격 대명사와 목적격 대명사는 형태가 같다고 간단하게 설명할 수 있었을 것이다. 그런데 라틴어 문법에 사로잡힌 보수적 교육자들이 보어로 쓰일 때 목적격을 쓰는 것은 틀리고 주격을 쓰는 것이 옳다고 하도 주장을 하니까, 그 영향으로 인해 일부 사람들, 특히 지식인 및 상류층이 교양 있어 보이기 위해 그것을 따랐던 것이다. 그래서 그 영향으로 인해 격식적 맥락에서 주격 대명사를 보어로 사용하는 관행이 오늘날에도 남아 있기는 하지만, 그것은 매우 딱딱한 표현일 뿐 많은 경우 억지스럽고 어색하게 느껴진다. 오늘날에는 목적격 대명사를 보어로 쓰는 것이 일반적이고 자연스러운 표현이다.

5) 사물을 가리키는 she

she는 사람을 가리키는 대명사로 쓰이는 것이 통상적이다. 그런데 사물을 여성형 대명사로 표현하기도 한다. 달(the moon)이나 자연(nature) 등을 문학적으로 표현할 때 여성으로 취급하는 경우가 있다. 또한 선박, 기차, 비행기, 자동차, 나라 등을 표현할 때 통상적으로는 it으로 표현하지만 she를 사용하는 경우도 있다.

- On April 10, 1912, the Titanic started on her first and last trip from Southampton, England.
- The mission of art is to represent nature, not to imitate her. — William Morris Hunt

6) 소유대명사

- I'll do my job and you do yours. (= your job)
  나는 내 일 할 거니까 너는 네 일 해.

소유대명사는 맥락에 따라 단수일 수도 있고 복수일 수도 있다.

- I don't know about your school, but mine is very strict on dress code. (= my school)
- Jenny's glasses are new, but mine are old and scratched. (= my glasses)

'소유대명사 + to 부정사'를 사용하여 '누가 ~할 것 [일]'인지 표현할 수도 있다.

- That is not mine to decide. 그것은 내가 결정할 일이 아니야.

7) thou

근대 초기까지 영어의 2인칭 대명사는 지금과 다른 형태였다. 비록 오늘날에는 사용되지 않으나 옛 문투로 쓰인 성서나 문학작품 등에서 2인칭 대명사로 thou가 사용되는 것을 볼 수 있다.

	수	주격	소유격	목적격	소유대명사
2인칭	단수	thou	thy	thee	thine
	복수	ye	your	you	yours

- Thou shalt not covet thy neighbour's house, thou shalt not covet thy neighbour's wife, nor his manservant, nor his maidservant, nor his ox, nor his ass, nor any thing that is thy neighbour's. — Exodus 20:17, King James Version Bible

My bounty is as boundless as the sea,
나의 (당신에 대한) 마음은 바다와 같이 끝이 없으며
My love as deep; the more I give to thee,
나의 사랑도 그같이 깊습니다. 내가 그대에게 (마음과 사랑을) 많이 줄수록
The more I have, for both are infinite.
(나의 마음과 사랑은) 더욱더 커집니다. 그 둘은 모두 무한하기에.

— Romeo and Juliet / William Shakespeare

8) 'I'를 주어로 한 의문문 표현들

- Where am I? 내가 어디에 있나요? → 여기가 어딘가요?

- Do I know you? 제가 당신을 아나요? → 저를 아세요? / 우리가 전에 만난 적이 있나요?

- Who am I speaking with? 제가 누구랑 이야기하고 있나요? → 전화 받으신 [거신] 분은 누구세요?

- What am I looking at? 내가 무엇을 보고 있나요? → 이게 무엇인가요?

- Do I make myself clear? 내가 스스로를 명확히 만들어? → 내 말 무슨 말인지 알아듣겠어? (매우 고압적 표현)

3 대명사 it

1) 지칭대명사 it

① 앞에 언급된 사물이나 내용을 가리킬 때

- There is **a very tall tree** in front of my house. **It** is as tall as a five-story building.
- Once, the city planned **to cut down the tree** to build a road, but many people were against **it**.
- **Protesters gathered in front of the city hall and asked the mayor to save the tree.** **It** was reported in the national news and the city decided not to cut down the tree.

② 사람을 가리키는 it

아직 누구인지 알 수 없는 사람에 대해 또는 서로 볼 수 없는 상황에서 누구인지를 물어보거나 알려주는 상황에서는 it을 사용한다. 또한 성별을 모르는 아이에 대해서도 it을 사용할 수 있다.

(문 밖에서 누군가가 초인종을 눌렀을 때)
- "Who is **it**?" "**It**'s me." "Who's me?" "**It**'s your sister Jane. Open up!"

A: Do you know whether **it**'s a boy or a girl?
B: No, I don't. I'll call **it** Larry if **it**'s a boy and Alice if **it**'s a girl.

2) 비지칭대명사 it (non-referential it)

흔히 '비인칭대명사 it'으로 번역되나, 이 용어는 '사람을 가리키지 않는 대명사'라는 뜻으로 오해되기가 너무 쉬우므로, 이 책에서는 **비지칭대명사**로 부르겠다.

① 날씨, 밝고 어두움, 시간, 거리, 막연한 상황이나 환경을 가리키는 it

(1) 날씨

· It's mild.   · It's sunny.   · It's warm.   · It's muggy.

(2) 밝음과 어두움

· It's dark.   · It's murky.   · It's dim.   · It's bright.

(3) 시간

· It's two-forty.   · It's too late.   · It's February 10.   · It's Tuesday.

(4) 거리

· It's very close from here.   · It's ten stops on the subway.

(5) 주변 분위기 및 막연한 상황

· How's it going?   · It's stuffy in this room.

② 가주어 it

A: It's nice **to meet you, Ms. Clark**. It's a great pleasure **that you've decided to join our club**.

B: It's nice **to meet you**, too. And I'm sorry I'm late. It took me almost two hours **to get here from the airport**. It seems that the traffic is getting worse everyday. I think it would be better **if they built a new road from the airport to the downtown area**.

A: You don't have to be sorry. You're not that late. By the way, do you have any preferences for the date of our next meeting? We are considering Friday or Saturday.

B: It's all the same to me **whether it's Friday or Saturday**.

일부 표현들에서는 진주어로 동명사를 쓰기도 한다.

- It is my first time riding a horse. 말을 타는 것은 이번이 처음이야.
- It's no use crying over spilt milk. 엎질러진 우유에 대고 울어 봤자 소용없다.
- It's nice meeting you. = It's nice to meet you. (사람을 처음 만났을 때 인사)
- It's nice seeing you. = It's nice to see you. (아는 사람을 만났을 때 인사)

③ 가목적어 it

- He thought it strange that the house was very quiet.
- I consider it a mistake to fall in love with a bad boy.
- Many people find it difficult to make themselves understood in English.
- The invention of the microscope made it possible to study microorganisms.

- I like it when you smile. · I hate it when you are not around.
- I'd appreciate it if you could help me out.
- I can't stand it to think my life is going so fast and I'm not really living it.

— The Sun Also Rises / Ernest Hemingway

④ 기타 여러 가지 관용표현에서 쓰이는 it

- I take it that you don't want to go shopping today.
- Please see to it that Peter takes his medicine after dinner.
- She makes it a rule to have some fruit and cereals for breakfast.
- Winston Churchill once put it that democracy was the worst form of government except for all the others.

put 자체가 '(특정 방식으로) 말하다, 표현하다'의 뜻이다.

- In Korea, there's something called *aegyo*. *Aegyo* is, hmm, how should I put this in English? Let me think. ⋯ *Aegyo* is an expression of cuteness. To put it another way, when a girl talks in a cute, girlish way, we say she has a lot of *aegyo*.

지시사

1) 가까운 거리의 this, 먼 거리의 that

- "What's that?" "That's my father's fishing rod."
- Kate, this is my cousin, James. James, this is my girlfriend, Kate.

this와 that은 명사 앞에서 지시형용사의 기능을 할 수 있으며 이때는 결정사로 분류된다.

- This girl is one of the best students in my class.
- That guy over there is Mary's fiance.

또한 여러 대상들을 가리킬 때는 복수형인 these/those를 사용한다.

- "What are these?" "Those are my younger brother's toys."

2) 시간적, 심리적 거리감 표현

- I can't believe this. How could he forget my birthday? (최근에 자신에게 일어난 사건을 가리킴)
- He says I also forgot his birthday once, but that was years ago.
  (과거의 사건이므로 거리감을 두어 that으로 표현)
- I doubt whether that man really loves me. (심리적 거리감 표현)

3) 언급된 내용을 가리키는 this와 that

앞에서 언급된 내용을 가리킬 때는 this와 that을 사용할 수 있지만, 뒤에서 말할 내용을 가리킬 때는 this만 사용한다.

A: I think Richard is the mole.

B: What? Where did you get that [this] idea?

A: I accidentally overheard his telephone conversation. He said "Don't worry Mr. Miller. You can count on me." You know, Phillip Miller is the CEO of our rival company. Richard must have been leaking our internal information to him.

B: But that [this] is just your conjecture. Miller is a very common last name. He might have been talking to someone else.

A: But, what if he is the mole? Think about this [that]: When we offered him more money, he betrayed his former employer and came to us.

B: Hmm… you have a point. It wouldn't hurt to keep an eye on him. But, keep this [that] in mind: Richard is our top research scientist. We can't lose him over nothing.

4) 언급된 명사를 가리키는 that

- In 2015, the GDP per capita of the Republic of Korea was $27,513 while that of Singapore was $53,224. (= the GDP per capita of Singapore)
  2015년 한국의 1인당 국내총생산은 27,513달러였던 반면 싱가포르의 1인당 국내총생산은 53,224달러였다.

- A dog's eyes are more sensitive to light than those of a human. (= a human's eyes)
  개의 눈은 인간의 눈보다 빛에 더 민감하다.

5) 보이지 않는 상태에서 신분을 표현하는 this

전화 통화, 문자 메시지 등에서 자신이 누구인지 밝히거나 상대방이 누구인지 물어볼 때 'this'로 표현한다. 여기서 'this'는 지금 들리는 '이 소리' 또는 지금 보이는 '이 문자'를 가리키며 이 소리나 글자의 배후에 누가 있는지를 표현하는 것이다.

A: Hello. May I speak to Dr. Smith? 여보세요. 스미스 선생님과 통화할 수 있을까요?
B: Who's this? 누구시죠?
A: This is Patrick Wilson. 저는 패트릭 윌슨입니다.

6) 처음 언급하는 대상에 쓰이는 this

듣는 사람이 처음 듣는 새로운 대상을 언급할 때는 일반적으로 부정관사 a(n)를 사용하는데, 때로 this를 사용하기도 한다. 이것은 마치 대상이 눈앞에 있는 것처럼 묘사하는 것으로서 대상을 더 생생하게 소개하는 효과가 있다.

A: Something interesting happened to me this morning.
B: Oh, what happened?
A: I got this call from this guy and he said I won 2 million dollars on the lottery.
B: What??
A: And he said he would transfer the money to my bank account if I sent him 2,000 dollars as a transfer fee.
B: Oh, no! You didn't buy it, did you?
A: Of course not. I know better than that.

- He used to be just a regular writer, when he was home. He wrote this terrific book of short stories, *The Secret Goldfish*, in case you never heard of him. The best one in it was "The Secret Goldfish." It was about this little kid that wouldn't let anybody look at his goldfish because he'd bought it with his own money. — The Catcher In The Rye / J. D. Salinger

그는 고향에 있을 때는 그저 평범한 작가였다. 혹시 당신이 그에 관해 모를까 봐 말해 주자면, 그는 '비밀의 금붕어'라는 제목의 끝내주는 단편 소설 모음집을 한 권 썼다. 그 모음집에서 가장 괜찮은 이야기는 '비밀의 금붕어'였다. 그것은 자신이 직접 돈을 주고 샀기 때문에 자신의 금붕어를 아무에게도 보여 주려고 하지 않는 어떤 남자아이에 관한 것이었다.

7) 정도를 나타내거나 강조하는 부사로서의 this와 that

- I am telling you. I once caught a really big fish. It was this big.
- Wow! You've grown up so much! You were just this tall when I saw you last time.

   (위에서 'this'를 말할 때는 손으로 크기를 표현하는 제스처를 취한다.)

A: Do you love your boyfriend?
B: Yes, I do.
A: Will you lend him your car if he asks?
B: Well, I don't love him that much.

A: I'm sorry. I spilt some water on your bag.
B: That's OK. It's not that big a deal.

   ("It's no big deal."이나 "It's no biggie."로 표현하기도 한다.)

8) the people이나 the things를 의미하는 those

- The future belongs to those who believe in the beauty of their dreams. — Eleanor Roosevelt
- To us art is an adventure into an unknown world, which can be explored only by those willing to take the risks. — Mark Rothko
- We all have our time machines, don't we? Those that take us back are memories. Those that carry us forward are dreams. — H.G. Wells

5

so / such / the same

1) such

① 앞에 언급된 명사와 같은 유형, 종류, 집단에 속하는 대상을 표현

- Even though African Americans were also U.S. citizens, the society didn't treat them as such. (= as U.S. citizens)

  아프리카계 미국인들도 미국의 시민이었으나 사회는 그들을 그렇게 대하지 않았다.

② 앞에서 언급된 내용을 가리키는 표현
(특히 be 동사 등의 연결동사와 함께 쓰여서)

- African Americans must have equal rights. Such was the belief of the civil rights activists in the 1960s.

  아프리카계 미국인들도 동등한 권리를 가져야 한다. 이 같은 내용이 1960년대 공민권 운동가들의 신념이었다.

- When African Americans claimed the right to vote, white supremacists burnt their houses, bombed their churches, and murdered their children. Such was the level of violence that African Americans had to face.

  흑인들이 투표권을 주장했을 때 백인우월주의자들은 그들의 집을 불태우고, 그들의 교회에 폭탄을 던지고, 그들의 자녀들을 살해하였다. 그들이 직면해야 했던 폭력의 수위는 그 정도였다.

③ 명사 앞에 쓰여 앞서 언급된 정도를 표현하는 such

such는 '형용사 + 명사' 앞에 쓰여 '이러한 (그러한) 정도로 ~한' 또는 '이렇게 (그렇게) ~한'을 표현한다. 즉, 어떤 상태나 특성의 정도가 앞에서 언급된 정도 만큼이라는 것을 의미한다. 이런 쓰임의 such는 부정관사가 있을 경우 그 앞에 위치하여 'such a 형 명'의 어순을 형성한다.

- On Sunday, September 15, 1963, four KKK members planted dynamite at a church with a mainly black congregation. This attack killed four girls and injured more than 20 other people. Such a terrible crime against black people was not uncommon in the past.

  1963년 9월 15일 일요일, 네 명의 KKK 단원이 주로 흑인 교인들이 다니는 한 교회에 다이너마이트를 설치하였다. 이 공격으로 4명의 어린 소녀가 사망하였고 20명 이상의 사람들이 다쳤다. 과거에는 흑인을 대상으로 한 이렇게 끔찍한 범죄가 드문 일이 아니었다.

④ 정도를 강조하는 such

- On August 28, 1963, when over 250,000 civil rights supporters gathered in Washington. D.C., Martin Luther King delivered such a moving speech.

  1963년 8월 28일, 25만 명 이상의 공민권 지지자들이 워싱턴디씨의 링컨 기념관 앞에 모였을 때, 마틴 루터 킹은 **매우 감동적인** 연설을 했다.

강조를 표현하는 such가 다른 형용사 없이 명사를 수식할 때도 있다. 대체로 '대단한' 정도의 의미를 가진다.

- She is such a woman. 그녀는 참 대단한 여자야.
- He is such an actor. 그는 참 대단한 배우야.

⑤ such as, such ~ as ~, such ~ as to ~, such ~ that ~, such that ~

(1) such as ~ (예를 들어 ~와 같은)

- There were many great civil rights activists such as Martin Luther King and Fannie Lou Hamer.

  마틴 루터 킹과 패니 루 헤이머와 같은 많은 위대한 공민권 운동가들이 있었다.

(2) such ~ as ~ (~와 같은 ~)

- Such civil rights activists as Martin Luther King and Fannie Lou Hamer devoted themselves to fighting against racism.

  마틴 루터 킹과 패니 루 헤이머**와 같은** 공민권 운동가들은 인종주의와 싸우는 데 헌신했다.

(3) such ~ as to ~ (~할 만큼의 ~) / such ~ that ~ (~할 정도로 ~하다)

- They had such great courage as to continue the struggle risking imprisonment, violence, and even death.

  그들은 투옥과 폭력 그리고 심지어는 죽음의 위험을 무릅쓰고 투쟁을 지속할 만큼의 큰 용기를 가지고 있었다.

= They had such great courage that they continued the struggle risking imprisonment, violence, and even death.

  그들은 매우 큰 용기를 가지고 있어서 투옥과 폭력, 심지어는 죽음의 위험을 무릅쓰고 투쟁을 지속하였다.

(4) such that ~ (~할 정도이다)

- The "I have a dream" speech was such that many white people were moved by it.

  "나에게는 꿈이 있습니다" 연설은 많은 백인들도 감동을 받을 정도였다.

2) so

① 앞에서 언급된 내용을 가리키는 so

A: Is Kelly a business major? 켈리가 경영학 전공이야?
B: She seems so. 그런 거 같은데. (so = to be a business major)

A: Will artificial intelligence lead to massive unemployment? 인공지능이 대규모 실업을 유발할까?
B: I think so. 그럴 거라고 생각해.
(so = that artificial intelligence will lead to massive unemployment.)

A: Is Michael good at basketball? 마이클 농구 잘해?

B: He says **so**, but I don't believe **so**. 자기는 그렇다고 말하지만 나는 그럴 거라고 믿지 않아.

(so = that he is good at basketball)

· Do you think he will be elected President? 그가 대통령으로 당선될까?
· **I hope so.** 되면 좋겠어.   · **I hope not.** 안 되면 좋겠어.
· **I am afraid so.** 아무래도 될 것 같아서 걱정돼.
· **I am afraid not.** 아무래도 안 될 것 같아서 걱정돼.

② so가 절의 맨 앞에 온 경우

(1) 언술 및 인식동사들과 함께 쓰여 어떻게 말했는지, 알고 있는지 등을 표현

A: Cats shouldn't eat chocolate. 고양이는 초콜릿을 먹으면 안 돼요.

B: **So** I understand. 저도 그렇게 알고 있어요.

· Mr. Thomas is going to move to another city, or **so** I was told.
   토마스 씨는 다른 도시로 이사를 갈 것이거나 또는 나는 그렇게 들었어.
   → 토마스 씨는 다른 도시로 이사를 갈 거래. 전해들은 얘기지만.

(2) So + 조동사 + 주어

A: I **am** hungry. 나 배고파.   A: Batman **can** fly. 배트맨은 날 수 있어.

B: **So am** I. 나도 마찬가지야.   B: **So can** Iron Man. 아이언맨도 마찬가지야.

A: I **want** to go home.   A: Batman **has** been fighting crime.
   나 집에 가고 싶어.   배트맨은 범죄와 싸워왔어.

B: **So do** I. 나도 가고 싶어.   B: **So has** Iron Man. 아이언맨도 마찬가지야.

'~도 마찬가지로 아니다'는 의미를 표현할 때는 neither를 사용한다.

A: I **don't** have any money.
나 돈이 한 푼도 없어.

B: **Neither** do I. 나도 없어.

A: I **will never** gamble again.
나 다시는 도박 안 할 거야.

B: **Neither** will I. 나도 안 할 거야.

A: Batman **can't** fly without equipment.
배트맨은 장비가 없으면 날 수 없어.

B: **Neither** can Iron Man. 아이언맨도 마찬가지야.

A: Batman **isn't** stronger than Superman.
배트맨은 슈퍼맨보다 세지 않아.

B: **Neither** is Iron Man. 아이언맨도 마찬가지야.

(3) So + 주어 + 조동사

A: Fred is very understanding. 프레드는 정말 이해심이 많아요.

B: **So** he is. 맞아요. 정말 그래요. (= Yes, he is very understanding)

A: Look outside! It's snowing! 밖을 봐! 눈이 오고 있어!

B: **So** it is! 아, 그렇네! (= Oh, it is snowing!)

③ 강조의 so

(1) '매우', '무척'을 뜻하는 so (회화에서 주로 사용)

· This movie is **so** hilarious. It made me laugh **so** hard.

(2) so + much, many, little, few + 명사

so는 일반적으로는 명사 앞에 쓰이지 않지만 'much, many, little, few + 명사' 앞에 쓰일 수 있다. such는 그와 같은 수량사와 함께 쓰일 수 없다. 단, little이 크기가 작다는 의미일 때는 such와 함께 쓰일 수 있다.

· There were **so many** people at the amusement park. (such many people)
· We had **so much** fun riding the roller coaster. (such much fun)
· But we had **so little** time to enjoy. (such little time)
· There are **so few** amusement parks in this city. (such few)

Cf) These puppies are so cute. I've never seen **such little** puppies. ○

(3) so + 형용사 + a(n) + 명사

· This is <u>so beautiful a place</u>. (= This is such a beautiful place.)
· A civilization which leaves <u>so large a number</u> of its participants unsatisfied and drives them into revolt neither has nor deserves the prospect of a lasting existence. — Sigmund Freud

3) the same

① 명사 앞 수식어로서의 same

· Jeremy and Peter were born on <u>the same</u> day. They have <u>the very same</u> taste in music and movies. I wonder who else was born <u>that same</u> day.

② 연결동사 뒤의 the same

· Jeremy is good at basketball and Peter is <u>just the same</u>. Their heights are <u>about the same</u>. Their hair styles look <u>pretty much the same</u>.

③ as의 사용

· Jeremy has <u>the same</u> zodiac sign <u>as</u> Peter.
· Jeremy usually wears <u>the same</u> clothes <u>as [that]</u> Peter wears.

④ '앞에서 언급된 것과 같은 것'을 의미하는 대명사 the same

A: I'm really satisfied with my current job.
B: I wish I could say <u>the same</u>.

A: I'd like to have spaghetti alla carbonara.
B: I'll have the same.

· Wealth is like sea-water; the more we drink, the thirstier we become; and the same is true of fame. — Arthur Schopenhauer

⑤ same을 포함한 관용표현들

A: Have a good weekend! 좋은 주말 보내!
B: Same to you! 너도!

A: Long time no see! How have you been? 오랜만이야! 어떻게 지냈어?
B: Same old, same old. 맨날 똑같지 뭐.

A: Which one looks better, this long black coat or that white trench coat?
어떻게 더 나아 보여? 이 긴 검은색 코트하고 저 하얀 트렌치코트하고?
B: Same difference. 그게 그거야.

6

재귀대명사

1) 동사 및 전치사의 목적어로 쓰이는 재귀대명사

· **History** repeats **itself** first as tragedy then as farce. – Karl Marx
역사는 반복된다. 처음에는 비극으로 그다음에는 소극으로.
　　　　　　　* farce: 우스꽝스러운 몸짓을 주로 사용하고 과장되거나 비현실적인 상황을 이용하는 코미디의 한 장르

· **You** have the right to defend **yourself** against unlawful assaults.
당신은 불법적인 공격행위에 대항하여 스스로를 방어할 권리가 있다.

· **People** usually like to talk about **themselves**.
사람들은 보통 자기 자신에 대해 이야기하는 것을 좋아한다.

우리는 흔히 'kill oneself'를 '자살하다'로 해석한다. 그러나 맥락에 따라 의미가 다를 수 있다. 왜냐하면 재귀대명사가 목적어인 경우 반드시 주어가 의지를 가지고 고의로 했다는 것을 의미하지는 않기 때문이다. 즉, 사고나 실수로 자신에게 해를 가한 것을 의미할 수도 있다.

· She **killed herself** while driving under the influence of alcohol.
그녀는 음주운전을 하다가 사망했다.
(다른 사람이 그녀를 죽인 것이 아니라 스스로에게 책임이 있으므로 killed herself로 표현한 것이다.)

· Most men sometimes **cut themselves** while shaving.
대부분의 남자들은 가끔씩 면도하다가 스스로를 벤다. (고의로 벤다는 것으로 이해되지 않는다.)

자신의 신체 일부를 목적어로 했을 때도 고의로 했다는 의미가 아닌 경우가 대부분이다.

· I broke my arm.　　· I twisted my ankle.　　· I burnt my leg.

2) 보어로 쓰이는 재귀대명사

- Just be **yourself**. (꾸미지 말고 자기 자신을 있는 그대로 표현하라는 의미)
- She hasn't been **herself** since her son was kidnapped. (제정신이 아님 표현)

3) 관용표현

① 재귀대명사가 동사의 목적어인 표현들

- I really **enjoyed** myself at the party.
  (자기 자신을 즐기다 → 즐기다, 좋은 시간을 보내다)
- Many Korean men **pride** themselves on their drinking abilities.
  (자기 자신을 자랑스럽게 여기다 → 자랑하다, 과시하다)
- She **presented** herself at the Berlin Film Festival.
  (어떤 장소에서 다른 사람들에게 자기 자신을 보여 주다, 선보이다 → ~에 참석하다)
- He **absented** himself from the board meeting.
  (자기 자신을 ~로부터 없게 만들다 → ~에 불참하다, 결석하다)
- I've **got** myself a job. (자기 자신에게 직장을 구해 주다 → 직장을 구하다)
- Don't **overdrink** yourself. (자기 자신을 과음하게 만들다 → 과음하다)
- I **overslept** myself. (자기 자신이 잠을 너무 많이 자게 만들다 → 늦잠자다)
- She has **distinguished** herself in the field of cancer research.
  (자기 자신을 다른 사람들과 구별하다 → ~에서 두각을 나타내다)
- I **locked** myself out.
  (나 자신을 바깥에 두고 잠그다 → 열쇠를 분실하는 등의 이유로 안으로 들어갈 수 없는 상황에 처하다)
- I just completely **lost** myself in the movie.
  (~ 속에서 자기 자신을 잊다 → ~에 빠져 시간 가는 줄 모르다)

- Just **bring** yourself. 그냥 몸만 와.
- Don't **kick** yourself for the mistakes you made in the past.
  과거에 저지른 실수들에 대해 스스로를 자책하지 마세요.

A: I know Rebecca has a boyfriend, but I just can't give her up like this. I'll tell her I like her and ask her out.
B: **Knock** yourself out.
  ☞ 문자 그대로는 '너 스스로를 때려눕혀라'는 뜻이다. '내 생각에는 네가 그 일을 안 하는 것이 낫는데, 굳이 네가 원해서 하겠다면, 말리지 않을 테니, 네가 스스로를 때려눕히는 것이나 마찬가지인 그 일, 열심히 한번 해 봐라'라는 뜻에서 '마음대로 해'의 뜻이 된다.

A: Do you need any help with the dishes?
B: No, no. I can do it myself. Thanks anyway.
A: OK. **Suit** yourself.
  ☞ '좋을 대로 하세요'의 의미이다. 화가 나서 '네 마음대로 해!'라고 표현할 때도 쓰인다.

- **Make** yourself at home and **help** yourself to the food in the kitchen.
  편안히 계시고요, 주방에 있는 음식 마음대로 가져서 드셔도 돼요.

"Help yourself."를 "많이 드세요"라는 뜻으로 가르치는 경우가 많다. 그러나 "많이 드세요"는 "Help yourself."와 그나마 비슷한 우리말 표현이지, 같은 의미는 아니다. 이 표현은 문자 그대로는 "스스로를 도우라"는 뜻이고 이것은 다른 사람 도움 없이 혼자서 알아서 하라는 말이다. 이것은 굳이 허락을 구하지 않아도 된다는 말과 필요한 것이 있으면 다른 사람의 도움을 기대하지 말고 스스로 해결하라는 말이 결합된 의미를 가진다. 서구에서는 집에 사람들을 초대하여 식사나 파티를 할 때 뷔페식으로 음식을 제공하므로 "Help yourself."라고 말하는 것은 집주인에게 굳이 매번 허락을 구하지 않아도 되니 먹고 싶으면 얼마든지 먹어도 되며, 또 누가 음식을 차려서 가져다주기를 기대하지 말고 직접 알아서 집어 먹고, 퍼다 먹으라는 뜻이다. 그래서 "Help yourself."는 일차적으로는 집주인이 손님에게 음식을 마음대로 먹어도 좋다는 허락을 표현하는 것이지만, 다른 한편으로는 자신을 귀찮게 하지 말고 상대방에게 알아서 가져다 먹으라고 부탁하는 의미도 포함한다.
또한 "Help yourself."는 음식뿐 아니라 물건에 대해서도 사용할 수 있다. "May I use your pen?" "Help yourself." 이 대화에서 "Help yourself."는 "내가 굳이 펜을 너에게 집어 주지 않을 테니, 펜꽂이에서 펜을 집어가든 책상 위에 있는 펜을 가져다 쓰든 네가 스스로 가져다 쓰라"는 말이다.

② 전치사와 재귀대명사가 결합된 표현들

- I really had to study for the exam, but I stayed up all night playing the computer game in spite of myself. (그러면 안 되는데, 안 그러려고 했는데 나도 모르게 그만)
- She always prepares meals by herself. (홀로, 혼자서)
- I want to see Van Gogh's paintings for myself. (스스로를 위해, 자신이 직접)
- This motion sensor light will turn on by itself when it detects any movement. (저절로)
- She was beside herself when she saw her little son smoking at the bus stop.
  (분노나 흥분 등으로 정신이 나간)
- His theory in and of itself is quite interesting, but I doubt whether it can be supported by empirical evidence. (그 자체로는)
- Don't tell anyone else. Let's keep it between ourselves. (우리끼리만 아는)
- Pour yourself a drink, put on some lipstick, and pull yourself together.
  (자기 자신을 추스르다, 다시 기운을 차리다) — Elizabeth Taylor, British actress

4) 강조를 위해 사용되는 재귀대명사

Wife: Did you check if Laura finished her homework?
Husband: Yes, I did.
Wife: Did you yourself check it or did she just tell you she finished it?
Husband: Don't worry. I checked it myself.

Waiter: Is everything OK, sir?
Customer: Not really. I'd like to talk to the manager himself.

- You know what? I saw Emma Watson herself walking the red carpet yesterday.

5) one's own

재귀대명사는 소유격 형태가 없다. 다른 사람의 것이 아닌 바로 자신의 것임을 강조하여 표현할 때는 「one's own + 명사」로 표현하거나 또는 「명사 + of one's own」으로 표현한다.

- Everyone has their own problems.
- A woman must have money and a room of her own if she is to write fiction. — Virginia Woolf

다른 명사 없이 own 자체가 명사적으로 쓰이기도 한다.

A: My life is my own!   B: No! Your life is not your own!

다음과 같은 관용표현에도 유의하라.

- A lot of elderly people live on their own. (= by themselves, alone)
  많은 노인들이 혼자서 산다.
- Now you are (all) on your own.
  이제 너는 다른 사람의 도움 없이 혼자 모든 것을 해야 해.
- Mind your own business. (= It's none of your business.)
  당신 일이나 신경 쓰세요. 당신이나 잘 하세요.
- Her new album features some songs of her own writing.
  그녀의 새 앨범은 그녀가 직접 쓴 몇몇 곡들을 수록하고 있다.

부정대명사

정대명사 (definite pronouns)	① 인칭대명사 (I, you, he, etc.) ② 지시대명사 (this, that, these, those)	
부정대명사 (indefinite pronouns)	단수	another, anybody, anyone, each, either, everybody, everyone, everything, little, much, one, other, somebody, something, neither, nobody, no one, nothing
	복수	both, few, many, others, several
	단/복수	all, any, more, most, none, some

1) -body / -one / -thing

① 기본적 의미와 쓰임

사람	사물	의미
somebody, someone	something	주로 긍정문에 쓰여 누군가 또는 무언가를 표현
anybody, anyone	anything	부정문, 의문문에서 아무도, 긍정문에서 누구나, 아무나
nobody, no one	nothing	대상이나 사물의 비존재성을 표현
everybody, everyone	everything	넓은 범위 또는 특정 범위의 사람이나 대상을 모두 지칭

- I think **somebody** is following us. 누군가 우리를 따라오고 있는 것 같아.
- I bought a gift for **someone** special. 나는 특별한 누군가를 위해 선물을 샀다.
- We have to do **something** about climate change. 우리는 기후변화에 대해 무언가를 해야만 해.

- **Everybody** likes chocolate. 모두가 초콜릿을 좋아해.
- **Everyone** in my family is so busy. 우리 가족은 모두 매우 바쁘다.
- Don't worry. **Everything** will be fine. 걱정하지 마. 모든 게 다 잘될 거야.

- I don't like **anybody** who is stuck-up. 나는 잘난 척하는 사람은 누구라도 싫어.
- **Anyone** can be a good leader. 누구나 좋은 지도자가 될 수 있습니다.
- Is there **anything** I can help you with? 제가 도와드릴 수 있는 일이 뭐라도 있나요?

- **Nobody** can be sure about the future. 미래에 대해서는 아무도 확신할 수 없다.
- That man respects **no one** except himself. 저 남자는 자기 자신 외에는 아무도 존중하지 않는다.
- The most dangerous creation of any society is the man who has **nothing** to lose.
  어떤 사회에서든지 가장 위험한 존재는 아무것도 잃을 것이 없는 남자이다. — James A. Baldwin

② 관용표현

- J. K. Rowling was **nobody** before she wrote her novel, *Harry Potter*.
- Their live performance was really **something**.
- She is **thirty-something**. I don't know exactly.
- She is **something of an** artist. = She is quite good at art.
- You are my **everything** to me.
- He is **anything but** a coward.
- She is **nothing but** a hypocrite.
- I don't love **anybody but** you. = I love **nobody but** you.

anything but과 nothing but 뒤에 형용사나 원형부정사가 올 수도 있다.

- I am **anything but** afraid.
- I'll do **anything but** let you down.
- The result is **nothing but** disappointing.
- She did**n't** do **anything but** work hard. = She did **nothing but** work hard.

- Happiness is different from pleasure. Happiness has something to do with struggling and enduring and accomplishing. — George A. Sheehan
- The opinion that art should have nothing to do with politics is itself a political attitude. — George Orwell
- If you just believe it, there's nothing to it. I believe I can fly. I believe I can touch the sky. — I Believe I Can Fly / R. Kelly

- I got this curling iron for nothing from my roommate.
- I walked all the way to the store for nothing. It was already closed.
- She was attacked for nothing on the street by a complete stranger.

2) one

① 일반인에 대한 총칭 (generic *one*)

one은 'a person'의 뜻으로서 일반인에 대한 총칭을 표현할 때 쓰일 수 있다. 그러나 one은 앞에 언급된 대상을 가리키는 기능으로는 거의 사용되지 않는다.

- **Everyone** should obey one's conscience. x

앞에서 언급된 대상을 가리키는 기능으로 one을 사용하는 것이 어색하게 느껴지는 이유는 one이 정대명사가 아니라 부정대명사이기 때문이다. 이것은 앞에서 언급된 명사를 다시 지칭할 때는 부정관사가 아니라 정관사를 써야 하는 원리와 동일하다.

그러나 일반인을 의미하는 one이 앞에서 사용된 경우 그것을 뒤에서 다시 받을 때는 one으로 받는다. 이와 같이 일반인을 의미하는 one은 뒤에서도 one으로 받는 것이 통상적이다.

- **One** should obey **one's** conscience. ○
- **One** must be fond of people and trust them if **one** is not to make a mess of life.
  — E. M. Forster

단, 미국영어에서는 총칭의 one을 he로 받는 경우도 상당히 많다. 그러나 최근에는 성차별적 표현으로 여겨질 수 있기 때문에 they로 받는 경우도 증가해 왔다.

- Either way, **one** should love **their** children, shouldn't **they**? After all, children are only duplicates of your own genes.   — November Snow / Shannon A. Thompson

---

〈사람을 총칭하는 대명사〉

(1) we, you, one

- **We** cannot live without clean water.
- **You** cannot live without clean water.
- **One** cannot live without clean water. (격식적 표현. 회화에서는 잘 안 쓰임)

(2) 자신의 상황을 표현할 때 사용하는 you

you에는 상대방을 가리키기도 하고 일반인을 가리키기도 한다는 중의성이 있기 때문에, 상대방을 자신의 말에 좀 더 감정 이입시키는 효과를 발생시킨다.

A: Why the long face? Did something happen? 왜 그렇게 우울해 보여? 무슨 일 있어?
B: Yeah… I was told that my contract won't be renewed. 응… 나 재계약 안 해 주겠대.
A: Oh, no. I'm really sorry to hear that. 아, 저런. 정말 마음이 아프다.
B: Well, **you** work more hours than regular employees, **you** get paid less than them, and **you** have to leave **your** job just like that. It's so frustrating.
정규직보다 더 오래 일하고, 월급은 더 적게 받고, 그리고 이렇게 그냥 그만둬야 하고. 정말 답답해.

(3) they: 사람들, 대화 당사자들을 제외한 막연하고 불특정한 일반인들

- **They** say that time is money, but time is your life and way more important than money.
  사람들은 시간이 돈이라고들 하지만, 시간은 당신의 인생이며 돈보다 훨씬 더 중요합니다.

they는 특정하기는 하지만 누구라고 구체적으로 말하는 것이 불필요하거나 애매한 사람들을 가리키기도 한다.

A: It's so noisy here. What's going on? 여기 너무 시끄럽네. 무슨 일이야?
B: **They** are digging up the road to install new water pipes. 새로운 수도관을 설치하려고 도로를 파헤치고 있어.

② 앞의 명사를 대체하는 one (substitute *one*)

one은 앞에 언급된 가산명사를 대체하여 사용될 수 있다. 단수명사를 표현할 때는 one, 복수명사를 표현할 때는 ones를 사용한다. **one은 비가산명사를 대체해서 사용되지 않는다.**

- His father was **a firefighter**, and he also wanted to be one. (= a firefighter)
- Eugene has a white **cat**, and Brian has a black one. (= a black cat)
  ☞ one이 'a(n) + 명사'를 대체할 때는 관사를 쓰지 않지만 수식어구가 있으면 적절한 관사를 쓴다.
- In Korea, light brown **eggs** are much more common than white ones. (= white eggs)

A: Which **bag** is yours?
B: The red one is mine. (= the red bag)

A: We have a lot of **ice cream** in the freezer.
B: Can I have some? O   Can I have ~~one~~? x

⟨it, one, that⟩

(1) **it은 언급된 대상 자체를 지칭, one 언급된 명사에 속하는 어느 하나의 대상을 의미**
- Paul has a puppy. I wish I had **it**. (= the puppy)
  (Paul이 소유하고 있는 바로 그 강아지를 가지고 싶다는 말)

- Paul has a puppy. I wish I had **one**. (= a puppy)
  (Paul의 강아지가 아니라, 그와는 다른 강아지 한 마리를 가지고 싶다는 말)

(2) **지시대명사 that과 인칭대명사 it (demonstrative *that* and referential *it*)**
that이 지시대명사로 쓰일 때는 어떤 특정대상을 지칭한다는 점에 있어서 it과 공통점이 있다. that과 it은 모두 앞에서 언급된 대상이나 내용을 가리켜 지칭할 수 있는데 약간의 어감상 차이가 있을 뿐이다. it은 언급된 대상을 그저 객관적으로 담담하게 지칭하는 것이고, that은 물리적으로 거리가 떨어져 있음을 표현하거나 또는 언급된 대상이나 내용을 좀 더 생생하게 가리켜 지칭한다.

- "Here's a picture of Paul's puppy." "Wow, **that**'s really cute!" (= **It**'s really cute!)

단, it은 가주어로 쓸 수 있으나, that을 가주어로 쓰는 것은 올바른 것으로 받아들여지지 않는다. 단, 원어민들은 비격식적 말하기에서 that을 가주어로 쓰기도 한다.

"I think you are the most talented person I've ever met in my life."
"Oh, thanks. **It**'s very kind of you." ○
"Oh, thanks. **That**'s very kind of you." ○
"Oh, thanks. **It**'s very kind of you <u>to say so</u>." ○
"Oh, thanks. **That**'s very kind of you <u>to say so</u>." ✗

(3) 명사 반복 회피를 위해 쓰는 one과 that
one과 that은 모두 앞에서 언급된 명사의 반복을 회피하기 위해 쓰일 수 있다는 공통점이 있으나 차이점도 있다.

one은 부정대명사로서 기본적으로 'a(n) + 단수명사'를 대체하며 ones는 복수명사를 대체한다. that은 'the + 단수명사/비가산명사', those는 'the + 복수명사'를 의미한다. 또한 one은 형용사에 의해 수식될 수 있지만 that은 그럴 수 없다.

· A rabbit has long ears, but a fox has short **ones** [those]. (= ears)
· The ears of a rabbit are longer than **those** of a fox. (= the ears)

3) other

① other + 명사 (형용사로서의 other)

other는 명사를 수식하여 맥락 속의 어떤 대상(들)이 아닌 불특정한 다른 대상들을 의미한다. 무관사 other 뒤에는 복수명사나 비가산명사가 온다. 단수 가산명사는 오지 않는다.

· Possession of guns is strictly prohibited in Korea, but it's legal in many <u>**other** countries</u>.
· I drink only lactose-free milk. <u>**Other** milk</u> makes me have the runs.

② the other + 명사 (형용사로서의 other)

· One-third of the students in this class wear glasses, but <u>the other students</u> don't.
  ☞ 앞에 언급된 안경을 쓴 3분의 1의 학생들을 제외한 나머지 학생들 모두를 가리킨다.

- Some students in this class like soccer, but **other students** like baseball.
  - ☞ 이 반의 학생들 중 축구를 좋아하는 학생들을 제외한 나머지 학생들 중 불특정 일부분을 가리킨다. 즉, 축구를 좋아하는 학생들도 있고 야구를 좋아하는 학생들도 있으나, 그 둘 어느 쪽에도 해당되지 않는 학생들도 존재한다.

A: Please turn on the computer. 컴퓨터 좀 켜 줘.
B: You mean this one? 이거 말이야?
A: No. I mean **the other one**. 아니. 그거 말고 다른 거.
  - ☞ 대화의 맥락으로 보아 두 대의 컴퓨터가 있다는 것을 알 수 있다. 그 두 대의 컴퓨터 중 어느 하나를 제외한다면, 나머지가 무엇을 가리키는 것인지는 명확하므로 정관사가 쓰인다.

맥락에 따라 소유격이나 지시대명사 등 다른 결정사가 쓰일 수도 있다.

A: Give me your hand. I will read your palm. 손 좀 줘 봐. 내가 손금 봐줄게.
B: Really? Here it is. 정말? 여기 있어.
A: Not this hand. Give me **your other hand**. 이 손 말고. 다른 쪽 손 줘봐.

③ any other

- You don't need to bring **any other equipment** besides your smartphone.
- Platypuses and echidnas are the only mammals that lay eggs. There aren't **any other mammals** that lay eggs. (= There are **no other mammals** that lay eggs.)
- Is there **any other comment** on this issue that you would like to make?

④ 대명사 the other

'the other + 단수명사'를 the other로 줄여서 표현할 수 있다. 주어진 대상들이 있을 때, 특정 대상(들)을 언급한 이후 남아 있는 나머지 하나를 가리킨다.

- Tina has two sisters. One works at a trading company in San Francisco and **the other** is studying at a culinary school in New York.

⑤ 대명사 the others

'the other + 복수명사'를 the others로 줄여서 표현할 수 있다. 주어진 대상들이 있을 때 특정 대상(들)을 언급한 이후 남아 있는 대상들 모두를 가리킨다.

· Will has three cats. One is white and the others are brown with black stripes.

⑥ 대명사 others

others는 자신 또는 특정한 사람(들)을 제외한, 나머지의 다른 사람들, 즉 세상의 수많은 다른 사람들을 막연하게 가리키는 것이다.

· Selfish persons are incapable of loving others, but they are not capable of loving themselves either. — The Art of Loving / Erich Fromm

〈탐구문제 13〉

other와 different는 서로 다른 (different) 뜻의 단어이지만, 한국어에서는 '다른'이라는 똑같은 말로 해석된다. 두 단어의 차이가 무엇인지 살펴보라. 또한 영어에서는 별개의 단어들로 표현되나 한국어에서는 같은 말로 표현되는 다른 (other) 사례들을 더 찾아보고 그 반대의 사례도 찾아보라.

4) another

① 부정대명사로 쓰이는 경우

another는 특정 대상을 제외하고 그와 같은 종류에 속한 하나의 대상을 뜻한다.

· I already had a cup of coffee, but I'd like to have another.

② 비한정적 결정사로 쓰이는 경우 (즉, 명사 앞에 쓰이는 경우)

· She was so upset when she caught her boyfriend staring at **another girl**.

앞에 언급된 명사의 반복을 회피하기 위해 ①과 같이 another 자체를 대명사로 쓰거나 또는 'another + one'으로 표현할 수 있다.

· This pen doesn't work. Do you have **another (one)**? (= another pen)

another에는 부정관사 an이 내포되어 있는 만큼 단수가산명사 앞에 쓰인다.

· I'd like to have ~~another~~ **bread**. x → I'd like to have **some more bread**. O
· Would you like to have ~~another~~ **cookies**? x
→ Would you like to have **some more cookies**. O

단, 'few 또는 숫자' + '복수명사' 앞에 another가 쓰일 수 있다. 이때는 additional의 의미이다.

· I'm sorry, ma'am, but I'm afraid you have to wait for **another few minutes**.
· **Another two gunshot victims** were brought into the emergency room.

5) 대상을 열거하는 표현들

· As you grow older, you will discover that you have two hands, **one** for helping yourself, **the other** for helping others.   — Audrey Hepburn

· Georgia has three dogs. **One** is a Golden Retriever and **the others** are Shih Tzus.

- Cody has three vehicles. One is a convertible, another is a station wagon, and the other is a pickup truck.

- Some friends of mine live in Seoul and others live in Busan.

- Some passengers on the bus were killed instantly in the accident and the others are being treated in a local hospital.

- Some members of the organization supported the plan as it was, others argued that it be revised, and still others maintained that it be rejected.

- Some voted for the plan, others voted against it, and the others abstained.

6) 상호대명사 each other와 one another

each other와 one another는 '서로'를 의미하는 상호대명사이다. 상호대명사는 행동이나 감정 등이 여러 당사자들 사이에서 서로에게 향하여 이루어짐을 표현한다. **each other와 one another는 아무런 차이가 없는 표현이며 얼마든지 서로 바꾸어 쓰일 수 있다.** 구식 문법은 each other는 두 사람 사이에 쓰이고 one another는 세 사람 이상 사이에 쓰여야 한다는 규칙을 내세웠으나 현대영어에는 적용되지 않는다.

- Scholars will argue with each other about everything. — Peter Jennings, American journalist
- I think a couple should complete one another, not compete with one another. — Marie Osmond, American singer and actress

7) 관용 표현

A: **Have a good one!**
B: Yeah, you too!

· Our study group meets **every other Friday** evening.

· **The other day,** I bumped into a high school friend on the street.

· The woman I bumped into on the street was **no other than** my first love, Ally.

· **On one hand,** parents don't want their children to tell a lie. **On the other hand,** parents also don't want their children to say anything rude that might hurt other people's feelings.

A: How's your new director? Is he any better than the previous one?
B: **It's six of one, half a dozen of the other.**

· Alex bullied Bill and extorted his belongings, but other students **looked the other way**.

· Learning grammar is **one thing** and learning how to speak a language is **another**.

· Everyone has **one problem or another**.

· Rich people find a way to evade taxes **one way or another**.

· She promised more welfare benefits during her campaign, but **danced to another tune** after getting elected.

8 수량사

1) some / any

some	대상의 존재를 긍정하는 맥락에 쓰여 '약간, 일부, 몇몇'을 의미한다. 대상의 존재를 부정하는 맥락에는 쓰이지 않는다. 긍정의 대답을 기대하는 요청과 권유 표현에도 사용된다.
any	대상의 존재를 부정하는 맥락에 주로 쓰인다. 의문문, 조건문에도 사용된다. 긍정문에 사용되는 경우 '어떤 ~라도'의 뜻을 가진다.

① 결정사로 쓰이는 some

(1) 약한 some

약한 some은 강세 없이 약하게 발음되는 것을 말하고 강한 some은 강세를 주어 발음되는 것을 말한다. some은 많은 경우 강세를 주지 않고 발음하며 복수의 가산명사나 비가산명사와 쓰여 '몇몇' 내지 '약간'을 의미한다.

· There is some bread on the table. There are also some bananas.

의문문의 형태로 상대방에게 권유나 부탁을 할 때는 some이 쓰인다. 상대방이 yes라는 답변을 하기를 심리적으로 기대하면서 권유나 부탁을 하는 것인지, 아니면 상대방의 답변이 yes와 no 중 어떤 것인지를 정말로 몰라서 알고 싶어서 하는 질문인지에 따라 전자의 경우 some을 쓰고 후자의 경우 any를 쓰는 것이다.

- Would you like to have some hot apple cider?
- I have some problems with my boss. Can you give me some advice?

이미 그렇다는 사실을 어느 정도 알고 있으면서도 확인 차 물어보는 부정 의문문에도 some이 쓰인다.

- Don't you have some work to do?

minute, hour, day, week, month 등 시간 단위 앞에는 some이 아니라 a few를 사용한다.

- It will take a few [some] hours to eliminate all the dents on your car.

(2) 강한 some

- Some people are good at dancing, but others have two left feet.

  (다른 대상들과 대조하여 표현할 때)

- I am so hungry. I had just some fruit and that was it.

  (일부, 약간이라는 것을 강조하여 표현할 때)

- It will take some time to complete the project. (= considerable time)

  (상당히 많은 수량이나 정도라는 것을 표현할 때)

  ☞ some은 경우에 따라 '상당히 많은'이라는 뜻을 가지기도 한다. 이것은 우리말에서 "너 그거 하려면 시간 좀 걸릴 거야"에서 '좀'이 '약간'의 뜻이 아니라 '꽤 많은'의 뜻으로 쓰이는 것과 유사하다.

- The fire was caused by some careless smoker.

  ('some + 단수가산명사' 형태로 some이 '어떤'의 뜻으로 쓰인 경우)

- Some 10,000 people joined the rally.

  ('대략'을 의미하는 경우. 이때는 결정사가 아니라 부사로 쓰인 것임)

(3) 부정 평서문에 쓰이는 some

구식 영문법은 "some은 긍정문에 쓰이고 부정문에는 쓰일 수 없다"고 설명했다. 그러나 이것은 매우 한심한 설명인데, 무수히 많은 반례들을 쉽게 찾아낼 수 있기 때문이다. some의 사용을 구분 짓는 것은 문장이 긍정문인지 부정문인지가 아니라, 의미에 있어 주어진 대상의 존재를 긍정하는지 부정하는지 여부이며, some은 대상의 존재를 긍정하는 맥락에서 사용되는 것이다. some은 어떤 대상이 조금 존재함, 즉, 그 대상의 존재를 긍정하는 표현이고 any는 not과 결합하여 어떤 대상이 조금도 존재하지 않음을 표현할 때, 즉 대상의 존재를 부정할 때 쓰인다. 예를 들어 "I have some pens."는 내가 가지고 있는 몇몇 펜들이 존재함을 의미하고 "I don't have any pens."는 내가 가지고 있는 펜이 조금도 존재하지 않음을 의미한다. 따라서 어떤 대상의 비존재, 즉 없음을 의미할 때는 some이 아니라 any를 사용하고, 통상 부정문을 사용하여 표현하므로, 대상의 존재를 부정하는 문장에는 some이 쓰이지 않는 것이다.

그러나 부정문이 언제나 대상의 비존재만을 의미하는 것은 아니므로 some은 부정문에도 얼마든지 쓰일 수 있다.

- I **can't** eat some fruits. I am allergic to strawberries, bananas, and apples.
  나는 어떤 과일들은 먹지 못해. 나는 딸기, 바나나, 사과에 알레르기가 있어. (못 먹는 과일들의 존재를 긍정)

- Some children **don't** like sports.
  어떤 아이들은 스포츠를 좋아하지 않는다. (스포츠를 좋아하지 않는 아이들의 존재를 긍정)

또한 대상의 존재를 부정하는 것이 아니라 '~가 아니다'를 의미하는 부정문에도 some이 쓰일 수 있다.

- Emily **isn't** just some ordinary girl. There's something special about her.
  에밀리는 그냥 어떤 평범한 여자애가 아니야. 그녀에게는 무언가 특별한 것이 있어.

② 대명사로 쓰이는 some

- We have a lot of tangerines. Would you like to have some?
- Here are the photos I took while traveling in Canada. Some were taken at English Bay Beach.
- Some of the employees at this company have doctoral degrees.
- We had some of Korea's traditional dishes.

③ 결정사로 쓰이는 any

(1) 약한 any

약한 any는 어떤 대상이 조금도 존재하지 않음을 표현하거나 어떤 대상이 조금이라도 존재하는지 물어보거나 존재한다고 가정할 때 사용된다. 약한 any 뒤에 단수가산명사는 오지 않는다.

- Do you have any brothers or sisters? 너는 형제자매가 있니?
- Did you have any difficulty getting here? 여기 오는 데 어려움이 있었나요?
- I don't have any friends who I can really trust. 나는 정말로 믿을 수 있는 친구가 없다.
- She doesn't go out with any boys. 그녀는 아무 남자하고도 사귀고 있지 않다.
- If you have any questions, please feel free to ask me. 질문이 있으시면 얼마든지 하셔도 됩니다.
- He refused to give me any help. 그는 나에게 도움을 주는 것을 거부했다.
- They believed what I said without any doubt. 그들은 내가 말한 것을 아무 의심 없이 믿었다.

(2) 강한 any

강한 any는 '아무', '아무것이라도 상관없이'의 뜻으로 쓰인다. 강한 any 뒤에는 보통 단수가산명사나 비가산명사를 사용하는데, 복수가산명사를 사용하기도 한다.

- Pick any card on the table. 테이블 위에 있는 아무 카드나 집으세요.
- Graduate students may take any courses offered by the university.
  대학원생들은 대학에 의해 제공되는 어떠한 강좌라도 수강할 수 있습니다.
- If you have any information on the whereabouts of the missing girl, please contact the local police station.
  실종된 여자아이의 소재에 관한 어떠한 정보라도 가지고 계신다면, 부디 지역 경찰서에 연락해 주시기 바랍니다.
  ☞ if절 안의 any를 약하게 발음하면 '~가 있다면' 정도의 의미이지만 강하게 발음하면 "어떤 것이라도 좋으니, 어떤 것이라도 상관없으니"라는 의미가 된다. 글로 쓰였을 때는 당연히 중의적일 수 있다.

강한 any는 '어떤 ~라도', '어느 누구라도'의 뜻으로서 every와 비슷한 의미로 쓰일 수도 있다.

· **Any** citizen who is over the age of 18 has the right to vote.

강한 any는 부정문에도 쓰일 수 있다.

· She doesn't go out with **any** boy.

위 문장은 "그녀는 아무 남자나 사귀지 않는다"는 뜻이지, "아무 남자하고도 사귀고 있지 않다"는 뜻이 아니다. 강한 any 뒤에는 복수명사나 단수명사 모두 올 수 있지만, 단수명사가 오는 것이 일반적이다. (약한 any 뒤에는 단수 가산명사가 오지 않는다.) 혼동의 여지가 있으므로 강한 any임을 확실하게 표현하기 위해 just를 사용할 수 있다. 비가산명사의 경우에는 발음을 듣지 못하면 약한 any인지 강한 any인지 구분할 수 없으므로 just를 사용하는 것이 좋다. 가산명사의 경우에도 just를 사용하여 명료하게 표현하는 것이 좋다.

· Jane can't eat (just) **any** food. She is allergic to many ingredients.
  제인은 아무 음식이나 먹을 수 없어. 그녀는 많은 식재료에 알레르기가 있어.
· Don't buy (just) **any** car without doing thorough research.
  철저한 조사를 하지 않고 아무 차나 사지 말라.

④ 대명사로 쓰이는 any

A: Do you happen to have **change for a dollar**? 혹시 1달러를 바꿀 잔돈 있어?
B: Sorry. I don't have **any**. 미안해. 없어.

A: Do you recognize **any of these people in this photo**?
  이 사진에 있는 사람 중에 알아볼 수 있는 사람들이 있습니까?
B: I've never seen **any of them** before. 이들 중 누구도 전에 본 적이 없습니다.

⑤ 부사로 쓰이는 any

· Go after your dreams! You are not getting **any** younger.

　너의 꿈을 추구하라. 너는 조금도 더 어려지지 않는다.

A: Is your steak **any** good? 네 스테이크 맛있어?
B: Yeah, it's very good. It doesn't get **any** better than this at this price.

　응. 매우 맛있어. 이 가격에 이보다 더 맛있을 수는 없어.

A: I heard you caught a cold. Are you feeling **any** better now?

　너 감기 걸렸다고 들었어? 지금은 좀 나아?

B: I've never felt **any** worse than this. I think it's not just a common cold.

　난 이보다 더 안 좋았던 적이 없어. 그냥 보통 감기가 아닌 것 같아.

2) (a) few / (a) little

(a) few + 복수가산명사	a few는 어떤 대상이 소수 있음을 표현한다. few는 어떤 대상이 아주 조금 있기는 하지만 거의 없음을 표현한다.
(a) little + 비가산명사	a little은 어떤 대상이 소량 존재함을 표현한다. little은 어떤 대상이 아주 조금 있기는 하지만 거의 존재하지 않음을 표현한다.

① 결정사로 쓰이는 (a) few와 (a) little

a few와 a little은 '부정관사(중앙결정사) + 꼬리결정사' 형태의 결정사구이다. 하나의 수량사로 쓰여 some과 비슷한 의미, 즉 '약간의', '조금의'를 뜻한다. a few는 복수가산명사에 쓰이고 a little은 비가산명사에 쓰인다. 맥락에 따라 few와 little 앞에 정관사나 지시사 등의 다른 결정사가 쓰일 수도 있다. 관사 없이 few와 little만 쓰인 경우는 수량이 거의 없음을 표현한다.

- There were a few chicken wings in a basket and there was a little juice in a bottle. I ate one of the few chicken wings and drank the little juice in the bottle.

- I have little money and few possessions.

only a few와 only a little은 수량이 조금밖에 되지 않거나 충분한 정도가 아님을 표현한다. quite a few와 quite a little은 수량이 상당히 많음을 표현한다.

- I got only a little sleep last night because I had to work on my assignment. I have only a few days before the deadline.
- It has been several months since the earthquake, but there are still quite a few problems. The earthquake did quite a little damage to the infrastructure of the city.

② 대명사로 쓰이는 (a) few와 (a) little

A: Do you have any double A batteries?
B: No, I don't. Ask John. I think he may have a few.

A: Did you drink any alcohol last night?
B: Yeah, I drank a little.

- A few of the students in this class are from abroad.
- Few believe that the Earth is flat.   · Little is known about Pluto.
- Few of my friends are in favor of the capital punishment.
- I will finish the meeting as soon as possible so that I waste little of your precious time.

few와 little은 대명사로 쓰이는 경우에도 very, so, too 등의 부사에 의해 수식될 수 있다.

- Very few believe that the Earth is flat.
- Relatively little is known about Pluto.

3) several, many, much, enough

① 결정사로 쓰이는 경우

· When we arrived at the park, we saw <u>several</u> RVs parked at the camp site. <u>Many campers</u> were enjoying the summer. We didn't have <u>much</u> money, so we couldn't afford to rent an RV. But we had <u>enough</u> budget to make a camping trip across Canada.

② 대명사로 쓰이는 경우

A: Do you have any questions?
B: Actually, I have <u>several</u>.

· <u>Many</u> think that the universe is infinite.
· It seems that not <u>much</u> can be done about unemployment.

A: Do you want some more bread? B: No, thanks. I've had <u>enough</u>.

· Strong winds flipped over <u>several</u> <u>of the small airplanes at the airport</u>.
· <u>Many</u> <u>of our ancestors</u> didn't receive any formal education.

· <u>Much</u> <u>of the information on the Internet</u> is unreliable.
· If <u>enough</u> <u>of you</u> are interested, we can arrange a group outing.

---

many a + 단수명사 + 단수동사 / a good [great] many + 복수명사 + 복수동사

· **Many a** <u>soldier</u> <u>has</u> lost <u>his</u> life in the course of the war. [구식의 격식적 표현]
· **A good many** <u>soldiers</u> <u>have</u> lost <u>their</u> lives in the course of the war. [비격식적 표현]
· I used to want **a great many** things before, and to be angry that I did not have them.
　　　　　　　　　　　　　　　　　　　　　— The Portrait of a Lady / Henry James

4) most

① 결정사로 쓰이는 most

A: Do you know why polar bears don't eat penguins?
B: I don't know. Why is that?
A: It's because most penguins live in the Southern Hemisphere, while polar bears live in the Arctic.

· Most water in the atmosphere is invisible water vapor.
· The rooms at this hotel are small, but most rooms have great views.

② 대명사로 쓰이는 most

· Most feel that they need to save money to live a comfortable life in the future. (= Most people)
· The rooms at this hotel are small, but most of the rooms have great views.

③ 형용사 many와 much의 최상급으로서의 the most

· In Korea and many other countries, the President is elected by the popular vote. It means that the candidate who gets the most votes wins the election.
· Dr. Turner is my primary care doctor and she has the most information about my medical history.

④ 부사 much의 최상급으로서의 (the) most

much는 '많이'를 의미하는 부사로 쓰일 수 있는데 (the) most는 이러한 much의 최상급으로서 '가장' 또는 '가장 많이'를 의미한다. 부사의 최상급이므로 정관사는 대개 생략된다.

· Who do you respect most?   · I like you most when you smile.

⑤ 명사로서의 the most ('최대치', '최대한', '최대한의 것')

- I'm sorry, but the most I can lend you is $100.
- The most I can do for my friend is simply to be his friend. I have no wealth to bestow on him. — Henry David Thoreau

---

⟨almost⟩

- **Almost** 300 passengers were on the ship. (숫자 수식)
  거의 300명의 승객들이 배에 있었다.
- When the ship hit a rock, it seemed **almost** impossible to avoid heavy casualties. (형용사 수식)
  배가 바위에 부딪쳤을 때, 많은 사상자가 발생하는 것을 피하는 것이 거의 불가능해 보였다.
- Fortunately, **almost** all the people survived. (결정사 all 수식)
  다행히도 거의 모든 사람들이 생존했다.
- They **almost** got killed in the accident, but were saved in time. (동사 수식)
  그들은 사고로 거의 죽을 뻔했지만, 적절한 때에 구조되었다.
- It was **almost** a miracle that not a single passenger died. (명사 수식)
  단 한 명의 승객도 죽지 않았다는 것은 거의 기적이었다.
- **Almost** everyone returned home safe, but the captain sank with the ship just after the last passenger was rescued. (부정대명사 everyone 수식)
  거의 모두가 안전하게 집에 돌아갔지만, 선장은 마지막 승객이 구조되자마자 배와 함께 가라앉았다.
- The survivors **almost** always remember the honorable death of the captain. (부사 수식)
  생존자들은 선장의 명예로운 죽음을 거의 언제나 기억한다.

---

5) all

① 대명사로 쓰이는 경우

all은 모든 것, 즉 어떤 대상의 전부를 가리킨다. of를 사용하여 어떤 대상들의 전부인지를 표현할 수 있다. 다른 수식어구 없이 all을 단독으로 사용하는 것은 다소 구식의 표현이며 현대에는 일부 관용적 표현에서만 쓰인다. '모든 사람들'을 가리키는 경우와 같이 구체적인 여러 대상들을 의미할 때는 복수 취급되고 '모든 일' 또는 '모든 것'과 같이 막연한 상황이나 대상을 전체적으로 가리킬 때는 단수 취급된다.

A: How are your children?   B: All are well. Thanks.

- I hope all is going well for you. (편지 등의 앞이나 끝에 인사말로 쓰이는 표현)
- All you need is love. All you need is Love. Love. Love is all you need.
  — All You Need Is Love / Love Actually OST
- Don't believe what your eyes are telling you. All they show is limitation. Look with your understanding. — Jonathan Livingston Seagull / Richard Bach

- You can please some of the people all of the time, you can please all of the people some of the time, but you can't please all of the people all of the time. — John Lydgate

all은 복수인칭대명사나 집합명사 뒤에 쓰일 수도 있는데 우리말로 해석하면 마치 부사처럼 해석되지만 영어에서는 동격의 대명사로 쓰인 것으로 간주된다.

- We all feel lonely sometimes even when we are surrounded by people. (we all = all of us)
- My family all loves dogs.

A: What happened to the cookies in the cookie jar?
B: Betsy ate them all.

동격의 all은 be 동사나 조동사가 있을 시에는 그 뒤에 위치하는 것이 선호된다.

- We all are very proud of you = We are all very proud of you.
- My family all can play the piano. = My family can all play the piano.

② 결정사로 쓰이는 경우

all은 결정사로 쓰여 복수가산명사나 비가산명사 앞에 올 수 있다.

- A loving heart is the beginning of all knowledge. — Thomas Carlyle
- All humans have innate desires for life, liberty and the pursuit of happiness. — Steven Pinker

'all + 단수가산명사' 형태는 거의 쓰이지 않으며 일부 관용적 표현들에 쓰일 뿐이다. 대개 시간을 표현하는 단어와 함께 쓰인다. (all day, all night, all week …)

- <s>All building</s> was burnt down in a fire. x
→ All of the building was burnt down in a fire. O
→ The entire [whole] building was burnt down in a fire. O

③ 머리결정사로 쓰이는 경우

- We can't possibly fight all the terrorists in all the countries where they exist because we don't have the money or manpower to do so. — Michael Huffington

A: What's with all these flowers?
B: They are for you. I love you with all my heart.

④ 강조 부사로 쓰이는 all

- I got all wet in the rain.
- It's all because of you that I have the strength to live.
- The food in that restaurant is good but all too expensive.

6) each / every

① 결정사로 쓰이는 each와 every (단수가산명사 앞에 쓰임)

- Each student has to write an essay on the given topic.
  (두 사람이나 세 사람이 협력하여 하나의 에세이를 쓰면 안 되고, 각자 한 편의 에세이를 써야 한다.)

- <u>Every</u> student has to write an essay on the given topic.

  (각각 한 편의 에세이를 써야 함에 더해 어느 누구도 빠짐없이 모든 학생이 한 편의 에세이를 써야 한다.)

- <u>Each and every</u> student has to write an essay on the given topic.

  (모든 학생이 한 사람도 빠짐없이'를 의미한다. every를 강조하여 표현하는 것이다.)

- <u>Each</u> boy and girl in this class <u>has</u> to write an essay on the given topic.

  (each 뒤에 명사가 2개 이상 연결되어 표현되더라도 단수 취급한다.)

- The school counsellor must meet with <u>each student</u> at least twice a semester.

  (상담사는 '각각의' 학생과 한 학기에 2번 만나야 한다. 즉, 두세 명과 한꺼번에 상담하면 안 된다.)

- The school counsellor must meet with <u>every</u> student at least twice a semester.

  (상담사는 '각각의 모든' 학생과 한 학기에 2번 만나야 한다. 즉, 한 학생도 빠뜨리면 안 된다.)

② 대명사로 쓰이는 each

every 자체가 대명사로 쓰일 수는 없지만 'every one'을 사용하여 '모든 각각의 것'을 표현할 수 있다. 'everyone'은 모든 **사람**을 의미하지만 'every one'에서 one은 부정대명사로서 사람이건 사물이건 가리지 않고 지칭한다. 또한 'every one'은 여러 대상들이나 집합, 집단이 있을 때 그 '각각'을 가리키는 것이다.

- There are a dozen apples in this box. <u>Each</u> costs 5 dollars. O
- = <u>Each</u> of the apples costs 5 dollars.
- ≒ <u>Every one</u> of the apples costs 5 dollars. O

- <s><u>Every</u> costs 5 dollars.</s> X · <s><u>Every</u> of the apples costs 5 dollars.</s> X

each는 명사의 복수형 뒤에서 동격으로 쓰일 수 있다. 주어로 쓰인 명사 뒤에 each가 동격으로 쓰인 경우, 주어는 어디까지나 앞에 있는 명사이므로 동사는 복수 동사를 쓴다.

- <u>We each</u> have different talents.
- <u>My father and mother each</u> have a car.

③ every + 복수명사

'every + 숫자 (또는 few) + 시간, 구간, 간격'을 의미하는 명사의 복수형'은 '매 ~ 마다', '~마다 한 번씩'의 의미를 가지는 부사구를 형성한다.

- Please check this patient's vitals <u>every two hours</u>.
- Shelby goes out with her boyfriend <u>every few days</u>.
- Engine oil must be changed <u>every 3,000 miles</u> or <u>every 3 months</u>.

7) half

half는 수량의 절반을 의미할 때는 단독으로 명사 앞 수식을 하지 않는다.

- There are 12 members in the committee. ~~Half members~~ are in favor of my proposal. x

단, half는 일반적 형용사로 쓰일 수는 있다. 이때는 **결정사가 아니며 수량의 절반을 의미하는 것이 아니다**.

- He is **her** <u>half</u> **brother**. 배다른 형제이다. O
- The lake looks like **a** <u>half</u> **moon**. 반달처럼 생겼다. O

① 대명사로 쓰이는 경우

- There are 12 members in the committee. <u>Half (of them)</u> are in favor of my proposal. O

② 머리결정사로 쓰이는 경우

- There are 12 members in the committee. <u>Half **the** members</u> are in favor of my proposal.
- The restaurant was so crowded that we had to wait for <u>half **an** hour</u> to get a seat. O
  (~~half of an hour~~)

③ 명사로 쓰이는 half

보통명사로 쓰이는 half는 두 부분으로 나눈 것의 한쪽을 의미하며, 운동경기, 영화, 소설 등의 전반부나 후반부를 의미하기도 한다.

- He scored a goal in **the second half** of the game. 그는 후반전에 한 골을 넣었다.
- **The left half** of the brain controls the right side of the body. 좌반구는 몸의 오른쪽을 통제한다.
- There are many **halves** of a kiwi in the basket. 바구니 안에 키위를 반으로 자른 것 여러 개가 들어 있다.

8) 분수표현 (one-third, two-thirds, etc.)

분수는 형용사, 명사 또는 결정사로 쓰인다. 분수는 대명사로 분류되지는 않지만 half와 유사한 측면이 있으므로 여기서 다루겠다.

① 결정사로 쓰이는 분수

- Prepare **one-third cup** of water and **two-fifths pound** of flour.
- **One-thousandth gram** of taipan venom can kill more than ten people.

  * taipan 타이팬, 오스트레일리아에 서식하는 독사의 한 종류

② 명사로 쓰이는 분수

- A milligram is **one-thousandth of a gram**. 1밀리그램은 1,000분의 1그램이다.
- About **one-tenth of the world's population** is left-handed. 세계 인구의 약 10분의 1이 왼손잡이이다.
- There are 60 employees in this company and **two-thirds** are female.
  이 회사에는 60명의 직원이 있고 3분의 2가 여성이다.

③ 머리결정사로 쓰이는 분수

- A milligram is one-thousandth a gram.
- About one-tenth the world's population is left-handed.
- There are 60 employees in this company and two-thirds the employees are female.

9) 배수 표현

double, triple, quadruple, twice, three times, four times 등과 같은 배수표현은 머리결정사로 사용된다. 배수표현은 명사적으로 쓰이지 않으므로 '배수 + of ~' 형태로 사용되지 **않는다**.

double은 명사 앞에서 '두 개의 부분으로 이루어져 있는', '이중으로 되어 있는', '이중적인', '2인용의' 등을 의미하는 형용사로 쓰일 수 있다.

- His name is Lynn, with a double 'n'.
- Do you want a single bed or a double bed?

위와 같은 double은 명사 앞에 쓰이는 형용사이지 머리결정사가 아니다. 아래와 같이 주어진 수량의 2배를 의미할 때 머리결정사로 사용된다.

- Lisa is my boss and makes ~~triple of my salary~~. ✗
- → Lisa is my boss and makes triple my salary. O
- The bag she is carrying is worth ~~twice [double] of the price of my car~~. ✗
- → The bag she is carrying is worth twice [double] the price of my car. O

twice, three times, four times 등은 횟수나 배수를 의미하는 부사로 사용될 수 있으며 이때도 결정사 앞에 위치한다. a day, a week, a month 등 시간을 의미하는 말과 함께 쓰여 '얼마마다 몇 번'을 의미하는 부사구를 이룬다.

- Take this medicine three times a day.

10) both

① 대명사로 쓰이는 경우

- Maria has two daughters. Both can speak French fluently.
- There are two libraries in this town. Both of them are very convenient and useful.
- We both know that we are not right for each other. (= Both of us)
- Liz and Mary are good friends of mine. I like them both. (= both of them)
- They both can dance amazingly. = They can both dance amazingly.

② 결정사로 쓰이는 경우

- Cooperation between China and the U.S. might be possible as both countries can benefit from it.
- Be careful with the china. Hold it with both hands and don't drop it.

③ 머리결정사로 쓰이는 경우

- Both my grandmothers are alive.
  나의 할머니들은 두 분 다 살아계신다. → 친할머니와 외할머니 모두 살아계신다.
- Kevin and Martin are from Brazil. Both the students speak Portuguese.

11) either / neither

either는 /íːðər/ 또는 /áɪðər/로 발음되며 neither는 /níːðər/ 또는 /náɪðər/로 발음된다. either는 어떤 대상이 둘 있다고 전제할 때 둘 중에 아무 임의의 하나의 대상을 가리킨다. neither는 대상이 둘 있을 때 그 둘 모두에 대한 부정을 표현한다. 부정문에서 '~도 또한 아니다/않다'를 표현하는 부사로서의 either/neither (I don't like it, either.)는 의미와 쓰임이 전혀 다르므로 유의하라.

① 결정사로 쓰이는 either와 neither

either와 neither는 단수명사 앞에 쓰인다.

A: Which bus do I have to take to go the airport, bus No. 6002 or 6011?
B: Both buses go to the airport. You may take either bus.

A: Does your father support the Democratic Party or the Republican Party?
B: He supports neither party. He's a Libertarian.

② 대명사로 쓰이는 either와 neither

either와 neither는 대명사로 쓰일 수 있다. 단독으로 쓰일 수도 있고 of를 사용해서 범위를 표현할 수도 있다. either는 두 대상이 있음을 전제로 하고 그중 어느 하나를 가리키는 것이고 neither는 둘 모두를 부정하는 것이므로 of 뒤에는 복수가산명사가 올 수밖에 없다. 단, 'couple'과 같이 단수명사라 하더라도 둘을 의미하는 경우는 올 수도 있다.

either는 의미상 둘 중 '하나'를 뜻하므로 단수 취급된다. 단, 'either + of + 복수명사'는 비격식체에서 복수 취급되기도 한다.

neither는 일반적으로는 단수 취급되나, 비격식체에서는 흔히 복수 취급된다.

규범문법은 neither를 복수 취급하는 것이 틀리다고 보았으나 현대에는 설득력을 상실했다. 이와 같이 단수 취급을 해야 할지 복수 취급을 해야 할지 혼란스러운 경우, 보수적 영문법 교육은 어느 형태는 틀리고 어느 형태가 옳다고 가르치는 것에 열을 올리고 수일치에 있어 혼동을 유발하는 시험문제를 출제하는 것에 집착하지만, 현실에서의 쓰임을 보면 원어민들은 어떤 일관적 원리를 따르기보다는 옳고 그름에 큰 신경을 쓰지 않고 내키는 대로 표현하는 경향이 강하다.

A: We're planning to go on a picnic this weekend. Which day is good for you, Saturday or Sunday?

B: Either is fine with me.

☞ 위와 같은 선택의 상황에서 both와 either를 잘 구분하도록 유의하라. both는 '둘 다'를 의미하므로 위 대화에서 both로 표현하면 소풍을 토요일에도 가고 일요일에도 가고 싶다는 뜻이 된다. 둘 중 아무 날이나 괜찮다는 것을 표현하려면 either를 사용한다.

A: Which one do you like better, cats or dogs?

B: I like neither. (= I don't like either.)

A: Does either of you two happen to have a charging cable for an iPhone?

B: No, we don't. Neither of us use an iPhone.

· If either of your parents has type II diabetes, you'd better watch your diet and blood sugar levels.

· Houston and Austin are in Texas. Neither of the two cities have a convenient public transportation system.

· Any society that would give up a little liberty to gain a little security will deserve neither and lose both. — Benjamin Franklin

약간의 안보를 얻기 위해 약간의 자유를 포기하려는 사회는 그 어떤 사회라도 그 중 어느 것도 가질 자격이 없고 둘 모두를 잃을 것이다.

12) no와 none

no는 결정사로 쓰이며 대명사로는 쓰이지 않는다. no는 단수가산명사, 복수가산명사, 비가산명사 앞에 모두 쓰일 수 있다.

none은 대명사로만 쓰이며 결정사로 쓰이지 않는다. 어떤 대상이 셋 이상 있을 때 그 대상들 모두에 대해 부정하는 의미를 표현한다. 비가산명사에 대해서도 쓰일 수 있다. 규범문법은 none이 가리키는 대상이 가산명사일 때 단수 취급해야 한다고 주장했으나, 오늘날에는 유효성을 상실했으며 현대영어에서는 단+복수 취급된다. 규범문법의 영향이 남아있기 때문에 격식적 글쓰기에서는 단수 취급되는 경향이 더 강하다. 비가산명사에 대하여 none을 사용하는 경우는 의미에 있어 복수일 수 있는 여지가 없으므로 단수 취급한다.

① 결정사로 쓰이는 no

- I have no regrets in my life.
- You have to learn not to be dismayed at making mistakes. No human being can avoid failures. — Lawrence G. Lovasik

② 대명사로 쓰이는 none

none은 'no one'을 축약한 것이 **아니다**. 원어민 중에도 그렇게 생각하는 사람들이 간혹 있으나 그것은 민간의 속설에 불과하며 타당한 설명이 아니다.

- Karen has three daughters. None of her daughters is [are] old enough to go to school. O
  → No one of her daughters is old enough to go to school. x
  → Not one of her daughters is [are] old enough to go to school. O

- All the evidence that the prosecution has presented is just circumstantial. None of the evidence clearly proves [prove] that the defendant committed the murder beyond a resonable doubt.

  검찰 측이 제시한 모든 증거는 단지 정황 증거뿐입니다. 그 증거 중 어느 것도 피고가 살인을 저질렀다는 것을 합리적 의심의 여지가 없을 정도로 명백하게 입증하고 있지 못합니다.

- In truth, laws are always useful to those with possessions and harmful to those who have nothing; from which it follows that the social state is advantageous to men only when all possess something and **none** has too much.   — The Social Contract / Jean-Jacques Rousseau

진실로, 법률은 언제나 소유물을 가진 사람들에게 유용하고 아무것도 가지지 않은 사람들에게는 유해하다. 그것으로부터 다음과 같은 결론이 도출된다. 사회적 상태는 모두가 무언가를 소유하고 있고 아무도 너무 많이 가지고 있지 않을 때에만 인간에게 이롭다.

13) 수량사의 쓰임에 있어 유의할 점

① '수량사 + of ~' 표현

수량사가 대명사로 쓰일 때는 단독으로 쓰이거나 또는 of를 사용하여 그 범위가 명시된다. of를 사용하지 않는 것은 '특정 범위를 생각하지 않고 막연하고 일반적인 수량의 대상을 의미하는 경우' 또는 '특정 범위 중에서의 얼마만큼이지만, 맥락을 통해 충분히 알 수 있으므로 굳이 그 범위를 명시하지 않은 경우'이다.

- **Many** feel that global warming is getting worse.
  (세상에 있는 막연하고 일반적인 많은 사람들을 지칭)
- I received a box of apples, but **many** were rotten.
  (내가 받은 한 박스 사과들 중에 많은 사과들을 지칭)

반면 of를 사용하는 것은 **어떤 주어진 특정 범위 중에서 얼마만큼인지를 표현하기 위함이다.** 즉, 수량대명사 뒤에 of를 사용하는 목적 자체가 어떤 구체적이고 명확한 범위, 즉 한정된 범위를 표현하기 위한 것이다. 따라서 '수량대명사 + of' 뒤에는 구체적이고 한정된 범위를 표현하는 **한정적 결정사 (정관사, 지시사, 소유격)의 수식을 받는 명사구, 한정적 대명사 (인칭대명사와 지시대명사) 또는 고유명사가 오며** (고유명사는 본질적으로 한정적) 무관사 형태의 명사구가 오면 말이 되지 않는다. 예를 들어 'most of people'이라고 하면 불특정 다수의 사람들 중 불특정 대부분을 뜻하는 것이 되는데, 이런 의미를 표현할 것이면 그냥 'most people'이라고 하면 되지 of를 쓸 이유가 없다.

~~most of people, many of people, both of people, some of people~~

- She posted **a few** **of her grandmother's** recipes on her Facebook.
- **Most** **of those** who participated in the Donghak Revolution were peasant farmers.
- It is illegal for private citizens to collect rainwater in **some** **of the** US states because the government wants to make sure all the residents pay for water bills.
- **Much** **of Paris** is easy to walk around.

② 수일치에 있어 유의할 점

수량대명사 중 (a) few, several, many, both의 경우는 복수적 의미이고 항상 복수가산명사를 가리키므로 복수 취급한다. much, (a) little은 비가산명사를 가리키고 each, every, either는 단수 가산명사를 가리키므로 단수 취급한다. 그런데 some, enough, most, all, half 등은 복수명사를 가리킬 수도 있고 단수명사를 가리킬 수도 있다. 따라서 가리키는 대상이 복수이면 복수 취급하고 단수이면 단수 취급한다.

흔히 "A of B 형태에서는 B에 수일치시킨다"고 설명하는 경우가 많은데 이것은 정확한 설명이 아니라 요령일 뿐이다. 'A of B' 형태일 때 수일치는 A에 하는 것인데, some, most, all 등의 수량대명사와 비율표현은 수 개념에 있어서 자체의 수가 결정되어 있지 않고 of 뒤에 있는 명사구에 의존적이다. 그래서 사실은 A에 일치시키는 것이지만 A의 수가 B에 의존적인 경우에는 결과적으로 B에 일치시키는 것처럼 보이게 되는 것이다. 또한 of를 사용하여 명시되어 있지 않더라도 맥락에 따라 가리키는 대상이 복수명사이면 복수 취급하고 단수명사이면 단수 취급한다.

- **Most** **of the garden** **is** covered with a blanket of snow.
- **Most** **of the flowers** in the garden **have** withered away.

- Only **half** **of the moon** **is** visible from Earth.
- About **half** **of the stars** in the universe **are** 10 billion years old.

- Emily has a lot of **books**. **Most** **are** novels.
- Emily has a lot of expensive **furniture**. **Most** **is** from Italy.

12 부사

1. 부사의 형태
2. 부사의 기능
3. 부사의 위치
4. 부사의 어순
5. 주요 부사의 쓰임

부사의 형태

부사는 일관성을 찾기 가장 어려운 품사로 여겨지며 '잡동사니 범주 (a ragbag category)'라고 불리기도 한다. 왜냐하면 부사는 어떤 공통적인 특징을 가지고 있는 단어들을 모은 범주라기보다는 다른 품사들로 분류하고 남은 나머지들을 뭉뚱그려 분류한 것이기 때문이다. 그래서 부사들 중에는 어느 정도 비슷한 성질을 가진 것들도 있지만 매우 상이한 성격을 가진 것들도 포함되어 있다.

1) -ly형 부사가 별도로 없는 경우

형용사	부사	-ly형 부사	형용사	부사	-ly형 부사
early 이른	early 일찍	~~earlyly~~	far 먼	far 멀리	~~farly~~
fast 빠른	fast 빨리	~~fastly~~	long 긴	long 오래	~~longly~~
low 낮은	low 낮게	~~lowly~~	straight 곧은	straight 곧장	~~straightly~~

· I waited <u>long</u> in a **long** line.
         부사   형용사

· He is a **fast** runner. He can run <u>fast</u>. (fastly로 표현하지 않도록 주의)
     형용사   부사

> 'detaily'가 '자세히'를 의미한다고 착각하기 쉬우나 그런 단어는 아예 존재하지 않는다. '자세히'는 'in detail'로 표현한다.
>
> · Please explain ~~detaily~~. ✗   · Please explain **in detail**. ○

2) -ly형 부사의 의미가 사뭇 다른 경우

형용사	부사	-ly형 부사	형용사	부사	-ly형 부사
close 가까운	close 가까이	closely 면밀하게	deep 깊은	deep 깊게	deeply 철저하게
fair 공정한	fair 공정하게	fairly 꽤, 상당히	high 높은	high 높게	highly 대단히
near 가까운	near 가까이	nearly 거의, 대략	short 짧은	short 짧게	shortly 곧, 즉시

- We should examine the problem **closely**. 우리는 그 문제를 면밀하게 살펴봐야 한다.
- This camera is **fairly** cheap. 이 카메라는 꽤 싸다.
- Using a strong password is **highly** recommended. 강력한 비밀번호를 사용하는 것이 크게 권고된다.
- We will be arriving at Seoul station **shortly**. 우리는 곧 서울역에 도착할 것입니다.
- There were **nearly** 500 attendees at the conference. 회의에는 약 500명의 참석자가 있었다.

3) -ly형 부사가 완전히 다른 의미를 가지는 경우

형용사	부사	-ly형 부사	형용사	부사	-ly형 부사
hard 근면한	hard 열심히	hardly 거의~않다	late 늦은	late 늦게	lately 최근에

- Students who work **hard hardly** ditch classes. 열심히 공부하는 학생은 수업을 땡땡이치는 일이 거의 없다.
- Why have you been coming **late** to class **lately**? 너 요즘에 왜 수업에 늦게 오는 거야?

4) -ly가 없는 형태와 있는 형태가 의미가 같은 경우

형용사	부사	-ly형 부사	형용사	부사	-ly형 부사
direct 직접적인	direct 곧바로	directly 곧바로	loud 시끄러운	loud 시끄럽게	loudly 시끄럽게
quick 빠른	quick 빨리	quickly 빨리	real 진짜의	real 정말로	really 정말로
slow 느린	slow 느리게	slowly 느리게	soft 부드러운	soft 부드럽게	softly 부드럽게
tight 단단한	tight 단단히	tightly 단단히	wrong 잘못된	wrong 잘못되게	wrongly 잘못되게

- Let's finish it quick. (= quickly)
- We all sometimes remember things wrong. (= wrongly)
- I walk slow but never backwards. — Abraham Lincoln
- Love me tender / Love me sweet / Never let me go. … Love me tender / Love me true / All my dreams fulfilled. — Love Me Tender / Elvis Presley
- In a desert, it's scorching hot during the day, but freezing cold at night.
- The music was deafening loud and the lighting was blinding bright.

quickly, slowly와 같이 -ly형태 부사가 존재하고 그것이 별개의 의미를 가지는 것도 아닌데 -ly가 없는 형태를 부사로 쓰는 경우가 있다. 또한 'freezing cold'와 같이 현재분사가 형용사를 수식하기도 한다. 이것은 -ly 발음이 귀찮아서 그냥 -ly 없이 부사로 쓰는 것이다. 'freezingly cold'로 표현하는 것은 문법적으로 올바르기만 할 뿐, 원어민들은 거의 그렇게 말하지 않는다. 귀찮기 때문이다. 그런데 모든 부사들이 이와 같이 쓰이는 것은 아니다. 어떤 경우에 -ly가 없는 형태를 부사로 쓸 수 있는지에 대해서는 논리적으로 일관된 규칙성을 찾을 수 없는데, 논리에서 비롯된 것이 아니기 때문이다. 이것은 발음의 영향이다. 즉, 일상적 말하기에서 많이 쓰이는 쉽고 짧은 단어일수록 -ly가 없는 형태가 부사로 쓰이는 경향이 강한데, 이것은 말에서 자주 쓰는 단어일수록 -ly 발음이 더 귀찮게 느껴지기 때문이다. **단, -ly가 없는 형태는 동사나 분사를 앞에서 수식하지는 못한다.**

- I walked slow. O · I walked slowly. O · I slowly walked. O · I ~~slow walked~~. x

· They **wrongly** ~~wrong~~ accused her of shoplifting at the department store.
· Flat screen TVs have to be **tightly** ~~tight~~ fixed to the wall to avoid drop damage.

easy, sound 등과 같은 경우도 일부 표현들에서 -ly가 없는 형태가 부사로 사용된다.

· Take it **easy**!   · I slept **sound**.

good의 경우는 -ly 형태의 부사는 없으나 well이 그에 상응하는 부사인데 일상에서는 good을 well 대신 부사로서 사용하기도 한다. fine과 great도 회화에서 흔히 부사로 쓰인다. 단, good, fine, great를 부사로 사용하는 것이 문법적으로 틀리다고 주장하는 보수적인 사람들도 있다.

· You did **good**!   · I'm doing **great**.   · This computer works **fine**.

일반적으로는 분사 등의 형용사 형태가 다른 형용사를 수식하지 않는다.

· Cyber security is ~~increasing important~~. ✗
→ Cyber security is **increasingly** important. ○

부사의 기능

1) 수식 기능을 하는 부사

① 동사 수식	· The flood **destroyed** the bridge **completely**. · You need to **drive slowly** when it's snowing.
② 형용사 수식	· Their newborn baby is **perfectly** healthy. · China plays an **increasingly** important role in the global economy.
③ 부사 수식	· Hippos can run **surprisingly** fast. · I solved the problem **pretty** easily.
④ 명사 수식	· I love **only** you. · Koalas eat **just** eucalyptus leaves. · **Even** children understand the benefits of clean energy.
⑤ 전치사구 수식	· I need that book **right** on the top shelf. · The ceremony will begin **approximately** at 10 o'clock in the morning.
⑥ 접속사 수식	· I've loved her **ever** since I met her for the first time. · She didn't join the party **partly** because she was very busy.
⑦ 문장 전체 수식	· **Fortunately**, we managed to escape from the burning building. · **Obviously**, the company has no plans to hire more employees.

2) 보어 기능을 하는 부사

· My room is upstairs.   · Put your phone here.

위 문장들에서 'upstairs'와 'here'는 부가적 수식어구가 아니라 보어이다. 이와 같이 어떤 동사들은 의미를 완결시키기 위해서 부사구나 전치사구를 보어로 필요로 한다. 부사 보어를 취하는 가장 대표적인 동사는 be 동사이며 그 외에도 장소로의 이동 (rush, trek, plod, saunter, meander, step, speed, bustle), 자세 (lie, stand, lean) 등을 표현하는 동사들 일부가 부사 보어를 취한다. 장소에의 배치 (locate, put, hang)를 의미하는 일부 동사들은 목적어 뒤에 부사 보어가 온다.

- I headed. x → I headed <u>home</u>. O
- He lay. x → He lay <u>on the grass</u>. O
- His house is located. x → His house is located <u>in a quiet residential area</u>. O

3) 전치사의 목적어로 쓰이는 부사

- A loud noise came <u>from upstairs</u>.
- She receives a lot of mail <u>from abroad</u>.
- I just want to stay <u>at home</u>.
- I bought this shirt at a thrift store <u>near home</u>.
- Is there a grocery store <u>around here</u>?
- Let's get <u>out of here</u>.
- Who's <u>in there</u>?
- You can't go <u>through there</u>. It's a dead end.
- <u>Until recently</u>, I have been living in the countryside.

⟨here의 쓰임⟩

① here는 '이곳'을 의미하는 명사로 쓰이지 않는다.

- ~~Here is so beautiful. I really like here.~~ x
→ **This place** is so beautiful. I really like **it here**. O (여기서 it은 일종의 가목적어)

② 하지만 here는 일부 전치사들 뒤에서 그 전치사의 목적어로 쓰일 수 있다.

- My office is **near here**. O 내 사무실 이 근처에 있어.
- How long does it take **from here** to there? O 여기서 거기까지 얼마나 걸리나요?

③ here는 reach, enter, call 등의 동사 뒤에 쓰이기도 한다.

- When did you reach **here**?　· Please enter **here**.　· Don't call **here**.

3

부사의 위치

일반적으로 보아 부사는 다른 품사들보다 위치가 상대적으로 자유롭다. 즉, 부사는 문두^{文頭}, 즉 절의 앞부분, 문중^{文中}, 즉 절의 중간, 또는 문미^{文尾}, 즉 절의 뒷부분에 위치할 수 있다.[22] 그러나 이것은 상대적 특성일 뿐이며, 어떤 부사들은 세 위치에 모두 쓰일 수 있지만 다른 부사들은 그렇지 않을 수도 있고, 위치에 따라 의미나 뉘앙스가 달라질 수도 있으며, 부사의 종류에 따라 좀 더 선호되거나 덜 선호되는 위치가 있기도 하다. 또한 강조하고자 하는 단어의 앞에 위치하기도 한다.

1) 수식하는 어구 앞에 위치

- <u>Especially</u> children are vulnerable to various forms of abuse.
- Dioxins are <u>environmentally</u> hazardous chemicals
- Germany is one of the most <u>technologically</u> advanced countries in the world.
- He fell asleep <u>just</u> after midnight.
- Kelly's mother <u>almost</u> always attends school events.

---

[22] 정확히 표현하면 '절두^{節頭}', '절중^{節中}', '절미^{節尾}'라고 해야 한다. 하지만 이런 표현이 널리 받아들여지지 않으므로 이 책에서도 어쩔 수 없이 '문두', '문중', '문미'라고 표현했다. 예를 들어 'Ostriches can run fast, but they can't fly.'에서 'fast'는 '문미 위치'에 있다고 표현하지만 사실 살펴보면 문장의 중간에 있다. 하지만 but 앞에 있는 절을 기준으로 보면 절의 뒷부분에 위치한 것이다. 이렇게 이 위치는 엄밀하게는 '절미' 위치이다.

2) 동사를 수식하는 경우

부사가 자동사를 수식하는 경우 동사 뒤 (즉, 문미 위치)에 오는 것이 일반적이며 일부 동사들은 동사 앞 (즉, 중간 위치)에 오기도 한다.

- I walked slowly. = I slowly walked.
- I slept deeply. = I deeply slept.

부사가 타동사를 수식하는 경우 동사 앞 (즉, 중간 위치) 또는 목적어 뒤 (즉, 문미 위치)에 온다.

- The coroner carefully examined the skeletons. = The coroner examined the skeletons carefully.

전치사 수반자동사의 경우 동사와 전치사 사이에 부사가 올 수도 있고 문미에 올 수도 있다.

- The U.S. economy relies heavily on trade. = The U.S. economy relies on trade heavily.

3) 문두 위치 (the front position)

- Luckily, Rachel was able to find a job as an assistant manager.
- After graduation, Rachel was able to find a job as an assistant manager.

① 문장부사 (sentence adverbs)

문장부사는 문장의 특정 부분이 아니라 문장 전체를 수식하는 부사이다. 문장부사로는 연결부사와 코멘트 부사가 있다.

〈연결부사의 종류〉

추가	moreover, furthermore, besides, in fact	환언	that is, in other words
예시	for instance, for example	유사	similarly, likewise
결과	therefore, consequently, thus, hence	조건	then, otherwise
순차	then, first, second, last, next, finally	무관	anyhow, anyway
역접	however, nevertheless, notwithstanding, in contrast, on the contrary		

〈in fact〉

- Joe didn't want to go to the movies with Sally. **In fact,** he was in love with another girl.
  ☞ 'in fact'를 '사실은'이라고 번역하는 경우가 많다. 우리말 '사실은'은 알려지지 않은 내용이나 숨겨진 이유, 또는 다소간 놀라운 진실을 밝힐 때 쓰는데 그러한 경우에도 in fact를 쓸 수 있다.

- Sarah is really good at playing the piano. **In fact,** she won first place in the Chopin Piano Competition last year.
  ☞ 앞 내용에 대해 그것이 적용되거나 그것을 뒷받침해 주는 '하나의 구체적인 사실'을 말할 때도 in fact를 쓸 수 있다. 이때는 for example과 비슷해서 '일례로', '단적인 예로'로 해석될 수 있다.

- Alvin didn't help Maggie when she was in financial trouble. **In fact,** he took advantage of her situation and committed fraud against her.
  ☞ 앞 내용에 대한 추가적이고 자세한 정보가 마땅히 어떠해야 한다는 사람들의 일반적인 인식, 기대, 도리와 상반되는 사건이나 상황인 경우가 있다. 이때는 '오히려'로 해석될 수 있다. 이 경우에도 역접을 뜻하는 것이 아니므로 유의하라. 역접이란 앞에 언급된 내용에 대해 상반되거나 대조되는 것이지 일반적 통념이나 도리에 상반되는 것이 아니다.

〈코멘트 부사의 종류〉

확신의 정도	perhaps, maybe, certainly, surely, clearly, obviously, undoubtedly
화자의 평가	fortunately, luckily, happily, surprisingly, disappointingly
타인의 견해	reportedly, allegedly, admittedly, supposedly, purportedly, reputedly, advisedly

- Happily, she accepted my invitation. [코멘트 부사]

  행복하게도, 그녀가 나의 초대를 수락했다.

- She happily accepted my invitation. [양태 부사로서 동사를 수식]

  그녀는 나의 초대를 기꺼이 수락했다.

- **Cleverly**, he didn't answer the question. [코멘트 부사]

  영리하게도, 그는 그 질문에 답변하지 않았다.

- He didn't **cleverly** answer the question [양태 부사로서 동사를 수식]

  그는 그 질문에 영리하게 답변하지 못했다.

- **Allegedly**, the suspect robbed a jewelry shop last weekend. [문두 위치]
= The suspect **allegedly** robbed a jewelry shop last weekend. [중간 위치]
= **It is alleged that** the suspect robbed a jewelry shop last weekend.

  그 용의자는 지난 주말에 보석상에서 강도행각을 벌였다고 주장되고 있습니다.

  ☞ allegedly는 특히 언론매체가 자주 쓰는 표현이다. 사건 보도에 있어서는 무죄추정의 원칙을 따라야 하므로 판결이 확정되기 전까지는 용의자가 어떤 범죄를 저질렀는지를 사실로서 단정하여 보도할 수 없다. allegedly를 사용하는 것은 확정된 사실이 아니라 검찰이나 고소인의 주장이라고 표현하는 것이다.

② 빈도부사

sometimes, usually, occasionally, generally, normally, frequently와 같은 몇몇 빈도부사들은 문두에 쓰일 수 있다. always는 명령문에 쓰인 경우에는 문두에 올 수 있지만 그 외에는 문두에 오지 않는다.

- **Sometimes**, I want to quit my job and run away from everything.
- **Always** remember that you are absolutely unique. Just like everyone else. — Margaret Mead

③ 시간부사어

today, yesterday, tomorrow, recently, lately, then, last night, in November 등 시간부사어는 문두 또는 문미에 위치하는 것이 일반적이다. 문두에 두는 것은 부사어를 다소 강조하는 것이다.

- **In the early 16th century,** Magellan's expedition team first circumnavigated the globe. [문두 위치]
= Magellan's expedition team first circumnavigated the globe **in the early 16th century**. [문미 위치]

· Recently, I have been working at a convenient store. [문두 위치]

= I have recently been working at a convenient store. [중간 위치]

= I have been working at a convenient store recently. [문미 위치]

☞ recently, previously, presently, soon 등의 부사는 중간 위치에 오기도 한다.

⟨recently / lately⟩

recently와 lately는 같은 의미이다. 굳이 차이점을 들자면 recently는 조금 더 격식적 느낌이며 lately는 조금 더 구어적인 느낌이다. recently와 lately는 모두 현재완료와 어울려 사용되는 경향이 매우 강하다. 단, recently는 단순과거와 어울려 쓰일 수 있지만, lately는 그렇지 않다. 우리나라의 일부 수험서들은 lately가 단순과거에도 쓰일 수 있는 것으로 기재하고 있는데, 명백한 오류이다.[23] 어차피 이것을 이용한 시험문제가 출제될 가능성은 별로 없으므로 수험에서 중요한 문법사항은 아니겠지만, 소통을 위해 영어를 배우는 학습자라면 알아두는 것이 좋을 것이다.

· Chris recently [lately] visited Chicago.   · Chris has recently [lately] visited Chicago.

---

4) 문미 위치 (the end position)

문미 위치는 절에서 다른 필수적인 요소들을 제외한 뒷부분을 말한다. 전체적으로 보았을 때 부사어는 몇몇 유형을 제외하고는 문미에 위치하는 경우가 가장 많다. 특히 양태부사는 대체로 문미에 위치한다.

① 방향 및 장소 표현 부사

방향 표현	upward, downward, clockwise, ahead, left, right, from here, to the market
장소 표현	here, there, home, downtown, indoors, outdoors, in the office, at the airport

· We are heading downtown.
· Sally is sleeping upstairs.
· Diane drove to the mall.

· Turn the bolt counterclockwise.
· The pool is located outdoors.
· We made a sand castle on the beach.

---

23 http://www.ldoceonline.com/dictionary/lately
   Rodney Huddleston, *Introduction to the Grammar of English* (Cambridge University Press, 1984), 158~159.

② 시간표현 및 빈도 표현 부사

- We'll go to the movies **tomorrow**.
- I shoot pool **occasionally**.
- I've never been to Italy **before**.
- Kate goes scuba diving **quite often**.

☞ often은 문미에 쓰일 때 quite often, very often, too often과 같이 앞에 수식어를 수반한다.

③ 양태부사

- They danced tango **elegantly**.
- She smiled **beautifully**.
- He ate his meal **hurriedly**.
- She walked away **nonchalantly**.

5) 중간 위치 (the mid-position)

중간 위치란 조동사 없이 하나의 동사만 있는 일반동사의 경우는 그 동사의 앞, 조동사나 be 동사가 있는 경우는 그 뒤, 2개 이상의 조동사가 있는 경우에는 첫 번째 조동사 뒤를 말한다. 중간 위치에는 두 단어 이상의 부사구나 전치사구는 (거의) 오지 않으며 한 단어로 된 부사가 오는 것이 일반적이다.

① 빈도부사

빈도부사는 전형적으로 중간 위치에 온다.

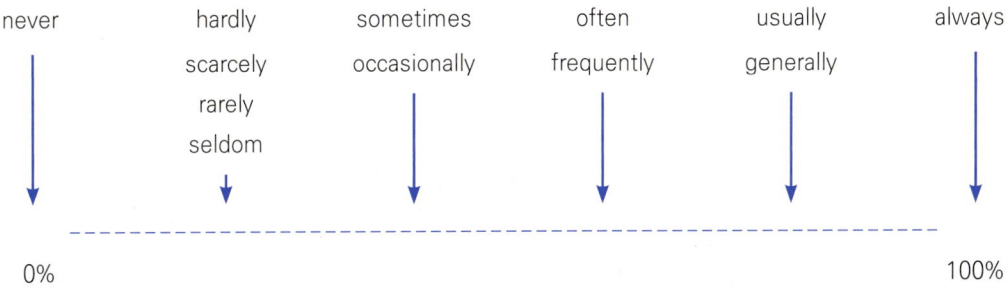

⟨barely와 hardly의 차이점⟩

1. barely는 어떤 기준점을 간신히, 겨우겨우 넘겼다는 뜻의 정도부사이며 빈도부사로는 사용되지 않는다. hardly는 빈도부사로 사용되며 never에 매우 가깝다는 뜻이다.

· 나는 아침을 거의 먹지 않아. (아침을 먹는 빈도가 거의 0에 가까움을 표현)
→ I **hardly** [barely] eat breakfast.

· He **hardly** made enough money for a living. 그는 생계를 꾸릴 충분한 돈을 거의 벌지 못했다. → 예를 들어, 필요한 생계비는 100만 원인데 100만 원 이상 돈을 번 달이 지난 몇 년간 딱 한 번 있는 경우.
· He **barely** made enough money for a living. 그는 생계를 꾸릴 충분한 돈을 가까스로, 간신히 벌었다. → 예를 들어, 한 달에 필요한 생계비가 100만 원인데 이번 달에 번 돈이 101만 원인 경우

2. hardly와 barely는 정도부사로 쓰일 때 비슷한 의미를 가진다.

· I **barely** know her. → 아는지 모르는지의 이분법으로 나눈다면, 아주 미미하게 아는 부분이 있기 때문에 아주 간신히 그 경계선을 넘어서 아는 쪽에 속하긴 하지만, 모르는 것이나 거의 마찬가지이다.
· I **hardly** know her. → 아주 미미하게 아는 부분이 있어서 완전히 모른다고는 할 수 없지만 모르는 것과 거의 마찬가지이다.

· People seldom do what they believe in. They do what is convenient, then repent. — Bob Dylan

· I've learned that people will forget what you said, people will forget what you did, but people will never forget how you made them feel. — Maya Angelou

· There is always some madness in love. But there is also always some reason in madness. — Friedrich Nietzsche

② 양태부사

· A deer may suddenly appear in front of you while you are driving at night.
· He hesitantly admitted that he had stolen a bottle of wine from a liquor shop.
· Our manager honestly believes that we enjoy having after-work parties with him.

③ 기타 여러 가지 부사들

almost, nearly, absolutely, completely, really 등의 정도부사, hardly, rarely, scarcely 등의 부정부사는 통상 중간 위치에 온다. only, even, just, simply, also 등 초점부사들도 중간 위치에 오는 경우가 많다.

- She has almost finished her new novel.
- I absolutely had a great time on the cruise to New Zealand.
- He could barely breathe because of the smoke that surrounded him.
- Cindy is really talented. She can even play several musical instruments. She is also good at dancing.

④ 부정문에서의 중간 위치 부사

중간 위치 부사들은 부정문에서 조동사 앞이나 조동사와 not 사이에 위치한다. 단, 조동사가 do 동사인 경우는 do와 not 사이에 들어갈 수 없다. not이 부사 앞에서 그 부사를 부정하여 적절한 의미를 형성할 수 있는 경우는 not 뒤에 부사가 위치할 수도 있다. (not often, not usually, not always, not really, etc.)

- I often do not eat breakfast. O
  나는 자주 아침을 안 먹는다. (아침을 안 먹는 일이 자주 발생한다.)
- I do not often eat breakfast. O
  나는 자주 아침을 먹는 것은 아니다. (아침을 가끔씩 먹을 뿐이다.)
- I do often not eat breakfast. X (do와 not 사이에 들어갈 수 없다.)
- I do not often have a headache. O
  나는 자주 두통이 있는 것은 아니다. (두통이 가끔씩 있을 뿐이다.)
- I often do not have a headache. (?) (두통이 없는 일이 자주 발생한다?)
  ☞ 주기적, 반복적으로 할 것이 예상되고 기대되는 일의 경우에는 '그 일을 하지 않는 일이 자주 발생한다'고 표현할 수 있지만, 그렇지 않은 경우에는 말이 되지 않는다.

- I **do not always eat** breakfast. ○

  항상 아침을 먹는 것은 아니다. (아침을 안 먹을 때도 있다.)

- I ~~always do not eat~~ breakfast. x → I **never eat** breakfast. ○

  ☞ 굳이 해석하자면 '항상 아침을 안 먹는다'는 뜻이지만, 이런 경우는 never로 표현하지 always ~ not으로 하지 않는다.

- I **sometimes do not eat** breakfast. ○

  가끔 아침을 안 먹는다. (아침을 거르는 일이 가끔 일어난다.)

- I ~~do not sometimes eat~~ breakfast. x

  ☞ 굳이 해석하자면 '나는 아침을 가끔 먹는 것이 아니다'라는 뜻이지만 이러한 표현은 영어에서 받아들여지지 않는다.

- I ~~don't seldom~~ eat breakfast. x   · I ~~rarely don't~~ eat breakfast. x

  ☞ seldom, rarely와 같이 부정의 뜻이 포함된 어구는 not과 함께 사용되지 않는다.

- The weather **usually is not good** at this time of the year. ○
= The weather **is usually not good** at this time of the year. ○

  통상적으로 날씨가 안 좋다.

≠ The weather **is not usually good** at this time of the year. ○

  날씨가 통상적으로 좋은 것은 아니다.

- I **completely don't agree** with the idea. ○ 나는 그 생각에 전혀 동의하지 않는다.
≠ I **don't completely agree** with the idea. ○ 나는 그 생각에 완전히 동의하는 것은 아니다.

⑤ 중간 위치 부사의 위치 이동

중간 위치는 일반동사 앞, 또는 조동사 및 be 동사 뒤, 조동사가 여럿인 경우 첫 번째 조동사 뒤이다. 이것은 **서술어에서 핵심적 의미를 가지고 있는 단어 앞에 부사를 위치시키기 위한 것이다.** 즉, 조동사나 be 동사의 **뒤**인 것이 중요한 것이 아니라, 연결동사 be의 경우에는 그 뒤에 보어가 위치하고, 조동사 be와 다른 조동사들 뒤에는 (반드시 그런 것은 아니더라도) 핵심적인 의미를 표현하는 동사나 분사가 위치하는 경우가 매우 많으므로 그와 같이 서술어의 핵심적 단어 **앞에** 부사를 위치시키려는 성향으로 인해 이러한 위치가 일반적인 중간 위치로서 고착화된 것이다. 즉, 기본적으로 수식어를 피수식어 앞에 두고 싶어 하는 심리가 있는 것이다. 의문문인 경우를 살펴보면 중간 위치 부사가 조동사 뒤라기보다는 동사 앞에 위치한다는 것을 확인할 수 있다.

- I always loved you.
- I will always love you.
- You are always lovely.
- I have always loved you.
- You are always loved by me.
- Will you always love me?

그런데 부사들이 중간 위치에 오는 경향과 똑같은 원리에 의해 그 위치에서 이탈하려는 경향도 동시에 존재한다. 서술어에서의 핵심적 의미를 나타내거나 의미가 강조되는 부분의 위치가 바뀌면 부사는 그 앞으로 가려는 성향이 있다.

(1) 완료진행이나 완료형 수동태의 경우

'have been'은 문법적인 기능을 표현하는 부분일 뿐이고 그 뒤에 오는 분사가 서술어의 실질적 의미를 표현하기 때문에 부사를 그 앞에 배치하고 싶어 하는 심리가 있다.

- Every continent has been slowly moving and changing position.
- Infant mortality has been dramatically reduced by the development of vaccines.

(2) 조동사에 강세를 주어 발음하는 경우

A: How could you lie to me, Jason! I thought you always told me the truth.

B: What are you talking about? I always *did* tell you the truth!

A: You said you were single, but I got a call from a woman named Jessie. She said she is your wife and told me to stop seeing you.

B: What? That's insane! I really *am* single! She is just a colleague at work and I barely know her!

A: But she sounded like she knew everything about you. How can it be possible?

B: I don't know! She must be a crazy stalker or something.

A: If she really *is* a stalker, I think you should report to the police.
B: I definitely will.

(3) modal의 경우

· You certainly can bring your fiancée to the party. ◯
= You can certainly bring your fiancée to the party. ◯

· You always have to keep your passport safe while traveling. ◯
= You have to always keep your passport safe while traveling. ◯

부사의 어순

1) 같은 종류의 부사들의 배열

구체적이고 작은 범위에서 더 넓고 큰 범위로 배열하는 것이 기본적인 어순이다.

· The Mona Lisa hangs on the wall in a special room in the Louvre Museum in Paris.

2) 다른 종류 부사들의 배열

① 양태 + 장소 + 시간 + 목적/이유

· I examined it carefully in the office last night to prepare for the meeting.
　　　　　　　　　 양태　　　　장소　　　　시간　　　　　　　목적

② 장소 + 양태 + 시간 + 목적/이유

오고 감을 의미하는 동사들(verbs of coming and going)은 의미상 '어디에' 오고 가는지가 중요한 부분이므로 장소 부사가 동사에 가장 가깝게 배열된다.

· I arrived <u>at the hotel</u> <u>safely</u> <u>at midnight</u> <u>thanks to the free shuttle service</u>.
　　　　　　장소　　　양태　　　시간　　　　　　　이유

③ 긴 부분은 뒤로, 짧은 부분은 앞으로

· We've been looking <u>hard</u> <u>for him</u>. O = We've been looking <u>for him</u> <u>hard</u>. O
· We've been looking <u>for the ten-year-old missing boy</u> <u>hard</u>. (?)
→ We've been looking <u>hard</u> <u>for the ten-year-old missing boy</u>. O
· Archaeologists excavated <u>carefully</u> <u>the ancient Roman ruins buried by the eruption of Mt. Vesuvius</u>. O

5

주요 부사의 쓰임

1) so / very

so	① 앞에 언급된 정도의 표현	② (비격식적으로) 형용사와 부사를 강조 수식
	③ that절 앞에 사용 가능	④ 'a so 형 명' x 'so 형 a 명' O
	⑤ (회화에서) 진행형을 표현하는 현재분사 앞에	
very	① 형용사와 부사를 강조 수식	② that절 앞에 사용 불가

- The movie was <u>so</u> interesting <u>that</u> I watched it twice. O
- The movie was ~~very~~ interesting <u>that</u> I watched it twice. x

- He is <u>a very smart boy.</u> O   · He is <u>a̶ ̶s̶o̶ ̶s̶m̶a̶r̶t̶ ̶b̶o̶y̶</u>. x

'so 형 a 명'의 어순으로 쓰일 수는 있으나 다소 딱딱한 표현이다. 일상회화에서는 상대적으로 덜 쓰인다.

- He is <u>so smart a boy.</u> O   · It is <u>so difficult a task.</u> O

so, how, as, too 등 뒤에서는 '형 a 명' 어순이 된다. 일반적인 어순으로 쓴다면 'a so smart boy'가 되는데 이것은 '약강강강' 박자여서 선호되지 않는다. 'so smart a boy'는 '강강약강'으로서 리듬감이 있기 때문에 영어가 더 선호하는 박자이다.

단, 'so + much/many/few/little + 명사'의 어순으로는 쓰일 수 있다.

· We have <u>so many</u> problems. ○   · There is <u>so little</u> time for us. ○

회화에서는 현재진행을 표현하는 분사 앞에 so를 써서 강조하기도 한다. 'be so going to ~' 역시 회화적 표현이다.

· I'm <u>so</u> enjoying this game. 이 게임 완전 재밌어.
· You're <u>so going to</u> get in trouble. 너 완전 큰일 났다.

2) very / much

very	① 형용사와 부사의 원급 수식	② 형용사화된 현재분사를 수식
	③ 형용사화된 과거분사를 수식	④ the very + 최상급
	⑤ 수동의 과거분사 수식하지 않음	⑥ 비교급 수식하지 않음
much	① 형용사와 부사의 비교급 수식	② 수동을 의미하는 과거분사 수식
	③ (주로 부정문에서) 동사 수식	④ (주로 부정문에서) 서술적 형용사 수식
	⑤ much the + 최상급	

very는 강조부사로서 형용사와 부사의 원급을 그 앞에서 강조하여 수식한다.

· His voice is <u>very</u> soft.   · He sings <u>very</u> softly.
· She remained <u>very</u> calm.   · She replied <u>very</u> calmy to the question.

much는 주로 부정문에서 동사를 수식한다. 이때 대개 very를 앞에 수반한다.

· I don't <u>very much like</u> seafood.
· He doesn't <u>very much</u> care about what others think.

much는 부정문에서 서술적으로 쓰인 분사나 형용사를 수식하기도 한다.

- He isn't very much interested in sports.
- She isn't very much good at writing essays.

much는 very, so, too 등을 동반하여 문미에 쓰일 수 있다. 이 경우에는 부정문과 긍정문 모두에 쓰인다.

- I like her very much.
- I slept too much.
- Thank you very much.
- I can't thank you too much.
- I enjoyed myself so much.
- Thank you so much.

very는 기본적으로 원급의 형용사나 부사를 수식하지만, much는 긍정문에서 원급의 형용사나 부사를 수식하지 않는다.

- This movie is very interesting. O
- This movie is much interesting. X
- She is very interested in sports. O
- She is much interested in sports. X

much는 수동태에서 과거분사를 수식할 수 있으나, very는 그럴 수 없다.

- Beethoven's music is much admired by music lovers all around the world. O
- Beethoven's music is very admired by music lovers all around the world. X

much는 비교급을 수식할 수 있으나, very는 그럴 수 없다.

- The Yangtze River is much longer than the Yellow River. O
- The Yangtze River is very longer than the Yellow River. X

'the very + 최상급' 형태와 'much the + 최상급' 형태로 최상급을 수식할 수 있다.

- Russia is the very largest country in the world. ○
- Russia is much the largest country in the world. ○

단, the very는 most로 시작하는 형태의 최상급은 수식하지 않는다.

- China is the very most populous country in the world. x
- China is much the most populous country in the world. ○

비교급 앞에 정관사가 있는 경우, much는 정관사 앞에 위치하는 것이 일반적이다.

- Poe was much the greater charlatan of the two, as well as the greater genius. — Henry James
  포는 그 둘 중에서 더 대단한 천재였을 뿐 아니라, 훨씬 더 대단한 허풍선이었습니다. (애드거 앨런 포와 보들레르를 비교하는 맥락에서)

3) enough / too

enough	① 형용사로서 명사의 앞이나 뒤에서 수식 ② 부사로서 형용사와 부사 뒤에서 수식	
too	① 부정적 의미 강조 ③ much, far, way, all로 강조 가능	② 'too ~ to' 너무 ~해서 -할 수 없다 ④ 'a too 형 명' △ 'too 형 a 명' ○

- We produce enough food for everyone in the world. [명사 앞]
- We produce plenty of food enough for everyone in the world. [명사 뒤]
- We produce enough food to feed everyone in the world. [명사 앞]
- We produce plenty of food enough to feed everyone in the world. [명사 뒤]

- This parking lot is large enough to accommodate 50 cars. [형용사 + enough]
- A rocket must move fast enough to escape the Earth's gravity to go to the moon. [부사 + enough]

- Geckos move too fast to catch.
- Quantum physics is too complicated for most students to understand.
= Quantum physics is too complicated to understand for most students.
  ☞ 'for ~' 부분은 뒤로 갈 수도 있다. 현저하게 긴 부분은 뒤로 보내는 것이 자연스럽다.

much, far, all, way로 too를 강조할 수 있다. way는 회화에서 주로 쓰이는 비격식적 표현이다.

- This dress is far [much, all, way] too expensive for me. O

'too 형 a 명' 어순이 가장 널리 쓰이는 일반적인 표현이다. 'a too 형 명'은 선호되지 않는다.

- This is too expensive a necklace for me to buy. O
- This is a too expensive necklace for me to buy. △

우리말에서는 '너무 예쁘다'와 같이 긍정적 특질을 강조하기 위해 '너무'라는 표현을 사용할 수 있지만, 영어에서 too는 '과도하게', '지나치게'의 뜻으로 부정적 의미를 강조하는 부사이며, 긍정적 특성을 강조하기 위해서는 사용되지 않는다. too 뒤에 통상적으로는 긍정적 의미를 가지는 형용사가 오더라도 그것은 대상이 그 속성을 과하게 가지고 있어서 못마땅하다는 것을 표현한다.

- This dog is too cute. It's not suitable for a guard dog.
  이 개는 너무 귀여워. 경비견으로서 적합하지 않아.
- She is too pretty. We need a boyish-looking actress for this character.
  그녀는 너무 예뻐. 우리는 이 배역을 위해 보이시하게 보이는 여배우가 필요해.

4) already / still / yet

already	① 긍정문에서 '이미, 벌써'	② 의문문에서 '벌써, 이렇게 빨리' (놀라움 표현)
still	① 긍정문, 의문문에서 '아직도'	② 부정문에서 '아직도' (조동사 앞)
yet	① 긍정문에서 '아직도' ② 긍정의문문에서 '아직'	② 부정문에서 '아직도' (문미 또는 부정어 뒤) ④ 부정의문문에서 '아직도' (놀라움, 안타까움 표현)

already는 예상과 기대보다 더 이른 시기에, '이미', '벌써'를 의미한다. 영국영어에서는 현재완료로 표현하는 경향이 남아 있지만, 미국영어에서는 단순과거로 표현하는 경향이 강하다.

· I already finished my report. ○ = I finished my report already. ○

의문문에서 already는 자신의 예상보다 더 이른 시기에 끝마쳤음에 대한 놀라움을 표현한다. 질문이라기보다는 감탄의 성격이 강하다.

· Did you already finish your report? = Did you finish your report already? ○

still은 어떤 동작이나 상태가 예상 시점에 종료되지 않고 지금까지도 여전히 이어지고 있음을 표현한다.

· The boy still believes in Santa Claus. ○ 그 남자아이는 여전히 산타클로스의 존재를 믿는다.

still은 however, nevertheless와 비슷하게 문두에서 역접을 의미하는 연결부사로도 쓰인다.

· Still, the boy believes in Santa Claus. ○ 그럼에도, 그 남자아이는 산타클로스의 존재를 믿는다.

still은 의문문에서, 과거의 행동이나 상태가 지금까지도 여전히 이어지고 있는지 물을 때 사용된다.

· Do you still love him? ○ 너는 그를 여전히 사랑하니?

still이 not 뒤에 위치하는 것은 '여전히 ~하는 것은 아니다' 즉, '지금은 하지 않는다'의 뜻을 형성한다.

A: You smoked when young. Do you still smoke?
너 젊어서 담배 피웠잖아. 지금도 여전히 피워?

B: No, I **don't still** smoke.
지금까지도 여전히 담배를 피우지는 않아. (즉, 이제는 담배를 안 피운다는 의미)

still이 부정문에서 조동사 앞에 위치하는 것은 과거부터 지금까지 그 행위가 발생하지 않는 상태가 지속되고 있음을 표현한다.

A: You didn't smoke when young. Do you smoke now?
너 젊어서 담배 안 피웠잖아. 지금은 피워?

B: No, I **still don't** smoke.
(과거에 안 피웠던 것과 마찬가지로) 지금도 여전히 담배 안 피워.

still이 쓰인 부정문은 어떤 행동이나 상태가 기대나 예상과 달리 아직도 이루어지지 않았음을 표현하며 그에 대한 화자의 불만이나 못마땅함이 함축되기도 한다.

- The show **still hasn't** started. ○ 쇼는 아직도 시작을 안 했다.
- The show ~~hasn't still started~~. ✗

'have yet to ~'는 직역하자면 '아직까지도 앞으로 해야 할 일이다'는 뜻인데, 실질적으로는 '아직 ~하지 못했다', '여태 ~한 적이 없다'를 의미한다.

- I **have yet to** see their new music video.
= I haven't seen their new music video yet, but I am going to see it soon.

yet은 부정문에 쓰여서 어떤 일이 아직도 시작되거나 완결되지 못했음을 표현한다. 문미에 오는 것이 일반적이며 not 뒤에 오는 것은 격식적이고 딱딱한 표현이다. still을 사용한 것과 의미상 비슷하지만 still은 대개 불만의 뉘앙스를 내포하는 반면, yet은 아직 이루어지지 않았다는 객관적 사실을 담담하게 표현한다.

- He hasn't found a job yet. [일반적]
- He hasn't yet found a job. [격식적]

yet이 사용된 긍정의문문은 상대방에게 어떤 일이 이루어졌는지 여부를 물어보면서 내심 그 일이 이미 이루어졌기를 바라는 마음 또는 조만간 이루어지기를 기대하는 마음을 담아서 표현하는 것이다. 이것을 우리말로는 '아직 ~ 못 했어?'와 같이 부정의문문인 것처럼 해석하기도 하는데, 이에 대해 왜 영어에서는 긍정의문문인데 한국어로는 부정의문문으로 해석하느냐고 묻는 경우가 많다. 그러한 표현을 한국어에서는 긍정의문문이 아니라 부정의문문으로 하기 때문에 어쩔 수 없이 그렇게 해석하는 것일 뿐, 원래의 영어 표현이 부정의문문의 뜻인 것은 아니다.

A: Are we there yet? 아직 멀었어요?
B: We are almost there. 거의 다 왔어.

- **Have you** finished the report yet? 아직 보고서 못 끝냈어?

Cf) **Haven't you** finished the report yet? 아직도 보고서를 못 끝냈다는 말이야?

5) too / as well / also / either /

too	① 앞에 언급된 긍정문의 내용에 대한 '역시' ③ 주어 뒤에 삽입되어 '주어도 역시'	② 주로 문미에 위치
as well	① too보다 격식적	② 주로 문미에 위치
also	① too보다 격식적 ③ 문두에 오면 연결부사	② 주로 중간 위치에 옴
either	① 앞에 언급된 부정문의 내용에 대한 '역시'	② 문미에 위치
neither	① not either를 합친 표현	② neither + 조동사 + 주어

· Liz speaks Spanish, and Tim speaks it too. = Liz speaks Spanish, and Tim, too, speaks it.
= Liz speaks Spanish, and Tim speaks it as well. = Liz speaks Spanish, and Tim also speaks it.

· Liz speaks Spanish. Also, she can play the piano. [연결부사]

A: Liz lives in Arizona.
B: Tim does too. (= Tim does as well. = So does Tim.)

A: Liz likes playing tennis.   B: Me too. (= I like it too. = So do I.)

· Tom can't speak Spanish, and David can't speak it either.
= Tom can't speak Spanish, and neither can David.
= Tom can't speak Spanish, and nor can David.

A: Tom won't attend the meeting.
B: Me neither. (= Me either. = Neither will I.)

· David can't speak Spanish, and I can't speak Spanish either [too].
데비빗은 스페인어를 할 수 없고 나도 마찬가지로 스페인어를 할 수 없다.
· Charlie can speak Spanish, but he can't speak French too. O
찰리는 스페인어를 할 수 있지만 프랑스어도 마찬가지로 할 수 있지는 않다.

6) ago / before / since

ago	① 시간표시어구 + ago ③ 현재 시점을 기준으로 함	② 'ago'만 단독으로 쓰일 수 없음 (후치사) ④ 단순과거
before	[단독으로 사용되는 경우: 부사] ① 막연한 과거나 이전 의미	② 현재완료, 단순과거, 과거완료
	[접속사, 전치사] ① 현재가 아닌 특정 시점 이전을 의미	② 과거완료 또는 적절한 시제

since	[단독으로 사용되는 경우: 부사] ① 앞서 언급된 특정 시점 이래로	② 현재완료, 과거완료
	[since + 명사, 절: 전치사, 접속사] ① since 뒤에 표시된 시점 이래로 ③ It is [has been] 기간 since ~	② 현재완료, 과거완료

ago는 후치사로서 앞의 시간명사구와 결합하여 부사구를 이룬다. 단순과거와 어울려 쓰인다.

· Dinosaurs became extinct around 65 million years ago.

before는 '이전에'를 뜻하는 시간부사로 쓰일 수 있다. since는 '그 이래로'를 뜻하는 부사로 쓰일 수 있는데 이때 어느 시점 이래로인지는 맥락에서 암시된다.

A: You look familiar. Have we met before?
B: Yeah, we met at John's wedding two years ago.
A: Ah! Now I remember you. You were John's best man. How's John doing these days?
B: He's doing great. He moved to Canada a year ago and has been living there ever since.

before는 과거완료와도 쓰일 수 있다. 과거의 어느 시점 이전을 표현한다.

· I **graduated** from high school ten years ago. At that time, I **had never driven** a car before.

before는 ago처럼 시간명사구 뒤에 쓰일 수 있다. ago는 말하는 현재의 시점을 기준으로 하여 얼마만큼 이전인지를 표현하고, before는 맥락에서 설정된 기준 시점을 기준으로 하여 얼마만큼 이전인지를 표현한다.

A: When did you last see Paul?
B: I **saw** him two months ago. (지금으로부터 2달 전)
A: What did he say to you when you met him?
B: He said he**'d quit** his job two months before. (그를 만난 시점에서 2달 전)

'시간표시어구 + before'는 말하는 시점이 아닌 시점을 기준으로 하여 그 이전을 의미한다. 따라서 경우에 따라 미래의 시점을 기준으로 하여 그 이전을 의미하거나 일반적, 반복적으로 일어나는 사건 이전을 의미하기도 한다.

- I set up my alarm at 7 a.m., but I often wake up a munite before.
- Your flight departs at 3 p.m. You should arrive at the airport at least two hours before.

before는 특정 시각을 표현하는 명사구 앞에서 전치사로 사용될 수도 있고, 접속사로 사용되어 뒤에 절이 올 수도 있다.

- You should arrive at the station before the departure time. [전치사]
- You should arrive at the station before the train leaves. [접속사]

before는 전치사와 접속사로 쓰일 때 그 기준 시점으로부터 얼마 이전을 표현하는 시간명사구가 앞에 올 수도 있다.

- You should arrive at the station **thirty minutes** before the departure time.
- You should arrive at the station **thirty minutes** before the train leaves.

since는 과거의 어떤 시점에 시작된 행위나 상태가 지금까지 이어져 오는 것을 표현하는 문장에서 그것이 어느 시점에 시작되었는지를 나타내기 위해 사용된다. 접속사나 전치사로 쓰일 때는 행위나 상태의 시작 시점이 그 뒤에 표현된다. since가 부사로 쓰이는 경우는 앞에 언급된 시점 이후를 의미한다. 때로 그 시점 이래로 '쭉' 이어져 오고 있음을 강조하기 위해 ever로 수식하기도 한다.

- Jake has lived in Toronto since he got married. [접속사]
- Jake has lived in Toronto since 2012. [전치사]
- Jake got married in 2012. He has lived in Toronto (ever) since. [부사]

'It is [has been] + 기간 + since + 단순과거절'로 어느 사건 이후로 얼마만큼의 시간이 흘렀는지를 표현할 수 있다. 'has been'을 사용하는 것이 논리에 맞겠으나 'is'도 흔하게 사용되기 때문에 널리 받아들여지고 있다.

- It **is** ten years since they got married.
  = It **has been** ten years since they got married.
  = Ten years **have passed** since they got married.
  = They got married **ten years** ago.

'since + 기간 + ago'는 받아들여지지 않는 표현이다.

- She's lived in Atlanta ~~since ten years ago~~. ✗
  → She's lived in Atlanta **for** ten years. ○

7) 형태상 명사구이나 기능상 부사구인 경우

① this, that, last, (the) next, one, every, each, all + 시간명사

- Last Christmas I gave you my heart, but the very next day you gave it away. This year, to save me from tears, I'll give it to someone special. — Last Christmas / Wham!

- One summer night the stars were shining bright. One summer dream made with fancy whims. That summer night my whole world tumbled down. I could have died if not for you. Each night I pray for you. My heart would cry for you. The sun won't shine again since you have gone. — One Summer Night / Jin Chuha and Abi

- He goes jogging every Sunday morning, but that morning he didn't.
- She went to Canada in 2014 and came back to Korea the next year. She will go to Canada again next year and come back the next year.
- I stayed home alone all day.

② this way, that way, the same way, the hard way, my way, a + adj + way, the way + S + V

앞에 전치사 in을 사용하는 경우도 있으나 대개 생략한다.

- You can't solve the problem this way. 이런 식으로는 그 문제를 해결할 수 없어.
- You shouldn't talk to him that way. 그에게 그런 식으로 말하면 안 돼.
- He learned the hard way that gambling is not a solution to money problems.
- You need to look at the matter a different way.
- I faced it, I stood tall, and I did it my way. — My Way / Frank Sinatra
- He looked at her the way all women want to be looked at by a man.

— The Great Gatsby / F. Scott Fitzgerald

그는 남자가 그렇게 바라봐줬으면 하고 모든 여자들이 바라는 방식으로 그녀를 바라보았다.

③ any time, every time, (the) next time, (the) first time, (the) last time + S + V

- Call me any time you need help.
- We will invite you next time we have a party.
- Every time I think of my dead son, I feel like crying.
- First time I saw you, I thought you were much older than me.
- The first day he went to school, he felt both excited and nervous.

④ the moment, the minute, the second, the instant + (that) S + V (= as soon as ~한 순간, ~하자마자)

· The instant he realized that he was on the wrong train, he let out a deep sigh.
· I know your eyes in the morning sun. I feel you touch me in the pouring rain. And the moment that you wander far from me, I wanna feel you in my arms again. — How Deep Is Your Love / Bee Gees

⑤ 일부 관용표현에서

· They worked hand in glove with us. (긴밀히 협조하여)
· I quit smoking cold turkey. (갑작스럽게 확 중단하는 방식으로)
· They fought tooth and nail against dictatorship. (이빨과 손톱으로 싸우듯이 필사적으로)
· The couple quarreled hammer and tongs. (대장장이가 집게로 쇠를 집어서 망치로 두들기듯이 맹렬한 기세로)

8) 관용표현

· She started playing the violin very early on.

· I'm very busy right now. Let's talk later on.

A: If you save just $10 every day, you can make more than $10,000 in just three years.
B: Easier said than done.

- The latest opinion poll shows that the presidential race is too close to call.

- I know only too well that I am not a genius.
    - ☞ too는 못마땅한 내용에 대한 부정적 강조로 쓰이지만, only too는 긍정적인 내용에 대한 강조로 쓰일 수 있다.

- Yogurt is a healthy food. Even so, you shouldn't eat it too much.

- You have to book a flight to London first thing in the morning.

관계사

1. 관계대명사
2. 관계대명사의 격
3. 제한적 관계사절과 설명적 관계사절
4. 관계대명사에 대해 유의할 사항들
5. 관계대명사 what
6. 관계부사
7. 관계대명사+ever
8. 관계대명사 뒤에는 불완전한 문장?

관계대명사

1) 형용사절이란 무엇인가?

한국어	영어
새 신발: adj + n = NP → 나는 어제 **새 신발**을 샀다.	**new shoes**: adj + n = NP → I bought **new shoes** yesterday.
이 새: adj + adj = AP **이 새 신발**: AP + n = NP → 나는 어제 **이 새 신발**을 샀다.	**these new**: adj + adj = AP **these new shoes**: AP + n = NP → I bought **these new shoes** yesterday.
내가 어제 산 신발: ACl + n = NP → **내가 어제 산 신발**은 예쁘다.	**the shoes that I bought yesterday**: NP + ACl = NP → **The shoes that I bought yesterday** are pretty.

    2개 이상의 단어가 하나의 집합을 이루어 하나의 명사를 수식할 때, 주어-서술어 관계가 없으면 그 단어들의 집합을 형용사구(adjective phrase, AP)라고 하고, 주어-서술어 관계가 있으면 형용사절(adjective clause, ACl)이라고 한다. 우리말의 형용사절[24]은 수식받는 명사 **앞**에 위치하고 영어의 형용사절은 수식받는 명사 **뒤**에 위치한다. 형용사절을 만들기 위해 우리말에서는 관형사형 어미를 사용하여 동사를 형태변화시키는 반면, 영어에서는 관계사를 사용한다.

〈한국어의 관형사형 어미〉

내가 읽은 책 그가 사랑한 여인 (과거시제 '은' 또는 'ㄴ')	내가 읽는 책 그가 사랑하는 여인 (현재시제 '는')	내가 읽을 책 그가 사랑할 여인 (미래시제 'ㄹ')

---

24 국문법에서는 '형용사절'이 아니라 '관형절'이라고 표현한다. 또한 '새 옷'의 '새' 역시 형용사가 아니라 관형사이다. 이 책에서는 설명의 편의를 위해 한국어의 경우에도 형용사 또는 형용사절이라고 표현하였다.

2) 관계대명사란 무엇인가?

① 대명사로서의 관계대명사

영어는 관계사를 사용하여 형용사절을 표현하는데, 관계사는 크게 관계대명사와 관계부사로 나뉜다. 먼저 관계대명사에 대해 살펴보겠다. 한국어에서는 대명사를 사용하여 형용사절을 만들지 않기 때문에 관계대명사가 대명사라는 점을 이해하는 것이 학습에 있어 가장 중요한 부분이다. 영어에서는 수식을 받는 명사 뒤에 그 명사를 지칭하는 대명사를 써주고, 그 뒤에 형용사절의 나머지 부분을 쓰는 방식으로 형용사절을 구성한다. 우리말에서는 성립하지 않지만 억지로 표현하면 영어의 구조는 다음과 같다.

The shoes [that I bought yesterday] are pretty.
그 신발 [그것을 내가 산 어제] 은 예쁘다.

위에서 볼 수 있다시피 관계대명사를 대명사로 직역하면 말이 되지 않는다. 즉, 관계대명사는 분명히 대명사인데 한국어로는 대명사로 해석할 길이 없다. 단지 비슷한 기능을 가진 관형사형 어미를 사용해 해석할 수밖에 없다. 즉, '형용사절을 만드는 대명사'라는 것은 한국어에는 전혀 존재하지 않는 문법적 요소이다. 그래서 관계대명사의 가장 중요한 특성은 대명사라는 점이지만, 우리나라 학생들은 they나 it과 같은 대명사와 which와 같은 관계대명사가 모두 똑같이 대명사라는 점을 이해하기 대단히 어려워한다. 특히 선행사는 he, she, they, it과 같은 대명사의 앞에 나온 말로서 그 대명사가 가리키는 어구를 의미하는 개념인데, 관계대명사도 인칭대명사와 마찬가지로 대명사이므로 앞에 가리키는 어구가 있는 것이다. 그러나 한국어에는 앞에 가리키는 어구가 있으면서 동시에 형용사절을 이끄는 문법적 기능을 하는 대명사라는 것은 전혀 존재하지 않는다. 그래서 우리나라 학생들은 관계대명사가 대명사라는 것을 이해하지 못하고, 그저 명칭만 대명사일 뿐 그 뒤에 형용사절이 온다는 것을 알려 주는 기능어 같은 것이라고 잘못 인식하는 경향이 대단히 강하다. 그래서 '선행사' 개념을 '관계사절의 수식을 받는 명사구'를 일컫는 말이라고 완전히 잘못 이해하는 경우도 많으며 심지어 아예 그렇게 가르치는 사람들도 상당수이다. 관계사의 선행사는 그 관계사가 이끄는 절의 수식을 받는 어구이기는 하지만 그렇다고 해서 '선행사'가 '관계사절의 수식을 받는 어구'를 의미하는 개념인 것은 아니다. 이것은 나무가 가구를 만드는 재료로 쓰인다고 해서, '나무'의 개념적 정의가 '가구를 만드는 데 쓰이는 재료'라고 가르치는 것이 우스꽝스러운 것과 마찬가지이다. 대명사를 포함한 대형태가 가리키는 어구가 그 대형태 앞에 왔을 때, 그것을 '선행사'라고 하는 것이다. '관계대명사의 선행사'는 관계대명사가 가리키는 어구이면서 동시에 관계대명사절의 수식을 받는 어구이다.

② 관계대명사절을 독립절로 전환하기

관계대명사절은 독립절이 아니라 선행사에 의존하여 그 뒤에 위치하는 의존절이다. 관계대명사절은 선행사와 결합하여 하나의 명사구를 이룬다. 그런데 관계대명사절을 적절히 전환하면 그 의미에 상응하는 독립절을 구성할 수 있다.

- the shoes that I bought yesterday

  명사구   +   관계대명사절   = 명사구

→ that I bought yesterday

형용사절을 독립절로 바꾸기 위해 관계대명사를 인칭대명사로 바꿔보자.

→ they I bought yesterday 또는 them I bought yesterday

선행사가 복수명사이므로 they 또는 them으로 바꾼다. 이 중 의미가 적절한 문장을 만들 수 있는 것은 them뿐이다.

→ I bought them yesterday. O

them의 선행사는 the shoes이므로 다음과 같이 다시 쓸 수 있다.

→ I bought the shoes yesterday. O

형용사절이 포함된 명사구	형용사절을 변환하여 만든 독립절
제인 오스틴이 쓴 소설 a novel that Jane Austen wrote	제인 오스틴이 그 소설을 썼다. Jane Austen wrote the novel.
어머니가 좋아하는 음식 the food which my mother likes	어머니는 그 음식을 좋아한다. My mother likes the food.
부자들을 대변하는 정치인들 the politicians who represent the rich	그 정치인들은 부자들을 대변한다. The politicians represent the rich.

③ 관계대명사절이 포함된 문장의 분리

· 나는 제인 오스틴이 쓴 **소설 한 권**을 읽었다.
= 나는 **소설 한 권**을 읽었다. + 제인 오스틴이 그 소설을 썼다.
· I read **a novel** that Jane Austen wrote.
= I read **a novel**. + Jane Austen wrote the novel.

· 새우튀김은 어머니가 좋아하는 **음식**이다.
= 새우튀김은 **음식**이다. + 어머니는 그 음식을 좋아한다.
= Fried shrimp is **the food** which my mother likes.
= Fried shrimp is **the food**. + My mother likes the food.

· 그는 부자들을 대변하는 **정치인들**을 싫어한다.
= 그는 **정치인들**을 싫어한다. + 그 정치인들은 부자들을 대변한다.
= He dislikes **the politicians** who represent the rich.
= He dislikes **the politicians**. + The politicians represent the rich.

관계대명사절을 포함한 문장을 두 문장으로 분리시키면, 각 문장에는 반드시 공통된 명사구가 포함되어 있다. 지칭대상이 동일하므로 뒤에서는 대명사로 받을 수 있다. 그러면 앞 명사구는 그 대명사의 선행사가 된다. 그리고 그 선행사는 관계대명사의 선행사와 동일하다.

· I read **a novel**. Jane Austen wrote it.
· Fried shrimp is **the food**. My mother likes it.
· He dislikes **the politicians**. They represent the rich.

④ 접속사로서의 관계대명사: 두 문장 중 하나를 형용사절로 만들어 결합하기

이번에는 두 문장 중 하나를 관계대명사절로 만들어 명사구를 수식하게 만드는 방식을 살펴보자. 그러면 명사구가 어떤 대상인지, 즉 소설은 소설인데 어떤 소설인지, 음식은 음식인데 어떤 음식인지에 대해 더 세부적 정보를 제공하는 형용사절이 더해지는 것이 된다.

- I read **a novel**. 나는 소설 한 권을 읽었다. (어떤 소설?) Jane Austen wrote it.
→ I read **a novel** Jane Austen wrote which.
  (it을 which로 바꿈. 단, 관계대명사는 선행사 뒤에 위치해야 하므로 어순 재조정)
→ I read **a novel** which Jane Austen wrote.

- Fried shrimp is **the food**. 새우튀김은 음식이다. (어떤 음식?) My mother likes it.
→ Fried shrimp is **the food** which my mother likes.

- He dislikes **the politicians**. 그는 그 정치가들을 싫어한다. (어떤 정치가들?) They represent the rich.
→ He dislikes **the politicians** who represent the rich.

3) 관계대명사의 종류

선행사	주격	목적격	전치사와 결합	소유격	보격
사람	who, that	who, whom, that, ∅	전치사 + whom	whose	which, that, ∅
사물	which, that	which, that, ∅	전치사 + which	whose, of which	which, that, ∅

* that은 which나 who에 비해 비격식적 표현으로 일반적으로 널리 쓰인다.
* 선행사가 사물인 경우 whose를 쓰는 것은 틀리지는 않지만 다소 딱딱한 표현으로 상대적으로 덜 선호된다.

관계대명사의 격

1) 주격 관계대명사

관계대명사도 인칭대명사와 마찬가지로 격을 가진다. 주격 관계대명사는 주어 역할을 하는 관계대명사를 말한다. 관계대명사가 어떤 역할을 하는지는 관계대명사절을 독립절로 전환하여 살펴보면 쉽게 알 수 있다.

- 이 집에 살았던 **청년** = the young man who lived in this house
→ 그 **청년은** 이 집에 살았다. = The young man lived in this house.

<주격 관계대명사절의 독립절로의 전환>

the artifacts which were found here → They were found here. → The artifacts were found here.	여기서 발견된 **유물들** → 그 **유물들**은 여기서 발견됐다.
the friend who will help me → The friend will help me.	나를 도와줄 **친구** → 그 **친구**는 나를 도와줄 것이다.
the train that has just departed → The train has just departed.	방금 출발한 **기차** → 그 **기차**는 방금 출발했다.

주격 관계대명사는 생략되지 않는 것이 일반적이다. 주격 관계대명사를 생략하면 하나의 절에 본동사가 2개 있는 것으로 보이는 혼란스럽고 말이 안 되는 문장이 된다.

- **The artifacts** were found here are precious. x
- John is **the friend** will help me. x
- Peter is on **the train** has just departed. x

〈주격 관계대명사의 생략〉

비격식적 말하기에서는 'There is ~'나 'I have (got)~', 'We have (got) ~'로 시작하는 문장에서 주격 관계대명사를 생략하기도 한다.

- **There are many people** want to quit smoking.
- **I've got a friend** lives in Greece.

2) 목적격 관계대명사

- I have discovered a truly remarkable proof which this margin is too small to contain.
  나는 이 여백이 너무 작아서 담을 수 없는 실로 엄청난 증명을 발견했다. — Pierre de Fermat

목적격 관계대명사는 일상적 말하기에서는 대개 생략된다. 글쓰기에서도 간결하게 표현하기 위해 생략하는 경우가 꽤 있지만, 격식적 글쓰기에서는 생략하지 않는 것이 일반적이다.

whom은 의문사로도 쓰이고 목적격 관계대명사로도 쓰이는데 모든 경우에 있어서 whom은 대단히 격식적이고 딱딱한 표현이다. 격식적 글쓰기에서는 여전히 쓰이고 있으나, 전체적으로 보면 현대 원어민들이 whom을 사용하는 것은 드문 일이다. 일상적 대화에서 whom을 사용하면 오히려 부자연스럽다. 의문사와 관계사 모두에 있어서 who는 whom을 대체하는 표현으로 현대영어에서 확고하게 확립되었다. whom 대신 who를 사용하는 것이 문법적으로 틀리다고 주장하는 보수주의자들이 아직까지도 남아 있기는 하다. 말하기에서 whom을 쓰면 대단히 사무적이고 격식적으로 표현하는 것이다. 연설이나 발표 등을 하는 상황에서 쓰일 수는 있겠으나 일상생활에서는 권위적이고 젠체하는 사람으로 여겨질 수도 있다. 일상적 말하기에서 다른 사람이 목적격으로 who를 사용하는 것에 대해 틀리다고 지적하며 whom을 써야 한다고 주장하는 사람은 드라마나 영화에서 종종 고리타분하고 권위적인 캐릭터로 묘사되기도 하며 때로는 코미디의 소재가 되기도 한다.

〈목적격 관계대명사절의 독립절로의 전환〉

the movie that I saw last night → It I saw last night. (어순 조정 필요) → I saw it last night. → I saw the movie last night.	어젯밤에 내가 본 **영화** → 나는 어젯밤에 **그 영화**를 보았다.
the singers who I like → I like the singers.	내가 좋아하는 **가수들** → 나는 **그 가수들**을 좋아한다.
the blind date who she will meet → She will meet the blind date.	그녀가 만날 **소개팅 상대** → 그녀는 **그 소개팅 상대**를 만날 것이다.
the necklace that she's wearing → She's wearing the necklace.	그녀가 차고 있는 **목걸이** → 그녀는 **그 목걸이**를 차고 있다.

- [The movie that I saw last night] was great. [어젯밤에 내가 본 **영화**]는 훌륭했어.
- He doesn't like [the singers who I like]. 그는 [내가 좋아하는 **가수들**]을 안 좋아해.
- Tom's brother is [the blind date who she will meet]. 톰의 형이 [그녀가 만날 **소개팅 상대**]야.
- Look at [the necklace that she's wearing]. [그녀가 차고 있는 **목걸이**]를 봐.

목적격 관계대명사는 생략하기도 한다.

- **The movie** I saw last night was great.
- He doesn't like **the singers** I like.
- Tom's brother is **the blind date** she will meet.
- Look at **the necklace** she's wearing.
- **The answers** you get depend upon **the questions** you ask. — Thomas Khun

목적격 관계대명사가 쓰인 형용사절에 선행사를 지칭하는 인칭대명사가 쓰이지 않는다.

- The movie that I saw it last night was great. x
- He doesn't like the singers who I like them. x
- Tom's brother is the blind date who she will meet him. x
- Look at the necklace that she's wearing it. x

외국계 문법서들은 위 사항을 중요하게 다루며 외국계 시험에도 이러한 문제가 자주 출제된다. 우리나라도 그것을 따라서 이 사항을 자주 시험으로 출제한다. 그런데 이것이 중시되는 이유는 어떤 언어에서는 수식을 받는 명사를 지칭하는 대명사가 형용사절 내에 포함되어야 하거나 포함되는 것이 허용되고 그래서 그러한 언어를 모국어로 하는 학습자들에게는 대단히 혼란스러울 수 있기 때문이다. 그런데 한국어는 전혀 그런 언어가 아니다. 따라서 하나의 절에 동일한 대상을 가리키는 대명사가 2개씩이나 온 것은 한국어 사용자에게도 대단히 이상하게 보일 것이므로 이것을 올바른 것으로 착각할 이유는 사실 별로 없다.

the movie I saw ○	the movie that I saw ○	the movie that I saw it x
그 영화 내가 본 → 내가 본 영화 ○	그 영화 그것을 내가 본 → 내가 그것을 본 영화 → 내가 본 영화 ○	그 영화 그것을 내가 본 그것을 x → 그것을 내가 그것을 본 영화 x

그럼에도 불구하고 이것을 혼동하는 학습자들이 상당히 많은데, 이것은 관계대명사에 대해 잘못 인식하고 있기 때문이다. 그러한 학습자는 형용사절에 목적어가 이미 있는데 목적어로 또 다른 대명사가 온 것을 오류로 인식하지 못하는 것이다. 이것은 관계대명사를 대명사가 아니라 그 뒤에 형용사절이 온다는 것을 알려 주는 기호 같은 낱말로 잘못 이해하고 있으며 목적격 관계대명사가 대명사로서 목적어라는 점을 이해하지 못하고 있다는 점을 보여 준다.

3) 소유격 관계대명사

① whose

〈소유격 관계대명사절의 독립절로의 전환〉

products whose prices have increased → Their prices have increased. → The products' prices have increased.	가격이 오른 **상품들** → 그 **상품들의** 가격은 올랐다.
a planet whose orbit is almost circular → The planet's orbit is almost circular.	궤도가 거의 원형인 **행성** → 그 **행성의** 궤도는 거의 원형이다.
the colleague whose wife is in the hospital → The colleague's wife is in the hospital.	아내가 입원 중인 **동료** → 그 **동료의** 아내는 입원 중이다.
the players whose team I'm rooting for → Their team I'm rooting for. (어순 조정 필요) → I'm rooting for their team. → I'm rooting for the players' team.	내가 팀을 응원하는 **선수들** → 나는 그 **선수들의** 팀을 응원한다.

- I avoid buying [products whose prices have increased].

  나는 [가격이 오른 **상품들**]을 사는 것을 피한다.

- Neptune is [a planet whose orbit is almost circular].

  해왕성은 [궤도가 거의 원형인 **행성**]이다.

- We prepared some food for [the colleague whose wife is in the hospital].

  우리는 [아내가 입원 중인 **동료**]를 위해 음식을 좀 마련했다.

- [The players whose team I'm rooting for] are all great.

  내가 응원하는 팀의 **선수들**은 모두 훌륭하다.

② of which

of which는 소유격 관계대명사가 아니다. 'a leg of it'에서 'of it'은 소유를 의미하는 전치사 of 뒤에 대명사 it이 온 것이고 의미에 있어서 소유를 의미하기는 하지만 그렇다고 그 두 단어가 하나의 소유격 대명사는 아닌 것과 마찬가지로, of which도 '전치사 + 목적격 관계대명사'이지 그 두 단어가 하나의 소유격 관계대명사인 것은 아니다. 단지 'of which'의 의미가 소유격 관계대명사 whose와 같은 경우들이 있기 때문에 그렇게 불러주는 관행이 있어 왔을 뿐인데, 사실은 올바른 용어 사용이 아니다.

〈of which가 포함된 관계대명사절의 독립절로의 전환〉

the table a leg of which I accidentally broke → A leg of it I accidentally broke. (어순 조정 필요) → I accidentally broke a leg of it. → I accidentally broke a leg of the table.	내가 실수로 다리를 부러뜨린 **탁자** → 나는 실수로 **그 탁자의** 다리를 부러뜨렸다.
a city the population of which exceeds 8 million → The population of the city exceeds 8 million.	인구가 8백만을 넘는 **도시** → **그 도시의** 인구는 8백만을 넘는다.
a building the height of which is minimum 200 meters → The height of the building is minimum 200 meters.	높이가 최소 200m인 **빌딩** → **그 빌딩의** 높이는 최소 200m이다.
the magazine the cover of which features a supermodel → The cover of the magazine features a supermodel.	표지에 슈퍼모델을 싣고 있는 **잡지** → **그 잡지의** 표지는 슈퍼모델을 싣고 있다.

- That is [the table a leg of which I accidentally broke].
  저것이 [내가 실수로 다리를 부러뜨린 **탁자**]이다.

- [A city the population of which exceeds 8 million] is called a megalopolis.
  [인구가 8백만이 넘는 **도시**]는 메갈로폴리스라고 불린다.

- The term 'skyscraper' means [a building the height of which is minimum 200 meters].
  '마천루'라는 용어는 [높이가 최소 200m 이상인 **건물**]을 의미한다.

- He seems to be interested in [the magazine the cover of which features a supermodel].
  그는 [표지에 슈퍼모델을 싣고 있는 **잡지**]에 흥미가 있는 것 같다.

선행사 바로 뒤에 of which가 온 것은 옛날식 표현이며 현대에는 거의 사용되지 않는다.

- **A city** of which the population exceeds 8 million is called a megalopolis. (옛날식 표현)
- There are **books** of which the backs and covers are by far the best parts. — Charles Dickens

'of which'가 언제나 소유를 의미하지는 않는다. 이것은 전치사 of가 언제나 소유를 의미하지는 않는다는 점을 고려하면 당연한 일이다.

- People have motives and thoughts of which they are unaware. – Albert Ellis

4) 보격 관계대명사

보격 관계대명사절은 직역하기 대단히 어렵다. 보격 관계대명사가 쓰인 형용사절의 동사는 be 동사인 경우가 많은데, be 동사는 한국어로 '이다'로 해석된다. 그런데 '이다'는 동사와 달리 관형사형 어미를 사용하는 것이 자연스럽지 않다.

- 나는 어제 영화를 **보았다**. ○ → 내가 어제 **본** 영화 ○
- I **saw** a movie yesterday. ○ → the movie **that** I **saw** yesterday ○

- 그는 과거에 성실한 사람**이었다**. ○ → 그가 과거에 **이었던** 성실한 사람 ×
- He **was** a hard-working man in the past. ○
- → the hard-working man **that** he **was** in the past ○

한국어에서는 "그가 과거에 이었던 성실한 사람"이라는 표현이 받아들여지지 않지만, 영어는 이런 식의 표현을 자연스러운 것으로 인정한다. 따라서 이것을 이해하기 위해서는 한국어로 생각하지 않고 영어로 직접 사고하여 의미를 파악하는 것이 가장 좋다. 그것이 어렵다면 차선책으로 영어식으로 사고하여 "그가 과거에 이었던 성실한 사람"을 자연스러운 것으로 생각하도록 인식을 바꾸는 것이 좋다. 그것도 어렵다면 한국어로 말이 되도록 해석하여 이해하는 수밖에 없는데 이것은 가장 저차원적인 방식이다.

- I liked **the hard-working man** that he was in the past.
  나는 그가 과거에 이었던 성실한 사람을 좋아했다. → 그는 과거에 성실했고 나는 그의 그런 모습을 좋아했다.

- In Moscow, you can experience the rich culture of **the powerful empire** that Russia once was.

  모스크바에서 당신은 러시아가 한때 이었던 강력한 제국의 풍부한 문화를 경험하실 수 있습니다.

  → 당신은 한때 강력한 제국이었던 러시아의 풍부한 문화를 경험하실 수 있습니다.

- Russia once was the powerful empire. → the powerful empire that Russia once was

  러시아는 한때 **강력한 제국**이었다. → 러시아가 한때 이었던 강력한 제국

- He is not **the man** that he used to be.

  그는 과거에 이었던 그 남자가 아니다. → 그는 과거의 그가 아니다.

= He is not **the man** which he used to be.

= He is not **the man** he used to be.

= He is not what he used to be.

- He is not **the man** ~~who~~ he used to be. x

- Henry is not **the nice guy** that I thought him to be.

  헨리는 내가 인 것으로 생각했던 착한 남자가 아니다. → 나는 헨리를 착한 남자인 것으로 생각했는데 실제로는 그렇지 않다.

- I love **the person** that you were, **the person** that you are, and **the person** that you will be.

  나는 네가 이었던 사람, 네가 인 사람, 네가 일 것인 사람을 사랑해. → 나는 과거의 너, 지금의 너, 앞으로의 너를 모두 사랑해.

5) 전치사 + 관계대명사

① 관계대명사가 동사의 목적어일 때와 전치사의 목적일 때의 공통점

동사의 목적어	James is **the man** that Julie loves. 목적격 관계대명사 that James is **the man** who(m) Julie loves. 목적격 관계대명사 who(m) James is **the man** Julie loves. 목적격 관계대명사 생략
전치사의 목적어	James is **the man** that Julie works with. 목적격 관계대명사 that James is **the man** who(m) Julie works with. 목적격 관계대명사 who(m) James is **the man** Julie works with. 목적격 관계대명사 생략

② 전치사 + 관계대명사

· James is the man **with whom** Julie works. ○

전치사는 관계대명사 앞에 위치할 수도 있다. '전치사 + 관계대명사'의 형태로 쓰일 때는 which나 whom이 쓰이며 that이나 who를 쓰는 것은 부적절하다. 전치사 뒤의 관계대명사는 생략되지 않는다.

· James is the man ~~with that Julie works~~. ✗
· James is the man ~~with who Julie works~~. ✗
· James is the man ~~with Julie works~~. ✗

· He is the man **with whom** I work. [가장 격식적]
· He is the man **whom** I work **with**. [격식적]
· He is the man **who** I work **with**. [비격식적]
· He is the man I work **with**. [가장 비격식적]

③ '전치사 + 관계대명사'의 직역 불가능성

| Beethoven was born in the house. | 베토벤은 그 집에서 태어났다. |
| the house in which Beethoven was born | 베토벤이 태어난 집 |

우리말에서는 "베토벤은 그 집에서 태어났다"는 문장에 분명히 '에서'라는 말이 있는데, 이것을 형용사절로 만들어서 '집'이라는 명사를 수식하면 '에서'라는 말은 사라지고 '베토벤이 태어난 집'이 된다. 그러나 이것은 영어식 사고로는 이해할 수 없는 일이다. 독립절로 표현할 때 있던 단어가 형용사절이 되면 대체 왜 없어진다는 말인가? 영어에서는 독립절에 있는 in이 관계대명사절에서도 그대로 유지된다. 따라서 영어식 사고로는 '베토벤이 태어난 집'은 틀리고 '베토벤이 에서 태어난 집'이 옳다. 하지만 우리말에서 이 같은 표현은 어색하다. 'in + which'에서 관계대명사 which는 전치사 in의 목적어이고 우리말로 직역하면 '그곳(which) 에서(in)'이다. 그런데 관계대명사 which를 대명사로 해석할 길이 없고, 영어의 전치사 in에 해당하는 우리말은 '에서'라는 조사^{助詞}인데 조사는 그것만을 하나의 독립된 단

어로 사용할 수가 없다. 이와 같이 '전치사 + 관계대명사'는 우리말로는 그 자체를 자연스럽게 해석할 방법이 없다. 따라서 '전치사 + 관계대명사'는 한국어로 해석하지 않고 영어로 직접 사고하여 의미를 파악하는 것이 최선의 방법이다. 그것이 어렵다면 '베토벤이 에서 태어난 집'과 같은 표현을 올바르다고 인식을 전환하거나, 형용사절을 독립절로 전환하여 살펴보는 것과 같이 문법적으로 분석하여 이해하는 것이 차선책이다. 그것도 어렵다면 우리말로 자연스럽게 해석해서 이해하는 수밖에 없는데 이것은 가장 저차원적인 방법이다.

- My wife is the person with whom I can share everything.
  나의 아내는 내가 모든 것을 와 함께 나눌 수 있는 사람이다.
  → with her I can share everything.
    그녀와 함께 나는 모든 것을 나눌 수 있다.
  → I can share everything with the person.
    나는 모든 것을 그 사람과 함께 나눌 수 있다.

- It was a mistake from which I learned a lot.
  그것은 내가 (으)로부터 많이 배운 실수였다.
  → from it I learned a lot. 그것으로부터 나는 많이 배웠다.
  → I learned a lot from the mistake. 나는 그 실수로부터 많이 배웠다.

- How children acquire a language is a subject on which a lot of research has been done.
  어린아이들이 어떻게 언어를 획득하는가는 많은 연구가 에 대해서 행해져 온 주제이다.
  → on it a lot of research has been done. 그것에 대해서 많은 연구가 행해져 왔다.
  → A lot of research has been done on the subject. 많은 연구가 그 주제에 대해서 행해져 왔다.

우리말에서는 '와 함께'나 '으로부터'라는 말이 형용사절에 포함되면 대단히 어색하며 포함되지 않아야 자연스럽다. 그래서 영어에서는 그에 해당하는 전치사가 없으면 틀리거나 의미가 매우 어색한 문장인데도 우리나라 사람들은 자연스러운 문장으로 잘못 인식하기 쉬운 것이다.

- This is the house which Beethoven was born. x
- My wife is the person who I can share everything. x
- It was a mistake which I learned a lot. x
- How children acquire a language is a subject which a lot of research has been done. x

3. 제한적 관계사절과 설명적 관계사절

1) 제한적 관계사절과 설명적 관계사절의 차이

제한적 관계사절	설명적 관계사절
① 선행사가 의미하는 대상들이 여럿이거나 넓은 범위로 존재할 때, 어느 것이나 범위를 가리키는 것인지 식별할 수 있도록 제한한다.	① 선행사가 무엇인지를 알려 주거나 어떤 일반적인 특징을 가지고 있는지에 대해 부연적, 보충적, 추가적 정보나 설명을 제공한다.
② 제한적 관계사절을 삭제하면 대상이 어떤 대상인지 알 수 없게 되기 때문에 의미가 불완전해지거나 왜곡된다.	② 설명적 관계사절은 삭제해도 부연적 설명이 삭제되는 것일 뿐이므로, 의미 자체가 왜곡되거나 가리키는 대상을 알 수 없게 되지는 않는다.
③ 관계대명사 that을 사용할 수 있다.	③ 관계대명사 that을 사용하지 않는다.
④ 목적격 관계대명사는 생략될 수 있다.	④ 목적격 관계대명사라도 생략되지 않는다.
⑤ 선행사와 관계사 사이에서 끊어 읽지 않거나 살짝만 끊어 읽는다. 또한 같은 어조로 부드럽게 이어서 발음한다. 글에서는 관계사 앞에 쉼표를 사용하지 않는다.	⑤ 선행사와 관계사 사이에서 확실히 끊어 읽으며 어조도 변화시킨다. 글에서는 관계사 앞에 쉼표를 쓴다. 간혹 대시나 괄호를 쓰기도 한다. 삽입된 경우에는 앞뒤에 쉼표를 쓰고 발음을 할 때도 끊어 읽는다.
· A city the population of which exceeds 8 million is called a megalopolis. ○ 인구가 8백만이 넘는 도시는 메갈로폴리스라고 불린다. ☞ 도시 중 인구가 8백만이 넘는 도시를 제한적으로 가리키며 그러한 도시가 메갈로폴리스라고 불림을 뜻한다. '어떤' 도시가 메갈로폴리스로 불리는지 알려 준다.	· A city, the population of which exceeds 8 million, is called a megalopolis. ✗ 도시는 메갈로폴리스라고 불린다. 도시의 인구는 8백만을 넘는다. ☞ '도시가 메갈로폴리스라고 불린다'는 것은 말이 안 된다. 도시가 일반적으로 메갈로폴리스라고 불리는 것이 아니다.

제한적 관계사절	설명적 관계사절
· I really like geoducks which are large clams native to the northwest coast of the U.S. x	· I really like geoducks, which are large clams native to the northwest coast of the U.S. ○
코끼리 조개 중에 미국 북서 해안이 원산지인 커다란 조개인 코끼리 조개를 좋아해.	나는 코끼리 조개를 정말로 좋아해. 코끼리 조개가 무엇이냐 하면 미국 북서해안이 원산지인 커다란 조개야.
☞ 코끼리 조개는 미국 북서 해안이 원산지인 커다란 조개이다. 그러한 코끼리 조개가 있고 그렇지 않은 코끼리 조개가 따로 있는 것이 아니다. 따라서 제한적 관계사절을 사용하면 어색하다.	☞ 화자는 geoduck 중에서 어떤 geoduck을 좋아하는지 말하고 싶은 것이 아니라, geoduck이 무엇인지 모를 수 있으므로 그것을 보충 설명해 주고자 하는 것이다. * geoduck /ɡóɪdʌk/
· The Louvre Museum that is visited by some 8 million people every year has more than 35,000 paintings. x	· The Louvre Museum, which is visited by some 8 million people every year, has more than 35,000 paintings. ○
루브르 박물관 중에 약 8만 명 이상의 사람들이 매년 방문하는 루브르 박물관은 3만 5천 점 이상의 그림을 가지고 있다.	루브르 박물관은 매년 8백만 명 이상의 사람들이 방문하는 박물관인데, 3만 5천 점 이상의 그림을 가지고 있다.
☞ 루브르 박물관은 고유명사이며 여러 개의 루브르 박물관이 존재하는 것이 아니다. 고유명사에 제한적 관계사절을 사용하는 것은 어색하다.	☞ 고유명사에 관한 흥미로운 정보, 사실, 특징 또는 그것이 무엇인지에 대해 알려 주는 부분 등이 설명적 관계대사절로 표현될 수 있다.

"관계대명사 that 앞에 쉼표가 오면 틀리다"고 설명하는 경우가 있다. 이것은 매우 단순화한 설명일 뿐, 전혀 사실이 아니다. **관계대명사 that은 설명적으로 쓰이지 않으므로 그 앞에는 설명적 관계사절을 만들기 위한 쉼표가 쓰이지 않는다. 그러나 다른 이유로 쓰인 쉼표는 얼마든지 올 수 있다. 따라서 관계사 앞에 쉼표가 있다 해도 반드시 설명적 관계사절이라고 단정할 수도 없다.**

· There are so many people, young or old, that are addicted to computer games. ○
= There are so many people, young or old, who are addicted to computer games. ○
· In this garden, we have few plants, if any, that bloom all year round ○
= In this garden, we have few plants, if any, which bloom all year round. ○

위 문장들에서 쓰인 관계대명사는 모두 제한적 관계대명사이다. 관계대명사 앞의 쉼표는 삽입구를 표시하기 위한 쉼표이지 설명적 관계사절을 표시하는 쉼표가 아니다.

- He smiled understandingly — much more than understandingly. It was one of those rare smiles with a great quality of eternal reassurance in it**, that** you may come across four or five times in life. — The Great Gatsby / F. Scott Fitzgerald

  그는 이해한다는 표정의 미소를 지었다. 이해한다는 것 이상을 보여 주는 미소였다. 그것은 사람을 영원히 안심시켜 주는 대단한 힘이 담겨 있는, 인생에서 너덧 번 우연히 볼 수 있을지도 모를 그런 드문 미소들 중 하나였다.

위의 관계대명사 that도 제한적 관계대명사이다. 선행사 smiles 뒤에 with로 이끌어지는 전치사구와 관계대명사 that절이 위치해 있다. 선행사 뒤에 다소 긴 전치사구가 있고 그 뒤에 관계대명사절이 위치해 있으므로 전치사구와 구별해 주기 위해서 쉼표를 쓴 것이지, 설명적 관계사절을 표시하기 위해 쉼표를 쓴 것이 아니다.

제한적인지 설명적인지는 쉼표 유무의 차이가 아니라 의미의 차이이다. 쉼표 유무에 따라 제한적/설명적 의미가 구분되는 경우들도 물론 많다. 그러나 여러 경우들에서, 제한적 의미를 가진 관계사절 앞에 쉼표를 찍는다 해서 설명적 의미로 이해되지 않으며, 설명적 관계사절 앞에서 쉼표를 없애도 제한적 의미로 이해되지 않는다. 그렇게 하면 쉼표를 적절히 사용하지 못한 것이 될 뿐이다. 설명적 의미의 관계사절인데도 원어민들은 간혹 쉼표를 쓰지 않기도 하는데, 그래도 설명적 의미라는 것을 알 수 있다. 쉼표의 유무와 상관없이 의미가 제한적인지 아닌지를 어떻게 알 수 있냐고 한국인이 물어보는 것은 매우 흥미로운 일이다. 왜냐하면 한국어는 형용사절이 제한적인지 설명적인지 전혀 형태적으로 구분하지 않기 때문이다.

(a) <u>장애를 가진</u> **어린이들**은 적절한 보살핌을 받아야 한다.
(b) <u>나라의 희망인</u> **어린이들**은 적절한 보살핌을 받아야 한다.

(a)의 형용사절은 제한적이고 (b)는 설명적이다. (a)는 세상에는 장애를 가진 어린이들이 있고 그렇지 않은 어린이들이 있는데 그중에서 장애를 가진 어린이들이 적절한 보살핌을 받아야 한다는 말로 이해되지, 모든 어린이들이 일반적으로 장애가 있다는 의미로 이해되지 않는다. 반면에 (b)는 나라의 희망인 어린이들이 있고 그렇지 않은 어린이들이 따로 있는데 그중에서 나라의 희망인 어린이들의 경우에는 적절한 보살핌을 받아야 한다는 말로 이해되지 않으며, 어린이들은 모두 나라의 희망이라는 의미로 이해된다. 쉼표도 없는데 그렇게 다른 방식으로 해석해야 한다는 것을 도대체 어떻게 알 수 있냐고 외국인이 질문하면 당신은 무어라 답할 것인가? 위 문장들을 쉼표를 적절히 사용하여 영어로 바꾸면 다음과 같다.

(a)′ Children who have disabilities must be taken care of properly.

(b)′ Children, who are the hope of our nation, must be taken care of properly.

2) 앞에 언급된 내용을 가리키는 관계대명사 which

설명적 관계대명사절에 쓰이는 which는 명사구뿐 아니라 앞에 언급된 내용을 가리킬 수도 있다. 이것은 it의 기능과 유사하다. 즉, which는 '등위접속사 + it (또는 they)'와 매우 비슷한 의미로 쓰일 수 있다. 등위접속사와 대명사를 쓰는 것보다 which를 쓰는 것이 더 세련된 표현이다.

· Trade unions have been an essential force for social change, without which a semblance of a decent and humane society is impossible under capitalism.
  — Pope Francis [명사구가 선행사]
= Trade unions have been an essential force for social change, and without them a semblance of a decent and humane society is impossible under capitalism.

· He has decided to quit smoking, which seems to be very difficult. [to 부정사가 선행사]
= He has decided to quit smoking, but it seems to be very difficult.

· He is considering consulting a lawyer, which I think is a good idea. [동명사가 선행사]
= He is considering consulting a lawyer, and I think it is a good idea.

· She said that she would buy me a nice gift, which I didn't believe. [명사절이 선행사]
= She said that she would buy me a nice gift, but I didn't believe it.

· His son won a gold medal, which made him feel proud. [앞 문장 전체가 선행사]
= His son won a gold medal, and it made him feel proud.

· Some people are super rich, which most of us are not. [형용사구가 선행사]
= Some people are super rich, but most of us are not (super rich).
   어떤 사람들은 극도로 부유하지만 우리 대부분은 그렇지 않다.
   ☞ '관계대명사'라는 개념은 선행사가 명사라는 말이므로 '형용사구가 관계대명사의 선행사'라는 것은 사실 말이 안 된다. 엄밀히 말하면 이런 경우는 '관계대형용사 (relative pro-adjective)'라고 해야 한다. 이것을 관계대명사에 관한 부분에 포함시킨 것은 설명의 편의를 위해서일 뿐이다.

〈탐구문제 14〉

· You might think I'm lying, which I'm not.
· They believe I committed the theft, which I didn't.

위 문장들에서 which의 기능을 살펴보고 이러한 관계사를 무엇이라고 부르는 것이 적절할지 생각해 보라.

A: He claims he was drinking with his friend Jack at the time of the robbery.
B: **Which** is not true. His alibi is false.

위에서 'Which'의 선행사는 A가 말한 문장의 목적어절, 즉 그가 강도 사건 발생 시에 친구와 함께 술을 마시고 있었다는 점이다. 그런데 관계대명사절은 의존절이므로 독립적으로 하나의 문장을 이룰 수 없다. 그렇다면 "Which is not true."는 독립절이 될 수 없으므로 "That's not true."라고 해야 되는 것 아닐까? 물론 그렇게 표현할 수도 있지만, 원어민들은 위와 같이 which를 사용하는 경우가 많다. 이것은 "He claims he was drinking with his friend Jack at the time of the robbery, which is not true."라는 하나의 문장을 대화자들이 서로 나누어 말한 것이다. 이처럼 영어에서는 대화자가 상대방의 말에 뒷부분을 덧붙여 완결된 문장을 이루는 방식으로 대화를 하는 경우들이 있다. 예를 들어 "John isn't attending this meeting because…"를 말할 때 because를 길게 발음하며 상대방을 쳐다보면, 이것은 상대방에게 뒷부분을 채워 넣어 문장을 완결시키라는 말이며 John이 회의에 오지 않은 이유를 알려달라는 뜻이다. 상대방이 "he has some family emergency."와 같이 말하면, 두 사람이 하나의 문장을 서로 나누어 말한 것이 된다. 설명적 관계사절을 이끄는 which는 이 같은 대화 방식에 활용되는 경우가 많다.

관계대명사에 대해 유의할 사항들

1) 관계형용사 which

- Allen still lives in Boston, **which** city I left ten years ago.
= Allen still lives in Boston, **but** I left **that** city ten years ago.

- I saw Sandy last night, at **which** time I didn't know she was pregnant.
= I saw Sandy last night, **and** at **that** time I didn't know she was pregnant.

- It might rain this Saturday, in **which** case we will have to cancel our picnic.
= It might rain this Saturday, **and** in **that** case we will have to cancel our picnic.

2) 관계대명사 that

선행사에 some(thing), every(thing), any(thing), no(thing), all, few, little, much, none, 최상급, 서수, the only, the very, the same 등이 사용된 경우, which보다 that이 선호된다. 단, 사람이 선행사인 경우는 who가 쓰이는 경우도 많다. 목적격 관계대명사인 경우는 생략될 수도 있다.

- Happiness is **something** that multiplies when it is divided. — Paulo Coelho
- The only thing that is constant is change. — Heraclitus

- You are **the most beautiful girl** that I've ever seen in my whole life.
- **The first person** who teaches you the meaning of the word "love" will also be **the first person** who teaches you the meaning of the word "pain." — Anonymous
- There's a lady who's sure **all** that glitters is gold and she's buying a stairway to heaven. — Stairway to Heaven / Led Zeppelin

반짝이는 모든 것이 금이라고 확신하는 여자가 있다네. 그리고 그녀는 천국으로 가는 계단을 돈으로 사려고 하고 있지.

- **All** that I have is **all** that you've given me. — Stop / Sam Brown

내가 가진 모든 것은 당신이 내게 준 모든 것이에요. → 내가 가진 모두는 당신이 준 것이에요.

신체일부가 선행사인 경우 which보다 that이 더 선호된다. 신체 일부는 사람 자체는 아니므로 who를 쓸 수 없지만, 완전히 물건 취급하여 which를 쓰는 것 또한 어색하기 때문이다.

- He has **rough and calloused hands** that show his hard work.

3) 관계대명사절 안의 삽입절

관계대명사 뒤에는 '주어 + 동사 (think, believe, imagine, suppose, assume, guess, feel, expect, say, etc.), I'm sure [certain]' 등이 삽입될 수 있다. 삽입절의 주어와 동사를 관계대명사절의 주어와 동사로 착각하지 않도록 유의하라.

- He is the candidate who I think will win the election.
  그는 내가 생각하기에 선거에서 이길 후보이다.

- Please provide your doctor with any relevant information that you feel she should know about.
  당신의 의사에게 당신이 느끼기에 그가 알아야만 하는 관련된 정보는 어떤 것이라도 제공해 주세요.

Cf) Please provide your doctor with any information that you feel to be relevant.
  ☞ 위 문장에서 'you feel'은 삽입절이 아니라 관계대명사절의 주어와 동사이다.

4) 수량·부분 표현 + of + which/whom

- I have quite a few American friends, some of whom can speak Korean really fluently.
= I have quite a few American friends, and some of them can speak Korean really fluently.

- The annual government budget is about 400 billion dollars, 10% of which goes to the military.
= The annual government budget is about 400 billion dollars, and 10% of it goes to the military.

5) 관계대명사절 앞에 여러 명사구가 있는 경우

① 수식받는 명사구가 일반적인 명사구일 경우

관계대명사의 선행사가 정확히 무엇인지는 기본적으로 맥락과 의미로 판단해야 하며 관계대명사 바로 앞의 명사구가 언제나 선행사인 것은 아니다.

- I will survey students at a university in Seoul who have smoked for five years or more.
- I will survey students at a university in Seoul which offers online courses.

② 수식받는 명사구가 '수량·부분 표현 + of + 명사'인 경우

· About one-third of the freshwater which is stored on Earth is groundwater.
· Nearly half of the drivers who were killed in motor vehicle crashes were driving under influence.

③ 'one of 복수명사 + 관계대명사절'에서의 수일치

(a) One of my friends who live in Canada will visit me. [전통적 표현]
(b) One of my friends who lives in Canada will visit me. [현대적 표현]

(a)가 올바르고 (b)는 틀리다는 것이 전통적 문법의 시각이다. 근접성의 원리에 따라 동사 live를 'my friends'에 수일치시켜야 한다는 것이다. 그러나 현실에서는 오히려 (b)와 같은 형태를 올바른 것으로 보는 원어민들이 훨씬 더 많다는 조사연구가 1970년대부터 보고되기 시작했다. 이에 따라 실제의 언어생활을 반영하도록 문법교육이 바뀌어야 한다는 주장이 제기되었고[25] 그 결과 최근에 발간된 영미권의 문법서적에서는 'one of + 복수명사'를 수식하는 관계사절의 동사로 단수동사와 복수동사가 모두 사용된다고 설명하는 내용을 볼 수 있다.[26] 그러나 관계사절에서가 아니라 일반적인 문장에서는 동사를 one에 수일치시키는 것만 받아들여진다.

· One of my friends live in Canada. x
· One of my friends lives in Canada. O

위와 같이 일반적으로는 단수 취급하다가 관계사절에서만 복수 취급하는 것이 귀찮게 느껴지고 모든 경우에 있어서 단수 취급하여 표현하는 것이 더 편리하다고 느껴지기 때문에 사람들이 규범문법을 거부하고 언어를 변화시킨 것으로 보인다.

---

[25] Marianne Celce-Murcia and Diane Larsen Freeman, *The Grammar Book: An ESL/EFL Teacher's Course* (Heinle & Heinle, 1999), 66.

[26] Swan, *Practical English Usage*, 522.

한국어에서는 기존의 문법규칙에 위배되는 표현을 다수가 사용하면 잘못된 우리말을 사용하고 있다고 지적하며 '아름다운 우리말을 지키자'는 캠페인을 한다. 그렇게 해도 변화가 깊이 진행되면 국립국어원이 공식적으로 바뀌었다고 발표를 하고, 그러면 사회 전체가 그것을 올바른 표현으로 인정한다. 이것은 국문법에서는 문법을 규칙으로 보는 시각이 대단히 강력하고 국립국어원이 문법규칙의 제정자 역할을 하고 있기 때문이다. 설령 다수가 '구렛나루'라고 하더라도 '구레나룻'이 올바른 표현이다. 그래서 사람들이 '구렛나루'라는 말을 사용하면, 잘못된 표현이라고 지적하면서 올바른 표현을 사용해야 한다고 계몽하려 한다. 이와 같이 한국인들은 실제의 언어생활과 상관없이 문법적으로 올바른 형태가 따로 있다는 관념에 익숙하다. 이것은 국어에 가치관을 결부시키는 경향이 강하기 때문이다. 즉, 국어는 '민족의 얼'이므로 현실에서 대다수가 '틀린' 표현을 사용하더라도 '바르고 고운 우리말'을 지키기 위해 노력하는 것이 가치 있다고 생각하는 것이다. 심지어 어떤 사람들은 문법적으로 올바른 표현을 사용하는 것을 도덕적으로 올바르거나 정의로운 행동인 것처럼 생각하기도 한다.

영어권에도 이러한 관념이 없는 것은 아니나, 과거에 비해 크게 약화되어 왔다. 특히 기술문법은 대중의 현실적 언어 사용에 근거를 두지 않고 표현의 옳고 그름을 판단하는 규범문법의 엘리트주의적 관행에 정면으로 도전해 왔다. 또한 오늘날에는 규범문법에 어긋나는 표현을 지적하며 문법을 지켜야 한다고 주장하는 사람에 대해 grammar nazi라고 비아냥거리는 경우가 많다. 그런 면에서 영어는 대단히 무정부적이다. 어떤 표현이 맞는지 틀린지 공식적으로 정하지 않고 사람들끼리 논쟁하고 토론하도록 내버려 두는 것이다. (내버려 두지 않고 달리 어떻게 할 수 있는 방법도 없다. 국가가 문법을 규제하는 것도 표현의 자유에 대한 침해로 간주되기 때문이다.) 그래서 과거에 쓰이지 않았거나 틀린 것으로 여겨지던 표현이 다수에 의해 사용되어 올바른 것으로 느껴지게 되면, 문법이 바뀐 것으로 간주되지, '바른 영어'를 써야 한다고 계몽하여 변화를 멈추거나 되돌리려는 일은 거의 하지 않는다. 물론 보수적 규범주의자들이 그러한 시도를 하기도 하지만, 사회적 영향력은 제한적이다. 또한 현대의 많은 문법학자들은 기존의 문법을 수호하기보다는 오히려 변화를 빠르게 포착하여 그것을 설명하는 것을 자신의 사명으로 여긴다. 그들은 학자들이 문법을 만들어서 사람들을 가르치는 것이 아니라, 학자들이 사람들로부터 문법이 어떤 모습인지를 배우는 것이라고 믿는다. 왜냐하면 문법의 제정자는 똑똑하고 잘나신 학자들과 엘리트들이 아니라, 사회를 구성하는 평범한 민중들이라고 보기 때문이다. 그래서 이들의 시각에서는 "이 표현은 문법적으로는 틀리지만 대다수 사람들이 사용하고 있다"는 말은 성립하지 않는다. 만약 대다수가 사용하고 있다면, 그것을 틀리다고 보는 문법이 틀린 것이지, 사람들이 틀린 것이 아니다. 이러한 시각에서는 사람들이 '막내동생'이라는 틀린 표현을 쓰고 있지만 '막냇동생'이 올바른 표현인 것이 아니다. '막내동생'이 옳은 표현인데도 그것을 틀리다고 잘못 정해 놓고 있는 어문 규정이 틀린 것이다. 문법성의 기준은 국가기관이 정해 놓은 규정 따위가 아니라 민중의 언어 사용이기 때문이다.

6) 하나의 명사구에 2개의 관계대명사절이 사용되는 경우

- Do you know **anyone** that speaks Spanish who can translate this email into English?
- There's **something** ∅ I should tell you that I should have told you a long time ago.
- This is **the book** ∅ John gave to me, which is so interesting.

7) 'He who ~', 'Those who ~'

과거에는 'He'를 사람을 총칭하는 대명사로 사용하고 그 뒤에 관계대명사를 써서 '~한 사람'을 표현하였다. 이러한 표현은 고전 작품 등에서 흔히 볼 수 있으며 20세기까지도 격식적 맥락에서 종종 사용되었다. 그러나 오늘날에는 일부 관용표현 이외에는 거의 사용되지 않으며 통상 'Those who ~'로 표현한다.

- **He** who controls the past controls the future. **He** who controls the present controls the past. — 1984 / George Orwell
  과거를 지배하는 자가 미래를 지배한다. 현재를 지배하는 자가 과거를 지배한다.

- **He** who smelt it dealt it. 냄새를 맡은 자가 뀌었다. → 방귀 냄새가 난다고 처음 말한 사람이 방귀를 뀐 것이다. → 때로 문제를 일으킨 장본인이 그것에 대해 불평을 하거나 목소리를 높인다. (방귀 뀐 놈이 성낸다.)

- Democracy belongs to **those** who exercise it. — Bill Moyers
  민주주의는 그것을 행사하는 사람들에게 속한 것이다.

- **Those** who talk don't know what is going on and **those** who know what is going on won't talk. — Larry Speakes
  말을 하는 사람들은 무슨 일이 벌어지는지 모르고 있고, 무슨 일이 벌어지고 있는지 아는 사람들은 말을 하려고 하지 않는다.

- The law assists **those** that are vigilant with their rights, and not **those** that sleep thereupon.
  법률은 자신의 권리를 지키는 사람들을 도와주지만 권리 위에 잠자는 사람들은 도와주지 않는다.

8) 관계대명사절의 위치 이동

문장의 주어를 수식하는 관계대명사절이 뒤로 이동하는 현상이 일어나기도 한다. 주어에 관계대명사절이 포함되어 있으면 주어는 길고 서술부는 짧은 구조가 되기 쉬우므로 영어는 이것을 회피하려고 하는 것이다.

- A lot of things that were thought to be impossible a hundred years ago are happening today.
- → A lot of things are happening today that were thought to be impossible a hundred years ago.

- No one is useless in this world who lightens the burdens of another. — Charles Dickens

5 관계대명사 what

1) 관계대명사 what의 의미와 기능

관계대명사 what을 'the thing which'로 표현한 것과 비교해 보자.[27]

(a) [The thing which he said] doesn't make any sense.
(b) [What he said] doesn't make any sense.

(a)에서 'the thing'은 명사구이고 'which he said'는 관계대명사절이다. 즉, 'the thing which he said'는 '명사구 + 관계대명사절' 형태의 명사구이고 의미상 '그가 말한 것'을 뜻한다. 그런데 이것은 'what he said'와 동일한 의미를 가지는데 the thing과 관계대명사 which가 눌러 붙어서 하나의 단어인 what이 된 것을 볼 수 있다. 그래서 일부 학자들은 '눌러 붙은 관계사', '융합된 관계사'라는 의미에서 이것을 'fused relatives'라고 부르기도 한다. 이때의 what은 관계대명사로서의 성질과 명사로서의 성질을 동시에 가지고 있다.

그런데 이러한 what을 관계대명사라고 부르는 것에는 사실 어폐가 있다. 어쨌건 관계대명사라는 속성이 눌러 붙어 내포된 것이니까 관계대명사라고 부르는 것인데, 사실 '명사 + 관계대명사'의 역할을 하는 것이므로 이것을 관계대명사라고 부르면 그 특성의 절반만 표현된 것이다. 그래서 이러한 what을

---

[27] 이해를 돕기 위해 'the thing which ~'와 비교하여 살펴보는 것인데, 'the thing which ~'는 문법책에나 존재하는 표현일 뿐, 현실에서는 잘 사용되지 않는다.

'nominal relative pronoun (명사적 관계대명사)'라고 부르기도 하는데, 그러한 용어를 쓰더라도 이 때의 what이 관계대명사라는 것을 이해하기 어려워하는 학생들이 대단히 많다. 왜냐하면 너무나도 관계대명사스럽지 않기 때문이다. 관계대명사는 앞의 명사를 지칭하면서 동시에 형용사절을 이끄는 기능을 하는 것인데, 관계대명사 what은 선행사가 있지도 않고 형용사절을 이끌지도 않는다. 또한 "선행사가 내포된 관계대명사"라는 말은 형용 모순적이다. 예를 들어, '대리인'은 '다른 사람으로부터 권한을 위임받은 사람'을 뜻한다. 그런데 자기 자신이 직접 행위를 수행하면서 자신을 가리켜 "나는 나 자신으로부터 위임받은 대리인이다"라고 한다고 해 보자. '선행사가 포함된 관계대명사'는 그러한 개념화와 다를 바가 없다.

이러한 측면을 고려하면 이것을 '선행사가 내포된 관계대명사'라고 하기보다는, **'관계대명사가 내포된 명사'**로 생각하는 것이 더 이해하기 쉬울 수 있다. 즉, what은 명사이고 우리말의 의존명사 '것'과 비슷한데 관계대명사가 내포되어 있기 때문에 뒤에 '어떠한' 것인지를 표현하는 수식어로서 'S+V' 형태의 절이 올 수 있는 것이다.

- <u>What he said</u> doesn't make any sense. [주어]
- This is <u>what</u> interests me. [보어]
- Put <u>what</u> you have in your hand on the desk. [동사의 목적어]
- I made this lasagna with <u>what</u> I had in my fridge. [전치사의 목적어]

A: I think Emily is really stuck-up. 에밀리는 정말 콧대가 높은 것 같아.
B: That's <u>what I am saying</u>. 내 말이 그 말이라니까.

- People know what they do; frequently they know why they do <u>what</u> they do; but <u>what</u> they don't know is what <u>what</u> they do does. — Madness and Civilization / Michel Foucault
  사람들은 그들이 무엇을 하는지 안다. 그리고 많은 경우 그들은 그들이 하는 일을 왜 하는지 안다. 그러나 그들이 모르는 것은 그들이 하는 일이 무엇을 하는지이다. (즉, 사람들은 자신의 행위가 사회적으로 어떤 기능을 수행하고 어떤 결과를 초래하는지 모른다.)
    - ☞ 진하게 표시한 what은 관계대명사이고 아무 표시도 안 된 what은 의문대명사이다. what 이하가 '무엇을 ~하는지'로 해석되면, 즉 '내용'의 측면이 강하면 의문사로 보고, 구체적 사물이나 명사적 개념을 의미하면 관계대명사로 본다. 중의적이서 구분하는 것이 무의미한 경우들도 있다.

관계대명사 what 뒤에도 삽입절이 들어갈 수 있다.

- The great pleasure in life is doing **what people say** you cannot do.   — Walter Bagehot
  인생에서의 큰 즐거움은 사람들이 당신이 할 수 없다고 말하는 일을 하는 것이다.

아래 문장에서는 'I knew'를 삭제하면 말이 되지 않으므로 삽입절이 아니라는 것을 알 수 있다. what은 knew의 목적어이고 to be right는 목적보어이다.

- In a word, I was too cowardly to do **what I knew** to be right, as I had been too cowardly to avoid doing **what I knew** to be wrong.   — Great Expectations / Charles Dickens,
  한마디로 말해, 나는 내가 옳다고 알고 있는 것을 하기에는 너무 비겁했다. 내가 그르다고 알고 있던 일을 회피하기에 너무 비겁했던 것과 마찬가지로.

2) 관계대명사 what의 사용

① 관계대명사 what은 일반적 관계대명사처럼 쓸 수 없다.

관계대명사 what은 이미 그 자체에 '~것'이라는 명사적 의미가 내장되어 있고 what 자체가 명사구를 이끌므로 일반적인 관계대명사와 같이 그 앞에 별도의 선행사가 올 수 없다.

- I need **something that** can cheer me up. O
- I need **something what** can cheer me up. x

그러나 '관계대명사 what 앞에 선행사가 오지 않는다'는 말을 '관계대명사 what 앞에 명사구가 오면 틀리다'는 말로 왜곡하여 받아들이면 다음 문장이 틀렸다고 생각하기 쉽다.

- I gave the boy **what** he wanted. O 나는 그 소년에게 그가 원하는 것을 주었다.
- Her mother's influence has made the girl **what** she is now. O
  그녀의 어머니의 영향이 그 소녀를 지금의 그녀로 만들었다.

② 관계대명사 what에는 앞에서 언급된 명사나 맥락상 적절한 명사가 내장되어 있을 수도 있다.

· His annual salary is $90,000, which is almost double what I make.
  (= the annual salary which I make)

③ what 명사구의 수일치

what 명사구는 통상 단수 취급한다. 단, what 명사구가 주어일 때 보어가 복수명사면 복수 취급한다.

· What Jennifer likes is chocolate ice cream.
· What Larry likes are macadamia cookies.

④ 관계형용사로 쓰이는 경우 (what + 명사 ~)

· She gave the homeless man what money she had in her wallet.
= She gave the homeless man all the money that she had in her wallet.
  그녀는 그 노숙자에게 지갑에 가지고 있던 모든 돈을 주었다.

· I spent what little time remained before school resumed playing the computer game.
= I spent all the little time that remained before school resumed playing the computer game.
  나는 개학하기 전에 남아있던 얼마 안 되는 시간을 모두 그 컴퓨터 게임을 하면서 보냈다.

⑤ 주절의 동사가 what 명사구 안에서 반복되는 표현

A: What do you mean you saw a ghost? There is no ghost! 귀신을 봤다니 뭔 소리야? 귀신은 없어!
B: But I saw what I saw! 하지만 나는 내가 본 것을 봤다고! → 하지만 나는 그것을 확실히 봤다고!

A: The manager says we have to work overtime tonight again. 부장이 우리 오늘 밤 또 야근해야 한데.
B: Well, it is what it is. 현실이 다 그렇지 뭐. → 원래 그러니 어쩔 수 없지 뭐.

A: Can you come to my birthday party tomorrow? 내일 내 생일 파티 올 수 있어?
B: I'm really sorry, but I have to go on a business trip tomorrow. 미안해. 내일 출장 가야 해.
A: That's OK. You gotta do what you gotta do. 괜찮아. 할 일은 해야지 뭐.

⑥ 관용표현들

· Forget about the mistake you made in the past. What's done is done.

· Mutual respect! That's what it takes to be friends.　— Hugo Chavez

· She is a great musician. What is more, she is actively involved in humanitarian activities.

· Christopher Columbus never set foot in what is now the U.S.

6 관계부사

1) 관계부사의 개념

먼저 '대부사(pro-adverb)' 개념을 살펴보자. 영어에는 대표적 대부사로 'there'와 'then'이 있다. 대부사는 다른 대형태(pro-form)와 마찬가지로 선행사가 있다.

- I went to **the library** this morning. **There**, I saw Bill talking with Jane.
              선행사   대부사

- I went to the library **this morning**. **Then**, I saw Bill talking with Jane.
                            선행사   대부사

관계부사는 일종의 대부사로서 선행사를 가리키는 동시에 그 선행사를 수식하는 형용사절을 이끄는 기능을 하는 낱말을 말한다.

장소를 의미하는 명사구, 시간을 의미하는 명사구, 그리고 the reason과 the way를 관계부사를 사용한 형용사절로 수식할 수 있다. 즉, 관계부사는 관계대명사와 마찬가지로 형용사절을 구성하기 위한 관계사의 일종인데, 관계대명사절과는 달리 아무 명사구나 수식할 수는 없으며 특정한 의미 (장소, 시간, 이유, 방법)를 가진 명사구만 수식할 수 있다.

[관계부사를 사용하여 형용사절 만들기]

· I visited the house. + In the house, Beethoven was born.

→ I visited the house + There, Beethoven was born.

→ I visited [the house where Beethoven was born].

[관계대명사를 사용하여 형용사절 만들기]

· I visited the house. + In the house, Beethoven was born.

→ I visited the house in which Beethoven was born.

관계대명사는 대명사이므로 전치사의 목적어가 될 수는 있어도 부사적으로 기능할 수는 없다. 따라서 관계대명사를 사용하여 표현하면 전치사가 필요하다. 반면 관계부사로 표현하면 전치사가 필요하지 않다. 또한 위에서 "there"를 "in the house"로 바꾸어 표현할 수 있는 것과 똑같은 원리로, where를 in which로 바꾸어 표현할 수 있다. 즉, **관계부사는 '전치사 + 관계대명사'로 표현할 수 있다.** 그러나 그 역은 성립하지 않는다. 다시 말해, 모든 '전치사 + 관계대명사'를 관계부사로 표현할 수는 없다. '전치사 + 명사로 이루어진 어구 모두를 'there'나 'then'으로 표현할 수는 없는 것과 같은 원리이다.

2) where

· Carnegie Hall is the prestigious concert hall where I wish to perform. ○
　☞ 관계부사를 사용한 표현은 격식체와 비격식체 모두에서 널리 사용된다.

· Carnegie Hall is the prestigious concert hall in which I wish to perform. ○
　☞ '전치사 + 관계대명사'는 격식체에서 주로 쓰인다. 일상적 말하기에서는 선호되지 않는다.

· Carnegie Hall is the prestigious concert hall (which) I wish to perform in. ○
　☞ 관계대명사를 쓰고 전치사를 뒤에 둘 수도 있다. 이때 관계대명사는 생략할 수도 있다. 비격식적 표현이다.

- Carnegie Hall is the prestigious concert hall (that) I wish to perform. ✗
  ☞ 관계부사 where를 that으로 대체하거나 생략하는 것은 받아들여지지 않는다.

- Carnegie Hall is the place (that) I wish to perform. ○
  ☞ 'place' 뒤에서 where를 생략하거나 that으로 대체하는 것은 받아들여진다. 비격식적 표현이다.

- Country roads, take me home to the place I belong. West Virginia, mountain mama, take me home, country roads. — Take Me Home, Country Roads / John Denver
  * mountain mama: 어머니처럼 포근하고 편안한 존재를 의미

  시골길이여 나를 고향으로, 내가 속한 곳으로 데려다주오. 웨스트버지니아, 어머니 품 같은 편안한 보금자리, 나를 고향으로 데려다주오, 시골길이여.

  ☞ the place which I belong to = the place to which I belong = the place where I belong = the place that I belong = the place I belong

situation, circumstance, story, accident, economy, stage, level, point 등의 추상적 또는 비유적 장소도 where의 선행사가 될 수 있다.

- There are circumstances where you have to do what you don't want to do.

또한 평소에 특별히 장소로 인식되지 않는 사물이라 하더라도 어떤 대상의 위치나 일의 발생 장소로서 표현되면 where를 쓸 수 있다.

- You should throw away an old toothbrush where a lot of bacteria lives.

관계부사 where가 쓰인 경우 선행사가 생략되기도 한다. 즉, the place 등 장소를 의미하는 명사 없이도 where절 자체가 '~하는 곳'이라는 명사적 의미를 가질 수 있다. 이렇게 되면 where절은 기능과 의미에 있어서 명사구이다.

- Off the Florida Keys, there's a place called Kokomo. That's <u>where you want to go to get away from it all</u>. — Kokomo / Beach Boys

  플로리다 키즈에서 좀 떨어진 곳에, 코코모라고 불리는 곳이 있어요. 거기가 바로 당신이 모든 것에서 벗어나서 떠나기 좋은 곳이에요.　　　　　　　　　　* Florida Keys: 미국 플로리다주 남부에 있는 산호섬으로 이루어진 군도

3) when

time, day, night, week, month, year, period 및 기타 시간을 의미할 수 있는 명사를 when을 사용한 형용사절로 수식할 수 있다.

- I remember <u>the day</u> <u>when</u> I first met her. [일반적 표현]
= I remember <u>the day</u> <u>on which</u> I first met her. [격식적 표현]

- Perhaps love is like a resting place, a shelter from the storm. It exists to give you comfort. It is there to keep you warm. And in those <u>times</u> of trouble <u>when you are most alone</u>, the memory of love will bring you home. — Perhaps Love / John Denver & Placido Dominggo

관계부사 when은 that으로 대체되거나 생략될 수 **있다**.

- 1789 is <u>the year</u> <u>when</u> the French Revolution took place. ○
- 1789 is <u>the year</u> <u>(that)</u> the French Revolution took place. ○

- Didn't you wonder why it never fluttered or moved when the wind blew? Ah, darling, it's Behrman's masterpiece — he painted it there the night that the last leaf fell. — The Last Leaf / O. Henry

- Even though there may be times it seems I'm far away, never wonder where I am 'cause I am always by your side. 'Cause I am your lady, and you are my man. — The Power Of Love / Celine Dion

관계부사 when이 쓰인 경우 선행사가 생략되기도 한다. 즉, the time과 같이 시간을 의미하는 명사구 없이도 when절 자체가 '~하는 때'라는 뜻의 명사적 의미를 가질 수 있다. 이때 when절은 기능과 의미에 있어 명사구이다.

- When they tell you not to panic and stay where you are, that's when you have to run!

when절을 동사 뒤로 이동시켜 표현하는 경우가 있다. 주어가 술부에 비해 지나치게 길어지는 것을 회피하기 위해 관계사절을 뒤로 보내는 것이다.

- The day will come when man will recognize woman as his peer, not only at the fireside, but in councils of the nation. — Susan B. Anthony

4) why

why의 선행사는 오직 reason만 될 수 있다. cause, rationale, intention 등 reason과 비슷한 의미를 가지는 명사라도 why의 선행사가 되지 않는다.

- Can you explain the reason why the Korean War broke out?

  한국전쟁이 왜 발발했는지 그 이유를 설명해 줄 수 있나요?

- There are several reasons why he didn't attend the meeting.

  그가 회의에 참석하지 않은 몇 가지 이유들이 있습니다.

- The reason (that) I was late to work this morning was because I missed the train.

  제가 오늘 아침에 일에 늦게 온 이유는 열차를 놓쳤기 때문이었습니다.

  ☞ 비격식체에서 관계부사 why는 생략되거나 that으로 대체되기도 한다.

- The reason for which humans have been able to survive in harsh conditions is that humans can cooperate to overcome such conditions.

  인류가 혹독한 환경에서도 생존해 올 수 있었던 이유는 인간이 그러한 환경을 극복하기 위해 서로 협동할 수 있기 때문입니다.

  ☞ why 대신 for which를 쓸 수도 있다. 딱딱하고 격식적인 표현이다.

- The reason why I was late was that I missed the train. [격식적 표현]
- The reason why I was late was because I missed the train. [일반적 표현]

- Love. The reason I dislike that word is that it means too much for me, far more than you can understand. — Anna Karenina / Leo Tolstoy

  사랑. 내가 그 단어를 싫어하는 이유는요, 그것이 내게 너무 많은 의미를 갖기 때문이에요. 당신이 이해할 수 있는 것보다 훨씬 더 많은 의미를.

- The reason that Apple is able to create products like the iPad is because we've always tried to be at the intersection of technology and the liberal arts. — Steve Jobs

  애플사가 아이패드 같은 제품들을 만들 수 있는 이유는 우리가 언제나 기술과 인문학의 교차로에 있기 위해 노력해 왔기 때문입니다.

- The reason why the world lacks unity, and lies broken and in heaps, is, because man is disunited with himself. — Nature / Ralph Waldo Emerson

  세계가 화합을 결여하고 조각난 무더기로 놓여 있는 것은 인간이 스스로와 분열되어 있기 때문이다.

'the reason that'에서 that이 관계부사가 아니라 동격의 that인 경우도 있다. 이때의 that은 생략되지 않는다.

- He didn't attend the meeting for **the reason** that he was sick.
  그는 아프다는 이유로 회의에 참석하지 않았다.

> 'the reason ~'이 주어일 때 because절이 주격보어로 쓰일 수 없다는 주장이 있어 왔다. 이에 대해 메리엄-웹스터 사전과 옥스퍼드 사전은 강력하게 반박하며, 16세기부터 수많은 저명한 작가들에 의해 사용된 표현으로서 올바른 표현이라고 주장한다.[28] 가장 저명한 규범문법서 중 하나인 Fowler's Modern English Usage조차도 because절을 주격보어로 쓰는 것이 워낙 빈번하기 때문에 틀리다고 주장하기가 어려워지고 있다고 말한다.[29] 오늘날 대다수 원어민들이 말과 글, 격식체와 비격식체 모두에서 because절을 보어절로 사용하고 있다. 그런데 한국식 영문법 시험에서는 보수적 출제자들이 이와 같은 경우에 because를 사용하는 것을 틀린 것으로 간주하는 문제를 출제해 왔다. 도대체 왜 우리나라 학생들이 원어민들도 지키지 않는 구시대적 문법규칙을 외워야 하고 그에 대한 시험을 치러야 하는 것인지 도무지 이해할 수 없는 노릇이다.
>
> 〈2004 서울시 9급〉
>
> - The main reasons ①that tourists flock to Hawaii ②are ③because ④it has warm weather and beautiful ⑤scenery.
>
> [정답] ③ because → that

5) how

how는 why보다도 더 특이한 관계부사이며 과연 이것을 관계부사라고 부르는 것이 적절한지 의심스러울 정도이다. 왜냐하면 'the way how'로 쓰인다면 the way가 선행사이고 how가 관계부사라고 할 수 있을 텐데, 'the way how'로는 쓰이지 않기 때문이다.

---

[28] https://www.merriam-webster.com/dictionary/because
https://en.oxforddictionaries.com/definition/us/reason

[29] Robert Allen (ed.), *Pocket Fowler's Modern English Usage*. 2nd ed. (Oxford University Press, 2008), 84.

- She won't tell anyone ~~the way~~ ~~how~~ she makes her secret sauce. x
- She won't tell anyone <u>how she makes her secret sauce.</u> O
- She won't tell anyone **the way** <u>she makes her secret sauce.</u> O

그래도 how를 관계부사로 보는 것은 과거에는 'the way how' 형태가 사용되었는데, 점점 더 많은 사람들이 그렇게 표현하는 것을 귀찮아하게 되자 결국 완전히 도태되어 버린 것이므로 역사적인 관점에서 보면 관계부사라고 할 수 있기 때문이다.

the way를 수식하는 관계사절에는 that이 쓰일 수도 있고 관계사가 생략된 형태가 쓰일 수도 있다. 또한 in which가 쓰일 수도 있는데 매우 격식적 표현이다.

- She won't tell anyone **the way** <u>that she makes her secret sauce.</u>
- She won't tell anyone **the way** <u>she makes her secret sauce.</u>
- She won't tell anyone **the way** <u>in which she makes her secret sauce.</u>

6) 제한적 관계부사절과 설명적 관계부사절

- Saint Nicholas Cathedral is **the cathedral** <u>where Prince Rainier and Grace Kelly held their wedding ceremony.</u>
  성 니콜라스 성당은 레이니어 황태자와 그레이스 켈리가 결혼식을 올린 성당이다.
  ☞ 세상의 여러 성당들 중에 그들이 결혼식을 올린 성당으로 제한하고 있다.

- We visited **Saint Nicholas Cathedral**, <u>where Prince Rainier and Grace Kelly held their wedding ceremony.</u>
= We visited **Saint Nicholas Cathedral**, <u>and there</u> Prince Rainier and Grace Kelly held their wedding ceremony.
  우리는 성 니콜라스 성당을 방문했는데, 그곳에서 레이니어 황태자와 그레이스 켈리가 결혼식을 올렸었다.
  ☞ 성 니콜라스 성당이 어떤 성당인지 보충 설명해 주고 있다.

· She was born in **the year** when the Second World War broke out.

그녀는 2차 대전이 발발한 해에 태어났다.

☞ 어느 해에 태어났는지를 표현하는 제한적 관계부사절이다.

· She was born in **1939,** when the Second World War broke out.
= She was born in **1939,** and then the Second World War broke out.

그녀는 1939년에 태어났는데 그때 2차 대전이 발발했다.

☞ 2차 대전이 일어난 1939년과 그렇지 않은 1939년이 따로 있는 것이 아니므로 설명적 관계사절이 쓰였다.

관계대명사 + ever

1) whoever / whomever

① 명사구를 이루는 경우: who(m)ever = anyone who(m)

'anyone'과 'who(m)'이 합쳐져서 who(m)ever가 된다. 관계대명사의 격이 그 관계대명사가 관계대명사절 내에서 어떤 역할을 하느냐에 따라 결정되듯이, whoever와 whomever도 마찬가지이다. whoever와 whomever가 이끄는 명사구가 전체 문장에서 어떤 역할을 하느냐에 따라 구분된다고 착각하기 쉬우므로 유의하라. 또한 현실에서는 whomever대신 whoever를 쓰는 일이 매우 빈번하다. 다시 말해, 일상적 말하기에서 whomever와 whoever를 구분해서 사용하려는 이상한 일은 할 필요가 없다. 말을 할 때는 whoever로 표현한다. 그 둘을 구분할 필요가 있는 것은 격식적인 글을 쓸 때와 영문법 시험을 치를 때이다.

· The King will give a chest of gold to whoever saves the princess from the dragon.
= The King will give a chest of gold to anyone who saves the princess from the dragon.
☞ 밑줄 친 부분이 전치사 to의 목적어라는 이유로 목적격인 whomever가 옳다고 착각하기 쉽다. anyone who로 표현해 보면 알 수 있듯이 관계대명사절의 동사 "saves"의 주어이므로 주격인 whoever가 쓰여야 올바르다. 그런데 이런 경우 whomever를 쓰는 것은 틀린 것인데도, 원어민들도, 심지어 전문적 작가들조차도, whomever로 종종 쓰기도 한다.

· Whoever controls the media controls the mind.   − Jim Morrison
= Anyone who controls the media controls the mind.
미디어를 지배하는 자 그 누구라도 정신을 지배한다.

- <u>Whomever</u> I work **with** should know that I am extremely allergic to strawberries.

    (= <u>Anyone whom</u> I work **with**)

    ☞ 밑줄 부분이 문장의 주어라 해서 whoever가 옳다고 착각하기 쉬우므로 유의하라. 전치사 with의 목적어이므로 규범적으로는 목적격이 옳다. 단 일상생활에서는 whoever로 말한다.

② 부사절을 이루는 경우: who(m)ever = regardless of who(m) = no matter who(m)

- <u>Whoever</u> comes first, I will buy the person a cup of coffee.
= <u>Regardless of who</u> comes first, ~. = <u>No matter who</u> comes first, ~.

    누가 먼저 오든지 간에, 나는 그 사람에게 커피 한 잔을 사겠어요.

- <u>Whoever you are</u>, you have no rights to treat people like dogs or pigs.
= <u>Regardless of who</u> you are, ~. = <u>No matter who</u> you are, ~.

    당신이 그 누구라 할지라도, 당신은 사람들을 개돼지 취급할 권리가 없다.

- <u>Whomever you love</u>, love fearlessly and passionately with all your heart.
= <u>Regardless of whom</u> you love, ~. = <u>No matter whom</u> you love, ~.

    당신이 그 누구를 사랑한다 할지라도, 두려움 없이 열정적으로 온 마음을 다해 사랑하라.

2) whatever

① 관계대명사로 쓰여 명사구를 이루는 경우: whatever = anything that

- You'd better tell me <u>whatever</u> you know about this incident.
= You'd better tell me <u>anything that</u> you know about this incident.

    자네가 이 사건에 대해 알고 있는 것은 그 무엇이라도 내게 말하는 것이 좋을 걸세.

- Whatever can happen, will happen. — Murphy's Law
= Anything that can happen, will happen.

  일어날 수 있는 일은 일어날 것이다. → 일어날 가능성이 있는 일은 일어나기 마련이다.

- I will do whatever (is) necessary to save my daughter.

  딸을 구하기 위해 필요한 것은 무엇이라도 하겠다.

= I will do anything (that) is necessary to save my daughter.

- How often have I said to you that when you have eliminated the impossible, whatever remains, *however improbable*, must be the truth?

  — Sherlock Holmes, from The Sign of the Four / Arthur Conan Doyle

  불가능한 것들을 제거하고 나면, 남아 있는 것이 무엇이건, 아무리 그럴 것 같지 않더라도, 그것이 진실일 수밖에 없다고 내가 자네한테 얼마나 자주 이야기했었나?

② 부사절을 이루는 경우: whatever = regardless of what = no matter what

- Whatever you have done, I will forgive you. 네가 무슨 일을 했건, 나는 너를 용서하겠다.
= Regardless of what you have done, ~.
= No matter what you have done, ~.

- You are beautiful no matter what they say. Words can't bring you down. You are beautiful in every single way. — Beautiful / Christina Aguilera

  당신은 아름다워요. 다른 사람들이 뭐라고 하건. 말은 당신을 좌절시킬 수 없어요. 당신은 모든 면에서 아름다워요.

동사가 생략되고 'whatever + 명사'로 표현되기도 한다.

- Whatever the reason (is), my cat won't eat any food.
  이유가 무엇이든 간에 → 그 이유가 무엇인지 정확히 알 수 없지만, 제 고양이가 아무 음식도 안 먹으려고 해요.
- Whatever the danger (is), firefighters try to save people from fires.
  그 위험성이 무엇이든 간에 소방관들은 화재로부터 사람들을 구하려고 노력한다.

③ whatever + 명사 + S + V

- You'd better tell me whatever information you have about this incident.
= You'd better tell me any information that you have about this incident.

- Whatever sins you have done, I will forgive you.
= Regardless of what sins you have done, ~.
= No matter what sins you have done, ~.

④ 무관심을 표현하는 whatever

A: Your friend Stephen is waiting outside.
B: His name is Steve, not Stephen.
A: Yeah, whatever.

3) whichever

① 관계대명사로 쓰여 명사구를 이루는 경우: whichever = anything that

whichever는 의미상 anything that과 비슷하다. '(주어진 범위의 대상들이 있을 때 그중) ~인 (~한) 것은 어느 것이라도'의 뜻이다. 즉, '주어진 범위의 대상들'이 눈앞에 있거나 맥락 속에 있을 때 whichever를 사용한다.

- You can choose **whichever** you like.

  네가 좋아하는 것이면 (이 중) 어느 것이라도 선택해도 된다.

= You can choose **anything that** you like.

선택 대상들의 범위를 of를 사용하여 표현할 수도 있다.

- I will buy you **whichever of these cars** you choose. 이 차들 중 네가 무엇을 선택하든 너에게 사 주겠다.
= I will buy you **any of these cars that** you choose.

② 접속사로 쓰여 부사절을 이루는 경우: whichever = regardless of which = no matter which

- **Whichever** you purchase, you will get excellent after-sale services.
= **Regardless of which** you purchase, ~. = **No matter which** you purchase, ~.

  (이 중) 어느 것을 구입하셔도, 훌륭한 애프터서비스를 받으실 것입니다.

③ whichever + 명사

- You can choose **whichever necklace** you like.
= You can choose **any necklace that** you like.

- **Whichever product** you purchase, you will get excellent after-sale services.
= **Regardless of which product** you purchase, ~.
= **No matter which product** you purchase, ~.

관계대명사 뒤에는 불완전한 문장?

한국식 영문법 교육에는 "관계대명사 뒤에는 '불완전한 문장'이 오고 관계부사 및 '전치사 + 관계대명사' 뒤에는 '완전한 문장'이 온다"는 설명이 만연해 있다. 이것은 입시문화가 만들어낸 기괴한 가짜 지식 중 하나이다. 한국에서 이런 방식으로 가르친다는 것을 외국의 교육자들이 알게 되는 것을 상상만 해도 부끄러워서 얼굴이 화끈거릴 지경이다.

관계대명사 뒤가 불완전하다는 발상은 관계대명사가 대명사로서 주어, 목적어, 보어의 역할을 하므로 그것을 빼고 보면 하나의 완결된 절이 형성되지 않을 것이라는 생각에서 비롯된 것으로 보인다. 그런 경우들이 많기는 하지만 그렇지 않은 경우도 대단히 많다. 그리고 '관계대명사 뒤를 본다'는 것 자체가 이상한 일이다. 왜 하나의 절에서 대명사를 빼고 보는가? 우리는 "I like music."이라는 문장에 대해 대명사가 문장에서 주어 역할을 하고 있다고 설명하지, 주격 대명사 뒤에 주어가 생략된 불완전한 문장이 온다고 설명하지 않는다. 이와 같이 문장에서 인칭대명사를 빼고 보는 것이 이상한 일이고, 인칭대명사를 빼고 보면 문장이 불완전하다는 설명이 부정확한 것과 마찬가지로, 관계대명사를 빼고 문장을 보는 것도 이상한 일이고, 관계대명사 뒤가 불완전하다는 설명도 부정확하다.

1) 관계대명사가 동사의 목적어일 때

목적격 관계대명사가 이끄는 절의 동사는 타동사일 것이므로 거기서 관계대명사를 빼고 보면 타동사에 목적어가 없으므로 '문장'으로서 '완전'하지 않을 것이라는 생각은 영문법에 대한 기본적 이해조차 없는 발상이다. 영어의 동사는 절반 이상이 자타동 양용동사이다. 따라서 그러한 경우에는 목적어를 삭제한다 하더라도 동사가 자동사로 이해될 수 있으므로 관계대명사 뒤가 하나의 완결된 절로서 성립할 수 있다. 아래에서 관계대명사 뒷부분이 대체 어디가 '불완전'하다는 말인가?

(a) The books that I like reading are mostly mystery novels.
(a)′ I like reading. O (나는 독서를 좋아한다. → 완결된 문장)

2) 관계대명사가 전치사의 목적어일 때
   — 전치사가 관계사절 뒤에 있는 경우

· 관계대명사 + S + V + (보어, 목적어) + 전치사

위에서 관계대명사 뒤를 보면 전치사의 목적어가 없으므로 '완전한 문장'이 될 수 없다고 생각하기 쉽다. 과연 언제나 그럴까?

(b) The room which they were locked in was very dark and damp.
(b)′ They were locked in. O (그들은 안에 갇혀 있었다. → 완결된 문장)

많은 파티클이 전치사이면서 부사이기 때문에 전치사의 목적어가 없더라도 그 단어가 부사로서 이해될 수 있으면 하나의 완결된 문장이 형성될 수 있다.

3) 소유격 관계대명사의 경우

소유격 관계대명사 뒤에는 결정사가 없는 형태의 명사가 온다. 단수 가산명사의 경우라면 결정사가 없으면 올바르지 않겠지만, 불가산명사이거나 복수 가산명사라면 결정사가 없다는 이유로 불완전하다고 할 수 없다.

(c) That company is a famous software company whose on-line games are quite addictive.
(c)′ On-line games are quite addictive. (온라인 게임은 꽤 중독성이 있다. → 완결된 문장)

4) 관계부사 및 '전치사 + 관계대명사'의 경우

관계부사 또는 '전치사 + 관계대명사' 뒤에는 거의 대부분 완결된 절이 오기는 한다. 그러나 아닌 경우도 있다. 부사구가 항상 수식어구인 것은 아니며 보어일 수도 있기 때문이다.

(d) The room into which we stepped was dark and dingy.
(d)′ We stepped. x
(e) Downtown Chicago is the area where major attractions are located.
(e)′ Major attractions are located. x
(f) ABC Corporation is the parent company to which our company belongs.
(f)′ Our company belongs. x

5) 관계대명사의 특성

관계대명사절에서는 관계대명사가 주어, 목적어, 보어 또는 소유격으로 결합하여 하나의 완결된 절을 이룬다.

※ 빈칸에 알맞은 말을 채우시오.

(g) The pizza (　　　) we ate together last night was very good.
(h) The restaurant (　　　) we ate together last night was very good.

빈칸 뒤가 불완전하면 관계대명사가 오고, 완전하면 관계부사 또는 '전치사+관계대명사'가 온다고 가르친다면, 위와 같이 빈칸 뒤가 동일한데도 (g)에는 관계대명사가 오고 (h)에는 관계부사 또는 '전치사 + 관계대명사'가 온다는 사실을 대체 어떻게 설명한다는 말인가?

(g)에서는 the pizza가 eat와 목적어로 결합되어 적절한 의미를 발생시키기 때문에 the pizza가 eat의 목적어로 인식되는 것이고, 그렇기 때문에 타동사로 판단되는 것이다. 하지만 그 반대 순서로 판

단하는 것은 불가능하다. 즉, eat을 타동사라고 판단하고, 타동사의 목적어가 없으므로 '불완전한 문장'이라고 판단하고, 그래서 빈칸에 관계대명사가 와야 한다고 판단하는 것은 **불가능하다.** eat는 자타동 양용동사이기 때문에 그 자체만으로 타동사인지 아닌지 알 수 없기 때문이다.

(h)에서 the restaurant은 eat의 목적어가 되기에 의미가 적절치 않으므로 eat을 자동사로 판단할 수밖에 없다. 또한 restaurant이라는 단어는 의미상 장소로 인식되므로 where나 at which가 온다는 것을 알 수 있다.

그런데 (h)에 관계대명사가 쓰이지 않는 것은 의미의 문제이지 형태의 문제가 아니다. 다시 말에 (h)의 빈칸에 관계대명사를 쓰면, 주어가 레스토랑 건물을 우걱우걱 씹어서 먹었는데 그 맛이 좋았더라는 의미를 표현하는 문장이 되는 것이고, 그러한 의미를 표현하는 문장으로서는 하자가 없다. 다만 그것이 표현하는 사건이 현실적으로 불가능하므로 틀린 문장으로 보는 것이다. 그러나 건물들을 먹어치우는 거대한 우주 괴물이 지구에 침공한 내용의 영화에서는 그 괴물이 "우리가 어젯밤에 함께 먹은 레스토랑은 아주 맛있었어"라고 말할 수도 있지 않은가? 그런데 이런 질문을 하는 학생은 말도 안 되는 생각하지 말라는 핀잔을 들을 뿐이다. 무미건조하고 일반적인 상황만을 상정하여 정문과 비문을 이분법적으로 구분하는 시험문제를 푸는 데 도움이 안 되기 때문이다. 이처럼 입시교육은 창의성과 상상력을 짓밟아 버린다. 그와 같은 질문은 관계대명사뿐 아니라 문법에 대해 매우 중요한 통찰을 보여 주는 것인데도 말이다. 외국어 학습에서도 창의적 상상력은 매우 중요하지만 정답과 오답이라는 이분법에 가두기 위해 자유로운 발상을 억누르고 있는 것이 우리나라 교육의 현실이다.

※ 다음 중 더 적절한 것을 고르고 어떠한 의미를 형성시키기에 그것이 더 적절한 것인지 파악하라.

1. They purchased the house [where / that] I had grown with my brothers.
2. They purchased the crops [where / that] I had grown with my brothers.
3. We learned about the period [which / in which] South Korea developed rapidly.
4. We learned about the industries [which / in which] South Korea developed rapidly.
5. There are several dressing rooms [where / which] we can change in our company.
6. There are several things [where / which] we can change in our company.
7. Carnegie Hall is a concert hall [where / which] many musicians wish to perform.
8. The Choral Symphony is a masterpiece [where / which] many musicians wish to perform.
9. We're concerned about those countries [which / in which] economic crisis is deepening.
10. We're concerned about the inequalities [which / in which] economic crisis is deepening.

6) 정리

관계사 뒤에 완전한 문장이 오네, 불완전한 문장이 오네 하는 타령은 좋게 봐 주면 관계사에 대한 이해의 수준이 낮은 학생들을 위해 궁여지책으로 만들어 낸 문제풀이 요령이지만, 냉혹하게 말하자면 거짓된 지식일 뿐이다. 어느 정도 수준 이상의 이해력을 갖춘 학습자라면 그런 식으로 생각할 필요도 이유도 없다. 관계대명사는 대명사로서, 관계부사는 부사로서 형용사절의 일부를 구성한다는 점을 이해하는 것이 바람직하다.

(관계대명사 that과 접속사 that의 구분에 대해서는 646페이지를 보라.)

〈탐구문제 15〉

"The restaurant which we ate together last night was very good."은 "우리가 어젯밤에 레스토랑을 함께 먹었는데 그 레스토랑이 매우 맛있었다"는 뜻이 되어 현실적으로 불가능한 일이므로 틀린 문장이라고 가르친다. 그렇다면 "I ate a million apples last night."는 틀린 문장인가 올바른 문장인가? 사람이 현실적으로 사과 백만 개를 먹는 것은 불가능한 일이므로 이 문장도 틀린 문장인가? 아니면 불가능하고 비현실적인 내용을 담고 있을 뿐 문법적으로는 옳은 문장인가? 문법적으로 옳은 문장과 틀린 문장을 나누는 기준은 무엇인가?

14 가정법

1. 도대체 가정법이 무엇인가?
2. 원형적 현재형이 사용되는 표현들
3. 현실적 가정법
4. 상상적 가정법
5. 미래에 대한 가정
6. 가정을 나타내는 여러 가지 표현들
7. as if + 후퇴변환
8. wish + 후퇴변환
9. It is time + 후퇴변환
10. 동사의 특이형이 쓰이는 관용구

1 도대체 가정법이 무엇인가?

일본식 영문법의 가정법에 대한 설명은 역사에 길이 빛날 희대의 학술적 코미디이자 일본식 영문법이 이룩해 낸 엉터리 설명 체계의 끝판왕이다. 가정법에 관한 시험문제들이 대부분 정형화되어 있다 보니 그에 대비한 문제풀이 요령으로 생각할 수도 있겠으나, 그러한 요령이 문법적 지식인 듯이 포장되어 가르쳐지는 것은 통탄할 일이다. 일본식 영문법으로 가정법을 가르치고 배운 세대는 정보화 사회와 글로벌 시대를 자처하는 21세기까지도 그런 조잡한 헛소리를 진지하게 가르치고 배워온 것에 대해 후대 사람들의 비웃음을 결코 피할 수 없을 것이다.

1) 가정법 (the subjunctive mood)

19세기 일본인이 영국인으로부터 영어를 배우고 있다고 상상해 보자. "How are you?" "Fine, thank you. And you?"부터 시작해서 어느 정도 의사소통을 할 수 있게 되었다. 그런데 그때까지 배웠던 형태와는 다르게 동사가 쓰이는 것을 보게 되었을 것이다. 그래서 "이건 왜 이렇게 특이하게 쓰이는 건가요?"하고 질문했을 것이다. "음, 쿠로니까, 쿠게 뭐냐면, 쿠건 subjunctive라코 하는 컨데, 예를 둘어, 나 중국살람 아닌데 '만약 나 중국살람이라면' 말할 때 영쿡살람 크렇게 말합니다." "아항! subjunctive는 '만약 ~라면'이라는 가정을 표현할 때 동사가 특이하게 쓰이는 것이구나. 그러면 가정을 표현하는 방법이니까 가정법이라고 불러야지." 이렇게 어처구니없게도, 그저 얄팍한 이해를 바탕으로 subjunctive가 가정을 표현하는 방법이라고 단정해 버린 것으로 보인다. 그는 다른 사람들에게도 설레발쳤을 것이다. "에헴, 동사가 이렇게 특이하게 쓰이는 게 왜 그런지 아나? 바로 가정법이야 가정법! 가정법이 뭐냐 하면, 이렇게 가정을 표현할 때 동사가 특이하게 쓰이는 것을 가정법이라고 하는 거야. 다들 잘 알아둬!" 그리고 그로부터 배운 제자들은 스승의 말씀을 금과옥조로 여겼을 것이다. 이와 같이 subjunctive를 완전히 잘못 이해한 것이 다른 사람들에게로 전파된 것으로 보인다.

subjunctive를 '가정법'으로 번역한 것이 비극의 시작이었다. 아니, 어쩌면 거대한 코미디의 시작이었는지도 모른다. subjunctive가 가정 표현에 사용되는 경우가 있는 것은 사실이다. 그래서 일본식 영문법은 그런 경우에는 부분적으로나마 설명을 해낸다. 문제는 **subjunctive가 가정을 표현할 때만 쓰이는 것도 아니고, 가정을 표현할 때 항상 subjunctive를 쓰는 것도 아니라는 점이다.** 왜냐하면 subjunctive는 '가정을 표현하는 방법'이라는 뜻이 **아니며**, 그것과는 완전히 다른 개념이기 때문이다.

subjunctive가 무엇인지 이해하기 위해서는 '가정법'으로 번역되지만, '가정假定'과 관련이 있다는 생각을 머릿속에서 지워야 한다. 그래서 '가정법'은 '샬랄라법'이나 '울랄라법'이라고 번역한 것만도 못한 오역이다. 왜냐하면 '가정법'이라고 하면, '가정'이라는 말과 혼란을 일으킬 수밖에 없기 때문이다.

'subjunctive'는 어원적으로 '종속절의'를 뜻하는 것으로서 'subordinate'과 비슷한 기원을 가진 단어이다. 즉, 가정법은 종속절에서 동사가 특수한 형태를 취하는 것을 가리킨다. 그래서 'subjunctive'를 'conjunctive'라고도 한다. 가정법은 가정을 뜻하는 것이 **아니라, 동사의 특수한 형태**를 가리키는 것이다. 즉, 가정법은 동사의 형태가 통상적 형태와 다른 것을 말한다. **동사의 가정법에는 가정법 현재형과 가정법 과거형 2가지가 있다.**

동사의 가정법 현재형	I **be** ready. He **be** ready. We **be** ready. It **be** ready. I **go**. He **go**. She **go**. We **go**. They **go**. It **go**.
동사의 가정법 과거형	I **were** ready. He **were** ready. We **were** ready. It **were** ready. I **went**. He **went**. She **went**. We **went**. They **went**. It **went**.
동사의 직설법 현재형	I **am** ready. He **is** ready. We **are** ready. It **is** ready. I **go**. He **goes**. She **goes**. We **go**. They **go**. It **goes**.
동사의 직설법 과거형	I **was** ready. He **was** ready. We **were** ready. It **was** ready. I **went**. He **went**. She **went**. We **went**. They **went**. It **went**.

가정법이 아닌 동사 형태는 '직설법'이라고 개념화되는데, 이것은 직설적으로 말하는 것과는 아무런 관련이 없으며, 동사 go의 주어가 3인칭 단수이고 시제가 현재이면 goes로 표현되고, 단순과거이면

went로 표현되는 것과 같이 동사가 주어의 인칭과 수에 따라 통상적으로 어형 변화하는 것을 말한다. 그런데 가정법은 이와 달리 동사의 형태가 특이하게 사용되는 것을 말한다.

동사의 가정법 현재형은 동사원형 형태이다. 가정법 현재형은 주어에 따라 형태변화를 하지 않으며, 3인칭 단수라 해도 동사에 -s를 붙이지 않는다.

동사의 가정법 과거형은 주어가 'I' 또는 3인칭 단수라 할지라도 be 동사의 형태가 were이다. 그 외에는 직설법 과거형과 동일하다. 즉, be 동사의 과거형으로 인칭과 관계없이 were를 사용하는 것을 가정법 과거형이라고 할 수 있다. 그래서 the past subjunctive를 were-subjunctive라고도 한다.

ㄹ) 가정법 (conditional)

그런데 영어에는 subjunctive가 아니라, 정말로 '가정을 표현하는 방법'에 해당하는 개념이 있다. 이것을 conditional이라고 하는데, 어떤 전제를 제시하고 그것이 임시적으로 사실이라고 정한 후, 그에 따른 결과를 표현하는 것을 의미한다. 그런데 일본식 영문법은 conditional도 '가정법'이라고 부른다! 만약 subjunctive와 conditional의 차이를 알고도 이렇게 번역했다면, 대단히 어리석은 번역을 한 것이고, 모르고 같은 용어로 부르는 것이라면, 무식의 소치일 뿐이다. 이런 용어를 사용하면, subjunctive가 쓰이지 않은 conditional의 경우는 '가정법이 쓰이지 않은 가정법'이라고 표현하게 된다. 두 가지 다른 개념을 똑같은 단어로 번역했으니 일본식 영문법에서 '가정법'이라는 용어를 써서 설명할 때, 혼란스러울 수밖에 없다.

① subjunctive, but not conditional (가정법이지만 가정법이 아닌 것)

· Dentists advise that everyone brush their teeth in the morning and before going to bed.

주장, 명령, 제안, 요구, 권고 등을 뜻하는 동사의 목적어로 쓰인 that절에는 가정법(subjunctive)이 쓰인다. 위에서 주어가 3인칭 단수인데도 'brushes'가 아니라 'brush'가 쓰였는데 이것은 **가정법 현**

재형(the present subjunctive form)이 쓰인 것이다. 그런데 이것은 '만약 ~라면'을 뜻하는 가정법(conditional)이 아니다. 그런데 subjunctive를 가정법으로 번역했으니, 여기에도 '가정법'이 쓰였다고 말하게 되는 것이다.

그런데, 우리나라에서는 이것을 'should 생략'으로 설명한다. 즉, 원래 'should + 동사원형'인데, should가 생략되어 동사원형만 남게 되었다는 것이다. 가짜 영문법 지식이다. **여기서 that절에 동사원형이 사용되는 것은 the mandative subjunctive라고 하는데 이것은 가정법 현재형이 사용된 것이지 should가 생략된 것이 결코 아니다.** 영국영어에는 should가 쓰이고 미국영어에는 should 없이 동사원형이 쓰이니까, 영국영어가 정통영어라는 선입견을 가지고, should가 쓰이는 것이 원래의 형태인데 간편한 것을 좋아하는 미국인들이 생략해 버린 것이라고 지레짐작한 것으로 보인다. 그러나 이것은 그저 편견일 뿐이다. 근세 이전의 영어에서는 가정법(subjunctive)이 보편적으로 쓰였는데, 현대 영국영어에서는 should를 쓰는 비율이 크게 증가했고, 미국영어에서는 예전과 마찬가지로 가정법이 압도적으로 많이 쓰이고 있다. 그래서 차라리 영국영어에서 동사원형 앞에 'should 첨가' 현상이 일어난다고 설명하는 것이 오히려 사실에 더 부합한다. 또한 그것이 생략된 형태라면 더 간결한 형태이므로 비격식적 표현인 것이 일반적인데 영국영어에서도 should를 쓰는 것보다 가정법 현재형을 사용하는 것이 더 격식적인 표현으로 간주된다. 그것이 더 오래된 형태이기 때문이다. 이것을 'should 생략'이라고 설명하는 것은 마치 북극곰은 판다에서 검은 반점을 지우고 볼살을 빼서 만들어진 것이라고 설명하는 것이나 다름없다. 즉, 겉으로 보이는 모습만 가지고 설명한 것이지 실제로는 전혀 사실이 아닌 설명인 것이다.

② conditional, but not subjunctive (가정법이지만 가정법이 쓰이지 않은 것)

· If it rains tomorrow, we will cancel the picnic. [가정법 현재]

일본식 영문법은 위와 같이 if절에 현재시제가 쓰인 것을 '가정법 현재'로 개념화한다. 하지만 '가정법 현재 (the present subjunctive form)'가 쓰인 것은 아니다. 즉, 일본식 영문법은 'the present subjunctive form'도 '가정법 현재'라고 부르고, 현재시제를 사용한 가정표현도 '가정법 현재'라고 부른다. 그래서 위 문장을 일본식 영문법으로 설명하면, '가정법 현재가 쓰이지 않은 가정법 현재 문장'이라고 해야 한다.

이뿐이 아니다. 현대영어에서는 거의 쓰이지 않지만, 과거에는 conditional에 the present subjunctive form을 쓰는 경우가 많았다.

- If music **be** the food of love, play on. [가정법 현재] — Twelfth Night / William Shakespeare
  음악이 사랑의 양식이라면 (즉, 음악이 사랑을 더 자라게 해 주는 양식이라면), 계속 연주해다오.

위 문장은 if절의 본동사로 동사원형 'be'가 쓰였다. 즉, 가정법 현재 문장 (a conditional sentence in the present tense)에 가정법 현재형 (the present subjunctive form)이 쓰인 것이다. 그리고 이것도 '가정법 현재'라고 부른다. 이처럼 일본식 영문법은 전혀 다른 개념들에 '가정법 현재'라는 동일한 용어를 사용한다.

3) 가정법 (imaginative conditional)

subjunctive와 conditional을 모두 '가정법'이라고 부르는 것이 전부가 아니다. 일본식 영문법의 한심함을 과소평가하지 말라. 아직 멀었다.

영어는 '만약 ~라면'이라는 가정을 표현할 때, '사실이 아니거나 가능성이 희박한 조건을 임시적 전제로 정하는 것'과 '사실일 가능성이 있는 현실적 조건을 임시적으로 전제하는 것'을 구별한다. 즉, 전자는 'imaginative conditional'로, 후자는 'realistic conditional'로 구분한다. 그런데 일본식 영문법은 어처구니없게도, conditional을 '가정법'이라고 부르면서, conditional의 한 종류인 imaginative conditional도 '가정법'으로 부르고, '가정법 (conditional)'의 다른 한 종류인 realistic conditional은 '가정법'의 반대말인 '직설법'으로 부른다. 이쯤 되면 정신줄 따위는 안드로메다로 날려 보낸 것이다. 그래서 일본식 영문법은 '가정법 현재는 가정법이 아니라 직설법이다'라는 희한한 설명을 한다.

- If it **rains** tomorrow, we will cancel the picnic. [가정법 현재 = 직설법 ↔ 가정법]

4) 가정법 (backshift)

영어에서는 현재나 과거의 명백한 사실에 상반되는 가정을 표현할 때, 시간을 한 칸 뒤로 미뤄서 표현한다. 즉, 현재의 사실과 상반되는 가정을 표현할 때는 과거시제를 사용하고, 과거의 사실과 상반되는 가정을 할 때는 과거완료를 사용한다. 유사성과 소망을 표현할 때도 시간을 한 칸 뒤로 미룬다. 예를 들어, 어떤 외국인이 마치 한국인처럼 한국어를 잘하면 동사의 과거형을 써서 "He speaks Korean as if he **were** Korean."이라고 표현한다. 이와 같이 시간표현을 과거 쪽으로 이동시키는 것을 영어로는 backshift라고 한다. 그리고 일본식 영문법은, 대체 제정신인지, 이것도 또 '가정법'이라고 부른다! 그러니까 일본식 영문법에서 '가정법 현재'나 '가정법 과거'라고 말할 때 '가정법'은 '무언가를 임시적으로 사실이라고 정하여 표현하는 것'을 뜻한다. 그런데 'as if 가정법'이나 'I wish 가정법'이라고 말할 때는 '객관적 사실과 상반됨을 나타내기 위해 동사의 시간표현을 한 칸 뒤로 이동시키는 것'을 뜻한다.

backshift는 subjunctive와도 다른 개념이다. subjunctive이지만 backshift가 아닐 수도 있다. 가정법 현재형, 즉 본동사로 동사원형을 사용하는 것은 subjunctive이지만 backshift가 아니다. 또한 backshift이지만 subjunctive가 아닐 수도 있다. 예를 들어 비격식체에서는 "If she **was** here, I would be happy."와 같이 상상적 가정을 표현할 때 were가 아니라 was를 사용하는 경우가 많다. 이 경우 be 동사의 'the past subjunctive form'이 아니라 'the past indicative form'이 쓰였지만, backshift가 쓰여서 imaginative conditional을 표현하는 것이다. 그래서 영어권 영문법에서는 "If she was here, I would be happy."라는 문장에 대해서 "여기에는 가정법(subjunctive)이 쓰이지 않았다. 이와 같이 현대영어에는 가정법이 쓰이지 않는 경우가 많다"라고 설명한다. 그런데 일본식 영문법으로 배운 사람들은 "가정법에서는 인칭과 관계없이 be 동사의 과거형으로 were를 사용하는 것이 원칙이지만 비격식적으로는 was를 쓰기도 한다"는 식으로 배웠기 때문에, 위 문장에 가정법이 쓰이지 않았다는 말이 도대체 무슨 말인지 어리둥절해할 뿐이다.

5) 가정법 (the conditional mood)

조건문은 기본적으로 '어떠한 조건을 임시적으로 사실이라고 전제하는 부분', 즉 조건절 그리고 '그 전제가 참일 때 그에 수반되는 결과, 결론, 추론, 추측, 의지 등을 표현하는 부분', 즉 결론절로 이루어져 있다. 예를 들어, '내가 돈이 많다면, 나는 자선 단체에 기부를 하겠다'라는 문장은 '내가 돈이 많다면'을 표현하는 조건절, 그리고 그 조건이 참일 때 그에 따라 수반되는 결과나 의지로서 '자선 단체에 기부를 하겠다'는 결론절로 이루어져 있다.

이 중 결론절에서 동사가 표현되는 방식을 영어로 'the conditional mood'라고 한다. 즉, 의미에 따라 결론절에 현재시제나 과거시제 또는 modal이 쓰이는 것을 'the conditional mood'라고 한다. 그런데, 일본식 영문법은 결론절에 '과거형 modal + 동사원형'이 쓰이면 '가정법 과거'라고 하고, '과거형 modal + have -ed'가 쓰이면 '가정법 과거완료'라고 한다. 즉, 조건문의 결론절에 쓰인 동사의 형태마저도 또 '가정법'이라고 부른다. 그래서 예를 들어, "If I had a lot of money, I would contribute to a charity."라는 문장이 있으면, '현재 사실과 상반되는 가정을 표현하기 위해 if절에 동사과거형을 사용한 것'도 '가정법 과거'라고 부르고, 결론절에 '과거형 modal + 동사원형'을 사용한 것도 '가정법 과거'라고 부른다. 그뿐이 아니다. 조건절에 과거형을 사용하고, 결론절에 '과거형 modal + 동사원형'을 사용한 문장, 즉 조건절과 결론절을 합한 하나의 문장도 '가정법 과거'라고 부른다. 마치 그것이 하나의 세트를 이루기라도 하는 듯이 말이다.

일본식 영문법은 '과거형 modal + 동사원형'과 '과거형 modal + have -ed'가 결론절에 쓰이면 형태만으로 판단하여 각각 '가정법 과거'와 '가정법 과거완료'라고 부르는데, 그렇다면 이러한 형태가 경우에 따라 가정법(imaginative conditional)이 아니라 직설법(realistic conditional)일 수도 있다는 사실은 도대체 어떻게 설명한다는 말인가? 일본식 영문법에 따르면 이에 대해 '가정법 과거이지만 가정법이 아니라 직설법이다'라는 희한한 소리를 할 수밖에 없게 된다.

6) 용어의 재정리

위와 같이 일본식 영문법에서는 개념적 혼란이 극심하기 때문에 이 책에서는 다음과 같이 용어를 정리하여 사용하겠다.

먼저 subjunctive를 '가정법'으로 번역하지 않겠다. 대신 **동사의 특이형태** 또는 **특이적 동사형**으로 번역하고, indicative는 **동사의 통상형태**나 **통상적 시제**로 번역하겠다. the present subjunctive form은 동사원형으로 표현된다는 점에서 **원형적 현재형**으로 부르고, the past subjunctive form은 **특이적 과거형**으로 부르겠다.

the subjunctive form of a verb → 동사의 특이 형태, 특이적 동사형	the indicative form of a verb → 동사의 통상 형태, 통상적 시제
the present subjunctive form of a verb → 원형적 현재형	the present indicative form of a verb → 통상적 현재형
the past subjunctive form of a verb → 특이적 과거형	the past indicative form of a verb → 통상적 과거형

'가정법'이라는 용어는 '어떠한 내용을 임시적으로 사실로 인정하고 그것을 전제로서 제시하는 것'으로 정의하겠다. 즉, 이 책에서 '가정법'은 'the subjunctive mood'의 번역어가 아니다.

'가정법 현재'는 조건절에서 현재형을 사용하여 가정을 표현하는 것, **'가정법 과거'**는 과거형을 사용하여 가정을 표현하는 것, **'가정법 과거완료'**는 과거완료를 사용하여 가정을 표현하는 것을 일컫는 말로 정의하겠다.

현실성이 있거나 사실일 가능성이 상당히 있는 내용을 가정하는 것은 **현실적 가정법**으로, 현재와 과거의 명백한 사실에 상반되는 가정을 하거나 또는 가능성이 희박한 일을 가정하는 것은 **상상적 가정법**으로 구분하겠다.

조건절에 현재시제를 사용하여 가정을 표현하는 것은 언제나 현실적 가정법이므로 굳이 '현실적 가정법 현재'라고 부르지 않고 '가정법 현재'로 부르겠다.

조건절에 과거시제가 쓰인 가정법 중, 현실적 가정법은 **'현실적 가정법 과거'**로 상상적 가정법은 **'상상적 가정법 과거'**로 부르겠다.

조건절에 과거완료가 쓰인 가정법은 언제나 상상적 가정법이므로 굳이 '상상적 가정법 과거완료'로 부르지 않고 '가정법 과거완료'로 부르겠다.

사실과 상반됨을 표현하기 위해 동사의 시간표현을 한 단계 뒤로 이동시켜 사용하는 것, 즉 backshift는 '**후퇴변환**'으로 번역하겠다. 상상적 가정법에는 후퇴변환이 이루어진다. 즉, 현재 및 미래에 대한 상상적 가정을 표현하기 위해 현재시제가 아니라 과거시제를 사용하는 것, 과거에 대한 상상적 가정을 표현하기 위해 단순과거가 아니라 과거완료를 사용하는 것은 동사를 후퇴변환하는 것이다. 후퇴변환은 상상적 가정뿐 아니라 유사성이나 소망 등을 표현할 때도 사용되며 완곡함이나 정중함을 표현하기 위해 쓰이기도 한다. 또한 주절의 시제가 현재이고 종속절의 시제가 현재인 문장에서 주절의 시제를 과거로 바꾸었을 때 종속절의 시제도 함께 과거로 바뀌는 것도 후퇴변환의 일종이다. 상상적 가정법에서 후퇴변환하여 표현할 때는 특이적 과거형이 사용되는데, 비격식체에서는 통상적 과거형을 쓰는 경우가 매우 많다. (단, 'If I were you'는 일상 회화에서도 특이적 과거형 were를 사용하는 것이 일반적이다.)

현실적 가정법	현재 및 미래의 현실적 가능성 있는 내용에 대한 가정	가정법 현재 (If S + 통상적 현재형)	통상형태
	과거의 현실적 가능성 있는 내용에 대한 가정	현실적 가정법 과거 (If S + 통상적 과거형)	
상상적 가정법	반사실적 가정법	현재 사실과 상반되는 내용에 대한 가정	상상적 가정법 과거 (If S + 특이적 과거형)	특이형태 후퇴변환
		과거 사실과 상반되는 내용에 대한 가정	가정법 과거완료 (If S + had -ed)	
	가상적 가정법	가능성이 희박한 미래의 일에 대한 가정	상상적 가정법 과거 (If S + 특이적 과거형 / If S + should / If S + were to)	

* 'If S + should'는 독특한 유형이긴 하지만 가정법 과거로 분류할 수 있는데 should는 형태상 과거형 modal이기 때문이다. 'If S + were to'는 당연히 가정법 과거이다.

이 책에서 '가정법'은 조건절에서 가정을 표현하는 것을 일컫는 개념으로 결론절과는 별개의 개념이다. 조건절과 결론절로 구성된 하나의 문장은 '**조건문**'으로, 결론절에서 가정에 대한 결과, 결론, 의지 등을 표현하는 것은 '**결론제시**'라고 부르겠다.

<결론제시의 유형>

현실적 결론제시	현재시제	현재 또는 일반적 사실에 대한 객관적 결론제시	객관적 결론
	과거시제	과거의 사실에 대한 객관적 결론제시	
	will	현재 또는 미래에 대한 확신적 결론제시	현실적 추론 (현재, 미래)
	can	현재 또는 미래의 가능성에 대한 결론제시	
	may / might	현재 또는 미래에 대한 추측적 결론제시	
	should	현재 또는 미래의 당위성에 대한 결론제시	
	must	현재에 대한 가능성 높은 추측적 결론제시 현재 또는 미래의 당위성에 대한 결론제시	
	must have -ed	과거에 대한 가능성 높은 추측적 결론제시	현실적 추론 (과거)
	may have -ed could have -ed might have -ed	과거에 대한 추측적 결론제시	
상상적 결론제시	would	현재 및 미래에 대한 확신적 결론제시	상상적 추론 (현재, 미래)
	could	현재 또는 미래의 가능성에 대한 결론제시	
	might	현재 또는 미래에 대한 추측적 결론제시	
	would have -ed	과거에 대한 확신적 결론제시	상상적 추론 (과거)
	could have -ed might have -ed	과거에 대한 추측적 결론제시	

원형적 현재형이 사용되는 표현들

1) 주장, 명령, 제안, 요구, 권고 표현 동사가 거느리는 that절에서

주장	insist, maintain, argue	
명령	order, command	
제안	suggest, propose, move	+ that + S + 원형적 현재형 *AmE*
요구	demand, require, request, ask, urge	should *BrE*[30]
권고	advise, recommend	
선호	prefer, desire	
결정	decide, resolve, determine	

- Labor **argues** that layoffs **not** be made easier.
- Capital **insists** that the minimum wage **not** increase.
- He **suggested** that the President pardon imprisoned chaebol chiefs for the economic development and the social integration.
- We **demand** that legal justice be impartial to the wealthy and the poor.

A: Mr. Chairperson, I **move** that the meeting be adjourned for two hours.
  의장님, 2시간 동안 정회할 것을 동의합니다.

---

30 미국영어에서는 원형적 현재형이 쓰이고 영국영어에서는 should가 쓰인다고 표현했으나, 이것은 간결한 표현일 뿐 실제 현실은 이렇게 단순하지 않다. 미국영어에서는 원형적 현재형이 압도적으로 선호되는 반면, 영국영어에서는 원형적 현재형과 should의 사용 비율이 비슷하다.

B: Is there a second? 재청 있습니까?

C: I second. 재청합니다.

B: It has been **moved and seconded that** the meeting **be** adjourned for two hours. Let us now put this to a vote. All those in favor, please raise your hand.
   2시간 정회안이 동의되고 재청되었습니다. 이제 표결에 부치겠습니다. 찬성하시는 분들은 모두 손을 들어 주시기 바랍니다.
   ☞ 동사 move는 '동의(動議)하다'는 의미로 쓰이기도 한다. '동의(同意)하다'는 뜻이 아니므로 유의하라. 동의(動議)는 회의에서 안건을 공식적으로 제안하는 것을 일컫는 말이다.

단, 당위주장이 아닌 사실주장인 경우에는 통상적 시제나 알맞은 modal이 사용된다.

- We **maintain that** Dokdo **belongs** to Korea.
  ☞ 위 문장에 'belong'을 쓴다면 그것은 **당위주장**으로서 '독도는 한국에 속해야 한다'는 주장이고 그것은 지금은 독도가 한국에 속해 있지 않은데 앞으로 마땅히 그렇게 되어야 한다는 주장이다. 통상적 현재형을 사용하면, 그것은 **사실주장**으로서 독도가 한국에 속해 있다는 것이 현재의 사실이라고 주장하는 것이다. 당신은 어떤 주장을 하고 싶은가?

- His research **suggests that** early humans **lived** in the Britain Island 780,000 years ago.
  ☞ 위 문장에 'live'를 쓰면 '초기 인류는 78만 년 전에 브리튼 섬에 살아야 합니다!'라는 의미인데 이것은 말이 되지 않는다. '78만 년 전에 브리튼 섬에 초기 인류가 살았다'는 내용, 즉 과거에 대한 사실주장 및 제시에는 과거시제가 쓰인다.

〈suggest의 쓰임〉

1. 명사를 목적어로 하여
   · I **suggest** the President's **visit** to Beijing. 나는 대통령의 중국 방문을 제안합니다.

2. 동명사를 목적어로 하여
   · I **suggest** the President **visiting** Beijing. [선호되지 않음]
   · I **suggest visiting** Beijing. 나는 중국에 방문할 것을 제안합니다.

'suggest + 목적격 (또는 소유격) + 동명사' 형태로 표현하는 것은 틀리다고까지 할 수는 없어도 자연스럽지 않다. suggest가 동명사를 목적어로 취할 때는 동명사의 주어를 명시하지 않고 문맥에 의해 유추되도록 하는 것이 자연스럽다. 동명사의 주어를 명시하지 않아서 누가 무엇을 할 것을 제안하는 것인지 불명료하다면, that절을 사용하는 것이 좋다.

3. that절을 목적어로 하여
(1) 원형적 현재형
- I **suggest that** the President **visit** Beijing. 나는 대통령이 베이징에 갈 것을 제안합니다.
- I **suggest** to the President **that** the Foreign Affairs Minister **visit** Beijing.
  나는 대통령에게 외교부 장관이 베이징에 갈 것을 제안합니다.

(2) 통상적 시제
① '제안'의 의미일 때
- I **suggest that** the President **visits** Beijing. [*BrE*, 비격식]
  나는 대통령이 베이징을 방문할 것을 제안합니다.

영문법 시험에서는 위와 같은 문장이 틀린 것으로 간주되나, 이것이 도대체 왜 틀린 문장이냐고 의아해하는 원어민을 만난다 해도 전혀 이상할 것이 없다. 기술문법에서는 위와 같은 표현이 영국영어의 비격식적 표현으로서 인정된다. 미국영어에서는 거의 쓰이지 않으며, 영국영어에서도 should나 원형적 현재형보다 상대적으로 덜 쓰인다.

② '제시'를 의미할 때
- His erratic behavior **suggests that** he **is** mentally unstable. ○
  그의 특이한 행동은 그가 정신적으로 불안정하다는 사실을 보여 준다.
- The circumstantial evidence **suggests that** the victim **knew** her killer personally. ○
  정황증거는 희생자가 자신의 살해자를 개인적으로 알고 있었다는 것을 암시하고 있다.

suggest가 제안이 아니라 '제시(show)'나 '암시(imply)'를 의미할 때는 that절에 통상적 시제가 쓰인다.

2) 주장, 명령, 제안, 요구, 권고 표현 명사 뒤의 that절에서

- John made **a suggestion that** we **not** purchase products from the company that offered huge bribes to the corrupt regime.
  존은 그 부패한 정권에 막대한 뇌물을 제공한 회사의 제품을 사지 말자는 제안을 했다.
- The company ignores the constitutional **demand that** workers' right to organize unions **be** guaranteed.
  그 회사는 노조를 조직할 노동자들의 권리가 보장되어야 한다는 헌법적 요구를 무시한다.

3) 이성적 판단을 의미하는 형용사 뒤의 that절에서

important, necessary, essential, vital, crucial, imperative, urgent, proper, right, advisable, fair, just, rational, reasonable, advisable, desirable, wrong, unfair, unjust, irrational, ⋯	+ that + S + 원형적 현재형 *AmE* should *BrE*

- It is **necessary that** education not **be** limited to an elite group. *AmE*
- It is **necessary that** education **should** not **be** limited to an elite group. *BrE*
  교육이 특권층으로만 제한되지 않도록 하는 것이 필요하다.

- It is **important that** the President **be** moral both in public and private life. *AmE*
- It is **important that** the President **should** be moral both in public and private life. *BrE*
  대통령이 공적 생활과 사적 생활 모두에서 도덕적인 것이 중요하다.

- Professor Isabelle Szmigin from the University of Birmingham said: "It is really **important that** the government **is taking** seriously the sugar issue and its links to obesity. — 〈The Guardian〉 March 16, 2016.
  ☞ '정부가 설탕 문제와 그것의 비만과의 연관성을 현재 심각하게 여기고 있다는 사실이 실로 중요하다'고 말하는 것이므로 의미에 알맞게 현재진행형이 쓰인 것이다.

I, Joshua, take you, Rachel, to be my wedded wife, to have and to hold, from this day forward, for better for worse, for richer for poorer, in sickness and in health, to love and to cherish, **till death us do part**.
나 조슈아는 그대 레이첼을 나의 아내로 맞아들이고 오늘부터 앞으로, 좋을 때나 나쁠 때나, 부유할 때나 가난할 때나, 아플 때나 건강할 때나, 사랑하고 아끼며, 죽음이 우리를 갈라놓을 때까지 함께 하겠습니다.

위 문장은 영미권에서 혼인 서약으로 흔히 쓰이는 문구인데, 옛날식 영어가 사용된 표현이다. 여기서 'till death us do part'는 '죽음이 우리를 갈라놓을 때까지'라는 뜻인데 주어는 death이므로 현대인들은 do가 아니라 does가 올바르다고 생각할 것이다. 그런데 여기에는 원형적 현재형 'do'가 쓰인 것이다. 이와 같이 옛날식 영어에는 원형적 현재형이 매우 자주 사용되었다. 또한 'us'가 목적어이고 'part'는 동사인데 현대영어와는 전혀 다른 어순이다. 이것은 고어체 표현이라서 원어민도 주의하지 않으면 혼인 서약할 때 이 부분에서 실수하기 쉽다.

3 현실적 가정법

		조건절 (현실적 조건제시)	결론절 (현실적 결론제시)
현실적 가정법	가정법 현재	If + S + 통상적 현재시제 · 현재에 대한 현실적 가정 · 미래에 대한 현실적 가정	S + 현재시제
			S + 과거시제
			S + will (또는 기타 적절한 modal)
	가정법 과거	If + S + 통상적 과거시제 · 사실여부를 모르는 과거에 대한 가정	S + 현재시제
			S + 과거시제
			S + will (또는 기타 적절한 modal)

1) 가정법 현재

If절에 현재시제를 사용하는 것은 **현재 및 미래에서 충분히 일어날 가능성이 있고 현실성이 있는 상태, 상황, 사건, 행위 등을 조건으로 제시하는 것**이다.

결론제시는 주어진 전제가 참일 경우 어떤 사건이 그 결과로서 발생할 가능성이 어느 정도인지를 표현한다. 즉, 결론제시가 현재시제나 과거시제로 이루어지면, 전제가 참일 경우 그에 반드시, 언제나 그러한 결과가 수반된다는 객관적 사실을 표현하는 것이고, will이 쓰이면 언제나 또는 거의 언제나 발생할 것이라는 강력한 확신을 표현한다. may, might, could가 쓰이면 그러한 결과가 발생할 가능성이 어느 정도 존재함을 표현한다.

① If + S + 현재시제, S + 현재시제

(1) 객관적, 과학적 사실 표현
· If you put salt in water, it dissolves. 물에 소금을 넣으면 녹는다.
· If a and b are integers, a+b is also an integer. a와 b가 정수이면 a+b도 정수이다.

(2) 습관적, 반복적 행위나 동작 표현
· If he has some free time, he usually plays computer games.
· If Kelly doesn't want to cook, she often buys frozen pizza.

(3) 일반적 현상, 사실, 상태 표현
· If you are happy, I am happy too.
· If it is rainy, I feel depressed.
· If you have reasons to love someone, you don't love them. — Slavoj Zizek
· If you can't annoy somebody, there is little point in writing. — Kingsley Amis

위와 같은 경우들은 의미 차이 없이 if를 when으로 대체할 수 있다.

· When you put salt in water, it dissolves.
· When he has some free time, he usually plays computer games.
· When it is rainy, I feel depressed.

결론절에 현재시제나 과거시제가 쓰였더라도, probably, maybe, perhaps와 같은 부사가 쓰이면, 객관적 결론이 아니라 화자의 추측과 추론을 표현한다.

A: Do you think Mark is guilty? 너는 마크가 유죄라고 생각해?
B: If it looks like a duck and quacks like a duck, it is probably a duck.
오리처럼 생겨서 오리처럼 꽥꽥거리면, 아마도 오리겠지. → 겉으로 드러난 것을 보면 그가 유죄인 것이 틀림없어.

if절의 내용을 결과절에 반복하여 표현하면, 'if절의 내용이 사실이라 하더라도 상관없다', '그냥 그렇게 하면 된다'는 표현이 형성된다.

- If I fail, I fail, but I won't give it up.
    실패하면 실패하는 거지 뭐. 그래도 난 포기하지 않을 거야.

② If + S + 현재시제, S + 과거시제

조건절이 현재시제일 때 결과절이 과거시제인 것도 가능하다. 현재에 주어진 전제가 사실이라고 가정할 경우, 그것을 바탕으로 판단하여 과거의 객관적 사실을 알 수 있을 때 사용된다. 이 경우 결론절은 대개 '~한 것이다'로 해석된다.

- If you are a man, you were born with the Y chromosome.
    당신이 남자라면, 당신은 Y염색체를 가지고 태어난 것이다.
- If the witness's testimony is true, the defendant knowingly broke the law.
    그 증인의 증언이 사실이라면, 피고는 알면서도 (고의적으로) 법을 위반한 것입니다.

③ If + S + 현재시제, S + will

(1) 현실성 있는 확신

결론절에 will을 사용하면, 조건절에서 주어진 전제가 참일 경우, 그에 대한 결과로서 어떤 사태나 사건이 발생할 것이라는 확신을 표현한다. 때로는 현재시제를 사용한 것과 마찬가지의 뜻을 가지기도 한다. 현재시제를 쓰면 그 결과가 시간과 관계없이 언제나 반드시 성립하는 것이 객관적 사실임을 표현한다. will을 쓰면 그 결과가 앞으로 반드시 일어날 것이라는 강력한 확신에 바탕을 두어 표현하는 것이다. 또한 will은 미래가 아니라 현재에 대한 확신을 표현하기도 한다.

- If a and b are integers, a+b will be also an integer.
- If he has some free time, he will usually play computer games.
- If it is rainy, I will feel depressed.
- Mary is very kind. If you ask her a favor, she won't refuse it.
- If we don't end war, war will end us. — H.G. Wells
- If you are familiar with American history, you will know why President Nixon resigned.
    ☞ 여기서 will은 '(지금) 알고 있을 것이 분명하다'는 현재에 대한 확신을 표현한다.

(2) 의지 (will), 의도 (intention), 의사 (willingness) 표현

- If you tell me the truth, I will forgive you.
- If she is late, we will leave without her.
- If what he says is true, I will eat my hat. 그가 말한 것이 사실이면 내 모자를 먹겠다.
  ('I will eat my hat.'은 '내 손에 장을 지지겠다'에 해당하는 표현으로 절대 그럴 리가 없다는 확신을 나타낸다.)
- If you know how many cupcakes I'm holding behind my back, I'll give you both of them.

④ If + S + 현재시제, S + modal

- If you believe in me, I can do it.
- If you finish the work, you may go home.
- If she has a problem, you should help her.
- If you lose your passport abroad, you must report it immediately to the police.
- If your child has an upset stomach and vomits, it could [may, might] be the sign of food poisoning. [현재에 대한 현실적 가정 + 현재에 대한 현실적 추측을 표현하는 결론제시]
  당신의 아이에게 복통이 있고 구토를 한다면, 그것은 식중독의 증상일 수 있다. → 식중독일 가능성이 현실적으로 존재한다.

could, may, might는 추측을 표현하는 결론제시에 쓰일 수 있다. 과거형 modal이 쓰인 경우라도, 즉 'could, might + 동사원형'도 그러할 가능성이 현실적으로 어느 정도 존재한다는 것을 나타내는 **현실적 결론제시로 쓰일 수 있다.**

- If your child has an upset stomach and vomits, he or she could [may, might] have eaten something bad. [현재에 대한 현실적 가정 + 과거에 대한 현실적 추측을 표현하는 결론제시]
  당신의 아이에게 복통이 있고 구토를 한다면, 무언가 상한 음식을 먹었을 수 있다. → 복통과 구토의 시점 이전에 상한 음식을 먹었을 가능성이 현실적으로 존재한다.

might, could + have -ed는 위와 같이 가정이 현실적이면 과거에 대한 현실적 결론제시로 쓰인다. 단, 조건절이 상상적 가정일 경우는 상상적 결론제시 표현으로 쓰인다. 즉, 가정이 현실적이면 그것에 근거한 추측도 현실적이고, 가정이 상상적이면 그것에 근거한 추측도 상상적이다.

- If I had had her number, I might [could] have called her.
  [과거에 대한 상상적 가정 + 과거에 대한 상상적 추측을 표현하는 결론제시]

2) 현실적 가정법 과거

일본식 영문법은 'if + S + 과거시제'를 형태만으로 판단하여 '가정법 과거'라고 하고 '현재 사실에 반대되는 가정을 표현'한다고 가르친다. 그런데 'if + S + 과거시제'가 과거 사실에 대한 현실적 가정을 표현할 수도 있다. 일본식 영문법의 개념을 사용하면 이에 대해 '가정법 과거가 가정법 과거가 아니라 직설법 과거인 경우가 있다'는 헛소리 같은 설명을 할 수밖에 없다.

'if + S + 과거시제' 형태는 '과거의 불분명하거나 알 수 없는 사실에 대한 현실적 가정'을 나타낼 수도 있다. 과거의 불분명한 사실에 대한 현실적 가정에는 통상적 과거형이 쓰이며, 특이적 과거형이 쓰이지 않는다. 후퇴변환도 이루어지지 않는다.

필자는 이 글을 읽고 있는 당신에 대해 전혀 알지 못한다. 이 상황에서 당신의 과거에 대해 어떤 가정을 해 보겠다. 아래 문장들에서 'you'는 이 책을 읽고 있는 당신, 즉 필자가 전혀 누구인지 알 수 없는 독자로서의 '당신'을 가리킨다. (또는 독자의 입장에서, 당신이 전혀 알지 못하는 누군가에 대해 상상하여 가정하는 것을 생각해도 좋다.) 필자는 당신에 대해 전혀 알지 못하므로 이것은 상상적 가정법이 아니라 현실적 가정법이다. 따라서 과거에 대한 가정을 표현하기 위해 통상적인 과거시제를 사용한다.

- If you were born in 1996, you were born in a leap year.
  [과거에 대한 현실적 가정 + 과거에 대한 객관적 결론제시 (단순과거)]
  만약 당신이 1996년에 태어났다면, 당신은 윤년에 태어난 것이다.

필자의 입장에서, 이 글을 읽고 있는 독자가 1996년생일지 아닐지 알 수 없지만, 그럴 가능성은 충분히 존재한다. 따라서 이것은 현실적 가정법이다. 또한 1996년이 윤년인 것은 객관적인 사실이므로, 1996년에 태어났다면, 윤년에 태어났다는 것 또한 마찬가지로 확실히 성립하는 객관적 사실이다. 따라서 결론제시에 단순과거가 쓰인 것이다.

현실적 가정법 과거가 쓰인 조건문의 결론절에는 현재시제, 과거시제 또는 적절한 형태의 modal도 쓰일 수 있다.

- If you **were born** in 1994, you **are** not a minor now.

  [과거에 대한 현실적 가정 + 현재에 대한 객관적 결론제시 (단순현재)]

  만약 당신이 1994년에 태어났다면, 당신은 지금 미성년자가 아니다.

- If your mother **was [were] born** in 1974, she **will [would]** be 90 years old in 2064.

  [과거에 대한 현실적 가정 + 미래에 대한 확신적 결론제시 (will)]

  만약 당신의 어머니가 1974년에 태어났다면, 2064년에 90살이 되실 것이다.

- If your father **was [were] born and raised** in Busan, he **must** have a Busan accent.

  [과거에 대한 현실적 가정 + 현재에 대한 가능성 높은 추측적 결론제시 (must)]

  만약 당신의 아버지가 부산에서 태어나서 자랐다면, 부산 사투리를 쓸 것이 틀림없다.

- If you **were born** under the sign of Aquarius, you **might [could, may]** be shy and quiet.

  [과거에 대한 현실적 가정 + 현재에 대한 추측적 결론제시 (might, could, may)]

  만약 당신이 물병자리 하에서 태어났다면, 수줍고 조용한 성격일지도 모른다.

- If you **were** a high school girl in the early 2010s, you **might [could, may] have been** a fan of EXO or Big Bang.

  [과거에 대한 현실적 가정 + 과거에 대한 추측적 결론제시 (might, could may + have -ed)]

  만약 당신이 2010년대 초반에 여고생이었다면, 엑소나 빅뱅의 팬이었을지도 모른다.

자기 자신이 한 일에 대해 기억이 잘 안 나거나 확신이 안 드는 상황에서는 I를 주어로 해서 표현할 수도 있다.

- I got totally wasted and blacked out last night. If I **made** any terrible mistakes, it **will** be really embarrassing.

4 상상적 가정법

		조건절 (상상적 가정제시)	결론절 (상상적 결론제시)
상상적 가정법	가정법 과거	If + S + 특이적 과거형 [격식] If + S + 통상적 과거형 [비격식] · 현재사실과 상반되는 반사실적 가정 · 가능성 낮은 미래의 일에 대한 가상적 가정	S + would + 동사원형
			S + would have -ed
			S + 과거형 modal (+ have -ed)
	가정법 과거완료	If + S + 과거완료 · 과거사실과 상반되는 반사실적 가정	S + would + 동사원형
			S + would have -ed
			S + 과거형 modal (+ have -ed)

* would have -ed의 would have가 /wʊd hæv/로 발음되는 경우는 드물다. would've로 축약되어 표기되거나 비격식적 축약형에서는 woulda로 표기되는 것처럼, 대부분 /wʊdəv/로 발음되며 때로는 /v/ 발음도 탈락되고 /wʊdə/로 발음되기도 한다. would have been의 경우 대부분 /wʊdəbiːn/으로 발음된다.

1) 상상적 가정법 과거

① If + S + 과거시제, S + would + 동사원형

	조건절 If + S + 과거시제	결론절 S + would + 동사원형
상상적 가정법 과거	· 현재사실과 상반되는 반사실적 가정 · 가능성 낮은 미래에 대한 가상적 가정	· 현재에 대한 상상적 결론제시 · 미래에 대한 상상적 결론제시

(1) 현재사실과 상반되는 반사실적 가정 (counterfactual conditionals)

- If I were just ten years younger, I would quit my current job and look for another one.

  [현재에 대한 반사실적 가정 + 상상적 결론제시 (would)]

  내가 10년만 젊었어도, 지금 직장 때려치우고 다른 직장 구하겠다.

- How can you go out with such a jerk? If I were you, I would dump him right away.

  어떻게 그런 바보 같은 녀석이랑 사귈 수가 있어? 내가 너라면, 당장 차버리겠다.

- I'd be safe and warm if I was in L.A. California dreaming on such a winter's day.

  — California Dreaming / The Mamas & The Papas

  내가 (지금) L.A.에 있다면 편하고 따뜻할 텐데. 이렇게 추운 겨울날에 캘리포니아를 꿈꾸네.

  ☞ 비격식체에서는 상상적 가정법 과거를 표현하는 if절에 통상적 과거형을 쓰는 경우가 매우 많다.

- Scientists say that if a human had wings, each wing would have to be three times longer than your height in order to fly.

  과학자들은 인간이 날개가 있다면 날기 위해서는 각 날개가 키보다 3배가 더 길어야 할 것이라고 말한다.

- If people never did silly things, nothing intelligent would ever get done. — Ludwig Wittgenstein

  사람들이 결코 어리석은 일을 하지 않는다면, 지적인 일은 어떤 것도 이루어지지 않을 것이다.

- If the others heard me talking out loud, they would think that I am crazy. But since I am not, I do not care. — The Old Man And The Sea / Earnest Hemingway

  다른 사람들이 내가 큰 소리로 말하는 것을 들으면, 나를 미쳤다고 생각하겠지. 하지만 난 미치지 않았으니, 신경 쓰지 않아.

- If I were looking for a good job that lets me build some security for my family, I'd join a union. If I were busting my butt in the service industry and wanted an honest day's pay for an honest day's work, I'd join a union. — Barack Obama

제가 만약 가족을 위해 안정성을 어느 정도 제공해 주는 좋은 직장을 찾고 있다면, 저는 노조에 가입하겠습니다. 제가 만약 서비스 산업에 종사하며 힘들게 일을 하고 있다면, 그리고 하루의 정직한 노동에 대한 하루의 정당한 급여를 받기 원한다면, 저는 노조에 가입하겠습니다.

(2) 가능성이 낮은 미래에 대한 가상적 가정 (hypothetical conditionals)

가상적 가정은 미래에 대한 상상을 표현한다. 그런데 인간이 절대로 일어나지 않을 일만 상상하는 것은 아니다. 가능성과 현실성이 전혀 없는 일뿐 아니라 가능성이 낮은 일에 대해서도 얼마든지 상상할 수 있으며, 가능성이 없다고 생각했던 일이 실제로 일어나기도 하기 때문에 무엇이 불가능한지를 언제나 명확히 알 수 있는 것도 아니다. 미래에 대한 이러한 상상을 표현하는 것을 **가상적 가정법 (hypothetical conditionals)**이라고 한다. 그런데 가능성이 어느 정도로 높아야 현실적 가정이고, 어느 정도로 낮아야 가상적 가정일까? 그것은 가능성의 정도가 아니라, 말하는 사람이 비현실적 상상으로 생각하면 가상적 가정법을 사용하고, 현실적인 일로 생각하면 현실적 가정법을 사용하는 것이다. 예를 들어, '로또에 당첨된다면'을 가정하는 것은 대부분의 사람들에게 현실성 없는 가상적 가정으로 느껴진다. 그런데, 로또 당첨금 지급 업무를 하는 관계자가 방송에 나와 사람들에게 로또에 당첨되었을 경우 어떻게 해야 되는지를 알려 주는 상황이라면, 현실적 가정을 사용하는 것이 자연스러울 것이다. 왜냐하면 그는 실제로 로또 당첨자들을 많이 만나기도 했을 것이고, 당첨되었을 때 유의해야 할 점들은 그에게 현실적인 문제로 생각되지, 단지 뜬구름 잡는 상상이 아닐 것이기 때문이다. 이와 같이 미래에 대한 가정에 있어서 현실적 가정과 가상적 가정의 구분은 말하는 사람이 그 사건의 발생 가능성에 대해 가지고 있는 주관적 인식에 따른 것이다.

A: What would you do If you won the lottery? 로또에 당첨되면 너는 뭘 할 거니?
B: If I won the lottery, I'd found an organization that helps underprivileged children.

로또에 당첨되면, 난 어려운 아이들을 돕는 단체를 설립할 거야.

A: **If** you **found** a suitcase full of cash, what **would** you do?
　현금이 가득 든 가방을 발견하면 무얼 할 거니?
B: **I'd** take it to the police immediately without hesitation.
　망설이지 않고 즉각 경찰에 가져다줄 거야.

- Rudolf, the red-nosed reindeer had a very shiny nose. And **if** you ever **saw** it, you **would** even say it glows.

- **Would** you know my name **if** I **saw** you in heaven? **Would** it be the same **if** I **saw** you in heaven?　― Tears in Heaven / Eric Clapton

어떤 일을 하는 것이 불가능하지 않다고 해도, 주어에게 그럴 의사가 없다면 실제로 일어날 리가 없으므로, 주어가 할 의지나 의사가 없는 일을 한다고 가정하는 것도 가상적 가정이다.

- **If** I **took** the job, I **would** have to work on Saturdays.
　내가 그 일을 맡는다면, 나는 토요일에도 일을 해야만 할 거야.

② If + S + 과거시제, S + would + have -ed

상상적 가정법 과거	조건절 If + S + 과거시제	결론절 S + would + have -ed
	· 현재에 대한 상상적 가정	· 과거에 대한 상상적 결론제시

현재에 대한 상상적 가정을 전제로 하여 과거에 대해 추론하고 그 결론을 제시할 수도 있다. 주로 과거에서부터 현재까지 사실인 내용, 즉 일반적인 사실에 대해 상반되는 가정을 하고 과거에 대해 추론하여 결론을 제시할 때 이와 같이 표현한다.

- If there were no water, no life would have appeared on Earth.
- If man did not strive to expend his energy economically, did not seek to receive the largest possible quantity of products in return for a small quantity of energy, there would have been no technical development or social culture. — Leon Trotsky

만약 인간이 자신의 에너지를 경제적으로 사용하기 위해 노력하지 않는다면, 작은 양의 에너지를 써서 최대한 많은 양의 생산품을 얻는 것을 추구하지 않는다면, 기술발전이나 사회문화는 존재하지 않았을 것입니다.

③ If + S + 과거시제, S + 과거형 modal (+ have -ed)

would 이외에도 could, might 등을 사용하여 표현할 수 있다.

- We could never learn to be brave and patient if there were only joy in the world. — Helen Keller

만약 세상에 즐거움만 있다면, 우리는 용기와 인내를 결코 배울 수 없을 것입니다.

- I cannot make speeches, Emma. … If I loved you less, I might be able to talk about it more. — Emma / Jane Austen

엠마, 나는 말을 잘 못 해요. 내가 당신을 덜 사랑한다면, 그것에 대해 더 많이 말을 할 수 있을지도 모를 텐데. (소설 속에서 나이틀리가 엠마에게 하는 말이다. 다른 사람들에 비해 언변이 좋지 못함을 안타까워하며, 너무나 사랑하기에 그것을 말로 잘 표현하지 못하는 것이라는 심정을 나타내고 있다.)

- If scientific reasoning were limited to the logical processes of arithmetic, we should not get very far in our understanding of the physical world. — Vannevar Bush

만약 과학적 사유가 산술적 계산에 대한 논리적 처리에만 국한되어 있다면, 우리는 물리적 세계에 대한 우리의 이해를 그다지 진전시키지 못할 것입니다.

☞ should가 would 대신 결론절에 쓰이기도 한다. 격식적 표현이며 영국영어에서 많이 사용된다.

조건절이 과거에 대한 가정이고 주절이 현재에 대한 결론제시인 경우처럼, 조건절과 주절의 시간이 일치하지 않으면 흔히 '혼합 가정법'이라고 개념화된다. 그런데 이러한 개념화의 문제는 학습자들로 하여금 조건절과 결론절의 시간이 일치하는 것이 원칙적이고, 일치하지 않으면 예외적인 경우라는 왜곡된 관념을 가지게 만든다는 점이다. 현재에 대한 가정이든, 과거에 대한 가정이든, 미래에 대한 가정이든, 그것을 전제로 추론하면, 과거, 현재, 미래에 있어서의 결론을 모두 도출시킬 수 있다. 물론 의미가 적절하게 구성된다면 말이다.

- If he **were** arrogant, I **wouldn't be** his friend.
  그가 거만하다면, 나는 그의 친구가 아닐 거야. [가정: 현재 + 결론: 현재]
- If I **had** a proper dress, I **would join** the party tomorrow.
  내가 적당한 드레스가 있다면, 내일 그 파티에 참석할 텐데. [가정: 현재 + 결론: 미래]
- If I **were** a confident person, I **would have asked** her out.
  내가 자신감이 있는 사람이라면, 그녀에게 데이트신청을 했었을 거야. [가정: 현재 + 결론: 과거]
- If I **had had** enough money, I **would have bought** a house.
  나에게 충분한 돈이 있었다면, 집을 한 채 샀었을 거야. [가정: 과거 + 결론: 과거]
- If I **had slept** well last night, I **wouldn't be** so tired now.
  어젯밤에 잘 잤더라면, 지금 이렇게 피곤하지 않을 텐데. [가정: 과거 + 결론: 현재]
- If I **had passed the exam**, I **would join the party** tomorrow.
  내가 시험에 합격을 했다면, 내일 파티에 참석할 텐데. [가정: 과거 + 결론: 미래]
- If you **should leave** me, my life **would be** miserable.
  네가 나를 떠난다면, 내 인생은 비참할 거야. [가정: 미래 + 결론: 미래]
- If the world **were to end** tomorrow, I **would be** very sad now.
  내일 세상이 끝난다면, 나는 지금 매우 슬플 거야. [가정: 미래 + 결론: 현재]
- If tomorrow's show **were to be canceled**, they **would have** already **told** me about it.
  내일 공연이 취소될 것이라면 그들이 이미 나에게 그것에 대해 말을 해 줬을 거야. [가정: 미래 + 결론: 과거]

2) 가정법 과거완료

① If + S + 과거완료, S + would [could, might] have -ed

가정법 과거완료	조건절 If + S + 과거완료	결론절 S + would [could, might] have -ed
	· 과거사실과 상반되는 반사실적 가정	· 과거에 대한 상상적 결론제시

- If the war **hadn't broken out**, they **wouldn't have had to** leave their homes.

  전쟁이 일어나지 않았다면, 그들은 그들의 집을 떠나지 않아도 되었을 텐데.

- What is possible **would not have been achieved if**, in this world, people **had not** repeatedly **reached** for the impossible. — Max Weber

  만약 사람들이 이 세상에서 불가능한 것을 달성하기 위해 끊임없이 노력하지 않았다면, 가능한 것도 달성되지 못했을 것이다.

- Capital is only the fruit of labor, and **could** never **have existed if** labor **had not** first **existed**. Labor is the superior of capital, and deserves much the higher consideration. — Abraham Lincoln

  자본은 노동의 결실일 뿐이며 애초에 노동이 존재하지 않았다면 자본은 결코 존재할 수 없었을 것입니다. 노동이 자본보다 우위에 있으며, 훨씬 더 많은 배려를 받을 자격이 있습니다.

② If + S + 과거완료, S + would [could, might] + 동사원형

가정법 과거완료	조건절 If + S + 과거완료	결론절 S + would [could, might] + 동사원형
	· 과거사실과 상반되는 반사실적 가정	· 현재에 대한 상상적 결론제시

- If the airplane **hadn't been invented**, we **would** have to sail on a ship to cross an ocean.

  비행기가 발명되지 않았다면, 우리는 대양을 건너기 위해 배를 타고 항해를 해야만 할 것이다.

- If I **hadn' been wearing** the seatbelt when I ran into the deer, I **might** be dead now.

  내가 그 사슴과 충돌했을 때 안전벨트를 매지 않고 있었다면, 나는 지금 죽어 있을지도 모른다.

- **If** only she **had stopped** one moment, and **had thought** what she was doing, she **would** be alive now. — The Legacy / Virginia Woolf

  그녀가 한순간만 멈춰 섰었다면, 그녀가 자신이 무엇을 하고 있는지 알았더라면, 그녀는 지금 살아 있을 텐데. (이야기 속 주인공이 교통사고로 죽은 아내를 생각하며 하는 말이다.)

(a) I **could be** happier if I **had been born** in a richer family.

  내가 더 부유한 가정에서 태어났더라면 지금 더 행복할 수 있을 텐데.

(b) I **think** that I **could be** happier if I **had been born** in a richer family.

  나는 "내가 더 부유한 가정에서 태어났더라면 지금 더 행복할 수 있을 텐데"라는 생각을 한다.

(c) I **thought** that I **could be** happier if I **had been born** in a richer family.

  나는 "내가 더 부유한 가정에서 태어났더라면 지금 더 행복할 수 있을 텐데"라는 생각을 했다.

(a)는 상상적 가정법이 쓰인 조건문이다. 그리고 (a)가 (b)와 같이 시제가 현재인 주절 (I think)의 종속절이 되면 그대로 (a)의 뜻이 유지된다. 그런데 (a)는 (c)와 같이 시제가 과거인 주절 (I thought)의 종속절이 되는 경우에도, 아무 형태 변화가 일어나지 않는다. 다시 말해, (c)에서 'I could be happier'는 '지금 더 행복할 수 있을 텐데'라는 뜻인데, **여기서 '지금'이란, 이 문장을 말하는 시점이 아니라, 생각을 하고 있었던 과거의 시점 (즉, 주절의 시점) 속에서의 '지금'인 것이다.** 영어 문장에는 따옴표가 쓰이지 않았지만, 이런 현상은 말이나 생각을 따옴표로 표현한 것과 동일한 것이기에 우리말 해석에서는 따옴표로 표현하였다. 이와 같이 상상적 조건문이 종속절일 때 조건문 내 동사의 시간표현은, 가정법의 원리만을 따를 뿐, 주절의 시제에 영향을 받지 않는다. 이것은 상상적 가정을 표현하기 위해 후퇴변환이 사용되는 경우에 어쩔 수 없이 그럴 수밖에 없는 현상이다. 상상적 가정을 표현하기 위해 이미 후퇴변환을 했는데, 시제가 과거인 주절의 종속절이 된다고 해서 또다시 더 과거로 변환시키는 후퇴변환을 할 수가 없는 노릇인 것이다. 특히 가정법 과거완료의 경우는 과거완료보다 더 과거의 시간을 표현할 수 있는 형태가 없으므로, 주절의 현재시제를 과거시제로 바꾼다 한들, if절의 과거완료를 더 이전의 시간을 표현하는 것으로 바꿀 방법이 없다.

5

미래에 대한 가정

미래에 대한 가정은 별도의 범주가 아니다. 우리는 위에서 가정법 현재가 미래에 대한 현실적 가정을 표현하는 것과 가정법 과거가 미래에 대한 가상적 가정을 표현하는 것을 살펴보았는데, 미래에 대한 가정표현을 별도의 범주로 구분한다면, 그러한 가정법과 겹치게 될 것이다. 다만 여기서는, 미래와 관련된 몇 가지 가정 표현들을 살펴보려는 것일 뿐이다.

1) If + S + should

> If + S + should ~, S + will [can, may, etc.] ~ (현재/미래에 대한 현실적 가정)
> If + S + should ~, S + would [might, could] ~ (현재/미래에 대한 가상적 가정)

should가 현실적 가정을 뜻할 때는 가정법 현재와 의미가 거의 동일하다. 법조항이나 계약서 등 사무적이고 격식적인 문서에서 조건을 표현할 때는 if절에 should를 사용하는 경우가 많다.

- I will always be there for you if you should need me.
  네가 나를 필요로 하면, 나는 항상 너를 위해 거기에 있을 거야.

- If you should have any questions, you may contact me at the number listed above.
  혹시 질문이 있으시면 위에 기재된 제 번호로 연락 주셔도 됩니다.

- If there should be any changes, please let me know.
  혹시 무슨 변경이 있으면 저에게 알려 주세요.

- If the Tenant should fail to pay the Rent or is otherwise in default of this lease, then the Landlord shall be authorized to evict the Tenant as provided by law.

  임차인이 차임료를 지불하지 않거나 또는 본 임대차 계약에 있어 기타 채무 불이행 상태에 있을 시, 임대인은 법률에 의거하여 임차인을 퇴거시킬 수 있는 권한을 가진다.

if절 안의 should가 가능성이 희박한 일에 대한 가정 또는 현실성이 없는 순수한 상상을 표현하기도 한다.

- If you should rear a duck in the heart of the Sahara, no doubt it would swim if you brought it to the Nile. — Mark Twain

  만약 당신이 사하라 사막 한가운데서 오리를 기른다면, 그것을 나일 강에 데려가면 수영을 할 것이라는 것에 의심의 여지가 없다.

  ☞ 조건절이 2개 있는 형태의 조건문이다. 2개의 조건절 모두 형태적으로 가정법 과거이고 의미에 있어서도 모두 미래에 대한 상상적 가정을 표현하고 있다.

- If I should stay, I would only be in your way. So I'll go. But I know I'll think of you every step of the way and I will always love you, will always love you.
  — I Will Always Love You / Whitney Houston

  만약 내가 머무른다면, 나는 당신의 앞길을 가로막을 뿐일 것이에요. 그러니 나는 떠나겠어요. 하지만 나는 알아요, 가는 길의 모든 발걸음마다 당신을 생각할 것이라는 것을, 그리고 내가 언제나 당신을 사랑할 것이라는 것을.

2) If + S + happen to

> If + S + happen to ~, S + will [can, may, etc.] (현재/미래에 대한 현실적 가정)

if절에 happen to가 쓰인 가정법은 '내 생각에는 그런 일이 실제로 일어나리라고는 별로 기대하지 않지만, 그래도 혹시라도 ~라면' 정도의 의미를 가진다.

- If anyone of you **happens to** know where she is, please **tell** me.

  혹시 너희들 중에 누구라도 그녀가 어디 있는지 알고 있으면, 제발 나에게 알려 줘.

- If you **happen to** encounter a bear, you **should** not make any sudden moves.

  네가 혹시라도 곰과 마주치면, 갑작스럽게 움직이면 안 된다.

- If you **should happen to** meet the President, what **will** you say?

  혹시 네가 대통령을 만난다면, 뭐라고 말할 거니?

3) If + S + were to

> If + S + were to ~, S + would [could, might] ~ (미래에 대한 가상적 가정)

'If + S + were to'는 semi-modal인 'be to'의 현재형을 후퇴변환시킨 표현으로 가정법 과거의 일종이다. 'be to'는 미래시간을 표현하는 것이므로 이것을 후퇴변환시켜 상상적 가정을 하는 것은 앞으로 일어나지 않을 일을 일어난다고 가정하는 것이다. 그러나 반드시 실현 불가능한 일에 대한 가정에만 쓰이는 것은 아니며, 가능성이 있다 하더라도 그리 크지 않음을 표현할 때도 쓰일 수 있다.

- If the world **were to** end tomorrow, I **would** still plant an apple tree today.

  내일 세상이 멸망한다면, 그래도 나는 오늘 한 그루의 사과나무를 심겠다.

- If people **were to** tell other people everything about themselves, we'd live in a dull world.

  — Tom McCarthy

  만약 사람들이 자신에 대해 다른 사람들에게 모든 것을 이야기한다면, 우리는 따분한 세상에 살게 될 것입니다.

또한 'If + S + am/is/are to'는 '~하고자 한다면, ~할 의향이 있다면'을 뜻하기도 하므로 이것을 후퇴변환시켜 표현하는 것도 가능하다. 이 경우에는 후퇴변환이 완곡함과 정중함을 표현하는 것인데 주로 상대방에게 정중한 부탁과 제안을 할 때 사용된다. 즉, '혹시라도 ~할 의향이 있으시다면' 정도의 의미를 가진다.

- If you were to help me with this matter, I would really appreciate it.
  이 일에 대해서 저를 도와주신다면, 정말 감사드리겠습니다.
- If you were to share the information you have with us, we could come up with a better plan.
  당신이 가지고 있는 정보를 우리와 공유해 주신다면, 우리는 더 좋은 계획을 세울 수도 있을 텐데요.

4) If + S + will / be going to

구식 영문법은 "조건절에는 미래시제가 쓰일 수 없으며 현재시제가 미래시제를 대신한다"고 말하면서 "조건절 안에 will이 쓰이면 틀리다"고 가르치기도 했다. 그러나 "현재시제가 미래시제를 대신한다"는 말부터 이상하다. 이것은 소위 '미래시제', 즉 will이나 be going to가 미래시간을 표현하는 것이 원칙이라도 되는 듯한 설명이다. 그러나 현재시제는 원래 미래시간을 표현하는 기능을 폭넓게 가지고 있다. '현재시제'는 명칭일 뿐 현재시제가 현재를 표현하는 경우는 오히려 상대적으로 적으며 일반적 시간과 미래시간을 표현하는 경우가 더 많다. 따라서 현재시제가 '미래시제'를 '대신'하는 것이 아니라, 원래 현재시제는 미래를 표현하는 기능을 가지고 있으며 조건절에서는 그러한 기능으로 쓰이는 것이다. 게다가 조건절에 will이 쓰일 수 없다는 설명도 부정확하다. 먼저 구식 영문법이 왜 그렇게 가르쳤는지 살펴보자.

- If it snows a lot tomorrow, we will build a snowman. O
  내일 눈이 많이 오면, 우리는 눈사람을 만들겠다.
- If it will snow a lot tomorrow, we will build a snowman. x

가정법 현재는 현재뿐 아니라 미래에 대한 가정도 표현한다. 즉, 미래의 시점을 생각하고 그 미래의 시점에서 어떤 일이 벌어진다고 가정할 때는 조건절에 현재시제를 사용한다. 다시 말해, **미래 시점에서 일어나는 사건을 가정할 때는 조건절에 현재시제를 사용하지, 미래를 의미하는 modal인 will을 사용하지 않는다.** 그래서 'If it will snow a lot tomorrow'는 받아들여지지 않는 표현이다. 그리고 여기까지는 맞는 설명이다.

그런데 이것을 바탕으로 조건절에 will이 쓰이면 틀리다고 하는 것은 엄청난 논리적 비약이다. 이것은 구식 영문법이 '미래시제'라는 개념을 사용하는 것과 연관이 있다. 현대 영문법이 will이 사용된 것을 미래시제로 보지 않는 것은, 그것이 동사의 형태변화를 통한 시간 표현이 아니라는 점이 근본적인 이유이기는 하지만, will이 언제나 미래시간을 지칭하지는 않기 때문이기도 하다. 그런데 구식 영문법은 will이 쓰인 모든 형태를 '미래시제'로 보고 will이 항상 미래시간을 지칭하는 듯이 간주한다. 그래서 구식 영문법은 "미래시간을 표현하는 will이 조건절 안에 쓰일 수 없다"는 전제를 바탕으로, will이 쓰인 형태는 곧 미래시제이므로 "조건절 안에는 will이 쓰일 수 없다"고 결론을 내린 것이다. 그러나 이것은 잘못된 결론이다. **"미래시간을 표현하지 않는 will이라면 조건절에 쓰일 수 있다"**고 결론 내리는 것이 올바른 결론이다.

① If + S + will: 현재의 고집, 습관, 의지에 대한 가정

조건절의 will은 주어가 현재 시점에서 또는 시간과 무관하게 항상 가지고 있는 의지나 고집에 대한 가정을 표현한다. 어떤 행동을 반복적으로 하려는 의지, 고집, 습관에 대한 가정을 표현하여 '자꾸 ~하려고 한다면'의 뜻하는 경우가 많으며 '~할 의지/마음이 있다면', '굳이 ~하고자 한다면'을 뜻하기도 한다. 이때의 will에는 강세가 주어진다. 조건절의 'will not'은 '~하려고 하지 않는다면'을 뜻하며 'refuse to'와 비슷한 의미이다.

- If your children will eat only certain kinds of food, give them what they like and add new food along with that.
  만약 당신의 자녀가 특정한 종류의 음식만 먹으려고 한다면, 좋아하는 것을 주면서 그와 함께 새로운 음식을 곁들이세요.

- If you will leave me, I won't hold you back.
  네가 굳이 날 떠나겠다면, 나는 너를 붙잡지 않겠어.

- If people will not speak up for other people's rights, there will come a day when they will lose their own. — Tony Lawrence
  만약 사람들이 다른 사람들의 권리를 옹호하려고 (지금) 하지 않는다면, 그들 자신의 권리를 잃어버릴 날이 (앞으로) 올 것이다.

- Santa, tell me if you're really there. Don't make me fall in love again **if** he **won't** be here next year. — Santa Tell Me / Ariana Grande

  산타 할아버지, 당신이 정말 거기 계신지 말해 주세요. 제가 다시 사랑에 빠지지 않게 해 주세요. 만약 그에게 내년에 나와 함께 있을 마음이 없다면요.

② 완곡함과 정중함 표현

'If you will ~'은 '당신에게 ~할 의사가 있으시다면'의 의미에서 파생하여 '~해 주신다면 ~하겠습니다'는 뜻으로 정중한 부탁과 요청 표현에 쓰인다. 요청 표현에 쓰이는 'Will you ~?'는 이것을 의문문으로 나타낸 것이다.

- **If** you **will** take a seat and wait a moment, Dr. Yoon will be with you shortly.
- ≒ **Will** you take a seat and wait a moment? Dr. Yoon will be with you shortly.

- **If** you **will** fill out the form below, we will contact you at our earliest convenience.
- ≒ **Will** you fill out the form below? We will contact you at our earliest convenience.

'if you will'을 명령문에 사용하여 정중한 부탁 표현으로 사용할 수도 있다. 대개 please와 함께 쓰인다.
- Please wait a moment **if you will**.   · **If you will,** please fill out the form.

③ 관용구로서의 'if you will'

'if you will'은 "사람에 따라서 그렇게 표현하는 것에 동의하지 않을 수도 있겠지만, 만약 당신이 ~라는 표현을 사용하는 것에 동의한다면 그렇게 말할 수도 있습니다" 뜻하는 관용구로도 쓰인다. 어떤 표현을 사용하면서 그러한 표현이나 용어 사용에 대해 동의하지 않는 사람들을 염두에 두어 다소간의 조심스러움을 나타낼 때 사용한다.

- She is the best actress of our time if you will.

    그녀를 '우리 시대 최고의 여배우'라고 하는 것에 동의하지 않는 사람도 있을 수 있겠지만, 만약 당신이 그렇게 부르는 데 동의한다면, 그녀를 그렇게 부를 수도 있을 것입니다.

④ If + S + is/am/are going to: 현재 시점에서의 계획, 예정, 처지에 대한 가정 표현

- If I am going to die, I will die honorably.

    내가 죽을 것이라면 (앞으로 곧 죽을 처지에 지금 놓여 있는 것이라면), 나는 명예롭게 죽겠다.

Cf) The mother green frog said to her children, "If I die, bury me by the river."

    엄마 청개구리는 자식들에게 말했습니다. "내가 죽거든 (미래의 시점에 죽는 사건이 발생하면), 강가에 나를 묻어다오."

- If you are going to be an actor, try to be one of the top actors.

    네가 기왕 배우가 될 것이라면 (네가 배우가 되는 과정이 현재 진행 중이라면, 앞으로 배우가 될 계획을 지금 가지고 있다면), 최고의 배우 중 한 명이 되도록 노력해라.

Cf) If you become a famous actor, your parents will be very proud of you.

    네가 유명한 배우가 된다면 (미래의 시점에 유명한 배우가 되는 일이 발생하면), 너의 부모님이 매우 자랑스러워하실 것이다.

5) If + S + would

① 현재의 의지 및 습관에 대한 가정 (실제로 잘 하려고 하지 않지만 만약 ~하려고 한다면)

- If people would just look at the paintings, I don't think they would have any trouble enjoying them. It's like looking at a bed of flowers. You don't tear your hair out over what it means. − Jackson Pollock

    만약 사람들이 그 그림들을 그저 바라보려고만 한다면, 저는 감상하는 데 아무런 어려움을 겪지 않을 것이라고 생각합니다. 그것 (= 그림을 감상하는 것)은 화단에 있는 꽃들을 보는 것과 같아요. (꽃을 보면서) 그것이 무슨 의미인지 생각하느라 머리를 쥐어뜯지는 않잖아요.

- Never be afraid to raise your voice for honesty and truth and compassion against injustice and lying and greed. If people all over the world would do this, it would change the earth.

— William Faulkner

불의와 거짓말과 탐욕에 맞서서 정직과 진실과 공감을 위해 당신의 목소리를 높이는 것을 결코 두려워하지 마십시오. 만약 온 세상 사람들이 이와 같이 하려고 한다면, 그것은 세상을 바꿀 것입니다.

② 소망, 원함, 하고자 하는 마음 표현 (만약 ~하기 원한다면, ~하고 싶다면, ~할 마음이 있다면)

- If you would hit the mark, you must aim a little above it; Every arrow that flies feels the attraction of earth. — Henry Wordsworth Longfellow

  과녁을 맞히기 원한다면 약간 더 위로 겨냥해야만 한다. 날아가는 모든 화살은 땅의 인력을 느낀다.

- If you would not be forgotten, as soon as you are dead and rotten, either write things worth reading, or do things worth writing. — Benjamin Franklin

  만약 당신이 죽어서 썩자마자 잊히는 것을 원치 않는다면, 읽을 만한 가치가 있는 글을 쓰거나, 아니면 글로 쓸 만한 가치가 있는 일을 하라.

- If you wouldn't buy it, don't try to sell it to someone else.

  당신이 그것을 살 마음이 없다면, 다른 사람에게 팔려고 하지 마라. → 당신 스스로가 사고 싶은 마음이 없는 그런 물건이라면, 다른 사람에게 팔려고 하지 마라.

③ 완곡함과 정중함 표현

will과 마찬가지로 would 역시 if절에서 정중한 부탁과 의뢰를 표현할 수 있다. would가 will보다 더 격식적 표현이다.

- If you would take a seat and wait a moment, Dr. Yoon will be with you shortly.
- Please wait a moment if you would.

6 가정을 나타내는 여러 가지 표현들

1) 조건 표현 접속사

① unless: 만약 ~하지 않으면

unless는 주절의 내용이 유효하지 않거나 성립하지 않는 단 하나의 예외적 조건을 제시하는 것으로서 'except if'의 뜻이다. 'if ... not'과도 어느 정도 비슷한 의미를 가진다.

- I will never talk with him again **unless** he sincerely apologizes to me.
= I will never talk with him again **except if** he sincerely apologizes to me.
= I will never talk with him again **if** he **doesn't** sincerely apologize to me.
  나는 그가 나에게 진심으로 사과하지 않으면 다시는 그와 이야기하지 않겠다.

- **Unless** you're ashamed of yourself now and then, you're not honest. — William Faulkner
  만약 당신이 이따금씩 스스로에 대해 부끄러움을 느끼지 못한다면, 당신은 정직한 것이 아니다.

② in case (that) S + V: ~할 경우; ~할 경우를 대비하여

- Life jackets are under your seats **in case** the aircraft lands on water.
- Just pull the two strings at the bottom of the life jacket and it will automatically inflate. **In case** it doesn't fully inflate, you can blow through the tube to inflate it.

③ suppose / supposing (that): ~라고 가정하면, 만약 ~라면

- **Suppose [Supposing]** you should lose your job, what would happen to you?
- **Suppose [Supposing]** we miss the flight, we won't be able to attend the conference.
- **Suppose [Supposing]** you had the opportunity to go back in time, what would you do?
- **Suppose [Supposing]** I hadn't brought an umbrella, I would have gotten all wet.

또한 '만약 ~하면 어떡해'를 뜻하는 우려의 표현에도 쓰일 수 있다.

A: Let's go to Jeju-do and have some fun this summer. 이번 여름에 제주도에 가서 놀자.
B: **Suppose [Supposing]** a typhoon comes. 만약 태풍이 오면 어떡해.
A: Oh, come on. Don't be a worry wart. 참 내, 걱정도 팔자다.

④ provided/providing (that): 만약 ~라면

provided (that)과 providing (that)은 '만약 ~라면' 또는 '~한 조건 하에서는'을 표현한다. provided (that)이 더 널리 쓰인다. 법률 문서, 계약서, 사무적 문서 등에서 많이 쓰이며 일상생활에서도 간혹 쓰인다. 상상적 가정에는 쓰이지 않는다.

- You can borrow my car **provided** you return it by tomorrow evening.
  내일 저녁까지 돌려준다면, 내 차를 빌려도 돼.
- I'll go hiking on Mt. Bukhan this weekend **providing** the weather is fine.
  나는 이번 주말에 날씨가 좋으면 북한산으로 등산을 갈 거야.
- In case of the Buyer's delay in the payment of the Price, **provided that** the Buyer fails to pay the Price even within an additional reasonable period of time set forth by the Seller, the Seller shall be entitled to withdraw from the Contract.
  구매자가 대금의 지급을 미룰 시, 판매자가 설정한 합리적인 추가 기간 이내에도 구매자가 대금을 지급하지 않을 경우, 판매자는 계약을 철회할 수 있는 권리가 있다.

⑤ on (the) condition (that): ~라는 조건하에서만, 오직 ~인 경우에만 (= only if)

어떤 명제를 말하면서 그것이 성립하는 단 하나의 조건을 제시할 때 사용된다.

- I'll take you out to the zoo on condition you behave yourself.
  (말썽부리지 않고) 똑바로 행동해야만 동물원에 데리고 나갈 거야.
- I'll tell you a secret on the condition that you promise not to tell anyone.
  아무한테도 말 안 한다고 약속하면 너에게 비밀을 하나 말해 줄게.

⑥ in the event (that): 만약 ~할 경우, ~할 시 (격식적이고 사무적인 표현)

- In the event that you do not return the book by the due date, you will have to pay the late fee.
  반납 기일까지 책을 반납하지 않을 시 연체료를 지불해야 할 것입니다.

⑦ given (that)

(1) ~라고 가정하면, ~가 있다면, ~가 주어진다면

- Given that a right triangle has an angle of 30 degrees and the length of hypotenuse is 10cm, what is the area of the triangle?
  직각삼각형의 한 각이 30도이고 빗변의 길이가 10cm라고 가정하면, 이 삼각형의 면적은 무엇인가?

(2) ~를 고려하면 (= considering that)

- Given that he is 80 years old, he is incredibly healthy.
  그가 80세인 것을 고려하면, 그는 믿을 수 없을 만큼 건강하다.

'given'은 전치사적으로 쓰일 수도 있다. 즉, 뒤에 명사가 올 수 있다.

- Given his age, he is incredibly healthy. 그의 나이를 고려하면 그는 믿을 수 없을 만큼 건강하다.
- Given the fact that he is 80 years old, he is incredibly healthy.
  그가 80세라는 사실을 고려하면, 그는 믿을 수 없을 만큼 건강하다.

- <u>Given</u> the choice between the experience of pain and nothing, I would choose pain.

   고통을 경험하는 것과 아무것도 경험하지 않는 것 사이에서의 선택이 주어진다면, 나는 고통을 택하겠다.

   — The Wild Palms / William Faulkner

2) 조건 표현 전치사구

① but for, without: ~가 없다면/없었다면, ~가 아니라면/아니었다면

- **Without [But for]** you, I wouldn't be able to live.
= If it were not for you, I wouldn't be able to live.
- **Without [But for]** your help, I wouldn't have finished the work on time.
= If it had not been for your help, I wouldn't have finished the work on time.

- I never could have done what I have done, **without** the habits of punctuality, order, and diligence, **without** the determination to concentrate myself on one object at a time. — David Copperfield / Charles Dickens

   저는 제가 이룬 것을 결코 이루지 못했을 것입니다. 시간엄수, 정리정돈, 그리고 근면의 습관이 없었더라면, 한 번에 한 가지 목표에 집중할 수 있는 의지력이 없었더라면.

② with: ~가 있다면

- **With** your permission, I will record the interview.
= If you give me permission, I will record the interview.

   허락을 하신다면, 이 인터뷰를 녹음하겠습니다.

③ in case of: ~의 경우

- **In case of** emergency, oxygen masks will drop down in front of you.

   비상시에는 산소마스크가 여러분 앞에 떨어질 것입니다.

3) 조건 표현 연결부사

① otherwise: ~하지 않는다면, ~하지 않았다면

- The traffic was so heavy. **Otherwise**, I wouldn't have been late to the interview.
  (Otherwise = if the traffic hadn't been so heavy)
  차가 너무 많이 막혔어. 그렇지 않았더라면 (차가 막히지 않았더라면) 면접에 늦지 않았을 텐데.

otherwise는 조건 표현뿐 아니라 '달리 (differently)', '다른 방식으로 (in another way)'라는 뜻으로도 쓰일 수 있다.

- You believe Greg is guilty, but I think **otherwise**.
  너는 그레그가 유죄라고 믿지만, 나는 달리 생각한다.
- I will call you or will **otherwise** contact you.
  제가 당신에게 전화를 하거나, 혹은 다른 방식으로 연락하겠습니다.

② then: 그러면

then은 앞에 언급된 동작이나 사건에 대해 (대개 명령문으로 표현됨) '그러면', '그렇게 하면'을 뜻하기도 한다. 'and then'으로 표현되기도 하고 if절 뒤에 쓰이기도 한다.

- Love your work, **then** you will find pleasure in mastering it. — H. Jackson Brown Jr.
- Look deep into nature, **and then** you will understand everything better. — Albert Einstein
- If you always care about what others think of you, **then** you will always be their prisoner.
  — Lao Tzu

as if + 후퇴변환

as if + 후퇴변환/특이형태	as if + 통상적 시제
제니는 마치 변호사인 듯이 말한다.	
· Jennie talks **as if** she **were** a lawyer. (제니가 변호사가 아니라는 것을 알 때)	· Jennie talks **as if** she **is** a lawyer. (제니가 변호사인지 아닌지 모를 때)
제니는 마치 변호사인 듯이 말했다.	
· Jennie talked **as if** she **were** a lawyer. (제니가 변호사가 아니라는 것을 알 때)	· Jennie talked **as if** she **was** a lawyer. (제니가 변호사인지 아닌지 모를 때)
제니는 마치 자신이 예전에 변호사였던 것처럼 말한다.	
· Jennie talks **as if** she **had been** a lawyer. (제니가 변호사가 아니었다는 것을 알 때)	· Jennie talks **as if** she **was** a lawyer. (제니가 변호사였는지 아니었는지 모를 때)
제니는 마치 자신이 예전에 변호사였던 것처럼 말했다.	
· Jennie talked **as if** she **had been** a lawyer. (제니가 변호사가 아니었다는 것을 알 때)	· Jennie talked **as if** she **had been** a lawyer. (제니가 변호사였는지 아니었는지 모를 때)

as if 뒤에서 후퇴변환을 한 것과 통상적 시제를 쓴 것의 형태가 같은 경우는 중의적이므로 형태만으로 구분할 수 없다. as if 대신 as though가 쓰이기도 한다. 비격식체에서는 like가 흔히 사용되나, 격식체에서는 선호되지 않는다.

· I hate to hear you talk about all women **as if** they **were** fine ladies instead of rational creatures. None of us want to be in calm waters all our lives.　— Persuasion / Jane Austen
나는 당신이 모든 여자들에 대해서 마치 그들이 이성적 존재가 아니라 참한 숙녀인 듯이 말하는 것이 듣기 싫어요. 우리 중 아무도 평생을 고요한 수면 아래에서 보내고 싶은 사람은 없어요.

· I don't like him because he is so cocky. He talks **like** he **knew** everything. [비격식]
나는 그 애 잘난 척해서 안 좋아해. 자기가 뭐든지 다 아는 것처럼 말한다니까.

wish + 후퇴변환

1) 과거 및 현재에 대한 이루어질 수 없는 소망

- I wish I <u>had</u> a job. 나에게 (지금) 직장이 있으면 얼마나 좋을까.

- I wished I <u>had</u> a job. '나에게 (지금) 직장이 있으면 얼마나 좋을까' 하고 바랐다.

- I wish I <u>hadn't made</u> the mistake. 내가 (그때) 그 실수를 안 저질렀다면 얼마나 좋을까.

- I wished I <u>hadn't made</u> the mistake. '내가 (그때) 그 실수를 안 저질렀다면 얼마나 좋을까' 하고 바랐다.

2) 미래에 대한 소망

- I wish you **would** come back. Wish I'd never hung up the phone like I did. And I wish you knew that I'll never forget you as long as I live. And I wish you were right here, right now. — I Wish You Would / Taylor Swift

네가 다시 돌아오면 얼마나 좋을까. 그렇게 전화를 끊으면 절대 안 되는 거였는데. 그리고 내가 사는 동안 결코 너를 잊지 않을 것이라는 것을 네가 알기를 바라. 그리고 네가 지금 이 순간, 바로 여기에 있으면 좋으련만.

- I **wish** I **could** travel the world someday. 언젠가 세계여행을 할 수 있으면 좋으련만.

3) Would that / O that / If only + 후퇴변환

'Would that'은 문예적인 표현으로서 'I wish'와 같은 의미이다.

- **Would that** my grandmother **were** alive. **Would that** I **had been** nicer to her.
  할머니가 살아 계신다면 얼마나 좋을까. 내가 할머니한테 좀 더 잘해드렸더라면 얼마나 좋을까.

'O that' 또한 'I wish', 'Would that'과 같은 표현이다. 여기서 'O'는 강한 소망을 표현하는 감탄사이다. 고전문학 작품에서 볼 수 있는 옛날식의 문예적 표현이다.

- See how she leans her cheek upon her hand. **O, that** I **were** a glove upon that hand, **that** I **might** touch that cheek! — Romeo and Juliet / William Shakespeare
  그녀가 볼을 손에 기대는 모습을 보라. 아아! 내가 저 손에 끼워진 장갑이라면, 내가 저 볼을 만질 수 있다면!

'If only ~'는 '~하기만 한다면' 또는 '~하기만 했었다면'을 뜻하는 조건절이다. 결론절 없이 조건절만으로도 간절한 소망을 표현하는 문장을 형성하며 '얼마나 좋을까'라는 결론절이 명시되어 있지 않아도 의미에 내포되어 있다고 볼 수 있다.

- **If only** I'**d come** home at night instead of staying out for one more drink. **If only** I'**d been unconcerned** what the other guys may think. **If only** I'**d held** her tight. But I guess it's too late now. — If Only / Rod Stewart

9

It is time + 후퇴변환

'It is (high, about, the very) time + (that) + S + V'에서 that절의 동사로는 과거형이 쓰인다. It's high time ~은 격식적 표현이고 It's about time ~ 은 다소 비격식적 표현이다.

- It's about time you **went** home.
= It's about time you **should go** home.
= It's about time for you **to go** home. 이제 네가 집에 가야 할 시간이다.

- It is time we **recognized** the hugh contribution that migration has made to the economic growth of this country. — Jeremy Corbyn, British politician
이주가 (즉, 이주 노동자들이) 이 나라의 경제 성장에 가져온 막대한 기여를 우리가 인식해야 할 때입니다.

또한 다음 표현을 보자.

- It's about time we **make** health care a right. — Bernie Sanders, American politician
이제는 건강관리를 권리로 만들 때가 되었습니다. → 이제는 모든 국민에게 의료 서비스를 받을 권리를 보장할 때가 되었습니다.

위 문장에서는 It's time ~ 에 동사 현재형이 쓰인 것을 볼 수 있는데 현대 미국 영어에서 대단히 많이 쓰이는 표현이다. 여기서 make가 쓰일 수 있는 원리는 바로 원형적 현재형이라는 점이다. It's time ~ 에서 과거형 동사를 쓰는 이유는 동사가 표현하는 사건이 말을 하는 현재 시점에서의 현실이 아니라는 점을 표현하기 위해 후퇴변환을 하는 것이다. 한편 원형적 현재형이 쓰일 수 있는 것은 그것이 당위를 표현하기 때문에 즉, '~해야만 하는' 시간이라는 점이 표현되기 때문이다.

10
동사의 특이형이 쓰이는 관용구

Jennifer: How can you completely ignore my feelings like that! I can't live with you any more. I'll leave you and never come back!

어떻게 그렇게 내 기분을 완전히 무시할 수 있어요! 당신과 더 이상 살 수 없어요. 당신 떠나서 다시 안 돌아올 거예요!

Brad: **So be it!** Do you think I'll beg you to stay with me? I've been sick and tired of you for a long time!

그럴 테면 그렇게 해! 내 곁에 머물러 달라고 내가 빌 줄 알아? 나도 당신이 오랫동안 지긋지긋했어!

Brad: I am terribly sorry for what I said. Please forgive me. I was so drunk and didn't know what I was talking about.

내가 한 말 정말 미안해. 제발 용서해 줘. 내가 워낙 취해서 무슨 소리 하는지도 몰랐어.

Jennifer: **Be that as it may**, you shouldn't have talked to me like that.

아무리 그래도, 당신이 나한테 그렇게 말하면 안 되는 거였죠.

Jennifer: I'll stay with my parents for a while. I'll call you later **if need be**.

친정에 잠시 가 있을게요. 필요하면 나중에 전화할게요.

Brad: Jennifer, please. I'll sleep on the couch. Just don't leave.

제니퍼 제발. 내가 소파에서 잘게. 제발 떠나지 마.

A: What happened between Jennifer and Brad?

　　제니퍼랑 브래드 사이에 무슨 일이 있었던 거야?

B: **Suffice it to say that** they had some domestic dispute.

　　부부싸움을 좀 했다는 정도로만 말해 둘게요. (굳이 무슨 일인지 자세히 말 안 할 거예요. 그것만 아셔도 충분해요.)

- Democracy is the only system that persists in asking **the powers that be** whether they are the powers that ought to be. — Sydney J. Harris

　민주주의는 사회의 권력자들에게 그들이 존재해야 하는 권력자들인지를 끊임없이 질문하는 유일한 제도이다.

- Dr. Smith is, **as it were**, a walking dictionary.

　스미스 박사는 말하자면 걸어 다니는 사전이야.

- Susan can read people's minds, **as it were**.

　수잔은 이를테면 사람의 마음을 읽을 줄 알아.

15 접속사

1. 등위 접속사
2. 상관 접속사
3. 접속사 that
4. 의문사 및 whether / if
5. 시간 표현 부사절 접속사
6. 이유 표현 부사절 접속사
7. 양보 표현 부사절 접속사
8. 무관성 표현 부사절 접속사
9. 목적 표현 부사절 접속사
10. 결과 / 동일 방식 / 장소 표현 부사절 접속사
11. 연결부사와 접속사

1

등위 접속사

1) and

① 낱말, 구, 절의 연결

- I had wine and cheese. (명사 + 명사)
- The wine was sweet and smooth. (형용사 + 형용사)
- We sang loudly and cheerfully. (부사 + 부사)
- We sang and danced at the party. (동사 + 동사)
- There is some fruit on the table and in the refrigerator. (전치사구 + 전치사구)
- Greg teaches at a high school, and Tom drives a taxi. (절 + 절)

> 영어에는 한국어와 달리 '맞춤법 통일안'이나 '표준어 규정'과 같은 공식적 규정이 없다. 그러나 영어에서도 철자법, 구두점 사용 등 여러 사항에 대해 어느 정도 일관된 기준이 필요하다. 그래서 전문가 협회나 대학 출판부 등 민간 기관과 단체들이 매뉴얼을 제작한다. 미국 정부가 제작한 매뉴얼도 있지만, 그것은 정부 생산 문서를 작성하는 기준일 뿐, 시민들이 따라야 하는 것으로 제시되는 것은 아니다. 시민이 어떤 매뉴얼을 따를지는 자율에 맡겨지는데, 자신이 속한 직능이나 전문집단의 매뉴얼을 따르는 경우가 많다. 예를 들어 미국 심리학 학회 매뉴얼은 심리학 및 여러 학술 서적 출판에서 널리 받아들여진다. 또한 시카고 대학과 옥스퍼드 대학 등과 같은 대학교 및 AP 통신 등 언론사도 매뉴얼을 작성한다. 일부 사항에 있어 매뉴얼 간에 견해차가 있는 것은 혼란이 아니라 다양성으로서 인정되며, 오히려 국가가 하나의 기준으로 획일화하려는 것은 freedom of speech에 정면으로 위배되는 것으로 여겨진다.

> 셋 이상의 낱말이 등위 접속사에 의해 연결될 때 접속사 앞에 쓰이는 쉼표를 serial comma라고 하는데, 이것을 쓸지 말지에 대한 논쟁이 이른바 serial comma debate다. 즉, 'Peter, Paul, and Mary'로 표기할지 아니면 'Peter, Paul and Mary'로 표기할지에 대한 논쟁이다. 미국영어에서는 serial comma를 사용하고 영국영어에서는 사용하지 않는 경향이 강하다. 단, 반드시 그런 것은 아니다. serial comma를 Oxford comma라고도 하는데 영국의 옥스퍼드 대학이 발간한 매뉴얼은 serial comma를 사용하라고 되어 있다. 반면 미국의 AP 통신 매뉴얼은 serial comma를 채택하지 않고 있다. 우리나라에서는 serial comma를 틀리다고 생각하는 사람이 많은데 serial comma 사용도 하나의 선택으로서 존중받아야 하며 실제로도 널리 쓰인다. 그러한 점을 강조하고자 이 책에서는 serial comma를 사용하였다.

② try / be sure / wait + and + 원형

- Try and exercise every day. O 매일 운동을 하려고 노력해 봐.
- He tries and exercises every day. x → He tries to exercise every day. O
- Be sure and lock the door when you go out. 나갈 때 꼭 문을 잠가.
- Let's wait and see what's going to happen. 무슨 일이 벌어질지 관망해 보자.

③ 명령문, and S + V: ~하라, 그러면 ~할 것이다

- Know your enemy and yourself, and you will not be imperiled in a hundred battles.
= If you know your enemy and yourself, you will not be imperiled in a hundred battles.
  적을 알고 나를 알면 백번 싸워도 위태롭지 않다. — The Art of War / Sun Tzu

- Give him an inch, and he will take a mile.
  1인치를 주면 1마일을 가지려 할 것이다. → 잘 해 주거나 양보해 주면 더 많은 것을 바란다. (봉당을 빌려주니 안방까지 달란다.)

2) but

① 등위 접속사 but

- The surgeon stitched the wound quickly but properly.
- On the stage, she felt quite nervous but very excited.

- I couldn't sleep last night at all, but I don't feel tired.
- Kate loves chocolate, but Tom prefers ice cream.

② 전치사 but (= except)

- Everything changes but change. — Israel Zangwill, British writer

  변화를 제외한 모든 것은 변한다. → 모든 것은 변한다는 것만이 변하지 않는 진실이다.

- Who but the artist has the power to open man up, to set free the imagination?

  — Stand Still Like the Hummingbird / Henry Miller

  예술가가 아니면 그 누가 인간을 열어서 (갇혀 있던) 상상력을 풀어 놓을 수 있는 힘을 가지고 있겠는가? → 예술가가 아니면 그 누가 인간이 상상력을 발휘할 수 있도록 해 주는 힘을 가지고 있겠는가?

- Genius is nothing but continued attention. — Claude Adrien Helvetius, French philosopher

  천재성은 지속적인 관심일 뿐이다.

③ 부사 but (= only, just)

- Life is but a moment, death also is but another. — Robert H. Schuller, Amerian clergyman

  인생은 단지 한순간일 뿐이며, 죽음 역시도 단지 또 다른 한순간일 뿐이다.

- Fortune knocks but once, but misfortune has much more patience. — Laurence J. Peter

  행운은 오직 한 번만 문을 두드린다. 그러나 불운은 훨씬 더 끈기가 있다.

"**But** man is not made for defeat," he said. "A man can be destroyed but not defeated."

— The Old Man And The Sea / Earnest Hemingway

보수적 규범문법은 and, but, or와 같은 등위접속사는 절과 절 사이에 와야 하므로 문장 맨 앞에 오면 틀리다고 주장해 왔다. 그러나 등위접속사로 문장을 시작하는 경우는 꽤 흔하며 이것을 '문두 등위접속사(sentence-initial coordinators)'라고 한다. 문두 등위접속사는 대화체에서 흔히 볼 수 있으며 문학작품과 신문기사 등에서도 많이 쓰인다.

3) yet (≒ nevertheless)

yet은 but과 비슷한 의미의 등위접속사로 쓰인다. 그러나 yet은 but과 똑같지는 않다. 먼저 의미에 있어서 yet은 양보 표현에는 쓰이나 대조 표현에 쓰이면 어색하다. (양보와 대조에 대해서는 656페이지를 보라.)

- Kate loves chocolate, yet her parents won't buy any chocolate for her. ○

- Kate loves chocolate, yet Tom prefers ice cream. (?)
→ Kate loves chocolate, but Tom prefers ice cream. ○

'and yet' 또는 'but yet'으로 쓰이기도 하고 though, although와 어울려 쓰이기도 한다.

- I couldn't sleep last night at all, (and) yet I don't feel tired. ○
= Although I couldn't sleep last night at all, yet I don't feel tired. ○

4) or

① 낱말, 구, 절의 연결

- You or your legal representative has to complete and sign this form.
  당신이나 당신의 법정 대리인이 이 양식을 작성하고 서명을 해야 합니다.
  ☞ 주어가 or로 연결된 명사구인 경우 동사의 수일치는 근접성의 원리를 따른다.
- An apple can be red, yellow, or green on the outside.
  사과는 겉이 빨갛거나 노랗거나 초록색일 수 있다.
- Are you coming here on foot or by bus?
  여기 걸어서 오는 중이야 버스 타고 오는 중이야?
- Do you really want to break up with him or are you just saying it because you're upset?
  너 정말로 그 애랑 헤어지고 싶은 거야 아니면 열 받아서 그냥 그렇게 말하는 거야?

② 조건을 표현하는 or (≒ if ... not, otherwise)

(1) 명령문, or S + V

· Drop the gun, or I'll shoot! = If you don't drop the gun, I'll shoot!

(2) (앞 문장의 내용에 대해) 그렇지 않다면

"But I don't want to go among mad people," Alice remarked. "Oh, you can't help that," said the Cat: "we're all mad here. I'm mad. You're mad." "How do you know I'm mad?" said Alice. "You must be," said the Cat, "or you wouldn't have come here."

— Alice's Adventures In Wonderland / Lewis Carroll

하지만 나는 미친 사람들 사이로 가고 싶지 않아. 앨리스가 말했다. "아, 그래도 어쩔 수 없어." 고양이가 말했다. "여기 있는 우리 모두는 미쳤어. 나도 미쳤고, 너도 미쳤어." "내가 미쳤다는 것을 네가 어떻게 알아?" 앨리스가 말했다. "너는 미친 게 틀림없어." 고양이가 말했다. "그렇지 않다면 여기에 안 왔을 거야."

· I hope, or I could not live. 나에게는 희망이 있다. 그렇지 않다면, 나는 살 수 없을 것이다.

— The Island Of Dr. Moreau / H.G. Wells

③ 동격의 or

· Dr. Grissom studied entomology, or the science of insects.
· This computer costs 1,000 euros, or about 1,200 US dollars.

5) for

for는 because보다 더 문예적이고 격식적인 표현으로 주로 문학작품에서 볼 수 있다. 과학적이고 논리적인 인과관계보다는 주관적이고 정서적인 이유를 표현할 때 주로 쓰인다. 문두에는 오지 않는다.

- I suddenly missed her a lot, for the first snow began to fall.
  나는 갑자기 그녀가 무척 그리워졌다. 첫눈이 내리기 시작했기 때문이었다.
- For the first snow began to fall, I suddenly missed her a lot. x

6) nor

nor는 둘 또는 그 이상의 어구나 절을 모두 부정하여 연결하는 등위 접속사이다. nor가 절과 절을 연결할 경우, nor 뒤의 절에서는 주어와 동사가 도치된다.

- I am not a fool nor a coward. 나는 바보도 아니고 겁쟁이도 아니다.
- She didn't want to get married, nor did she want to live alone.
  그녀는 결혼을 하기도 원하지 않았고 혼자 사는 것도 원하지 않았다.

7) so

so는 '그래서'를 뜻하는 등위 접속사로서 절과 절을 연결한다. 앞 내용의 결과로서 뒤의 내용이 발생했음을 표현한다. 'and so'로 표현될 수도 있으며, 'so that'으로 표현하기도 한다. 단, '그래서'를 의미하는 so that 앞에는 쉼표가 사용된다.

- I felt very hungry, (and) so I went outside to buy some food.
  나는 매우 배가 고팠고 그래서 음식을 좀 사러 밖에 나갔다.
- It snowed very heavily, so (that) the roads became impassable.
  폭설이 내렸고 그래서 도로가 지나다닐 수 없게 되었다.

상관 접속사

1) both A and B: A와 B 모두

- Both Peter and Claire like French movies.
- Peter is both handsome and rich.
- Claire speaks French both fluently and naturally.
- Claire can both sing and dance very well.
- Peter runs restaurants both in New York and in Boston.
= Peter runs restaurants in both New york and Boston.

2) not only A but also B = B as well as A: A뿐만 아니라 B도

'not only A but also B'는 'A뿐만 아니라 B도'를 의미하는 격식적 표현이다. 절과 절을 연결할 때 not only가 문두에 오면 도치가 일어나므로 유의하라. (도치에 관해서는 731페이지를 보라.) 이 경우 also가 생략되기도 하고, 'but also'가 모두 생략되기도 한다.

- They provided us with not only nice food but also good wine.
= They provided us with good wine as well as nice food.
  그들은 우리에게 맛있는 음식뿐 아니라 좋은 와인도 제공했다.

- Not only you but also your spouse has [have] to sign this document.
= Your spouse as well as you has [have] to sign this document.

  당신뿐 아니라 당신의 배우자도 이 서류에 서명을 해야 합니다.

- A person may cause evil to others not only by his actions but by his inaction, and in either case he is justly accountable to them for the injury. — On Liberty / J. S. Mill

  사람은 행위에 의해서 뿐만 아니라 부작위에 의해서도 타인에게 해악을 끼칠 수 있으며, 어느 경우든지 그는 그 피해에 대해 그들에게 마땅히 책임을 져야 한다.

- He does not only love her, but he also wants to marry her. O

  그는 그녀를 사랑할 뿐 아니라 그녀와 결혼하고 싶어 한다.

→ Not only does he love her, but he also wants to marry her. O

→ Not only he loves her, but he also wants to marry her. x

3) either A or B: A와 B 중 어느 하나, A 또는 B

- Either my secretary or I am going to call you later.

  제 비서나 제가 나중에 당신에게 전화를 할 것입니다.

- What? He was waiting for you in front of your house? I think either he really loves you or he is a stalker.

  뭐라고? 그가 너희 집 앞에서 기다리고 있었다고? 내 생각엔 그가 너를 정말로 사랑하거나 아니면 스토커이거나 둘 중 하나라고 봐.

- Everything I like is either illegal, immoral, or fattening. — Alexander Woollcott, American writer

  내가 좋아하는 것들은 다 불법이거나 부도덕하거나 살찌게 만드는 것뿐이다.

4) neither A nor B: A도 아니고 B도 아니다.

- Neither you nor your wife is to blame in this matter.

  이 일에 있어서 네 잘못도 아니고 네 아내 잘못도 아니야.

- They agreed that it was **neither possible nor necessary** to educate people who never questioned anything. — Catch-22 / Joseph Heller

  그들은 어떤 질문도 결코 하지 않는 사람들을 교육하는 것이 가능하지도 않고 필요하지도 않다는 데 동의했다.

- I don't mind going shopping for grocery. That means I **neither like it nor dislike it**.

  나는 장 보러 가는 거 상관없어. 그러니까 좋지도 않지만 싫지도 않아.

- The Holy Roman Empire was **neither holy, nor Roman, nor an empire**. — Voltaire

  신성 로마 제국은 신성하지도 않았고 로마도 아니었고 제국도 아니었다.

(이 문장에 쓰인 대구법에 관해서는 773페이지를 보라.)

5) not A but B: A가 아니라 B (= B, not A)

- **Not I but my affairs** have made you wait. — The Merchant of Venice / William Shakespeare

  내가 아니라 내 일들이 당신을 기다리게 만들었소 (내가 일부러 당신을 기다리게 한 것이 아니라, 일 때문에 어쩔 수가 없었소)

- Masculine and feminine roles are **not biologically fixed but socially constructed**. — Judith Butler

  남성적 역할과 여성적 역할은 생물학적으로 고정된 것이 아니라 사회적으로 구성된 것이다.

- It's **not** that I don't want to spend time with you, **but** (that) I really have to write my report.

  내가 너랑 함께 시간을 보내고 싶지 않은 게 아니라, 정말로 보고서를 써야만 해.

- Does the government fear us? Or do we fear the government? When the people fear the government, tyranny has found victory. The federal government is **our servant, not our master!** — Thomas Jefferson

  정부가 우리를 두려워하는가? 아니면 우리가 정부를 두려워하는가? 국민이 정부를 두려워한다면, 폭정이 승리한 것이다. 연방정부는 우리의 종이지, 우리의 주인이 아니다!

3

접속사 that

접속사로서의 that은 내용절 (content clause)을 이끈다. 즉, that절은 말이나 인식을 나타내는 동사 뒤에 쓰여 그 말과 인식의 내용을 표현하기도 하고, 감정 표현 형용사 뒤에서 그 감정의 내용을 표현하기도 하며, 추상명사 뒤에서 그 명사의 내용을 표현하는 등 내용절의 역할을 한다.

1) 진주어로 쓰이는 that절

- It is important that students bring a certain ragamuffin, barefoot irreverence to their studies; they are not here to worship what is known, but to question it. — Jacob Bronowski, British scientist
  학생들이 자신의 학업에 대해 누더기 같은 옷을 아무렇게나 걸치고 신발도 신지 않는 것과 같은 어떤 불손한 태도를 가지는 것이 중요합니다. 그들은 이미 알려진 것을 공경하기 위해서가 아니라, 그것에 의문을 제기하기 위해 여기 있는 것입니다.

2) 연결동사 be가 거느리는 that절

- Civil disobedience is not our problem. Our problem is civil obedience. Our problem is that people all over the world have obeyed the dictates of leaders. … Our problem is that people are obedient while the jails are full of petty thieves, and the grand thieves are running the country. — Howard Zinn, American historian
  시민 불복종이 우리의 문제가 아닙니다. 우리의 문제는 시민의 복종입니다. 우리의 문제는 전 세계 사람들이 지도자들의 지시에 복종해 왔다는 점입니다. … 우리의 문제는 감옥이 작은 도둑들로 가득 차 있고 큰 도둑들이 나라를 운영하고 있는데도 사람들이 복종하고 있다는 점입니다.

- I really want to go to the party, but the thing is that I don't have an appropriate dress.

  나는 그 파티에 정말로 가고 싶어. 하지만 문제는 적당한 드레스가 없다는 거야.

  ☞ 'the thing is that ~'은 무언가에 대한 이유, 변명, 설명 등을 제시하는 표현으로 여기서 the thing은 중요한 점, 문제점, 핵심 등을 의미한다. 비격식적 표현이다.

3) turn out, seem, appear, happen, chance가 거느리는 that절

- It has turned out that she is innocent. 그녀가 무죄라는 것이 밝혀졌다.
- It seems that Janice has some trouble at school. 제니스는 학교에서 문제가 좀 있는 것 같다.
- It appeared that Tom had been sick for a long time. 톰은 오랫동안 아파 온 것으로 보였다.
- It happens that my first love in high school lives in the same neighborhood as I do.

  내 고등학교 때 첫사랑은 우연히도 나랑 같은 동네에 살고 있다.
- When the singer got in a taxi, it chanced that the driver was listening to her song.

  그 가수가 택시에 탔을 때 기사가 우연히도 그녀의 노래를 듣고 있었다.

  ☞ chance가 이 의미로 쓰일 때는 happen보다 격식적이고 문예적인 표현이다.

위 문장들은 that절의 주어를 앞으로 밀어 올리고 to 부정사를 써서 표현할 수도 있다. (402~403페이지를 보라.)

4) 그 외 that절을 거느리는 동사들

〈that절을 거느리는 동사들〉

think	know	realize	learn	find	discover	believe	suppose
assume	claim	say	promise	hear	indicate	hope	expect

that절은 주로 생각, 인식, 이해 등의 정신적 행위 및 말을 통한 내용의 전달을 표현하는 동사 뒤에 쓰여서 그 생각이나 말의 내용을 표현하는 기능으로 쓰인다. 비격식체나 회화에서 that은 대개 생략된다. 격식체에서는 생략되지 않는다.

- I **believe** that everything happens for a reason.
  나는 모든 것이 이유가 있어서 일어난다고 믿는다.
- Albert Einstein **found out** that light is bent by gravity.
  앨버트 아인슈타인은 빛이 중력에 의해서 휘어진다는 것을 발견했다.
- I often **think** that the night is more alive and more richly colored than the day.
  나는 밤이 낮보다 더 생기 있고 더 풍부한 색을 가지고 있다고 생각이 자주 든다. — Vincent van Gogh

5) 형용사가 거느리는 that절

⟨that절을 거느리는 형용사들⟩

| certain | confident | convinced | afraid | worried | glad |
| pleased | proud | sad | sorry | surprised | disappointed |

- I was **confident** (that) I would pass the driving test, but I'm **disappointed** (that) I didn't.
  나는 내가 운전시험에 합격할 거라고 자신했는데 그러지 못해서 실망스러워.

A: I'm **sorry** (that) I'm late. 늦어서 미안해.
B: That's OK. I'm just **glad** (that) you've made it here. 괜찮아. 네가 여기 와줘서 반가울 뿐이야.

- We can never be **sure** that the opinion we are endeavoring to stifle is a false opinion; and even if we were sure, stifling it would be an evil still. — On Liberty / John Stuart Mill
  우리는 우리가 억압하려고 애쓰는 그 의견이 틀린 의견이라는 것을 결코 확신할 수가 없다. 그리고 설령 우리가 확신한다 하더라도, 그것을 억압하는 것은 여전히 잘못된 일이다.

- Do not be **concerned** that you might set a target too high and fail. Be **concerned** that you will set it too low and succeed. — Michelangelo
  목표를 너무 높이 세우고 실패할지도 모른다고 걱정하지 말라. 목표를 너무 낮게 세우고 성공할까 걱정하라.

이러한 that절은 형용사가 거느리는 보어절이다. 이때의 주어는 형용사가 표현하는 감정을 느끼는 주체이고 that절은 어떠한 내용에 대해서 그러한 감정을 느끼는지를 표현한다.

6) 명사가 거느리는 that절: 동격절

that절은 정신적 활동 (thought, concept, belief, etc.), 언어적 활동 (report, claim, news, answer, rumor, message, etc.), 정서와 감정 (feeling, fear, concern, etc.), 그리고 기타 내용 (content)을 가질 수 있는 추상명사들 (fact, truth, certainty, etc.) 뒤에서 그 명사의 내용을 표현하는 기능으로 쓰이는데 흔히 '동격절'이라고 불린다. '~라는' 또는 '~다는'으로 해석된다. 동격절을 이끄는 that은 간혹 생략하기도 하나 (특히 비격식체에서), 생략하지 않는 것이 일반적이다.

〈that절을 거느리는 명사들〉

| fact | belief | opinion | news | report | statement |
| suggestion | fear | concern | expectation | certainty | confidence |

- The keystone to justice is **the belief** that the legal system treats all fairly.
  — Janet Reno, former Attorney General of the United States

  사법체계의 근간은 법률 체계가 모두를 공정하게 대한다는 믿음이다.

- We live in **a constant fear** that our shortcomings will be exposed to family, to friends, and to the world. — Keith Miller, Australian cricket player

  우리는 우리의 단점이 가족과 친구와 세상에 알려질 것이라는 끊임없는 두려움 속에서 삽니다.

명사와 that절 사이에 전치사구 등의 부사구가 올 수도 있다.

- He had discovered **a great law of human action**, without knowing it — namely, that in order to make a man or a boy covet a thing, it is only necessary to make the thing difficult to attain. — The Adventures of Tom Sawyer / Mark Twain

  그는 부지불식간에 인간 행동에 관한 하나의 위대한 법칙을 발견했다. 즉, 한 남자나 소년이 무언가를 탐하게 만들기 위해서는 그것을 얻기 어렵게 만들기만 하면 된다는.

- '명사 + that절'이 주어일 때, that절로 인해 주어가 현저하게 길게 되면 that절이 뒤로 이동하기도 한다.

- The idea that she might have been hiding something from me occurred to me.
= The idea occurred to me that she might have been hiding something from me.

목적어와 목적보어가 있는 문장에서 '명사 + 동격적 that절'이 목적어이고 that절로 인해 목적어가 현저하게 길어지게 되면 that절이 목적보어 뒤로 이동하기도 한다.

- We hold these truths to be self-evident, that all men are created equal, that they are endowed by their Creator with certain unalienable Rights, that among these are Life, Liberty and the pursuit of Happiness. — United States Declaration of Independence
우리는 이러한 진리를 자명한 것으로 간주한다. 모든 인간은 평등하게 태어났고, 창조주에 의해 일정한 양도 불가능한 권리를 부여받았으며, 그러한 권리들에는 생명, 자유, 행복의 추구가 있다.

'(the) chances are that ~', '(the) odds are that ~'은 '아마도 ~할 것이다', 즉 that절의 내용이 사실이거나 성립할 가능성이 높다는 의미의 관용구이다. 이 표현에서 that절은 동격절이라고 할 수 있지만 항상 be 동사 뒤에 위치한다.

- If you're passionate, the chances are that you will find a job that will make you happy.
— Arthur Ranking Jr., American animation director and producer
당신이 열정적이라면, 아마도 당신은 당신을 행복하게 해 줄 직업을 찾을 것입니다.

위 명사들 뒤에 오는 that절이 항상 동격절인 것은 아니며 관계대명사절일 수도 있으므로 유의하라.

- He made an argument that didn't make any sense that he was immortal and had been living for over six hundred years.
그는 자신이 죽지 않는 존재이며 600년 넘게 살아왔다는 말도 안 되는 주장을 했다.
☞ 위 문장의 첫 번째 that절은 관계대명사절이고 두 번째 that절은 동격절이다.

명사구 뒤의 that은 관계대명사일 수도 있고 동격의 접속사일 수도 있다. 그런데 앞서 관계대명사에 관한 장에서도 설명했듯이, 그 둘을 구분하기 위해 "관계대명사 that 뒤에는 불완전한 문장이 오고 접속사 that 뒤에는 완전한 문장이 온다"는 설명이 유포되어 있는데, 이것은 문제풀이 요령이지 문법적으로 타당한 설명이 아니다.

- The pizza **that** we ate together last night was very good. [관계대명사]

  우리가 어제 함께 먹은 피자는 매우 맛있었어.

→ We ate the pizza together last night. 우리는 그 피자를 어젯밤에 함께 먹었다.

- The fact **that** we discovered together last night was surprising. [관계대명사]

  우리가 어젯밤에 함께 발견한 그 사실은 놀라웠어.

→ We discovered the fact together last night. 우리는 그 사실을 어젯밤에 함께 발견했다.

- The fact **that** we ate together last night doesn't mean that we are dating. [접속사]

  우리가 어젯밤에 함께 식사를 했다는 사실이 우리가 사귄다는 것을 의미하는 것은 아니야.

→ We ate the fact together last night. (?) 우리는 그 사실을 어젯밤에 함께 먹었다. (?)

→ We ate together last night. O 우리는 어젯밤에 식사를 했다. O

※ that이 관계대명사인지 접속사인지 구별하라.

1. I know the fact **that** David drives to his work.
2. That's the car **that** David drives to his work.
3. There is a serious obstacle **that** they might continue to fight.
4. There is some apprehension **that** they might continue to fight.
5. What do you think about the assertion **that** global warming is worsening?
6. What do you think about the drought **that** global warming is worsening?
7. Do you know about the rumor **that** Diane married when she was a college student?
8. Do you know about the man **that** Diane married when she was a college student?
9. I've heard the news **that** the police are searching for the missing child.
10. I once went on a camping trip to the forest **that** the police are searching for the missing child.

의문사 및 whether / if

what, who, which, where, when, why, how와 같은 의문사 및 선택을 표현하는 whether와 if는 명사절을 이끄는 접속사 기능을 할 수 있다. 즉, 의문사절도 내용절로 쓰일 수 있다. 의문사절이 이와 같이 쓰일 때는 의문문 어순으로 도치를 하지 않으며 '주어+동사'의 어순으로 표현한다.

- I wonder **how old is Karen**. x → I wonder **how old Karen is**. O
- Do you know **what time is it?** x → Do you know **what time it is?** O
- I am not a smart man, but I know **what love is**. O — from the movie, Forest Gump

when절과 if절이 부사절로 쓰일 때는 현재시제로 미래시간을 표현하지만, 명사절로 쓰일 때는 will을 사용하여 미래시간을 표현한다.

- Call me **when you arrive at the station**. 역에 도착하면 나한테 전화해. [부사절]
- Tell me **when you will arrive at the station**. 네가 언제 역에 도착할지 나에게 말해 줘. [명사절]
- I'll call you **if I arrive earlier than scheduled**. 예정보다 일찍 도착하면 전화할게. [부사절]
- I'm not sure **if I will arrive earlier than scheduled**. 예정보다 일찍 도착할지 확신할 수 없어. [명사절]

what, when, where가 의문사절을 이끄는 의문사인지 명사구를 이끄는 명사적 관계사인지는 형태적으로 전혀 구분할 수 없다. 의미에 있어 의문사절로 보는 것이 자연스러우면 의문사로 보고, 명사구로 보는 것이 자연스러우면 명사적 관계사로 본다.

- What I want to know is what you did last night.
  　　[관계사]　　　　　　　　[의문사]

- I know when I first met Susan. [의문사]
- I visited Paris six years ago, and that was when I first met Susan. [관계사]
- Do you know where Mark lives now? [의문사]
- That house with a red roof is where Mark lives now. [관계사]

1) 주어로 쓰이는 의문사절 및 whether절

의문사절 및 whether절은 주어로 쓰일 수 있다. 가주어 it을 사용하여 표현하는 경우가 많다. if절은 주어로 쓰이지 않는다.

- Where you buy food is important.
- → It is important where you buy food. 당신이 어디서 음식을 사는지는 중요하다.
- What caused the explosion is still unknown.
- → It is still unknown what caused the explosion. 무엇이 그 폭발을 야기했는지 여전히 알려져 있지 않다.
- Whether [if] you are rich or not doesn't matter.
- → It doesn't matter whether [if] you are rich or not. 당신이 부유한지 아닌지는 상관없다.

2) 목적어로 쓰이는 의문사절과 whether/if절

의문사절이 목적어로 쓰일 때 흔히 '간접의문문'이라고 개념화되는데, 주어나 보어로 쓰인 경우도 포함하는 폭넓은 개념으로 사용되기도 한다. '간접의문문' 개념은 크게 두 가지 면에서 문제적이다. 첫째, '간접의문문'은 'indirect question'을 번역한 개념인데, 영어에서는 '문장'을 표현하는 것이 전혀 아닌데도 한국어로는 '간접의문문'으로 번역했기 때문에 혼동하기 쉽다.

- I wonder **where** Tony is.

위 문장이 간접의문문인 것이 아니라, 'where Tony is'가 간접의문문이다. 그래서 사실 정확히 표현하자면 '간접의문절'이라고 해야 한다.

둘째, '간접의문문'은 '간접적으로 의문을 표현하는 문장'과 혼동하기 쉽다. 그 둘은 서로 완전히 다른 개념이다. 간접적으로 의문을 표현하는 문장에는 간접의문문이 쓰이지만, 간접의문문이 언제나 간접적인 의문을 표현하지는 않는다.

그래서 이 책에서는 '간접의문문' 대신 '의문사 명사절'로 표현하고, 형태적으로는 의문사 명사절이 사용되고, 의미에 있어서는 상대방에게 간접적으로 질문이나 부탁을 하는 문장은 '간접적으로 의문을 표현하는 문장'으로 부르겠다.

- Do you know **where** Tony is?

위 문장은 "Do you know?"를 주절로 하는 의문문이고, 목적어는 'where Tony is'라는 의문사 명사절이다. 또한 'Where is Tony?'라고 직접적으로 물어보는 것이 아니라, 'Do you know ~?'와 의문사절을 사용하여 간접적으로 의문을 표현하는 문장이다.

- I know **where** Tony is.

위 문장의 주절은 평서문이다. 그리고 'where Tony is'라는 의문사 명사절이 목적어절이다. 그러나 간접적으로 의문을 표현하는 문장은 아니다. Tony가 어디에 있는지 알고 있다는 말은 어디 있는지 알려 달라는 것을 간접적으로 물어보는 것이 전혀 아니다.

간접적으로 의문을 표현하는 문장은 상대방에게 예의 바르게 질문이나 요청을 할 때 주로 사용된다. 이것은 낯선 사람이나 사회적 거리가 있는 사람에게 예의 바르게 질문을 하는 것으로서 영어의 존댓말 표현이라고 할 수 있다. 간접적 의문을 나타낼 때는 "Do you (happen to) know ~?" "Can [Could] you tell me ~?", "May I ask you ~?", "I wonder ~." "I was wondering ~." 등의 표현이 주로 사용된다.

- I'm sorry, but **could you show me** how I can solve this problem?
- Excuse me, ma'am. **Do you happen to know** where the nearest subway station is?
- Excuse me, sir. My seat is 12A, right over there, and **I was just wondering** if you could switch seats with me if you don't care.

의문사 명사절은 간접적인 의문을 표현하는 것 이외에도 ask, say, tell, explain, discover, find out, know, understand, forget 등 질문, 지시, 설명, 발견, 인식 등의 의미를 가진 동사들의 목적어로 사용될 수 있으며 전치사의 목적어로도 쓰일 수 있다.

- She never **said** who she really was.
- I can't **remember** where I put my wallet.
- She **asked** me whether [if] I was hungry.
- Please **inform** me **of** when the meeting will be held.
- Don't ever take a fence down until you **know** why it was put up.   — Robert Frost
- Now I **understand** what you tried to say to me and how you suffered for your sanity and how you tried to set them free.   — Vincent / Don McLean

'의문사 + S + should do'는 '의문사 + to do'로 표현할 수 있다. to 부정사로 표현한 것이 간결하기 때문에 더 많이 쓰인다.

- Tell me when I **should start**. = Tell me when **to start**.
- I don't know what I **should do**. = I don't know what **to do**.

whether와 if는 '~인지 아닌지'를 뜻하는 명사절을 이끌 수 있다. 단, whether는 to 부정사와 함께 쓰일 수 있고, 전치사의 목적어로도 쓰일 수 있으며, 바로 뒤에 or not이 쓰일 수도 있으나, if는 그렇지 않다.

- She talked with her husband about whether [if] they should buy a new car.
= She talked with her husband about whether [if] to buy a new car.
- I wonder whether [if] or not it will be fine this weekend.
= I wonder whether [if] it will be fine or not this weekend.
= I wonder whether [if] it will be fine this weekend.

3) 보어절로 쓰이는 의문사절과 whether절

- The important thing is not how long you live, but how you live.
- The problem is who will put the bell on the cat's neck.
- Democracy is made up of thee elements. One is whether the laws support pluralistic principles. The second is whether the people take advantage of these laws. The third element is whether the people's wallets are thick enough to benefit from this democracy. — Lech Walesa, former President of Poland

4) Where do you think he is?

주절의 동사가 think, believe, suppose, guess, imagine과 같이 추측적 인식을 표현하는 동사 또는 say와 같이 말을 표현하는 동사이고 의문사 명사절이 연결되는 경우, 의문사가 문장의 맨 앞에 위치한다. 이것은 의미상 그럴 수밖에 없다.

(a) Do you know where he is? O
(b) Do you think where he is? x → (c) Where do you think he is? O

(a)는 그가 어디에 있는지를 상대방이 아는지 모르는지 여부를 물어보는 선택의문문이다. (b) 또한 그가 어디에 있는지를 상대방이 생각하고 있는지 아닌지를 물어보는 선택의문문이 된다. 그런데 이것은

대단히 이상한 말이다. 왜냐하면 그가 어디에 있는지에 대해 상대방이 생각을 하고 있는지 아닌지의 여부를 물어본다는 것은 이상한 일이기 때문이다. 따라서 '어디에' 있는지에 질문의 초점이 있고 그에 대한 대답 역시 yes나 no가 아니라 '어디에' 있다고 생각하는지가 나오게 되므로 (b)와 같은 선택의문문이 아니라 (c)와 같이 의문사를 맨 앞에 두어 의문사 의문문으로 표현하는 것이 자연스럽다.

· Do you think? + Where is he?
→ Do you think where he is? x
→ Where do you think he is? ○

A: Don't stay out late. It's not safe for girls to be out late.
늦게까지 밖에 있지 마. 여자가 늦게 밖에 있는 것은 안전하지 않아.

B: Don't boss me around! Who do you think you are? My father?
나한테 이래라저래라 하지 마! 네가 뭔데? 내 아버지라도 돼?

5 시간 표현 부사절 접속사

when	~할 때 (사건이 언제 일어나는지를 표현)
	· Sarah got into the Julliard School **when** she was just six years old.
while	~하는 동안 (사건/상황이 종속절 사건이 일어나는 동안 발생)
	· In the dark, his mother cut rice cake **while** he was writing calligraphy.
as	~할 때, ~하면서 (사건/상황이 종속절 사건이 일어나는 상황 속에서 발생)
	· **As** she grew older, her curiosity also grew bigger.
until	~할 때까지 (사건/상황이 종속절 사건 발생 시점까지 계속 이어짐)
	· You cannot swim for new horizons **until** you have courage to lose sight of the shore. ― William Faulkner
since	~이래로 (어느 사건/상황이 종속절 사건 발생 이후부터 계속 이어짐)
	· She has always loved animals **since** she was a little girl.
by the time	~할 때쯤이면 (종속절 사건 발생 시점에 사건/상황이 이미 발생한 상태임)
	· I left a note in the hallway. **By the time** you read it, I'll be far away. ― Sorry / Beyonce
as long as	~하는 한, ~하는 동안만큼 (시간) (사건/상황이 종속절 사건 동안만큼 성립함)
	· How long will I love you? **As long as** stars are above you. And longer, If I can. ― How long will I love you? / About Time OST
	~하기만 한다면 (조건) (사건/상황이 종속절 사건이 벌어지기만 하면 성립함)
	· I don't care who you are, where you're from, what you did **as long as** you love me. ― As Long As You Love Me / Backstreet Boys

* 미래 시간을 표현하는 부사절에서는 will을 쓰지 않는다. will은 단순히 미래시간을 표현하는 것이 아니라 미래에 대한 현재 시점에서의 의지와 확신을 표현한다. 그래서 현재의 상황을 배제하고 순수하게 미래 시점만을 가리키는 시간 부사절에서는 현재시제를 쓰는 것이 적절한 것이다. 영어에서 미래시간을 순수하게 지칭하는 기능을 기본적으로 가지고 있는 것은 현재시제이지 will이 아니다.

6

이유 표현 부사절 접속사

because	왜냐하면, ~이므로 (가장 널리 쓰임. 이유/원인 설명에 중점)
	· An object falls to the ground **because** the gravity of the Earth attracts it to the surface of the Earth.
since	왜냐하면, ~이므로 (because보다 격식적. 주절의 내용에 중점)
	· **Since** there is nothing so well worth having as friends, never lose a chance to make them. — Francesco Guicciardini, Italian historian
	· You can't do without philosophy, **since** everything has its hidden meaning we must know. — Maxim Gorky, Russian writer
as	왜냐하면, ~이므로 (because보다 격식적. 주절의 내용에 중점)
	· He likes his job **as** he can work with the people he likes.
now (that)	이제 ~이니까 (이유/원인 제시 + 과거와 대조. 비격식체에서는 that 생략)
	· **Now that** I'm a parent, I understand why my father was in a bad mood a lot. — Adam Sandler, American actor
in that	~이므로, ~라는 점에 있어서 (어떤 측면에서 그러한지를 설명. 격식적 표현)
	· Our civilization is still in a middle stage, scarcely beast, **in that** it is no longer wholly guided by instinct; scarcely human, **in that** it is not yet wholly guided by reason. — Theodore Dreiser
	우리 문명은 아직 중간 단계에 있다. 더 이상 전적으로 본능에 의해 이끌어지지 않는다는 점에 있어서는 거의 야만적이지 않다. 그러나 아직 완전히 이성에 의해 이끌어지지 않고 있다는 점에 있어서는 거의 인간적이지도 않다.

양보 표현 부사절 접속사

though **although** **even though**	~에도 불구하고, 비록 ~지만 (종속절이 성립해도, 주절 또한 성립함) · **Though** we're far apart, you're always in my heart. You are not alone. — You Are Not Alone / Michael Jackson · Over every mountain there is a path, **although** it may not be seen from the valley. — Theodore Roethke, American poet · **Even though** the future seems far away, it is actually beginning right now. — Mattie Stepanek, American poet though는 문미에서 부사로 쓰이기도 한다. 회화적 표현이다. · Tom is a very strict teacher. I like him **though**.
when	~한 상황에서도 (사실이나 현실에 배치되는 말이나 행동 묘사) · Why didn't you tell me, **when** you knew about it? · He said he was an adult, **when** in fact he was only 17.
while	~하기는 하지만 (종속절 내용에도 불구하고 주절이 성립함) · **While** you have some points, I can't agree with you. · We live as we dream – alone. **While** the dream disappears, the life continues painfully. — Heart of Darkness / Joseph Conrad

as	비록 ~이지만 (형용사/부사/무관사 명사 + as + S + V) (격식적 표현)
	· Rich **as** he was, his greed knew no bounds.
	· Little girl **as** she is, she knows how bitter life can be.
	
	'형용사/부사 + as + S + V'는 양보관계나 이유를 표현한다.
	· Poor **as** he was, he was able to buy a luxurious engagement ring.
	   그는 가난했지만, 사치스러운 약혼반지를 살 수 있었다.
	· Poor **as** he was, he wasn't able to buy a luxurious engagement ring.
	   그는 가난해서 사치스러운 약혼반지를 살 수 없었다.
	
	'as ~ as S + V'로 양보를 표현할 수도 있다. as ~ as 사이에 명사구가 올 경우 '형 a 명' 어순이므로 유의하라.
	· **As** difficult a problem **as** it is, we can solve it if we do our best.

〈양보 (concession), 대조 (contrast), 무관성 (dismissal)〉

concession은 '인정'을 의미한다. 민지가 "이 휴대폰은 비싸"라고 말했을 때 슬기가 "아니야 그것은 비싸지 않아"라고 한다면 슬기는 민지의 말을 부정(denial)한 것이며 이것은 concession이 아니다. 그에 반해 "그래 맞아 그 휴대폰은 비싸"라고 말한다면 슬기는 민지의 말을 인정한 것이며 이것이 concession이다. 문법 용어 concession은 여기에 반박이 결합된 것을 말한다. 즉, 슬기가 '그 휴대폰은 품질이 좋지 않아'라고 말하면 반박을 한 것이다. 그리고 '그 휴대폰이 비싸다'는 말과 '그 휴대폰은 품질이 좋지 않다'는 말과의 관계가 concession을 형성한다. 즉, 가격이 높으면 품질이 좋을 것으로 기대되는데 의외로 그러한 예상에 어긋난다는 사실을 표현하는 것이 concession이다. 이것을 '양보'로 번역한 것은, "그래 그 휴대폰이 비싸다는 사실은 **인정**해. 하지만 내가 **양보**해서 그것이 사실이라 **인정**하더라도, 그 휴대폰이 품질이 안 좋다는 것 또한 여전히 사실이야"라는 뜻에서 '양보'로 번역한 것이다. concession은 의미에 있어 **의외성**이 핵심이므로 '의외'나 '의외 관계'라고 하는 것이 더 이해하기 쉽지 않을까 싶다.

· **Although** this phone is expensive, its quality is not very good. ○

때로 역접이나 대조를 양보와 동일 개념으로 잘못 이해하는데, 양보는 역접의 일종이지만 대조와는 다르다. 예를 들어 슬기의 휴대폰은 하얀색이고 민지의 휴대폰은 파란색이라고 하자. 그 둘은 색깔에 있어 대조(contrast)를 이루지만 양보 관계는 존재하지 않는다. 슬기의 휴대폰이 하얀색이라는 사실을 통해 민지의 휴대폰 색이 무슨 색일지는 전혀 예상될 수 없으므로 민지의 휴대폰이 파란색이라고 해도 아무런 의외성을 형성하지 않는다. **의미에 있어 대조와 양보가 혼재되어 있는 경우는 매우 많으며, 그 둘을 언제나 선명하게 구분할 수 있는 것은 아니다.** 그러나 although, though, even though는 양보의 의미가 조금이라도 내포되어야 쓰일 수 있으며, 대조 관계일 뿐인 맥락에 쓰는 것은 어색하다. while의 경우에는 대조와 양보를 모두 표현할 수 있지만 양보절일 경우는 주절 앞에, 대조절일 경우는 주절 뒤에 위치하는 경우가 많다.

· His phone is white, **although** hers is blue. ✗
· His phone is white, **while** hers is blue. ○

또한 whether, whatever와 같이 '~이거나 아니거나', 또는 '~가 무엇이든지 간에'와 같은 표현을 '양보'라고 표현하는 경우가 대단히 많다. 그러나 그것은 정확한 표현이 아니다.

· **Whether** it's rainy or not, I will go on a picnic.

비가 오거나 안 오거나 피크닉을 가겠다는 것은 비가 안 와도 가고, 비가 와도 간다는 의미인데 여기에는 비가 오더라도 가겠다는 의미가 포함되어 있으므로 양보의 뜻이 내포되어 있기는 하다. 그러나 이것은 whether절의 내용과 **상관없이** 주절이 성립함을 표현하는 것이며 의미에 있어 **무관성**이 핵심이지, whether절에 언제나 양보의 의미가 담겨 있는 것은 아니다. 즉, 무관성과 양보는 혼재되어 있을 수도 있지만 반드시 그런 것은 아니다.

· **Whether** it's a cat or a dog, you should take care of your pet properly.

위 문장에는 양보 관계가 존재하지 않는다. 강아지보다 고양이를 더 잘 돌봐야 한다거나 고양이는 제대로 돌보지 않아도 된다거나 하는 예상이나 기대는 전혀 존재하지 않기 때문이다. 고양이건 강아지건 애완동물을 잘 돌봐야 한다는 것은, 종류와 **무관하게** 모두 적절히 돌봐야 한다는 말이다. 영어로는 이것을 'dismissal'이라고 하는데, whether절의 내용을 묵살, 일축하고 주절이 성립함을 뜻하는 개념이다. 필자는 whether절의 내용과 무관하게 주절이 성립한다는 뜻에서 dismissal을 '무관성'으로 표현하겠다.

⟨even if vs. even though⟩

(a) I will marry her, **even if** my parents are against it.
(b) I will marry her, **even though** my parents are against it.

even if로 현실적 가정을 표현하는 것은 말하는 사람이 그 조건이 사실인지 아닌지 모르는 상태에서 가정을 하는 것이다. 즉, (a)는 부모가 반대를 할지 안 할지 모르는 상태에서, 반대를 하는 상황을 가정하고, 설령 그러한 상황이라 하더라도 그녀와 결혼할 것이라는 의지를 표명하는 것이다.
반면에 even though는 하나의 기정사실이 주어진 상황에서 그럼에도 불구하고 주절이 성립함을 나타낸다. 즉, (b)는 부모가 실제로 그 결혼을 반대하고 있는 상황임에도 불구하고 그녀와 결혼하겠다는 의지를 표명하는 것이다.

단, 엄밀하게 구분하지 않고 even if를 even though의 뜻으로 쓰기도 한다.

· **Even if** I am short, I love playing basketball.
= **Even though** I am short, I love playing basketball.

그러나 even though는 가정의 의미를 가지지 않는다. 또한 상상적 가정법으로 표현할 때는 even if만 쓸 수 있다.

· **Even if** you were a millionaire, I wouldn't go out with you.

무관성 표현 부사절 접속사

whether	~이든지 아니든지, ~이든지 혹은 ~이든지 (양자택일 상황에서 무관성) · **Whether** you are rich or poor, beautiful or ugly, young or old, cancer knows no boundaries. — Sylvie Meis, Dutch model and entertainer · People who work together will win, **whether** it be against complex football defenses, or the problems of modern society. — Vince Lombardi, American football coach ☞ whether가 무관성 표현 부사절을 이끌 때, 원형적 현재형이 쓰이기도 한다. 격식적이고 스타일쉬한 표현이다.
whenever	매번 ~할 때마다 (= every time) (시간 표현) 언제 ~하든지, 아무 때나 (= at any time when) (시간과의 무관성 표현) · **Whenever** I hurt and cry, **whenever** I got to lie awake and weep, **whenever** I kneel to pray, **whenever** I need to find a way, I'm calling out your name. — Whenever I Say Your Name / Sting A: When can I call you? B: You can call me **whenever** you like, really.
wherever	~한 모든 곳에서 (= everywhere) (장소 표현) 어디에서 ~하든 (= at any place where) (장소와의 무관성 표현) · **Wherever** there is light, there is shadow. **Wherever** there is length, there is shortness. **Wherever** there is white, there is black. — Buddha · **Wherever** you go, whatever you do, I'll be right here waiting for you. — Right Here Waiting / Richard Marx

however	아무리 ~일지라도, 할지라도 (정도와의 무관성 표현. 양보의 뜻도 내재됨) (however adj / adv + S + V = no matter how adj / adv + S + V) · **However** difficult life may seem, there is always something you can do and succeed at. — Stephen Hawking · **However** loudly she screamed, nobody came to help her. · **However** hard, you must finish the work by next Monday. ☞ However adj 뒤에 'S + V'를 생략하기도 한다. · **However** serious the problem, I will keep trying to find a way to fix it. ☞ 'However + adj + NP'로 표현되기도 한다. · **However hard I may try**, I cannot solve this problem. = **Try as I may**, I cannot solve this problem. 내가 아무리 열심히 노력해도, 이 문제는 해결할 수가 없다. · As you grow older, you'll see white men cheat black men every day of your life, but let me tell you something and don't you forget it — whenever a white man does that to a black man, **no matter** who he is, **how rich he is,** or **how fine a family he comes from**, that white man is trash. — To Kill A Mockingbird / Harper Lee ☞ no matter how로 무관성을 표현하기도 한다. 다소 비격식적 표현이다. 또한 how 뒤에 명사구가 올 때 어순은 'how + 형 + a + 명'이다.
Be it ~	접속사가 쓰이는 것은 아니나, 'Be it ~'으로 무관성을 표현할 수 있다. 옛날식의 격식적 표현이다. 여기서 'Be'는 동사의 원형적 현재형이다. · The person, **be it gentleman or lady**, who has not pleasure in a good novel, must be intolerably stupid. — Northanger Abbey / Jane Austen 좋은 소설에서 즐거움을 얻지 못하는 사람은, 신사이건 귀부인이건, 참을 수 없을 만큼 멍청한 것이 틀림없어요. · **Be it ever so humble**, there's no place like home. — Home, Sweet Home / John Howard Payne · No matter how dreary and gray our homes are, we people of flesh and blood would rather live there than in any other country, **be it ever so beautiful**. — Dorothy to Scarecrow from The Wonderful Wizard of Oz / L. Frank Baum

* whenever가 '매번 ~할 때마다'를 뜻할 때와 wherever가 '~한 모든 곳에서'를 뜻할 때는 각각 시간과 장소를 표현하는 접속사이지 무관성을 나타내는 것은 아니지만, 편의상 여기에 분류하였다.

9 목적 표현 부사절 접속사

so that	~하도록, ~하기 위해 (흔히 can, may가 쓰임. 비격식체에서는 that 생략) · Accept the challenges **so that** you may feel the exhilaration of victory. — George S. Patton, American army general · I want them to let me get off work on time **so that** I can enjoy my personal life. · I wanna take a picture **so** I remember this moment forever, **so** I can show my children one day. — Take A Picture / Mya
in order that	~하도록, ~하기 위해 (so that보다 격식적 표현) · We give up leisure **in order that** we may have leisure, just as we go to war **in order that** we may have peace. — Aristotle
lest	~하지 않도록, ~하지 않기 위해 (원형적 현재형 사용. 격식적 표현) · Don't be too sweet **lest** you <u>be</u> eaten up; don't be too bitter **lest** you <u>be</u> spewed out. — proverb 너무 달콤해지지 마라, 잡아먹히지 않도록. 너무 씁쓸해지지 마라, 토해내지지 않도록. → 지나치게 친절하지 마라, 이용당하지 않도록. 지나치게 까칠하지 마라, 배척되지 않도록. · I wrote down what came to mind **lest** I <u>should</u> forget it by the morning. ☞ lest절에는 원형적 현재형이 쓰이는 것이 일반적이나 should가 동사 앞에 첨가되기도 한다. 특히 영국영어에서 그러하다. lest 자체가 '~하지 않기 위해서'라는 뜻이다. 'not'을 잘못 쓰기 쉬우므로 유의하라. lest가 fear, dread, afraid 뒤에 쓰일 때는 '~하지는 않을까 두려워하다, 걱정하다'의 의미로 쓰인다. · There was a man who feared **lest** the sky fall upon him.

10

결과 / 동일 방식 / 장소 표현 부사절 접속사

so ... that **such ... that** **[결과]**	워낙 ~해서 ~하다 (앞 내용의 결과로 어떠한 일이 일어나는지 표현) · All the workers were **so** diligent **that** their boss made a lot of money. · Some of the employees worked **so** hard **that** they died from overwork. · They were **such** loyal employees to the company **that** they never complained, even though they had to work overtime without getting paid. · Their boss was **such** a man of principle **that** he fired an employee for embezzling $2.
as **[동일 방식]**	~대로, ~처럼, ~듯이, ~시피 (= in the same way) · Do **as** I say. · **As** I said, we have to cancel the plan. Cf) **Like** I said, we have to cancel the plan. [비격식] · My plan didn't go **as** expected. 　☞ as thought 생각했던 대로, as decided 결정된 대로 · There are five new instructions, **as** follows. · He didn't show up, **as** was expected. · **As** happened last year, there will be a New Year's Eve party here. · He got very drunk and lost control of himself, **as** is often the case. 　☞ 위와 같이 as는 뒤에 주어 없이 술부가 이어질 수 있다. 이것은 as가 접속사이면서 동시에 명사 기능을 할 수 있기 때문이다. as가 의미하는 것은 어떤 명확한 명사구라기보다는 맥락을 통해서 파악되는 상황, 내용, 사건 등인 경우가 대부분이다. '~한 바대로', '~한 바와 같이' 등으로 해석될 수 있다.
where **[장소]**	~한 곳에서 (주절의 상황, 사건, 동작 등이 어디에서 벌어지는지 묘사) · In the past, most people lived **where** they were born. · Power resides **where** men believe it resides. 　— A Clash of Kings (A Song of Ice and Fire) / George R.R. Martin

11

연결부사와 접속사

연결부사는 접속사가 아니다. 연결부사는 흔히 '접속부사'라고도 불리기 때문에 접속사와 혼동하기 쉬우므로 유의할 필요가 있다.

- She lived in China for three years, **but** she cannot speak Chinese. O
- She lived in China for three years, however, she cannot speak Chinese. x

however는 연결부사이며 연결부사는 접속사가 아니므로 but과 같이 두 절을 결속시켜서 하나의 문장을 만들 수 없다. 따라서 however를 사용하려면 두 개의 별도의 문장으로 분리하거나, 접속사 기능을 할 수 있는 세미콜론을 사용한다.

- She lived in China for three years. However, she cannot speak Chinese. O
- She lived in China for three years; however, she cannot speak Chinese. O
- She lived in China for three years, she cannot speak Chinese. x

절과 절, 좀 더 정확히 말하면 두 개 이상의 정형절을 한 문장으로 연결하기 위해서는 접속사나 세미콜론이 있어야 하며 쉼표만으로 연결하는 것은 문법에 어긋난다.

그러나 그것이 문법에 어긋난다는 말이지, 원어민들이 그러한 표현을 사용하지 않는다는 말은 아니다. 원어민들은, 심지어 전문적인 작가들도, 쉼표만으로 절과 절을 연결하는 표현을 자주 사용한다.

· It was the best of times, it was the worst of times, it was the age of wisdom, it was the age of foolishness, it was the epoch of belief, it was the epoch of incredulity, it was the season of Light, it was the season of Darkness, it was the spring of hope, it was the winter of despair, we had everything before us, we had nothing before us, we were all going direct to Heaven, we were all going direct the other way. — A Tale of Two Cities / Charles Dickens

그때는 최고의 시대였고 최악의 시대였으며 지혜의 시대였고 어리석음의 시대였으며 믿음의 시대였고 불신의 시대였으며 빛의 계절이자 어둠의 계절이었고 희망의 봄이자 절망의 겨울이었으며 우리 앞에 모든 것이 있었으며 우리 앞에 아무것도 없었으며 우리는 모두 천국으로 직행하고 있었고 우리는 모두 그 반대 방향으로 직행하고 있었다.

ги # 16

분사

1. 분사의 형용사적 기능
2. 완전히 형용사화된 분사
3. 명사 뒤 수식의 분사절
4. 부사적 분사절
5. 분사절의 또 다른 측면: 묘사·설명
6. 접속사 뒤에 쓰이는 분사절
7. 떨어진 분사절
8. 독립 분사절
9. 기타 사항들

분사의 형용사적 기능

1) 분사의 수식 기능

	관형 수식	명사 뒤 수식
-ing (능동/진행)	the **sleeping** beauty 잠자는 미녀 **falling** rain 내리는 비	the beauty **sleeping** in the wood 잠자는 숲속의 미녀 rain **falling** in winter 겨울에 내리는 비
-ed (수동/완료)	**roasted** beef 구운 쇠고기 **fallen** leaves 떨어진 나뭇잎들	beef **roasted** in the oven 오븐에 구운 쇠고기 leaves **fallen** on the ground 땅에 떨어진 나뭇잎들

분사가 단독으로 쓰일 때는 대부분 명사 앞에 쓰이나, 반드시 그런 것만은 아니다. 과거분사가 단독으로 명사 뒤 수식을 하는 경우도 없지 않다.

- Please fill out and submit the forms required (= the required forms).
- A smoke detector is useless if there are no batteries included (= included batteries).
- I received a spam email and opened the file attached (= the attached file) out of curiosity.
- If a tsunami hits the coast, what will happen to the nuclear plants in the area affected (= the affected area)?

2) 분사의 서술 기능

① 주격보어로 쓰이는 분사

-ing	Professor Thompson is very **boring**. His lecture is **exhausting**. He is very **demanding**. The assignments he gives are **challenging**.
-ed	Students are **bored** in his class. Taking his course is **required** to graduate. I got **exhausted** after taking his class. I felt **relieved** after finishing his course.

② 목적격보어로 쓰이는 분사

-ing	I find Professor Harding very **interesting**. She makes her lectures **entertaining**. I consider her course **refreshing**. I saw students **lining** up to take her lecture.
-ed	She keeps me **interested** in social science. She doesn't leave her students **confused**. She makes her point clearly **understood**. I heard her **praised** by many students.

일부 사역동사와 지각동사, 유지, 발견, 기록, 상상을 의미 동사들에는 분사가 목적격보어로 사용된다.

- **Keep** water dripping from a faucet in cold weather to keep pipes from freezing.
- **Keep** the door shut.
- Don't **leave** your customers waiting too long.
- **Leave** no stone unturned.
- I **found** my dog eating grass. Is it normal for a dog to eat grass?
- I **found** the window broken.
- The secret agency illegally **recorded** businesspeople having telephone conversations.
- Thomas Edison **filmed** two people kissing in 1896 and it was the first kiss on film.
- I can't **imagine** myself living without you.

2 완전히 형용사화된 분사

1) 현재분사의 경우

분사는 기본적으로 동사적 성질과 형용사적 성질을 함께 가지고 있다. 현재분사가 목적어를 취하는 것, 그리고 과거분사가 수동과 완료의 의미를 가지는 것은 동사적 성질이다. 반면 명사를 수식하거나 보어 기능을 하여 대상을 묘사하는 것은 형용사적 성질이다. 그런데 분사가 동사적 성질과 형용사적 성질을 언제나 동등하게 가지고 있는 것은 아니다. 현재분사가 동사적 성질을 더 많이 가지고 있으면 우리는 그것을 형용사로 보지 않고 동사의 진행상을 표현하는 현재분사로 본다.

· He is reading a book in the library. [동사의 현재진행형을 표현하는 현재분사]

그런데 분사가 형용사적 성질을 훨씬 더 많이 가지는 경우도 있다. 이때는 동작, 움직임, 변화 등과 같은 동사적 의미를 (거의) 가지지 않고 대상의 특성과 상태를 묘사하는 형용사적 의미를 가진다. 분사가 이와 같이 쓰일 때를 '완전히 형용사화된 분사'라고 한다.

· This book is interesting. [완전히 형용사화된 현재분사]

〈완전히 형용사화되는 현재분사〉

amazing 놀라운	approaching 다가오는	boring 지루한	challenging 도전적인	demanding 까다로운	disgusting 역겨운
lasting 오래가는	leading 선도하는	missing 실종된	moving 감동적인	neighboring 인근의	obliging 친절한
ongoing 진행 중인	outgoing 사교적인	outstanding 뛰어난	overbearing 거만한	pressing 절박한	promising 유망한
refreshing 상쾌한	shocking 충격적인	striking 현저한	surprising 놀라운	understanding 이해심 많은	varying 다양한

- The restaurant has an inviting atmosphere, and the menu is varying.
  그 레스토랑은 사람을 환대하는 분위기를 가지고 있고 메뉴도 다양하다.
- The servers are obliging, and the food is outstanding. 직원들은 친절하고 음식은 굉장히 맛있다.
- The neighboring coffee shop is also great. 그 인근에 있는 커피숍 또한 훌륭하다.

위의 모든 낱말들이 언제나 완전히 형용사화된 분사로만 쓰이는 것은 아니다. 맥락에 따라 동작의 진행을 의미할 수도 있다. 특히 목적어를 취하는 것은 동사의 성질이지 형용사의 성질이 아니므로 목적어가 있는 경우는 완전히 형용사화된 분사가 아니다.

- This novel is boring. 이 소설은 지루해. [완전히 형용사화된 현재분사]
- Am I boring you? 내가 널 지루하게 만들고 있니? → 내 이야기가 재미없어? [현재진행을 표현하는 현재분사]
- Some pieces of the puzzle are missing. 퍼즐 조각들 몇 개가 없어졌어. [완전히 형용사화된 현재분사]
- I am missing you. 나는 네가 그리워. [현재진행을 표현하는 현재분사]

"사람에는 과거분사가 쓰이고, 사물에는 현재분사가 쓰인다"라고 설명하는 사람들을 요즘도 심심치 않게 찾아볼 수 있다. 이것은 영어를 좀 잘하는 중학생 정도만 돼도 많은 반례들을 쉽게 찾아낼 수 있을 정도의 엉터리 설명이며 조잡한 시험문제 풀이 요령일 뿐이다.

감정 표현 분사들의 경우, 주어가 다른 사람들에게 그 감정을 느끼게 만드는 속성을 가지고 있음을 표현할 때는 현재분사를 쓰고, 주어가 그 감정을 느끼는 것을 표현할 때는 과거분사를 쓴다. 사람이 감정을 느끼는 것을 표현할 때는 현재분사가 아니라 과거분사를 쓰는 것이 적절하지만, 그렇다고 해서 사람에 현재분사가 쓰일 수 없는 것은 아니다. 사람도 감정을 유발할 수 있는 속성을 가질 수 있기 때문이다. 또한 사물은 감정을 느낄 수 없기 때문에 과거분사를 사용하는 것이 대부분 부적절하지만, 사물을 의인화하여 표현할 수도 있기 때문에 그 역시 반드시 틀리다고 할 수는 없다. 의미의 차이에 관심을 두는 것이 아니라 어떻게 하면 맞고 어떻게 하면 틀리다는 식의 조잡한 문제풀이 요령에 집착하는 현실은 우리나라 영문법 교육의 심각한 병폐가 아닐 수 없다.

"I am boring."은 "나는 다른 사람을 지루하게 만든다", 즉 "나는 유머 감각도 없고, 재미있는 이야기도 할 줄 모르는 따분한 성격의 사람이야"라는 뜻이다. 그래서 "나는 심심해"를 표현하기 위해 "I am boring."으로 표현하는 것이 잘못된 것이지, 그 자체가 틀린 문장은 아니다. 누군가가 재미없고 따분한 성격임을 표현할 때 boring을 쓸 수 있다.

- That teacher is really **boring**.
- My mom is really **tiring** sometimes.
- I think my car is **exhausted** after running such a long distance.

ㄹ) 과거분사의 경우

- I am tired. [완전히 형용사화된 과거분사]

'I am tired.'는 과거분사가 be 동사의 주격보어로 쓰인 것이지 수동태가 아니다. 최소한 동작을 나타내는 수동태는 아니다. 이 같은 경우를 '상태 수동태'라고 부르기도 하는데, 그것은 '수동'이라는 동사적 성질을 미미하게나마 가지고 있기 때문에 그렇게 불러 주는 것이지, 실질적인 수동태는 아니다. 또한 다음 문장들을 보자.

- I am done with my homework.
- She is gone.

위 두 문장의 경우 주어가 동작을 받았다고는 도저히 생각할 수가 없다. do를 타동사로 보아도 I는 do라는 동작을 수행한 주체이지 대상이 아니다. 더구나 gone은 자동사의 과거분사이므로 수동태 자체가 아예 존재할 수 없다. 상태 수동태와 형태상 동일하고 상태를 뜻한다는 공통점은 있지만 전혀 수동태가 아닌 것이다. 위와 같은 경우는 동사의 태를 구분하는 것에 큰 의미가 없기는 하지만, 억지로 구분을 한다면 오히려 능동태로 봐야 한다. 이와 같이 완전히 형용사화된 과거분사가 주격보어 역할을 하는 문장은 의미에 있어서 수동의 의미를 (약하게나마) 내포하는 경우도 있고 전혀 내포하지 않는 경우도 있다. 이것은 과거분사가 수동뿐 아니라 완료된 상태를 표현하기도 하기 때문이다.

또한 과거분사가 완전히 형용사화되어 주격보어로 쓰이는 것과 동사의 현재완료가 완료된 상태를 나타내는 것은, 뉘앙스에 있어 약간의 차이가 있을 뿐, 사실상 동일한 의미를 가지기도 한다. 그래서 마치 수동태가 능동태와 의미가 동일한 경우가 발생하게 되는 것처럼 보이기도 하는데, 이 경우는 형태적으로만 수동태로 보이는 것일 뿐 둘 다 사실상 능동태이다. 또한 때로는 능동태의 단순현재나 현재진행형을 사용하는 것과 be 동사 뒤에 완전히 형용사화된 과거분사를 사용하는 것이 비슷한 의미를 가지기도 한다.

- I've determined to quit drinking. 나는 술을 끊기로 결심했다.
  (결심하는 행위를 했고 현재도 그 결심이 유지되고 있는 상태임을 표현)
≒ I'm determined to quit drinking. (현재 결심한 상태임을 표현)

- Leaves have fallen on the ground. (나뭇잎이 떨어졌고 그 결과로 나뭇잎들이 땅 위에 있음을 표현.)
≒ Leaves are fallen on the ground. (현재 땅 위에 나뭇잎들이 놓여 있는 상태에 있음을 표현)

- You should prepare for the exam. (시험에 대비하는 행위를 해야 한다는 의미)
≒ You should be prepared for the exam. (시험에 대비한 상태가 되어야 한다는 의미)

- He worries about his little sister.
  그는 어린 여동생에 대해 걱정한다. ('걱정하다'는 동사 worry를 사용하여 표현)
≒ He is worried about his little sister. (걱정하는 상태에 있음을 과거분사 'worried'로 표현)

- We aim to achieve the best result. (목표로 하다'는 동사 aim을 사용하여 표현)
≒ We are aimed to achieve the best result. (목표로 하고 있는 상태임을 과거분사 'aimed'로 표현)

- Where are you heading? (어디를 향해 가고 있는지를 동사 head를 사용하여 질문)
≒ Where are you headed? (어디로 향하고 있는 상태인지를 과거분사 'headed'를 사용하여 질문)

- Focus on what you are doing. (집중하는 행위를 하라는 의미를 동사 focus를 사용하여 표현)
≒ Be focused on what you are doing.
  (집중한 상태가 되라는 의미를 과거분사 focused를 사용하여 표현)

- Let's start. ('시작하다'는 의미의 동사 start를 사용하여 표현)
≒ Let's get started. (시작한 상태임을 의미하는 과거분사 started를 사용하여 표현)

〈완전히 형용사화되는 과거분사〉

advanced	aimed	aged	beloved	bored	broken
앞선, 발전된	목표로 한	나이든,	사랑하는	지루한	망가진
disappointed	distinguished	disturbed	done	dried	experienced
실망한	저명한	불안한	끝마친	말린, 마른	경험 많은
faced	focused	finished	gone	* learned	marked
직면한	집중한	끝마친	가 버린	박식한	두드러진
refined	retired	required	sophisticated	tired	worried
정제된	은퇴한	필수적인	세련된	피곤한	우려하는

* -ed의 발음이 /ɪd/인 경우에 유의하라. (crooked, ragged, wicked, wretched, naked, learned, beloved)
learned는 '박식한'을 뜻하는 형용사일 때는 /lɜ́ːrnɪd/로 발음되고, learn의 과거분사일 때는 /lɜ́ːrnd/로 발음된다.

위 모든 낱말들이 언제나 완전히 형용사화된 과거분사로 쓰이는 것은 아니다. 맥락에 따라 동작 수동태나 현재완료를 의미하는 과거분사로 쓰인 것일 수도 있다. 특히 'by + 행위자'가 표시된 경우는 동사의 수동태로 쓰인 것이지 완전히 형용사화된 것이 아니다.

- The situation was complicated. 상황은 복잡했다. [형용사 주격보어]
- The situation was complicated by the U.S. intervention. 미국의 개입에 의해 상황이 복잡해졌다. [수동태]

> **〈명사 + 분사〉**
>
> '명사 + 분사'의 형태가 앞의 명사를 분사가 수식하는 것이 아니라, 문장을 축약한 것인 경우가 있다. 예를 들어 "The mission has been completed."와 "The meeting has been canceled."를 "Mission completed."와 "Meeting canceled."로 표현하는 것이다. 이와 같은 표현은 신문 기사 표제나 이메일의 제목, 쪽지나 문자 메시지와 같이 짧게 축약하여 정보를 전달할 때 사용된다. 우리말로는 '회의가 취소되었습니다'를 '회의 취소됨'으로 축약한 것과 유사하다. 회화에서도 종종 사용된다.
>
> A: I'm really sorry. It won't happen again.
> B: **No harm done. Apology accepted.**

〈요리를 표현하는 여러 가지 과거분사〉

braised	찜통이나 큰 냄비에서 뚜껑을 닫고 찐 (증기나 물을 이용하여 익힌) braised cabbage, braised beef short ribs, braised sweet potatoes
corned, salt-cured	소금에 절인 (corn에 암염의 뜻이 있음) corned beef hash, grilled salt-cured mackerel
barbecued, grilled, broiled, charbroiled	석쇠 위에서 숯불이나 가스 불로 익힌 barbecued pork ribs, grilled steak, charbroiled burgers
marinated	액체 상태의 양념, 소스 등에 오래 담가 놓은, 양념에 잰 pork marinated in red wine, chicken marinated in orange juice
roasted	오븐에서 뜨거운 열기를 통해 익힌, 구운 roasted beef sandwich, roasted chicken breast and vegetables
deep-fried	식용유에 완전히 잠기게 해서 튀긴 deep-fried chicken wings, deep-friend shrimp, deep-friend squid
pan-fried	프라이팬에 식용유를 두르고 볶거나 부친 pan-friend noodles, pan-friend zucchini and eggplant
sautéed	잘게 잘라서 얇게 기름을 두른 팬 위에서 짧은 시간에 강한 불로 볶은 sautéed vegetables, sautéed onion and pepper
stir-fried	우묵한 팬(wok)에서 휘저어 가며 볶은 (중국요리의 기법) stir-fried vegetables in oyster sauce, stir-fried rice with pork
breaded	튀김옷을 입힌, 튀김옷을 입혀서 튀긴 breaded (fried) chicken, breaded (fried) tofu
stuffed	안에 다른 재료들을 채워 넣은 dumplings stuffed with ground pork, chicken stuffed with cheese
seasoned	향신료나 소스 등으로 양념이 된 seasoned salt, eggs seasoned with soy sauce
aged	숙성시킨 whisky aged in oak barrels, steaks from beef aged for 28 days ☞ 미국산과 아일랜드산 위스키는 whiskey로 표기하고, 스카치위스키와 캐나다산 위스키는 whisky로 표기한다.

3

명사 뒤 수식의 분사절

분사절은 비정형절 (non-finite clause)의 일종이며, 하나의 분사 뒤에 하나 이상의 다른 낱말이 결합된 형태를 일컫는다. 분사절은 명사 뒤에서 그 명사를 수식할 수 있다. 이러한 분사절은 기능에 있어서 관계사절과 동일하다. 그래서 명사 뒤 분사절을 축약된 관계사절이라고 부르기도 하고 '관계대명사 + be'가 생략된 것이라고 보기도 한다.

(a) Look at the girl singing on the stage.
(a)' Look at the girl who is singing on the stage.

(b) I have several books written in English.
(b)' I have several books that are written in English.

그러나 (a)와 (b)를 읽을 때, 내적으로 '관계대명사 + be'가 느껴진다면, 심지어 분사 앞에 '관계대명사 + be'를 써넣어야 문장이 쉽게 이해가 돼서 독해를 할 때 명사를 수식하는 분사 앞에 '관계대명사 + be'를 써넣는 버릇이 있다면, 뭔가 단단히 잘못된 것이다. (a)와 (b)의 경우, 분사절 자체에 명사 뒤 수식 기능이 있기 때문에 앞의 명사구를 수식하는 것이지, 보이지 않는 '관계대명사 + be'의 도움을 받아서 명사를 수식하는 것은 아니다. 더구나 (a)'와 (b)'는 문법적으로는 옳지만, 현실에서는 선호되는 형태가 아니다. (a)와 (b)처럼 간결하게 표현하는 것이 더 자연스럽기 때문이다. 즉, (a)와 (b)를 읽을 때 '관계대명사 + be'가 느껴지는 것이 아니라, (a)'와 (b)'를 읽을 때 '관계대명사 + be'가 거추장스럽게 느껴져야 제대로 이해하고 있는 것이다.

또한 현재분사절을 관계사절로 표현했을 때 단순현재가 쓰여야 하고 현재진행은 쓰일 수 없는 경우도 있다. 즉, '관계대명사 + be'가 생략되어 분사절이 된 것이 아닌 경우도 있는 것이다.

- Animals eating plants are called herbivores. 식물을 먹는 동물들은 초식동물이라고 불린다.
→ Animals that are eating plants are called herbivores. x
→ Animals that eat plants are called herbivores. O

- This is a very light phone weighing just 90g. O
→ This is a very light phone that is weighing just 90g. x
→ This is a very light phone that weighs just 90g. O

관계사절과 분사절은 각각 별개의 원리에 의해 명사를 수식하는 것이다. **관계사절에서 '관계대명사 + be'를 삭제하면, 분사절과 형태적으로 동일해지고 의미 또한 같은 경우가 우연찮게도 대단히 많은 것이지, '관계대명사 + be'를 생략하여 명사 수식 분사절이 만들어진 것은 아니다.**

'관계대명사 + be'가 생략되어 분사절이 만들어진 것이 아니라, 분사 때문에 '관계대명사 + be'라는 형태가 나오는 것이다. 분사를 이용해서 진행형이나 수동태를 표현하고, 형용사화된 분사는 be 동사의 보어로 쓰일 수 있기 때문에, 많은 문장에 'be + 분사'가 포함되어 있으므로, 그러한 형태가 주격 관계대명사절에 쓰이면 '관계대명사 + be + 분사'라는 부분이 있게 마련이다. 그래서 명사 뒤 수식 분사절과 관계사절에서 '관계대명사 + be'를 삭제한 것이 동일한 형태인 경우가 대단히 많은 것이다. 그러나 진행형으로 표현되지 않는 동사의 경우와 진행형이 아니라 일반적 동작을 표현하는 경우에도 -ing 분사절이 명사 뒤 수식에 쓰일 수 있다는 점을 고려하면, '관계대명사 + be'를 생략해서 명사 수식 분사절이 만들어졌다고는 도저히 볼 수가 없으며 분사절은 그 자체가 명사를 뒤에서 수식하는 기능을 할 수 있다고 보는 것이 타당하다.

- But my body was like a harp and her words and gestures were like fingers running upon the wires. — Dubliners / James Joyce
그러나 나의 몸은 마치 하프와 같았고 그녀의 말과 몸짓은 (그 하프의) 줄을 타는 손가락 같았다.

- Love is like a wind stirring the grass beneath trees on a black night.
  사랑은 한 어두운 밤, 나무 밑 풀잎들을 살며시 흔드는 바람과 같다. — Winesburg, Ohio / Sherwood Anderson

- The business of the poet and the novelist is to show the sorriness underlying the grandest things and the grandeur underlying the sorriest things. — Thomas Hardy
  시인과 소설가의 일은 가장 위대한 것에 내재되어 있는 하찮음과 가장 하찮은 것들에 내재되어 있는 위대함을 보여 주는 것이다.

- Pigs, dogs, and goats were some of the animals domesticated by early humans.
  돼지와 개와 염소는 초기 인류에 의해 가축화된 동물 중 일부이다.

- How can you respect the world when you see it's being run by a bunch of kids turned old?
  — Rabbit Is Rich / John Updike
  세상이 나이만 먹은 한 줌의 어린애들에 의해 지배되는 것을 보면서도 어떻게 세상을 존중할 수가 있는가?

I shall be telling this with a sigh
나는 한숨 쉬며 이것을 이야기하고 있으리라
Somewhere ages and ages hence.
어디에선가 오랜 세월이 지난 후에.
Two roads diverged in a wood, and I —
숲속에 두 갈래 길이 갈라져 있었고, 나는 —
I took the one less traveled by,
나는 사람들이 덜 지나다닌 길을 택했노라고,
And that has made all the difference.
그리고 그것이 그 모든 것을 바꾸어 놓았노라고.

— The Road Not Taken / Robert Frost

4

부사적 분사절

1) 축약된 부사절로서의 분사절

- Because I was shocked at the news, I couldn't say anything.
- → ~~Because~~ I was shocked at the news, I couldn't say anything. [접속사 생략]
- → ~~I~~ ~~was~~ shocked at the news, I couldn't say anything. [종속절 주어가 주절 주어와 같으면 생략, be 동사 생략]
- → Shocked at the news, I couldn't say anything. [분사절 완성]

2) 부사적 분사절의 의미

위와 같이 접속사를 생략하고 일정한 방식으로 부사절을 축약시킨 것으로 분사절을 설명할 수도 있다. 그러나 문제는 많은 학습자들이 그러한 초보적 이해에만 머물러 있다는 것이다. 어느 정도 실력이 쌓였다면, 그 같은 수준 낮은 설명 뒤에 숨겨진 진실과 마주할 때이다. 그것은 바로, 생략된 접속사 같은 것은 존재하지 않는다는 사실, 그저 처음부터 아무것도 없었을 뿐이라는 진실이다.

'접속사 + S + V'로 되어 있는 부사절을 먼저 배우기 때문에 학습자들은 그에 대해 상대적으로 잘 알고 있다. 그래서 분사절을 가르칠 때, 익숙한 형태를 활용하는 것이다.

"너희들 접속사가 쓰인 부사절 알지?" "네!" "거기서 접속사를 없애고 동사가 능동이면 현재분사로, 수동이면 과거분사로 바꿔주면 부사절을 축약해서 분사로 표현할 수 있어." "아, 그렇구나!"

그런데 어느 시점이 되면, 학습자들은 "이것의 원래 문장은 무엇인가요?"라거나 "여기서는 무슨 접속사가 생략된 건가요?"라고 묻기 시작한다. 많은 경우 when, while, because 등으로 설명할 수 있으므로 큰 문제가 없다. because로 해석해도 되고 after로 해석해도 되는 문장이라면, 둘 중 더 가까운 쪽으로 해석하면 된다거나, 의미가 중의적이라고 얼버무릴 수도 있을 것이다. 그런데 어떠한 접속사로도 설명할 수 없을 때가 있다. 이런 경우, 여기에 원래 있었던 접속사가 무엇이냐고, 원래의 문장이 무엇이냐고 물어보면 대답하기 곤란하다. **왜냐하면 그런 것은 처음부터 없었기 때문이다.** 단지 접속사가 있는 문장에서 접속사를 생략한 형태로 바꾼 것이라는 식으로 설명하면, 많은 경우를 쉽게 설명할 수 있기 때문에 그렇게 설명했던 것뿐이다. 아프리카의 초원에서 얼룩말만 보고 산 아이에게 처음 보는 백마를 설명하면서 "얼룩말에서 줄무늬가 없어진 것이 백마야"라고 설명한 것이다. 그랬더니, 어느 날, 그 아이가 묻는 것이다. "이 백마는 얼룩말에서 줄무늬가 없어져서 백마가 된 것인데, 원래의 줄무늬 모양은 무엇인가요? 그러니까 얼룩말로 되돌리려면 원래의 줄무늬를 어떻게 집어넣어야 하는 건가요?"

영어는 분사절을 활용하여 둘 이상의 절을 연결하면서, 접속사 없이, 각 절간의 의미상 관계에 대해 아무 표시를 하지 않고 연결할 수 있다. 접속사 없는 분사절이 사용된 구조는 주절과 분사절의 관계를 명시하지 않고, 여러 방식으로 달리 해석될 수 있는 여지를 주면서, 둘 또는 그 이상의 절을 한 문장으로 연결한 것이다. 이것은 절 사이의 의미적 관계를 독자의 판단으로 넘기는 것인데, 의미 파악에 있어 독자의 사고력을 요구하는 것이기에 다소 어려울 수 있으나, 그렇기 때문에 고급스러운 표현이다. 분사절은 접속사를 굳이 쓰지 않고도 여러 절을 간결하게 연결할 수 있다는 점에서 경제적인 표현이며, 또한 절과 절 사이의 의미적 관계를 흐릿하게 처리한다는 점에서 문예적인 특성도 가지고 있다. 간결성의 측면 때문에 분사절은 실용적인 글에서도 볼 수 있으며, 회화에서도 종종 쓰인다. 또한 접속사를 덕지덕지 쓰지 않고도 여러 분사절을 사용하여 간결하고 세련되면서도 풍부하고 생생한 묘사를 할 수 있기 때문에 특히 문학적인 글에서 많이 볼 수 있다. 과학 논문과 같이 정확한 사실을 엄밀하게 표현해야 하는 글에서는 접속사가 없는 분사절은 상대적으로 드물게 쓰인다.

분사절에서 "접속사가 생략되었다"고 설명하는 것은 어떤 접속사가 생략된 것인지를 생각하게 하여, 적절하게 해석할 수 있도록 도와주기 위한 것이다. 그러나 모든 분사절에서 접속사가 생략되어 있다고 할 수는 없다. 분사절에 접속사를 사용하지 않는 것은, 접속사를 쓰지 않아도 두 절 사이의 관계를 독자가 알 수 있는 경우도 있겠지만, 중의적인 의미를 표현하기 위한 것일 수도 있고, 어떤 접속사로도 표현할 수 없는 애매한 관계를 표현하기 위한 것일 수도 있으며, 하나의 대상이 가지고 있는 여러 특성들을 문예적으로 표현하기 위한 것일 수도 있다. 아래에서 부사적 분사절이 대개 어떠한 의미를 가지고 있는지 살펴보는 것은 의미 파악을 돕기 위한 가이드라인이지 절대적 법칙인 것은 아니다.

① 선후관계와 인과관계 표현

· Turning on the TV, she sat on the sofa. TV를 켠 후 그녀는 소파에 앉았다.
= After she turned on the TV, she sat on the sofa.
· Promoted to a higher position, he moved close to the office. 승진 후, 그는 사무실 근처로 이사했다.
= After he got promoted to a higher position, he moved close to the office.

분사절과 주절의 관계는 인과관계일 수도 있다. 이 경우는 because나 as가 생략된 것으로 설명한다.

· Not having many friends, he felt lonely.
= As he didn't have many friends, he felt lonely.

· Dressed in luxurious clothes, Tom's girlfriend looked rich.
= As she was dressed in luxurious clothes, Tom's girlfriend looked rich.

그런데 인과관계와 선후관계는 당연히 중첩될 수 있다.

· Finishing his work, he went to bed. 일을 끝낸 후/ 일을 끝내서 그는 잠자리에 들었다.

여기에 after, because, when 중 무엇이 생략되었는지 따지는 것은 무의미하다. 위 문장은 주어인 he가 일을 끝냈다는 사실과 잠자리에 들었다는 사실을 제시하고 있는 것인지, 그 두 사건 간의 연관성에 대해서는 아무 말도 하고 있지 않다. 단지 상식적인 사고를 통해, '일을 끝낸 후에 잠자리에 든 것이겠거니', 또는 '일을 끝냈으니까 잠자리에 든 것이겠거니' 하고 인식하는 것이다.

분사절은 주절의 결과를 표현하기도 한다. 또한 순차적으로 발생한 일을 표현하기도 한다. 결과와 순차도 겹칠 수 있다. 어떤 사건의 결과는 그 사건 뒤에 발생하는 것이기 때문이다.

- When the weather is clear, Mt. Rainier looms over the horizon of Seattle, creating an amazing backdrop to the city.

  날씨가 맑을 때는 레이니어 산이 시애틀의 지평선 위로 멀리 보이며, 이것은 도시의 멋진 배경을 만들어 낸다. (결과 표현)

= When the weather is clear, Mt Rainier looms over the horizon of Seattle, and it creates an amazing backdrop to the city.

- She went to New York, visiting the Metropolitan Museum.
= She went to New York and visited the Metropolitan Museum.

  그녀는 뉴욕에 가서 메트로폴리탄 박물관을 방문했다. (순차 표현)

또한 위에서 볼 수 있다시피, 주절보다 시간적으로 앞서는 사건이나 원인을 표현하는 분사절은 주절의 앞에 위치하고 시간적으로 뒤에 발생한 사건이 결과를 표현하는 분사절은 주절의 뒤에 위치하는 경향이 있다.

- Grabbing another egg from the basket on the counter, he threw it, just missing the head of the young man as he dodged through the door and escaped.

  — The Egg / Sherwood Anderson

  카운터 위의 바구니에서 또 다른 달걀을 쥐고, 그는 그것을 던졌다. 그러나 그것은 그 젊은이의 머리를 비껴갔고 그는 문으로 피해서 달아났다.

  ☞ 달걀을 쥐는 것, 던지는 것, 빗맞은 것, 이 세 가지 순차적 사건을 중간의 사건인 '던지는 것'을 주절로 하고 앞뒤에 분사절을 배치하여 표현했다. 분사절을 이용하면 이와 같이 연속된 사건을 접속사 없이도 하나의 문장으로 나타낼 수 있기 때문에 여러 사건들을 간결하고 속도감 있게 표현할 수 있다.

② 조건 표현

- Turning left at the next intersection, you'll see a pharmacy on your right.
= If you turn left at the next intersection, you'll see a pharmacy on your right.

- Stored in the freezer, shrimp can last for six to eight months.
= If shrimp are stored in the freezer, they can last for six to eight months.

③ 역접관계 표현

- Claiming that all people are equal before the law, the justice system usually rules in favor of the rich.
= Although it claims that all people are equal before the law, the justice system usually rules in favor of the rich.

- Locked up in prison, he did not give up hope.
= Although he was locked up in prison, he did not give up hope.

④ 동시 동작 및 상황적 배경 표현

(1) 주절의 사건이 분사절의 동작과 동시에 발생하는 경우: ~하면서, ~하며

- I usually clean my room, listening to music.
- I'll walk down the lane with a happy refrain, just singing, singing in the rain, dancing in the rain. I am happy again. — Singing In The Rain / Gene Kelly
  나는 길을 걸어갈 거라네, 흥겨운 후렴구에 맞추어, 그저 노래를 부르며, 빗속에서 노래를 부르며, 빗속에서 춤을 추며. 나는 다시 행복하다네.

(2) 주절의 동작이 분사절의 상태에서 이루어지는 경우: ~하고, ~한 채로

- He was riding a bicycle, wearing a helmet and a backpack.
  그는 헬멧을 쓰고 등가방을 메고 자전거를 타고 있었다.
- He plodded home, disappointed at the test results.
  그는 테스트 결과에 실망한 채로 집에 터벅터벅 걸어갔다.

(3) 주절의 사건이 분사절의 사건이 일어나는 도중에 발생하는 경우: ~하다가

· Taking a walk in the park, she found a wallet on the ground.
  공원을 산책하다가, 그녀는 바닥에 떨어져 있는 지갑을 발견했다.

· Reading this book, I realized something important.
  나는 이 책을 읽다가 뭔가 중요한 것을 깨달았다.

3) 분사절의 상과 태

단순 분사절	능동태	-ing ~	완료 분사절	능동태	Having -ed ~
	수동태	-ed ~		수동태	Having been -ed ~

완료 분사절은 분사절이 표현하는 사건이나 상황이 주절의 시점 이전에 발생했다는 것을 표현한다. 완료상의 의미, 즉 경험, 계속, 완료, 결과의 의미를 표현하기도 한다.

① -ing 분사절

순간완결동사는 진행형으로 쓰일 수 없는 것과 마찬가지 원리로, -ing분사절에서도 동작의 진행을 나타내지 못한다. 즉, 의미의 특성상 주절의 사건과 일정 시간 동안 동시에 진행될 수 없기 때문에 단순 분사절로 표현된다 하더라도 동시 동작으로 이해되지 않으며, 분사절의 사건이 발생한 이후에 주절이 발생했다는 것으로 이해될 수밖에 없다. 따라서 그러한 동사의 경우에는 단순 분사절과 완료 분사절의 의미가 동일하다.

· Having realized that someone was following him, he began to run.
= Realizing that someone was following him, he began to run.
· Having completed the project, they threw a celebration party.
= Completing the project, they threw a celebration party.

그 외의 많은 동작동사들의 경우, 단순 분사절은 대개 동시 동작이나 주절 사건이 분사절 사건이 발생하는 시간 속에서 발생함을 표현한다.

- **Living in Seoul,** Sam made a lot of good friends. 서울에 살면서, 샘은 많은 좋은 친구들을 사귀었다.

'Being ~' 역시 주절의 사건이 분사절의 상태와 동일한 시점에 발생함을 표현한다.

- **Being abroad,** he couldn't join his son's birthday party.
  외국에 있어서, 그는 아들의 생일 파티에 참석할 수 없었다.

어떤 행위가 완결된 이후에 주절의 사건이 발생한 것을 표현하고자 할 때는 after와 같은 접속사를 사용하는 것이 통상적이며 완료 분사절로 표현할 수도 있다.

- **Having written the report,** she went outside to take a walk.
= **After writing the report,** she went outside to take a walk.
  보고서를 쓰고 나서 밖으로 산책하러 나갔다.

- **Having eaten lunch at the school cafeteria,** we had a lot of conversation.
= **After eating lunch at the school cafeteria,** we had a lot of conversation.
  학교 식당에서 점심을 다 먹고 우리는 많은 대화를 나누었다.

완료 분사절은 경험, 계속 등 완료상의 의미를 표현하기도 한다.

- **Having never been aborad,** she was very excited about the trip to England.
  외국에 한 번도 가 본 적이 없어서, 그녀는 영국으로의 여행에 매우 신이 났다. (주절 시점이전의 경험)

- **Having lived in Seoul for the past ten years,** Sam speaks quite fluent Korean.
  지난 10년 동안 서울에 살아서, 샘은 꽤 유창한 한국어를 한다. (말하는 현재 시점까지의 계속)

② -ed 분사절

-ed 단순 분사절은 주절 시점과 동일한 시점의 상태를 표현하거나 주절 시점 이전의 상태나 동작을 표현한다. 'Having been -ed' 형태의 수동형 완료 분사절은 격식적 표현에서는 쓰이기도 하나, 'Having been'을 생략하는 경우가 많다.

- Having been born and raised in Hawaii, she is familiar with Hawaiian history and culture.
= Born and raised in Hawaii, she is familiar with Hawaiian history and culture.

'Being -ed'는 주절의 원인이나 이유를 표현한다. 이것은 형태상 수동형 분사절에 진행상이 결합된 것인데, 수동적인 동작이 진행 중인 상황에서 주절의 사건이 발생함을 표현하고자 할 때 쓰일 수 있다. 여기서 being은 생략될 수도 있다.

- Being watched by her colleagues, she felt very nervous during the presentation.
= Watched by her colleagues, she felt very nervous during the presentation.

4) 분사절의 주어가 표시된 경우

분사절의 주어가 주절의 주어와 다른 경우는 분사 앞에 주어를 표시한다. 다만, 분사절에 별도의 주어가 표시된 것은 다소 격식적이고 딱딱한 표현으로 주로 글쓰기에서 쓰인다. 말하기에서 쓰이는 경우도 있기는 있다.

- Jason rushed home hurriedly, **his wallet** falling from his pocket.
  제이슨은 서둘러서 집으로 달려갔는데 그 와중에 그의 지갑이 그 주머니에서 떨어졌다.
- **All the paper in the photocopier** having been used up, I had to go to the store to buy some paper.
  복사기의 종이가 다 소모되어서, 가게에 종이를 좀 사러 가야만 했다.
- **No other students in the class** volunteering to be the first one to read their writing, I just said I would read first.
  반의 다른 학생들 아무도 자신의 글을 먼저 읽겠다고 자원하지 않아서, 그냥 내가 먼저 읽겠다고 말했다.

- **All other things** being equal, I prefer tall guys to short guys.

  다른 모든 것들이 똑같다면, 나는 키 작은 남자보다는 키 큰 남자가 좋아.

- John is a really nice guy. **That** said, I don't want to go out with him.

  존은 정말 좋은 남자애야. 그렇지만 나는 그 애하고 사귀고 싶지는 않아.

- A well regulated militia being necessary to the security of a free state, the right of the people to keep and bear arms shall not be infringed.

  — the Second Amendment to the U.S. Constitution

미국 수정헌법 제2조는 '잘 규율된 민병대가 자유로운 주(state)의 안보에 필수적'이라고 규정하면서 국민의 총기 소지권을 보장하고 있다. militia란 정규군이 아닌 무장조직, 즉 민병대를 말한다. 미국의 건국 지도자들은 민간인들이 무기를 가지고 훈련된 무장 단체를 조직하고 있어야 한다고 생각했다. 전시도 아닌 평시에 말이다. 대체 왜 이런 생각을 한 것일까?

역사적 이유를 살펴보면 미국 독립 전에는 정규군과 경찰력이 부족하여 공동체의 안전을 위해 민간인들이 스스로를 방어할 필요가 있었으며, 험난한 자연환경, 원주민들과의 갈등에 대처하여 무기를 소지할 필요도 있었다.

사상적 측면에서 보면 미국의 헌법 제정자들은 총기소지권이 정부의 억압에 대항해 자유를 지키기 위해 필수적이라고 여겼다. 독립전쟁 이전을 생각해 보면 아메리카 대륙에 있는 영국 영토에 영국 사람들이 살고 있었던 것이었다. 따라서 미국이 독립을 선언한다는 것은 영국 입장에서 보면 반역이다. 미국의 건국 지도자들은 이것을 정당화하기 위해 국가가 국민을 억압하면 이에 저항할 권리가 있으며, 이러한 저항을 위해서 국민이 무기를 소지하고 있어야 한다고 주장했다. 즉, 국민을 억압하는 봉건왕국에 대항해 민주주의 국가를 수립하기 위해 싸우는 데 있어 무기가 필요하며, 또한 자신들이 건국한 나라가 독재국가가 되어 국민을 억압하는 일이 발생하면, 국민들이 이에 맞서 싸우기 위해 무기가 필요하다고 본 것이다.

그러나 미국에서 일어나는 끔찍한 총기난사 사건과 강력범죄들은 건국 지도자들의 이상을 무색하게 만든다. 그들은 후손들이 자유와 민주주의 수호라는 고귀한 이념을 위해 무장의 권리를 사용할 것으로 기대했건만, 개인적 분노나 비뚤어진 혐오감에서 비롯된 무차별적 공격으로 수많은 무고한 시민들이 죽음을 당하고 있으며 총기에 의한 살인사건만도 매년 1만 건 이상 발생하고 있다.

그래서 당연하게도 미국사회에서는 총기규제(gun control)가 중요한 사회적 이슈가 되고 있다. 그런데 총기규제에 관한 찬반 논란은 곧 수정헌법 제2조를 어떻게 해석할 것인가의 문제이다. 이 조항은 분사절과 주절로 이루어져 있다. 또한 접속사가 없으므로 분사절과 주절의 관계가 명시되어 있지 않다. 그래서 연방대법원은 분사절과 주절을 각각 해석하여 이 조항을 민병대가 필수적이라는 내용과 국민이 총기를 소지할 권한이 침해될 수 없다는 내용이라고 판결했다. 반면 총기규제를 주장하는 측은 분사절을 주절의 이유 내지 근거로 해석해야 한다고 주장한다. 즉, '규율을 잘 갖춘 민병대'가 필요하기 **때문에** 총기소지권을 보장하는 것이므로, 주절의 'the people'은 모든 국민 개개인을 뜻하는 것이 아니며 따라서 민병대의 무장권을 보장하는 한, 일반 시민이 무분별하게 총기를 소지하지 못하도록 규제하는 것은 헌법에 위배되지 않는다고 주장하고 있다.

5) with + NP + 분사 / 전치사구 / 파티클

분사절의 주어가 주절의 주어와 다를 때 분사절 주어 앞에 with를 쓰는 경우가 많다. with를 쓰지 않는 것에 비해 훨씬 더 자연스러운 표현을 형성한다. 분사뿐 아니라 전치사구나 on, off 등의 파티클이 쓰이기도 한다. 주로 주어가 동작을 수행할 때 일종의 배경으로서 수반되는 상황이나 동작을 표현한다.

- He waved his hand to her — there she stood at the top of the steps with her hair blowing in the wind. — The Years / Virginia Woolf
  그는 그녀에게 손을 흔들었다. 거기에서 그녀는 머리카락을 바람에 날리며 계단 위에 서 있었다.
- He is sitting on a chair with his arms folded and with his legs crossed.
  그는 팔짱을 끼고 다리를 꼬고 의자에 앉아 있다.
- They are walking down the street with their arms linked and with smiles on their faces.
  그들은 팔짱을 끼고 얼굴에 웃음을 띠며 길을 걸어가고 있다.
- She was lying on the couch with the light off and with some comfortable music on.
  그녀는 불을 끄고 편안한 음악을 틀고 소파에 누워 있었다.

5 분사절의 또 다른 측면: 묘사·설명

(a) Tom's girlfriend, **who was** dressed in luxurious clothes, looked rich.
(b) Tom's girlfriend, dressed in luxurious clothes, looked rich.
(c) Dressed in luxurious clothes, Tom's girlfriend looked rich.

(a)는 설명적 관계사절이 사용된 형태이다. (b)와 같이 '관계대명사 + be'를 사용하지 않고 분사절을 명사구 뒤에 위치시키면, (a)와 마찬가지로 'Tom's girlfriend'라는 명사구의 특성을 설명적으로 묘사하고 있는 것이 된다. (b)의 분사절을 문두로 이동시켜서 (c)와 같이 표현할 수도 있다. 이처럼 분사절은 축약된 설명적 관계대명사절의 특성도 가지고 있다. 다시 말해, (c)를 주절 주어의 특성, 상태, 동작 등을 묘사하고 설명하는 기능의 설명적 형용사절이 문장의 앞부분으로 이동할 수 있다고 볼 수도 있는 것이다.

· The Eiffel Tower, **which was** built in 1889, attracts many tourists from all over the world.
→ The Eiffel Tower, built in 1889, attracts many tourists from all over the world.
→ Built in 1889, the Eiffel Tower attracts many tourists from all over the world.

위와 같이 분사절과 주절 사이에 논리적 상관관계를 찾을 수 없는 경우는 분사절이 주절 주어의 특성을 묘사하고 있다고 생각하는 것이 이해하기 쉽다. 부사절 접속사를 사용해서 부사절로 표현한 것과 의미가 비슷하면 축약된 부사절로 보고, 명사를 묘사·설명하는 의미이면 축약된 관계사절로 볼 수 있겠지만, 그 둘을 선명하게 구분할 수 없는 경우도 많다. 따라서 **분사절은 축약된 부사절의 성질과 명사구를 묘사·설명하는 성질을 복합적으로 가지고 있다고 할 수 있다.** 이와 같이 접근하면 명사 뒤 수식어로 쓰이는 분사절과 축약된 부사절로 쓰이는 분사절이 별개의 성질을 가지는 것이 아니라, 특성에 있어서 서로 연관성이 있다는 것을 알 수 있다. 다시 말해 분사절은 명사구 뒤에 밀착하여 그 명사구를 수식하기도 하지만, 주절 주어와 떨어져 있어도 그것의 특성과 상태를 설명·묘사하기도 하는 것이며, 단지 분사절과 주절의 의미적 관계가 부사절 접속사로 표현될 수 있으면 축약된 부사절로 생각할 수도 있는 것이다.

- There are many Beths in the world, shy and quiet, sitting in corners till needed, and living for others so cheerfully that no one sees the sacrifices till the little cricket on the hearth stops chirping, and the sweet, sunshiny presence vanishes, leaving silence and shadow behind. — Little Women / Louisa May Alcott
  세상에는 베스와 같은 많은 여자들이 있다. 수줍고 조용한, 다른 사람들이 자신을 필요로 할 때까지 구석에 앉아 있는, 그리고 너무나 흔쾌히 다른 사람들을 위해 살아가기에, 집안의 행복이 멈추고, 침묵과 그림자만을 남기며 그 다정하고 환한 존재가 사라질 때까지는, 아무도 그 희생을 깨닫지 못하는.

  ☞ 분사절의 묘사적이고 문예적인 특성을 잘 보여 주는 문장이다. 위 문장은 하나의 문장으로서, 하나의 주절 뒤에 "shy and quiet", "sitting ~", "living ~"이라는 3개의 분사절이 연결되어 있다. "shy and quiet"는 앞에 being이 생략된 것으로 볼 수 있는 일종의 분사절이다. "living ~"으로 시작하는 분사절 안에는 'so ~that ~' 표현의 that절이 있고 그 안에 2개의 절이 포함되어 있는데, 그중 두 번째 절 뒤에 'leaving ~'으로 시작하는 분사절이 또 연결되어 있다. 'the cricket on the hearth(난로 위의 귀뚜라미)'는 서구 문화에서 가정의 행복, 건강을 상징하는데 이것이 울음을 멈춘다는 것은 가정의 행복이 사라지는 것에 대한 비유적 표현이다.

6

접속사 뒤에 쓰이는 분사절

1) 접속사 + 분사절

- He hit a moose **while driving** on the highway at night.
- **When traveling** abroad, you should carry a photocopy of your passport in a separate place.
- **If having to** choose between love and money, what would you choose?
- Don't knock it till you try it. **Once tasting** it, you might love it.
- He has been working as an IT technician **since graduating** from college.
- She had dinner **after taking** a bath. She watched TV **before going** to bed.
- Life is a tragedy **when seen** in close-up, but a comedy in long-shot.   — Charlie Chaplin
- **While** sometimes **called** "panda bears," giant pandas are not bears.
- Shellfish, such as clams, oysters, and mussels, are safe to eat **if cooked** thoroughly.
- **Once destroyed**, nature's beauty cannot be repurchased at any price.   — Ansel Adams
- **Although having lived** in the U.S. for ten years, he doesn't speak English very well.
- **Though killed** at the battle, he still lives in our hearts.
- No one can speak **until recognized** by the chair.
- Every person is presumed innocent **until proven** guilty.
- **Since discharged** from the hospital, he's been at home recuperating from appendectomy.
- Carry-on baggage is given back to the passengers **after screened** at the security check point.
- A new song was first performed at the concert **before released** to the public.
- We must pay taxes **whether wanting** or not.

- Love, whether **newly born or aroused from a deathlike slumber**, must always create sunshine, filling the heart so full of radiance, that it overflows upon the outward world. — The Scarlet Letter / Nathaniel Hawthorne

사랑은, 그것이 이제 막 생겨난 것이건, 죽음 같은 잠에서 일깨워진 것이건, 언제나 햇살을 만들어내기 마련이다. 마음을 광채로 한가득 채우는, 그래서 바깥세상으로 흘러넘치는.

ㄹ) 접속사 + 명사구 / 전치사구 / 형용사구

- When **in love**, everybody becomes an idiot.
- When **angry**, count to ten before you speak. If **very angry**, count to one hundred.
  — Thomas Jefferson
- You should keep your phone on manner mode while **on the train**.
- If **possible**, avoid driving when **tired**. Take a break at a rest area if **necessary**.
- Once **a Marine**, you are always a Marine.
- Once **dead**, living things cannot return to life.
- Add flour and water in a pot and mix until **smooth** without any lumps.
- Although **not an expert**, I have some knowledge of computer science.
- Though **very difficult**, it's important to remain calm in a disaster.
- A politician is a politician, whether **a man or a woman**.
- They have announced that a $10,000 reward will be given to anyone who provides information that leads to finding their missing daughter, whether **dead or alive**.

떨어진 분사절

분사절의 주어와 주절의 주어가 동일 대상이 아닌데도 분사절 주어가 표시되지 않은 경우를 'dangling participles'라고 한다. dangling은 '매달려 있는', '걸려 있는'이라는 뜻이다. 이것은 분사절이 주절 주어를 묘사·설명하는 것을 그 둘이 단단히 연결되어 있는 것이라고 생각했을 때, 분사절이 주절 주어를 묘사하는 것이 아니면, 그 연결이 끊어져서 분사절이 대롱대롱 매달려 있게 된다는 것을 표현하는 말이다. dangling participles는 흔히 '매달 현'에 '드리울 수'자를 써서 '현수懸垂 분사'로 번역되는데, 필자는 주절 주어와 연결되지 않고 혼자 떨어져 있는 분사절이라는 뜻에서 '떨어진 분사절'로 번역하겠다.

떨어진 분사절은 문법적으로 틀린 것으로 간주된다. 이것은 영미권의 학교교육에서도 중요한 사항으로 다루어진다. 그런데 떨어진 분사절이 틀린 것으로 간주된다는 말이지 원어민이 그러한 표현을 쓰지 않는다는 말은 아니다. 셰익스피어, 제인 오스틴, 아서 밀러 등 위대한 작가들의 작품들에서부터 현대의 서적들과 신문기사들에 이르기까지 많은 글에서 떨어진 분사절은 상당히 많이 발견된다. 떨어진 분사절이 매우 자주 사용되다 보니 기술문법은 이것을 문법적인 표현으로 보고 있다. 그러나 현실에서는 그것을 인정하지 않는 관점이 (아직까지는) 지배적이므로, 이 책에서도 그러한 시각에서 설명하겠다. 다만 실제로 원어민이 쓴 글을 읽을 때는 분사절의 주어가 주절의 주어가 아닐 수도 있음에 유의하라.

- Sleeping in my room, a fire alarm went off. x

위 문장을 해석하면 "내 방에서 자고 있는데, 화재 경보가 울렸다"가 되며 특히 한국인에게는 올바른 문장으로 느껴지기 쉽다. 한국어에서는 "내가 내 방에서 자고 있는데"가 아니라 "내 방에서 자고 있는데"라고만 해도 의미가 통한다. 그러나 영어의 분사절은 주어가 명시되어 있지 않으면, 그 주어는 주절의 주어로 강제된다. 즉, 'Sleeping in my room'은 주절 주어인 'a fire alarm'의 상태나 동작을 묘사하는 말로 해석될 것이 강제되기 때문에 잠을 자고 있는 주체가 화재경보라는 뜻이 된다. 그런데 '화재경보'가 '내 방에서 자고 있었다'는 것은 전혀 말이 안 된다. 그래서 위 문장의 분사절은 주절과 연결되지 못하고 떨어져 있는 것이다. 따라서 위 문장은 적절하게 다시 구성해야 한다.

- While I was sleeping in my room, a fire alarm went off. ○

수동태와 능동태의 구분 때문에 떨어진 분사절을 올바른 것으로 착각하기도 한다.

- Seeing from a distance, the rock looks like the head of a dragon. x

우리말에서는 '멀리서 보면 그 바위는 용의 머리처럼 보인다'가 말이 되는 문장이다. 이 한국어 문장에는 '멀리서 보는'의 주체가 명시되어 있지 않은데도 한국 사람은 '사람들이 그 바위를 멀리서 보면'이라고 해석한다. 반면에 영어에서 분사절은 주절 주어인 'the rock'의 동작, 행위, 특성, 상태를 묘사하는 것이다. 따라서 위 영어 문장은 'the rock(바위)'이 'seeing(보는 행위)'의 주체로 해석될 것을 강제하고 있다. 그런데 바위는 보는 행위의 주체가 될 수 없다. 바위가 멀리서 보는 것이 아니다. 사람들이 바위를 멀리서 보는 것이고, 바위는 사람들에 의해 '보이는' 것이다. 따라서 수동을 의미하는 -ed 분사절이 되어야 의미가 적절해진다.

- Seen from a distance, the rock looks like the head of a dragon. ○
= When it (= the rock) is seen from a distance, the rock looks like the head of a dragon. ○

그런데 "분사절의 주어는 주절 주어와 반드시 일치한다"는 명제는 분사절이 주절 앞에 위치한 경우, 즉 문두 분사절 (sentence-initial participle clauses)에만 해당되는 사항이다. 분사절이 뒤로 가면, 즉 '문미 분사절 (sentence-final participle clause)'에는 적용되지 않는다. 다시 말해, 문미 분사절의 주어는 주절 주어와 일치할 수도 있지만, 반드시 그런 것은 아니다.

- Located in the heart of Paris, John met Julie in the Louvre. x
- John met Julie in the Louvre, located in the heart of Paris. ○
= John met Julie in the Louvre, which is located in the heart of Paris. ○

또한 분사절의 주어가 앞 문장의 내용 전체일 수도 있다.

- His favorite toy was broken by someone, making him very upset. ○
→ His favorite toy was broken by someone, which made him very upset. ○
→ His favorite toy was broken by someone, and it made him very upset. ○

독립 분사절

strictly speaking 엄격히 말하자면	technically speaking 원칙적으로 말하자면
literally speaking 문자 그대로 말하자면	figuratively speaking 비유적으로 말하자면
frankly speaking 솔직히 말하자면	generally speaking 일반적으로 말하자면
roughly speaking 대충 말하자면	talking [speaking] of ~에 관해 말하자면
putting it simply (= simply put) 간단히 말하자면	putting it bluntly (= bluntly put) 대놓고 말하자면, 툭 까놓고 말하자면
judging from ~로 판단하건대	granting that ~라는 사실을 인정하더라도
assuming [supposing] that ~라고 가정하면	seeing that ~라는 점을 보면 ~를 고려하면
considering ~를 고려하면	taking ~ into consideration [account] ~를 고려하면

* Frankly speaking은 딱딱한 표현이며 'To be frank (with you)', 'To be honest (with you)'가 더 자주 쓰이는 자연스러운 표현이다.

- **Generally speaking,** the most miserable people I know are those who are obsessed with themselves; the happiest people I know are those who lose themselves in the service of others. — Gordon B. Hinckely

- **Strictly speaking,** my interest is not in legal rights for animals but in a change of heart towards animals. — J. M. Coetzee

- **Simply put,** democracy is a form of government that is run by the people.

- **Judging from** her smiles and laughs, Cathy was really enjoying the conversation with Edward.

- **Seeing that** humans are essentially social animals, it is natural for them to create societies.

- **Granting that** I made a mistake, you are not irresponsible for these disappointing results.

- Arya, **considering** her young age, is very brave and fearless.

9 기타 사항들

1) 분사절의 부정

분사절을 부정할 때는 분사 바로 앞에 not을 사용한다. 단, never는 완료분사절의 경우 having 바로 뒤에 위치할 수도 있다.

- <u>Not knowing</u> what to do, I was just standing there speechless, gazing out the window.
  무엇을 해야 할지 몰라서, 나는 그저 말없이 창밖을 바라보며 거기에 서 있었다.
- <u>Never having tried</u> bungee jumping before, she was both scared and excited.
= <u>Having never tried</u> bungee jumping before, she was both scared and excited.

2) there

there는 분사절의 주어처럼 기능할 수 있다. 의미에 있어서 실질적 주어는 아니더라도 형태상 주어의 위치에 오는 것이다. (735~736페이지를 보라.)

- **There** being no other matters to discuss, the meeting was adjourned at 4 p.m.
  다른 토의할 안건이 없었으므로 회의는 오후 4시에 종료되었습니다.

17

비교

1. 비교급과 최상급의 형태
2. 원급을 사용한 표현들
3. 비교급을 사용한 표현들
4. 최상급을 사용한 표현들

1

비교급과 최상급의 형태

1) 1음절 형용사: 규칙변화

smart — smart**er** — the smart**est**	tall — tall**er** — the tall**est**
cute — cute**r** — the cute**st**	rare — rare**r** — the rare**st**
big — bi**gg**er — the bi**gg**est	hot — ho**tt**er — the ho**tt**est

* 원급이 '단모음 + 단자음' 형태일 경우, 비교급과 최상급에서 중복 자음으로 표현한다.

2) 2음절 형용사

easy — eas**ier** — the eas**iest**	busy — bus**ier** — the bus**iest**
shallow — shallow**er** — the shallow**est**	narrow - narrow**er** — the narrow**est**
gentle — gentl**er** — the gentl**est**	quiet — quiet**er** — the quiet**est**
polite — polite**r** — the polite**st** polite — **more** polite — **the most** polite	stupid — stupid**er** — the stupid**est** stupid — **more** stupid — **the most** stupid
useful — **more** useful — **the most** useful	useless — **more** useless — **the most** useless
active — **more** active — **the most** active	patient — **more** patient — **the most** patient
boring — **more** boring — **the most** boring	tired — **more** tired — **the most** tired

3) 3음절 이상의 형용사

beautiful — **more** beautiful — **the most** beautiful	
unhappy — unhapp**ier** — the unhapp**iest**	unhealthy — unhealth**ier** — the unhealth**iest**

* 2음절 형용사에 접두어 un을 붙여서 3음절이 된 경우에는 (통상) -er, -est를 사용한다.

4) 형용사와 부사 형태가 같은 경우

fast — fast**er** — the fast**est**	late — lat**er** — the lat**est**
hard — hard**er** — the hard**est**	early — earl**ier** — the earl**iest**

5) 부사의 경우: more, most

easily — **more** easily — **most** easily	wisely — **more** wisely — **most** wisely
slowly — **more** slowly — **most** slowly	happily — **more** happily — **most** happily

6) 불규칙 변화

good [well] — better — the best	bad [badly, ill] — worse — the worst
little — less — the least	many [much] — more — the most
old — older — the oldest [규칙 변화]	far — farther — the farthest
old — elder — the eldest [불규칙 변화]	far — further — the furthest

* badly가 '나쁘게'의 뜻이 아니라 '간절하게'의 뜻일 때는 more badly, most badly로 표현한다.
* 물리적 거리가 먼 것을 의미할 때는 farther, the farthest와 further, the furthest 모두 쓰인다. 단, 정도에 있어서 '더', '더 나아간'을 뜻할 때는 further, the furthest만을 쓴다.

7) 열등비교: less, the least (덜 ~한, 가장 덜 ~한)

harmful — **less** harmful — **the least** harmful   cold — **less** cold — **the least** cold

---

〈한국어와 영어의 음절 개념의 차이〉

한국어에서 음절은 하나의 글자를 형성하는 것을 말한다. 그러나 영어의 음절은 그와 상당히 다르다. 가장 큰 차이점은 영어에는 '으'에 해당하는 모음이 전혀 존재하지 않는다는 점과 이중모음 개념이 한국어와 다르다는 점이다. 그래서 'strike', 'skate', 'clear' 등은 한국어로 생각하면 2개 이상의 음절로 된 단어로 인식하기 쉬우나, 영어에서는 모두 1음절 단어들이다.

'tree'를 한글로 표기하면 '트리'라는 두 음절로 표기되지만, 영어에서는 1음절의 단어이다. 한국어의 인식 속에서는 /t/와 /r/ 사이에 '으'라는 모음이 있다고 생각되지만, 영어에서는 아무 모음도 없는 것으로 간주된다. 영어의 /t/ 발음은 아무 모음 없이, 성대가 전혀 울리지 않고, 혀 뒤쪽에서는 전혀 소리가 나지 않고, 혀끝이 윗니 뒤쪽 부근에 닿았다가 떨어지면서 순간적으로 공기가 터져 나오는 자음의 소리만 발음되는 것이다. 다시 말해 영어의 /t/를 한국어의 '트'로 발음하면, 잘못 발음하는 것이다. film도 영어에서는 1음절의 단어이지만, '필름'이라고 2음절로 잘못 발음하는 경우가 많다. 우리말에서 '름'은 앞쪽 입천장에 혀끝을 댔다가 떼면서 발음한다. 그러나 film은 'fil'을 발음하며 혀끝을 윗니 안쪽에 대었다가, 거기서 혀끝을 떼지 않고 입만 오므려서 m을 발음한다.

또한 한국어는 '와', '워', '위', '야', '유', '여'를 이중모음으로 간주한다. 그러나 영어는 /wɑ/, /wɔ/, /wɪ/, /yɑ/, /yʊ/, /yɔ/ 를 자음인 /w/ 또는 /y/에 모음이 결합된 것으로 본다. 'wet'은 단자음 /w/ + 단모음 /ɛ/ + 단자음 /t/ 로 되어 있으므로 비교급은 중복 자음을 써서 'wetter'가 된다. 또한 영어는 /aɪ/, /eɪ/, /aʊ/, /oʊ/, /ɔɪ/를 이중모음으로 간주한다. 즉, 영어는 /aɪ/를 /a/ 소리와 /ɪ/ 소리가 결합된 **이중적인 하나의 모음**, 즉 **하나의 이중모음**으로 보고 **하나의 음절**로 본다. 반면 그에 해당하는 한국어 '아이'는 한국어에서 두 음절로 간주된다. 영어 원어민이 'eye'를 발음하는 소리와 한국인이 한국어 단어 '아이'를 발음하는 것을 들어보면, 확연히 다르다. 만약 'eye'를 한국어 '아이'로 발음한다면, 대단히 잘못 발음하는 것이다. 'eye'는 /a/를 발음한 후 입과 혀를 부드럽게 움직여서 소리를 끊지 않고 점진적으로 변화하여 /ɪ/ 발음에 도달시킨다. 또한 /ɪ/는 /a/ 뒤에 부수적으로 붙는 느낌이며 점점 소리가 약해지는 방식으로 종결된다. 반면 한국어 '아이'는 '아'가 발음되고 입과 혀가 순간적으로 급격히 움직여서 '이' 발음으로 이동하며 '아'와 '이' 모두 비슷한 강도로, 2개의 별개의 소리로서 발음되고 '이' 발음은 급격하게 종결된다.

2 원급을 사용한 표현들

1) as + 원급 + as ~: ~만큼 ~하다

① 기본적 쓰임

'as ~ as'는 두 대상이 형용사 또는 부사가 표현하는 속성의 정도에 있어서 같거나 매우 비슷함을 표현한다. 여기서 첫 번째 as는 형용사나 부사 앞에 있으므로 부사로 간주되고 두 번째 as는 뒤에 'S + V'가 오므로 접속사로 간주된다.

- Ben is as tall as Sally is tall. 벤은 샐리가 키가 큰 만큼 키가 크다.
- Jack works as hard as you work hard. 잭은 네가 열심히 일을 하는 만큼 열심히 일한다.

두 번째 as는 접속사이므로 위와 같이 뒤에 'S + V'가 이어지는 것이 가장 기본적인 형태일 것이다. 그러나 이렇게 단어를 중복시키는 형태는 문법책에나 존재할 뿐 실제로는 거의 쓰이지 않는다. as 뒤에 중복되는 부분은 생략하고 중복되는 동사는 대동사로 표현하거나 (동사를 그대로 반복하는 경우도 없지 않다), 동사도 생략하고 as 뒤에 명사구만 남겨 놓는 것이 일반적이다. 전자는 격식체에서 선호된다. 후자는 전자에 비해서는 비격식적이긴 하나, 격식체와 비격식체 모두에서 일반적으로 사용된다.

- Ben is as tall as Sally is. [격식적]
- Jack works as hard as you do [work]. [격식적]
- Ben is as tall as Sally. [일반적]
- Jack works as hard as you. [일반적]

- This bicycle is as expensive as a small car. 이 자전거는 작은 자동차만큼 비싸다.
- A grizzly bear can run almost as fast as a horse. 회색곰은 거의 말만큼 빨리 달릴 수 있다.

또한 as 뒤의 명사구가 주어가 아니라 목적어일 수도 있다.

- Bill speaks Spanish as fluently as he speaks English.
→ Bill speaks Spanish as fluently as English. 빌은 영어를 하는 것만큼 유창하게 스페인어를 한다.

- Jessica likes dancing as much as she likes drawing.
→ Jessica likes dancing as much as drawing. 제시카는 그림 그리는 것만큼 춤추는 것을 좋아한다.

'as ~ as' 뒤에 대명사만 쓰는 경우, 주어인 경우는 주격으로, 목적어인 경우는 목적격으로 표현해야 한다는 것이 19세기 문법의 주장이었다. 그러나 오늘날에는 as 뒤에 주격 대명사를 쓰는 것은 어색하게 느껴지는 표현으로서 대단히 격식적이고 딱딱한 맥락에서 일부 사용될 뿐, 실제로 사용되는 경우는 드물며, 주어인 경우라도 목적격을 쓰는 것이 일반적이다. 동사를 쓰는 경우라면 '주격 대명사 + 동사'로 표현한다.

- Ann is as tall as him. ◯ [일반적]
- Ann is as tall as he is. ◯ [격식적]
- Ann is as tall as he. △ [현대에는 딱딱하고 어색한 형태]

as 뒤의 명사구가 주어일 수도 있고 목적어일 수도 있으므로 의미가 중의적인 경우도 있다.

- I love Sally as much as you.
  (you를 주어로 해석하는 경우) 네가 샐리를 사랑하는 것만큼 나도 샐리를 사랑해.
  (you를 목적어로 해석하는 경우) 나는 너를 사랑하는 것만큼 샐리도 사랑해.

실제로 말을 할 때는 맥락과 상황을 통해 어떤 의미인지 파악할 수 있는 경우가 많으나, 이와 같이 의미가 혼란스러울 때는 아래와 같이 명확하게 표현하는 것이 더 바람직하다.

- I love Sally **as** much **as** <u>you do</u>. (you가 주어인 경우)
- I love Sally **as** much **as** <u>I love you</u>. (you가 목적어인 경우)

'as ~ as' 사이에 '형용사 + 명사'가 들어갈 수도 있다. 부정관사가 있을 경우 '형 a 명' 어순이 된다.

- Paul has **as** <u>many books</u> **as** Susan.
- I can't afford to buy **as** <u>expensive a car</u> **as** you drive.
- I think… if it is true that there are **as** <u>many minds</u> **as** there are heads, then there are **as** <u>many kinds of love</u> **as** there are hearts.   — Anna Karenina / Leo Tolstoy
  제 생각에는 만약 세상에 사람들의 머리만큼 많은 정신이 있다는 것이 진실이라면, 사람의 심장이 있는 만큼 많은 종류의 사랑이 있는 거예요.

② 부정문의 경우

'not as ~ as ~'와 같이 부정문에 'as ~ as'가 쓰이면 주어와 어떤 대상의 특성을 비교했을 때 동등하지 않다는 뜻이므로 문자 그대로만 생각하면 주어가 그 대상보다 '더 ~한' 경우와 '덜 ~한' 경우를 모두 의미한다. 그러나 현실에서는 거의 대부분 주어가 다른 대상이 가진 특성에 이르지 못함을 표현한다. as 대신 so를 쓰는 것은 다소 격식적 표현이다.

- I'm **not** **as [so]** rich **as** you. 너는 너만큼 부유하지 않아.
- I think living alone is **not as** bad **as** all that. 혼자 사는 것은 사람들 생각만큼 그렇게 나쁘지는 않아.
  ☞ 'not as bad as all that'은 '사람들이 말하거나 생각하는 것처럼 그렇게 나쁘지는 않다'는 뜻의 관용구이다.

③ as의 독특한 성질

(a) I was able to make **as** much money **as** <u>needed</u>. ○
(b) I was able to make **as** much money **as** <u>is needed</u>. ○

(a)의 경우 분사가 as 뒤에 온 형태인데, '주어 + be동사'가 생략되었다고 생각할 수 있다. 그런데 (b)는 as 뒤에 주어 없이 술부만 온 것이다. 여기서 as는 접속사이면서 동시에 뒤에 있는 동사의 주어 기능을 하는 것으로 간주된다. 즉, as에 '~한 만큼'이라는 명사적 의미가 내장되어 있다고 생각할 수 있다.

- This place is as beautiful as I expected.
- This place is as beautiful as expected.
- This place is as beautiful as was expected.

- This isn't as easy as you think.
- This isn't as easy as thought.
- This isn't as easy as is thought.

④ as + 도치

as 뒤에 주어와 동사가 도치되기도 하는데, 매우 딱딱하고 격식적 표현으로 도치를 안 한 형태보다 상대적으로 드물게 쓰인다. 또한 주어가 인칭대명사가 아닐 때에만 도치가 된다.

- Danny speaks German as fluently as does Hannah.
  데니는 한나만큼 독일어를 유창하게 한다.
- How customers feel about the price is as important as is the price itself.
  고객이 가격에 대해 어떻게 느끼는지는 가격 자체만큼이나 중요하다.

⑤ 'as ~ as ~' 관용 표현

영어에는 어떤 특성을 동물이나 사물에 빗대어 'as ~ as ~'로 나타내는 많은 표현들이 있다. 오래전부터 쓰여 온 표현들이라서 상투적 표현으로 느껴지는 면도 없지는 않으나, 지금도 여전히 자주 사용된다. 때로 첫 번째 as를 생략하여 표현한다.

as bright as a button 단추처럼 똑똑한	as easy as falling off a log 통나무에서 떨어지는 것처럼 쉬운
as busy as a bee [beaver] 벌 [비버]처럼 바쁜	
as cheap as dirt 흙처럼 값싼	as hungry as a wolf 늑대처럼 배고픈
as clean as a whistle 호루라기처럼 깨끗한	as large [big] as life 실물 크기의
as clear as mud 진흙처럼 맑은 (= 매우 흐린)	as old as the hills 언덕처럼 오래된
as cool as a cucumber 오이처럼 침착한	as poor as a church mouse 교회 쥐처럼 가난한
as difficult as nailing jelly to a tree 젤리를 나무에다 박는 것처럼 어려운	as slim as a willow 버드나무처럼 늘씬한
	as sound as a bell 종처럼 건강한
as drunk as a skunk 스컹크처럼 취한	as tired as a dog 개처럼 피곤한
as happy as a clam 조개처럼 행복한	as straight as an arrow 화살처럼 곧은, 정직한
as hard as nails 못처럼 딱딱한, 완고한	as wise as an owl 부엉이처럼 지혜로운

2) 배수 표현
twice [half, three times, four times] + as + 원급 + as ~

- This tower is **twice** as tall as the Empire State Building.
= This tower is **twice** taller than the Empire State Building.
≒ The Empire State Building is **half** as tall as this tower.

- Bill spends **three times** as much time as Paul does doing housework.
= Bill spends **three times** more time than Paul does doing housework.

- We have two ears and one mouth so that we can listen **twice** as much as we speak.
— Epictetus

3) '최대한' 표현

- I will contact you as soon as possible. [= as soon as I can]
- He ran as fast as possible. [= as fast as he could]

'as ~ as possible'과 'as ~ as S + can'은 '가능한 최대한 ~하게'를 뜻한다. 영어에는 '최대한'을 나타내는 다른 표현들도 있는데, 우리말로 해석할 때 그러한 의미로 해석하면 오히려 다소 어색한 경우가 종종 있다. 그때는 '매우', '진실로', '대단히' 정도로 해석한다.

- Maggie is as kind as (she) can be. 매기는 친절할 수 있는 만큼 최대한 친절하다. → 매기는 매우 친절하다.

4) 여러 가지 'as [so] ~ as' 표현들

- This is a second-hand car, but it's as good as new.
- If you screw up this project, you're as good as dead.

- Rachel is as good an actress as anyone.
- Thomas is as talented as any student.

- This is as impressive a piece of art as I have ever seen.
- He is as great a musician as ever walked on earth.
  ☞ as는 접속사이자 walked의 주어 기능을 하고 있다. 'as ~ as'이지만 최상급의 의미를 가진다.

- Leonardo da Vinci was not so much an inventer as an artist.
= Leonardo da Vinci was not an inventer so much as an artist.
= Leonardo da Vinci was an artist rather than an inventer.
= Leonardo da Vinci was more of an artist than an inventer.

- I was not so much surprised as astonished.
- He did not so much love her as lust for her.
- After all, the best part of a holiday is perhaps not so much to be resting yourself, as to see all the other fellows busy working.   — The Wind in the Willows / Kenneth Grahame

- This museum has as many as five hundred visitors a day during summer.
- A pack of cigarettes can cost as much as 15 dollars in New York.
- Many people can reach the legal limit of blood alcohol content after consuming as few as two drinks.
- You can buy this brand-new, state-of-the-art coffee machine for as little as $99!

- As far as I can see, Ralph is most likely to win the election.

3 비교급을 사용한 표현들

1) 비교급 + than

① 기본 표현

- Michael is older than me. ○ [일반적]
- Michael is older than I am. ○ [격식적]
- Michael is older than I. △ [현대에는 딱딱하고 어색한 형태]

- Orangutans are smarter than chimpanzees. 오랑우탄은 침팬지보다 더 영리하다.
- Jewelry is more expensive than food, but food is more important than jewelry.
  보석은 식량보다 비싸지만, 식량이 보석보다 더 중요하다.
- She is a professional golfer. She can hit the ball farther and more accurately than I can.
  그녀는 프로 골프 선수야. 그녀는 내가 할 수 있는 것보다 공을 더 멀리 더 정확하게 칠 수 있어.
- Treachery and violence are spears pointed at both ends; they wound those who resort to them worse than their enemies. — Wuthering Heights / Emily Brontë
  배신과 폭력은 양 끝이 모두 뾰족한 창이에요. 그 창은 적보다는 그것에 의존하는 사람을 더 심하게 다치게 하죠.
- Don't bite off more than you can chew. — proverb
  씹을 수 있는 만큼보다 더 많이 베어 물지 마라. → 감당할 수 있는 것 이상으로 욕심부리지 마라.
  ☞ many와 much가 대명사로 쓰일 수 있는 것처럼 more도 대명사로 쓰일 수 있다. 즉, 형용사나 부사가 아닌데도 비교급이 있는 것이다. 한국어로는 '많이'와 같이 부사로 해석되지만 여기서 more는 '더 많은 양'을 뜻하는 대명사이다.

- Every mother hopes that her daughter will marry a **better** man **than** she did, and is convinced that her son will never find a wife as good as his father did.
  — Martin Anderson-Nexö, Danish writer

  모든 어머니는 자신의 딸이 자신이 결혼한 남자보다 더 나은 남자랑 결혼하기를 희망하는데, 자신의 아들은 아들의 아버지가 결혼한 여자만큼 좋은 아내를 결코 찾지 못할 것이라고 확신한다.

than 뒤에 주어 없이 술부만 이어진 경우 동일한 주어가 생략된 것일 수 있다.

- She is **more beautiful** in real life **than** (she) looks on TV.
  그녀는 TV에서 보이는 것보다 실물이 더 아름답다.

그런데 than 이하 절의 주어가 주절의 주어가 아닌데도 than 이하에 주어가 없는 경우도 있다. than에 '~한 만큼', '~한 정도'의 뜻, 즉 명사적 의미가 내장되어 있어서, 그 자체가 주어의 역할을 할 수도 있는 것이다. necessary, appropriate, mandatory, required, needed, demanded, desired, wanted 등 수량이나 정도에 있어서 어떤 기준치를 설정하는 의미가 담긴 표현과 함께 쓰이기도 한다. 이때 than 뒤의 be 동사는 생략될 수 있다.

- People generally drive **faster than** (is) safe. 사람들은 보통 안전한 정도보다 더 빠른 속도로 차를 몬다.
- Be careful not to spend **more** money **than** (is) necessary.
  필요한 만큼보다 더 많은 돈을 쓰지 않도록 주의하라.
- When suppliers produce **more** goods **than** (are) demanded by consumers, the cost of storage increases. 공급자가 소비자에 의해 요구되는 것보다 더 많은 상품을 생산하면 보관비용이 증가한다.

② '숫자 + 단위'와 함께 사용되는 비교 표현

형용사 앞에 '숫자 + 단위'를 사용하여 어느 정도 더 어떠한지를 표현할 수 있다.

- John is **three years older than** Emily.
- This shirt is **twenty dollars more expensive than** that one.

than 뒤에 '숫자 + 단위'를 사용하여 어느 측정치 이상임을 표현할 수 있다.

- Michael is **taller than** six feet.
= Michael is **more than** six feet tall.
- This bag is **heavier than** ten kilograms.
= This bag is **more than** ten kilograms heavy.

③ 배수 표현

비교급 앞에 twice, three times, four times 등의 배수 표현을 사용하여 몇 배 더 어떠한지를 표현할 수 있다.

- This necklace is almost **twice more expensive than** that one.
- Thus fear of danger is **ten thousand times more terrifying than** danger itself.
— Robinson Crusoe / Daniel Defoe

④ 단어 표현의 비교

같은 단어의 원급과 비교급을 사용하여 하나의 대상이 단순히 원급에 해당하는 단어를 사용하여 표현하는 것보다 그 특성을 더 많이 가지고 있음을 표현할 수 있다. '대단히 ~하다'는 뜻이다.

- This car is **better than** good. 이 차는 '좋다'는 말로 표현할 수 있는 것보다 더 좋다. → 매우 좋다.
- She is **lovelier than** lovely. 그녀는 '사랑스럽다'라는 말로 표현할 수 있는 것보다 더 사랑스럽다. → 매우 사랑스럽다.

하나의 원급 앞에 'more than'을 붙여서 그 단어로 표현할 수 있는 정도보다 더 어떠하다는 것을 표현할 수 있다. 주로 '대단히 ~하다'로 해석된다. 회화에서 상당히 빈번하게 쓰이는 표현이다.

- She is **more than** attractive. 그녀는 매력적이라는 말로 표현할 수 있는 것보다 더 매력적이다. → 대단히 매력적이다.
- I am **more than** glad to meet you in person.
   직접 만나게 돼서 '반갑다'라는 말로 표현할 수 있는 것보다 더 반갑습니다. → 당신을 직접 만나게 돼서 대단히 반갑습니다.
- Come visit me anytime. You're always **more than** welcome.
   언제든지 찾아오세요. '환영'이라는 말로 표현할 수 있는 것보다 당신을 더 환영합니다. → 언제나 대환영입니다.

두 원급의 단어인 A와 B를 'more A than B'로 나타내어, 하나의 대상이 B라는 속성을 가지는 것을 완전히 부정하는 것은 아니나, B라는 단어를 사용하여 표현하는 것보다는 A라는 단어를 사용하여 표현하는 것이 더 적절함을 의미할 수 있다. 주로 'B라기보다는 A이다'로 해석된다.

- She is more wise than smart.
  그녀는 'smart'라고 표현하는 것보다 'wise'라고 표현하는 것이 더 적절하다. → 그녀는 똑똑하다기보다는 지혜롭다.
- This movie is more hilarious than interesting.
  이 영화는 'interesting'이라고 표현하는 것보다 'hilarious'라고 표현하는 것이 더 적절하다. → 이 영화는 재미있다기보다는 엄청 웃기다.

⑤ 비교급 강조: much, far, even, still, a lot, way

비교급 강조 표현을 써서 '훨씬 더 ~하다'는 의미를 표현할 수 있다. way와 a lot은 비격식적 표현이다. very는 비교급을 강조하지 않으며 too도 비교급을 수식하지 않는다.

- Michael is **even** taller than Alex.
- She likes black **a lot** better than beige.
  ☞ 비격식체에서는 '더 많이'의 뜻으로 better를 흔히 사용한다.
- Remaining a champion is **far** more difficult than becoming a champion.
- A woman's guess is **much** more accurate than a man's certainty.

— Plain Tales from the Hills / Rudyard Kipling

many의 비교급인 more는 그 앞에 many를 사용하여 수식할 수 있다.

- After climbing a great hill, one only finds that there are **many** more hills to climb.

— Nelson Mandela

⑥ 'than ~' 없이 쓰이는 비교급 표현

비교 대상을 굳이 명시하지 않아도 맥락을 통해 의미가 충분히 이해될 수 있는 경우에는 'than ~' 없이 표현할 수 있다.

- I have no more questions.
- Can I have some more coffee?
- You look way better with your hair down.

⑦ than + 도치

as와 마찬가지로 than 뒤의 절도 도치될 수 있다. 도치된 형태는 딱딱하고 격식적인 표현으로 주로 글쓰기에서 쓰인다. 주어가 인칭대명사가 아닐 때만 도치된다.

- Neptune rotates faster than does Earth.
- The mass of the sun is much larger than is the mass of Earth.

⑧ less + 형용사: 덜 ~한

- Generic drugs are less expensive than brand-name drugs.
  복제약은 유명 상표의 약보다 덜 비싸다.
- Could you recommend some less difficult novels than James Joyce's works?
  제임스 조이스의 작품들보다 덜 어려운 소설들을 좀 추천해 주실 수 있나요?
- Wild animals are less wild and more human than many humans of this world. – Munia Khan
  야생동물들은 이 세상의 많은 사람들보다 덜 거칠고 더 인간적이다.
- People tend to slack off on Fridays. It means they work less hard than usual.
  사람들은 금요일에는 느슨해지는 경향이 있어요. 그것은 평소보다 덜 열심히 일한다는 뜻이에요.

⑨ less + 비가산명사 / fewer + 복수가산명사

less는 little의 비교급으로 '더 적은'을 의미한다.[31] little은 비가산명사에 쓰이는 수량사이므로 그 비교급인 less도 비가산명사에 쓰이고, few는 가산명사에 쓰이는 수량사이므로 그 비교급인 fewer도 가산명사에 쓰이는 것이 규범적이다. 단, 'less + 형용사 + 가산명사'가 틀리다는 말이 아니므로 유의하라.

- You should try to eat <u>less salt</u> than you do now. ○
  너는 지금 먹는 것보다 소금을 덜 먹으려고 노력해야 해.
- There are <u>fewer cars</u> on the road than usual. ○
  차가 도로에 평소보다 더 적다.
- These are <u>less expensive cars</u> than those. ○
  이것들은 저것들보다 덜 비싼 차들이에요.

'less + 복수명사'를 문법적으로 틀리다고 보는 것이 일반적인 시각이고 그래서 사용을 회피하는 사람들도 있다. 그러나 다수의 원어민들이 일상생활에서 복수가산명사 앞에 less를 흔히 사용한다. 단, 격식체에서는 복수명사에 fewer가 쓰인다. 다시 말해 구어문법에서는 'less + 복수명사'가 상당 정도 받아들여지지만, 격식적 문어문법에서는 받아들여지지 않고 있다.

- There are <u>less cars</u> on the road than usual.
  (비격식체에서는 흔히 쓰이나 격식체에서는 인정되지 않음)

필자는 변화의 진행 정도와 속도로 보아, 머지않은 미래에 'less + 복수가산명사'가 문법적으로, 최소한 구어문법적으로는 완전히 인정되지 않을까 전망한다. less는 비가산명사에만 쓰이는 little의 비교급이고, fewer는 가산명사에만 쓰이는 few의 비교급이므로, 복수가산명사에 less를 사용하는 것은 틀리고 fewer를 사용하는 것이 타당하다는 똑똑한 논리를 열심히 펼쳐 봤자, less는 발음하기 쉬운데 fewer는 그에 비해 발음하기 번거롭다는 단순한 사실 앞에 결국은 무릎을 꿇게 될 것이라고 본다. 언어의 본질은 말(speech)이다. 말을 할 때 귀찮다는데 논리나 일관성 따위가 무슨 상관이겠는가? 논리성을 제치고 발음의 귀찮음으로 인해 문법이 변화한 사례들은 언어의 역사 속에 무수히 많다.

---

31 '작은'을 의미하는 little의 경우에는 비교급으로 littler — littlest가 존재하기는 하지만 거의 쓰이지 않으며, 대신 smaller — smallest가 일반적으로 쓰인다.

A Night's Watch: Let them die! **Less enemies** for us! 죽게 내버려 둬. 우리에게 적이 적으면 좋지 뭐!
Stannis Baratheon: **Fewer.** — Game of Thrones Season 5 Episode 5

☞ 누군가가 'Less enemies for us.'라고 말하자, 이야기 속 주요인물 중 하나인 Stannis는 멀리 앉아 있다가 혼자서 'Fewer.'라고 중얼거린다. 이것은 'enemies'가 복수명사이므로 less가 아니라 fewer가 쓰여야 올바르다는 뜻이다. 이것은 대다수가 복수명사에 'less'를 사용한다 해도 홀로 완고하게 원리원칙을 지키고자 하는 인물의 성격을 드러내는 장면이다.

2) 라틴어에서 차용된 비교급 형용사

exterior 바깥쪽의	interior 안쪽의	major 주된	minor 소수의
senior 나이가 더 많은	junior 나이가 더 어린	superior 우월한, 우수한	inferior 열등한, 저급한
anterior 앞쪽의	posterior 뒤쪽의	prior 앞서는, 우선적인	(preferable) 더 바람직한

라틴어 비교급에서 차용된 형용사로서 접미사 -or로 끝나는 낱말들이 있다. 이 낱말들은 어원상 그 자체가 비교급이기 때문에 앞에 more를 붙이거나 -er'을 사용하여 비교급을 만들지 않는다. 이 중, exterior, interior, major, minor는 비교의 의미를 거의 다 상실하고 일반적인 형용사로 쓰인다. 그 외의 형용사들은 비교의 의미를 여전히 가지고 있는데 비교 대상을 표현할 때 than이 아니라 to가 사용된다. 또한 라틴어 비교급은 아니나 'preferable'은 'more desirable'의 의미여서 more를 사용하지 않아도 그 자체가 비교의 의미를 가지며 than이 아니라 to를 사용한다.

· He is three years **senior to** me. = He is **senior to** me by three years.
  그는 나보다 세 살 많다.

· Any concept of one person being **superior to** another can lead to racism.
  — Walter Lang, American film director
  한 사람이 다른 사람보다 우월하다는 생각은 어떤 생각이라도 인종주의를 초래할 수 있다.

· Do you agree with Aristotle's notion that the state is **prior to** the individual?
  당신은 국가가 개인보다 우선한다는 아리스토텔레스의 생각에 동의하십니까?

· Caution is **preferable to** rash bravery. — King Henry Ⅳ / William Shakespeare
  조심스러움이 성급한 용기보다 더 낫다.

3) 비교 대상의 일치

- 너의 머리카락이 나보다 더 길다. → Your hair is longer than me. ✗
- 토끼의 귀는 여우보다 길다. → The ears of a rabbit are longer than a fox. ✗
- 중국의 인구는 한국보다 훨씬 많다. → The population of China is much larger than Korea. ✗

한국어의 비교 표현에서는 비교 대상이 서로 일치하지 않아도 무방하지만, 영어에서는 비교 대상을 일치시킨다. 영어적 논리로는 'your hair'와 'me'를 비교하면 '너의 머리카락'의 길이와 '나의 길이를 비교하는 것이므로, '너의 머리카락의 길이'가 '나의 길이', 즉 '나의 키'보다 더 길다는 뜻이 된다. 'the ears of a rabbit'과 'a fox'를 비교하면, '토끼의 귀의 길이'가 '여우 몸통의 길이'보다 길다는 뜻이 된다. 위 영어 문장들을 억지로 해석하면 문자 그대로는 그러한 뜻이 된다. 또한 '중국의 인구'는 '한국의 인구'와 비교할 수 있을 뿐, '중국의 인구'를 '한국'이라는 나라와 비교하는 것은 불가능하다는 것이 영어적 논리이다.

- Your hair is longer than mine. (= my hair)
- The ears of a rabbit are longer than those of a fox. (= the ears of a fox)
- The population of China is much larger than that of Korea. (= the population of Korea)

위와 같이 that이나 those 또는 소유대명사를 사용하여 비교 대상을 일치시키는 것이 적절한 표현이다. 가산명사인 경우 the one이나 the ones를 사용하기도 한다. 비교대상의 일치는 'as ~ as' 표현에도 마찬가지로 적용된다.

- The climate of Greenland used to be as warm as England at the present day. ✗
  그린란드의 기후는 오늘날의 영국만큼 따뜻했었다.

- The climate of Greenland used to be as warm as that of England at the present day. O
  그린란드의 기후는 오늘날의 영국의 기후만큼 따뜻했었다.

단, 원어민들이 일상생활에서도 반드시 비교대상을 일치시켜서 표현하는 것은 아니다.

- Some stuff in this store is cheaper than Walmart.
- Almost everything in London is more expensive than Korea.

4) the + 비교급

① the + 비교급, the + 비교급: ~하면 할수록 더 ~하다

'the + 비교급' 부분이 주격보어이거나 부사이거나 대명사 목적어이면 그 뒤에 'S + V'가 이어진다.

- The hotter the air gets, the lighter it becomes. 공기는 뜨거워지면 질수록 더 가벼워진다.
- The faster we run, the earlier we reach the end. 우리가 빨리 달리면 달릴수록 끝에 더 일찍 도착한다.
- The more you know, the more you see. — Aldous Huxley
  많이 알면 알수록 더 많이 본다.

'the + 비교급'이 명사를 수식하면, 명사까지 함께 앞으로 나오고 'S + V'가 이어진다.

- The better equipment you have, the more efficiently you can do your job.
  더 좋은 장비를 가지면 가질수록, 더 효율적으로 일을 할 수가 있다.
- All companies must pay for the Industrial Accident Insurance. The fewer accidents they have, the less money they pay for the insurance. Instead of trying to reduce accidents, Korean companies cover up industrial accidents by not reporting them to the authorities and threatening injured workers with firing if they report. In this way, tens of billions of won, which has to be used for victims of industrial accidents and their families, goes into chaebol's pockets.
  모든 기업들은 산업재해 보험료를 지불해야 한다. 회사는 사고가 적을수록, 보험료로 더 적은 돈을 지불한다. 사고를 줄이기 위해서 노력하는 대신, 한국의 기업들은 사고를 당국에 신고하지 않고 부상당한 노동자들에게 신고하면 해고하겠다고 위협하는 것을 통해 산업재해를 은폐한다. 이러한 방식으로, 산업재해 피해자들과 그 가족들을 위해 사용돼야 하는 수백억 원의 돈이 재벌의 호주머니로 들어간다.

'the + 비교급' 뒤가 도치될 수 있다.

- The harder you practice, the better is the result. [= the better the result is.]

의미가 명확한 경우 동사 없이 간결하게 표현되기도 한다.

- The more time, the better the result. 시간이 많으면 (즉, 시간을 더 많이 들일수록), 결과가 더 좋다.
- The more love, the more pain. 더 많이 사랑할수록 고통도 더 깊은 법.
- The more, the better. 많으면 많을수록 좋다. (多多益善)
- The sooner, the better. 이르면 이를수록 더 좋다.

- Often, the less there is to justify a traditional custom, the harder it is to get rid of it. — The Adventures of Tom Sawyer / Mark Twain
  종종, 전통적인 관습을 정당화할 수 있는 것이 적으면 적을수록, 그것을 없애기가 더 어렵다.
  → 나쁜 관습일수록 없애기 더 어렵다.

The more I know of the world, the more I am convinced that I shall never see a man whom I can really love. I require so much! — Sense and Sensibility / Jane Austen
내가 세상에 대해 알면 알수록, 내가 정말 사랑할 수 있는 남자를 결코 못 만나리라는 확신이 더 들어요. 나는 바라는 게 많다고요!

- Throughout the world, the more wrong a man does, the more indignant is he at wrong done to him. — The Way We Live Now / Anthony Trollope
  온 세상을 통틀어, 잘못된 일을 더 많이 하는 사람일수록, 자신에게 행해진 잘못된 일에 더 많이 분개한다.

② the 비교급 + of the two / of A and B

일반적인 경우에는 비교급 앞에 관사를 쓰지 않으나, 'of (the) two', 'of A and B'와 같이 '둘 중에서'라는 표현이 있는 경우에는 정관사를 사용한다.

- The red one is the more expensive of these two watches. 이 두 개의 시계들 중에서 빨간 것이 더 비싸.
- Of gold and silver, the former is the more precious. 금과 은 중에 전자가 더 귀하다.
- I think this candidate is the lesser of two evils.
  나는 이 후보가 두 명의 나쁜 놈들 중에 그나마 덜 나쁜 놈 같아.

'lesser'는 'little'의 비교급 less에 비교급을 만드는 '-er'을 또 붙여서 만든 단어이다. 수량보다는 정도, 중요성, 크기 등이 덜함을 표현한다. 격식적 표현이며 소수의 관용표현에서 사용된다.

to a lesser extent: 더 적게, 정도가 덜하게, lesser-known: 덜 알려진
lesser people: 이 표현은 사회적으로 낮은 지위로 여겨지는 직업을 가진 빈곤층을 일컫는 말인데, '다른 사람들보다 못한 사람들', '열등한 사람들'이라는 뜻의 차별적 뉘앙스가 담겨있다. 정치인이 빈곤층을 뜻하는 말로 'lesser people'이라는 표현을 했다가 사회적 지탄을 받은 사례가 있다.[32]

5) 절대형용사

어떤 형용사들은 비교급을 가지지 않는데 그 형용사가 표현하는 의미의 특성상 더하거나 덜한 정도라는 개념이 있을 수 없기 때문이다. 이러한 형용사를 절대형용사 (absolute adjectives)라고 한다. 예를 들어 'pregnant'는 '임신한'의 뜻인데, 임신을 했으면 했고 안 했으면 안 했지, '덜 임신한 상태'와 '더 임신한 상태'는 존재할 수 없다.

〈주요 절대형용사〉

absolute	alive	ancient	chemical	complete	correct	dead
digital	domestic	empty	entire	equal	essential	excellent
false	fantastic	final	full	harmless	incredible	pregnant
obvious	perfect	possible	spotless	true	unique	wonderful

위와 같은 형용사들은 절대형용사이므로 비교급이나 최상급이 쓰이면 틀리다는 것이 규범문법의 주장이다.

그러나 위 형용사들 중에 어떤 형용사들은 비교급이 쓰일 수 있을 것 같은 느낌이 들 것이다. 그리고 그것은 원어민들에게도 마찬가지이다. 절대형용사에 비교급이 쓰이면 안 된다는 것은 논리와 문법을 결합하려는 규범문법의 시도이지만, 비교급을 쓰고 싶은 사람들의 욕구를 틀어막지는 못한다. 예를 들어, 안에 내용물이 전혀 없는 상태가 empty이고 조금이라도 있으면 empty하지 않은 것이므로 empty

---

32 http://www.huffingtonpost.com/stacy-sanders/who-are-the-lesser-people_b_624379.html

하거나 아니거나 둘 중 하나일 뿐, 비교급이란 있을 수 없다는 것이 논리적으로는 타당할 수 있다. 하지만 그것은 논리학의 문제일 뿐, 두 박스가 있고 이 박스가 저 박스보다 '더 비어 있다'라는 느낌이 드는데 그것이 논리에 어긋난다는 이유로 아예 표현을 하지 말라는 것인가? 의미에 있어 비교급 사용이 어색한 경우에는 자연스럽게 쓰지 않게 되는 것이지, 일정한 형용사의 목록을 만들어 놓고 그것에 비교급을 쓰면 안 된다고 강요하는 식으로 교육하는 것은 현실적이지도 않고 바람직하지도 않다는 것이 필자의 견해이다. 절대형용사에 비교급이 쓰일 수 없다는 '규칙'은 덜 절대적인 문법 규칙이 되어 가고 있으며 어떤 절대형용사들은 좀 더 독특한 특징을 가지고 있어서 비교급을 쓰는 것이 더 불가능하지만, 어떤 절대형용사들은 경우에 따라 비교급이 쓰이는 것이 좀 더 가능하기도 한 것이다. 따라서 모든 절대형용사들에 비교급이 불가능하다는 설명보다는, 현실의 언어생활에서는 의미가 적절하다면 비교급이 쓰이는 경우도 많다고 설명하는 것이 좀 더 완벽한 설명일 것이다.

- Nothing makes a room feel emptier than wanting someone in it. — All the Time / Calla Quinn
  누군가 그 안에 있었으면 하고 바라는 것보다 방을 더 텅 빈 것으로 느끼게 만드는 것은 없다.

- All animals are equal, but some animals are more equal than others. — Animal Farm / Geroge Orwell
  모든 동물들은 평등하다. 그러나 어떤 동물들은 다른 동물들보다 더 평등하다.

- The more unique your film is and unusual it is and difficult it is, the harder it is to get it financed. That's why a lot of good filmmakers are doing television.
  — David Cronenberg / Canadian director
  영화가 더 독특하고 특이하고 어려울수록 재정지원을 받기가 어려워요. 그것이 많은 좋은 영화감독들이 텔레비전을 하고 있는 이유죠.

- We the People of the United States, in Order to form a more perfect Union, establish Justice, insure domestic Tranquility, provide for the common defence, promote the general Welfare, and secure the Blessings of Liberty to ourselves and our Posterity, do ordain and establish this Constitution for the United States of America. — The Preamble to the United States Constitution
  우리 미국의 국민은 더욱 완벽한 연방을 형성하고, 정의를 확립하며, 국내 안정을 보장하고, 공동의 방위를 도모하며, 모든 국민의 복리를 증진하고, 우리와 후손들에게 자유의 축복을 확보하기 위하여 이 미합중국 헌법을 제정한다.
  〈미국 헌법 전문前文〉

또한 국적과 민족을 나타내는 형용사는 의미를 고려하면 절대형용사인데, 미국인이면 미국인이고 아니면 아니지 더 미국인이거나 덜 미국인이라는 개념이 없기 때문이다. 그러나 그러한 형용사들도 비교급으로 사용하거나 very와 같은 정도 부사로 강조될 수 있는데, 그때는 다른 의미로 쓰이는 것이다.

- Pumpkin pie is a very American dish. 호박파이는 매우 미국적인 음식이다.
- He is more Korean than me. 그는 나보다 더 한국적이다.

6) 여러 가지 비교급 표현

① not more [less] than, no more [less] than

- The population of this city is not more than 100,000. 이 도시의 인구는 10만 명을 넘지 않는다.
- The population of this city is not less than 100,000. 이 도시의 인구는 최소한 10만 명이다.
- The population of this city is no more than 100,000. 이 도시의 인구는 고작 10만 명밖에 안 된다.
- The population of this city is no less than 100,000. 이 도시의 인구는 무려 10만 명이나 된다.

- Housing prices are getting higher and higher.
- More and more foreigners are interested in learning Korean.

- He was more dead than alive when he was taken to the hospital.

- More often than not I eat dinner by myself.

- Just wait a moment. I will finish this work in less than no time.

A: I think I am too old to learn English.
B: Better late than never.

- Lock the door, even if you step out for a few minutes. Better safe than sorry.

4 최상급을 사용한 표현들

최상급은 셋 이상의 대상 중 가장 어떠하다는 것을 표현할 때 사용된다. 두 대상에 대해 최상급을 사용하는 것은 우리나라뿐 아니라 영미권의 영문법 교육에서도 오랫동안 틀린 것으로 간주되어 왔다. 단, 현대의 기술문법은 두 대상에 대해 최상급을 사용한 문장들이 현실에서 매우 빈번히 사용된다는 사실을 지적하며 '확실히 문법적이다 (certainly grammatical)'라고 주장한다.[33]

- Michael and Jason are brothers, and Michael is the oldest one.
  ☞ 전통적으로는 틀린 것으로 간주되어 왔으나, 현실에서는 매우 빈번히 사용된다.

- Michael and Jason are brothers, and Michael is the older one.
  ☞ 두 대상에 대해서는 최상급이 아니라 비교급을 쓰는 것이 보편적으로 인정되는 방식이다.

1) 기본적인 최상급 표현

① the + 최상급 + of + 복수명사

- Sue is the tallest of all my friends. = Of all my friends, Sue is the tallest.
  ☞ 'of ~ '는 문미에 오는 것이 통상적이나 강조를 할 때는 문두에도 올 수 있다.

---

33 Huddleston and Pullum, *A Student's Introduction to English Grammar*, 197.

- 'Like a Rolling Stone' is the most famous of Bob Dylan's songs.
- Who is the least intelligent of all U.S. Presidents?

② the + 최상급 + in + 단수명사 (지역, 장소, 범위)

- Mark is the smartest in his class. = In his class, Mark is the smartest.
- The Murray River is the longest in Australia.
- Which desert is the largest in the world?
- Mount Rainier is the highest in Washington State.

③ the + 최상급 + 명사 + of [in] ~

- Sue is the tallest girl of all my friends.
- Mark is the smartest student in his class.
- Mount Rainier is the highest mountain in Washington State.

④ the + 최상급 + 명사 + (that) + ever 표현

- I think Beethoven is the greatest composer (that) ever lived.
- This is the best cheese cake (that) I've ever eaten.
- This is the best cheese cake ever. [비격식적]
- The Second World War was the bloodiest war that the world has ever seen.
  2차 대전은 세계가 본 것 중 가장 피비린내 나는 전쟁이었다. → 2차 대전은 세계 역사상 가장 피비린내 나는 전쟁이었다.

⑤ 소유격 + 최상급 + 명사

- Sue is my tallest friend.
- 'Like a Rolling Stone' is Bob Dylan's most famous song.
- The Murray River is Australia's longest river.
- Mount Rainier is Washington State's highest mountain.

⑥ 최상급 강조: much, even, far, by far, far and away, the very

최상급 강조 표현은 그 대상과 비슷하거나 필적할 만한 다른 대상이 없음을 강조하는 것으로 '단연', '단연코' 등으로 해석된다. 'far'가 들어간 표현들은 두 번째로 그러한 특성을 가진 대상과의 격차가 큰 것을 거리가 '먼' 것으로 표현한 것인데 by far가 가장 흔히 쓰인다. the very도 최상급을 수식하여 단연 독보적임을 강조할 수 있는데 most ~ 형태의 최상급은 수식하지 못한다.

- Jupiter is **by far** the biggest of all the planets in the solar system.
= Jupiter is **the very** biggest of all the planets in the solar system.

- The Beatles were **by far** the most popular band in the 1960s. O
= The Beatles were ~~the very most popular~~ band in the 1960s. x

라) 최상급에 관사나 소유격이 쓰이지 않는 경우

① 부사의 최상급

부사의 최상급에 정관사를 쓰는 것은 틀리지는 않으나, 쓰지 않는 것이 일반적이다.

- The cheetah is the animal that can run fastest.
- E-cigarettes are the type of tobacco that is most commonly used among youths in the U.S.
- The only certain thing about the future is that it will surprise even those who have seen furthest into it. — Eric Hobsbawm

② 같은 대상의 특성이나 상태를 비교할 때

하나의 대상이 여러 가지 다른 상황, 상태, 지점, 시간에서 가지는 특성들을 비교했을 때의 최상급에는 정관사를 쓰지 않는다.

- The pond is deepest at the center. 그 연못은 가운데가 가장 깊다.
- I am happiest when I am with you. 나는 너와 함께 있을 때 가장 행복해.
- Rice tastes best when it is cooked fresh. 밥은 갓 지었을 때가 맛이 최고지.
- You look prettiest with your bangs pinned back.
  너는 앞머리를 뒤로 넘겨서 핀으로 꽂았을 때가 제일 예뻐 보여.

3) 원급 및 비교급을 사용한 최상급 표현

- The Missouri River is the longest river in the United States.
= The Missouri River is longer than all the other rivers in United States.
= The Missouri River is longer than any other river in the United States.
= No other river in the United States is longer than the Missouri River.
= No other river in the United States is as long as the Missouri River.

nothing이 'as [so] ~ as' 또는 비교급과 결합되면 '~만큼 ~한 것은 없다' 또는 '~보다 더 ~한 것은 없다'는 뜻으로서 실질적으로는 최상급의 의미를 가지게 된다.

- **Nothing** can move **as** fast **as** light. = **Nothing** can move **faster than** light.
  빛만큼 빨리 움직일 수 있는 것은 없다. = 빛보다 더 빨리 움직일 수 있는 것은 없다.
- **Nothing** is **so** painful to the human mind **as** a great and sudden change.
  크고 갑작스러운 변화만큼 인간의 정신에 고통스러운 것은 없다.   — Frankenstein / Mary Shelley

- There is **nothing** in the world **so** irresistibly contagious **as** laughter and good humor.
  웃음과 좋은 유머만큼 참을 수 없을 정도로 전염성이 강한 것은 세상에 없다.   — A Christmas Carol / Charles Dickens

- There is **nothing** more uncommon than common sense.   — Frank Lloyd Wright
  상식보다 더 드문 것은 없다.

한국식 영문법에서는 '비교급 + than any other' 뒤에는 반드시 단수명사만 올 수 있는 것으로 간주되며 복수명사가 사용된 것을 옳지 않은 것으로 보는 문제가 국가가 주관하는 시험에 출제된 사례도 있다.

〈2016년 서울시 7급〉 다음 중 어법상 가장 옳지 않은 것을 고르면?

① Nutritionists recommended that everyone eat from three to five servings of vegetables a day.
② Their human rights record remained among the worst, with other abuses taking place in the country.
③ It has been widely known that he is more receptive to new ideas than any other men.
④ He proposed creating a space where musicians would be able to practice for free.

정답 ③: any other men → any other man

그러나 영미권에서는 저명 일간지를 포함한 많은 글에서 'than any other + 복수명사' 표현을 찾아볼 수 있다.

· Alabama and Mississippi have more black elected officials than **any other states**, accounting for 1,450 of the 8,015 black elected officials nationally.

〈The New York Times〉 July 31, 1994.

· Thailand has more coups than **any other countries** on earth and is currently experiencing another round of protests and political turmoil. 〈The Washington Post〉 January 28, 2014.

than any other 뒤에는 단수명사가 오는 것이 더 빈번하기는 하지만, 위와 같이 영미권에서는 복수명사가 오는 표현들도 실제로 쓰이고 있다. 또한 영국의 저명한 사전 편찬사이자 영어 교재 출판사인 Pearson-Longman도 'than any other' 뒤에 단수명사와 복수명사가 모두 문법적으로 옳다고 답변하고 있다.[34]

4) the second [third, fourth, ...] + 최상급

· Los Angeles is **the second** largest city in the United States by population.
· English is **the third** most spoken language in the world.
· Montana is **the fourth** largest state in the United States by area.

---

34 http://www.pearsonlongman.com/ae/azar/grammar_ex/message_board/archive/articles/00029.htm

5) 여러 가지 최상급 표현들

- She looks at most fifty and at least thirty.
- His answer was ambiguous at best and deceptive at worst.
- At best, he will have severe night blindness. At worst, he may lose his vision completely.
- She is at her best on the stage where she can interact with the audience.
- I am at my worst early in the morning.
- My car broke down, but it's probably all for the best because I get to walk more and burn extra calories.
- You should be home by 10 at the latest.
- Try to make the most of every moment.
- We are having a serious financial problem, but let's make the best of it.
- Being a failure at living your own life as best as you can is better than being a success living the life somebody else says you should live.   — Julius Lester, American writer
- I tried to do my best and work to the best of my ability.
- Wear your Sunday best for the interview.
- The boy wanted a new computer in the worst way.
- I'd like to thank Director Bong, my fellow actors and actresses, and all the staff members. Last but not least, I sincerely thank all my fans who have given me so much love.

… 18

도치와 강조

1. 도치
2. 강조

1

도치

'도치倒置(inversion)'는 통상적 어순과 다르게 단어가 배열되는 것을 말한다. 도치는 의문문과 감탄문을 형성하거나 어구를 강조하기 위해 사용되며 또한 관용 표현들에 사용되기도 한다. 도치를 이해하는 데 있어 중요한 개념은 fronting이다. fronting은 어구를 맨 앞에 두는 것을 말하는데, '앞에 내세우기' 또는 '내세우기'로 번역하겠다. 영어는 어순에 크게 영향을 받는 언어인데, 문장의 맨 앞에 오는 어구가 문장 전체의 주제나 강조점이 되는 경향이 있다. 그래서 설령 그 어구가 일반적 어순으로는 문장의 맨 앞에 오지 않는다 하더라도 강조를 위해 앞에 내세울 수 있는 형태가 형성된 것이다. 또한 반대로, 문장의 맨 뒤에 오는 어구에 초점이 주어지는 경우도 있다. 그래서 일반적으로는 맨 앞에 오는 어구를 맨 뒤로 이동시키고 원래 뒤에 있던 어구를 앞에 내세우기도 한다. 이와 같이 어구가 앞에 내세워질 때, 주어와 동사의 위치는 서로 바뀌는 경우도 있고 바뀌지 않는 경우도 있다. 특히 주어와 동사의 순서가 단순히 바뀌는 것이 아니라, '조동사 + 주어 + 동사원형', 'have + 주어 + -ed', 또는 'be 동사 + 주어' 형태로 도치되는 경우, 그 어순이 의문문의 어순과 동일하므로 '의문문 어순 도치 (question-like inversion)'라고 한다.

1) 목적어를 앞에 내세우기: 목적어 + 주어 + 동사

목적어를 앞에 내세우는 것은 목적어를 다른 대상과 대조시켜 강조하기 위한 표현으로 회화에서 흔히 쓰인다. 앞에 내세워진 목적어에는 강세가 주어지며 목적어와 그 뒤의 주어 사이에는 약간의 간격을 두어 발음한다. 목적어만 앞으로 내세워질 뿐, 뒤에 주어와 동사의 어순은 바뀌지 않는다. 이것은 의미의 혼동을 막기 위해 불가피한 일이다. 왜냐하면 목적어를 내세우고 주어와 동사를 도치하는 것을 허용한다면, '목적어 + 동사 + 주어' 어순이 되는데, 목적어와 주어가 모두 명사구이면, 그것이 도치된 문장인지, 아니면 동사 앞의 명사구가 주어이고 뒤의 명사구가 목적어인지 혼동될 가능성이 있다. 그래서 그러한 어순으로의 도치는 허용하지 않는 것이다.

A: What's the capital city of Indonesia? 인도네시아의 수도가 어디야?
B: It's Jakarta. 자카르타야.
A: Then, what's the capital of Chile? 그럼 칠레의 수도는 어디야?
B: **That** I don't know. 그건 내가 모르겠는걸.

A: Do you like sea cucumbers and sea pineapples? 너는 해삼하고 멍게 좋아해?
B: **Sea pineapples** I like, but **sea cucumbers** I don't. 멍게는 내가 좋아해. 하지만 해삼은 안 좋아해.

· **Two things** I was well aware of: that the Reverend was a man of strict veracity and that his judgement of men was good. — Luck / Mark Twain

단, no, not과 같은 부정어구를 앞에 동반한 목적어를 앞에 내세우는 경우에는 주어와 동사가 의문문 어순으로 도치된다.

· **Not a word** could he say. 그는 한마디도 할 수가 없었다.
· **No money to buy food** did he have. 그는 음식을 살 돈이 없었다.

2) 주격보어를 앞에 내세우기: 보어 + 동사 + 명사 주어 / 보어 + 대명사 주어 + 동사

주격보어를 앞에 내세워서 강조할 수도 있다. 주로 글쓰기에 쓰인다. 이러한 유형의 도치에서는 주어가 명사일 때는 주어와 동사의 어순이 바뀌나, 인칭대명사일 때는 어순이 바뀌지 않는다. 왜냐하면 대명사 주어와 동사를 도치하면, 대명사 주어가 맨 뒤에 위치하게 되어 버리는데, 도치 표현에서는 대명사를 맨 뒤에 두는 것을 회피하려는 경향이 매우 강하다. 또한 명사구가 주어일 때 도치를 안 하면 be 동사가 맨 뒤에 오게 되는데, 이 역시 회피된다. 즉, 강세가 없는 약한 발음의 단어인 인칭대명사나 be 동사를 맨 뒤에 두는 것을 회피하는 경향이 있다. 이것은 도치된 절이 세 개의 의미단위로 구성되어 있을 때, 발음에 있어서 강약강 또는 길이에 있어서 장단장으로 가급적 배열하여 리듬을 맞추는 것이 자연스럽게 들리기 때문이다. 주어가 인칭대명사이고 동사가 be 동사일 경우, 대명사는 be 동사보다도 약박인 것이 통상적이므로 '대명사 + be 동사'로 배열해야 강한 박자가 뒤에 오게 된다. 일반적인 어순에서는 뒤에 있어야 하는 어구가 앞에 내세워지면, 전체적으로 리듬의 균형이 흐트러지는 경우가 있기 때문에 이를 바로잡을 필요가 있어서 나머지 주어-동사 부분을 재배열하는 것이다.

- **Tired and hungry** I was, but I continued to climb the mountain.
  지치고 배가 고팠지만, 나는 계속 산을 올랐다.
- **A very ambitious young man** he was, although he tried to conceal it.
  그는 매우 야망이 큰 젊은이였다. 비록 그는 그것을 감추려고 했어도.
- **More important than money** is love. 돈보다 더 중요한 것은 사랑이다.
- **As impressive as the special effects of the movie** is the story line.
  그 영화의 특수 효과만큼 인상적인 것은 이야기 전개이다
- **Common to successful language learners** is the ability to build up vocabulary strategically.
  언어를 잘 배우는 학습자들에게 공통적인 것은 어휘력을 전략적으로 쌓는 능력이다.

도치는 알맞은 운율과 박자로 의미가 흘러가도록 하는 방식인데 이것을 말하기 연습 없이 지식으로서 암기하려고 하기 때문에 많은 학생들이 도치를 대단히 어려워한다. 여러 유형의 도치 표현들 모두를 꿰뚫는 것은 "의미에 따라 알맞은 리듬이 되도록 말하라"는 하나의 원리이다. 이 원리를 "이 경우에는 무엇 다음에 무엇이 오는데 저 경우에는 무엇 다음에 무엇이 오면 안 된다"는 식으로 각각의 유형에 따라 분석을 하면 굉장히 복잡한 설명이 될 수밖에 없다. 또한 그러한 분석적 설명을 지식으로서 암기하더라도, 시험문제를 풀 수 있고, 떠듬떠듬 문장을 해석할 수는 있어도, 의사소통에 활용하기는 어려울 것이다. 그러나 말하기 중심으로 영어를 배운 학생들은 무엇 다음에 무엇이 온다는 식의 분석적 설명을 지식으로서 암기하지 않아도, 그렇게 해야 왠지 자연스러운 박자와 운율이 된다는 것이 그냥 느껴진다. 그러한 직관은 영어권에 살지 않는 한 획득할 수 없다는 끈질긴 편견이 팽배해있지만, 원어민의 발음을 듣고 소리 내어 따라 읽는 연습을 하는 학습자는 누구라도, 설령 원어민과 동일한 수준의 직관은 아니더라도, 어느 정도의 직관은 충분히 발달시킬 수 있다. 그러한 연습 없이 무작정 '규칙들'을 암기한다면, 시험 문제는 풀 수 있을지언정, 이 모든 복잡하고 이상한 규칙들이 도대체 왜 있는 것인지 도무지 이해가 가지 않을 것이며, 그것을 활용하지도 못할 것이다.

3) 분사절을 앞에 내세우기: 분사절 + be 동사 + 주어

    진행형 문장의 현재분사절과 수동태 문장의 과거분사절이 앞에 내세워질 수도 있다. 방향이나 장소 등을 표현하는 부사구가 수반된 분사절이 내세워지는 것이 일반적이나, 일부 표현에서는 분사가 단독으로 내세워지기도 한다. 내세워진 분사절 뒤에 be 동사가 위치하고 주어는 그 뒤에 위치한다. 이러한 종류의 도치는 상황을 설정하는 분사절을 주어 없이 먼저 제시하여 주어에 대한 호기심을 다소간 유발한 후, 그 뒤에 주어를 제시하여 호기심을 해소하는 방식을 통해 주어를 새롭고 흥미롭거나 놀라운 정보로서 소개하는 기법으로, 신문기사, 뉴스, 소설 등에서 특히 자주 볼 수 있다. (주격보어를 앞에 내세우는 것 또한 이러한 효과를 가지기도 한다.) 또한 술부가 짧고 주어가 긴 경우, 긴 주어를 뒤에 배열하여 문장의 리듬을 좋게 만드는 방법으로 사용되기도 하며 일부 표현은 사무적인 글쓰기에서 흔히 쓰이기도 한다.

John Wilson: I would like to tell you a little story. 제가 짧은 이야기 하나를 해 드릴게요.

Mrs. MacGregor: Oh, I love stories. 오, 저는 이야기를 좋아해요.

John Wilson: Well, you mustn't interrupt now because you're way too beautiful to interrupt people. When I was in London in the early 40's, I was dining one evening at the Savoy with a rather select group of people, and **sitting next to me** was **a very beautiful lady**, much like yourself.

    그러니까, 이제 제 말을 끊으시면 안 돼요. 당신은 사람들 말을 끊기에는 너무나 아름다우니까요. 제가 40년대 초반에 런던에 있을 때, 저는 어느 날 저녁에 사보이 호텔에서 약간 높은 사람들하고 저녁을 먹고 있었어요. 그리고 제 옆에 앉아 있었죠. 한 아름다운 여성분이요. 꼭 당신처럼요.

Mrs. MacGregor: Now you're pulling my leg. 지금 저를 놀리시는군요.

— from the movie, White Hunter, Black Heart

- Their rescue came when Berry, now 27, hailed a neighbor while her captor was out, kicked in part of the front door with his help and frantically called 911. **Also found in the house** was **a 6-year-old girl who is believed to be Berry's daughter**.

— "3 Missing Women Rescued from Cleveland Home: Questions Raised over Police Visits," 〈The Washington Post〉 May 7, 2013.

    현재 27세인 Berry 씨가 납치범이 외출한 틈을 타 이웃에게 소리를 질렀고 그의 도움으로 앞문의 일부를 발로 차서 부순 후 다급하게 911에 신고하자 그들에 대한 구조가 이루어졌습니다. 또 한 사람이 그 집에서 발견되었는데 Berry 씨의 딸로 여겨지는 6세의 여자아이였습니다.

- Enclosed are copies of the contract. (우편물에서) 동봉된 것은 계약서의 사본들입니다.
- Attached is the list of the students who have signed up for the field trip.
(이메일에서) 첨부된 것은 현장 학습을 신청한 학생들의 명단입니다.

4) 'so 형용사/부사', 'such (명사구)' 및 well을 앞에 내세우기: 의문문 어순 도치

- So satisfied were we with the food and service of the restaurant that we left a generous tip.
- ← We were so satisfied with the food and service of the restaurant that we left a generous tip.
  우리는 그 식당의 음식과 서비스에 매우 만족해서 넉넉한 팁을 놓고 왔다.

- So sad did she look that I could not talk to her.
- ← She looked so sad that I could not talk to her. 그녀가 너무나 슬퍼 보여서 나는 말을 걸 수가 없었다.

- So fast does time fly that we have to cherish every moment in our life.
- ← Time flies so fast that we have to cherish every moment in our life.
  시간은 너무나 빨리 흘러가므로 우리는 우리 삶의 모든 순간을 소중히 여겨야 한다.

- Such a beautiful day was it that I couldn't just stay in.
- ← It was such a beautiful day that I couldn't just stay in.
  너무나 아름다운 날이어서 (날씨가 너무나 좋아서) 나는 그냥 안에만 머물러 있을 수가 없었다.

- Such was the public anger that the Prime Minister had to step down.
- ← The public anger was such that the Prime Minister had to step down.
  대중들의 분노가 너무 커서 총리는 자리에서 내려와야만 했다.

- Well do I remember the first day we met.
- ← I remember well the first day we met. 나는 우리가 처음 만난 날을 잘 기억하고 있습니다.

5) 부정어구 및 only 부사어를 앞에 내세우기: 의문문 어순 도치

never, little, seldom, rarely, hardly, nowhere, under no circumstances, at no time, on no account, in no way, not only, no longer 등 부정어를 앞에 내세워 강조할 수 있다. 부정을 의미하는 접속사 nor 뒤에서도 도치가 일어난다. (637페이지 참조하라) 또한 only로 시작하는 부사어를 앞에 내세울 수도 있다. 이때 주어와 동사는 의문문 어순으로 도치된다. 이와 같은 어순은 다소 격식적 표현으로 주로 글쓰기에서 쓰이고 회화에서는 상대적으로 덜 사용된다.

A: You stole the necklace, didn't you? 당신이 그 목걸이를 훔쳤어. 그러지 않아?
B: No. I didn't. 아니요. 저는 훔치지 않았어요.
A: I don't believe you. You must have stolen it. 당신 말은 믿을 수가 없어. 당신이 훔친 게 틀림없어.
B: **Never did I steal** the necklace. 절대로 저는 그 목걸이를 훔치지 않았어요.

- **Little did I know** that it would be our last conversation.
  나는 그것이 우리의 마지막 대화가 될 줄은 전혀 몰랐다.
  ☞ little이 부사로 쓰이는 극소수 경우들 중 하나이다. little을 앞에 내세우고 know, realize, think가 쓰이는 경우가 특히 많다. little은 문자 그대로는 '거의 ~않다'는 뜻이나 이 표현에서는 사실상 '전혀 ~않다'의 뜻이다.

- **Seldom have I seen** such a beautiful sight. 나는 이렇게 아름다운 광경을 거의 본 적이 없다.
- **Rarely will you find** someone as reliable as Mark.
  마크처럼 믿을만한 사람을 너는 거의 찾아볼 수 없을 것이다.
- **Under no circumstances should you lose** hope. 어떤 상황에서도 희망을 잃어서는 안 됩니다.
- **In no way can we describe** the pain and suffering of the bereaved family members.
  우리는 그 유가족들의 고통과 괴로움을 어떠한 방법으로도 표현할 수가 없습니다.
- **At no time was he** aware of what he was doing. 그는 자신이 무얼 하고 있는지 전혀 알지 못했다.
- **On no account are you** allowed to drink and drive. 어떤 이유로든 음주운전은 허용되지 않는다.
- **Not only was I** able to make many good friends, but I learned a lot about other cultures.
  나는 많은 좋은 친구들을 사귈 수 있었을 뿐만 아니라 다른 문화에 대해 많은 것을 배울 수 있었습니다.

- **Never had she danced** so beautifully; the sharp knives cut her feet, but she did not feel it, for the pain in her heart was far greater. — The Little Mermaid / Hans C. Andersen
  그녀는 그렇게 아름답게 춤을 춘 적이 전에는 없었다. 날카로운 칼들이 그녀의 발을 베었지만, 그녀는 그것을 느끼지 못했다. 그녀의 마음의 고통이 훨씬 더 컸기에.

- **Not until next year will the decision be** made on the project.
  그 프로젝트에 대한 결정은 내년이 될 때까지는 안 내려질 것이다. → 내년이 돼서야 내려질 것이다.
- **Not until I saw John with my own eyes could I believe** that he was alive.
  나는 존을 내 눈으로 직접 보기 전까지는 그가 살아있다는 것을 믿을 수 없었다. → 눈으로 직접 보고 나서야 믿을 수 있었다.
- **Not since the Civil War have there been** such destructive disagreements across the population. 남북전쟁 이래로 사람들 사이에서 이처럼 파괴적인 갈등이 있었던 적이 없다.
- **Not since I was born have I felt** this kind of emotion.
  내가 태어난 이래로 이런 감정을 느낀 적이 없다.

- **Only then did I realize** that he had been lying to me.
  그때에야 비로소 나는 그가 나에게 거짓말을 해 왔다는 사실을 깨달았다.
- **Only when it is absolutely necessary should physical force be** used.
  오직 반드시 필요할 때에만 물리력이 사용되어야 한다.
- **Only after I graduated from high school was I** able to figure out my field of interest.
  나는 고등학교를 졸업한 이후에야 나의 관심 분야를 찾아낼 수 있었다.

6) 부사구를 앞에 내세우기: 부사구 + 동사 + 명사 / 부사구 + 대명사 주어 + 동사

① 전치사구를 앞에 내세우기

in, into, under, behind, on 등 장소나 방향을 나타내는 전치사가 사용된 부사구를 앞에 내세우는 경우 주어와 동사가 도치되기도 한다. 장소 부사구를 앞에 내세우는 경우 주어와 동사의 도치는 필수적이 아니라 선택적이다. 단, 뉘앙스가 동일한 것은 아니다. '주어+동사'의 어순인 경우는 부사구의 위치를 문미에서 문두로 바꾼 것뿐인데, 앞에 내세워진 부사구에 초점을 두어 흥미로운 정보로서 제시하는 것이다. '동사+주어'로 도치한 경우는 맨 뒤에 온 주어에 초점을 두어 그것을 흥미로운 정보로 제시하는 것이다.

- An airplane crashed into the ocean.
→ Into the ocean an airplane crashed. (비행기가 '바닷속'으로 추락한 것에 초점을 두어 제시)
→ Into the ocean crashed an airplane. (바닷속으로 추락한 것이 '비행기'라는 것에 초점을 두어 제시)

- A lighthouse stands on the hill.
→ On the hill a lighthouse stands. (등대가 서 있는 곳이 '언덕 위'라는 것에 초점을 두어 제시)
→ On the hill stands a lighthouse. (언덕 위에 서 있는 것이 '등대'라는 것에 초점을 두어 제시)

장소를 나타내는 전치사구만 이와 같은 방식으로 앞에 내세워지는 것은 아니다.

- After a storm comes a calm. 폭풍우 후에 고요함이 온다.
- With great power comes great responsibility. 막강한 힘에는 무거운 책임이 따른다.
- Some mammals have much longer hind legs than front legs. **Among such mammals** are rabbits, kangaroos, and wallabies.
  일부 포유류는 앞다리에 비해 훨씬 더 긴 뒷다리를 가지고 있다. 그러한 포유류에는 토끼, 캥거루, 왈라비가 있다.

주어가 인칭대명사인 경우에는 동사를 맨 뒤에 위치시킨다. 이것은 약한 강세의 대명사를 중간에 두고 강세를 받는 동사를 뒤에 위치시키기 위함이다. 또한 인칭대명사를 사용한다는 것은 그것이 가리키는 대상이 이미 제시되어 있다는 것인데 그렇다면 그것은 새롭고 흥미로운 정보가 아니라는 것을 뜻한다. 따라서 맨 뒤에 와서 초점을 받는 것은 어색하다.

- I saw a lighthouse. It stood on the hill.
→ I saw a lighthouse. **On the hill** it stood. O
  (등대가 어디 있냐 하면 '언덕 위'에 있다는 것에 초점을 두어 흥미로운 정보로 제시)
→ I saw a lighthouse. **On the hill** stood it. x
  (등대의 존재가 이미 앞에 언급되었으므로 그것을 대명사로 받은 it은 새롭고 흥미로운 정보가 아니다. 더구나 약한 강세의 인칭대명사가 문미에 오는 것도 어색하다.)

또한 주어가 명사구이고 동사가 be 동사인 경우는 주어를 be 동사 뒤에 위치시킨다. 약한 발음이면서 별다른 의미를 담고 있지 않은 be 동사를 중간에 위치시키고 명사구를 뒤에 위치시키기 위함이다. 즉, 짧고 강세가 없는 be 동사를 중심으로 앞뒤에 각각 부사구와 명사구를 위치시키는 것이 균형 잡힌 리듬을 만든다.

- A lighthouse is on the hill.
→ On the hill is a lighthouse. O → On the hill a lighthouse is. X

주어가 인칭대명사이고 동사가 be 동사라면 '주어+동사' 어순으로 배열한다. 인칭대명사는 be동사보다도 더 약한 발음이기 때문이다.

- On the hill it is. O   · On the hill is it. X

② 장소 및 방향 부사를 앞에 내세우기

up, down, there, here와 같은 한 단어 부사의 경우에는 주어가 명사구일 때 도치가 필수적이다. 즉, 주어가 명사구라면 '부사 + 동사 + 주어'로 배열한다. 그렇게 해야 동사를 중심으로 앞뒤에 강세가 오는 단어인 부사와 명사가 배열되어 전체적으로 강약강 리듬이 된다.

- Up flew the bird. O   · Up the bird flew. X
- Down came the rain. O   · Down the rain came. X
- There goes the train. O   · There the train goes. X
- Here comes the bride. O   · Here the bride comes. X

주어가 인칭대명사라면 '부사 + 대명사 + 동사'로 배열한다. 인칭대명사는 동사보다 약한 발음이므로 그렇게 해야 강약강 리듬이 된다.

- Up it flew. O   · Up flew it. X
- Down it came. O   · Down came it. X
- There it goes. O   · There goes it. X
- Here she comes. O   · Here comes she. X

③ 비지칭적 there

there는 '그곳', '거기', '저기'와 같이 앞에 언급되었거나 눈앞에 보이는 먼 장소를 지칭하는 의미를 가지기도 한다. 그러나 'There is [are] ~' 표현에서는 그러한 지칭 기능 없이 어떤 대상이 있음을 표현한다. 그 대상이 어디에 있는지를 표현하는 장소부사구와 함께 쓰이는 경우가 많다. 이 표현은 형태적으로 보면 'There + be 동사 + 주어'의 어순이므로 장소부사인 there를 앞에 내세우고 주어와 동사를 도치시킨 어순으로 되어 있다. 비지칭적 there 뒤에는 be 동사가 오는 것이 가장 일반적인데, 그 이외에도 exist, remain, stand, lie와 같이 어떤 대상이 존재하거나 어느 장소에 있음을 표현하는 동사, happen, occur와 같은 사건의 발생을 의미하는 동사와 함께 쓰이는 경우도 있다.

- **There is** a very tall pine tree in the middle of the plain. 평원 한복판에 매우 커다란 소나무가 한 그루 있다.
- **There are** several advantages to using solar energy. 태양 에너지를 사용하는 것에는 몇 가지 이점이 있다.
- **There lie** so many problems in the world of politics. 정치의 세계에는 매우 많은 문제들이 놓여 있다.
- **There happened** a fire in his house. 그의 집에서 화재가 발생했다.

'Here is [are] ~'표현도 'There is [are] ~'와 비슷한 측면이 있으나 이 표현의 'Here'에는 '여기'라는 지칭적 의미가 내포되어 있으며, 어떤 대상이 가까이에 있는 경우, 특히 어떤 사물을 상대방에게 보여 주거나 건네주는 상황에 자주 사용된다.

- **Here is** the pasta you ordered. 여기 주문하신 파스타 나왔습니다.
- **Here are** some pictures I took in Canada last year. 여기 작년에 캐나다에서 찍은 사진들이 몇 장 있어요.

there는 부사이지만 마치 대명사처럼 쓰여서 to 부정사나 -ing의 주어 기능을 하기도 한다.

- I don't want **there** <u>to be</u> misunderstanding between you and me.
  나는 너와 나 사이에 오해가 있는 것을 원치 않아.
- Despite **there** <u>being</u> many other customers at the restaurant, the service was great.
  그 레스토랑에는 다른 많은 손님들이었지만, 서비스는 훌륭했다.
- **There** <u>being</u> no other choices, he had to sell his car to pay the rent.
  다른 선택의 여지가 없어서, 그는 집세를 내기 위해 그의 차를 팔아야만 했다.

동사 뒤에 위치한 어구가 주어이므로 동사의 수일치도 그에 따른다.

- There is many great tourist attractions in Boston. ✗
→ There are many great tourist attractions in Boston. ○ 보스턴에는 많은 멋진 관광 명소들이 있다.

그러나 구어문법에서는 주어의 수와 상관없이 There's를 사용하는 것이 널리 받아들여진다. 일상적 대화에서 주어가 복수명사일 때, 'There are ~'로 표현하는 경우가 없지는 않으나, 원어민들은 There's로 표현하는 것을 크게 선호한다. 단, 이러한 현상은 ① 일상적 회화 또는 일상적 회화를 표기한 글에만 적용되고 격식체에는 적용되지 않으며 ② There's로 발음하거나 표기할 때만 적용되고 There is로 발음하거나 표기할 때는 (거의) 적용되지 않는다. 이러한 현상은 Here's에도 마찬가지로 일어난다.

- There's lots of good restaurants in this area.
  (일상적 회화에서 널리 쓰이는 표현. 격식체에서는 인정되지 않음)
- There is lots of good restaurants in this area. ✗
  (구어문법과 문어문법 모두에서 받아들여지지 않음)

이러한 현상이 일어나는 이유는 There're 발음이 귀찮기 때문이다. 즉, 말하기에서는 축약된 형태가 선호되는데 There are를 There're로 축약한 것은 발음이 귀찮고 어렵기 때문에 도태되고 대신 발음이 쉬운 There's가 선택된 것이다. 또한 There가 비록 부사라 하더라도 문장의 맨 앞에 위치해 있기 때문에 마치 가주어처럼 느껴져서 There에 수일치를 한 것이라고 보는 시각도 있다.

> 많은 사람들이 "원어민들은 문법에 맞게 말하지 않는 경우가 많다"라고 하지만 이것은 대단히 편협한 인식이다. 우리나라 학습자들이 배운 영문법, 그것도 일본식의 구식 문어문법에 따라 원어민들이 말을 하지 않는다고 해서, 그들이 문법에 어긋나게 말을 하는 것은 아니다. 원어민은 말을 할 때는 말을 할 때 사용되는 문법, 즉 구어문법에 따라 말을 한다. 문어문법과 구어문법은 일치하는 경우도 많지만 서로 다른 경우도 많다. 예를 들어 친구와의 일상적 대화에서 moreover나 for whom 같은 표현을 사용하면 우스꽝스럽게 느껴질 것이다. 이처럼 일상적 회화에서 구어문법이 아니라 격식적인 문어문법에 따라 말을 하면, 그것이 오히려 문법에 어긋나게 말을 하는 것이다. 구식의 문어문법만 일부 배워 놓고 그것이 문법의 전부인 줄로 알면서, 원어민들은 말을 할 때 문법을 지키지 않는다느니, 문법에는 어긋나지만 관용적으로는 쓰인다느니 떠들어 대는 것은 우물 안 개구리의 시각일 뿐이다. 그러나 학습자들의 편견이 문제라기보다는, 규범문법에 기초한 보수적 문법 교육이 그러한 편견을 조장해 온 것이 문제이다.

> 격식성 (formality)과 문법성 (grammaticality)을 구분하지 못하는 것은 규범문법의 심각한 결함이다. 규범문법은 글에 사용되는 격식적 표현만을 문법적인 것으로 간주하는 경향이 강하다. 그러나 말에 사용되는 비격식적 표현이라고 해서 반드시 비문법적인 것은 아니다. 비격식적 표현을 비격식적 상황에서 사용하는 것은 아무 문제없는 적절한 언어 사용이다. 그런데 보수적 영어교육은 그러한 표현을 단지 격식적인 글에서 받아들여지지 않는다는 이유로 '문법적으로 틀린' 것으로 간주해 왔다. 그러나 현대에는 비격식적 문체를 활용하여 마치 독자에게 말을 하는 것처럼 내용을 전달하는 방식이 학술서적과 잡지의 기사들과 같은 진지한 글에서 사용되기도 하는데, 이것은 독자에게 친근하고 이해하기 쉽게 내용을 전달하는 방식으로 볼 수 있는 것이지, 근엄한 격식체의 표현으로 쓰이지 않았다고 해서 무조건 문법적으로 틀리다고 보는 것은 보수적이고 구시대적인 관점일 뿐이다.

7) So, Neither를 앞에 내세우는 '마찬가지' 표현에서: So / Neither + 동사 + 주어

- Danny is a big soccer fan and **so is Tom**. 데니는 열렬한 축구팬이고 톰도 마찬가지이다.
- Kevin doesn't like sports and **neither does John**. 케빈은 스포츠를 좋아하지 않고 존도 마찬가지이다.

A: What did you major in? 너는 뭐 전공했어?
B: I majored in physics. 나는 물리학 전공했어.
A: Really? **So did I.** 정말? 나도 마찬가지야. (나도 물리학 전공했어.)
B: But I don't know much about physics. 하지만 나는 물리학에 대해 잘 몰라.
A: **Neither do I.** 나도 마찬가지야. (나도 물리학에 대해 잘 몰라.)

이 표현에서는 주어가 인칭대명사인데도 맨 뒤에 위치하는데 이때는 인칭대명사라 하더라도 강세가 주어지기 때문이다. 즉, 'So did I.'는 의미에 있어 다른 사람이 아니라 바로 '나'도 마찬가지라는 것을 강조하는 것이기 때문에 I에 강세가 주어진다. 그래서 'So did I.'는 So와 I에 강세가 주어지고 did가 약하게 발음되어 강약강 리듬으로 발음된다.

이것은 'So + 주어 + 동사' 표현에도 마찬가지로 적용된다.

A: Kevin is very handsome. 케빈은 정말 잘생겼어.
B: So he is. 맞아, 정말 그래. (케빈은 정말로 잘생겼어.)

위 표현에서 'So he is.'는 케빈이 정말로 잘 생겼다는 뜻으로서 의미의 초점은 그가 '잘생겼다는 사실', 즉 'is very handsome'이고 그것을 is로 간결하게 표현하는 것이기 때문에 is를 맨 뒤에 두고 강세를 주는 것이다. 따라서 앞에 내세워진 부사 So와 맨 뒤의 is에 강세가 주어지므로 'So he is.'도 강약강 리듬으로 발음된다.

8) 인용문의 주어/동사 도치

사람의 말이나 생각을 따옴표로 인용할 때는 그 인용문을 말하거나 생각한 주어 그리고 말이나 생각의 행위를 표현하는 동사가 오는 것이 일반적이다. (say, think, ask, answer, argue, etc.) 이때 주어와 동사가 인용문 중간에 삽입되거나 인용문 뒤에 올 때 '동사 + 주어' 어순으로 도치될 수도 있다. 도치가 필수적인 것은 아니다. 또한 주어가 대명사인 경우는 도치하지 않는다.

"What does he say?" he asked. "He's very sad," Úrsula answered, "because he thinks that you're going to die." "Tell him," the colonel said, smiling, "that a person doesn't die when he should but when he can." — One Hundred Years of Solitude / Gabriel García Márquez

"그가 뭐라고 해?" 그는 물었다. "매우 슬프데요" 우르술라가 대답했다. "당신이 죽을 거라고 생각해서요." "그한테 말해 줘." 대령은 웃으며 말했다. "사람은 죽어야 할 때 죽는 게 아니라 죽을 수 있을 때 죽는 거라고."

"I think he's lovely," said Anne reproachfully. "He is so very sympathetic. He didn't mind how much I talked — he seemed to like it. I felt that he was a kindred spirit as soon as ever I saw him."

"You're both queer enough, if that's what you mean by kindred spirits," said Marilla with a sniff. — Anne of Green Gables / L. M. Montgomery

"저는 그분이 사랑스러운 것 같아요." 앤은 반박하며 말했다. "그분은 매우 공감능력이 있어요. 제가 아무리 말을 많이 해도 싫어하지 않았죠. 오히려 그걸 좋아하시는 것 같았어요. 저는 그분을 보자마자 비슷한 영혼이라는 것을 느꼈어요."

"너희는 둘 다 참 이상해. 네가 말한 비슷한 영혼이라는 게 그런 걸 의미한다면 말이지." 마릴라는 코웃음을 치며 말했다.

9) 조건절의 도치 표현

조건절에서 if를 삭제하고 특이적 과거형 'were' (상상적 가정법 과거의 경우) 또는 조동사 'had' (가정법 과거완료의 경우)를 앞에 내세워서 표현할 수 있다. 이와 같이 도치한 형태는 격식적 표현으로서 주로 글쓰기에서 사용되고 말하기에서는 상대적으로 덜 쓰인다.

- Were it not for my little jokes, I could not bear the burdens of this office. — Abraham Lincoln.
  나의 작은 농담들이 없다면, 나는 이 직무의 부담을 견디지 못할 것입니다.

- Were I a philosopher, I should write a philosophy of toys, showing that nothing else in life need to be taken seriously, and that Christmas Day in the company of children is one of the few occasions on which men become entirely alive. — Robert Lynd
  내가 만약 철학자라면, 나는 장난감에 대한 철학을 쓸 것입니다. 그리고 인생에서 다른 어떤 것도 심각하게 여겨질 필요가 없으며, 아이들과 함께하는 크리스마스가 사람이 완전히 생기를 얻을 수 있는 몇 안 되는 경우들 중 하나라는 것을 보여 줄 것입니다.

- Had I had a beard, I would have been the king of France. — Renée of Ferrara
  나에게 턱수염이 있었었더라면, (내가 남자였다면) 나는 프랑스의 왕이 되었었을 것이다.

- Had I known that the Germans would not succeed in producing an atomic bomb, I would not have lifted a finger. — Albert Einstein
  독일이 원자 폭탄 제조에 성공하지 못하리라는 것을 알았었더라면, 나는 손가락도 까딱하지 않았을 것입니다.
  (독일이 원자탄을 제조할 가능성이 있으니 미국이 핵무기를 개발해야 한다고 루즈벨트 대통령에게 촉구하는 청원서에 서명한 것에 대해 아인슈타인이 한 말)

조건절에 should가 쓰인 경우에는 should를 앞에 내세워 도치할 수 있다. 이러한 표현은 격식적이기는 하나 말하기에서도 꽤 자주 사용된다. 이것은 말하기에서 자주 쓰이는 표현인 'If you have ~'에서 if를 should로만 바꾸면 'Should you have ~' 표현이 되므로 사용하기 간편하기 때문인 것으로 보인다. 그래서 should를 if와 서로 바꾸어 쓸 수 있는 표현인 것처럼 착각하기도 하는데, 엄밀하게 보면 그렇지는 않다. should로 시작한 조건절에서는 주어 뒤의 동사가 반드시 동사원형이 되어야 하지만, if는 그렇지 않다. 다만, 주어가 you 또는 복수이고 시제가 현재일 때는 본동사가 동사원형과 형태가 동일하므로 우연찮게도 should와 if를 바꾸어 쓸 수 있는 것처럼 보이는 것일 뿐이다.

- <u>Should you have</u> any questions, don't hesitate to contact me.
  질문이 있으시면 망설이지 마시고 연락주세요.
= If you should have any questions, don't hesitate to contact me.
= If you have any questions, don't hesitate to contact me.

10) 감탄문에서

① 의문문 어순의 감탄문

의문문과 동일한 형태의 어순으로 감탄문을 표현하기도 하는데 회화적 표현이다. 의문문인지 감탄문인지는 말에서는 억양의 차이로, 글에서는 느낌표를 사용해서 구분한다.

- Boy, <u>do I have</u> a surprise for you! 아! 너에게 놀라운 소식이 있어!
- Gee, <u>did I make</u> a terrible mistake! 이런, 내가 끔찍한 실수를 저질렀어!
  ('boy'와 'gee'는 감탄사이다. boy는 기쁨, 놀라움, 실망, 아픔 등을 표현하고 gee는 놀라움, 감탄, 짜증, 안타까움 등을 표현한다.)

② How ~! What ~!

How와 What을 사용한 감탄문은 통상 'How + 형 + 주 + 동!' 또는 'What + (a) + 형 + 명 + 주 + 동!'의 어순으로 표현한다. (주어와 동사가 맥락상 명백할 때에는 생략하기도 한다.)

- How beautiful <u>those flowers are</u>!
- What a great musician <u>Beethoven was</u>!

이러한 감탄문에서 주어와 동사를 도치하기도 하는데 주로 문예적 표현에 쓰이는 다소 격식적이고 예스러운 표현이다. 또한 주어가 현저하게 긴 경우, 긴 주어를 뒤에 배치하기 위해 도치하기도 한다.

- How beautiful are those flowers!
- What a great musician was Beethoven!
- How gentle is the rain that falls softly on the meadow.
  초원 위로 살며시 내리는 비는 얼마나 보드라운지. — A Lover's Concerto / Sarah Vaughan, originally The Toys

2 강조

1) do를 이용한 동사 강조

동사 앞에 조동사 do를 사용하여 강조할 수 있다. 이때 do에 강세를 주어 발음한다. '정말로', '진짜로' 정도의 의미를 가진다. '~하기는 했다'는 의미를 형성하기도 한다.

A: Mom, do I really have to see the dentist? 엄마, 정말로 치과에 가야만 해요?
B: Yes, you do have to see the dentist tomorrow. 응, 내일 꼭, 반드시 치과 가야 해.

A: I think Mom doesn't love me. 엄마가 날 사랑하지 않는 것 같아.
B: What are you talking about? She does love you. 무슨 소리야? 어머니는 분명 널 사랑하셔.

A: How come you didn't do your homework? 어째서 숙제를 안 한 거야?
B: I did do my homework. I just forgot it at home. 숙제를 하기는 했어요. 집에 잊어버리고 놓고 왔을 뿐이에요.

명령문에 강조의 do를 사용한 경우, 부드럽게 말하면 '제발 꼭 좀 ~ 해라'는 의미이며, 강한 어조로 말하면 반드시 ~해라는 강한 명령을 표현한다. be 동사에도 쓰일 수 있다.

A: Don't forget to take your medicine and please do take care of yourself.
약 먹는 거 잊어버리지 말고 제발 네 몸 좀 챙겨.
B: I will. Thanks for your concern. 그럴게요. 걱정해 줘서 고마워요.

A: <u>Do</u> <u>be</u> quite! We are eating! 조용히 좀 해! 우리 식사 중이야!
B: Sorry, Mom. 미안해요 엄마.

강조의 do는 의문문에도 쓰일 수 있다. 구체적이고 상세한 대답을 알고 싶다는 뉘앙스의 의문문을 형성한다. '도대체'나 '과연'으로 해석할 수 있다.

- What <u>did</u> <u>happen</u> to you? 도대체 너에게 무슨 일이 있었던 거야?
- Who <u>did</u> <u>commit</u> such a terrible crime? 과연 누가 이렇게 끔찍한 범죄를 저지른 것일까요?

2) 의문사 강조

| on earth | in the world | the hell | the heck |
| in heaven | in heaven's name | in God's name | in blue blazes |

위 어구들은 의문사를 강조하는 표현으로 '도대체'의 의미를 가진다. 궁금함을 강조하는 의미도 있지만, 놀라움과 충격 또는 불만이나 분노의 의미가 내포되는 감탄문의 성격을 가지는 경우가 많다. the hell은 욕설이므로 유의하라. (768페이지를 보라.)

- Why <u>on earth</u> is she so angry? 그녀는 도대체 왜 그렇게 화가 난 거야?
- Why <u>in the world</u> did you do that? 너 도대체 왜 그런 일을 한 거야?
- How <u>in heaven</u> can you run so fast? 너 도대체 어떻게 그렇게 빨리 달릴 수가 있는 거야?
- Where <u>in heaven's name</u> is he? 그는 도대체 어디에 있는 거야?
- What <u>the heck</u> did you do! 너 도대체 뭘 한 거야!

3) 재귀대명사를 사용한 강조

- I **myself** drew this picture. = I drew this picture **myself**. 내가 직접 이 그림을 그렸어요.
- The chef **himself** served our dinner. = The chef served our dinner **himself**.
  셰프가 직접 우리 저녁 식사를 서빙했다.

4) 'It ~ that ~' 강조 표현

- David likes playing basketball when the weather is good.
- It is **David** that [who] likes playing basketball when the weather is good.
  날씨가 좋을 때 농구하는 것을 좋아하는 사람은 (다른 사람이 아니라 바로) 데이빗이다.
- It is **basketball** that David likes playing when the weather is good.
  날씨가 좋을 때 데이빗이 하기를 좋아하는 것은 (다른 것이 아니라 바로) 농구이다.
- It is **when the weather is good** that David likes playing basketball.
  데이빗이 농구하기를 좋아하는 때는 (다른 때가 아니라 바로) 날씨가 좋은 때이다.

- The little boy found ancient artifacts in the cave.
- It was **the little boy** that [who] found ancient artifacts in the cave.
  그 동굴에서 고대 유물을 발견한 것은 (다른 사람이 아닌 바로) 그 어린 소년이었다.
- It was **ancient artifacts** that the little boy found in the cave.
  그 어린 소년이 그 동굴에서 발견하는 것은 (다른 것이 아니라 바로) 고대 유물이었다.
- It was **in the cave** that the little boy found ancient artifacts.
  그 어린 소년이 고대 유물을 발견한 것은 (다른 곳이 아니라 바로) 그 동굴에서였다.

- It is **the time you have wasted for your rose** that makes your rose so important.
  — The Little Prince / Antoine de Saint-Exupéry

  너의 장미를 위해 네가 쏟아부은 시간, 그것이 바로 너의 장미를 그렇게 소중하게 만드는 것이야.

that 이하가 현재시제인 경우, 'It is'가 쓰이고, that 이하가 과거시제인 경우, 'It was'가 쓰이는 것이 통상적이다. 그러나 that 이하가 과거시제인데도 'It is'가 쓰이기도 한다. 강조되는 사물이나 사람이 말을 하는 현재의 시점에도 여전히 화자 가까이에 존재하는 대상으로서 느껴질 때 그와 같이 표현한다.

- It is this bracelet that John gave to me on my last birthday.
  존이 지난 생일에 나에게 준 것이 바로 이 팔찌야.
- It is my wife that encouraged me to go to graduate school.
  나에게 대학원에 가라고 격려했던 것은 나의 아내입니다.

'It ~ that ~'으로 의문사를 강조할 수도 있다. 궁금함을 좀 더 강하게 나타내거나 유발하는 표현이다.

- Who was it that you were talking with in front of the office?

A: What is it that has four legs and one back, but can't walk?
B: I don't know. What is it?
A: It's a chair.

주격 인칭대명사가 강조되는 경우, 격식적 문어문법에서는 주격이 사용되며 목적격은 틀린 것으로 여겨진다. 구어문법에서는 목적격이 사용된다.

- It is I who am in charge here.
  (규범문법적으로만 맞는 표현. 현실에서는 거의 쓰이지 않는다.)
- It's me who's in charge here.
  (일상생활에서 일반적으로 쓰이는 표현. 규범문법은 틀린 것으로 간주한다.)

'not until ~'도 'It ~ that ~'으로 강조할 수 있다. 이때 that은 when으로 대체될 수 있다. 강조되는 어구가 시간을 표현하는 경우는 that 대신 when으로, 장소를 나타내는 경우는 where로 표현할 수 있다.

- It was not until December 1941 that [when] the United States entered World War II.
  미국은 1941년 12월까지 2차 대전에 참전하지 않았다. → 미국은 1941년 12월이 되어서야 비로소 2차 대전에 참전했다.

5) 겹붙이기 (dislocation)

명사구 뒤에 그 명사구를 가리키는 대명사를 주어로 삼아 표현하는 것은 이중주어 (double subject)로서 문법적으로 틀린 것으로 간주된다.

- My father, he is a professor. x → My father is a professor. O
- Her car, it is parked outside. x → Her car is parked outside. O
- The cake you made, it is very good. x → The cake you made is very good. O

그런데 원어민들은 일상 회화에서 이러한 표현을 상당히 자주 사용한다. 이와 같이 대명사가 가리키는 명사구를 문장의 앞이나 뒤에 배치하는 것을 'dislocation'이라고 한다. 명사구가 문장의 앞에 배치되는 것은 대명사의 왼쪽에 온다 하여 'left dislocation'이라고 하고 문장의 뒤에 배치되는 것은 'right dislocation'이라고 한다. 한자어로는 각각 '좌향 전위'와 '우향 전위'로 번역되지만, 필자는 '앞쪽 겹붙이기'와 '뒤쪽 겹붙이기'로 부르겠다. 겹붙이기는 비격식적 말하기에서 어구를 강조하거나 흥미로운 대상이나 주제로서 초점을 두어 제시할 때 사용된다. 대화를 글로 표현할 때 또는 광고 문구에서 어구를 강조하여 제시할 때 등 일부 경우를 제외하고는 글쓰기에서 그렇게 자주 사용되지는 않는다.

① 앞쪽 겹붙이기

- I've finally figured out who stole my bike. David Brankle, he stole it.
  내 자전거를 누가 훔쳐갔는지 마침내 알아냈어. 데이빗 브랭클, 그가 훔쳐 갔어.
- The T-shirt I bought yesterday, where is it? 내가 어제 산 티셔츠, 그거 어디 있어?
- The cake that was on the table, did you eat it? 테이블 위에 있던 케이크, 네가 그거 먹었어?

- That tall girl over there wearing a black dress and sunglasses, she's a famous singer.
  저기 저쪽에 까만 드레스 입고 선글라스 쓰고 있는 키 큰 여자, 그 사람 유명한 가수야.
- But once it's cut, it turns brown and loses its power. A gift like that, it has to be protected.
  — from the Disney movie, Rapunzel
  하지만 일단 잘리면 갈색으로 변하고 힘이 사라져요. 이런 능력, 이것은 보호되어야만 해요.

앞쪽 겹붙이기는 대명사가 가리키는 명사구를 문장 앞에 제시하는 것을 말한다. 흥미로운 정보로서 강조하거나, 말하고자 하는 내용의 주제를 먼저 말하여 듣는 사람의 주의를 끌기 위해 명사구를 앞에 제시하는 것이다. 또한 주어가 매우 긴 경우, 긴 주어를 일단 말하고 나서 한 박자 숨을 고르고 대명사를 사용하여 말을 이어 가기도 한다. 주어뿐 아니라 목적어나 보어에 대해서도 겹붙이기를 할 수 있다.

② 뒤쪽 겹붙이기

- Did they have dinner, Peter and Randy? 게네들 저녁 먹었어? 피터하고 랜디 말이야.
- She's very smart, your cousin Jennifer. 그녀는 매우 똑똑해. 네 사촌 제니퍼 말이야.
- What's her name, the main actress in Beauty and the Beast?
  그 여자 이름이 뭐지? 미녀와 야수 주연 여배우 말이야.
- I still keep it, the letter you wrote to me when I was in the military.
  나 그거 아직도 보관하고 있어. 네가 나 군대 있을 때 보내준 편지 말이야.

뒤쪽 겹붙이기는 대명사의 지칭 대상을 문장 뒤에 말하는 것이다. 어떤 대상을 대명사를 사용하여 말하고, 그 대명사가 가리키는 대상이 무엇인지를 듣는 사람이 무엇인지 정확히 모를 수 있다고 생각될 때, 뒤늦게 문장 뒤에 그것을 밝히는 경우에 사용될 수 있다. 또한 마치 가주어/가목적어 표현과 비슷하게, 주어나 목적어가 긴 명사구인 경우, 일단 대명사를 사용하여 문장을 말하고 그 대명사가 가리키는 명사구를 뒤에서 제시하는 방식으로 말하기도 한다. 뒤쪽 겹붙이기의 기능은 강조라기보다는 명료화(clarification)이지만, 편의상 이 장에서 앞쪽 겹붙이기와 함께 다루었다.

〈탐구문제 16〉

· To be or not to be, **that** is the question. — Hamlet / William Shakespeare
죽느냐 사느냐 그것이 문제로다.

· A strong woman who recklessly throws away her strength, **she** is worse than a weak woman who has never had any strength to throw away.
— Tess of the D'Ubervilles / Thomas Hardy
자신의 힘을 아무렇게나 허비해 버리는 강한 여자, 그녀는 허비해 버릴 힘을 전혀 가져 보지 못한 약한 여자보다 더 나쁘다.

· Even though I walk through the darkest valley, I will fear no evil, for you are with me; your rod and your staff, **they** comfort me. — Psalm 23:4 New International Version
내가 비록 죽음의 그늘 골짜기로 다닐지라도, 주님께서 나와 함께 계시고, 주님의 막대기와 지팡이로 나를 보살펴 주시니, 내게는 두려움이 없습니다. (시편 23편 4절. 새번역 성경)

필자는 겹붙이기가 '문법적으로 틀린 것'으로 간주된다고 말하였다. 또한 규범문법주의자들은 이중주어를 '영어를 제대로 할 줄 모르는 사람들의 말하기(illiterate speech)에서 흔히 쓰이는 표현[35]'이라고 설명하기도 한다. 그런데 현대 원어민들의 수많은 말과 글은 물론이고, 위와 같이 고전 문학작품과 성서에서도 볼 수 있는 표현을 그와 같이 보는 것이 과연 타당한가? 만약 겹붙이기를 문법적으로 인정한다면, 겹붙이기가 쓰여서 어색한 표현들은 어떻게 설명할 것인가? 겹붙이기가 문법적으로 맞는지 틀린지 정확하게 알려달라는 질문에 어떻게 답해야 할 것인지, 당신만의 대답을 만들어 보라.

---

35 Allen (ed.), *Pocket Fowler's Modern English Usage*, 191.

여러 가지 표현들

19

1. 생략
2. 동격
3. 부정
4. Yes와 No
5. 대구법

1

생략

생략은 언어 사용의 간결성을 추구하기 위한 장치의 하나로서, 반복을 회피하기 위해 어구를 빼고 표현하는 것을 말한다. 어구를 빼고 표현한 것과 빼지 않고 표현한 것이 모두 문법적으로 성립할 때, 그리고 그 두 표현의 의미가 동일할 때 생략으로 간주한다.

1) 등위절에서 동사구가 공통될 때

앞 절	뒷 절	예문
modal + 동사원형	modal	Tom **can swim**, and Lisa **can swim** too. → Tom **can swim**, and Lisa **can** too. Kevin **can't swim**, and I **can't swim** either. → Kevin **can't swim**, and I **can't** either.
be + 보어/-ed/-ing	be	Tom **was hungry**, and Lisa **was hungry** too. → Tom **was hungry**, and Lisa **was** too. Kevin **isn't sleeping**, and Mary **isn't sleeping** either. → Kevin **isn't sleeping**, and Mary **isn't** either.
have + -ed	have	Tom **has finished lunch**, and Lisa **has finished lunch** too. → Tom **has finished lunch**, and Lisa **has** too. Kevin **hasn't come**, and Mary **hasn't come** either. → Kevin **hasn't come**, and Mary **hasn't** either.
일반동사	do	Tom **speaks Italian**, and Lisa **speaks Italian** too. → Tom **speaks Italian**, and Lisa **does** too. Kevin **didn't know that**, and Mary **didn't know that** either. → Kevin **didn't know that**, and Mary **didn't** either.

* 'speaks Italian'을 뒤 절에서 'does'로 표현한 것은 대동사 do를 사용한 것이지 '생략'은 아니다. 왜냐하면 반복되는 부분을 그대로 삭제한 것이 아니라 대동사 do로 대체한 것이기 때문이다. 다만 문장을 간결하게 표현한다는 점에 있어서 생략과 같은 기능을 하는 것이기에 여기에 함께 기재하였다.

2) 등위절에서 동사구가 공통되고 각각에 대비되는 어구가 있을 때

- Tom can play the piano, and Lisa can play the cello.
→ Tom can play the piano, and Lisa the cello.
- Kevin lives in Chicago, and Mary lives in Detroit.
→ Kevin lives in Chicago, and Mary in Detroit.
- Paul is a graduate student, Lisa is an accountant, and Mary is a nurse.
→ Paul is a graduate student, Lisa an accountant, and Mary a nurse.

3) 등위절의 주어가 공통될 때

- We went on a picnic last Saturday and we had a great time.
→ We went on a picnic last Saturday and had a great time.

- I like chicken, but I don't like fish. → I like chicken, but don't like fish.

4) 앞서 나온 동사가 뒤의 to 부정사에 쓰일 때

- I was planning to emigrate to Canada, but I've decided not to.

A: Would you like to go to the movies this Saturday?
B: I'd like to, but I can't. I have some work to do.

- They say my son may not be alive, but I believe him to be.

5) 부사절에서 '주어 + be 동사' 생략

· Tell me when <u>you are</u> ready. → Tell me when ready. 준비되면 나한테 말해.
· Though <u>it was</u> expensive, it was necessary.
→ Though expensive, it was necessary. 그것은 비싸지만 필요했다.
· What do you usually do while <u>you are</u> alone at home?
→ What do you usually do while alone at home? 집에 혼자 있을 때 보통 뭐 해?
· I'll pay you 100 dollars in cash as <u>it has been</u> agreed.
→ I'll pay you 100 dollars in cash as agreed. 합의된 대로 당신에게 100달러를 현금으로 지급하겠습니다.

6) 비교 표현의 as, than 뒤에서 반복 어구 생략

· The sales figures are not as good as <u>they were</u> last year.
→ The sales figures are not as good as last year. 판매실적이 작년만큼 좋지 않다.
· Generally, diamonds are more expensive than sapphires <u>are</u>.
→ Generally, diamonds are more expensive than sapphires. 보통, 다이아몬드가 사파이어보다 비싸다.

7) 수량사, 소유격, 형용사 뒤에서 반복되는 명사의 생략

· Some people have many <u>friends</u>, while others have only <u>a few</u>.
· David will be on a business trip from this <u>Friday</u> to <u>the next</u>.
· "Is this your <u>pen</u>?" "No, it's <u>Jason's</u>."

8) 의문사 뒤에서의 생략

- David didn't come to class yesterday, but I don't know **why**.
  (= why he didn't come to class yesterday)
- He said that he will go to Japan, but didn't tell me **when**.
  (= when he will go to Japan)
- I heard that Crystal lives somewhere in America. Do you know **where**?
  (= where Crystal lives)

9) 비격식적 회화에서 주어의 생략

- (I) Hope you have a good weekend. 좋은 주말 보내기 바래.

A: You like that singer, don't you? 너 저 가수 좋아하지? 그렇지 않아?
B: Yes, I do. She's one of my favorites. 응, 좋아해. 내가 제일 좋아하는 가수 중 하나야.
A: (I) Thought so. 그럴 것 같았어.

A: I saw Peter this morning. (He) Said he's going out to see cherry blossoms with his new girlfriend. 오늘 아침에 피터 봤어. 새 여자친구랑 벚꽃구경 나갈 거래.
B: Lucky bastard! Life is so unfair! 운 좋은 자식 같으니라고! 인생은 참 불공평해!
☞ 'Lucky bastard!'는 친한 친구 사이에서는 쓰일 수 있는 표현이나, 비속어이므로 유의하라.

10) 비격식적 회화에서 주어와 조동사 생략

A: (Do you) Wanna drink some coffee?
B: Thanks, but no thanks. (I've) Already had too much coffee today.

A: (Have you) Been to Hawaii before?
B: No, I haven't. Have you?
A: Yeah, (I've) been there several times.

A: (Are you) Ready to go?
B: Just wait a couple of minutes. (I'm) Not quite ready yet.

11) 비격식적 회화의 의문문에서 조동사 생략

A: (Do) You know that guy?
B: No, I don't. (Is) He your friend?

A: (Have) You seen Clara today?
B: No. She's probably in the library.

A: (Are) You coming to the party tonight?
B: I haven't decided yet.

2 동격

apposition은 어원적으로 보면 '나란히 놓음', '옆에 위치시킴'의 뜻이며 우리말로는 '동격'이라고 한다. 동격은 하나의 명사구 옆에 그 명사구가 지칭하는 대상과 동일한 대상을 지칭하는 또 다른 명사구를 두는 것을 말하며, 주어진 명사구에 대한 좀 더 구체적이거나 추가적인 정보를 제공하거나 내용을 설명하는 기능을 한다.

1) 동격의 명사구

기본적인 동격의 형태는 하나의 명사구 바로 뒤에 그 명사구가 가리키는 대상과 동일한 대상을 지칭하는 명사구를 두는 것이다. 그 명사구의 정체나 중요한 특징 등을 구체적으로 알려 주는 기능을 한다. 이러한 형태의 동격 명사구는 설명적 관계대명사절에서 '관계대명사 + be'가 삭제된 것과 같은 의미를 가진다. 동격으로 표현하는 것이 간결하기 때문에 더 선호된다.

- Barack Obama, the former President of the United States, made a speech on the Middle East at the international conference.
= Barack Obama, who is the former President of the United States, made a speech on the Middle East at the international conference.
  전 미국 대통령 버락 오바마는 그 국제회의에서 중동 문제에 대해 연설을 했다.

- Tom's younger sister, a math teacher in Colorado, is going to visit us next month.
= Tom's younger sister, who is a math teacher in Colorado, is going to visit us next month.

콜로라도에 사는 수학 교사인 톰의 여동생이 다음 달에 우리를 방문할 것입니다.
→ 톰의 여동생은 콜로라도에 사는 수학 교사인데, 다음 달에 우리를 방문할 것입니다.

- David went to school in Canberra, the capital city of Australia.
= David went to school in Canberra, which is the capital city of Australia.

데이빗은 오스트레일리아의 수도인 캔버라에서 학교를 다녔다.

때로는 앞의 명사구를 다른 말로 다시 한번 설명하기 위해 동격을 사용하기도 한다. '즉', '다시 말해'의 의미를 가진다.

- My first answer therefore to the question, What is history?, is that it is a continuous process of interaction between the historian and his facts, an unending dialogue between the present and the past. — What is history? / E. H. Carr

그러므로 역사란 무엇인가라는 질문에 대한 나의 첫 번째 대답은 역사란 역사가와 그가 가지고 있는 사실들 사이의 지속적인 상호작용, 다시 말해 현재와 과거의 끊임없는 대화라는 것입니다.

2) 동격절 접속사 that

- There is no denying the fact that globalization has been a tool serving elite interests.

세계화가 특권층의 이해에 복무하는 도구이어 왔다는 사실은 부인할 수 없다.

- There is an old saying that nothing is certain except death and taxes.

죽음과 세금을 빼고는 확실한 것은 아무것도 없다는 오래된 격언이 있다.

- The economic illusion is the belief that social justice is bad for economic growth.

사회정의가 경제성장에 해롭다는 믿음은 경제학적 환상이다. — Robert Kuttner

3) 동격 전치사 of

- the City of Seoul 서울이라는 도시 → 서울시
- the tribe of Apache 아파치라는 부족 → 아파치 부족
- the issue of social inequality 사회적 불평등이라는 문제
- the topic of human rights 인권이라는 주제

'of -ing'는 추상명사 뒤에 쓰여서 그 명사의 내용이 무엇인지를 표현하는 동격구로 쓰인다.

- The team has **a high hope** of winning the championship.
  그 팀은 우승하리라는 큰 포부를 가지고 있다.
- Elderly people detest **the idea** of becoming a burden on their children.
  노인들은 자식에게 짐이 된다는 생각을 매우 싫어한다.
- She was able to fulfill **her dream** of going to France. 그녀는 프랑스에 가는 그녀의 꿈을 이룰 수 있었다.

4) 동격의 등위접속사 or

- Dr. Simon is an oncologist or a doctor who specializes in cancer.
- Claustrophobia or the fear of being in a small space is a kind of anxiety disorder.

5) 동격적 수식의 to 부정사절

- The reporter had **an opportunity** to interview the mayor.
- Humans have **the ability** to use language and understand abstract concepts.
- The documents revealed **the CIA's attempt** to assassinate Fidel Castro, leader of Cuban revolution.

3 부정

1) 명사구 부정: no

no는 결정사로서 명사구를 부정하는 기능을 한다. 그 명사구가 표현하는 대상이 존재하지 않음을 표현할 수 있다.

- I'm sorry, but there's <u>no room</u> for you in the car. 미안하지만 차에 네가 탈 공간이 없어.
- We have <u>no time</u> to waste just standing here and talking.
  우리 여기 그냥 서서 얘기하면서 낭비할 시간이 없어.

no 뒤에 가산명사가 오는 경우, 단수형과 복수형 모두 올바른 것으로 간주되는데 대개 복수형이 오는 것이 자연스럽다. 그러나 언제나 그러한 것은 아니며 하나만 존재하는 것이 일반적인 대상에는 단수형이 더 적절하다.

- <u>No dogs</u> are allowed in this park except guide dogs.
  이 공원에서는 안내견을 제외한 개들은 출입이 허용되지 않습니다.
- She has <u>no husband</u>. 그녀는 남편이 없다.
  ☞ 'no husbands'라고 표현하는 것은 문법적으로 틀리지는 않다고 해도 자연스럽지 않다.

no 뒤에 -ing가 오는 것은 대개 불가능이나 금지를 표현한다.

- Those twins look exactly the same. There is <u>no telling</u> the difference between them.
  저 쌍둥이는 완전히 똑같이 생겼어. 구분을 할 수가 없어.
- There is <u>no parking</u> in the red zone. 빨갛게 칠해진 구역에는 주차를 할 수 없습니다.

'no + 명사'는 '~가 아니다'를 뜻하기도 한다.

- He is <u>no</u> doctor. 그는 의사도 아니다. ≠ He is <u>not</u> a doctor. 그는 의사가 아니다.

'~가 아니다' 표현에 있어 no와 not은 비슷한 뜻으로 쓰일 때도 있으나 대개 다른 의미를 가진다. no는 감정이 섞인 주관적 부정을 나타내고 not은 객관적 부정을 나타낸다. 즉, "He is not a doctor."는 그가 의사가 아니라는 것을 객관적 사실로 표현하는 것이다. 따라서 의사인 사람에 대해서 이렇게 말하면 사실에 어긋나는 진술일 뿐이다. 그러나 no를 사용한 부정은 실제로 의사인 사람에 대해서도 사용될 수 있으며 그런 경우 "그는 의사도 아니다." 즉, 설령 객관적으로는 의사라 하더라도 주관적으로 판단하기에 의사가 가져야 하는 소양, 능력, 자질 등이 부족하다는 불만의 의미를 내포한다.

ㄹ) 문장의 부정: not

not은 부정문을 표현한다. 대개 축약형으로 표현하나, 격식체에서 또는 not을 강조하여 표현하고자 할 때는 축약하지 않기도 한다.

- Diane is <u>not</u> good at singing. = Diane <u>isn't</u> good at singing.
- I am <u>not</u> from China. = I'm <u>not</u> from China. = I <u>ain't</u> from China. [비표준적]
  ☞ am not의 축약형인 ain't는 비격식체에서는 종종 쓰이나, 비표준적인 표현이다.

no와 not any는 같은 의미를 형성하기도 한다.

- I do<u>n't</u> have <u>any</u> cash right now. = I have <u>no</u> cash right now.
- I do<u>n't</u> live in New York <u>any</u> longer. = I <u>no</u> longer live in New York.

'아무도/아무것도 ~하지 않다'는 뜻을 나타낼 때는 no를 사용하며 'not any ~'를 주어로 사용하지 않는다.

- Not any food is allowed in the reading room. ✗
→ No food is allowed in the reading room. ○
  독서실에서는 음식이 허용되지 않습니다.
- Not anyone from our department attended the meeting. ✗
→ No one from our department attended the meeting. ○
  우리 부서에서는 아무도 그 회의에 참석하지 않았다.

단, '아무나 ~하는 것은 아니다'는 의미로 'not any ~'가 주어로 쓰일 수는 있다. 이때 any는 강한 any이므로 강세를 주어 발음한다.

- Not any applicant will be accepted. 아무 지원자나 받아들여지지는 않을 것이다.
- Not anyone can become a great artist. 아무나 위대한 예술가가 될 수 있는 것은 아니다.

부정의문문은 단순히 사실을 모르기 때문에 궁금해서 질문하는 것이라기보다는, 어느 정도 그러할 것이라고 기대나 예상을 화자가 하고 있는 상황에서 확인이나 재촉 등을 표현하기 위해 주로 사용된다.

- Aren't you tired? 너 피곤하지 않아?
- Don't you have to leave now? 너 지금 떠나야 하지 않아?

또한 부정의문문은 수사적 표현에도 쓰인다.

- Isn't she lovely? 그녀는 정말 사랑스럽지 않니? (그녀는 정말로 사랑스러워.)
- Who doesn't know that? 누가 그걸 몰라? (그것은 누구나 다 알아.)

3) 부분 부정

all, every, both, always, totally, completely, entirely, fully, necessarily, exactly 등과 같이 수량, 정도, 빈도 등에서 100%를 나타내는 부사 앞에 not이 쓰이는 경우, '모두 ~한 것은 아니다' 또는 '언제나, 꼭 ~한 것은 아니다'와 같이 부분 부정의 의미를 형성한다.

- The shop has a wide range of shoes, but doesn't have every size.
  그 가게는 다양한 신발들을 가지고 있지만, 모든 사이즈를 가지고 있지는 않다.
- You can't always get what you want. 원하는 것을 언제나 가질 수 있는 것은 아니다.
- That's not exactly what I had in mind. 그것이 정확히 내가 생각했던 바는 아니에요.
- Not all readers are leaders, but all leaders are readers. — Harry. S. Truman
  책을 읽는 모든 사람들이 지도자인 것은 아니나, 모든 지도자들은 책을 읽는다.
- An educated person is not necessarily the one who has the knowledge, but the one who knows where to get it when needed. — Napoleon Hill
  학식 있는 사람이란 반드시 지식을 가지고 있는 사람인 것이 아니라, 필요할 때 그것을 어디에서 얻을 수 있는지 아는 사람이다.

부사의 위치에 따라 의미가 달라지는 것에 유의하라.

- That's not entirely accurate. 그것은 전적으로 정확한 것은 아니야. (부분적으로만 정확)
- That's entirely not accurate. 그것은 전적으로 정확하지 않아. (전혀 정확하지 않음)
- I don't completely agree with you. 내가 너에게 완전히 동의하는 것은 아니야. (부분적으로만 동의)
- I completely don't agree with you. 나는 너에게 완전히 동의하지 않아. (전혀 동의하지 않음)

4) 예외 인정의 부정

영어에는 부정을 하면서도 전적으로 부정하는 것이 아니라, 극소수의 예외를 인정하면서 부정하는 어구들이 있다. hardly, scarcely, rarely, seldom은 'almost never'의 뜻을 나타내는 부사이며, little, few는 'almost no'의 뜻을 나타내는 수량사이다.

- I **hardly** know him. 나는 그 사람을 거의 몰라.
- I **seldom** watch TV. 나는 텔레비전을 거의 안 봐.
- I have **little** cash now. 나는 지금 현금이 거의 없어.
- I have **few** friends here. 나는 여기 친구가 거의 없어.

5) 부정의 강조

at all, in the least, in the slightest, a bit 등을 사용하여 부정문을 강조할 수 있다. '전혀 ~않다', '조금도 ~않다'는 의미를 형성한다.

- I **don't** like horror movies **at all**. 나는 공포영화를 전혀 좋아하지 않는다.
- I **can't** understand her behavior **in the least**. 나는 그녀의 행동을 전혀 이해할 수가 없다.
- They **didn't** pay attention to the teacher **in the slightest**. 그들은 선생님의 말씀에 전혀 집중하지 않았다.
- You **haven't** changed **a bit**. 너는 하나도 안 변했어.

'no + 명사 + whatsoever [whatever]'는 그 명사가 의미하는 대상이 전혀 없다는 것을 표현한다. '~이건 뭣이건 그 비슷한 것도 전혀 없다'는 뉘앙스의 표현이다.

- I can find **no** evidence **whatsoever** to back up his claim.
  나는 그의 주장을 뒷받침해 줄 증거라고는 전혀 찾을 수가 없다.
- There is **no** sign of progress **whatsoever**. 발전의 징후라고는 조금도 없다.
- **No** money **whatever** was kept in the safe. 그 금고에는 돈이라는 전혀 보관되어 있지 않았다.

가산명사인 경우에는 'not a single'을 사용하여 '하나도 ~않다/없다'를 표현할 수 있다.

- Not a single mistake did she make in the test. 그녀는 시험에서 단 하나의 실수도 하지 않았다.
- I don't have a single complaint about this restaurant. 나는 이 식당에 대해서 불만이라고는 하나도 없다.

예외 인정의 부정어구는 if ever 또는 if any와 함께 쓰일 수도 있다. if ever는 빈도에 있어서 '어떠한 사건이나 일이 발생하는 일이 설령 있다 하더라도'의 뜻이며 if any는 수량에 있어서 '어느 대상이 설령 있다 하더라도'의 뜻이다. 극히 일부의 예외가 있을 수 있다는 것을 인정하는 동시에 빈도나 수량이 0에 매우 가깝다는 표현이다.

- It seldom, if ever, rains in Southern California.
  남부 캘리포니아에서는 비가 내리는 일이 있기는 있다 하더라도 거의 내리지 않는다.
- Hardly, if ever, have I felt so happy before.
  나는 전에는 이렇게 행복하다고 느낀 적이 설령 있다 하더라도 거의 없다.
- He is saving little money, if any. 그는 저축을 약간 하기는 한다 해도 거의 하지 않는다.
- She made few changes, if any, to the original article.
  그녀는 원래의 기사에 수정을 하기는 했다 하더라도 거의 아무 수정을 하지 않았다.

Cf) Please feel free to ask questions if any. (= if you have any questions.)
☞ if any는 '만약 ~가 있다면'의 뜻으로 쓰일 수도 있으므로 유의하라.

at all은 예외 인정의 부정어구도 강조할 수 있다. 빈도, 수량, 정도 등이 0은 아니지만, 0에 대단히, 매우 가깝다는 것을 강조하는 것이다.

- He is hardly interested at all in literature. 그는 문학에는 좀처럼 거의 관심이 없다.
- She scarcely drinks alcohol at all. 그녀는 여간해서는 거의 술을 마시지 않는다.
- He spends little time at all with his children. 그는 아이들이랑 좀처럼 함께 시간을 보내지 않는다.
- I've found few typos at all in his paper. 나는 그의 논문에서 오타를 거의 발견하지 못했다.

4

Yes와 No

영어에서 **yes는 긍정문을 표현하고 no는 부정문을 표현한다.** 이것은 매우 단순한 명제로 보이지만 한국어와는 크게 다르기 때문에 우리나라 학습자들에게는 심한 혼동을 불러일으킨다. 한국어에서 '네'는 그 단어 자체가 상대방의 말에 대한 동의를 표현하고 '아니요'는 그 단어 자체가 상대방의 말에 대한 반박을 표현한다.

A: Seoul is the capital city of Korea. [긍정문] 서울은 한국의 수도예요.
B: **Yes**, it is. [긍정문] 네, 맞아요. [동의]

A: Sidney is the capital city of Australia. [긍정문] 시드니는 오스트레일리아의 수도예요.
B: **No**, it isn't. [부정문] 아니요. 그렇지 않아요. [반박]

위와 같이 상대방의 말이 긍정문인 경우에는 'yes'와 'no' 그리고 '네'와 '아니요'가 서로 상응하는 것처럼 보인다.

A: Busan is not the capital city of Korea. 부산은 한국의 수도가 아니에요.
B: _____.

부산이 한국의 수도가 아닌 것은 사실이므로 B에는 동의하는 대답이 적절하다. 한국어에서는 "네, 맞아요"라고 대답해야 동의 표현이 된다. 그런데 영어로 A의 말에 동의할 때 'No.'라고 대답한다. 영어에서는 yes 자체가 동의를 의미하거나, no 자체가 반박을 의미하는 것이 **아니라**, 상대방과 똑같은 말을 하는 것이 동의이고 상대방과 상반되는 말을 하는 것이 반박이다. 영어적 논리에서는 상대방이 "부산은 한국의 수도가 **아니에요**"라고 말했을 때 그와 똑같이 "**아니에요**"라고 말하는 것이 동의하는 것이다.

A: Busan is not the capital city of Korea. [부정문] 부산은 한국의 수도가 아니에요.
B: No, it isn't. [부정문] (부산은 한국의 수도가) 아니에요. [동의]

위와 같이 no를 사용하여 동의를 표현할 때는 no를 낮은 어조로 길게 발음하여 동의하는 느낌으로 발음한다. 한국어의 논리에서는 "부산은 한국의 수도가 아니에요"라는 말에 대해 "아니에요"라고 대답하면 상대방의 말 전체를 반박하는 것이고 "부산은 한국의 수도가 아니라고 한 당신의 말은 사실이 아니에요"라는 뜻이 된다. 그러나 **영어에서 yes와 no를 사용한 동의와 반박은 '압축적 메아리치기'의 방식이다.** 다시 말해, yes는 긍정문을 압축한 것이고, no는 부정문을 압축한 것이며, 상대방의 말을 압축된 형태로 메아리를 쳐 주는 것이 동의하는 것이다. 반면 상대방의 말이 긍정문일 때 그와 상반되는 내용을 가진 no로 대답하고, 상대방이 부정문으로 말했을 때는 그와 상반되는 내용을 가진 yes로 대답하는 것, 즉 상대방의 말에 대해 반대로 뒤집어서 역메아리를 치면 반박하는 것이 된다.

A: Seoul is not the capital city of Korea. 서울은 한국의 수도가 아니에요.
B: _____.

서울은 한국의 수도이므로 위에서 A가 한 말에 반박하기 위해서는 영어로는 'Yes'라고 해야 적절하다. 영어적 논리로는 "아니에요"라는 말에 대해서 그와 상반되는 말인 "맞아요"라고 해야 반박하는 것이 된다.

A: Seoul is not the capital city of Korea. [부정문] 서울은 한국의 수도가 아니에요.
B: Yes, it is! [긍정문] (서울이 한국의 수도인 것이) 맞아요! [반박]

위와 같이 yes로 반박을 할 때는 yes에 강세를 주어 발음한다. 그런데 상대방의 진술이나 질문이 부정문일 때의 대답이 한국어와 영어가 서로 반대라고 가르치는 경우가 있다. 말 자체는 사실일지 몰라도, 그와 같이 생각에서는 절대로 실제로 활용할 수가 없다. 영어를 하면서 그것을 우리말로 전환하고 그 우리말에서 다시 반대라는 점을 생각하고, 다시 영어로 전환하여 대답하는 것은 너무나 복잡한 사고 과정이기 때문에 그 같은 방식으로 의사소통을 하는 것은 불가능하다. 한국어의 논리로 상대방이 말한 내용에 대응해서 긍정이나 부정을 하려고 하기보다는, 영어는 압축적 메아리치기의 방식으로 동의를 한다는 점을 이해하고, 자신이 하려는 말에 집중해서 그것이 긍정문이면 yes, 부정문이면 no로 말하려고 하는 것이 더 효율적이다.

※ 한국에 대해 잘 모르는 외국인인 Joe가 아래와 같이 말했다고 하자. 이에 대해 한국인인 민지가 동의와 반박을 영어로 표현할 때 적절한 말을 빈칸에 적어 보라.

[보기]
Joe: Koreans don't eat beef.   Minji: **Yes**, we do!

'한국인이 쇠고기를 안 먹는다'는 말에 대해 '아니다'라고 부정하려 하지 말고, '한국인이 쇠고기를 먹는다'는 말을 하면 자연스럽게 반박이 된다. '쇠고기를 먹는다'는 긍정문을 말하는 것이므로 'Yes'라고 하면서 반박한다.

Joe: Koreans don't eat camel meat.   Minji: **No**, we don't.

'한국인이 낙타 고기를 안 먹는다'는 말에 대해서 '그렇다'고 수긍하려고 하지 말고, '한국인이 낙타고기를 안 먹는다'는 상대방의 말에 '안 먹는다'는 말을 되풀이하여 메아리를 쳐 주면 동의 표현이 된다. '안 먹는다'라는 부정문을 메아리치는 것이므로 'No'라고 말하면서 동의한다.

1. Joe: Koreans don't eat octopus.   Minji: _____.
2. Joe: Dokdo doesn't belong to Korea.   Minji: _____.
3. Joe: Dokdo doesn't belong to Japan.   Minji: _____.
4. Joe: Korea is not a part of China.   Minji: _____.
5. Joe: Koreans don't use the Internet.   Minji: _____.
6. Joe: Koreans don't like Korean beef.   Minji: _____.
7. Joe: Seoul is not a small city.   Minji: _____.
8. Joe: It doesn't snow a lot in Jejudo.   Minji: _____.
9. Joe: Fried chicken is not popular in Korea. Minji: _____.
10. Joe: It isn't cheap to raise children in Korea.   Minji: _____.

이것은 부정의문문에도 마찬가지로 적용된다.

A: Can't you speak Chinese?
B: No, I can't. (= I can't speak Chinese.)
   Yes, I can. (= I can speak Chinese.)

"Can you speak Chinese?"로 물어보건 "Can't you speak Chinese?"로 물어보건 대답하는 방식이 달라지지 않는다. yes로 대답할지, no로 대답할지는 질문이 긍정문인지 부정문인지와 어차피 아무 상관이 없으며, 할 수 있으면 yes이고 할 수 없으면 no이다.

그런데 상대방이 부정문으로 말했을 때 yes라고 대답하는 것은 반박을 의미하나, 'yeah'는 반드시 그렇지는 않다. yeah와 yes가 같은 방식으로 쓰일 수 있기도 하나, 수긍하고 인정하는 부드러운 말투로 yeah라고 말하는 것은, 상대방의 말 자체에 동의를 표현하는 것이다. 단, yeah만 단독으로 사용하면 의미가 혼란스러울 수 있으므로 'it isn't.'와 같이 뒤에 잇는 말을 함께 사용하여 의미를 명확히 하는 것이 일반적이며, yeah와 no를 함께 사용하기도 한다. 이때는 수긍의 어조로 yeah를 다소 길고 부드럽게 발음한 후, no에는 강세를 주어 발음한다.

Joe: Seoul is not a small city.
Minji: Yeah, it isn't. = Yeah, no, it isn't.

또한 "Do you mind ~?"를 사용한 부탁 표현도 주의할 필요가 있다. mind는 '꺼리다', '싫어하다'는 뜻이므로 "Do you mind if I use your phone?"은 '내가 당신 전화기를 사용하면 싫습니까?'를 뜻하고 따라서 "No, not at all.", "No, go ahead."와 같이 'no'를 사용해야 싫지 않다는 뜻이 되어 상대방의 요청을 수락하는 것이 된다. 반면에 "Yes, I do."로 대답하면 싫어한다는 뜻이므로 상대방의 요청을 거부하는 뜻이 된다. 그러나 어조, 표정, 목소리의 크기에 따라서 다른 의미를 가질 수도 있다. 즉, "Do you mind ~?"에 대해 크고 강한 목소리로 "No!"라고 말하면 단호한 거부를 뜻한다. 또한 부드러운 말투의 yeah는 yes와 언제나 똑같지는 않으며, 이 같은 경우에 원어민들이 요청을 받아들인다는 의미로 "Yeah, go ahead."라고 대답하는 것은 매우 흔한 일이다.

⟨Swearing⟩

swearing과 oath는 모두 '맹세'를 뜻한다. 그런데 이 단어들은 '욕설'의 뜻도 가지고 있다. 맹세와 욕설이 무슨 공통점이 있기에 같은 단어가 그 두 가지 뜻을 가지고 있는 것일까? 서구 문화에서 맹세는 신에게 하는 약속으로, 그것을 어기는 일은 신을 모독하는 행위로 간주되었다. 그래서 지키지도 않을 맹세를 하는 것은 신에 대한 불경스러운 언사로서 '해서는 안 되는 나쁜 말'인 것이다. 그래서 맹세를 의미하는 단어가 '해서는 안 되는 나쁜 말'을 일반적으로 일컫는 표현으로 확장되어서 '욕설'의 뜻을 가지게 된 것이다. 그런데 swearing을 '욕설'로 번역하기는 하지만 정확히 일치하지는 않는다. swearing은 '해서는 안 되는 나쁜 말'이라는 뜻이므로 남의 인격을 모독하는 말도 swearing에 포함되기는 한다. 그런데 한국어에서는 욕설로 간주되지 않는데 swearing에 포함되는 말들도 있다. 대표적 예로 'Oh, my God!'과 같은 종교적 금기어가 있다. 이것은 놀람을 표현하는 것이고 그 자체로 보면 누구를 모욕하는 것도 아니기 때문에 이것이 왜 swearing인지 의아해하는 경우가 많다. 그 표현은 십계명의 제3계명, "You shall not misuse the name of the LORD your God."에 위배되기 때문에 swearing으로 간주된다. 즉, 'God'이라는 단어를 합당하지 않게 잘못 사용하는 것은 십계명에 어긋나는 행위인데, 종교적 가르침을 전하거나 찬양과 기도에 사용하는 것이 아니라, 깜짝 놀람을 표현하기 위해 'God'이라는 단어를 사용하는 것도 신에 대한 불경함으로 간주되는 것이다. 그래서 구약성서를 믿는 종교의 신자들 중 매우 많은 수가 'Oh, my God!'이라는 말을 하지 않을 뿐 아니라, 다른 사람이 하는 것에 대해서도 큰 불쾌함을 느낀다. 또한 'Jesus!', 'Jesus Christ!', 'Christ Almighty!' 등의 표현을 충격을 표현하는 감탄사로 사용하는 경우가 있는데, 이 역시 종교적 금기어로서 swearing으로 간주된다. 종교가 없는 사람들은 종교적 금기어를 swearing으로 생각하지 않으며, 종교가 있더라도 큰 신경을 쓰지 않는 사람도 많다. 그래서 많은 사람들이 종교적 금기어를 사용하고 있기는 하며, 영화나 드라마에서도 흔히 들을 수 있다. 그러나 영어권에서 그와 같은 말들은 종교적 신앙이 독실한 사람들에게는 큰 불쾌감을 줄 수 있다는 점에 유의할 필요가 있다. 그 외에 영어에서 swearing에 속하는 대표적인 말들은 이른바 four-letter words라고 불리는 욕설 표현들인데, f***, shit, hell, damn 등이 있다. 이 중 F-word는 대단히 큰 불쾌감을 유발할 수 있는 가장 심한 욕설이므로 각별히 유의할 필요가 있다. 'shit'은 영화 등에서 많이 접할 수 있는 표현이고 배설물을 속되게 이르는 말 정도에 불과하다고 생각하여 우리나라 사람들이 별생각 없이 사용하기도 하는데, 이것은 매우 심한 욕설로서 친한 사이가 아니면 쉽게 쓸 수 없는 표현이다. ('Shit!' 대신 부담 없이 쓸 수 있는 짜증 표현 감탄사로는 'Rats!'를 추천한다.) hell과 damn은 비속함의 정도가 약하고 남을 모욕하는 의미는 아니지만 swearing에 포함되는 표현이므로 주의할 필요가 있다.

또한 영어에는 위와 같은 금기어들을 돌려서 말함으로써 비속함의 정도를 낮추는 표현들이 있는데 이것을 'minced oath'라고 한다. 직역하자면 '잘게 썬 욕설'이라는 뜻인데, '부드러운 비속어' 정도로 번역할 수 있을 것이다. "Oh, my gosh!"와 "Oh, my goodness!"와 같은 표현이 이에 속하는데, 발음을 변형시켜서 'God'의 사용을 회피하는 것이다. 감탄사로 흔히 쓰이는 'Gee!' 역시도 실은 'Jesus!'에서 'sus'발음을 빼서 변형시킨 것이다. 또한 shoot, heck, darn은 각각 shit, hell, damn을 변형시켜서 비속함의 정도를 완화한 것인데, 매우 비격식적인 표현이기는 해도 욕설은 아니다. 그래도 격식적인 상황이나 윗사람이 있는 자리에서는 이러한 표현도 삼가는 것이 좋다. 또한 종교적으로 매우 엄격한 일부의 사람들은 'Oh, my gosh!' 역시도 불경한 표현으로 간주하므로 유의하라.

5 대구법

1) 대구법의 개념

대구법 (parallelism)은 둘 이상의 어구들을 형태, 구조, 의미 등에 있어서 비슷하거나 동일하게 배열하는 것을 일컫는다. 대구법은 말에 리듬감과 균형감을 부여하여 의미전달을 효과적으로 만드는 기법으로서 표현을 세련되고 안정적으로 또한 흥미롭고 인상적으로 만들어 준다. 한국어에서도 대구법은 널리 사용된다. 예를 들어 "낮말은 새가 듣고 밤말은 쥐가 듣는다"와 같은 속담들에서 대구법을 볼 수 있다. "바람보다도 늦게 누워도 / 바람보다 먼저 일어나고 / 바람보다 늦게 울어도 / 바람보다 먼저 웃는다[36]"와 같이 시에서도 대구법이 쓰인다.

우리나라 영문법 교육에서 parallelism은 흔히 '병치'로 번역된다. 그런데 대구법과 병치는 같은 개념인데도 현실에서는 상당히 다른 개념으로 여겨지는 경우가 많다. 그래서 국어 시간에 배운 대구법과 영문법의 병치가 전혀 다른 것처럼 느껴지기도 한다. 왜냐하면 국어에서의 대구법은 수사적 기법으로 여겨지는 반면, 영문법의 병치는 올바른 문장이 되기 위해서 반드시 지켜야 하는 문법적 규칙으로 느껴지기 때문이다. 그러나 영문법에서의 병치가 그러한 의미로 생각되는 것은 한국식 영문법 교육에서 개념을 협소하게 정의하여 사용하기 때문이다.

---

[36] 김수영의 시 '풀' 중에서.

2) 한국식 영문법의 병치

한국식 영문법은 등위접속사로 연결된 어구가 서로 문법적으로 동일한 속성을 가져야 한다는 원칙이 병치[37]라고 설명한다. 그러면 다음을 살펴보자.

(a) The students are diligent and intelligence. ✗

(b) We must first examine our organization's financial capacity and creating a suitable budget. ✗

(c) Computers are capable of calculating very complicated mathematical equations and to process large volumes of data. ✗

한국식 영어교육에서는 위 문장들이 병치되지 않았기 때문에 틀리다고 가르친다. (a)에서 and로 연결된 diligent는 형용사이고 intelligence는 명사이기 때문에 서로 문법적 속성이 다르기 때문에 틀렸다는 것이다. 그런데 만약 그 둘을 모두 명사로 만들면 문장이 성립하는가?

· The students are diligence and intelligence. ✗

위 문장은 병치는 되었지만 틀린 것은 마찬가지이다. 즉, (a)는 "The students are diligent."와 "The students are intelligence."라는 문장을 and로 연결하고 공통부분을 생략한 것인데, 이것은 intelligence가 앞 어구와 문법적 성질이 달라서 틀린 것이 아니라, 앞부분이 어떻든 간에, "The students are intelligence."라는 문장이 말이 안 되기 때문에 틀린 것이다.

(b) 역시 마찬가지이다. 앞의 examine을 examining으로 바꾸면, and의 앞뒤가 모두 -ing로서 동일해진다.

· We must first examining our organization's financial capacity and creating a suitable budget. ✗

---

37 대구법과 병치는 같은 개념이다. 필자는 기본적으로 '대구법'이라는 용어를 사용하되, 다만 한국식 영문법에서는 통상 '병치'라는 용어를 사용하기 때문에 이 부분에 대해서는 '병치'라는 표현을 쓰겠다.

그런데 위 문장은 똑같이 -ing로 병치되었지만 틀린 문장이다. (b)가 틀린 것은 creating이 앞의 examine과 형태가 다르기 때문이 아니라, "We must creating a suitable budget."이 틀린 문장이기 때문에 틀린 것이다.

(c)에서도 마찬가지로 calculating을 to calculate로 바꾸어서 뒤의 to process와 동일한 형태로 만들어도 올바른 문장이 되지 않는다. (c)가 틀린 이유는 "Computers are capable of to process large volumes of data."가 틀리기 때문에 틀린 것이지, to process가 앞에 있는 calculating과 형태가 다르기 때문에 틀린 것이 아니다. 위 문장들은 다음과 같이 고쳐야 올바르다.

(a)′ The students are diligent and intelligent. ○
(b)′ We must first examine our organization's financial capacity and create a suitable budget. ○
(c)′ Computers are capable of calculating very complicated mathematical equations and processing large volumes of data. ○

그런데 심지어 아래와 같은 문장이 틀린 이유도 병치로 설명하는 경우가 있다.

(d) I sometimes visit John's office, have a small chat with him, and left after a few minutes. ✗

즉, and로 동사 3개가 연결되었는데 visit과 have는 현재시제이고 left는 과거시제이기 때문에 서로 일치하지 않기 때문에 틀리다는 것이다. 이것은 and로 연결된 동사들이 반드시 서로 같은 시간을 표현해야 한다는 것을 전제로 한 설명인데, 그것은 터무니없는 소리일 뿐이다.

· I loved you, love you, and will always love you. ○

위와 같이 **의미가 적절히 구성된다면**, 서로 다른 시간을 표현하는 동사들도 얼마든지 연결될 수 있다. (d)가 틀린 이유는 left가 앞의 동사들과 시제가 다르기 때문이 아니라, 전체적인 맥락이 일반적이고 습관적인 행동을 표현하는 것인데 left만 과거로 표현한 것이 적절한 의미를 구성하지 못하기 때문에 틀린 것이다.

3) 문법성과 대구법

· I like computer games and reading fantasy novels.

위 문장에서 and로 연결된 두 어구를 살펴보면, 'computer games'는 명사구이고 'reading fantasy novels'는 '동명사 + 목적어'이므로 서로 문법적 구조가 같지 않다. 그렇다면 이 문장은 문법적으로 틀린 것일까? 문법적으로 틀리다고 할 수 없다. "I like computer games."와 "I like reading fantasy novels."는 둘 다 문법적으로 하자가 없는 문장이고 이것을 and로 연결한 문장도 틀리지 않다. 그러나 이것을 문법적으로 올바르다고만 설명한다면 불충분한 설명일 것이다. 왜냐하면 문법적으로는 틀리지 않지만, 대구법에는 어긋나는 문장이기 때문이다. 그리고 시험문제에서는 어법에 맞지 않는 문장으로 간주될 수도 있다. 다시 말해, '문법적으로 틀린 문장'을 '문법시험에서 틀린 문장으로 간주되는 문장'으로 정의한다면, 위 문장은 틀린 문장일 수도 있다. 이 같은 현상이 생기는 이유는 시험에서 정답과 오답을 구분하는 기준은 출제자의 주관을 따르는 부분이 많기 때문이다. 즉, 시험 출제자들은 대부분의 경우 단순히 바람직하지 않은 문장일 뿐 문법적으로는 틀리지 않은 문장은 올바른 문장으로 간주한다. 그러나 항상 그런 것은 아닌데, 예를 들어 대구법에 어긋나는 문장은 바람직하지 않은 표현일 뿐 문법적으로 틀리지는 않지만 시험에서는 틀린 문장으로 간주한다. 영문법의 상당 부분은 더 좋은 문장을 형성하기 위한 조언과 안내인데, 우리나라 교육자들은 이것을 시험에서 문장의 맞고 틀림을 나누는 기준으로 활용하기 때문에 이런 일이 발생한다. 특히 대구법을 활용하면 수험생들을 헷갈리게 할 수 있는 어려운 시험문제를 출제할 수 있으니까 그렇게 하는 것이다. 많은 출제자들이 오랜 세월 동안 대구법에 어긋난 문장을 틀린 문장으로 보는 시험을 출제해 왔기 때문에 그러한 관행이 확립된 것이다. 그러나 대구법에 어긋난다고 해서 반드시 문법적으로 틀리다고 할 수는 없다. 대구법에 어긋나는 문장은 매우 어색한 경우도 있지만, 때로는 대구법에 어긋났을 뿐 자연스럽게 느껴지기도 한다. 그래서 출제자들은 "어법상 **가장 어색한 것**을 고르시오"와 같이 문제를 내는 것이다. 또한 앞서 설명했듯이, 한국식 영문법 시험에서 등위접속사로 연결된 부분 중 한 부분 (특히 뒷부분)이 문법적으로 완전히 틀린 유형의 문장이 병치에 관한 문제로 주로 출제되는 것도, 문법적으로 틀리지는 않지만 어색한 문장도 어쨌든 문법적으로 맞기는 한 것 아니냐고 따지는 불필요한 잡음을 아예 차단하기 위해 그러는 것으로 보인다. 따라서 결론적으로 보면, 학습자들로서는 수험에 있어서 대구법에만 의존하여 문법성을 판단할 수는 없으며, 단지 대구법에 어긋나는 문장은 틀린 문장일 가능성이 다소 높을 뿐이다.

특히 to 부정사와 동명사를 연결한 것은 어색함의 정도가 매우 심하기 때문에 문법적으로 틀리다고 생각해도 무방하다. 또한 실제로 영어를 활용하는 데 있어서도, 대구법에 어긋나는 문장은 바람직하지 않은 문장으로 간주된다는 것을 유의할 필요가 있다.

- I like computer games and reading fantasy novels. △
             NP   -ing

→ I like computer games and fantasy novels. ○
             NP   NP

→ I like playing computer games and reading fantasy novels. ○
             -ing   -ing

- I continued to walk and thinking. ✗
→ I continued to walk and (to) think. ○
→ I continued walking and thinking. ○

- The Holy Roman Empire was neither **holy**, nor **Roman**, nor **an empire**.

위 문장은 'neither ~ nor ~ nor'를 사용하여 3개의 어구를 연결하고 있다. 한국인 학습자들은 '병치' 개념에 따라 이것이 틀린 것 아니냐고 따져 물을 것이다. 즉, holy와 Roman은 형용사이지만 'an empire'는 명사이기 때문에 틀리지 않느냐는 것이다.

그러나 위 문장은 대구법이 사용된 훌륭한 문장이다. 또한 문법적으로 보아도 holy와 Roman이라는 형용사, an empire라는 명사는 모두 be 동사의 주격보어가 될 수 있으므로 그 셋을 함께 연결한 것은 전혀 하자가 없다.

대구법은 어구를 균형 잡히게 배열하여 문장을 인상적이면서도 세련되게 만드는 원리이지, 연결된 어구들이 반드시 품사가 같아야 한다는 기계적 원칙이 아니다. 위 문장은 'The Holy Roman Empire'라는 어구를 이용한 일종의 언어유희로서 그 명사구에 포함된 표현 3가지를 각각 부정하고 있는 것이다. 즉, 'neither holy, nor Roman, nor an empire.' 부분만 보면 대구를 이루고 있지 않은 것처럼 보이지만, 전체적으로 보면 앞 어구와 서로 대응하면서 대구를 이루고 있다.

The **Holy Roman Empire** was
neither **holy** nor **Roman** nor **an empire**.

4) 더 좋은 표현을 위한 수사법으로서의 대구법

대구법은 옳고 그름을 나누기 위한 원리가 아니라, 더 좋은 표현을 만들고자 하는 수사법이다. 문법적으로 맞다 하더라도 좀 더 자연스러운 문장을 구성하기 위해, 자연스러운 문장이라 하더라도 좀 더 인상적이고 멋지게 표현하기 위해 대구법을 쓰는 것이다. 또한 하나의 문장 안에서뿐 아니라, 여러 문장들이 서로 대구를 이루도록 하여 인상적이고 균형 잡힌 표현을 하는 것 또한 대구법이다. 대구법은 좋은 글을 쓰기 위한 영작 교육에 필요한 원리이지 문법적으로 맞는지 틀린지를 따지는 저차원적인 수준에 국한된 것이 아니다.

· She was wearing a blouse, a skirt, and a black coat.

위 문장은 연결된 어구가 대구를 이루고 있는가? 모두 명사구가 연결되어 있다는 면에서는 대구를 이루고 있고 문법적으로도 틀리지 않다. 그러나 a black coat에는 형용사가 있는데 다른 명사들에는 없다는 측면에서는 대구를 이루지 않고 있으며 영작에 있어 좋은 문장이라고 할 수 없다. 그래서 모든 명사구에 형용사를 사용하면 좀 더 좋은 문장으로 향상시킬 수 있다.

· She was wearing a white blouse, a short skirt, and a black coat.

위 문장에서 연결된 어구들은 모두 '형용사 + 명사'로 되어 있다는 측면에서는 대구를 이루고 있다. 그런데 이 문장도 완전히 대구를 이루고 있지는 않다. 왜냐하면 'white blouse'와 'black coat'는 '색깔 + 명사'인 반면 'short + skirt'는 '길이 + 명사'라는 점에서는 동일하지 않기 때문이다. 이와 같이 대구법은 형태뿐 아니라 의미에 있어서도 적용된다. 그렇다면 short라는 단어를 색을 표현하는 단어로 바꾸어 좀 더 대구를 이루게 할 것인지, 아니면 그냥 위와 같이 그 치마가 짧은 치마라는 점을 표현할 것인지는 글 쓰는 사람이 선택할 일이다. 만약 그 치마가 짧은 치마였다는 것을 꼭 표현하고 싶고 또한 모두 색을 표현하는 형용사를 써서 대구를 이루게 하고 싶다면, blouse와 coat에도 형용사를 더 써서 균형을 맞출 수 있다.

· She was wearing a neat white blouse, a short pink skirt, and a long black coat.

이와 같이 어구들이 대구를 이루도록 하여 균형 잡히고 리듬감을 가진 더 좋은 문장을 구성하기 위한 수사법이 대구법이다. 그래서 좋은 글이나 경구 등에는 대부분 대구법이 적절히 사용되어 있으며, 특히 명연설에는 대구법을 사용한 인상적 표현들이 포함되어 있기 마련이다.

- That's one small step for a man, one giant leap for mankind. — Neil Armstrong

- I have a dream that one day on the red hills of Georgia, the sons of former slaves and the sons of former slave owners will be able to sit down together at the table of brotherhood.
  I have a dream that one day even the state of Mississippi, a state sweltering with the heat of injustice, sweltering with the heat of oppression, will be transformed into an oasis of freedom and justice.
  I have a dream that my four little children will one day live in a nation where they will not be judged by the color of their skin but by the content of their character. I have a dream today. — from Martin Luther King's "I Have a Dream" speech

- It was we, the people; not we, the white male citizens; nor yet we, the male citizens; but we, the whole people, who formed the Union. And we formed it, not to give the blessings of liberty, but to secure them; not to the half of ourselves and the half of our posterity, but to the whole people — women as well as men. — from the speech by Susan B. Anthony